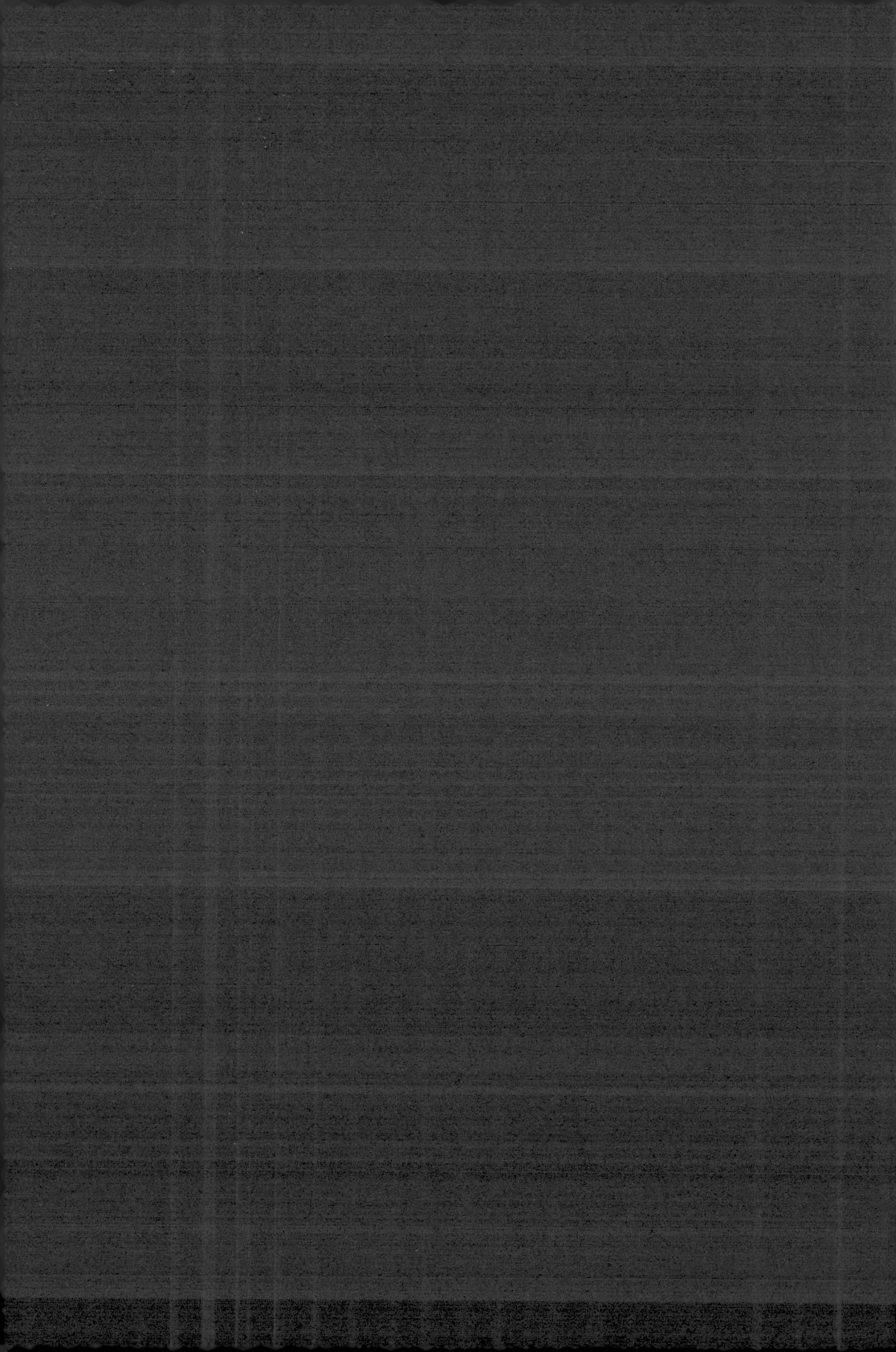

来新夏文集

来新夏　著

第三册

方志学卷

志论　志序　志评

南方传媒

广东人民出版社

· 广 州 ·

方志学卷

目　录

志论

1317　略论地方志的研究状况与趋势

1330　《中国方志学概论》讲授提纲

1345　论方志科学

1352　中国方志学理论的发展与现状

1366　关于比较方志学建设的思考

1373　地方史志的过去、现在和未来

1387　关于地方志编写工作中的几个问题

1395　方志概说

1411　方志有多少种类

1413　漫话地方志与文史资料

1416　地方史志资料的搜集与整理

1424　志书的资料工作和编写

1434　1949年以来中国地方志的编写与研究

1448　要加强新编地方志的审评工作

1450　漫话地方志

1455　论新编方志的人文价值

1464　中国地方志的史料价值及其利用

1470　地方志与文学研究

1475　地方文献学学科建设与人才培养

1480 新编地方志的标准问题

1485 在《萧山县志》编写人员座谈会上的讲话

1496 在《鄢陵县志》审稿会上的发言
　　　　——关于修志的后期工作

1499 为山九仞　功在一篑

1505 十年风云　一代佳志

1508 为十万修志大军一哭

1511 知错必改
　　　　——学术批评杂论

1514 新世纪的修志思考
　　　　——写在第二届修志之前

1520 岁首献言

1522 我对第二轮修志的一些看法

1525 以旧志考辨　以新志存史

1529 给城市区志一席之地

1532 新兴企业与史志编写

1537 企业史志的传统

1539 旧志经济史料初检

1544 旧地方志资料在经济建设中的作用

1556 旧志整理工作的回顾与展望

1566 论清代修志事业之成就

1572 地方官读志书

1574 评稿随录

1580 谈谈天津六种旧志的点校

1582 给天津市地名办的复信

志序

1584 《方志学概论》前言

1587 《中国地方志》序言

1589 《志域探步》自序

1591　《志域探步》后记

1592　《中日地方史志比较研究》序

1596　《中国方志史》序

1598　《中国地方志总目提要》序言

1603　《中国地方志历史文献专辑》序言

1605　《中国地方志文献·学校考》序

1607　《志余随笔》点校本前言

1609　题滨久文集
　　　　　　——《方志学新论集》序

1611　《方志论评》序

1613　题毛东武《方志语言学》

1615　《地方文献研究与分论》序

1619　《新方志"概述"点评》序

1622　《教育志学》序

1624　《史志文集》序言

1626　《拾秋集》序

1628　《西樵志语》序

1630　《凤岐文选》序

1632　简论莫艳梅的方志研究
　　　　　　——《莫艳梅方志文集》序

1634　《明代孤本方志选》序言

1636　重印《畿辅通志》前言

1642　《徐州地方志通考》序

1644　《徐州古方志丛书》序

1646　（天津）《和平区志》序

1648　（天津）《河东区志》序

1650　（天津）《河西区志》序

1652　（天津）《津南区志》序

1654　《蓟县志》序

1657　（静海）《台头镇志》序

1659　《浙江图书馆志》序

1662　《萧山县志》序

1665　《萧山市志》序

1667　《萧山县志稿》说明

1671　《萧山县志稿》（民国二十四年本）整理前言

1674　《萧山地图集》序言

1676　（桐乡）《洲泉镇志》序

1679　《平遥县志》序

1682　《平遥古城志》序言

1684　《汾州府志·平遥编》序

1686　《晋县志》序

1688　《青州市志》序

1690　《夏津旧县志校注》序

1692　《德州旧志十种校注》序

1694　《河北地方志提要》序

1696　《石家庄地方史志研究丛书》总序

1698　《盐山县志》序

1700　《冀州市志》序

1702　《许昌市志》序

1704　《许昌县志》序

1706　《项城县志》序

1708　《鄢陵县志》序

1710　（苏州）《友新六村志》序言

1712　（扬州）《广陵区志》序

1714　《武都县志》序

1717　《阶州志集校笺注》序

1719　《克什克腾旗志》序

志评

1721　自著方志学著作提要

1728　《志苑杂纂》审读意见

1729　《邵长兴方志文存》读后

1731　评《宋朝方志考》

1734　审评（天津）《南开区志》

1736　（天津）《红桥区志》读后

1738　（天津）《津南区志》读后

1740　喜迎（天津）《北辰区志》问世

1742　（天津）《汉沽区志》浅评

1746　《天津通志·军事志》读后

1748　极具特色的《天津通志·公安志》

1750　《天津通志·附志·租界（志）》推荐书

1752　浅评《静海县志》蓝本

1756　一部值得注意的志稿
　　　　　——《天津通志·城乡建设志》评审稿

1760　一部当代的新图经
　　　　　——《天津通志·照片志》读后

1763　评（天津）《杨柳青镇志》蓝本

1766　读《浙江历史大事记》

1768　论对萧山、渭南、玉山三志的评论

1775　题《萧山围垦志》

1777　读《青田县志》

1779　一部新人耳目的镇志
　　　　　——评《十里长街——坎墩》

1782　评介《湖州文献考索》

1784　体大思精的鸿篇巨制
　　　　　——浅评《山西大典》

1787　《晋中地区志》读后

1790　《运城地区志》读后

1792　浅评《阳泉市志》

1794　《榆次市志》读后

1797　读《临汾市志》

1800　《潞城市志》读后

1802 《晋城市志》读后

1804 读《平定县志》札录

1808 别具一格的《阳城县志》

1811 《盂县志》读后

1814 题（平定）《南坳镇志》

1816 读（平定）《理家庄村志》

1818 志书告成之后
　　　　——再读《青州市志》

1822 《乳山市志》读后

1825 漫评《唐山市志》

1828 《新乡市志》读后

1831 浅评《商丘地区志》（续卷）

1834 古今兴废看洛阳
　　　　——读《洛阳市志·文物志》后

1838 整理旧志的一种新模式
　　　　——读《南京莫愁湖志》

1841 《江宁县志》小议

1845 十年一剑　坦露地情
　　　　——《无锡市志》读后

1848 喜读《江阴市志》

1852 读《镇江市志》札记

1856 《泰州志》读后

1859 铸古镕今　继往开来
　　　　——《徐州市志》读后

1862 读《扬州市志》随札

1865 读《吴县志》随录

1868 《常熟市志》读后一得

1871 《宿迁市志》读后

1874 读《桐城市志》

1877 读《厦门市志》

1880 《广西通志·政府志》读后

1882 题《南宁市志》

1884 喜读《峨山彝族自治县志》

1887 《顺德县志》读后

1889 《遵义市志》读后

1891 《修文县志》读后

1894 评说《铜仁市志》

1897 评《武都县志》

1899 亘古荒漠一明珠
　　　　——题《农七师志》

志论

略论地方志的研究状况与趋势

一、丰富的历史遗产

地方志在我国具有悠久的历史传统。它是记载某一地区自然、历史、地理、社会、经济和文化纵横各方面的情况和资料的一种著述体裁，是对地方情况进行综合性反映的百科全书，是撰述历史借以取材的资料宝库之一。它和史虽然体裁各异，但却是相辅相成不可缺一的两个方面。这正如前人所说："志者，誌也。所以佐史也。""今日信志，即可备他年信史。"①

地方志的起源很早。如果从战国时所写的《禹贡》这一记载江、河流域的人文地理志算起，已有两千多年的历史。1973年马王堆出土的汉初地形图、驻军图和城邑图，当为现存最早的初期图经，不过当时还侧重在地理方面。到东汉袁康等所撰的《越绝书》，就多记及人事活动，兼具了史、志的规模。魏晋以来，方志的编纂体制渐臻完备，常璩的《华阳国志》和宗懔的《荆楚岁时记》等，都可算是当时的方志名作。前者综述蜀地情况，后者专记荆楚风俗，已开方志综合与专科的分野。隋唐之时，方志编纂工作开始受到政府的注意。隋大业年间，"普诏天下诸郡条其风俗、物产、地图上于尚书"②。这是国家明令修志的开始。从

---

① 康熙《河南通志》序。

② 《隋书·经籍志》地理类叙。

此篇帙巨大的方志著作陆续出现，如见于《隋志》著录的就有《诸郡物产土俗记》151卷（唐时残存仅19卷）、《区宇图志》129卷、《诸州图经集》100卷等等。唐代方志著作尤多，如见于两《唐志》著录的就有《括地志》550卷、《元和郡县图志》40卷、《十道图》10卷等等。其中《元和郡县图志》是一部影响甚大的著名方志，它记唐宪宗元和时十道所属州县的历史疆界、山川、户口、贡赋、古迹等。南宋时图亡，即称《元和郡县志》。二十世纪初，在敦煌石室发现唐代所修的《沙州图经》和《西州图经》等多种卷子本地方志，虽原件已被掠劫，但从《敦煌石室遗书》所见收的残件上，还可看到早期方志的规模，即以图为主而附加文字说明。这为后来方志体例的定型起了先导作用。刘知幾在《史通》的《杂述》篇中曾细分史籍为十流，其中有郡书（如陈寿的《益都耆旧传》）、地理书（如常璩的《华阳国志》）和都邑簿（如《三辅黄图》）等三类。这表明当时地方史、志的并存。

宋代，地方志的撰著日趋兴盛，著述体例大致定型，门类渐广，长篇巨制相继出现，除见于著录的《祥符州县图经》1566卷和《皇朝方域志》200卷等亡佚著作外，现存的宋代方志尚有《太平寰宇记》200卷（现缺113至119卷）、《舆地纪胜》200卷和《方舆胜览》70卷等。这些著述不仅篇帙大，而且在编纂体制上也大大前进了一步。即以《太平寰宇记》而论，在地理之外，又编入姓氏、人物、风俗数门，详细地记录了人物的官爵、所撰诗词以及人事活动，丰富了地方志的内容，开后世地方志立人物、艺文体例之端。同时，地方志的续修制度也开始建立，即以临安一地而言，就先后有孝宗乾道五年（1169年）周淙一修《乾道临安志》、理宗淳祐十二年（1252年）施谔再修《淳祐临安志》和度宗咸淳四年（1268年）潜说友三修《咸淳临安志》。这三部书都有一定的水平，近来有学者推此三书"体茂事备，可称名著"①。在前后一百年中，而且是处在一种兵马纷乱的动荡年代里，一个地区的地方志竟能重修三次，也可见方志修撰工作所受到的重视。

明清以来，方志修纂工作有了更显著的发展，几乎遍及州县乡镇。而清代的成就尤为突出。在现存的方志中，清代所修几占80%。据统计，清代编纂了6500余种方志，平均每年有20多种新志。上起国家的一统志和各省通志，下至府州县镇乡，旁及盐井、土司、分县等等，无不有志。其数量之多，范围之广，可

---

① 傅振伦：《从敦煌发现的图经谈方志的起源》，《兰州大学学报》1980年第2期。

称空前。同时，清政府还为此订立了若干制度，如康熙十一年（1672年）曾诏各地分辑志书；雍正七年（1729年），为修撰《一统志》又严命各县修志；不久又明令规定各省府州县六十年修志一次。这对推动方志修撰工作起了一定的作用。清代许多著名学者也把修志工作视为学术研究，纷纷投身其中，主持或参加各级方志的编纂工作，如谢启昆的《广西通志》，阮元的《广东通志》，马骕、顾炎武的《邹平县志》，章学诚的《永清县志》、《和州志》，郑珍、莫友芝的《遵义府志》，洪亮吉的《泾县志》、《长武县志》，孙星衍的《三水县志》，李兆洛的《凤台县志》，郭嵩焘的《湘阴县志》，王闿运的《湘潭县志》、《桂阳县志》，缪荃孙的《江阴县志》，这就大大提高了方志的学术质量。而专科性的方志著作，如吴庆坻的《杭州艺文志》和孙诒让的《温州经籍志》，已单行别出。又如专记地方风土人情的杂著《闽小纪》、《帝京岁时纪略》、《黑龙江外纪》等，都细致而具体地映现了地区情况，具有地方小志的性质，为方志学的编纂与研究开辟了广阔的领域。清代学术界也比较广泛地开展了研究古志和探讨方志性质、条例、规制等等问题的活动，清初的著名学者顾炎武首开方志学研究之端，他在检读、研究地方志的基础上撰著《天下郡国利病书》和《肇域志》两大名著，开拓了方志学的研究领域，章学诚继起，不仅亲自参加编纂方志的实践活动，而且对方志理论又多所发展，他提出《方志立三书议》，主张"志属史体"，"志乘为一县之书，即古者一国之史也"[①]。同时的著名学者戴震则表示了不同见解，他认为"志以考地理，但悉心于地理沿革，则志事已竟，侈言文献，岂所谓急务哉！"这一场学术论争可从章学诚所撰《记与戴东原论修志》一文中得其大略。章、戴的争论实际上是地方志编纂体制问题的论争。章学诚根据实践经验，在"六经皆史"的思想指导下，注重了文献资料的积累，由单纯的地方史发展为包容各种情况的地方志。这一设想较之戴震泥于古体似胜一筹。而章学诚的《修志十议》更是后世方志编纂学的重要参考论著。章学诚和其他一些学者在理论和实践工作中的努力，使方志之学成为专门之学（在大量清人文集中可以看到清代学者许多有关论述）。此外，地理学家王谟、辑佚家陈运溶和马国翰等，从唐宋类书等书中辑录古方志，分别见收于《汉唐地理书钞》、《麓山精舍丛书》和《玉函山房辑佚书》中，为学术界提供了研究方志源流和古志规制的重要参考资料。有的知名学者如周广业编纂了区域性的地方志目——《两浙地方志录》，这是地方志目录的

---

① 《永清县志》七。

开创性著作。所有这些研究成果，都表明清代不仅在修志实践上，而且在理论探讨上，为方志学的研究奠定了良好的基础，显示出独特的成就。

辛亥革命以后，方志学的研究主要在四个方面：一是续修方志，如河南在1949年前共续修78部，山西在民国年间先后编修了43种，山东在1929年至1937年间共修84种。有些著名学者也参与编修方志工作，如王国维的撰修《浙江通志》、黄炎培的撰修《川沙县志》等。福建庄为玑独力撰著《晋江新志》，并在1948年出版了第一分册，尤见辛勤。而1925年刊行的胡宗楙所撰《金华经籍志》则是一种体例精审、有誉于时的专科性方志。二是方志学体制、源流、纂著方法等的研究，有多种论文和专著，如梁启超的《清代学者整理旧学之总成绩——方志学》一文，对清代的方志学研究进行了总结，而李泰棻的《方志学》、瞿宣颖的《志例丛话》、王葆心的《方志学发微》、黎锦熙的《方志今议》和傅振伦的《中国方志学通论》等著述，至今仍为人们研究方志学时所参读。朱士嘉在这一时期也写了有关方志起源、版本、著述整理等问题的论文多篇①。1945年至1947年间，洪焕椿相继撰写了《浙江通志纂修源流考》、《雍正浙江通志两浙志乘篇考异》、《宋元四明旧志及其版本》等文，开展了方志的区域性研究。三是方志目录的编纂，如1933年谭其骧所编的《国立北平图书馆方志目录》26卷；任凤苞为私藏所编《天春园方志目》，反映了地方志书已为藏书家所重视。瞿宣颖所编《方志考稿（甲集）》是一种提要性质的目录，著录了冀、鲁、豫、晋、苏及东北各省方志600余种。而朱士嘉于1935年所出版的《中国地方志综录》，对全国方志进行了前所未有的摸底，著录5832种，93237卷，后又补编了730种，虽未能全备，但指引线索，津逮后学，有裨利用，开编制地方文献目录的新局面，厥功甚伟。同年，庄为玑综合研究了泉州一府五县的地方志，撰《泉州方志考》②。四是对古地方史、志的辑佚，著名的有鲁迅所辑的《会稽记》、《会稽典录》等8种③，还有张国淦从《永乐大典》中所辑的古方志稿等。此外，1929年底，南京国民政府内政部颁发了《修志事例概要》22条；1944年又颁布了《地方志书纂修办法》，规定"省志三十年纂修一次，市志及县志十五年纂修一次"。这些规定虽然都未见实行，但其中某些内容还有可供参考采择之处。

总之，在两千多年的方志发展史上，不仅编有大量的各类型方志（据最新较

---

① 论文篇目见《朱士嘉自传》所附著述简目，见《文献》1980年第3辑。

② 《厦门大学学报》第七本。

③ 见《会稽郡故书杂集》。

确切的统计旧志有8000种左右），而且还开拓了方志学的研究领域，撰述了若干专著，留传下来一份丰富的宝贵遗产。对于这份遗产既要慎重地继承与吸收其足资借鉴与参证的合理部分，也要以批判的态度认真研究，细致撷取，给予恰当的利用和评论。

二、建国以来的研究状况

建国以来在方志方面大致开展了以下几项工作，即：刊印旧志，类编方志资料，编制方志目录，研究方志和方志学以及创编新志等。由于有关资料搜集欠备，只作点示例性说明：

（1）旧志的刊印：旧志虽数量丰富，但流动性较少，有些旧志久已流布不广。所以建国以来，出版部门曾有选择地刊印一些方志，为研究工作提供条件。如刊印元孛兰肹等撰、赵万里校辑的《元一统志》二册，提供了元代路、州、县的建置沿革，城郭乡镇、里至、山川、土产、风俗、形势、古迹、宦绩、人物、仙释等方面的资料。贺次君辑校的《括地志辑校》，对《括地志》这部久已亡佚仅存清人辑本的唐代地志进行了分辨真伪及整理工作。又如出版了明人《祝枝山手写正德兴宁志稿本》，影印明万历刻本《顺天府志》，使孤本善刻得以流传。明人范钦创建的天一阁，所藏明代方志驰誉海内，也由出版单位陆续影印汇集为《天一阁藏明代方志选刊》，截至1976年底，已印111种[1]，使私藏珍物流被海内。又如广西博物馆曾刊印十几部馆藏未刻的旧稿本。1960年吉林省图书馆曾油印稀见的吉林省地方志49种。近年来，山西省某些地区也复印了若干种旧志。另外，从1956年以后，中国科学院曾在日本摄制流传日本的珍本方志。特别值得注意的是，大批过去不被重视的专记地区风情的地方小志也得到重印，如明代的《帝京景物略》、《宛署杂记》、《长安客话》，清代的《天府广记》、《京城古迹考》、《宸垣识略》、《扬州画舫录》等，都为了解地方情况、编纂综合方志提供了便利。

（2）旧志资料的类编：方志中所蕴藏的资料，其数量之多、方面之广实为其他图书所未及，解放以来文史论文引证方志资料者所在多有，而按专题从

---

① 版本图书馆编：《古籍目录》，中华书局1980年版。

方志中类辑资料者也有多种，如地质部从方志中辑录《祖国两千年铁矿开采和锻冶》、《中国古今铜矿录》等；天文台则据方志资料编成《中国天象记录总表》；中央气象局则从中辑录《五百年来我国旱、水、涝史料》等等。它们都对科技工作作出了应有的贡献。而《中国地震资料年表》，是利用旧志5600余种编就的，这对地震科学提供了国际上唯一可靠而连续的历史资料。至于地区性的类编工作也都取得了很大的成绩，如广东省科技局查阅中山图书馆所藏方志120余种、900余册，就摘录了550多条有关彗星、流星、极光、日蚀、地震等自然现象的历史记载；厦门大学南洋研究所也在该馆查阅了300种共3000多册旧志，搜集了有关我国在南海诸岛行使主权和外国侵占情况的史料100多条，地图近70幅，为捍卫我国疆域提供了历史依据。1979年广东省新丰、连平两县发生地界纠纷时，省法院即查阅两县县志，寻找历史根据，作判案参考①。又如河南省地震局等单位组成的"河南省历史地震工作小组"，从本省方志查阅出大量地震资料，成为《河南省地震历史资料》（河南人民出版社1980年出版）一书的重要组成部分，对研究河南及其邻省的地震史作出了显著贡献。在河南的旧方志中还有不少捻军活动资料，大可补正其他记载所不足②。广西壮族自治区地震局主要从大量方志中整理了公元222—1978年间地震记录325例，编成《广西地震志》，对于该地区地震趋势研究和基本建设规计都有重要的参考价值③。

（3）旧志目录的编制：旧志数量浩繁，搜求翻检，至为不便。方志研究急待开拓专科目录的领域。1956年朱士嘉增补订正了旧作《中国地方志综录》，重新出版了该书的增订本，共著录7413种，109143卷，比过去的增补编又增益了851种。近年来，为了更全面、更完备地反映方志的馆藏情况，在《中国地方志综录》的基础上又作了广泛的调查，新编了《中国地方志联合目录》，著录8000种左右，公开印行后将使我国这一丰富历史宝藏得以昭示于世界。在区域性书目方面，1980年11月山西省图书馆编印了《山西省地方志联合目录》，著录了现存本省方志463种，5100多卷，包括省志、府志、州志、县志、乡土志、关志、山志、水志、寺庙志等。1981年1月山东王建宗、刘喜信所编《山东地方志书目》，著录了旧志597种，新编志57种，并转载了山东古方志考。4月间印行的《河南地方志综录》，收录了方志554种、847个不同版本、21种手稿本。6月

---

① 《书海探胜》，《羊城晚报》1980年3月9日。
② 刘永之：《修志刍言》，《学术研究辑刊》1980年第1期。
③ 钟文典：《修志刍议》，《图书馆学通讯》1980年第1期。

间，秦德印编印的《陕西地方志书目》，收录了自宋至民国各时代所编方志442种，并著录了1958年以来新编方志13种。这些区域志目收罗颇称完备。它既是《中国地方志联合目录》的一个组成部分，又可单行别出，以便检索。在馆藏目方面，五十年代时，上海、天津、广东、甘肃、四川、福建及嘉兴、温州等地图书馆，都纷纷编制、油印流传。1980年9月，南开大学也铅印了所编的馆藏书目。提要目录则是更繁重的研究工作，张国淦遗作《中国古方志考》（原名《中国方志考》第一编）是辑录体的一部提要目录。它收录了秦汉至元的地方史志约2000余种，凡有名可稽，不论存佚，概加收录，略附考证，其中亡佚者居多，有些则有辑佚本。洪焕椿1957年出版的《浙江地方志考录》与上海师院1963年所编《上海方志资料考录》（油印本），则是区域性的考录工作，为综录全国性方志提要目录作了试探和准备。1980年武汉市图书馆根据《武汉志》编目要求，利用馆藏编就《〈武汉志〉参考资料要目》[①]，共分32个大目，789个小目，为修志工作检索资料提供了方便。

（4）方志与方志学的研究：建国以来，这方面的工作虽然不如其他学术领域活跃和有显著成效，但各地的方志学者孜孜矻矻开展研究，在理论和综述方面写出了一定数量的专门论文。在五六十年代，各地报刊不断发表一些论文和创议，如金毓黻的《普修新地方志的拟议》[②]和傅振伦的《整理旧方志与编辑新方志问题》[③]。近年来，研究工作尤见进展。在综合研究方面，朱士嘉的《中国地方志浅说》[④]一文对地方志的起源、发展、特征、价值及国内外馆藏等问题，进行了概括性的研究与剖析。傅振伦的《中国方志学》[⑤]一文对方志学进行了综括性论述，而《从敦煌发现的图经谈方志的起源》[⑥]一文则对方志的初步阶段——图经进行了专门论述，刘纬毅的《中国方志史初探》[⑦]和陆振岳的《方志源流试探》[⑧]等文，对方志名目的衍变，方志的渊源发展和旧方志学的建立等问题都有

---

① 《武汉志通讯》1981年2—3期。

② 《新建设》1956年第5期。

③ 《新建设》1956年第6期。

④ 《文献》1979年第1期。

⑤ 《河北师范大学学报》1981年连载。

⑥ 《兰州大学学报》1980年第2期。

⑦ 《文献》1980年第4辑。

⑧ 《群众论丛》1981年第3期。

所论述。山西徐一贯的《地方史与文史资料研究》①，对地方史志的源流、传统和重要性作了论述，而他所写《史中有志，志中有史》②和《史以述往，志以示来》③二文，则对地方史志的异同发表了个人见解，主张"在形式上史志可以分家，从编纂体制上，史志必须统一，既有专史，又有专志，才可使地方志成为一种完整的系统结构"。而武汉的朱文尧在一次发言中则主张"志有志体，史有史体"，"史重在鉴，志重在用"，二者不能混淆④。今年4月间，朱士嘉在湖北的省志编纂工作研究班上也讲了史志的区别，提出了三点看法，即：①史纵志横，志先于史；②国史一般无图，方志一般附图；③方志一般有褒无贬，国史则有褒有贬⑤。黄苇在所撰《关于〈上海史〉与地方志问题》⑥一文中结合具体事例论证了史志关系。这一讨论正在开始，各抒己见，尚不能取得较为一致的看法。它应是方志学研究中值得进一步深入探讨的课题之一。对地方志进行分区研究并概述其基本情况，兼作分析源流、探讨体例的论文，较前一种情况为胜，如山西薛愈的《山西地方志目录汇编》⑦，将山西的474种各级方志按纂修时代为次，分别汇为专目；吴贵芳的《关于纂修上海方志新志的体例问题》⑧回顾了上海地方志的历史情况，提出了编写新志体例的建议十条。湖北里僻的《略述方志源流和〈湖北通志〉沿革》⑨，考述了湖北行政区域的沿革和湖北省志的源流，并对明嘉靖、万历，清康熙、雍正、嘉庆、宣统等六部有史可查的湖北省志进行了述评。陕西省李德运的《我省著名地方志简况》⑩，对自宋以来的十部著名方志作了介绍。吉林金恩晖的《吉林省地方志考略》⑪，对吉林省的百余种地方志的一般情况作了考察和介绍，其中对该地第一部专志《打牲乌拉志典全书》的发现与研究，是极有价值的。金恩晖对这一发现作了全面研究，写了一组专文，是

① 《山西地方志通讯》1981年第1期。

② 《山西地方志通讯》1980年第5期。

③ 《山西地方志通讯》1981年第2期。

④ 《山西地方志通讯》1981年第2期。

⑤ 朱士嘉：《谈方志的采访、体例及史志区别》，《湖北方志通讯》1981年第4期。

⑥ 《上海史研究通讯》1981年第3辑。

⑦ 《山西地方志通讯》1980年第2期。

⑧ 《上海史研究通讯》1981年第2辑。

⑨ 《湖北方志通讯》1981年第1期。

⑩ 《陕西档案简讯》1980年第5期。

⑪ 《文献》1979年第1辑。

近年来地方志研究工作的一项成就。辽宁的邸富生的《辽宁方志述略》①简要地介绍了辽宁方志的概况和史料价值。宁夏高树榆的《宁夏方志考》②，对宁夏地方的明志六部（佚三部）、清志两部和民国志一部的源流、编纂、刊刻情况作了考证。新疆纪大椿的《新疆地方志浅谈》③，对新疆通志、地区志、府州县志、乡土志进行了综合考述。云南方国瑜的《明修九种云南省志概说》④，对现传五种、已佚四种云南志的渊源、流传进行了缜密的考究。方先生的另作《李京〈云南志略〉概说》⑤对元明以来最早一部云南志书作了专题考说。李致忠的《略谈〈台湾府志〉》⑥一文，对康熙以来撰修刊行的《台湾府志》情况及目前的典藏进行了介绍。这些边远地区对方志研究工作的积极进行，反映了方志学研究正在日益广泛地开展，这对内地省份也是一种推动与促进。在专题研究方面也有一定的成绩。如骆兆平的《谈天一阁藏明代地方志》一文，对至今仅存的古代藏书楼天一阁地方志典藏与聚散状况加以研究概述，使我们对这一有特色的专藏有所了解⑦。仓修良的《章学诚和方志学》⑧、黄道立的《巨细毕收，博而能断》⑨等文，对章学诚的方志学理论与实践进行了学术性的探讨。又如宋蜀华的《从樊绰〈云南志〉论唐代傣族社会》⑩、赵吕甫的《唐樊绰〈云南志·蒙舍诏〉校释》⑪和唐昌朴的《读〈德阳县志〉——兼谈神人许真君》⑫等，都是专门性的学术研究论文。

（5）创编新志：在研究和总结旧志的基础上，创编新志的问题逐渐受到应有的重视。1956年的哲学社会科学十二年规划草案就提出了重新编纂地方志的任务，准备先从有条件的县市着手，逐步推广，计划在1967年以前能编出全国大部分县市的新地方志。1957年全国人大和政协的一些代表和委员先后提出了保存各

① 《辽宁师院学报》1980年第1期。
② 《宁夏图书馆通讯》1980年第1期。
③ 《图书评介》1979年第3期。
④ 《思想战线》1981年第3期。
⑤ 《思想战线》1981年第4期。
⑥ 《文献》1980年第4辑。
⑦ 《文献》1980年第3辑。
⑧ 《江海学刊》1962年第5号。
⑨ 《湖北方志通讯》1981年第5期。
⑩ 《思想战线》1978年第6期。
⑪ 《南充师院学报》1979年第2期。
⑫ 《西南师范学院学报》1979年第3期。

种乡土资料，继续编纂地方志书的建议，大大地推进了创编新志的工作，有的省区还建立专门机构来组织和领导编志工作，如湖北、湖南、四川、甘肃、青海等省都分别成立方志纂修委员会，着手工作，并取得成效。广西壮族自治区也成立广西通志馆，负责修志工作。据不完全统计，至1960年6月止，全国已有20多个省、自治区，530个县进行修志工作。有250个县已编出初稿，其中公开出版的，如《湖南近百年大事记述》和《湖南省地理志》二卷，山西的《岚县新志》、《祁县志》上册和《陵川县志》等；湖北的《浠水县简志》和河北的《怀来新志》等。尚未公开发行的，如广西自1958年以来有20余县完成了编志工作，并油印了初稿；山西油印了《沁水县志》和《五寨县志》等；河南也有10多种内部流传的县志初稿。这些都为新志的创编工作起到了筚路褴褛的摸索探讨作用。

1963年7月23日，中国科学院哲学社会科学部和国家档案局联衔向中央宣传部所写的《关于编写地方志工作的几点意见》，回顾了自1958年以来各地修志情况，指出了值得注意的问题，并提出了建立审阅制度，有计划有步骤地进行和加强组织领导等三点意见。

1964年以来随着农村"四清"运动的开展，在广泛发动编写"五史"的活动基础上，有些县曾组织专业人员创编新志，如河北丰润的试编县志，霸县编写的《东台山乡志》，可惜都未能卒底于成，其他地方也有类似活动。当时这些活动曾引起了一定的重视。1965年，华北地区曾决定由专人拟定条例，准备开展新编县志的工作，可惜由于十年内乱，不仅这项工作中断，而且条例及有关资料也都荡然无遗。

粉碎"四人帮"以后，创编新志陆续在各地兴起，改变了长期中断的状况，有些省成立了专门编写机构，发表有关论文，编制新志初稿，取得了可喜的成绩。如湖南省委1978年10月即作出恢复省志编纂工作以适应四化需要的决议，并于1979年8月召开编纂委员会全体会议，就编纂力量的组织和志书断限等问题进行了热烈的讨论。贵州省于1981年初成立省志编写筹备组，着手推进省、县志的编修工作。1980年，《红旗》、《人民日报》和《光明日报》等重要报刊发表了有关专论多篇，如《人民日报》发表了王青锋的《建议编修地方志》，《光明日报》发表了李志敏的《地方志的编修工作急待开展》和庄为玑的《建议编修地方志》两篇专论，呼吁开展地方志的编修工作。最近，上海陈光贻写了《关于编纂〈上海史〉、〈上海通志〉的建议》一文，提出了编写步骤、设想、管理制度和编写方法等具体建议。又如辽宁省台安县从1979年9月开始组织人力，经过一年的努力，终于写成了5编36章20余万字的新县志，为全县政治、经济、文化、军事和自然地理等方面提供了有价值的资料。又如山西代县是一座历史悠久的古城，最晚一部志书是清光绪八年（1882年）刊行的《代州志》，它较详细地记载了从战国到1881年之间的历史、地理、政治、文化和军事等方面的资料，但至今整整一百年却没有延续记录。今年5月，该县成立专门编纂机构，聘请三百余名退休、退职的老人为特约撰稿员，立即投入紧张的查阅、收集和编写工作。黑龙江呼玛县以三年多时间编写了50余万字的《呼玛县志》，提供了中苏边境上这一重镇的地方文献。湖北、湖南、山西、浙江、山东等地也都在制定条例，编写新志。编写新志的工作正在方兴未艾地向前发展着。北京、上海、湖南、湖北、山西、贵州等省市的方志编写机构还出版了通讯、简报之类的不定期刊物，以交流经验，沟通情报，辅导编写，征集资料，大大有利于编写新志的工作。

三、对今后地方志研究工作的浅见

建国以来，地方志的研究工作取得了一定的成就，但与丰富的历史遗产相比，还有不少可供开拓和继续发展的余地。这里仅就管见所及，对地方志的研究工作，谈点个人看法。

（1）刊印旧志：旧志刊印较少，流传欠广，不仅难于保存，而且不便于研究利用，似应继续《天一阁藏明代方志选刊》之类的刊印工作，尤其是对一些珍贵的未刊稿、有价值的油印稿和孤本善刻，亦应有选择、分缓急地加以刊印，如浙江图书馆所藏《浙江通志》初稿百余册、福建师大图书馆藏道光九年（1829年）胡之锇增修的《晋江县志》77卷抄本等，都是值得重视的。又如河南方志中顺治十六年（1659年）的《荥泽县志》、《汜志》和康熙十七年（1678年）的《荥阳县志》等，早已是海内孤本。又据《联合目录》编者之一庄威凤见告：广东省共有方志约440种，其中海内孤本约100种，海外孤本约20种。山西省共有方志430种，其中海内孤本约58种，海外孤本约16种。这些都应考虑重印，以便流传典藏。对于散佚的旧志，也应有专人搜求辑佚，使人得从吉光片羽中略窥古志的面貌。

（2）类编资料：这里所说的资料主要指两种，一种是地方志所蕴藏的各方面历史资料，过去曾类编过地震、天文等专科资料，但其中仍有不少有关社会经济、风土人情、文化艺术等方面的珍贵资料，如明万历《郴州志·坑冶》一节，记述宋明两代矿民斗争和禁闭矿场经过；嘉靖《建阳县志》详记书市情况和书坊书目，为研究明代图书事业提供了史料，这些都有待依类汇辑，使方志资料发挥潜在的作用。另一种是前代学者研究方志的成果资料，特别是清代许多著名学者如钱大昕、戴震、章学诚、洪亮吉、汪士铎、孙诒让等人的著作中，都有多少不等的有关方志的各方面论述，这些论述对深入研究方志学有重要的参考价值。除了抗战前1934年张树棻所编《章实斋方志论文集》外，尚未见其他专编。近年来，中国历史文献研究会曾组织力量重编《章学诚方志论述选编》，已完成初稿，但如能更广泛地类编更多学者的论文资料，则将大大有利于方志学的研究。

（3）编纂目录：方志目录虽创编于清季，而收罗较备卓有成就的当推近年来增订新编的《中国地方志联合目录》（1978年油印本），但这些目录只起到登记图籍、读志知津的作用，尚未进而辨章考镜，所以方志学家朱士嘉曾创议编一部《地方志综目提要》，这将使人们不仅知道某地有若干志，而且更能读其提要，得其概貌。此事固然体大难于措置，但建国以来的分区志目如洪焕椿的《浙江地方志考录》等作已开风气，设能组织力量，分区纂辑，进而整齐文字，划一体例，汇为《综目提要》，也决非不可行之事。据河南社会科学院杨静琦告知，该院就收藏有《四库提要续编》稿中的方志提要204篇，该院研究人员最近又增写了百余篇。其他各省也可能有类似情况。这是一个良好的开端。另外，清人和近人的方志学论文在尚未结集刊行前，也不妨先编制《方志学论文目录》，以备翻检。

（4）汇编地方风土丛书：地方志的重要功能之一是保存地方文献资料，其中风土资料也应在征材之列，这正如章学诚在《方志立三书议》中所主张的立《丛谈》一书的立意所在，也正是《上海掌故丛书》与《武林掌故丛书》等的所以汇编。即以江苏风土笔记而言，如清初叶梦珠的《阅世编》之记上海地区，乾隆时黄印的《锡金识小录》之记无锡、金匮地区，顾禄的《清嘉录》之记苏州，道光时甘熙的《白下琐言》之记南京，等等，都是极有用的志料，如能分地区整理校点汇印丛书，将有裨于地方志的研究和编写。

（5）撰写论文与专著：建国以来，散见报刊的方志学论文，为数不少，但既无目可稽，又未汇聚成册，搜寻检读，至感不便，应与出版单位合作，选编《建国以来地方志论文集》，附以重要论文目录。但即就目前已发表论文看，无论在源流体制、理论、编纂法的全面探讨上，还是在分区综述志书、剖析内容、总结经验、吸取借鉴上，都尚有开阔的领域，有待于撰述大批有质量的论文，来推动方志学研究的发展。至于专著，则数十年前傅、黎诸作之后，迄未获见新作。所以总括近数十年的新发展、新成就而撰著类似《中国地方志概论》之类的专著，也实在是当务之急。

（6）创编新志：研究旧志的重要目的之一，在于剔除糟粕、吸取精华以创新志。建国以来创编新志工作虽有起伏，但近数年，进展之速，区域之广，实为前所未有；展望未来，设能统一布置，加强联系，共同奋战，则方志之花必将争艳于社会科学园地之中，出现数千年地方志发展史的新阶段。即使一时编写条件不够成熟，也应积极搜集志料，做好准备，尤应注意填补旧志所偏废的空白点，如社会经济状况、工农业发展、民俗方言等具体材料，及早抢救记录。对于社会流传或私藏的方志稿（包括手写、油印等形式）都应采集保存，如质量已达到一定水平，可按长编资料形式出版。

上述六点只是一些粗浅的看法，可能考虑不周，或出于个人偏好，以致识小遗大，希望得到批评指正。

一九八年七月修订稿

原载于《天津社会科学》创刊号·1981年第1期

《中国方志学概论》讲授提纲*

一、方志与方志学

（一）方志

方志（地方志）是记载一定地区（或行政区域）的自然和社会的历史与现状的综合性著述。它包容一地的建置、沿革、疆域、山川、津梁、关隘、名胜、资源、物产、气候、天文、灾异、人物、艺文、教育、民族、风俗等等情况。

传统的方志形式是在兼收了春秋战国时期国别史、地理书和地图诸特点的基础上，随着历代政治、经济、文化的发展而逐渐完备。从春秋战国时期发端，中经汉魏，迄于隋唐，方志的内容与形式日益丰富完善，至宋而体制确立，明清乃称鼎盛。

方志有图经（图志，图记）、记（太平寰宇记）、传（南阳风土传），录（剡录）、乘（齐乘）、志（华阳国志）等等繁多的名目。

方志有一统志、总志、省志、府志、州志、厅志、县志、乡镇志、边关志等不同层次。

方志属性有地理派与史志派之争，应属历史学范畴，但史和志在体裁上终有不同，日后尚有专目讨论史志关系问题。

方志具有地方性、连续性、广泛性、资料性、可征性等特点。并有资治、征

---

*　此为1991年秋至1992年春在日本独协大学任客座教授时为大学院生授课的提纲之一。

信和教化的作用。

旧方志据一种统计约在8500种以上，其中宋元方志数十种，明志千余种，清志六千余种，民国志数百种。国内收藏很普遍，稍有名声的图书馆都有数量不等的收藏。国外在美国、日本、法国、朝鲜、英国、加拿大一些著名大学和公共图书馆都有收藏。

（二）方志学

方志学是一种专门研究方志领域中所特有的运动形态的学科。它有独立的研究对象和内容。它是研究方志产生和发展规律的。它包括以下几个方面：

（1）方志产生和发展的历史。

（2）方志的分类。

（3）方志的性质。

（4）方志的特征和作用。

（5）方志的整理和利用。

（6）方志编纂理论。

（7）方志学的发展历史。

方志学与考古学、政治学、经济学、教育学、社会学以及自然科学诸学科的关系是密切的，彼此间互相促进，相辅相成。

方志学是指导新志编写和旧志整理的基本理论。因此必须在研究方志学的同时了解各学科发展的新情况、搜集新资料来丰富方志学的内容，使方志学获得更完善的发展。

二、历代方志的编纂

（一）汉魏南北朝时期

由秦汉到南北朝，各种形式地方志已露出端倪，有全国性地理总志、地记、图经及综合性志书。

（二）隋唐时期

图经是这一时期方志的主要形式，内容与体例日趋完善。同时以志、记为名的方志也继续发展。

这一时期方志体例有所创新，政治、经济、文化等内容有所增加，但仍详于地理而略于人文。

官修志书开始出现，隋曾"普诏天下诸郡，条其风俗、物产、地图，上于尚书"。《诸郡物产土俗记》、《区宇图志》等著作先后撰成。其篇帙众多，内容丰富，为前此所未有。

隋修《区宇图志》是中国第一部官修的全国性志书，为后此编纂全国性志书立格局。

唐朝修志制度更加严密，每三年一造图经。唐的多种《十道录》、《十道图》就是各地图经的综合。敦煌曾发现唐的《沙州图经》、《西州图经》等多种。

《沙州图经》是我国现存最早的图经，距今已有一千二百多年。从残卷看，除记载行政机构与区划外，还对天象、渠泽、堰堤、县学、寺庙、祥瑞、古迹等都有不同程度的描述，颇具史料价值。

唐朝全国性志书的代表作是《元和郡县图志》，以当时十道所属四十七节镇为纲，分镇记府州县户口、沿革、山川、地理、贡赋等。宋时此书图佚，称《元和郡县志》。它是留传后世最古最好的一部全国性志书。

（三）两宋时期

宋是中国方志发展史上承前启后的重要时期。在这一时期中，修志的组织形式和规模超越前代，方志数量大增，并出现几种名志。志体趋于完备，图经已逐渐被志代替。方志发展进入了成熟阶段。

宋沿唐旧，三年一造图经，自太祖至徽宗，多次编修全国性方志，有《开宝诸道图经》、《祥符州县图经》及《九域图》等。南宋虽国势日衰，仍有《方舆胜览》及《舆地纪胜》等全国性志书出现。

宋代地方志书数量增多，其著名者如南宋孝宗至度宗前后不过百年，又值国势飘荡之际而有三修《临安志》（杭州）之壮举，由此也可见已有续修制度。

宋代修志工作相当普及，至今犹存的《澉水志》便是今海盐的一部镇志。

宋修方志南宋多于北宋，南方多于北方。现存宋志不超过三十种，是一项珍贵的文化遗产。

宋代方志的记述重点开始从地理转向人文。"人物"与"艺文"在志书中逐步占有重要地位。北宋初年成书的《太平寰宇记》集中反映这一变化，为地方志人物立传和采集地方文献开创新例。

宋代方志的图文比重有很大变化，宋更偏重于文字记载，而图的作用日益缩小，因此南宋以后几乎都改称为志。

宋代方志的主流体例有二：

一是以范成大《吴郡志》为代表的门目体。它将全部内容平行列目而无纲统摄。

一是以周应合《景定建康志》为代表的纪传体。它分录、图、表、志、传五类，类下分细目，可收目以类归、层次分明之效。后此修志多宗此体。

宋人修志往往喜以古郡名或山水名作志书名称，如福州之称《三山志》（福州东有九仙山，西有闽山，北有越山，故福州有三山之称）。台州之称《赤城志》（南北朝时梁于台州置赤城郡）。

（四）元明时期的方志

元明时期，方志继续发展，种类增加，体例趋向定型。元创一统志形式，明增专志，并提倡修简志。

元以修纂一统志而著称后世。元一统志初成于元世祖至元二十八年，凡755卷，重修于成宗大德七年，凡1300卷，定名为《大元大一统志》。明清所修一统志，卷帙尚不及此。

《大元大一统志》历来为学者所重视。清《四库全书总目》称其"最为繁博"。

元代州县志数量不大，见于著录者约近160种，其中以《至顺镇江志》为代表作。此志备录当地典故与沿革，有关物产和人物。

明代重视地方志的编修，全国性书有《大明一统志》，成书于天顺五年，共90卷，体例仿元一统志，编次不甚合法度。

明有13种通志。永乐十六年颁布修志凡例。州县修志比较普遍，有一地多次修志者，如《山西通志》曾三修，江苏《六合县志》曾六修。

明代出现了记军事要隘的边关志，如《四镇三关志》。

明代学者鉴于前此志书内容浩繁，而出现简志，如康海所编《武功县志》，颇著影响。

明代志体有三宝体，即按土地、人民、政事三类记事，但以此简单分类统摄复杂情况是相当困难的。

明代方志略嫌芜杂，但内容繁富，有史料价值。

（五）清代的方志

清代方志总的特点是体例谨严，种类齐全，数量较多，为历代修志之冠。

清从顺治末、康熙初即积极提倡修志。至乾隆六年，先后完成近二十种通志，其中谢启昆的《广西通志》颇为人所称道。在各省修通志的基础上，乾隆八年、四十三年，道光二十二年，中经百年（1743—1842），曾三修清《一统志》。

清代修志有较多学者参加，如顾炎武之参预《邹平县志》，章学诚之撰《永清县志》，李兆洛之撰《凤台县志》。这些出于学者之手的志书多半体例谨严，叙事翔实。

章学诚在其所修志书中体现其修志主张，如立三书（志、掌故、文征），着眼于经世致用，反映社会经济情况，被誉为"非兼才学识之长者不能作"。

清代学者除修志外，还辑已佚古代地志，为后人总结和继承古方志遗产创造条件。著名的有《汉唐地理书钞》。

清代修志相当普及，现存方志中，清志占80%。上起全国的一统志和各省通志，下至府州厅县乡镇，旁及土司、卫所、盐井，无不有志。各地尚有多次修志者。现存的台湾十多种志都是清代所修。

清代官修志书外，尚有私人所修。

清代方志体例有三种：

一是门目体，平列各目，无所统摄，中叶以后衰落。

一是纪传体，这是传统志体，分纪、表、志、传、略、录等门，后此多加沿用。

三是三书体，章学诚所创，分志、掌故、文征三种。

（六）民国方志

民国六年，山西省首创修志，并颁发《山西各省志书凡例》。

民国十八年，全面开展修志，颁布《修志事例概要》二十二条。

民国三十三年颁布《地方志书纂修办法》九条，规定省志三十年一修，市县志十五年一修。

民国志抗战前成书较多，江苏数量最多。

民国志书基本保持旧志格局，但也有新特点，如注意反映各地工农业生产面貌，近代企业之兴起，民生困苦。增加了各种图表。

（七）结语

中国方志起于战国，经汉晋的发展，隋唐趋于成熟，至宋而定型，明清两代在于普及与提高，而清称鼎盛。

三、历代方志学的研究

（一）清以前对方志的见解

方志学的萌芽与形成是和各个历史时期修志实践密切联系的。方志学是随着地方志的发展和成熟而逐渐形成的。

在清以前漫长的方志发展历史中，方志的实践活动——修志工作是有显著成绩的，数量的累积也很丰富；但方志学则处于一种萌芽、酝酿的过程中。在这一过程中，不少志家从修志实践出发，提出了对志书作用和编纂法诸方面的见解。这些见解虽非系统，但对方志学的建立有重要作用。这些论点和见解集中在"求实"、"资治"和"教化"等方面。

最早阐发方志价值和作用的是东晋时的常璩。常璩是四川崇庆县人，曾记述远古到东晋穆帝时的巴蜀史事而撰成名著《华阳国志》。他在序中说，著书有"五善"，即"达道义"，"章法戒"，"通古今"，"表功勋"，"旌贤能"。他明确地提出编纂《华阳国志》的指导思想是为资治，即为巩固政权的统治。

《文选·吴都赋》的一条注中说："方志，谓四方物土所记载者"，强调了地方资料的准确记载这一要点，也就是注意到"求实"的编纂态度和方法。

唐朝名志《元和郡县图志》的主持者李吉甫在该书序中说：

> 尚古远者搜古而略今，采谣俗者多传疑而失实，饰州邦而叙人物，因丘

墓而征鬼神，流于异端，莫切根要。

李吉甫指出了方志应避免巧伪失实而"求实"。他认为方志的作用是：

佐明王扼天下之吭，制群生之命，收地保势胜之利，示形束壤制之端。

这表明了志书的"资治"作用。

由于李吉甫指导思想明确，编纂方法得当，所以《元和郡县图志》成为后世所称道的名志。清代目录学家、《郑堂读书记》的撰者周中孚推崇此书是"详略得中，记叙有法"。

宋代的地方志已由"地理"扩展到"人文"。《景定建康志序》中明确指出修志的意义和作用说：

忠孝节义，表人才也；版籍登耗，考民力也；甲兵坚瑕，讨军实也；政教修废，察吏治也；古今是非得失之迹，垂劝鉴也。

《景定建康志》修成后，撰者周应合总结其修志经验写了《修志本末》，提出修志四事，即"定凡例"，"分事任"，"广搜访"，"详参订"。并认为修志要做到"削去怪妄，订正事实，崇厚风俗，表彰人才"。

元修一统志，开新体之端，其目的是为了"垂之万世，知祖宗创业之艰难；播之臣庶，知生长一统之世"。编一统志的目的就是要求臣民"各尽其力"，达到"上下相维，以持一统"。换言之，就是为了元朝的"长治久安，基业永固"。

有些修志者还提出了一些理论性的见解，如《嵊志》作者许汝霖不仅批评《剡录》的缺点，还提出选材须精，详略要当，反对虚妄怪诞，厉行朴实质直。因为只有这样的志才能对后世"启览者之心，使知古今得失之归"。

明朝修志由于强调"资治"而"郡邑莫不有志"。但因过于强调政治作用，造成赶时尚而竞相修志，佳志反而不多。而志书所出现的弊病却引起人们探讨方志理论的兴趣。如《曲沃县志》就提出志书的标准是：

其载欲悉，其事欲核，其书欲直。

其编纂法是：

必广询博采而后无遗迹；循名责实而后无讹传；义正词确而后无赘语；类序伦分而后无乱章。

统观清代以前对方志理论研究状况是：

修志实践和方志理论的探索是后先出现的，彼此依存，相互促进。清以前所作的种种努力为清时方志学的形成和兴起产生了导源奠基的先驱作用。

（二）清代方志学的兴起

清代修志工作广泛，持续开展，文人学者多投身其事，不仅促进了志业发展，佳作迭出，质量提高，也使方志理论研究得到更充足的依据，开始出现专门性的方志学论述。

清初著名学者顾炎武在研究整理地方志的基础上，撰写了《天下郡国利病书》和《肇域志》两大名著，开创了综合研究和利用地方志资料的道路。顾炎武在《营平二州史事序》中总结了明清两代之得失，指明了修志方向，为清代"方志学"的建立打下了基础。后人总结他的见解为五条：①修志者要有一定的学识，②要网罗天下书志以作参考，③要深入现场进行调查研究，反复勘对，必得其实而后止，④要有充裕的时间，⑤文字要通俗易懂。

清初一些重要大臣提出的某些修志要求，颇有见地，如康熙初年大学士卫周祚提出修志者要有三长，即正、虚、公。

雍正时著名文学家、桐城派开创者方苞在其《与一统志馆诸翰林书》中阐述了修志原则，即：体例要统一，内容要简明，资料要可靠，要做艰苦细致的校勘工作。

乾嘉时期是清代学术兴盛时期，地方志编纂法问题也在这一时期受到若干学者的关注。其中对后世影响较大的是以戴震为代表的考据学派和以章学诚为代表的史志学派。

考据学是乾嘉时期的主要治学方法，戴震这一派主张以考据方法来编纂地方志，着重于考证地理沿革与方位，因而也被称为地理派。除戴震外，钱大昕、孙星衍、洪亮吉等著名学者也都持此主张。这一派把学术上的"崇古薄今"思想和"诠释故训，究索名物"的方法都运用到修志工作中去，所以他们重视书面旧材料而轻视现实材料。他们认为把搜集到的资料进行排比，注明出处，搞成资料汇编即可。这实际上把修志工作降到资料纂辑的水平上。

章学诚是史志学派的代表。这一派无疑地也受到当时考据学的影响；但不仅限于地理方位与沿革的考据，而是要建立方志学理论。他们确立方志是一方之全史的地位就是要破除方志只是地理书的旧观念，而力求建立方志本身的理论体系。比较系统的方志学理论是从章学诚开端的。这套理论虽然还不够完善，但他却有开创之功。直到现在，虽已不尽适用，但仍不失其借鉴的意义。

（三）章学诚的方志学理论

章学诚（1738—1801年）是乾隆时期著名史学和方志学的理论家，也是亲自参与修志的实践家。他曾著有《方志立三书议》、《州县请立志科议》和《修志十议》等独具精思的论著，形成了比较系统的修志理论。他的方志学理论大致概括为以下三点：

1. 关于地方志性质问题

章学诚主张"志乃史裁"，"志属信史"，"史体纵看，志体横看，其为综核一也"。这些论点的目的在于改造对方志即地记的旧概念，树立方志的新概念。

2. 关于方志编纂方法问题

（1）史家法度：编志者应具有写史者的法度，即应具三长：识足以断凡例，明足以决去取，公足以绝请讬。此指修志者应具备的基本条件。

（2）三书：

仿纪传正史之体而作"志"。

仿律令典例之体而作"掌故"。

仿《文选》、《文苑》而作"文征"。

（3）四体：志应分四体即纪、谱、考、传。

（4）五难：修志有五难，即：

清晰天度难，考衷古界难，调剂众议难，广征藏书难，预杜是非难。

（5）八忌：忌条理混杂，忌详略失体，忌偏尚文辞，忌妆点名胜，忌推翻旧案，忌浮记功绩，忌泥古不变，忌贪载传奇。

（6）四要：简，严，核，雅。

3. 州县设立志科

章氏主张在州县设常设专门机构——志科，负责收集管理资料，备异日修志之需。志科人员应按规定记载，累计资料。

章学诚的方志学理论就在于辨明了方志的地位和作用，明确了方志编纂的内容和体裁，建议设立方志专业机构。尽管这些理论设想不能完全实现，但为建立方志学理论所作的贡献却是值得肯定的。

四、新编地方志的基本情况

（一）1949—1966年

1954年9月，山东省教育厅副厅长王祝晨在第一届人民代表大会一次会议上最早提出新编方志的建议。这是一次正式的公开倡议。

1956年的6月，王祝晨再次建议，并在《人民日报》发表《早早动手编修地方志》的文章。此后，出现了许多建议和意见，或在会议，或在报章，都可以听到和看到有关新编方志的呼声。

1956年，在《十二年哲学社会科学规划》方案中提出了编写新志的任务。

1958年以后，毛泽东、周恩来等领导人发表了关于编修新方志的讲话。于是各地纷纷建立机构，作出相应的决议。

湖北是最早成立修志机构的省份。它于1956年3月成立省志编委会。以后，山东、湖南、青海、陕西、甘肃、河北各省和北京市相继建立机构，或作出决议。

科学规划委员会也于此时设立地方志小组，成为对全国修志工作的指导机构。

1958年10月，地方志小组发布《关于新修方志的几点意见》，并制定《新修地方志体例》草案，向各地征求意见，直至1961年3月始正式发布《新修地方志提纲》。

这一阶段处于以搜集资料为主的准备阶段，成书较少。据1966年统计，有湖北《浠水县简志》、《咸宁县简志》、《孝感县简志》和《汉川县简志》，湖南的《近百年大事记述》，河北的《怀来县志》，山西的《陵川县志》和甘肃的《气候志》等。另外还有一些油印本的志书稿。

1960年国家档案局公布：全国有20多个省、市、自治区的530个县在编修新志，其中250个县已编出初稿。

这一阶段的特点是：

①领导人的倡导：这是历代修志成功的重要经验，因为志书是官书。领导人的倡导容易引起人们重视，便于推动工作。

②这一阶段虽未见显著成效，但它起到承先启后的中继作用。

③对地方志编纂工作中的某些理论问题展开了讨论。

④出版了一批简志，为今后的编志工作提供了可资借鉴的经验。

（二）1966—1976年

1966年，"文化大革命"开始，各地修志机构不能正常工作，甚至撤销，修志工作中断。修志事业停顿，直至八十年代。

（三）1980—1990年

1980年4月，胡乔木氏在中国史学会上提出编修新志意见，得到与会人员响应。10月，在天津举行中国地方史研究会筹备会。

1981年7月，在山西太原成立中国地方史志协会，大会通过了《关于新省志、新市志、新县志编纂方案的建议》和协会章程。这是自1949年建国32年来修志者第一次大聚会。这次大会主要办了三件大事：

一是明确了地方史志的重大意义、基本方针、原则和任务；

二是建立了组织，加强了领导；

三是汇集了成果，交流了经验。

1982年8月，中国地方史志协会常务理事会通过《关于新编地方志工作条例的建议》，对编志的方针、原则、编纂体例和工作步骤提出了具体建议。

1983年，原五十年代的地方志小组恢复工作。4月间在洛阳召开全国地方志规划会议，拟定了《1983—1990年中国地方志事业发展规划及设想》（草案）。

1985年，中国地方史志协会改名为中国地方志协会。地方志指导小组正式组成。这两个组织对新编地方志起了组织和领导作用。4月间，发布《新编地方志工作暂行规定》。

1987年初，制定了《"七五"规划》。

1990年，修志机构在全国普遍建立。据统计：29个省市区、2037个县都建立专门机构。各地各级机构多由各级政府主要负责人担任领导，有利于推动工作。

这一阶段的主要贡献是：

1. 完成了一批新志

1980年，黑龙江省的《呼玛县志》出版，这是本届修志的第一部新志，虽有不足之处，但有开创局面之功。

1986年修志初见成效，出版县志10余部，如江苏《如东县志》、山东《庆云县志》等。湖南、贵州出版了省《地理志》。

1990年2月，全国出版省专业志46卷、地方志18卷、县志204部。还有各地自行编纂的山水志、工矿志、乡镇志等。

2. 发掘了经济资源

原来不知道或不准确知道的经济资源因编志调查采访而发掘出来。如福建永泰县查清全县十一个温泉点，从1984年开始养鳗，获得很好的收益。他如枣庄市的漆树。还有一些旅游资源也被发现，得到经济收益。

3. 积累大量资料

1984年，吉林省志搜集资料六亿四千多万字。1985年止，湖北省已收集二十余亿字。县一级也多在千万字左右。这是一笔珍贵的财富。有的地方已利用这些资料编印年鉴、省情和市情，为今后的修志作了资料的储备。

4. 培训专业人员

从1982年分地区、分层次培训修志人员，举办不同类型的培训班、研讨班。现全国专兼职人员近十万人，大多具备了一定的专业知识。

（四）新编地方志的几个关系问题

1. 史志关系问题

史与志的关系是同源异体、殊途同归和相辅相成的。具体处理时是"志经史纬"，把史志二体有机地结合。

2. 分志与总志的关系

分志为总志备料，提供"坯子"，总志是在分志初稿基础上，完成统一体系的成稿，是作结"果"的工作。

3. 资料与论述的关系

地方志重在记述各类地方资料，但地方志绝非资料汇编，也不是不加任何论述的资料堆积。地方志是寓论断于叙事之中。

4. 新志与旧志的关系

旧志可供新志借鉴的是体例、篇目和某些资料，要吸收其精华。新志是用新观点、新方法和新资料组成的新型综合性志书，不是旧志的续篇。

5. 领导与群众的关系

领导修志工作的人要求教于群众，希望群众提供资料，给予支持，但本身应心中有数，自有主张，不能一轰而起，放任自流。

6. 全面与重点的关系

全面主要指一部志书要包括自然和社会各方面的基本情况，资料要尽量搜集齐全，但又不等于面面俱到，要有所侧重，要有特色。

7. 编写人物的诸种关系

（1）立传标准：这是写人物的最根本问题。如何立传？不以地位、等级为立传标准，而应视其社会作用而定。作用包括正反两方面，凡顺潮流而动，促进社会发展的要立传，使其流芳百世；反之，逆潮流而动，阻碍社会发展的也可以立传，使之遗臭万年。

（2）生存人不立传：主要是为对人不宜在生前作出最后评论和排除不必要的干扰。对生存人有特殊贡献者可采取"传事不传人"。

（3）评论要实事求是：千秋功过不能以个人意志感情来论定，不以功代过，也不能以过代功。不锦上添花，也不落井下石。

（4）发掘人物：要发掘被埋没的小人物。大人物不易漏。而当世声名不显，后世却有影响的人物要注意发掘，保留资料，备人征考。

五、旧志的整理与刊行

（一）旧志整理的历史

旧志比较正规的整理大约始于明清之际。

清初学者顾炎武撰写《天下郡国利病书》和《肇域志》开利用和整理旧志作为学术研究依据之端。

清康熙时，徐乾学所编《天下志书目录》，是为方志编目之始。

道光时，周广业撰《两浙地志考》为地区性方志目录之始。

民国期间，缪荃孙、谭其骧、任振采等都有方志目录之作，而以朱士嘉《中国地方志综录》影响较大。

近年，在朱录基础上，又进行全国性普查，有庄威凤、朱士嘉等编成《中国地方志联合目录》，由中华书局印行。

这些目录记录了著者、刊本、时代、卷数及藏者，但均无内容提要。

提要目录首见于《四库全书提要》及《续四库全书提要》，其后张国淦有《中国古方志考》及瞿宣颖的《方志考稿》等。

对旧志的辑佚工作，除清代王谟的《汉唐地理书钞》、马国翰的《玉函山房辑佚书》和陈运溶的《麓山精舍丛书》外，民国时期仍在进行。如鲁迅辑《会稽记》、赵万里辑《析津志》。五六十年来共辑书百种。目的希求恢复旧志的基本面貌。

（二）旧志整理的现状

1. 旧志的刊行

中国旧志数量虽多，但流传不广。有些旧志历经兵火，几近绝迹。建国以来，出版部门有选择地刊印一些旧志，如《大元大一统志》、《天一阁藏明代方志选刊》。特别是台湾翻印了大量旧志，扩大了流通范围。北京、天津、山西、上海、福建还重印一批有关地方风情的风俗小志，为研究和利用资料提供了便利。

2. 类编旧志资料

中央气象局从旧志中辑录的《五百年来我国旱、水、涝史料》，河南省所编《河南省地震历史资料》等。这些资料类编，对建国后各项经济文化建设都有一定的参考作用。

3. 编制旧志目录

（1）联合目录

中国科学院北京天文台庄威凤等所编《中国地方志联合目录》，收录全国一百四十余家藏书，记书名、作者、卷数、版本、收藏单位等项。收书八千余种。

（2）藏书目录

上海、南京、天津、广东、四川、福建等地公共图书馆，北京大学、南京大学、南开大学等大学图书馆的馆藏方志目录。

（3）地方目录

安徽、河南、河北、陕西、广西、新疆、武汉等地分别编辑了本省现存的方志目录，供编写新志使用。

（4）稀见志书目录

朱士嘉、赵慧编《日本所存稀见中国宋明两代地方志草目》，及崔建英所编《日本见藏稀见中国地方志书录》，颇便于了解国外藏志情况。

（5）提要目录

洪焕椿所著《浙江方志考》是当今质量较高的一部专著。南开大学地方文献研究室编有《河北地方志提要》（稿本）。

4. 旧志综述

（1）将一地区旧志情况作一综合叙述，如刘志盛的《湖南地方志述略》

（《湖南地方志通讯》1982.3）、何马的《新疆地方志概况》（《中国地方史志通讯》1981.7—8）。

（2）将一朝各种志书加以综述，如刘纬毅的《明代地方志概述》（《山西地方志通讯》1982.1）。

（3）将一志多种加以综述，如何孝积的《清代三修〈湖南通志〉述略》（《湖南地方志通讯》1984.2）、来新夏的《重印〈畿辅通志〉前言》（《河北学刊》1985.1）。

5. 旧志校点

以陈明猷校点《嘉靖宁夏新志》为最佳。点校者做了许多有利读者检读的工作，书后附《嘉靖宁夏新志的史料价值》一文。

（三）旧志整理的意义

前一时期对旧志利用有两种偏向：一是照搬某些旧志资料，填塞新志内容；一是针对旧志采取一概排斥的态度，屏而不观。正确的态度是观其优劣，订其谬误，决定取舍，继承发扬。

旧志中有如下三方面已无现实意义：

一是竭力宣扬封建王朝统治者功业德能的内容，如皇帝的例行诏谕，吟风弄月的诗文，粉饰太平的言论等等。

二是宣传封建伦理纲常的内容，如节妇、烈女的行事。

三是对人的溢美之词。

旧志中可以取材的内容有二方面：

一是继承旧志合理的编纂体例。如凡例、序言中都说明其编写宗旨与方法。

二是文献资料的采取。旧志中保存了大量的有关社会经济、自然现象的宝贵资料，可供征考、纠缪、补缺。

（四）今后的趋势

1981年以来，曾多次讨论旧志整理问题，成立了旧志整理工作委员会，制定了整理规划。目前重点放在类编资料以求训致用上；其次是编纂目录，对旧志的确切情况进行摸底；至于重印旧志、点校旧志等工作也将有步骤地进行。

原载于《独协经济》第58号　齐藤 博编集　日本独协大学1992年3月版

论方志科学[*]

一、旧方志学与方志科学

顾名思义，方志学是一门专门研究方志领域中特有运动形态的学问，它的产生应该是中国地方志编修活动长期发展的必然结果。方志学的发展历史既古老，又年轻。说其古老，是因为自方志萌芽之始，人们便有意识地开始了对方志编纂理论、方法、经验的总结，为方志学最终系统的建立拓展了道路；言其年轻，是指方志学的系统建立与形成，同地方志全部编纂历史相比，具有较大的"滞后"特征。方志学作为一门专门的学问，则普遍认为自清代章学诚始建立，至今也不过二百年左右的历史，远不能和中国方志发展的悠久历史相比。封建时代的方志学，包括民国时期的方志学，我们习惯称为旧方志学。旧方志学是封建时代文化的产物，带有很大的历史和阶级的局限性，存在一些片面、乖谬、不科学的成分，并且研究的领域也有限。到了民国时期，受西方现代科学的影响，方志学的理论研究虽有所变新，如对进化论、资产阶级民主主义思想、注重民生、现代科学技术手段的引进等等，都给民国时期方志学研究注入了新的血液，但总的说来步子不大，没有跳出旧方志学体系的藩篱。

方志科学，人们通常又称为马克思主义的方志学，或新方志学。方志科学同以往旧方志学有显著的质的区别，首先是指导理论的不同，方志科学之所以被称为真正的科学，同旧方志学本质的区别，关键就在于方志科学是以马克思主义、列宁主义、毛泽东思想作为学科研究的指导理论。历史或阶段的局限性，使旧方

---

* 本文发表时署名来新夏、王德恒。

志学无法从根本上摆脱唯心、反科学的观点。因此，也就不能正确地反映方志领域中特有运动形态的客观规律，准确地总结历史经验，使方志学研究上升到科学的程度。

其次，阶级属性不同。旧方志学是为封建统治阶级服务的，不仅志书的编纂要由统治者来组织、规划，而且方志内容也要反映统治阶级的思想和意志，学术研究只有为王权和封建政权服务，被封建统治者首肯之后，才有存在的价值，使得方志学研究工作对行政权有严重的依附性，一切都唯"官"命是从。因此，旧方志学的阶级局限是必不可免的，一切要以统治阶级的利益与要求为转移。方志科学则不同，由于方志科学是以无产阶级最先进的思想——马克思列宁主义为指导理论，要求尊重历史实际，强调实事求是，如实地记录和反映方志领域中特有运动形态的客观实际和规律，提倡不同学派观点的争鸣。

我们指出旧方志学与方志科学的本质区别，并不是说方志科学同旧方志学毫无关系。历史文化的发展是不能割裂的，有其继承性。这在马克思主义经典作家的著作中，都有对批判继承关系的论述。方志科学的建设与发展的途径，一方面要靠编纂社会主义新志的实践；另一方面还要依赖批判和继承旧方志学的历史遗产。旧方志学在志书编修传统、体例、内容、形式、方法等方面，都为方志科学提供了许多可供学习和借鉴的东西。所以方志科学与旧方志学两者之间的联系是非常紧密的，正是从建设和发展方志科学出发，我们更应重视对旧方志学历史遗产的批判与继承。

二、方志科学的学科地位

方志科学的学科地位如何？是否具有独立的学科地位？对此问题，学术界的认识尚有不同的观点，未趋一致。一种意见认为方志科学目前尚不具备独立的条件和基础，应当隶属于相关学科之下。从旧方志学产生之日起，就有所谓历史派、地理派之争。当今则有"史学分支"、"行政管理学的一部分"、"区域地理学"等说。这些说法尽管对方志科学的归属认识不一，但有一点却是一致的，即都否认方志科学是一门独立的学科。另一种意见则认为方志科学是一门独立的学科。此种意见虽说是近几年才提出的，但却颇为流行，大有一统之势。很多人认为社会实践的需要和当代科学高度分化与高度结合的趋势，以及方志科学特有的研究对象，已使方志科学向一门具有边缘性质的横向综合性学科发展。

方志学理论的产生与发展，是伴随着方志编修实践的发展而发展的。方志编修在两宋以前受地学影响较大，两宋以来则受史学影响较深，特别是清代章学诚强调"志属信史"、"志乃史体"，将方志学纳入史学范畴以后，一直到民国时期，人们多认为方志学是史学的一部分，并在修志实践中影响至深。旧方志学理论的研究与发展是极其缓慢的，很少拓展，不仅与方志悠久的历史不相称，而且也远落后于史学的发展，并未保持同步前进。因此，人们批评旧方志学发展缓慢。自宋以来中国方志内容、形式很少变化的原因，除政治、经济、文化诸因素之外，方志学理论发展迟缓、不具独立学科地位和严重脱离客观实践不能不说也是一个主要原因。

时至今日，方志科学有没有独立的基础和客观可能呢？任何一门学科的独立，都离不开社会实践的需要和特有研究对象与客观条件的形成。就客观实践而言，新志内容事涉诸科，兼及自然、社会的方方面面，已远远超出史学或地学的范围。如果仍将方志科学置于史学或地学之下，史学或地学的理论已不足以完全说明和解决新志编修工作的许多问题，不利于加强理论对实践的指导作用。另外，从现代科学发展的实际情况来看，现代科学的发展已呈现出高度分化与高度综合的趋势。目前方志科学的研究已呈现出横向、综合的特点。学科理论的现代化、学科研究方法的现代化、学科研究手段的现代化及学科内容的综合化，也客观要求方志科学从史学或地学的门下独立出来，这不仅是客观现实的需要，同时也是现代科学发展规律的必然结果。

就方志科学的研究对象而言，中国地方志在其漫长的历史进程当中，不仅类型日丰，内容日趋综合，体例越演越精，而且创立了不同于史书或其他书籍的独具特色的体裁形式，同时方志编修工作已不再是少数封建官员和文人的事情，而是成为一种群体的社会文化事业和两个文明建设的重要组成部分。方志科学是以方志、方志事业及其相关因素作为自己的研究对象，既有不同于其他学科的特有研究对象，又有界分清楚的研究范围。

就客观条件而言，方志编修的悠久历史，为我们积累了相当丰富的方志学遗产，而建国后二次大规模的修志实践，又为我们总结和积累了大量丰富而富有生命力的有关新志编修的经验和理论，发表和出版了为数众多的论文和著述。这样就为我们在继承与批判前人成果的基础上的创新，提供了可能，为方志科学的系统建立奠定了牢固的基础。另外，全国方志科学理论研究的队伍与机构已经系统形成。从中国地方志指导小组到地方各级修志机构遍及大江南北，特别是从全国到地方的各级地方志学会及各专门方志研究机构的设立，使方志科学的研究获得了广泛的群众基础。初步形成了一支不同层次、为数众多、既有理论又富有修志经验的专业研究队伍，为方志科学的研究深入和发展，提供了可靠的组织与人员的保证。

综上所述，无论是从客观社会实践的需要，还是从方志科学研究对象和客观条件的形成来说，方志科学都已经发展到寻求自己独立学科地位的时候了。任何一门科学在科学殿堂中的地位，是由其本身来决定的，受客观因素的制约，对此人们可以正确地认识它，但不能人为地改变它，主观地限制它的发展。因此，方志科学应当是一门具有边缘性质的横向综合性的独立学科，确定方志科学的独立地位，无论是对指导新志编修实践，还是学科理论体系的建立，都具有重要的现实意义。

三、方志科学的研究对象

方志科学作为一门专门科学，同其他学科一样，也有着自身特定的研究对象和研究内容。方志科学的研究范围远较旧方志学广泛，它是以方志、方志事业及其相关因素作为研究对象。这个研究对象决定了方志科学的性质、内容及学科理论体系的建立。

方志科学的研究对象，大致可概括为如下几个方面。

1. 地方志书本身的研究。对地方志书自身的研究，就是要从多方面弄清方志到底为何物。不仅要研究地方志产生和发展的历史与规律，搞清它的起源和发展演变过程，而且还要系统地研究各个历史时期及不同类型志书的名称、体例、内容、形式、性质、特征等方面。

2. 地方志编纂原则及方法的研究。方志编纂原则的研究，是对方志编纂目的及意义、思想指导原则、编写原则的研究。编修新志同历史各个时期编修的地方志不同，是社会主义的新型方志，要用新的观点、新的方法、新的材料去编修新志。因此，对方志编纂原则的研究，是方志科学重要并急需解决的主要课题，从总体上规定着志书的方向，具有普遍的指导意义。

方志编纂方法的研究，即志书具体编纂的技术方法和手段的研究。诸如志书篇目设计、志书总体结构安排、志书各种体裁特点与作用、志书具体的表现手法和技术手段、志书文字的表述、文风的要求、志书总纂与审议的方法与内容等。方志编纂方法决定着志书的具体形态，体现在志书最终成果之中。

3. 地方志编写组织工作的研究。当今方志编修工作，既非一两个人所能承办，也非短时就可一蹴而就，要经过一系列的组织工作。包括修志机构的组建、编写班子的构成与选配、队伍的培训与组建、编写人员的分工与职责、编写工作的协调与组织、编写工作的内外交流等方面。客观而言，前人在这些方面可供总结的遗产并不很多，再加之新的社会制度的不同，因此对有关方志编写组织工作方面的研究，还有待深入的研究和探讨。

4. 地方志应用的研究。对方志应用的研究，即研究新旧志书及在修志过程当中，搜集到的资料与信息如何服务现实及产生社会效益的问题。诸如旧志资料的科学价值与局限、志书的收藏与编目、撰写方志提要、编辑专题资料汇编、编制方志索引、服务社会效益调查、国内外方志研究工作的文化交流等等。搜集、整理、利用新旧志书及有关资料为现实服务，是一项极其艰巨而又十分必要的研究课题。

5. 方志学发展史的研究。从早期的方志编纂思想到旧方志学的形成，直至方志科学的初建，其间既有许多经验和教训可供总结，又有扭不断的联系和继承。研究新旧方志学自身形成和发展的历史与规律，研究各个历史时期的方志编纂思想及理论著作、研究历代方志学家的思想和流派，对方志科学的研究方向、思维方法、研究手段的确立，有着十分重要的现实意义。

6. 方志领域相关因素的研究。方志科学的研究对象及内容，决定了它与许多相关学科有密切关系，涉及众多学科。如历史学、史料编纂学、自然地理学、历史地理学、人文地理学、经济地理学、城市学、社会统计学、社会学、民俗学、考古学、政治学、经济学以及有关的自然学科等。同时，方志实际编修业务也需同社会有关部门发生这样或那样的联系，如与图书馆、档案馆、博物馆等有关部门的关系等。因此，对与方志领域有关因素的研究，也是方志科学的研究对象之一。

方志科学的研究对象是近几年人们探讨较多的问题，在认识上也存在一些差异。考其原因，一是人们对方志事业因所站角度、认识方法的不同，而结论也就不尽相同；一是由于方志科学研究对象本身还在发展、变化，本质属性尚未被充分揭示。方志科学的研究对象是在解决方志领域中的矛盾与问题的过程当中，逐步地被明确起来的，确立方志科学的研究对象，对深入揭示方志科学的性质、内容，推动学科的发展，有着不可忽视的重要意义。

四、方志科学的体系结构

方志科学是各分支方志学科的总称。随着新志编修实践的深入及现代学科的渗透，方志科学的研究内容在不断扩大，这就促使方志科学不断出现新的分支学科。就目前研究的实际情况来看，方志科学的体系结构可作如下描述。

1. 普通方志学。普通方志学是研究方志、方志事业及相关因素的基础理论、原理、特点和方法及规律的一门学科。研究内容包括方志性质与功能、旧志整理、方志编纂理论、事业组织建设原理与运行体制、方志编写工作原则与机制、未来发展趋势等方面。此外，还包括方志及方志学发展史的研究。普通方志学的学科特点是比较综合广泛。

2. 专科方志学。专科方志学是专门研究各种类型志书及其特点、规律的方志学。研究的对象可以是就各类型志书的总体研究。如省志、市志、县志、厂矿志等。研究它们的编纂形式、特点、体例、方法等。也可以是就志书的某一组成部分的分体研究。如概述、大事记、地理志、经济志、政治志、文化志、社会志、教育志、人物志等的研究。专科方志学研究对象比较专一、具体。

3. 应用方志学。应用方志学包含两个层次。其一是以方志编写中某些具体应用工作为研究对象。如资料汇编、方志目录、方志提要、方志索引、服务社会等内容，其二是运用方志学原理与有关学科某些应用研究的结合。如方志编纂学、方志史料学、方志统计学、方志目录学、方志批评学、方志美学、方志民俗学等。近几年来，方志编纂学研究较紧，成果也丰。由于新志评议活动的普遍开展，促进了人们对方志批评学、方志美学的研究与探讨，已显现方志批评学、方志美学的信息，其他学科尚有待建树。方志学原理与有关学科结合的结果，所产生出来的新学科大多具有边缘性质，为方志科学注入新鲜血液。

4. 比较方志学。近几年来，一些同志著文中论及建立比较方志学的必要与可能，也是一个新课题。顾名思义，比较方志学是以"比较"作为主要的研究手段和方法。比较方志学的根本任务，就在于通过多种形式的比较研究，求常求变，求同求异，从中发现和把握方志领域中的一般规律与特殊规律。研究的类型主要有跨国研究、地域研究、实例研究三种。跨国比较研究主要是针对两个或两个以上国家有关事物的比较，如将中国地方志同国外的某些地方史、区域地理学进行比较研究等。通过多角度的横向比较，以求其异同，丰富和发展中国地方的内容。地域研究是就国内某一地区的方志事物进行比较研究。实例比较研究则是某些专书或专题的比较研究。

方志科学的学科体系结构只是近几年人们才有所涉及的新课题，各家意见也不统一。但是方志科学的体系结构是客观的，是体现方志科学客观规律的知识体系。可以设想，经过人们研究的不断深入，必会得到正确反映。根据以上对方志科学学科体系结构的介绍，可用如下简图表示（见附图）。

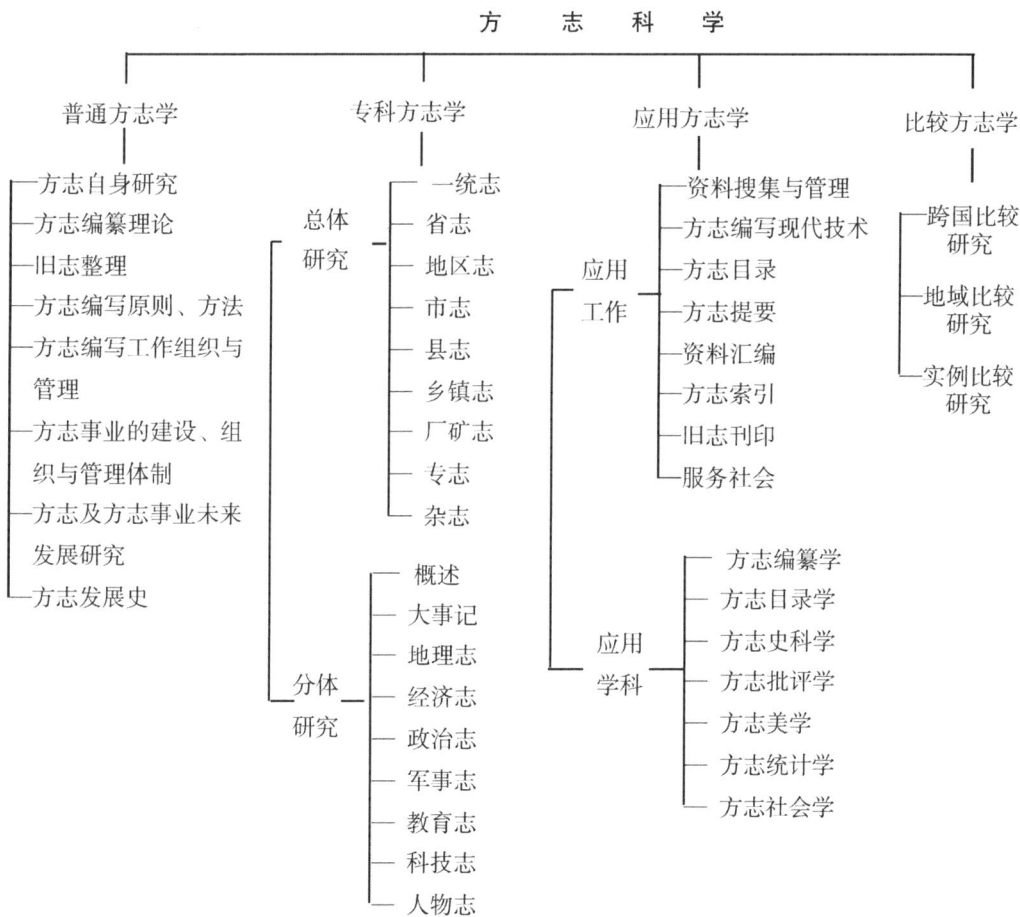

方 志 科 学

- **普通方志学**
  - 方志自身研究
  - 方志编纂理论
  - 旧志整理
  - 方志编写原则、方法
  - 方志编写工作组织与管理
  - 方志事业的建设、组织与管理体制
  - 方志及方志事业未来发展研究
  - 方志发展史

- **专科方志学**
  - 总体研究
    - 一统志
    - 省志
    - 地区志
    - 市志
    - 县志
    - 乡镇志
    - 厂矿志
    - 专志
    - 杂志
  - 分体研究
    - 概述
    - 大事记
    - 地理志
    - 经济志
    - 政治志
    - 军事志
    - 教育志
    - 科技志
    - 人物志

- **应用方志学**
  - 应用工作
    - 资料搜集与管理
    - 方志编写现代技术
    - 方志目录
    - 方志提要
    - 资料汇编
    - 方志索引
    - 旧志刊印
    - 服务社会
  - 应用学科
    - 方志编纂学
    - 方志目录学
    - 方志史科学
    - 方志批评学
    - 方志美学
    - 方志统计学
    - 方志社会学

- **比较方志学**
  - 跨国比较研究
  - 地域比较研究
  - 实例比较研究

以上是我们彼此间研讨旧方志学与方志科学间异同时的一些意见，现整理成文发表，希望得到方志学界的同行和读者们的指正。

原载于《中国地方志》1992年第5期

中国方志学理论的发展与现状

方志学理论的萌芽与发展是和各个历史时期的修志实践密切联系的。方志学的理论是随着修志事业的发展而逐渐走向成熟的。在魏晋以前，由于缺乏直接的文献记载，只能从《禹贡》、《水经注》、《汉书·地理志》和《越绝书》等著述中了解到一些先贤们在对如何修志问题上进行的不自觉的探索。而各个历史时期图经、志书的不断编修也正说明人们对于方志的历史价值和作用已有一定的认识。

一、清前对方志的见解

从魏晋以来，直至清以前的漫长的方志发展历史过程中，方志的编修实践活动是有显著成绩的，数量的积累也很丰富；但方志学理论则处于一种萌芽、酝酿的过程中。在这一过程中，不少志家从修志实践出发，提出了对志书作用和编纂方法诸方面的见解。这些见解虽尚不够系统，但对方志学的建立有着重要作用。这些论点和见解集中在"求实"、"资治"和"教化"等方面。

最早阐发方志价值和作用而作出明确表达的是东晋的常璩。常璩是四川崇庆县人，曾记述远古到东晋穆帝时的巴蜀史事而撰成名著《华阳国志》。他在该志的序志中说，编志有"五善"，即"达道义、章法戒、通古今、表功勋、旌贤能"，明确地提出编纂《华阳国志》就是为了"资治"。这是常璩对往昔志书所作的概括和总结，也是对修志工作所提出的规范和要求。

隋唐时期，人们对方志编修的"求实"要求日趋明显。如《文选·吴都赋》的"方志所辨，中州所羡"一语的注中，对方志的概念作出了实事求是的界定说："方志，谓四方物土所记载者"，认定方志就是地方性资料的如实记载。也有人对以往不求实的学风进行了批评，如颜师古在《汉书·地理志》注中说："中古以来，说地理者多矣！或解释经典，或撰述方志，竞为新异，妄有穿凿，安处附会，颇失其真。后之学者，因而祖述，曾不考其谬论，莫能寻其根本"，强调了"求实"的编纂态度和方法。唐朝名志《元和郡县图志》的主持者李吉甫在该志的序中说："尚古远者搜古而略今，采谣俗者多传疑而失实，饰州邦而叙人物，因丘墓而征鬼神，流于异端，莫切根要。"他指出修志应避免巧伪失实而"求实"。他认为方志的作用应是："佐明王扼天下之吭，制群生之命，收地保势胜之利，示形束壤制之端"，表明了志书的"资治"作用。与李吉甫同时的元稹在进《西北图经》和《西北边图》时，即向皇帝陈明这些图经的作用："衽席之上，欹枕而郡邑可观；游幸之时，倚马而山川尽在"，"若边上奏报烟尘，陛下便可坐观处所"。这充分证实当时修志是以"资治"为目的。

有些著名学者还很强调志书的"求实"精神，如史评家刘知幾在其所著《史通·杂述篇》中即指出："郡书者，矜其乡贤，美其邦族。""地理书者，人自以为乐土，家自以为名都，竞美所居，谈过其实。"明确指出方志性质的著述中巧伪失实的问题，反映了求实的意愿。

宋代是方志盛行的时期，不仅有官修方志，私家著述也很发达。在修志的组织、规模、体例和内容方面都远远超过了隋唐，所谓"方志之书，至赵宋而体例始备"[1]，即指此而言。它一变隋唐以前"多分别单行，各自为书"的状态，而将自然、历史、政治、文化、人物等等汇于一编，即由地理扩展到人文、历史方面。它上承历代志书余绪，宋人朱长文所撰《（元丰）吴郡图经续记》序中说："方志之学，先儒所重，故朱赣风俗之条，顾野王舆地之记，贾耽十道之录，称于前史。"此为后世修志创立了基础，在方志理论发展史上起着承先启后、继往开来的作用。许多学者在丰富的修志经验基础上，纷纷发表对修志的看法，展开了对方志的性质、作用、目的以及编纂方法的探讨。

著名政治家和史学家司马光视地方志为"博物之书"，他在为《河南志》所写序言中说："凡其废兴迁徙及宫室、城郭、坊市、第舍、县镇、乡里、山川、津梁、亭驿、庙寺、陵墓之名数，与古先之遗迹、人物之俊秀、守令之良能、花卉之殊优，无不备载。考诸韦记，其详不啻十余倍，开篇粲然，如指诸掌，真博物之书也。"马光祖在《景定建康志》序中认为地方志不仅只是"辨其山林、

---

① 张国淦：《中国古方志考·叙例》。

川泽、都鄙之名物而已"，而是应该"天时验于岁月灾祥之书，地利明于形势险要之设，人文著于衣冠礼乐风俗之臧否"。他总括地方志有五大功用，即"忠孝节义，表人才也；版籍登耗，考民力也；甲兵坚瑕，讨军实也；政教修废，察吏治也；古今是非得失之迹，垂劝鉴也"。这无异为修志工作提出了指导思想与要求，使方志学理论初现其系统。郑兴裔为《广陵志》所写的序中有更明白的说明道："郡之有志，犹国之有史，所以察民风，验土俗，使前有所稽，后有所鉴"，不特在"天子采风问俗"时，"借以当太史之陈"，而且还可使"后之来守是邦者，亦庶乎其有所据依"。刘文富在《严州图经》自序中则直接指出修志是为"告后之为政"。这就是说"资政"已是当时修志的重要功能和要求，明确了修志的宗旨。宋人修志亦很重视志书的教化作用，吴子良在《赤城续志序》中提出修志是为了"诠评流品，而思励其行"，"悟劝戒而审趋舍"的观点。宋代志家对修志的方法也进行了条理化的总结，周应合在完成《景定建康志》后，写了《修志本末》，规定了修志的四项程序，即定凡例、分事任、广搜访、详参订。他更具体地提出了操作程序是先修《留都宫城录》，冠于书首，依次为地图、年表、十志、十传。传之后为拾遗，图之后为地名解，表之后又编入时（年时甲子）、地（疆土分合，都邑更改）、人（牧守更代、官制因革）、事（著成败得失之迹，以寓劝诫）等四项内容，使后来修志者更能有所依傍。

南宋以来，志家对方志的了解益深，观点也更明确。《新安志》的撰者罗愿在序中主张不能把志修成资料汇编，而是要由具备一定学术水平的学者加以取舍和编纂。这对目前仍有重要的借鉴意义。

两宋时期志家的意见，促进了修志事业的开展，树立了方志的模式，对方志学理论的形成起到了重要的先驱作用。

到了元代，修志事业无论编纂，还是理论探讨，都有新的进展。元修《大元大一统志》就是为了"垂之万世，知祖宗创业之艰难；播之臣庶，知生长一统之世"，使臣民能"各尽其职"，"各尽其力"，达到"上下相维，以持一统"。这是明白地宣示修总志的主要目的是为元朝的长治久安、基业永固。元代的志家十分重视志书的实际效用和编写目的。如李好文在《长安志图》中就反映农田水利的实际，认为这是"泽被千秋"而不可遗漏的内容，所以在卷下列了不少有关内容，有经渠总图、富平石川溉田图、渠堰因革、用水则例、设立屯田等目，为一方民生国计立论，具有一定的实用价值，其"资政"的目的非常明确。郭应木在修《宝安志》后则认为志书所载内容会引起后人的议论。"某也仁，某也暴，某也廉，某也贪，某也才，某也阘茸"，能产生"闻之者足以戒"的教化作用。有些志家往往借评论前人著作来阐述自己的理论观点，如许汝霖在所撰《嵊志》的自序中即批评宋高似孙所撰《剡录》"择焉不精，语焉不详"，"纪山川则附以幽怪之说，论人物则偏于清放之流。版图所以观政理，而仅举其略；诗话所以资清谈，乃屡书不厌；他如草木禽鱼之诂，道观僧庐之疏，率皆附以浮辞而过其实"。这从另一方面反映出他在阐述选材宜精，详略要当，反对虚妄怪诞，厉行朴实质直的修志主张。因为只有这样，志书才能起到"启览者之心，使知古今得失之归"的作用。还有些志家对方志的源流颇有论述，如张铉在《（至正）金陵新志·修志本末》中曾详尽地追述了方志的历史源流。

明朝修志强调"资治"，所以"郡邑莫不有志"。他们大都着眼于方志的政治作用，认为地方志乃是"系于政而达之于政"的著述。宣德时的张洪在《重修琴川志》序中说"郡县之有图籍"，是"为政者不可废"的，因为"凡山川之险易，土壤之肥瘠，物产之美恶，民庶之多寡，按图考籍，可得而知之也"。他还认为志书一可以计"道里远近，钱粮事民之数"，二可在凶荒之年，移丰补歉，强调了方志在施政方面的作用。康海在《朝邑县志序》中也曾说："志者，记也。记其风土文献之事，与官乎斯土者，可以备极其改革，省见其疾苦，景行其已行，察识其政治，使天下为士大夫者读之足以兴，为郡邑者读之足以劝，非以夸灵胜之迹，崇奖饰之细也。"

由此遂出现不少趋时之作，难免有诸多弊病与瑕疵。于是引起一些志家试图从理论上进行探讨，谋求解决弊病的途径。嘉靖《曲沃县志》的主修者刘鲁生就提出志书的标准应是"其载欲悉，其事欲核，其书欲直"。这就是说：记载要尽其所有，无所不包，事实要仔细查对，翔实确凿；并且要是是非非，敢于秉笔直书。他还提出了志书的编纂原则是："必广询博采，而后无遗迹；循名责实，而后无讹传；义正辞确，而后无赘语；类序伦分，而后无乱章。"这是从实际工作中总结出来的经验之谈，至今仍有重要的参考价值。

在搜集保存资料方面，明代志家也有所发展，如江西巡抚陈洪谟在《江西通志序》中曾说："流光易逝，恒性健忘。倏忽之间，遂成陈迹。通都大众之中，求之数年之前，十已遗其四五，穷乡下邑，学士大夫之所罕及，而欲取证于数年之前，其所遗亦多矣。志之修之，不可后也。"

通观清前方志理论的状况，可以窥知这样一个事实：修志实践和方志理论研究是先后出现、彼此依存、相互促进的。清以前的种种努力为清代方志学的兴起和形成有着导源奠基的先驱作用。

二、清代方志学的建立

清代修志工作广泛而持续开展，有许多文人学者投身其中，不仅促进了修志事业的发展，而且佳作层出不穷，质量亦极有提高。这使方志理论研究得到更充足的依据。清初著名学者顾炎武在《营平二州史事序》中总结了明清两代修志的得失，指明了正确的修志方向，为清代方志学的建立奠定了基础。后人将顾炎武的修志要旨概括为五条：修志者要有一定的学识；要网罗天下志书以作参考；要深入现场进行调查研究，反复校勘必得其实而后止；要有充裕的时间，文字要通俗易懂。

清初一些重臣也提出某些修志要求，如康熙初大学士卫周祚曾在为一些志书作序时阐明其见解。他在《曲沃县志》序中提出了"修志三长论"说："尝闻作史有三长，曰：才、学、识。修志亦有三长曰：正、虚、公。"所谓"正"是指志德，秉笔刚正，不阿权贵；所谓"虚"是指修志态度，要虚怀若谷，能聚纳众人的不同意见；所谓"公"是指修志者的操守，要主持公道，不偏倚门户。这些要求在实践中是有相当难度的，但他终究提出了修志者的信条和追求之鹄的。雍正时，著名文学家、桐城派的创立者方苞在《与一统志馆诸翰林书》中即阐述他所主张的修志原则是：（1）体例要统一，"体例不一，犹农之无畔也"。志书必然成于众手，但决不能"各执斧斤，任其目巧，而无规矩绳墨以一之"。（2）要由博返约，提倡简略。（3）强调方志资料的可靠性，要求作艰苦细致的校勘工作。

乾嘉时期，一些方志理论逐渐形成指导修志的某些准则。谢启昆的《广西通志》是一部代表作。梁启超在总结清代方志学成就时曾指明其"首著叙例二十三则，遍征唐、宋、明诸旧方志的门类体制，舍短取长，说明所以因革之由，认修志为著述大业"，因而断言"注意方志之编纂方法，实自乾隆中叶始"[①]。但在学术界却存在着不同流派的争议，那就是以戴震为代表的地理考据学派和以章学诚为代表的史志学派。

---

① 梁启超：《清代学术概论》。

考据学是乾嘉时期的显学，有些学者用考据方法进行地方志编纂，着重于考证地理沿革与方位，所以被称为方志学领域中的考据学派，又因其倾斜于地理，也有称其为地理学派者。这一派的主要代表人物有戴震、钱大昕、孙星衍和洪亮吉等人。戴震是一代考据大师，他以考据研究地理的方法运用于方志编纂。著名文字学家段玉裁在所撰《戴东原先生年谱》中曾较详地加以论述说："盖从来以郡国为主而求其山川，先生以山川为主而求其郡县。其叙《水经注》曰：'因川源之派别，知山川之逶迤，高高下下，不失地阞。'为《汾阳志》发凡曰：'以水辨山之脉络，而汾之东西，山为干、为枝、为来、为去，俾井然就序。水则以经水统其注入枝水，因而遍及泽泊井源。令众山如一山，令众川如一川，府境虽广，山川虽繁，按文而稽，各归条贯。'然则先生之《水地记》固将合天下之山为一山，合众川为一川，而自《尚书》、《周官》、《周礼》、《春秋》之地名，以及战国至今，历代史志建置沿革之纷错，无不依山川之左右曲折安置妥帖，至赜而不乱。"

这就是说戴震的编志方法是以水系辨山脉，以山川形势考察郡县建置和地理沿革。这就是考据学的主要方法。其他钱大昕、孙星衍、洪亮吉等虽各有具体主张，但大都未越考据规范。他们总的主张是专务考据，不多追求新文献；信载籍而对反映现实的资料不够重视。所以往往影响志书的实用价值。

对考据学派持异议的则是以章学诚为代表的史志学派。章学诚是乾隆时的史学和方志学家，也是多次参与修志的实践者。他形成了比较系统的方志学理论，建立了清代的方志学，其要旨大致可概括为以下三点：

（一）关于地方志的性质和作用

章学诚主张"志乃史裁"、"志属信史"、"史体纵看，志体横看，其为综核一也"。这些论点在于改造方志即地记的传统旧观念，树立起对方志的新概念以明确方志的性质。梁启超认为这一改变是对方志学的最大贡献①。章学诚这种史志观确是一种创见，是建立方志学的一块奠基石，从而引申出一套较系统的方志学的理论，如在其《答甄秀才论修志第一书》中就从史志观角度出发而论及志书的性质是为经世致用。他说："史志之书，有裨风教者，原因传述忠孝节义，凛凛烈烈，有声有色，使百世而下，怯者勇生，贪者廉立。"可见章学诚已视方

---

① 梁启超：《中国近三百年学术史》十五。

志为教化的工具了。

（二）关于方志的编纂方法问题

章学诚认为：在明确"志为史体"、"志乃一方之全史"的前提下，修志就应按照史家法度来进行工作。要贯彻史家法度的首要关键是修志者也要像修史者那样具备"三长"。志家的三长是：识足以断凡例，明足以决去取，公足以绝请托。要谨守《春秋》家法，严名分，别尊卑，并有裨社会风教。这是对修志者的素质要求。

章学诚提出了"三书"、"四体"的志书编纂方法。"三书"是指志书的三大组成部分，"四体"是志书所采取的四种不同体裁。他把"三书"提高到三家之学的地位，并加以解释说："凡欲经纪一方之文献，必立三家之学，而始可以通古人之遗意也，仿纪传正史之体而作志；仿律令典例之体而作掌故；仿《文选》、《文苑》之体而作文征。三书相辅而行，缺一不可；合而为一，尤不可也。"①

在三书中，志是主体，应该"词尚体要"，"不失著述之体"。掌故是有关一方典制的原始记录，类似会要、会典那样，作为档案保存下来的政事资料。文征是有关一方"不能并入本志"的奏议、征实、论说、诗文、金石等。这样，就使论述与资料相辅相成地结合起来，构成一部完整的地方志书。

章学诚认为作为方志中心的志应该采取"四体"，即"皇恩庆典宜作纪，官师科甲宜作谱，典籍法制宜作考，名宦人物宜作传"。建立外纪、年谱、考、传四种体裁来包容志的内容，"既无僭史之嫌，纲举目张，又无遗漏之患"，使志能写成既严谨又合于史法的水平。

章学诚还提出了指导修志应注意的问题和解决方法——就是所谓"五难"、"八忌"与"四要"。

所谓"五难"是在修志中易于遇到的难题，即清晰天度难，考衷古界难，调剂众议难，广征藏书难，预杜是非难。他要求修志时克服这五个难点。

所谓，"八忌"是指修志时应防止的八项弊病，即忌条理混杂，忌详略失体，忌偏尚文辞，忌妆点名胜，忌推翻旧案，忌浮记功绩，忌泥古不变，忌贪载传奇。如果志书中没有这八项弊病，那就是章学诚所理想的佳志。

---

① 《章氏遗书·方志略例·方志立三书议》。

所谓"四要"就是指一部志书的标准和修志者的工作规范。"四要"是要简、要严、要核、要雅。那就是说一部志书必须做到体尚简要，去取严整，材料辨核，文辞典雅，否则就不能算达到标准的志书。

此外，章学诚对若干具体编纂问题还不遗细微地作出规定，提出要求，如重视调查访问，确立序次编排，对旧志内容应续其所有、补其所无，采取审慎态度，对内容要兼通古今、详近略远，立论要谨严，行文要质朴等等。总之，他主张"持论不可不恕，立例不可不严，采访不可不慎，商榷不可不公"①。

章学诚为纠正当时地方志体制杂乱而提出"辨体"的理论。所谓辨体就是各类型地方志所记内容应当各有所重。省府州县各有其体，既不是简单凑合，也不能随意拆散，如就通志而论，"所贵乎通志者，为能合府州县志所不能合，则全书义例，自当详府州县志所不详。既已详人之不详，势必略人所不略"②。如此，则各类型志书的内容范围即界限划分清楚，各有侧重，做到各有所当载，而互不相蒙。

（三）关于州县设立志科的建议

章学诚鉴于修志时搜集资料的困难而指出："州县记载并无专人典守，大义缺如，间有好事者流，修辑志乘，率凭一时采访，人多庸猥，例罕完善，甚至挟私诬罔，贿赂行文。"所以主张建立一个征集、整理和保存资料的常设机构——志科，使"登载有一定之法，典守有一定之人"。平时搜集、整理、保管档册资料和采访口碑，一旦修志，则可自志科取其丰富的储料以备征考。

综上所述，章学诚不仅亲自参与了多种志书的修纂工作，而且还将实践经验升华概括为初具系统的方志理论。他确定了"志为史体"的方志根本性质，辨明了方志的应有地位，创立了一整套修志义例和方法，对方志的内容和体例作了重要的革新，为清方志学的建立作出了重要贡献。近人瞿宣颖曾评论说："虽其所撰不能尽如所期，然其发明义例，振起浮俗，使方志之用增其伟大。章氏之绩，可谓迈越寻常者矣。"③这种评论当然是指章学诚所处时代所达到的水平而言；置诸今天，他的方志学理论显然尚有若干值得商榷和补订之处。如果当前修志仍然过分强调章氏理论，以章为据，唯章是依，那就很不够了。从民国时期的一些

① 《章氏遗书·湖北通志检存稿·序例》。
② 《章氏遗书·方志略例一·方志辨体》。
③ 《方志考稿·甲集·序》。

方志学专著和当代的研究成果中可以找到不少超越清代方志学的内容。不过，尽管章学诚的方志学理论还有某些不足和不能完全实现，但他为建立清代方志学理论所作的历史贡献却是值得肯定的。

三、民国时期的方志学理论著述

辛亥革命后，社会发生了重大变革，虽然修志事业还在时断时续，但方志学的理论研究却呈现前所未有的活跃景象，许多学者都重视这门学科，对方志的源流、体例、编纂方法等都有所研究和论述。据有人统计，民国20年前后，在与方志有关的刊物如《方志月刊》、《禹贡半月刊》和其他一些学术刊物上，发表了有关方志学研究的论文达300余篇。有些知名学者还撰著了10余种专著，标志着民国时期方志学研究已在向纵深方面发展。这些论著既为前所罕见，也为后世开风气，至今尚有一定的参考价值。

梁启超是较早对清代方志学加以总结的一位学者，他在《中国近三百年学术史》中比较系统地论述了方志的性质与编纂方法。他极力推崇章学诚，并几乎完全接受了章氏的方志学观点而加以阐扬和发展，奠定了方志学的基础。他不仅确立了方志学在清学中应有的地位，而且亦在若干方面对后学有所启示，起到了方志学发展史上的里程碑的作用。梁启超明确地提出"最古之史，实为方志"这一关乎方志性质的重要课题。他还公允地评论了方志的利弊，论定了方志的地位，阐述了史志关系，并提出对修志人员的要求。

李泰棻所著《方志学》是民国时期篇帙最大、论述比较系统的一部理论专著。它论述了方志的性质、旧志的偏枯、作者的方志主张和编志方法。他像梁启超那样，继承了章学诚"志即史"的方志学观点，主张"在中央者谓之史，在地方者谓之志，故志即史"。他也对修志人员提出了必须具备多种学科知识的严格要求，这对提高志书质量将会有重大作用。

傅振伦所撰《中国方志学通论》是一部叙述比较系统，内容比较丰富，至今仍在产生影响的一部专著。它全面地论述了方志的意义、性质、种类、功用、科学价值和方志的起源、发展、派别与通病，及章学诚之方志学、旧志之收藏与整理、方志之撰述等。傅振伦认定"方志为记述一域地理及史事之书"。他在"志即史"的定义上增添了地理方面的内容，兼融了清代地理与史志两大流派的偏执一端。他要求撰写新志要"略古详今，侧重现代"，"博采详志，注重实用"，"特详悉于社会方面"，偏重于"物质方面"而"广辟类目，注重科学"。

此外还有黎锦熙的《方志今议》、王葆心的《方志学发微》、甘鹏云的《方志商》和吴宗慈的《修志丛论》等，都有一定的参考价值。

四、方志学理论研究的现状

近五十年来，对方志学理论的研究虽然不如其他学术领域活跃和有显著成效，但不少方志学者仍在孜孜不倦地开展研究，写出了一定数量的论文和专著。

（一）综合性研究

在五六十年代，许多学者开始注视到中国地方志这笔宝贵遗产，不断提出研究旧志、创编新志的建议。金毓黻的《普修新方志的拟议》和傅振伦的《整理旧方志与编辑新方志问题》[①]二文为方志与方志学的研究启其端。其后，朱士嘉发表《中国地方志浅说》[②]一文，对地方志的起源、发展、特征、价值及国内外馆藏等问题进行了概括性研究与剖析。傅振伦对旧作《中国地方志通论》进行修订后，易名《中国方志学》，于1981年在《河北师范大学学报》连载发表，对中国方志学进行了综合性论述。在不少报刊上陆续发表的探讨方志学理论的论文，涉及方面较广，如对方志学的研究对象和内容、方志学的学科体系、方志学的研究方法、方志学的特征、旧志的批判继承问题、对旧方志学的评价、新志编写体例和质量标准、对章学诚方志学的研究与评价以及新方志的编纂方法等。比较集中讨论而至今犹在进行的则是史志关系问题。

史志关系问题一直是为方志学者所关注的热点。八十年代初，徐一贯所写《史中有志，志中有史》[③]和《史以述往，志以示来》[④]二文对地方史志的体裁同异发表了个人见解。他主张"在形式上史志可以分家，从编纂体制上史志必须统一，既有专史，又有专志，才可使地方志成为一种完整的系统结构"。朱文尧

---

① 分见《新建设》1956年第5、6期。
② 《文献》1979年第1辑。
③ 《山西地方志通讯》1980年第5期。
④ 《山西地方志通讯》1981年第2期。

则主张"志有志体，史有史体"，"史重在鉴，志重在用"①，二者不能混淆。朱士嘉则对史志区别提出了三点看法：（1）史纵志横，志先于史；（2）国史一般无图，方志一般有图；（3）方志一般有褒无贬，国史则有褒有贬②，这一区分并不完全准确。其余尚有许多论文涉及此问题，但始终未能获得比较一致的共识。直至最近，林衍经发表的《史志关系论》③，对这一理论性讨论作了比较全面的回顾，并采取比较研究的方法作出了他自己如下的结论："从古今史志的比较，可以看出史与志有同也有异，有联系也有区别；其次同和异、联系和区别在不同历史时期和不同种类的志书中，各有程度差别。……但是，即便是有明显的历史学科属性的志书，也不应当、不可以与地方史划上等号，因为志书的内容和形式毕竟与地方史存在着一定程度的相异之处。犹如梨子和苹果都属水果，总是二种不同的果品；即使是形貌气质极相似的孪生兄弟或姐妹，总还是彼此二人，不可等同的。"

随着方志学理论研究的持续进行和新方志编写实践经验的日益丰富，如何建立新方志学理论体系和确立其学科地位的问题，便成为方志学界研究和讨论的中心课题。这也是方志学理论研究工作者和有实践经验的修志工作者所应承担的共同的社会与历史的责任。

（二）分区性研究

对地方志进行分区研究，并从理论上分析源流、探讨体例的论文较前一种研究为胜，如吴贵芳所写《关于纂修上海方志新志的体例问题》④，回顾了上海地方志的历史情况，提出了编纂新志体例的建议十条。里僻的《略述方志源流和〈湖北通志〉的沿革》⑤考述了湖北行政区域的沿革和《湖北通志》的源流，并对明清两代的六部有史可查的湖北通志进行了述评。这是八九十年代方志学者进行研究工作用力较勤、成果较多的一个方面。《中国地方志综览》为此特辑专目（P333—345），可备检用。

---

① 《山西地方志通讯》1981年第2期。
② 《湖北方志通讯》1981年第4期。
③ 《中国地方志》1994年第3期。
④ 《上海史研究通讯》1981年第2辑。
⑤ 《湖北方志通讯》1981年第1期。

（三）专题研究

六十年代以来，专题研究也取得了一定的成绩，如骆兆平的《谈天一阁藏明代地方志》①一文，对至今仅存的古代藏书楼天一阁所藏明代地方志的典藏与聚散状况加以研究概述，使人们对这一有特色的专藏珍籍有所了解。仓修良的《章学诚和方志学》②和黄道立的《巨细毕收，博而能断》③等论文对章学诚的方志学理论与实践进行了学术性探讨，有益于新编方志的借鉴，但也带来了一些唯章是奉的不良后果，影响了对新方志学建立的进程。

专题研究中被视为热点的是旧志的继承批判问题。有些文章作了专门论述。我认为应当批判的内容主要有三方面：一为竭力宣扬封建统治者功业的夸大性内容，如立于卷首或独立成章的皇帝的无关理要、专事粉饰之诏谕、诗文与言论；二为宣传封建伦常的内容如诬民变为盗匪活动，过分颂扬义士、烈女等事迹；三为不恰当的溢美之词。应当继承的则有两个方面：一是继承旧志中合理的编纂体例；二是继承文献资料，以备征考和补缺纠谬。

（四）专著

近年来，方志学理论方面的专著陆续问世，主要的如来新夏主编的《方志学概论》（福建人民出版社，1983年8月），便是较早出版的一部教材性质的专著，比较系统地论述了方志的起源、发展，介绍了古今学者对方志学的研究情况，提出了新志的编写要求和方法。再如刘光禄的《中国方志学概要》、史念海的《方志刍议》、林衍经的《方志学综论》和仓修良的《方志学通论》等都是引起人们注视的专著。多人论文合集有《中国地方史志论丛》（中华书局，1984年），汇集了一部分学者在地方志学术会议上发表的理论性论文。个人论文集有傅振伦的《傅振伦方志论著选》（浙江人民出版社，1992年）、朱士嘉的《朱士嘉方志文集》（北京燕山出版社，1991年）、梁寒冰的《新编地方志研究》（河南人民出版社，1988年）、董一博的《董一博方志论文集》（河南大学出版社，1989年）。这些个人论文集多为个人的专门性研究论文，有较高的理论水平和指导作用。

---

① 《文献》1980年第3辑。
② 《江海学刊》1962年第5号。
③ 《湖北方志通讯》1971年第5期。

　　1992年，南开大学地方文献研究室与日本独协大学经济学部合作进行"中日地方史志比较研究"的课题，在来新夏与齐藤博两位教授的共同主持下，有中日著名学者十余人参加，经过近两年的工作，已完成了该项目，并将有关论文结集为《中日地方史志比较研究》论文集，近期将分别出版中日文本。这为方志学理论研究的国际合作交流开辟了新路。

　　香港地区的学者把方志学理论的研究纳入区域研究之中，或视为地方史。他们往往把地方志的研究与族谱、家谱联系一起。1980年8月间，美国犹他州举行的"世界家谱与记录"会议上，香港大学林天蔚即提交了《族谱与方志的关系》（英文本，中文本见《中华文化复兴月刊》24卷第6期）一文，论述了中国族谱与方志之源流和相互关系及族谱与方志联合研究的价值等。1989年4月上旬，香港大学亚洲研究中心举办的"亚太区地方文献国际会议"上，方志研究也是会议议题之一，有台湾宋晞的《论流传于美国之罕见中国地方志》和大陆李默的《广东方志发展史略》等论文提交会议。

　　香港学者还撰著了有关方志学的研究性专著，如1965年饶宗颐收集《永乐大典》内的潮州志及明、清、民国三种潮州地方志，集为《潮州志汇编》，并附以《清以前之潮州志纂修始末》一文，对潮州志进行了较深入全面的研究。同年，陈正祥所著《中国方志的地理学价值》，论述了方志的特性、种类和分布，方志的渊源和发展，方志所包括的地理学资料及以八蜡庙的建立点来探寻蝗虫的踪迹，作出了如何利用旧志资料的范例。

　　台湾地区的方志学理论研究工作主要围绕方志性质问题和新方志的探索与实践等方面进行。学者们对方志的性质主要有四种看法：（1）地方志是地方史；（2）地方志为地理书；（3）地方志是地方史与地方地理的合流；（4）地方志是既不属地理，亦不属历史的另一门类。对于新方志是什么的探索，主要有三派不同的看法：

　　（1）新地学派：以张其昀为代表，认为新方志应以地理为主，主张用现代地理学的方法来纂修方志，效法外国的"区域地理"的研究方式。

　　（2）社会学派：以陈绍馨为代表，主张新方志应从社会学角度来研究与编写，提倡"区域研究"要离开旧传统，根据现代社会科学重新撰写。

　　（3）方志三学论：此为唐祖培所倡导。他主张立"自然"、"自立"、"自强"三纲领。倡导方志科学、方志文学、方志哲学的方志三学。

　　台湾学者也撰有一些研究专著，如唐祖培的《新方志学》，分志目、志例、志图、志表、志考和志传等篇,其自序则详细阐释建立方志三学的主张。杜学知的《方志学管窥》,其中《台省通志纲目商榷》一文,从方志起源、性质、体例、内容、纂修以至台省通志志目草案等,均一一加以简述与分析。毛一波的《方志新论》为作者论文集,有《方志学与史学》、《杂论史与志》、《释省通志体例》等内容。还有其他有关专著与论文。

近几十年,方志学理论研究虽有一定的进展,但尚未能建立起比较完整的方志学体系,对于总结旧志和创编新志都缺乏应有的学术理论加以指导。因此建立新的方志学体系将是今后研究工作的重点。我们应对新旧方志学的区界、新方志学的学科地位、新方志学的研究对象和体系结构等进行比较深入的研究与探讨,经过努力,写出一部有一定理论水平的新方志学理论性专著,使方志学的理论研究获得新的成就。

原载于《中国地方志》1995年第2期

关于比较方志学建设的思考[*]

一

比较方志学自90年代以来，由于新编志书的大量完成和问世而有了雄厚的基础，特别是1993年中国南开大学与日本独协大学对中日地方史志进行比较研究，正式把比较研究的方法运用于方志学的研究，初步有了比较方志学这一学术领域的不完整的概念。比较方志学是以"比较"作为主要的研究手段和方法。它的根本任务在于通过多种形式的比较研究，求常求变，求同求异，从中发现和把握方志领域中的一般规律与特殊规律。但这一学科至今还不能成为一门独立的专门学科。因而我想就比较方志学学科建设问题进行某些探讨。

比较是人类用以认识和思维世界和事物的一种方法，在很早的时候就有人自觉或不自觉地运用它，古代希腊的柏拉图和亚力士多德，中国春秋战国时期的孔子和公孙龙子都对哲学、文学和史学等方面进行过大量的比较分析和研究。中国的史圣司马迁的"究天人之际，通古今之变"，就是在天与人、古与今之间进行比较研究而完成了伟大的著作——《史记》。但是比较研究真正被作为正式学科概念提出来则源于西方。1555年法国博物学家和旅行家皮埃尔·拜伦发表的《比较解剖学图象集》成为比较学科的正式开端。18世纪初，比较学科的科学理论体系在逐渐形成。19世纪以来由于自然科学的迅速发展，比较学科也很快地渗透到自然科学的各个领域而产生了比较解剖学、比较生物学、比较胚胎学等等。它也影响到社会科学的各个专门学科领域，特别是进入20世纪后，比较文学、比较史

---

[*] 1997年12月29日在"海峡两岸地方史志比较研究讨论会"上的主题报告。

学、比较法学、比较教育学、比较图书馆学等等陆续出现，比较方志学也在这时开始受到注视。但这些学科是否已被承认为专学，还有争议和不同的认识，主要有三种看法：

第一种是对以比较方法研究方志学是否能成为独立学科持怀疑态度，认为这只不过是运用比较方法于方志学的研究而已，比较方志学就是方志学而不是另一门独立学科或分支学科。

第二种意见认为比较方志学是一门独立学科。它有自己的萌芽、形成和发展的过程，也有自身的研究对象、范畴和目的。

第三种意见是综合前两种看法而形成一种易被多数人接受的意见，那就是说，一种方法与一门专学的形成是"既有区别，又有联系"的。如以比较方法作为研究方志学的基础和手段，就能逐渐形成为方志学所属的独立的分支学科。它既是一种方法，又是一门学科。

在这三种意见中，我比较倾向于第三种，因为前二者都各有所偏，不是把比较科学与方志学分割开，就是把比较科学与方志学简单地合而为一，看不到它本身的发生发展和形成的轨迹。只有第三种才完整地反映出这门学科的内涵，并与其他方志学的分支学科有明显的不同。但是比较方志学并不仅仅因为运用了比较方法而成独立学科，而是它还具有特定的研究领域。这些领域包括有跨国比较、跨地区比较、跨时代比较、跨民族比较以及不同个案的比较等等。只有把比较的方法自觉地与特定的这些研究领域紧密地联系起来，才能形成比较方志学这一专门的分支学科。

二

比较方志学的建设与研究，我国已在各特定领域中开展，有些领域还取得了一定的成绩。

第一，跨国的比较研究。其主要成果是我和日本学者齐藤博教授的国际合作项目"中日地方史志比较研究"，中日两国的多位学者参加了这一课题的研究。这项研究采取几种不同的方式进行，有的是各自提供研究成果，为比较研究准备坚实的基础，如中国学者论述方志在不同阶段的发展史，并评价其记事内容、语言要求、史志关系等方面，日本学者则从地方志与地方史的关系，提出了把自己放进去进行研究和编写的方法，并批评了专家承包和只作为学术实习的做法。有的则是选取一二种书进行直接比较，如陈桥驿教授以中国的《慈溪县志》与日本的《广岛市史》相比较，从编纂机构、篇章安排和内容叙述各方面提出异同，认为二者从修纂的组织机构到体例内容是相似的多而差异者少。但是由于二者行政区划不同，广岛市是一个城市，而慈溪县则是包括城市、集镇、乡村等的一个区域，所以前者是城市志，而后者则是区域志，这是二者的大异。日本学者犬井正教授是以《天津简志》作为研究素材进行中日地方史志的比较研究的。他从中国志书的叙述方法及目的来纵观中国方志影响下的日本方法的传统，并据关东地区一都六县的市、区、町、村的史志来探讨与中国方志的关联问题。在中国方志界有一位中年学者郭凤岐先生在中日两国学者合作研究的基础上，对中日地方志的异同作出了比较性的概括，其相同点是：

（1）修志规律基本一致，都体现了"盛世修志"的规律。

（2）组织形式比较接近，都是政府行为，是官修书。

（3）记述内容大体相同。

（4）结构体例相互类似。

（5）编纂方法的趋同。

从比较中他也概括出中国修志的优长之处是：

（1）传统共有，长短源流不同。

（2）同源异体，独立成熟不同。

（3）功能相似，价值大小不同。

（4）资料性同，著述档次有差距。

这样比较的结果，使人清楚地认识中日史志间的异同，也鼓舞了中国修志人员的信心。

第二，跨地区的比较研究。中国的新编志书近十年来进展甚快，成果繁多，据一种统计，截止到1994年6月，已出版的省、市、县三级志书共为1549部；已定稿即将付印的共为777部，两项合计为2362部。对这些志书价值的评定往往以评议会的形式，比较其得失，以进一步推动编志工作。有的分南北片或合数县共同评论。有的则为示范全国，从声誉较高的志书中选择数部作全国性的比较评论，如1983年为促进新编志书的进度，曾选择《萧山县志》、《渭南县志》和《玉山县志》等三部有一定代表性的志书，邀请专家进行评论，从指导思想、概述、大事记、篇目设计、文献资料、统计数字、人物立传及语言文字等八个方面，相互比较求同求异，为下一阶段续修志书的工作提供了依据。

第三，新旧志书的比较研究。中国旧志近万种，新编志书曾多处参考与采择。及新志告成，研究者多以一地新旧二志进行比较研究。如萧山旧志种数较多，而新志一般评论较佳，于是有新旧志之比较研究，间亦连及他志。其比较结果见于我所写的新编《萧山县志》序，序中说：

> 旧志之修，大多由主县政者邀集地方绅士文人，仓卒从事，或计日程功，不顾质量；或迁延岁月，时辍时兴。今志之修，则大不然。始有县委与政府认真研究，广征博咨，订立规划，继则广集人才，专业从事；终而从本县实际出发，以实事求是精神，上承前志精华，下聚各方卓见，制纲定目，分口撰写，汇集总纂，复经专人分编，主笔统摄，反三复四，而后完成草稿，乃印发各方征求意见，再加审读修订，方提出评审稿。虽时日略延，而敬事慎行的精神保证了新志编写的良好基础。

> 旧志连篇累牍记及职官、名胜、人物、艺文，而于经济少所涉及。远者如明清两朝八部《渭南县志》仅有食货一门，篇幅甚少；近者如民国24年刊《萧山县志稿》33卷，人物占14卷，几近二分之一，而经济仅有4卷，为十分之一略强，一代面貌难以再现。今修县志则增益大量经济内容，即以其大事记而论，建国以来共记400条，而经济大事为146条，将及半数。经济专篇也较多，而萧邑地处钱江之滨，围垦已成经济要务，新志乃特立专篇。它如乡镇企业、引进开发诸端也莫不标列条举。其意义与宋范成大《吴郡志》专立园林相比美，使《萧山县志》具有时代和地方特点。

> 旧志体例率多因袭，或续前志所缺，或补旧志不足，即成新编，其篇目内容纵有增损也大体相沿。今修县志非续非补，实为创编，上承旧志精华，于篇目取材多所创新，如以大编既难突出重点，又不易概括得宜，乃采小编体制，使问题集中而无畸轻畸重之弊。今志于志首冠以概说，总述全志，钩玄纂要，使一编在览，纵然未读全志，而全县情况，大体了然，此为前志所少见。大事记虽旧志间有，但今志则采编年与纪事本末相结合形式，既能纵贯古今，又能首尾完备，推陈出新，为全志的纲要。

第四，地域志的比较研究。城市区志一直没有在方志类型中得到应有的地位，实际上它已经是志域中一株正吐露芬芳的奇葩。与城市区志接近或类似的志书还有城市志和地区志。但是，经过比较研究就能发现各有特色。三者有一种共性，即都合乎地方志的总属性，那就是说：地方志是一部朴实的、严谨的、科学的、有时代特色的资料汇集，是地方的科学文献。它是为全社会、多层次、多种需要服务。它是为认识国情，建设有中国特色的社会主义服务的。

这三种接近而类似的志书与其总属性并无不合之处。但也有不同之处，如城市志从开始就被承认为三级修志中的固定层次，它既要充分反映城市的功能和地位，反映其辐射力和吸引力所能达到的不同圈层，又不能让城市的中心作用局限于市属县范围之内或看不出市与县间的不同功能与作用。

地区志和城市区志有着不被重视的同样命运，而地区志更以地区非一级正式机构，遂使地区志处于一种被人不加可否的冷漠地位；其实，地区的体制与历史上的州相类，州志之修为数不少，则地区志既有历史传统可取法，又有地区本身发挥功能与作用的现实，地区志之编修也理所应当。地区志就是地区志，它既不是省志的拾遗补缺，也不是县志的简单相加。它从本身功能出发，立足全区，面向民众，反映整体，体现特色。它能补省志所缺，详省志所略，通县志所不通。

城市区志依据"详今略古，详区略市，该详则详，该略则略"的原则，基本上解决了市、区同城的困惑，使市、区两志各得其宜，有互补之效。要保持城市区志的全面性、系统性和完整性，并从这三方面来反映城区的基本面貌。要强调内向力，尽量减弱辐射力。城市区志应遵照"详市志所略，略市志所详"的原则。不仅要从本身及接壤地区的众多事实中去细心抉择，区分使用，更重要的要彼此折中斡旋，都不要各行其是，惟我为尊，而要相互协作，各尽其用，其功效远胜于墨守原则，更值得注意的是与周边接壤的市县志书中所记述的详略异同问题。要存小同求大异，因为它们之间不能没有小同，也不能脱离小同，否则这一城市区志就成为无根之木而无依无靠了；它们之间也不能不求大异，不求大异，那就失去本身的特色。总之，应该宏观小同，微观大异。

第五，个案比较研究。这是就专书专题间的比较研究。史志异同是自新编志书开展以来，争议最多的问题，许多修志人员希望有明确的界限。日本学者犬井正对日本史志类图书经过比较研究后认为，"在日本，当前各市区町村出版发行的地方史志类书中，'志'与'史'之别仅出于习惯缘由，二者之间并无明确区别"。中国学者林衍经曾撰有《史志关系论》专文称：

> 从古今史志的比较，可以看出史与志有同也有异，有联系也有区别；其同和异、联系和区别，在不同历史时期和不同种类的志书中，各有程度差别。侧重地理记载的志书（特别是前期方志）具有地理学科的属性，与史的

相异处多，区别较大一些，共同之处、彼此联系少一些，这是事实。相反，偏重于人文历史记载的大量志书（主要是宋以后的方志）则明显地体现了历史学科的属性，与史的相同之处、彼此联系多，而相异之处少，区别也少一些，这也是事实。但是，即使是有明显的历史学科属性的志书，也不应当、不可以与地方史划上等号，因为志书的内容和形式毕竟与地方史存在着一定程度的相异之处，犹如梨子和苹果都属水果，总是二种不同的果品；即使是形貌气质极相似的孪生兄弟或姐妹，总还是彼此二人，不可等同的。

史念海教授对历史地理学与方志学进行了比较研究后认为，"历史地理学和方志学之间的关系是相当密切的，也是可以相互充实的。历史地理学的著述经常征引方志所提供的资料，历史地理学研究所得的成就也有助于方志学的发展"。

香港地区学者则往往把地方志的研究与族谱、家谱进行比较性的研究。1980年8月，香港的林天蔚教授在"世界家谱与记录"的会议上发表的《族谱与方志的关系》一文，论述了中国族谱与方志之源流及相互关系、族谱与方志联合研究的价值等内容。陈正祥教授在香港中文大学出版的《中国方志的地理学价值》一书，也以比较方志学与地理学的方法，论述了方志特性、种类和分布，方志的渊源和发展以及方志所包含的地理学资料等等。

台湾地区的许多学者对若干地方志的比较研究过程中，产生了四种不同的看法，即地方志即地方史，地方志为地理书，地方志是地方史与地方地理的合流，地方志既不属地理亦不属历史，并认为台湾新修志书"根本还是旧方志"。从而提出几种意见，一是认为新方志应以地理为主，接近于"区域地理"的研究方式；二是主张新方志应从社会学角度来研究和编写；三是主张以自然、自立和自强为三纲领来写新志。虽然各有异同，但是这种对诸志书作比较研究所得的结果有益于推动新志编修工作。

他如方志家的比较研究、方志学专书专著的比较研究都还有广阔的园地，未能广为开拓，有待于更多学者给以必要的关注。

三

过去对比较方志学虽然做了许多研究探讨工作，并在各方面都能见到成效；

但是，要正式建立比较方志学这一独立学科，尚有一段距离，必须有更多的方志学者和有志于此的人士付出极大的辛劳。我只能就思考所及，提出一点粗浅的建议，诚挚地与志界同仁商榷探讨。

（1）总结前此的研究成果。由于比较方志学的研究成果大多散见于各种论著之中，有的还需要细心地挖掘和认识，历程是艰苦的。要把这些资料编成目录和长编，以备进一步的运用。

（2）进行专题研究。将比较方志学的有关内涵，给以细致的剖析，制定多种专题，由专家学者悉心研究，写成专门论文，互相交流，取长补短。对比较方志学的来源、产生和发展的历史、类型、性质与特征，以及其运作方式等等问题都能有比较深入完整的依据。

（3）编写教材。目前许多人，包括志界人士对比较方志学尚感生疏，因此推广宣传乃是当务之急，必须有较完整并能深入浅出的教材，对比较方志学定义、基本理论、目的和功能、研究方法和方式、历史和现状等等方面撰写科学性、逻辑性、可读性强的教材，供推广与宣传之需。

（4）撰写有较高学术水平的专门著作。用以丰富和完善本学科的理论，奠定本学科的基础，显示其应得的学术地位，使比较方志学成为方志学中一个非常重要的分支学科，借以取得学术界的认同。

这些设想很肤浅，希望有更多学者置比较方志学于自己的学术视野之内，尽量完善这项研究，并以这次会议为契机，同心协力，共同为比较方志学这一新学科的建设和建立而努力。

原载于《海峡两岸地方史志比较研究文集》　天津地方志办公室编　天津社会科学院出版社1998年版

地方史志的过去、现在和未来*

一、历史的回顾

我国的地方史志工作具有优良的传统，在世界文化史上居于优先地位。它表现在两个方面。

第一是起源早。关于我国地方志的历史渊源，目前意见尚不一致。有的说起于周代，有的说起于战国时的《禹贡》，有的说起于东汉时期的《越绝书》。这些都可以进一步加以探讨；但是，我国方志具有两千多年的悠久历史，而且它不仅起于一源的意见是可以被大家接受的。

第二是持续性久。我国地方志在延续两千多年这样一个很长时间内是从不间断的。从秦汉创制以来，魏晋南北朝时期不仅有有图、有文字的图经，而且还有分类分科的专著，如晋常璩的《华阳国志》是对一个地区按类区分，进行综述的地方性方志；而梁宗懔的《荆楚岁时记》则是分科性的、专讲地方岁时风俗的风俗志。也有像晋陈寿所撰《益都耆旧传》那样的地方史。

隋唐时期，地方志工作受到朝廷的重视。隋大业年间，普诏天下诸郡"条其风俗物产地图"。这是修志由民间到官方，并作为国家政策来实行的一种发展。地方志的数量也有所增加，《隋书·经籍志》已著录有地方志。二十世纪初，在敦煌石室发现藏有唐修《沙州图经》和《西州图经》等多卷本地方志。这是现存最早的图经。这种有图有文字的图经为后来方志体例的定型起了先导作用。唐

* 本文根据在太原、长沙、武汉、苏州和天津等地举办的地方志骨干培训班所讲内容的录音稿加以整理订正而成。

代方志门类较多，刘知幾的《史通》在六家二体之外所分的十类史籍中就有"郡书"、"地理书"和"都邑簿"等三类地方史志和地图性质的图籍。唐朝还有全国性的属于一统志性质的《元和郡县图志》，它原来有图有文字，但图在南宋时亡佚，即成后世所称的《元和郡县志》了。

宋代撰著地方志日趋兴盛。著述体例大致定型，门类渐广，内容也由以地理为主而兼及人事。长篇巨帙相继出现。这些著述不仅篇幅大，而且在编纂体制上也大大地前进了一大步，像《太平寰宇记》一书，有一百九十三卷，在地理之外，又编入姓氏、人物、风俗数门，详细地记录了人物的官爵、所撰诗词以及人事活动，极大地丰富了地方志内容，开后世地方史志中立人物、艺文体例之端。续修制度也在这时出现。南宋从孝宗到度宗三朝一百多年间，曾三修《临安志》。在那种国家动乱、走向衰落的情况下，续修制度还是坚持下来，可见当时社会风气对修志工作的重视。宋朝方志事业中还有一点值得注意，就是私人编写地方风土小志，如孟元老撰《东京梦华录》十卷，记开封地方的风俗、人情、物产以至街头商业等情况甚详。其他如《都城纪胜》、《梦粱录》和《武林旧事》等等也大多类此。它们反映了该地区的社会风貌，成为地方志的支流和补充。

明代编修志书更为普遍，自中央到地方大都有志书。除了一般的府州县志外，还有为重视边防而编写的要镇重关志，如《明史艺文志》中就著录有刘效祖的《四镇三关志》（四镇指蓟州、真保、辽东、昌平；三关指居庸、紫荆、山海）和詹荣的《山海关志》等多种。志书的体裁也多种多样，有散文的，有骈文的，至今天一阁还藏有许多明志，解放后曾印过一百多种。

清代的地方志事业可以说到了鼎盛时期。方志在清代成为一项专门的学术领域——方志学，那绝对不是偶然的。首先，它具有大量方志作为基础。我国方志总数，据一种统计，为八千种略多一点，其中清代占80%，即达六千余种，平均每年修志二十余种，上起《一统志》，下至省、府、州、县、乡、镇、盐井、土司都有志书。这就是说有着大量的修志实践作为方志学形成的基础。第二，有大量人才的涌现。清代很多著名学者投入到方志的编写和研究工作中，清初的顾炎武，利用几百种方志写了两部重要著作，即《天下郡国利病书》和《肇域志》。乾嘉时期的戴震、钱大昕、洪亮吉以及后来的王闿运、缪荃孙等这些学有专长而又富有成就的学者都投入到方志纂修工作中，这就大大提高了方志的质量。第三，在有大量方志和涌现大量人才的基础上将修志的经验加以概括，予以升华。这项工作从顾炎武到章学诚，经过更多学者的补充、增订而创制了方志学的理论。章学诚是有代表性的方志学家。他亲身修过《湖北通志》、《永清县志》、《和州志》等方志，写过《方志立三书议》等文章，和戴震进行过方志学性质问题的辩论。他的很多理论反映了他所处时代所能达到的水平，其中某些方面至今仍有可资借鉴之处。清代官方对修志也很重视。一个国家对事业的重视程度，就看它是否形成一套法律制度。清代修志已经法令化，康熙、雍正先后命令各地修志，为修全国性的一统志服务（康熙《浙江通志》、雍正《山东通志》）。并规定六十年修一次（《吉安府志》序）。我们现在看到的清代志书，前面多有康熙、雍正等关于修志的诏谕，因此，清代各地志书纷纷涌现。有的学者还进行了古方志的辑佚工作，如地理学家王谟辑著《汉唐地理书钞》，辑佚家陈运溶著《麓山精舍丛书》。这样，就使古方志多少恢复了些面貌。在目录方面，清代知名学者周广业编纂了区域性的地方志目——《两浙地方志录》，这是地方志目录的开创性著作。这时风土小志也特别多，如《闽小纪》《黑龙江外记》和《滇南杂志》等等。

辛亥革命以后，修志工作虽然不如清代那么兴盛，但仍在继续。例如，山西在民国年间先后编修了四十三种方志，山东在1929—1937年间修了八十种方志。许多著名学者也参加了修志工作，如王国维、黄炎培等。著作方面，梁启超在研究清代方志学的基础上，写了《清代学者整理旧学之总成绩——方志学》一文，对清代的方志学研究进行了总结，例如瞿宣颖的《志例丛话》，王葆心的《方志学发微》，黎锦熙的《方志今议》和傅振伦同志的《中国方志学通论》等著述，至今仍为人们研究方志学所参读；谭其骧同志1933年编的《国立北平图书馆方志目录》二十六卷，是民国以来最早的目录；朱士嘉同志1935年创编的《中国地方志综录》，介绍了当时全国地方志的收藏情况，并按作者、卷数、版本等项目，分省编成了综录，这是一个空前的工作，对后人帮助很大，是方志学方面一个很重要的贡献。辑佚工作方面，鲁迅辑《会稽记》等；另外，民国初年政界有个很重要的人物叫张国淦，也是研究方志的，写了《中国古方志考》，他还从《永乐大典》中辑古志稿近百种，后来他又写了一些关于古方志研究的文章。

建国以来在方志方面大致开展了以下几项工作，即：刊印旧志、类编方志资料、编制方志目录、研究方志和方志学以及创编新志等。

在刊印旧志方面，除刊印了《元一统志》、明《顺天府志》等外，比较大量刊印的是《天一阁藏明代方志选刊》一百零七种。1960年，吉林省图书馆曾主持油印了稀见的吉林省地方志四十九种。过去，在刊印旧志的工作中存在着一个问题，就是习惯于重视正式的地方志，对于地方的风土小志却往往忽略了，而地方的风土小志有许多反映情况是比较细致的。建国后北京出版社做了件好事，出了一套北京地方小志。

在资料类编方面，已经编了天文资料、地震资料和南海诸岛的资料等。特别是南海诸岛的资料，在外交方面起了很重要的作用。解放以来，从地方志汇编的资料确实很有几部，自然科学、社会科学的都有。这件工作很有意义，实用价值很大。地方志中还有很多有待挖掘的宝贵资料，如白朗起义，河南、安徽等地地方志都有记载。又如东北抗联领导人杨靖宇同志，原名马尚德，他年青时期在河南禹县老家，进行过反军阀斗争，赶走了一个地方小军阀，当地志书就记载了这件事。如果把地方志中的资料分学科汇编起来，对科学研究有很大的用处。

在旧志目录的编制方面，建国后搞了一部油印的《中国地方志联合目录》。另外，还有一些地区性的目录，例如，山东省的王建宗、刘喜信同志编了一部《山东地方志书目》，著录了旧志五百九十七种、新编志五十七种；北京市社科所正在编写的《北京地方志书目》，也是这种性质的目录。此外，上海、天津、广东、甘肃、四川、福建、湖北等省市有关图书馆还编了一些馆藏目录；除此之外，张国淦的《中国古方志考》，著录了从秦到元大量散失的古方志约四千多种；南京的洪焕椿先生1957年编了一部《浙江地方志考录》，这种区域性的提要目录，为今后进行全国性的综录作了准备。以后如果各省都能搞这种提要目录，那么全国八千多种方志的提要目录就很可观，而可以与《四库全书》相媲美，成为代表中华人民共和国水平的目录书。

在方志学研究方面也取得了一些成绩，有不少从事这方面工作的同志都写了文章。有搞综合研究的，有讨论志书体裁的，也有进行区域性方志学研究的。对于区域性的方志学研究，目前全国许多同志都在做这个工作，如上海、山东、河南、广东、湖北、陕西、吉林、辽宁、宁夏、新疆、云南等地。也有的同志为了深入和提高，进行了专题性的研究，如研究章学诚的方志学问题，顾炎武对方志学的贡献问题，等等。也有的扩而广之，从地方志入手，进而研究其他的学术问题。

至于新方志的编写。五十年代就有人提议进行此项工作，引起了有关方面的注意。1958年是解放后编修新志的高潮，以后1962年、1963年又是一个高潮。在这个过程中，各地编了很多新志，其中湖南出版了《湖南省志》两卷，广西也印了些县志，其他各地也编了一些地方志，现在收集了很多油印稿，当时甚至还有私人修志的，这些东西都有用，使方志工作向前推进了一步。

二、近年来的发展

近年来，也就是"文化大革命"之后的发展，主要在五个方面。

第一个方面是健全了组织。

过去领导地方志工作的全国性机构是国务院所属"中国地方志小组"，它始建于1956年。当时正编制十二年科学规划，国家科学规划委员会建立这一小组来规划地方志的编纂工作。1958年，这个小组起草了一个《新修地方志体例》草案。不久，它改隶中国科学院，易名为"中国科学院地方志小组"。1962年，科学院成立社会科学学部，就由学部来领导，并由档案局直接负责，由曾三同志任组长。"文化大革命"期间，这个小组停顿了。1981年在全国地方史志协会时期，经有关方面会商，就以协会全体大会的名义向中央写了报告，建议恢复中国地方志小组的活动，重新组建"中国地方志编纂委员会"。这个报告由朱穆之同志签署了赞成的意见，习仲勋同志批复，现正积极进行落实工作。

全国性的学术团体就是中国地方史志协会。它是1981年8月在太原正式建立的。

地方上的编纂机构，大致有三种类型：

（一）编史机构：根据目前情况看，可分为三个系统。一是政协系统，主要抓文史资料，出版文史资料选辑，基本上以口碑资料为主。二是党史资料征集委员会和宣传部，主要是编辑党史资料。三是属于社会科学院系统的，如天津、上海、广东就以编史为主。这三者之间是有所区分的。如政协的文史资料办公室是以抢救活资料为主，档案局宣传部是抓党史资料的征集，以现代革命史资料为主，而社科院是以地方史为主，是从古至今编写的。除这三者之外，还有一些高等院校成立了地方史编写机构。他们承担了双重任务，一方面编写当地的地方史，一方面还承担地方史志的教学任务。

（二）编志机构：主要有两种类型：一是省志编纂委员会，这是省一级编志的专门常设机构，有专门编制、经费、人员和工作内容，如湖南、湖北、山西、河南、山东、四川、安徽都有。一是市志编纂委员会。武汉、苏州、长治等市都设此机构主持编纂工作。全国有不少县设立县志编纂委员会，主持县志编纂工作。上海市所属十个县已有八县正式建立编纂委员会。

（三）史志合一机构：这类机构多称编史修志办公室，多数是中等城市和县。如山东枣庄市的编史修志办公室就是有固定的编制和经费。还有个位于浙江钱塘江南岸的萧山县则是党史资料征集办公室和县志编纂办公室联合进行编史修志工作。

地方性的学术团体也陆续建立，如北京有北京史研究会，天津有天津史研究会，上海有上海史志研究会等等。

总之，地方史志的组织机构近年来已基本上从上到下，从中央到地方都建立起来了。

第二个方面是地方志的研究。从当前的情况看，也是蓬勃发展的。解放后，研究方志的论文虽不太多，但也有一定数量。最近吉林编印出版了《中国方志论丛》三大本，第一本是方志学通论，第二本是各省方志概况，第三本是吉林省方志概况。这次在山西召开的中国地方志协会成立大会，举行了第一次学术讨论会，经过评选，汇编了部分论文成书，将由中华书局出版。另外，全国地方志联合目录经过多年的辛勤劳动也已定稿，共收录八千余种，著录了书名、作者、卷数、藏者，可供检索查阅之需。最近河南、浙江等省又进一步开展了编写地方志提要的工作，已经写出一部分例篇。这项工作非常重要，工程也非常浩大。最后如把各地成果集中起来便是一部《中国地方志提要》。它将给地方志和其他领域的研究工作带来莫大的便利。在汇编资料方面，最近河南编了一本有六十多万字的河南地震史料，大部分是辑自河南地方志。他们的方法很有参考价值。他们先从地方志中收集地震资料，以后又到河南各地寻求实物印证。他们为许多金石碑版写了《碑刻·图录》和《题记调查》附入书中。用文献和实物对证的方法编成的这本书，内容既丰富，又有重要的参考价值。另外，朱士嘉汇辑了清代地方志学者的论述，编为《方志学论丛》，第一集包括顾炎武、钱大昕、章学诚、洪亮吉、孙诒让等十四人的论文三十篇。每篇篇首均由编者加按，评介作者与论文。

第三个方面是关于方志的编纂工作。

（一）省一级的有湖北、湖南、山西等省进行较迅速。湖南从省志抓，分门别类写专志，有的已有大纲、类目和初稿，如地理志、冶金工业志、能源工业志、农业志、林业志、水利志、交通志、民族志、体育志等。还有一个湖南近百年来大事年表。湖南还拟定并提出了一个《新省志编写方案》。山西主要从县抓起，但也编写了许多省志纲目。如农业志、交通志、水利志、高教志、人物志、煤炭志、金融志等等。山东、河南、四川等省也都在着手进行。广东则自古至今，专人分段进行地方史的编纂工作。

（二）城市级包括直辖市和省辖市。武汉、长治、太原、贵阳、泉州和苏州都是编纂市志的地区。天津、北京则以编写地方史为主。而上海则是史志并行：上海市写史，而所属十县则编志。

（三）县一级的基本上编志。山西、四川展开的面比较大。山西的兴县、古城县、平陆县、代县、沁水县、朔县，四川的邛崃县、郫县、灌县、什邡县等都编写了县志纲目。江苏省的如东县不仅编了志，而且还总结了编志经验，写了《县志编修初探》一文，对县志的编修源流、地位、作用、人事结构、具体工作、编写方法都有所叙述。

第四个方面是编写地方志教材——《方志学概论》。它由南开大学等八所院校合作编写，现已脱稿。经过试讲修改后，将由福建人民出版社出版，可供高等学校方志学课程和专业干部培训班作教材之用。

第五个方面是关于地方志的专业性刊物。目前已如雨后春笋，为数不少了。全国性的刊物是继《中国地方史志通讯》后正式定名为《中国地方史志》的专刊，已向国内外公开发行。各省市也都分别出版了性质类似的专门性刊物，如山西、湖南、湖北、山东、河南、陕西、四川、安徽等省；北京、上海、武汉等市；灌县、萧山和青浦等县都有刊期比较稳定，内存比较充实的专刊。另外，研究南京、杭州、洛阳、开封、西安和北京六大故都的故都研究会也连续编印了几期《中国故都研究通讯》。这些刊物在交流经验、传播知识、提高认识等方面都起了重要的作用。

三、地方志编写、研究工作中的一些问题和看法

第一个问题是史志关系问题。这是当前地方史志学术领域中正在争论的问题，也是地方史志编纂工作中遇到的实际问题。我们认为：二者的关系可以从三个方面来看，即"同源异体、殊途同归、相辅相成"。

什么叫"同源异体"？所谓"同源"，指的是二者都离不开文献资料这个共同的源泉；所谓"异体"，指的是一为志体、一为史体。二者以不同体裁来保存

一方之史。一般对地方志的概念比较清楚，对地方史则不甚明确。地方史就是某地区的某一方面专门性的历史，如地区斗争史和各行各业的专门史等等。现在各地政协编辑文史资料也是一种地方史。它在一定程度上具备了地方小志的性质和作用。《四库撤毁书提要》中说："地方小志乃方志之支流"。所以说，史和志都共同归源于从一时一地史实来采备资料。二者的不同点是：地方志是全面述往记今，以文献资料反映情况；而地方史则是记某时某地某人或某集团的史事，以文献资料为征信依据。

什么叫"殊途同归"？就是指史和志是从不同途径进行工作来完成"成一代之信史"的任务，将历史的真实情况留给后代。这是子孙万世之业。如果没有前人将史实留给我们，中华民族的历史就会是一片苍白，没有血色。正因为前人留下这些东西，我们才知道祖国的过去是光辉灿烂的。我们现在做的史志编写工作也是为我们的时代增添光辉，让子孙后代知道我们这个时代如何光荣、伟大。史志工作都是为了同归于"成一代之信史"这个共同目标。所谓殊途，是指采择史料的途径不同。地方志采择史料包括文献和实物，应立足于广。文献就指过去所说的"征文考献"，文指档案、图书；献者，贤也，指事情知道得多的人，即指口述材料或称口碑材料。实物如从马王堆等等之类的考古发掘出来的出土文物。其中丝织品和漆器工艺水平特高，体现了我国劳动人民的智慧，说明我们祖先已有高度的文化水平。地方志只有广泛地采择文献和实物资料，才能从版图疆域、山川地理、建制沿革、风俗人情、物产技艺、金石艺文等方面将整个社会的横剖面记录下来。所以地方志采用资料一定要立足于广。而地方史则更多地要采集口头材料，近现代史料文字记载不全，不得不借助于生存人的口述材料。而这些人大都年事已高，如不及早抢救，有的资料就会失之朝夕。因此，收录口碑要立足于抢。不管广征博采文献实物或抢救口碑材料，目的都在于保存一代信史。康熙《河南通志》有篇序说"今日信志，他年信史"。什么叫信？我认为信的重要标志就在于褒贬。有一种意见认为史有褒贬，志无褒贬。所谓"史兼褒贬，志彰一邑之胜"，就是说，志只讲好话，不讲坏话，我是不同意这种看法的。有人将这一点作为史志划分的标准。我认为不妥。史志问题可以讨论，但以"史兼褒贬，志无褒贬"作为划分标准，还值得进一步探讨。

什么叫"相辅相成"？就是说史和志之间是一个相互渗透、相互补益、共求完备的关系，二者互起一种"补、参、详、续"的作用。补是补缺，参是参错，详是详略，续是续无，所以"补、参、详、续"即相辅相成的作用。地方志要全面反映本地区各方面情况，因此对某一事件的来龙去脉往往在于概述，而史往往侧重记某一事件某一人物，能做到始末具备、巨细不遗，可以补地方志所缺，详其所略。但史又因有所偏重不能面面俱到，而地方志则能概括全面，可以参其所错。所以整个来说，史志应该并存。二者总的要求就是面要广，时间要快。广到什么程度？我认为不仅要采政治、经济、军事方面的资料，而且要采文化方面的资料，民情风俗、金石异闻都要采。谈到采集口碑材料，往往容易犯的毛病，是只访问名人，不访问"无名氏"。其实往往小人物谈的东西更真实可靠，谈得细，有选择余地。其次采集口碑材料不但正面的要采，反面的也要采。作为方志工作者必须充分掌握事物正反两个方面的材料，当然在运用史料时要用正确的观点进行选择。一件事情要想搞清，需要从几个侧面去研究。这次上海写的《重庆号起义》，就比较好，从舰长到伙夫，每人都写一篇，几个侧面就凑成一个全面。社会事件绝不能孤立地观察，一个地方的事，不仅要在当地，而且要到邻近地方去采录，这样从周围去了解，可以帮助我们把问题看得更清楚，就有比较、鉴别。所谓抢，我们采访对象不外社会人士和老一辈革命家，他们都年事已高，应抓紧时间采访。我们在采访时，不妨使用录音机等先进工具把他们的谈话录下来，以备整理使用。对于被采访者，如属毁誉参半，你不妨先让他们先谈他津津乐道的部分，然后慢慢做工作，解除他们的顾虑，将我们所需要的情况逐步都谈出来，以备采用。对史料采集，不是说有闻必录就是信史，如果我们对所收集的资料不加筛选，这是对历史不负责任；我们一定要进行去粗取精、去伪存真的鉴别工作。鉴别的重点是订正曲笔，对是非颠倒、黑白混淆的东西一定要订正过来。一部史书，如果任何人都赞成，大概就有问题，因为它没有褒贬了。如果为炫耀某人功业而添枝加叶，这也不行。我们必须存真求实。我们写志也好，写书也好，要按照陈云同志的指示："不唯上，不唯书，只唯实。"唐代诗人刘禹锡有一句诗，叫"吹尽黄沙始到金"，确实如此。有时，我们收集几十万字的资料，才写几千字，真是沙里淘金。所以只要有了广征博采的资料，存真求实的见解，加上类比编排，润饰文字，就一定可以写出一部好志书来。

史和志不一定要划得那么清，史中有志，志中有史。班固写《汉书》，不是也有艺文志、食货志么？陈寿写史就叫《三国志》。我们写交通志，前面有个大事年表，一翻就知道那条一级公路什么时候修的，有什么不好呀！司马迁两千多年前写的《史记》，就记、传、书、表都具备了，我们为什么不用？我们认为志书体裁应该完备，任何人和事都有个发展过程，怎能没有个史的概念？所以地方志不妨志经史纬，整个的经是志，每个问题的叙述是史的发展。

第二个问题，地方志的编纂体例问题。这个问题一直是地方志工作当中大家很关心而又一时定不下来的问题。中国地方大，各省、市、县差异性大，地区不平衡突出，要大家按一个统一的条例来套，有一定的困难。所以，搞个方案、草案、建议，甚至是个人见解都可以。在《方志学概论》中关于方志编纂问题，选择了几个方案，以供参考，你认为哪个好就按哪个搞；都不行的话，你就按你自己的搞。现在还不是定于一尊的时候。只有经过一个时期的实践，取得经验，经过大家商讨，然后才能提出比较完善一点的东西，供大家参考。下面提一些我们考虑过的几个问题：

第一点，总体规划，分头进行。以省为单位也好，以市、县为单位也好，要修志修史，总得有个规划。规划好了，谁也不能一个人包办，必须分头进行，请各行各业的专家共同来修志。专业队伍编志和最后的统编统修是不矛盾的。总体规划在进行过程中也可能要修改，那也不要紧。无论如何得有个总体规划，然后分头进行，才可以把志写好。

第二点，全面反映，储料备征。地方志涉及各个方面，事类要广，它应该全面反映某一地方横断面的全部情况，作为这个地区的文献资料中心，储料备征，供别人检索。我们现在搞城市规划，要保护文物古迹，地方志要能提出根据，列出名单，说明哪些东西不能动、要保护。最近很多文物遭到毁坏，令人痛心。如果地方志能提供这方面的材料，使人增加这方面的知识，是有利于文物保护的。所谓全面反映，不仅要有政治、经济，还要有其他东西，文化方面往往被忽视，如方言、工艺、特技、地方剧种等等都应该有。资料收集要多一些，体裁要完备些。我们写志，就是为使人们能全面了解一个地方的情况，全一些，多一些，体裁表达完整一些，作用也大些。

第三点，类目问题。我们认为类目要有，但不能强求一律，因为每个地方不相同。中国是个大国，地区的不平衡性是存在的。沿海和内地不同，湘东和湘西不同，帝国主义侵入过的地方和没见过外国人的地方就不一样。所以要从实际出发，有就反映，没有不硬套；有就列上，没有就不列。

第四点，断限问题。修志当中的断限问题也是大家很关心的问题，而且很难划一。每个地区发展不一样，修志情况不一样，断限也不能一律化。断限要考虑的就是上限和下限，即从什么时候开始，写到什么时候截止。我们所谓"续修"的观点，因为是中华人民共和国修地方志，既不是续大清朝的志，也不是续民国的志。当然我们不是穴居野人，不是历史虚无主义者，所以在讨论断限时也要考虑旧制修纂情况。关于下限，应该考虑阶段性，不能修到哪天算哪天，必须有个大事作为界标。至于阶段怎么定，大家可以讨论，也不要强求一律，但不能太近，总要有个盖棺论定。关于上限不能认为我们既然是中华人民共和国修的志，就应当从盘古开天地写起。有人认为我们既然不是历史虚无主义者，就应当接着旧志写。我看上限也不能强求一律，例如历史沿革和建制应该上得远些，文物则以实物为准，某类文物最早的一件是什么时候就从什么时候记起。

第五点，人物问题。这是编写地方志时最伤脑筋的问题。有人主张地委书记、副教授才立传，这不行。历史人物立传与否不能以他当时职务为标准，而要以他的社会作用为标准。所谓作用，包括正反两方面，顺潮流而动促进社会发展的要立传，以流芳百世；逆潮流而动阻碍社会发展的也要立传，使其遗臭万年。这叫做"一字之褒，荣于华衮；一字之贬，严于斧钺。"我们应该有新的春秋笔法。另一条，是生存人不录。生存人不立传是中国的传统，因为人总在变化，还有各种干扰，写了不好办。另外还有个标榜问题，张之洞编《书目答问》，当代人的著作不列人的名字，以避标榜之嫌。但生存人不录不等于不保存材料，如劳动模范的事迹，应该储料于省志办、档案馆，所以生存人不录不排除资料的积累。对人的评论要实事求是，不能说好就锦上添花，说坏就过甚其辞。对人物评论不要加虚衔，如北洋军阀就不一定称反动的北洋军阀。古代史学家有个好的史法，叫做"寓论断于叙事"是值得效法的。另外，在人物叙述中要注意保存文献，人物传中保存部分文献是大有益于后人的。有些人当时不显于世，但后来发现其著作很有价值，或者有发明创造而当时被淹没了，我们方志工作者有责任去发掘，因为对事物评价最权威的还是人民。

第三个问题，旧方志的整理研究问题。最近在武汉召开的"地方志整理研究工作座谈会"，对此专门进行了讨论研究。我们认为应注意到五个方面：

（1）影（排）印旧志：建国以来，中华书局、上海古籍出版社、上海古籍书店影（排）印了不少方志，深受广大学者的欢迎。尽管如此，仍有大量的旧志急需继续影（排）印发行，就以河北方志为例，我们知道天津市人民图书馆所藏河北方志中，约有四十多种方志仅天津市馆才有，这些方志不说是海内"孤本"，至少也是罕见方志。又如浙江图书馆所藏，由陈训慈、余绍宋主持编纂的《浙江通志》修订稿本，共一百多册。由来裕恂撰写的《萧山县志》稿本，是最晚的一部萧山地方志，有七十万字左右，可供修志参考。福建师大图书馆所藏道光九年胡之志增修的《晋江县志》七十七卷未刊稿抄本，河南方志中顺治十六年的《荥泽县志》、《汜志》和康熙十七年的《荥阳县志》等早已是海内孤本。像这些旧志如不抢修刊印就会自然损坏，造成不可弥补的损失。影（排）印旧志，出版社有此任务，一些古旧书店，全国各大、中图书馆也应将本单位收藏的稀有方志编印出版，以广流传。

（2）类编资料：这里所说的类编资料，主要指两种。一种是地方志所蕴藏的各方面的资料，按类分编成册，如天文、地震、经济、风土人情、文化艺术等等。如宋陈耆卿撰《嘉定赤城志》版籍门中有寺庙占田地的资料，是研究封建土地占有制情况较为重要的材料。又如明万历《郴州志》中的《坑冶》则记述宋明两代矿民斗争和禁闭矿场的经过。又如人物问题，在旧方志中有些人物见县志不见省志，有些人则见省志不见国史列传，更多的是不见经传。某个人在正史里不曾记载，但并不等于这个人在当时就没有成就或名望。某个人在当时可能没有名望，但是经过几十年、几百年，甚至近千年，后人发现这个人的著作有创见、有成就、有贡献，就要了解这个人的生平事迹。这种事情在我们的研究工作中是经常碰到的。例如，有一篇《封建论》只知道作者姓柳，但却不是柳宗元，一位外籍学者向我们请教这位柳姓作者的生平，我们有责任解答，但遍查有关传记书找不到他的生平。后来想到，这个人既然能写文章，而且文章确实写得不错，那么在当时总有点名气，或许是个进士吧。于是就查上海编的《明清进士题名碑录》，里面果真有这个人，叫柳稷，四川南充人，正德三年的进士。接着，我又查《南充县志》，这里面记载得就比较详细了，因为柳稷当时在南充可是个大名鼎鼎的人物，《南充县志》里不仅乡贤志里面有他，而且艺文志后面还收了他除《封建论》外的其他一些文章。可见地方志里确实有丰富的资料，能补正史之不足。

另一种是关于方志学理论方面的资料。这方面的资料对章学诚搞得是比较集中的。过去张树棻编过章学诚的方志论文集，有二册。但是，清朝除章学诚外，还有许多学者在方志学理论方面也有很好的见解和议论。清朝人的文集我曾经翻过三百多种，其中有部《汪士铎文集》。汪士铎是清朝道光年间的人物，有人称之为中国的马尔萨斯，即中国的人口论者。他那时就提出了中国人口多的问题，但他解决这个问题的办法不可取，他认为中国人口多是女孩子多造成的，因而主张把女孩子溺死。现在的妇女要是知道他的这种论调，就非打倒他不可。但是，汪士铎有篇文章是讲《肇域志》的，《肇域志》是顾炎武的地方志研究著作，汪士铎在他文章中仅用几百字就把从《禹贡》起到顾炎武为止的重要的地方志著作进行了评论。这篇文章写得很精彩。像这样的文章应当编进类编资料。

（3）编纂目录和编写提要：方志目录虽创编于清代，而收罗最多、卓有成就的是北京天文台编《中国地方志联合目录》（1978年油印本）。该目录有一百四十多个单位参加，共收方志八千五百种，经精选后仍有八千种之多。但这些目录只起到登记图籍、读志知津的作用，尚不能揭示其内容。要揭示其内容，就必须作《中国地方志群书提要》。提要（古籍群书提要）在我国有着悠久的历史，早在两千多年前的西汉，刘向父子就已创"七略"和"别录"。"七略"乃目录之祖，"别录"乃提要之先，至清纪昀等编写《四库全书总目提要》，使提要目录发展到一定的水平。但《四库提要》所收方志约为一百五十种，《四库提要》对内容的介绍过于简略，如《嘉定赤城志》，在介绍内容时，只简单地写"此为所撰台州总志。以所属临海、黄岩、天台、仙居、宁海五县，条分件系分十五门"。看了《四库提要》的介绍，读者知道《赤城志》即台州总志，台州包括临海等五县，至于《赤城志》有哪些历史资料，《四库提要》只字未提。这是所有旧提要的致命弱点，我们今天编写提要，是在马列主义、毛泽东思想指导下编写的一部崭新的提要，这个新提要的特点就是大大加强了内容的揭示。

（4）编印地方风土丛书：地方风土丛书过去有人搞过，但不系统。事实上，地方的史料不单单在地方志中。在笔记中、杂著中以及许多书中都有地方的史料，可以编成地方小志。过去有人做过这个工作。已故的柳亚子先生编《上海通志》的时候，就搞了一部《上海掌故丛书》，直到现在都很有用。杭州搞过一个《武林掌故丛书》。还有其他一些地方也搞过类似的书。这在中国是有传统的。这就是章学诚在《方志立三书议》中所主张的立《丛谈》。旧方志后面的轶事、轶文就是这些东西。另外，还有些是单独出的，如上海的《阅世编》，无锡的《锡金识小录》，苏州的《清嘉录》，南京的《白下琐言》等等。山西寿阳县历史上有个很有名的人叫祁寯藻，这个人写过一本书叫《马首农言》。《马首农言》里就讲了山西当时的农业生产和物价等情况。过去有些书记载资料很详细，例如，清初的上海地方小志《阅世编》，共十卷，在卷七里全部讲当时的物价。看来作者大概经过科学训练，他不讲空话，只记实在的数字。最近，我把这些数字列了个表，就一目了然地看出了当时物价的波动情况。如能分地区整理校点汇印丛书，将甚有裨于地方志的研究和编写。

（5）撰写方志学论文与专著：最近出现了为数不少的有关地方志的论文，

其中有较多的是大家实践经验的总结和修志刍议，这很可贵。但是，从方志学研究的角度来说，还希望大家在理论上多多探讨。因为只有把我国的传统文化搞清楚，总结好，才能在此基础上去粗取精，去伪存真，由此及彼，由表及里地修出"三新"（新的材料、新的观点、新的方法）的地方志。在方志理论方面，我们现在的专著很少，目前大家还在用二三十年代的书。现在有了一些旧著的增订本和新编的教材。但是，我们这么大的国家，仅出一两本书是很不够的，希望全国各地的同志们能够写出更多更好的专著和论文。

第四个问题，关于队伍问题。中心所在是"充实提高"。充实就是要挖掘人才，这就要领导支持，给编制。湖南、湖北都有专门编制。要搞地方志，就要编制，要定位，然后才能去求贤。地方志人才是个缺门，我们几十年来也没有培养许多这方面的专门人才。人怎么来？我们设想了几个方面。一个是正规教育，即在大学、师范学院开设方志专业或方志课。另一个是归口。有些同志过去搞过地方志，有经验，现在学非所用，这样的同志就要想办法找来充实我们的队伍。第二个来源是社会力量。社会上有些人尚未被发现，我们要注意去找。还有就是一些退休同志，他们还想出来做事，我们也可从中物色一批人，来加强方志编修力量。提高有两个途径，一是交流经验，一是培训干部。交流经验可以互相走访，也可以通过文字，利用刊物或写书，互相交流。关于培训，中国地方史志协会有个规划，准备在今年委托有关单位举办四期研究班，分区招收部分编修史志的有关人员，系统地讲授《方志学概论》和若干有关专题。然后以这些人员为种子，散播到全国各地，萌芽滋长，把地方史志的编写与研究工作向前推进。

一九八二年六月整理稿

原载于《山东图书馆季刊》1982年第3期

关于地方志编写工作中的几个问题

近年来，由于工作关系，不断地接触一些从事地方志编写工作的同志，彼此商讨了在编写工作中遇到的若干关系问题。这些问题，我不能，也无力作出圆满的解答，只能谈点个人的浅见。

第一个问题是史与志的关系

史志关系问题是当前地方史志领域中讨论的重要课题之一，是实际工作的同志希望得到明确概念的问题。究竟史的标准如何？志的标准又如何？大家都在讲自己的道理。目前主要有几种说法：

有的认为史是竖的，志是横的，即所谓"史纵志横"。

有的认为史是发挥观点的，志是铺陈事实的，所谓"史为史观，志为志实"。

有的认为史是讲究褒贬，而志是没有褒贬的，即所谓"史有褒贬，志无褒贬"。

众说纷纭，莫衷一是。但都不全面和确切，即以所谓有无褒贬而论，就不那么确当。人们对任何事物都有不同的看法，都有褒贬，地方志没有褒贬是不可能的。这可能是出于一种误解。本地人士纂修本乡本土的地方志，总希望把自己的家乡写得美好一点——山清水秀，人文荟萃。这可能是人之常情，似无足怪。但这不能说是无褒贬。在某些大是大非问题上还是有褒贬的。封建社会的地方志对危及封建统治的反抗活动，都诬称"匪"、"乱"，而且凡不肯写入地方志的部分实际上就是贬的部分，它本身就意味着一种褒贬。我在《中国地方史志》创刊号上写的一篇《漫话文史资料与地方志》短文中谈过史与志的关系。我认为史与志的关系是同源异体、殊途同归和相辅相成的，没有必要也不可能分得那么清。我的看法可能有点"折中主义"，但事实又确实如此。比如我们现在编写一部县志，在写该县的建置沿革时，究竟是志呢，还是史呢？如说志只是一个横断面的解剖，那么，这部县志只能讲现代了。这个县不管它秦置也好，汉置也好，都可以从学术上加以探讨论证，但终究要从上到下把沿革讲清楚，这难道不是史的进程吗？任何一个志，专门志或行业志都必定有个历史发展过程。人物本身也是一个史的发展，写人物传就要写青年时做什么，中年时又怎样，老年晚节又如何，这不也是一个史的叙述吗？中国历史上有不少史书中也容纳了志体，二十四史就有职官志、艺文志、食货志等等不少专志。所以我说要在编写工作中完全划分志就是志、史就是史，把二者截然分开则既无可能，也无必要。关于史志关系问题，作为学术探讨的课题，尽可以争论下去，暂不作结论；但在实际修志工作中，完全不必要纠缠于此。我认为在具体工作中应本着一个志经史纬的观点，把史和志二体有机地结合起来，诸体并用，以达到全面准确地反映本地区情况，那就算可以了。

第二个问题是分志与总志的关系

所谓分志与总志的关系就是二者地位如何摆法的问题。我看过一些编志提纲，有不少是行业志——即专门志或称分志。那么这些分志与总志究竟是种什么关系，最后又怎样熔铸成一体？我在湖南等省都讲到过这一点，提了个"总体规划，分头进行"的说法。一个修志办的主要任务我看是总体规划。修志办的在编人员充其量十多个人，要包修志书是不可能的，实际上也包不起来。如写公安志、工业志等等便有许多专门知识不懂，无法着笔。山西的煤炭生产很重要，就需要写煤炭志，那就要请这方面的专门家去写。因此一定要从整体上规划一下，然后大家分头进行。这就产生了分志与总志的关系如何处理的问题。这就有一个"拼盘"与"重炒"的问题。是把鸡鸭鱼肉拼成一盘呢，还是细切细割，炒成三丝呢？显然应以后者为是。从修志来说，要有一个全面观点，要有个统观全局的观点。所以我认为主持总志的机构和人员应该永远保持主动权，要一切为我修志服务，而不是你拿什么，我照收照转。因此，总志对分志要提出规划，这个规划要比较细，比较严，甚至文字、格式等方面都要讲究一些。比如图表如何处理，资料如何汇编，分志向下摸底摸到什么程度等等，都需一一指点。不然的话，将来纂修总志时，下面拿来的分志都是各行其是，五光十色，"各有风格"，到那时你是搞分册汇编呢，还是搞"××通志"或"××县志"呢？其结果是工作被动，都有意见。我认为这一对关系的主要矛盾方面在总志，总志方面要先劳后逸，高瞻远瞩，周密考虑，保持主动，不要放任自流，离题太远。否则，会得到旷日持久，局面不好收拾的结果。

至于分志到底搞到什么程度，达到什么水平才算为总志服务好了呢？我的意见是达到长编水平。所谓长编，从历史家的习惯说，就是初稿。这一点必须明确，那就是说，写分志、写行业志主要就是为修总志"备料"，提供"坯子"，而不是"结果"，不是搞成最后的成品。这个"果"要由总志来结。因此，分志或专门志如果没有一个总体规划在怀，那也不好着笔。每一事物都牵连相关事物，每一人都想把自己承担编写的那部分搞得全一点，因之写农业志的就会讲到林、牧、副、渔，讲到财政、工交。其他志也复如此。到时送来，你怎么办？就以出现多层次重复而言，仅仅衡量删移就要花大力气了。最近我们八院校合写《方志学概论》，事先还商量过一个大纲（即总体规划），然后分章去写，结果汇总草稿一看，重复甚多，看过油印稿或听过分章讲授的人都反映这个问题：这个老师写的是从头到尾，那个老师写的又是从头到尾。每一章都要自有始末，你说这不对吧，既是独立成章，不能不力求完整。可是把若干力求完整的章汇总一起，就不合榫而成为叠床架屋的重复歧异了。总之，我认为总志与分志的关系是：分志为总志"备料"，提供"坯子"，总志是在分志初稿基础上，完成统一体系的成稿。

第三个问题是资料与论述的关系

地方志重在资料这一点，大家的认识是比较一致的，但地方志决不等于是资料汇编。地方志需要全面反映资料情况，但却不是不加任何论述的资料堆砌。地方志的论述应该是以资料来论述。它与历史文章不同，历史文章可以发表个人见解，地方志则不允许这样，它不能按自己的意见，"成一家之言"，而应该是寓论断于叙事之中，在事实讲清楚的情况下，把你的论点自然地渗透进去，融为一体。

最近时期还出现一种看法认为，既然地方志是资料的全面反映，那么我就有闻必录。这对不对？这种看法是不对的。历史和社会现象是非常错综复杂的，它有主流与支流、本质与非本质的区别。从社会现象中找任何方面的资料或例证都有可能。因此所谓有闻必录实际上是对历史的不负责任，是历史自然主义的表现。比如社会主义有许多新人新事新风尚，有欣欣向荣的社会风貌，这是主流、本质的东西，是社会主义的正面。但是，公安局经常在公共汽车上抓获小偷，社会上仍然有不法分子、投机倒把活动等等，假如都有闻必录，社会主义方志岂不成了大杂烩了吗？反映资料不应有闻必录，而要发掘和叙述历史的真实面目。比如美术家，如果只需做到有闻必录，那么他可以扔掉画笔只需配备一架照相机就可以了。牡丹花很好很美，但牡丹花上落一只绿头苍蝇就不美。它不能反映牡丹花美的本质。这只需一个拙劣的摄影家或画家用照相机照下，或者用笔照画。这难道就是实事求是吗？这也许实有其事，但绝不是我们所求的"是"。一朵很美的花有一只绿头苍蝇，不美，这不是牡丹花的真实，所以反映资料也有观点问题，而观点绝不只是发一通议论。比如写某一人物在地方上做了很多好事，但他又有不足之处。这些都有翔实根据，那我们就要经过选择、研究和考虑，分清主次，不作空洞的论述，而以事实作出评论。如果只用某人进步，某人反动，加许多帽子，那不叫议论，不是观点，只是帽子。所以我们要提倡多研究资料，因为县志要让更多的人看，那就要认真地研究资料，根据资料作出翔实可信的论述，写成一部很好的志书。我认为，如果可能，一部好志书还应该附一个资料汇编，就是把修志用的资料，经过筛选，汇编起来，作为附录，既便用者，又备征信。清朝方志学家章家诚的《方志立三书议》里设计了个《文征》，认为有一部分东西应该作为资料保存起来备考。所以我曾经提出来过，一部志书在资料方面应该"全面反映、储料备征"，"储料备征"就是把你得到的资料择要储存在志书里，等待别人来考证，来取信。

第四个问题是新志与旧志的关系

我认为新志与旧志的关系就是一个批判与继承的问题。对于旧志这个方面，过去有不少研究论文，但仍没有得到足够的重视。自从中央提出整理古籍的要求后，如何对待旧志书的问题便提到日程上来了。近来国内外有些书商以营利为目的大量翻印地方志出售，卖给外国人。外国人非常喜欢地方志，因为这是一种情报来源，可以从中分析情报资料，所以他们非常关心。我国有八千余部地方志，而美国犹他州的一个家谱协会就藏有五千余种，可见他们的热心。我们对古籍的态度不是这样，是采取最有效地使用人力、物力来搞，把其中的好东西拿来作借鉴。旧志对新志有哪些好东西可供借鉴呢？我看有这么两样：

一种是旧志的体例、篇目可供参考。从前编志，凡参加修志的人员，每人分看一部本地区旧志。这种旧志的前面几乎都有一篇凡例和篇目。凡例讲这部志是如何修的，对意义、目的、步骤和方法都有涉及。当然，它的观点可能是不对的，但是它有些技术性的举例却是可供借鉴的。有些旧志还是比较认真的，当然也有粗制滥造的劣品，我们编新志不妨先把旧志凡例纲目研究研究，取其精华，去其糟粕，比空无依傍终究可以得点帮助。

另一方面是旧志中有许多资料目前看来仍然还有它的参考价值。因此，我们在编修新志以前要对旧志资料先做到胸中有数。对于辨别资料质量的唯一办法，就是比较。不比较就没有是非，没有标准。我们修新志要经得起两个比较，一个是纵的、直的比较，就是与旧志比较，究竟好在哪里？什么叫好，主要有两点：一是纠正了过去的错误，二是增补了过去的缺陷，也就是过去没有的现在有了，过去错了的现在纠正了。另一个是横的比较，就是与同类地区修志情况比较，我们比别人好，别人没有想到的，我们想到了，别人不够完整的，我们完整了。有了这两个比较，就可以得出新志的评价，看来与旧志比也还是应该注意到的一个方面。

我们在编写新志的时候，也许为了某种情况、某个问题，天南海北，查阅资料，访问调查，花费了许多精力，结果旧志中早已有所记载。所以在编新志前首先要摸旧志的底，把有关资料都辑录出来备修新志和其他学术研究参考之用。但是，旧志终究是封建时代的志书，局限性比较大，所以不能盲目崇拜和迷信，而是要以批判与继承的眼光去看待它。我们也不能以为只要懂古汉语就行，这只是起码条件，还不够，要有"明足以决去取"的能力和水平。哪些要，哪些不要，哪些过去被蒙上一层神秘外衣，但确有价值的资料还有待于发掘和重加解释。现在修志条件比以前优越多了，有许多蒙昧不明的资料可以得到科学的解释，但是，在旧志中搞材料，由于知识水平问题也会搞错的，如四川的一部方志中记唐玄宗逃到四川以致"蜀中大震"。这是指人心震动，如把它作为唐朝天宝年间四川发生过一次大地震，那就错了。

我们现在修一部新志，第一条是把旧志的精华都吸收过来，反映到我们新志中去；第二条是我们能够把现状全面反映到新志里面去。如果这样，我们的新志就是成功之作了。如果大家看了我们的新志还不放心，还要去查旧志，那就不对头了。

我认为我们的新志是用新的观点、新的方法和新的材料组成的综合性志书，不是旧志的所谓继续，不能提写续志。我们是修新志，不是修续志。

第五个问题是领导与群众的关系

修县志要发动群众，这是编写县志书过程中的基本要求。但如何看待发动群众，如何有领导地发动群众，这就值得我们研究。一个有百十来万人的县，提倡人人关心修县志是对的，而且是有必要的。发动大家关心的目的是要大家来支持和爱护这项工作，不是要百十来万人，人人都来动笔。发动群众与群众运动是两码事。如在打击经济领域里的犯罪活动时要发动群众而不搞群众运动，我认为编地方志也必须遵循这个原则。在实际编写工作中曾出现过这样的情况，听说有一个地方编轻工业志，他们接受了编写任务后，便把任务下达到所属的五百多个工厂，结果五百多个工厂都把厂志送了上来，我们估算了一下，平均每份厂志一万字，五百多万字交上来了。其实，轻工业志在市志中不过一二十万字。在这一二十万字中不可能把五百多个工厂都提到，同时，在这些厂志中，都大同小异地写了各厂的发展史。这作为厂史、厂志是可以的，但作为修专门志和省市志则感到很棘手。所以我认为，领导与群众的关系是领导修志工作的要求教于群众，希望群众提供材料，给予支持，而作为修志领导者要自有主张。修专志也好，修总志也好，自己一定要有主见，这样你就得有一个调查提纲。至于调查来的情况如何采纳则由编写者来处理，根据修志要求来采纳。总之，不要对群众搞一轰而起，其结果实效不大，群众反映也不好。做实际编写工作的同志不能不注意这个问题。

第六个问题是全面与重点的关系

地方志应以资料为根据全面地反映情况，这一点是明确的。所谓全面，主要指一部志书要包括自然和社会各方面的基本情况，资料要尽量搜集齐全。但这又不等于要面面俱到，还要有所侧重。有重点就有特色。宋人范成大为苏州编《吴郡志》就特立园亭一卷，以突出苏州的"池馆林泉之胜于吴中第一"的地方特点。我们从全国的情况来看，最近中国地方史志协会制定了一个工作条例，还附了省、市、县的参考篇目，比较全面，它可供各地参考，预防日后发生五花八门的混乱现象。但中国的地方大，不平衡性明显，若都按统一条例和篇目去搞，可能很全面，却又看不出特色。这就是忽略了有所侧重的问题。各个地方，应当既有全面，又有重点，要有所侧重，反映地方特色。各地在编写工作中应参考全国条例，并从当地实际情况出发，分清主次轻重，进行增删以反映地方特点。对于凡能反映地方特点的条目就应作调查研究的重点，详其所当详也是一种全面。不能所有东西都是重点，结果成了无重点。

第七个问题是人物传编写中的各种关系

人物的问题是地方志中最难办的问题。其他东西都比较客观，而人物问题牵涉较多，就需要多加研究了。首先是立传的问题，什么人立传，什么人不立传，如何立传，以什么标准立传等等。有一种说法是我们不赞成的，它以地位高低为标准，如政权机关地委书记以上，军长师长以上，文教界副教授以上，医务界主治医师以上。这很好办，只要看看履历表就是了。这是排队摸底，不是研究工作。修志不能这么办。所以我们在工作条例中建议"不以地位、等级为立传标准"。修志既要反映地方特点，也就要反映地方人物特点。一个人物的特点，就是指他对社会的作用是什么。我们所谓的作用有两点，即正面作用与反面作用。这两点都应该写。过去大家认为只能写正面，不能写反面。地方志正面、反面都要写。它和党史不一样，党史写烈士传，那当然都是正面人物。任何事物有正必有反，这是对立统一的两个方面。所以立传的标准应该是：顺潮流而动，促进社会发展的要立传，目的的为的是流芳百世；反之，逆潮流而动，阻碍社会发展的也要立传，目的是让他遗臭万年。这个标准在春秋笔法中早就提出来了，即所谓一字之褒、一字之贬。我们现在新编地方志更应如此。还有生存人不立传一条，那是为了不宜过早结论和排除不必要的干扰。比如一个工业劳动模范改进了某项工艺，提高了工作效率多少倍，有卓异贡献，但他尚在世，就不为他立传。

不过这个人的事迹可以根据"传事不传人"的原则在工业志中写进去，他整个生平和功绩可以编成资料收藏起来。因为人是在变化的，在世人还有许多改变，立了传将来不好办。人物传里面还有一个国家领导人是否在地方志立传和如何立传的问题，这一点还缺乏研究，思想上不明确，有待于大家共同探讨商榷。还有一种人一生反复较大，那就要实事求是。千秋功过不能以个人意志随意打折扣，既不能以功代过，也不能以过代功。对人物必须实事求是，不能说这个人好就锦上添花，说那个人不好就落井下石。在立人物传中，搞地方志的还有个很重要的任务，就是要努力发掘人物。因为每个人的情况不同，有的人在有生之年发挥作用，得到了社会的重视与评论。有的人在他生前并没有得到重视，在他死后却影响越来越大。编写地方志人物传的宗旨所在就是要评论人物、衡量人物、发掘人物、识别人物。在大人物与小人物的立传问题上，大人物固然重要，但更重要的是写小人物。大人物不大容易漏掉，你不写，他会写，这里不写，那里会写。小人物却易被遗忘，如果地方志再不给予反映，那么这个人就很容易被埋没了。而这些名声不显的人，其有关资料往往会被后世所利用。

上述七个问题只是个人粗浅的看法，希望得到同志们的帮助与指正。

原载于《中国地方志通讯》1983年第2期

方志概说*

今天和大家在一起研讨一下关于地方志基础知识的问题。我个人虽然从事这方面工作的时间较长一点，但是仍然还有一个更新、增益的问题。我终究不如在座的同志们实践经验丰富，所以也是我向很多的在第一线编史修志工作的同志们学习的机会。我们这次办班的中心问题是解决一个基本知识的问题。关于地方志的有关事项、有关知识，大家应该能够讲得出来，说得上来。中国作为在世界上地方志的编写与研究居于首位的国家，它本身有它的特点，而且在国际上特别在东方影响是很大的。这样的方志之国，我们觉得这是我们民族的骄傲，同时也是我们从事这项工作的同志们的光荣。我准备就方志的概说和修志的基础知识方面作一些所谓写意式的描绘。

今天我想讲三个问题。

一、修志的优良传统

中国地方志的篇卷数量是繁多的，应该说它是在中国文化宝库当中的一块非常引人注目的瑰宝。从我们现在极为丰富的方志宝藏来看它可以概括为四个特点：

第一，起源早。关于中国地方志的起源问题，从宋以来特别是从清代以来大家有不同意见，争论也是较多的，而且至今尚无定论。有人认为源起于中国早期的地理方面的专著《禹贡》。它把中国分为九州，有九州的物产及九州应该向中央政权交付的税收等等方面的记载，认为这样的一部大约在周代时形成的古代著

---

* 根据录音整理，经讲者审阅。

作是中国方志的开始；也有人认为，在《周礼》方面记载了当时研究地方的官员的设置，那么这也说明中国的方志至少在孔子的时代已经有这样的设想；还有一部记载当时的怪异神话的书叫做《山海经》，有人认为《山海经》里面讲的各地方的特产物产等等，也是方志的一种开端；还有，比如《越绝书》、《吴越春秋》等等，有人认为这些从春秋战国到秦汉之际的古代讲地方地理和历史的著作，就是中国方志的起源。

因此，有若干学者都为自己的主张提出一些理由来说明中国的方志起源于什么。作为学术问题的研究来争论一种学术一个学科的形成，我认为是不能作为一元来看待的，应该是多元的。往往不是从哪一部古代著作开始或哪一种学说开始一直流传下来，非常单纯、非常纯粹地传下来形成这么一种专门学问，这恐怕不符合现实，大家争论的焦点恐怕就在这一点上，应该说中国的方志是从古代以来各个古籍当中有关方志的一些内涵和它的意义都是形成方志来源的多头多元。方志应该说是在当时的国别史、地理书、地图等等这些学科汇总起来形成的一种记述体裁。这种从各方面比如说地方的国别史，因为当时的中国大地上是有所谓列国的，各国都有各国的记载。我们有一部古书叫《国语》，就是记载各国的历史的。那么这些东西是国别的，实际上就是地方的，有些是讲地理的、天文的，也有一些是绘制的地图，这些方面汇总起来就融合成地方志的一种最早原形，形成了能够反映地区特色的一种体裁。所以现在大家不论提出来的一元论，或者是我们主张的多元说，总起来说，我们中国的方志的起源大致可以推到战国时期，也就是说距今有两千年之久的时代。两千多年的传统应该说是源远流长的，所以我们认为，它的第一个特点是起源早。

第二，持续久。中国的地方志从战国秦汉开始到汉魏时期，出现了现在可以考查得到的一种地方志形式。这种形式被称为"图经"，"图"大家都知道，"经"当文字讲，"图经"就是有图有说明的，类似我们现在的地图。由于有了图经就推动了方志这一体裁的发展，渐渐地有了一些个人的撰写，或者一些学者的论著。后来受到国家政权的注意。到了隋的时候，方志就被国家承认为一种正式的搜集资料的形式，当时发布了中央政府的命令，让各地方把地方上的一些风俗、物产、图形送到中央政府来，政府以正式命令的形式向全国征集地方资料，而且形成一种书面文字，这就是官修志书之始。到了唐代的时候，这些形式仍然俱在。二十世纪初，在敦煌地区发现了唐时的一种所谓图经，有《沙州图经》、《西州图经》，是残卷，已经不完整了，但是还可看得出来，可见图经的形式在唐的时候还是存在的，还是继续在使用。而更值得注意的是唐的时候就出现了一个由政府作为一统志编纂的《元和郡县图志》。到了宋的时候，这部书的图遗失了，只剩了志，所以这就成了地方志的一种形式，这部书后来就叫做《元和郡县志》，元和是唐的一个年号。宋的时候，中国的方志到了一个有显著发展的时代。它首先表现在数量上的增加，根据我们现在的一些目录的统计，宋代志书大约在600种左右，传到现在大家所能见到的还有30多种宋代方志。从制度上说，宋代中央政权已经非常注意到志书的修纂，宋代开始的时候有一个官方续修方志的制度，所以在中国方志历史上有名的一件事情就是从南宋的孝宗到度宗一百年之间，当时建都在杭州，称为临安，在这一百年，曾经修过三次临安志，这是在中国的方志史上很有名的一段佳话，就是三修临安志。说明在当时国事日衰、整个社会动荡的情况下（大家都知道，宋孝宗到度宗时期已是政权衰微，北方的金元屡次入侵），宋朝当局仍然对修志这个问题给予了极大的关注和重视。在一百年间连续三次纂修临安志，这是反映中国对志书重视的一个历史事实，也是表示临安显著发展的特点。方志的模式大致定型于宋代。当时有一部全国性的地方志书就是《太平寰宇记》，像清代全国性的一统志一样。在《太平寰宇记》之前的方志，基本内容是以地理和图为中心，以图经的形式为主要形式，对于人文的问题，是放在一个被忽视的地位，从《太平寰宇记》开始，在自然的静态内容里加入了动态的内容，这就跟我们前头有志后有人物传这种形式基本接近了。这种情况使得我们可以说方志的模式大致定型。

到了元朝的时候，大家都知道，元朝是一个以游牧为主的民族，到了内地把很多农田改为牧场，但即使是这样一种政权，在地方志的历史中仍做出了很突出的贡献，就是开始了"一统志"的编修。"一统志"就是全国志，我们现在只提到了省志，还没提出来修一统志，只是修"通志"。省一级的志书叫"通志"，如《河南通志》、《湖南通志》、《湖北通志》等等。元的统治还不到一百年，但在这个过程中提倡修一部全国的志书。当时修了一部《大元大一统志》，这部书现在已经加以整理。从修志人员亲身经历的甘苦来说，修一部县志都是"八年抗战"，还有十年的。本来最初我们在推动地方志工作的时候，大家都提出来编写县志是四个"三五"，即三五个人，三五万块钱，用三五年时间，出三五十万字的志书。当时没形成文字，实际上那时候我们缺乏实践，提出了这样不太切实际的口号，大概后来所有的志书都没有符合这个条件。所以从这一点来说，一县之大，修一部志书如此之繁难，那么县集中到府，府集中到省，省再集中到全国，全国还要加以取舍、审定、删节，然后成文，再经过批准等等，工程浩大，艰辛程度大家可以想象。但是元朝做了这样一件事情，而且这件事影响很大。自元开始以后中国的方志除了省、府、县志以外，有了一统志的体例。后来明有《大明一统志》，清有《大清一统志》，清不止一次地修一统志，有乾隆一统志，有嘉庆一统志，这就是说中国地方志的纂修已不是地域性的，而成为全国性的统一行动。最近日本一个大学提出要搞中日地方志比较研究，特地派教授来跟我谈这个事情，他们认为日本志是小志，中国是大志，日本是风土志为主，中国则包罗很广。

明代比元文化要高一些，除了修府县志以外，还有一个特色，因为明代面临北方的骚扰，当时北方的鞑靼等时常侵扰，所以明朝很注意地方的边防，明朝在这个时候就出现一种新的东西，即讲军事要镇的志书，这就是所谓《四镇三关志》，"四镇"包括蓟州（蓟县）、保定、辽东、昌平四镇，"三关"是居庸关、紫荆关、山海关。当时明朝就修了一部沿着北部边沿的地方专志，叫《四镇三关志》。这就增加了志书的类别。明代修志数量，到现在保有的数字仍然很大，根据我们能查阅到的现存明志有867种，而且写法也很有发展，有散文体的，也有骈文的，如《武功志》；就是文字的运用方式也已经多样化了，有成卷大套的，也有一卷小本的，无论形式和内容的花样也比较多了。

方志发展到清代，应该说是中国方志的鼎盛时期。这一鼎盛时期表现在这么几点：

（1）数量大大增加。清代方志除个别的遗失外，绝大部分都存在，现有的清代方志十分可观，中国历史上的方志总数是8000多部，清代有6400余部，占了中国方志总数的80%，而在清代这200多年时间里，平均每年完成20部志，这个数字很可观。

（2）开始了有专门人员从事这项工作，涌现了大量修志人才。这些修志人才有很多在任主笔、主编时已是很有名望、很有成就的专家学者了。我们看到很多的名志，有成绩的有内容的志很多都是由专家来主持，并且把地方志作为一种学术研究来进行。从清初的顾炎武开始，就把地方志的资料作为研究政治、社会的一种对象。当时他写了两部重要著作，一部是《天下郡国利病书》，一部是《肇域志》。这是顾炎武利用方志资料，针对当时的社会问题而写的著作。当然他的出发点是为恢复明朝的政权，所以到处去了解形势，哪个地方可以驻兵防守，哪个地方是要塞，哪个地方将来可以发展经济，哪个地方不能用，哪个地方可以开发，哪些地方不能防守，哪些地方可以用兵等等，所以叫"利病书"。这样方志已经由单纯记录地方资料的阶段，进入了利用地方资料来研究政治、经济、军事、社会诸问题，提高到一个理论高度，进行研究。

（3）体现鼎盛局面的另外一点，就是渐渐地升华为建立一种专门学科。中国封建时代的方志学的建立约在清代的乾隆年间，代表人物是章学诚。章是当时的一位史学家，是位极为朴实的、勤勤恳恳地进行方志研究与编写的史学家，他在河北省曾经编写过《永清县志》（京津保三角地带的永清县），至今《永清县志》还被奉为名志。最近永清县来人找我谈了，要超章学诚的《永清县志》，所以我们要准备花很大力量，因为章有很多好的见解。这本志书也准备由我负责参与他们定稿的。章学历史，我也学历史，当然，是否能超过前人就有待于努力了。章还修过安徽的《和州志》、湖北的《湖北通志》，他提出的方志学理论，对今后的方志编修有很多足资参考。当然在我们修志初期有些偏差，修志人员培训中比较强调章的方志理论，如建立三书、立志科，这些东西有它可取的精华部分，但也有不适用于当前的过时部分。那时对章在方志学成就方面的评价偏高，后来大家逐渐认识到这个问题，慢慢纠正过来了。章学诚适应当时的需要，所进行的有很多是为封建政权的需要而提出来的体例，在今天是不适用的，但在那个时期，把方志学从中国近两千年的发展过程当中进行了理论概括，并建立了初步的封建时代方志学体系的应该推章学诚之功，也就是方志之成专学应该从那时开始。我们也知道，从马克思主义的观点来说，我们还有继承与发展的问题，我们不是穴居野人，不是一无所有地自己平地起来，我们还要继承前人的。马克思主义的建立还有三个来源了嘛，那么我们马克思主义方志学的建立也应该是在封建方志学的废墟上找出它的合理内核，然后来建立起我们新的方志学体系，这是应有的态度。清代不仅有大量的编写成果，不仅有人进行方志资料的研究，不仅有方志专门学科的建立，而且作为政府来说已经把它列入正式的行政措施之内，它已经形成了一套法律制度。从雍正开始曾经下令全国60年修一次志。现在我们所说的60年修志是清朝的一个规定，到民国时期国民党执政的时候改成30年修志，当然我们将来的修志时间可能更短一些，因为现在我们发展比较快，内容也更充实了。清朝所有的志书中可以说几乎前面都有一些关于如何修志、应该注意哪些问题的命令和条例，而且在这个时候还出现了一些研究地方志的工具书，如当时出现了方志目录，便于大家去查核。

在清代更值得注意的就是出现了若干具备方志性质的地方小志，如天津的

《津门杂记》，福建有《闽小纪》、《闽杂记》，苏州有《清嘉录》，上海一带有《阅世篇》，有很多讲地方风土人情的书。还有一些人由于修志时与组织者意见不合而把自己对修志的见解或修志的资料另外写出，如清朝黄印的《锡金识小录》，此书是黄修无锡金坛志的时候，他个人的许多意见未被采纳，个人收集的资料舍不得丢，因此自己另外写了这一本书。现在这本书成为小志中的名著，因为内容非常丰富，讲手工业的操作，手工业产品，手工工人状况，无锡金坛地区的一些社会情况。当时认为是不登大雅之堂的、被正式志书摒弃的，把它收集起来写成一本书，这本书很有参考价值。清朝这类所谓地方小志大量涌现，从这个情况来看，清代应该是方志的鼎盛时期。

辛亥革命以后，民国时期还继续修地方志，从民国元年（1912年）到民国23年（1934年）全国修的地方志总数是370种。当时山西、山东各地都有，在1929—1937年是山东的修志旺季，这几年工夫，修了80部志。这个时候，许多学者开始研究方志，写了很多有关方志的专门著作，像黎锦熙的《方志今议》，现还健在的傅振伦傅老的《中国方志学通论》等等，也有人对旧志整理编目，做这样的一些工作，由此可见，当时的方志已经到了相当发展的地步了。所以我们说从汉魏的图经开始，一直到解放前民国时期，中国的方志绵延不断。中国方志传统当中的第二个特点是持续时间久。

第三，类型全。国外都有对城市、地区的研究，日本有不少风土志。中国是个类型较全的修志国家，中国上起于全国性的一统志，下止于地方的乡镇小志。广东有佛山镇的《佛山镇志》，江西景德镇有《景德镇志》，江苏有《震泽镇志》，所以在地方上来说从全国到最小建置的一乡一镇各种类型都很完备。现存的方志，有全国性的一统志，有省区的通志，一般省都叫做"通志"，还有用"总志"这个名称的，四川就用过《四川总志》这个名称，其他的像河北称《畿辅通志》，山西有《山西通志》，两广有《广西通志》、《广东通志》。通志者，指省志而言。通志下面有府志、县志；还有厅志，这是一种特殊的少数民族地区的设军事点的地区，像湖南的《凤凰厅志》；有卫志，如《天津卫志》；有乡志、村志、镇志、乡土志、小志等等，这样看来我们的志书是类型比较全的。这是第三个特点。

第四，数量多。我们的志书在世界上来说蕴藏量是很大的，现在统计有8000余种，实际上按大家近年编志发现的佚志来说，大概将近万种，数量相当可观。现有的方志以县志最多，府志其次，县志约5400多种，一个县有的有多部志书，占全部志书总数的65.2%；府志700多种。如从志书的卷数来说，也是县志最多，现有总卷数7万多卷，占总卷数的50%以上，像《畿辅通志》300卷；如以地域来说，四川志书最多，有670多种，其次是江苏、河北、浙江；如以成卷的卷数来说，江苏的卷数最多，有10万卷。我们可以这样说，除了一些县因建置不稳定的（或一会儿把一个县割成几块分给几个地方），或一些极为偏远的地区的县以外，中国可以说几乎是无县无志，有的县还有好几部志，这志书的功用就大了。现在一个县长还可以召开座谈会，新名词叫对话会，可以了解了解情况，那时候封建官僚不了解情况，唯一的就靠志书。过去封建时代的新官到任，地方绅士公开的礼物就是送一部县志，就是让他了解一下民情，当然还有另外一个目的，让县太爷了解一下哪些家里不能随便触动，作为护官符来用的。

所以，我们说中国的修志事业是有着优良传统的，这可以从它的起源早、持续久、类型全、数量多这几个方面来说明。

二、新编方志的现状

整个新编方志是三次起落。这是指新编方志在解放以后曾兴起过三次。今天上午左健同志回顾了一下，大家也知道了轮廓，我只简要地概述一下。五十年代我们搞过一次，我也参加了，那时也成立了组织，在科学院的科学规划当中也列入了。五十年代以1958年"大跃进"为高潮，搞家史、村史等"四史"活动。那时人人修志，大量地写，我们也被派到各地去，我曾到过秦皇岛，修过秦皇岛港的港志。这是第一次，修了很多志，结果是束之高阁，藏之名山了，捆起来一捆捆，最后也不知放哪去了。有些出版了，但很多是以文艺体裁写的，更多的是以一种总结形式写的。五十年代修志总理也过问过，科学院也建立过组织，建立过中国地方志小组，以曾三同志为组长，十二年科学规划时也定过，但是后来都无声无息了。

六十年代又有一次高潮，进行社会主义教育运动中搞村史、家史，地方上的修志有了条件，所以1964年中共华北局宣传部，在寒冰同志的领导之下，把这项工作作为一项全面铺开的工作。当时由我起草了一个关于全面修志的通知，发到各地，在河北省进行试点。那时我到丰润县和霸县去写志，霸县完成了村志，所谓《东台山志》（东台山是韩复榘的老家），盐山写了个《南阡志》，这些东西仅仅只是写了，但在我们进一步推动之际，却遇到了1966年的"文化大革命"的开始，修志工作中断，从整个事业来说中断了。

一直到八十年代开始，掀起了第三次修志高潮。八十年代由于我们经过了拨乱反正，政权趋于稳定，进入到了我们历史上盛传作为艳称的所谓盛世修志的时期。从1981年开始就做了比较多的大量工作，首先在天津开了个预备会，我在会上做了一个关于修志的讲话，后来成为发给大家的一个参考文献，中心意思就是"总结旧志，创编新志"，说明我们社会主义志书不是旧志的延续，不是旧志的增订，而是在总结旧志的基础上创编新志。在建立机构开展研究的基础上，全国各地普遍开展志书的编写工作，相继建立了编写机构，初期往往叫编史修志办公室，因为当时党史征集办与地方志合在一起，后来逐渐独立，成立了省志办、市志办这样的国家所属的有正式编制的机构。现在只有少数地方没有成立，省级只有西藏没有成立，县级只有很少的一些县没有，几乎2000多个县都有了，尽管开展工作的进度不太一致，但是机构都已建立了。随后又开展了编写纲目、搜集材料、撰写初稿、审定、出版这样的一些工作，有些地方已经完成了志稿，转入了新的阶段。在这个过程中，我们培养了大批的修志人才。据全国统计，编史修志工作的专业人员在10万人以上，这些同志中有高层次的高等学校文史系毕业的学生，有许多从事行政工作的干部，有献身于教育事业的教师，纷纷涌向修志队伍。从整个来看已经形成了具备马克思列宁主义的一般原理知识，具备社会科学、自然科学的初步知识和一定写作能力的一支队伍，这支队伍正在全国各地勤勤恳恳地进行编史修志工作。除此以外，在这10年过程中我们还大量地刊印了旧志。所以目前中国的新编地方志事业应该说是在正常地向前发展，当然还有很多不足之处，还有需要完善的地方。这是修志的大致现状。

三、地方志编修当中的几个有关问题

（一）史志关系问题

史志关系问题是大家很容易提到的问题。因为在修志之初，地方史、志并举，界限上什么叫史，什么叫志，尤其对在文史方面接触不多，或者是初步接触的同志，对这个界限就划不太清楚。这个问题本来就不太清楚，再加上一些同志把这个问题搞得玄乎其玄，使得下面实际工作的同志们感觉到非常困惑，究竟史是什么，志是什么，至今也没有说清楚。有人说史重褒贬，志无褒贬，实际上不尽然，你把地方上不好的事尽量少写就是你的褒贬之意。又是什么史纵志横等种种说法。所以关于史、志这个问题究竟怎么样，我可以这样说，这个本身界限就不太清楚，而是交错的。我认为也不必要搞得太清楚，不要搞得太绝对了，尤其学术，越来越交叉，边缘学科越来越多，本来是生物，现在有生物化学；本来是物理，现在有物理化学。地方志中就有史体，史中也有志体，史志本来就分不太清楚，但是非要把它划清楚，当然就要让人削足适履。那么这两者究竟是个什么关系呢？我认为史志之间的关系应该说是三方面：同源异体，殊途同归和相辅相成。

（1）同源异体。同源是指史和志都离不开资料这个源，无论写史写志都要以史料为依据，都离不开文献资料这样一个共同的源泉；异体是指史和志在表达问题上所采取的体裁的不同，表现形式的不同，无论史也好志也好，它都是以一种不同的体裁来保存一方之史的一种作法。地方志是全面地述往记今，以文献资料来反映情况；史是记一定时期一定人和集团的史事，以文献资料为依据。所以两者都是以文献资料为同一源泉，而以不同的表现形式来说明问题的。

（2）殊途同归。不同的途径归于一个目的。史和志不过就是从不同的途径来进行工作，完成一代之信史，记述、反映这一时期可以取信于人，信今传后的事实。从史料采择的途径来看，地方志所采择的文献和实物是立足于广，要征文考献，就是采录史料。文是文字记载；献者，贤也，就是有知识的人，是口头叙述的东西，贤者之言。征文考献是征集了许多文字，让知道情况的人来考核一下，核对一下真实性如何。这种征文考献的工作就使得我们的志书能够有一个比较广泛的资料来源。所以志书要求能够把整个东西广泛地收录一下；而史更多的是立足于抢救史料，人们希望用各种手段把一些老同志口述的材料整理起来，所以史跟志是不同的道路去达到一个共同的目的。现在编写的地方志，将来就是我们后人写历史的一个很重要的根据，所以今日信志就是他年的信史。有人认为史有褒贬，志无褒贬，我认为志书如果没有褒贬的话，那么志书将是不分是非的一部材料堆积，那不是一部好的志书。

（3）相辅相成。就是说史与志可以有互相帮助、互相补充的作用。清朝学者章学诚就说过志书可以补史之缺，因为历史不能那么全面地讲，可以把历史中没有记录的东西补充进来；可以参史之错，参考志书把弄不清的问题弄得更清楚；能够详史之略，史书一般都较简略，概括性较强，而志书材料性较强，如在史书里面某人光荣牺牲了，志书里就可以把这个情况写得比较生动一些，材料丰富一些；还可叙史之无，补充历史记载所没有的东西。地方志是全面反映一定地区各方面情况的一部书，它对于地方上发生的某一事件的来龙去脉往往有一个概括的叙述，而历史往往侧重于记一个事件，一个人物，对这一事件的始末，它就不像志书记某一个时代某一个事件那么完整。所以说，史、志之间可以互相补遗，这就是所谓的"相辅相成"。从中国历史上来说志和史也从来不是分得很清的，比如作为中国的一部有权威性的"二十四史"的第一部《史记》，其中就有"八书"，天官书、律历书、河渠书、封禅书等等，这些书就是我们后来的志。到了《后汉书》，有职官志、百官志、食货志，甚至于我们的历史书籍中"二十四史"的前四史中，三国史不叫三国史，叫《三国志》，讲四川地方上历史的书叫《华阳国志》。从这种情况来看，我并不赞成很多同志纠缠于一定要把两个东西截然划分的观点，我认为这两个东西是以不同的表现形式来反映一代的信史。

（二）关于编纂体例问题

在编一部新志前要做好准备工作，对体例怎么看待？我认为，体例是帮助大家构思志书的一种模式，但不能够定于一尊，让大家都得这么办。因为中国地区的差异性较大，有些地方的东西，其他地方就不一定有。沿海地区有捕捞事业，山区有山林、野生动物。要因地制宜，不能让各地都设这些章目。所以体例的问题，只要大体上一致就可以了。作为一个地方的县志也好，区志、专业志也好，应该是总体规划，分头进行。总体规划，就是说大家编写的时候，要有一个大致轮廓性的规划的模式，任何一个人不可能把整部志书全部包下来。为避免重复和遗漏，市志办也好，县志办、区志办也好，都应做好总体规划。这个规划是比较宏观的而不是太细致的。分头进行就是大致划块块，让大家进行工作。紧跟着就是分头征集资料，反回来再丰富这个规划。然后就可以进入到正式编写志书的阶段。

在进行编写的时候，首先就有个篇目结构设计问题。从整体设计来说，现在有大篇小篇之争。大篇一般来说是指政治、经济、军事、文化四大块；小篇是农业、林业、财政、金融、教育、科技、名胜古迹。大篇易于归类，但不便于突出地方特色。现在比较多的是采取小篇结构，好处在于能够突出地方特色。篇章结构大致顺序是概述、大事记（有的放最后）、志（志一般来说按天、地、人三宝的顺序，先讲沿革，然后讲自然形势，然后讲人口、经济建设）、传记和附录。

在八十年代初期，立篇章结构是个大难题。当时湖北武汉地区志书的篇章是对照比较着武汉的八部旧志的篇章去拟定的，用很大功夫才搞出个初步提纲来。现在我们就没有这个困难了，因为已有许多新志书可作参考借鉴。整个一部志书的篇章到底采用什么体裁为好，我认为志、表、图、记、传五体均可俱备。志，就是专业志，如农林志、金融志等等；表，许多志书里运用了，受到了人们的重视，由于有些事情用文字叙述不太合适，因此采用表的形式；记，即大事记，还有些杂记，有些志仿旧志把地方上的传说等都记进来；传，即人物传，刚才我们提到史志关系问题，志书里面本身就有传，一个人从生老病死就有个史的叙述。所以五种体裁可以并用。下面我分别对整个志书的各个部分再给大家提些建议。

（1）现在志书当中一般都加了一个"概述"，这是旧志里没有的，是个创立。概述既名为概述那就不是概论，不是一地之概而是一书之概，应是全书编纂情况的提炼，文字要简要，使没有通读全书的人在读了概述后大致可对书中内容了然于心，但不要把概述写成一部志书的提要。概述应是全书中最难写的一篇，应该由主笔亲自动手。概述不要做未来的预测，也不宜向当政者献策，有的概述提出一些咨询性意见，认为我们未来的发展应该如何如何，这就离开了志书的要旨，不是志书应完成的任务。概述应做到不是读完概述不需要读全志，而是读完概述引发人们更进一步想读全志，要"引而不发"。现在有些概述总是希望把事讲透，这是一个很大的毛病。实际上你又讲不透，列了许多产量等等，显得繁复。人家看完概述，后面的就不想看了。概述，我主张高屋建瓴地一气呵成，如行云流水般写下来，让人知道来龙去脉，大致的兴旺曲折，不应写得太长。我所见到的概述，写得好的是主编人把全志看完吃透了以后，提笔就写，一气呵成的，让人觉得你的山川形势、物产状况、人文活动，你的整个状况历历如绘，但是总觉得后面还有很多内容需要进一步地了解，人们得到这样的启发就可以去翻读你的志书。如果概述不能引发人们读全志的兴致，那么这个概述应该说是失败的。所以概述文字不要过长，行文不要排顺序，不要把它写成本志书各章的提要。因此概述很难写，也很难掌握。有几部志书的概述读了很受益，但有些概述看起来很烦躁，就是说不要弄得太琐碎，也不要设立章节。

（2）大事记是我们旧志里也有的，但是没有像新志这么普遍而且丰富。大事记该不该有？都认为应该有。问题在于什么是大事，争论较多。现在来看，大事记较好的体例是编年与纪事本末相结合的体例，基本上是编年，但应顺着这件事让上下首尾完备。我倒是很赞成这种写法。既有年，又有事，年经事纬，可读性较强。但记事究竟放在哪里完成？是放在开始，还是放在结束？大家有不同意见。经过反复讨论大家认为，要看是什么事情，比如，反右是1957年，1961年摘帽，七十年代改正，这条应写在1957年。为什么？因为是这年出的事，后面的都是为解决前面的事的。再如某一水库，何时建成？写在什么地方？应写在落成的时候，前面买沙石、运土、运料、招工、规划都是为了这件事。水库哪年哪月落成了，下面追述了哪年开始计划，哪年采料、备料，中途遇到什么问题，最后落成面积多大、储水量多少等。所以，记始与记终是大事记在编年与纪事本末相结合当中要注意了解的问题。

另外，什么叫大事，很难讲，特别在中国区别很大，重大与否要结合事情本身情况来定。如蓟县，和唐山附近的青龙县，虽都是山区，但大事不一样。蓟县有独乐寺，邓小平等国家领导人都来过，是件大事，再来个部长、厅长就不算什么大事。而青龙，大人物到得较少，那么地委书记到县也就算大事了。这就说明大事是相对的，不是绝对的，不要划一个杠杠。但这里也有一些标准，如重要的历史变革，重要事物的开始，重大的工程建设，政治运动的重大环节，经济建设中的重要转折，重要的外事活动等等，还有重大自然灾害。也就是说要围绕当地社会的主要矛盾来选择你的大事。在大事记中还应考虑到古今比例问题。我们一些修志同志有些包袱，往往认为详今略古，就等于详今丢古，解放后的部分写得很多，因为这方面的材料充足，现成东西多，但比例失调。在辛亥革命以前，建县早的2000多年，从辛亥革命至解放38年，从解放到现在41年。大事记是通编的，当然有个别志书大事记没有通到上头，从辛亥革命开始编的，这是个别的，一般都通下来了。这里有个问题，大事记出现一种现象，有的相隔跨度太大，汉朝完了就是宋朝，当中应该还有大事，这样就不行，这是资料缺乏或收集资料不足等原因造成。所以，大事记的比例，应本着资料少的从宽，资料多的从严，解放后不要写得过细，不要出现畸轻畸重的情况。比如有一部县志，从建置至1986年底共1800年，大事记804条，辛亥革命前1700年114条，占总数的15%，辛亥革命到解放38年192条，占22%，解放后36年498条，占63%，这样，显然1700年的比重小了一些。所以写大事记，需要考虑一下平衡问题，否则这部志书纵的记述方面会出现缺陷。

记大事应该注意做到述而不论。不要在大事记中发议论。有些回避的问题、不好叙述的问题，可在大事记中记述而不加议论，让人一看就知道当初曾经发生过这样的事情。

大事记写成后，怎样检查其用途呢？要看这部志书主要的重要的大事是否漏掉了。另外，所记大事可不可以作检索全书之用。最近有一个地区编大事记，我曾向他们建议说，印好后和本文对照一下，哪些大事全面叙述了，把页数注在这条大事记后头，这个东西可以作为索引用。当然现在还没有人接受这个意见。现在中国人念书习惯从头到尾念，外国人则是需要什么念什么，所以一本书后头搞了很多索引，像人名索引、名词索引、主题索引等，因为知识太多了不好办。我们现在的一本志书已有100多万字，还有200万字的，如另编一个索引工程量也很浩大，在大事记中注明是不是可以，这一点大家可以讨论。

（3）志书的特点问题。修志如何反映特点，我们常讲修志不要共性东西太多，如果一部志书本身换个县名也大致可用，这部志书就应作废，因为共性东西太多，个性东西少，形不成特色。其实特色本身也很简单，就是要发挥自己的优势。如当初写《萧山县志》，萧山一个最大优势就是围垦，把钱塘江下游沙地圈起来发展农工商业，发展养殖业、林业、农业，作为该县一个很重要的致富条件，它就突出了这个特点。这在中国历史上是有传统的。宋朝范成大写《吴郡志》（即苏州），就写了一个园林志，因为苏州园林甲天下，各种园林都特殊，写出来以后，别人不看书名就知道是写苏州这个地方的。所以后来我对《青州市志》编写人员建议，要他们立个《烟草》篇目，益都烟草是很重要的特色。《洛阳市志》设立篇目，征求我的意见，我说别的章不论，你们一定要列花卉章，因为洛阳牡丹是天下闻名的。河南鄢陵县是一个较贫困的县，但它的腊梅为天下冠，所以专写了花卉一章，特别渲染了腊梅。归结起来这叫地方性，从写专业志来说是特性。我们编地方区县志，就要把地方性寓于全面性之中而不脱离全面性。既有一般面的叙述，也要有几个点的叙述，这个点就代表你的特点，也就是要写出地方表现形式的特殊性。比如，全国都学雷锋，这是共性，但各地有各地的特性，有的地方是3月来4月走，而抚顺就是几十年一贯这样，一直把学雷锋作为政治思想教育的强有力内容来抓。写特点时要写优势，发挥优势就是抓住特点。抓地方特点标准有两条：一条是别处没有，独此一家，发掘出来了。中国刺绣，有苏州苏绣，有湖南湘绣，武汉写志发现有新的刺绣手法，叫汉绣，这无论在技法上，还是在造诣成就上与苏绣、湘绣完全不同，武汉突出了汉绣，同样是刺绣，但有它的特色。另一条是全国共同的问题在本地区有特殊表现形式的，也可以作为特色。

（4）关于断限问题。现在志书断限较难，因为历史绵延不断。断限分上限与下限，上限起于何时，下限止于何时。现在上限问题大体解决，很多从辛亥革命写起；有的早一点，从鸦片战争写起；有个别的历史纵线从古写起，从事物的发端写起。问题在下限，过去一般停在1986年，后来变到1988年，现又到了1990年，其中有个不好办的问题就是跟官员有关。我们碰到好多部志书，下限问题不好处理。写到1986年了，但那个管事的人是1987年上台的，1989年要出书，他心里想你写到1986年，没有我的事我不批给你钱，不让你出，但他又不明说。后来有人专门跑来天津问我怎么办，我说还得现实一点，志书是不能大动了，不能牵一发动全身。所以现在大家看到某些志书后头有一篇1986—1988年或1988—1990年的政绩记要，那个始作的主意就是我出的。这样，出书问题也就容易解决了。实际写志书断限确是个大问题，不划断限，何时算了呢？所以大家还是要找一个有科学依据的界标，一个重大历史变革阶段作为界限，以后有些事情的补充作为补遗来写，只好这么办。

（5）关于人物问题。志书中的人物，是一个很大的组成部分。人物究竟怎么办，有许多事情我们过去讲得很清楚，叫做"三为主"，即以正面人物为主、以本籍人物为主、以重大活动为主。所谓为主，并不排斥为辅。以正面人物为主并不是说坏人不写，土匪头子、会道门头目可以写，我们说以正面人物为主，但其他也应有记录。写正面人物的目的是流芳千古，写反面人物目的是遗臭万年。这话我们讲得很清楚了。这里还有一条原则，就是生不入传，当然这里也有不同意见。生不入传是中国人的传统，这是我们初期搞地方志研究推动地方志编写工作时已确定的一条体例，但是后来有些人反对。有些人认为搞生不立传是不对的，当时有成就的人就应该入传。有一位省级领导人就主张生人要立传，我这个人讲话较冲，也不太注意场合。我以小人之心度君子之腹，认为县一级人物入传，则省一级人物自然应该入传。所以生不入传确实有便利，给下面同志很大的便利。我碰到很多同志，说什么都不怕，就怕写人物传。最近某志出来了，前面我写了篇序。这本志人物问题争了很久，说有些老同志应该入传，我说不能入，后来弄来弄去，最后加了一个叫做"人物简介"一栏，很多县志有这么一栏，下面再加个烈士表，算是一个妥协的办法。我在序里就特别讲了这个东西，我说生不入传是应该的，但该志现弄了个"人物简介"也有编辑不得已之苦衷，我是写到了这个问题了。文字俱在，大家可以查，但是我的文笔很巧妙、很婉转地讲了这一问题。所以至今我仍然认为对生人不得入传。那么生人事迹可不可以入志呢？可以入，这叫做以事系人。生不立传，加上以事系人这就全面了。

在传记的排列当中应该以人的生年为序，不要以卒年为序。现在有很多志书，以卒年为序，我很反对这种作法。本身很多历史贡献看不清楚，人物的关系也看不清楚。

关于人物传记，一般来说有的同志写得太干，不够生动。归纳起来，有五种失误的写法：第一，评论式。评论式的人物多溢美之词，超过他本身的功绩、贡献，都讲了很多好话。第二，演义式。多虚构夸张，任意拔高，加以宣扬。第三，悼词式。如追悼会上念的文字差不多，简单罗列，高度颂扬。写悼词可以，人死了嘛，讲人几句好话是人之常情，但悼词不能入史，悼词里没有个人失误地方，都是高度赞扬。第四，模型式的。千人一面，千篇一律，固定呆板。上来就是某人哪年生，籍贯，哪年参军，历任过连长、营长等，最后在某地战斗中光荣牺牲，都是一个模子套出来的。第五，判决式的。对人全盘否定，某些地方不是实事求是。所以，以上五种写法是不太好的。

收入人物传的范围和数量，应如何掌握？现在收录人物情况一般是古人偏严，近人偏宽。现在我们的县志有一个问题，查当地许多历史名人不大容易查得到，反而还要去求旧志。因此一地方很突出的人物应该把他收到传里面去，人物比例应该很好地加以安排。

现在新创了一个人物简介。老同志，多年在外头有知名度的，都可望被收入。但切忌一条，即以社会的身份来划定入传与否的标准。河南有个县，准备把中级以上职称的人全部入传。我问他们有多少人，说有200来人，高级职称的人没有。我说你把中级全入传，说明你们地区的落后，人才缺乏。这样不但没有表扬你们本县，反而会起反作用，所以这事做不得。还有一些地方，以地、师级以上，或教授作取录标准，我看教授也不能全入，现在教授多如牛毛，尤其是文化繁盛、发达的地方，有了将军村、司令乡，这些地方都入志，不可能。所以还应该以对社会贡献与否来确定是否应该入志。

（6）附录。现在很多志书都加了附录，有它的好处，保存了一部分文献；但也出现弊病，很多杂乱无章的东西都归入附录。如把没有科学根据的说法收入附录的做法是不妥的。所以附录要严格一些，作为保存文献它是一个很重要的地盘，但不要滥用。现在有些志书把有些不可解释的物象、天象及许多迷信东西也写进去，一些不健康的歌谣也收进去，就不妥了。

（三）语言文字问题

文字要力求简明，要控制。现在我们编志，很大一个问题是从字数上争地位。开始是五六十万字，现在已突破百万字，最近有部县志已近200来万字。这样无限地膨胀叫做劳民伤财，没有必要。我劝大家千万不要在字数上争，否则给总纂人员造成很大困难，从志的本身来说，在字数上一定要洗练、简要，这个简要并不等于简略，能够一句话说清楚的，不要说得很多，能够一个字表达，不用两个字，不要以字数为胜。

我们有些志书还有一个很大的毛病，就是把口头说惯的简化称呼搁在里面，比如，"县志编纂委员会办公室"我们简称"县志办"，"县委员会"就叫"县委"，但写成文字就应写成中国共产党蓟县委员会。某县志里写"扫盲运动"，到1963年为止，全县成为"无盲县"。扫盲大家都知道是扫文盲，但写成文字就不应写"无盲县"，而应该写"无文盲县"。这一字之差其含意就大不一样了。

语言文字，希望同志们能够认真、准确地使用，使志书在使我们祖国语言文字的纯洁化上作出贡献。

今天，我是大面上给大家讲讲基础的东西，结合一些实际问题说一说，使大家容易记忆一些。谢谢大家。

原载于《天津史志》1991年第2、3期·总第25、26期

方志有多少种类

方志的数量众多，名目繁杂。对方志进行科学分类，不仅对整理旧方志十分必要，而且是方志学研究的一个主要课题。

方志的分类，通常是以地区和内容两种方法来区分的。

一、依照方志记载的地域范围不同可分为以下的种类：

（一）总志　是记述两省以上地区自然与社会各方面情况的志书。如晋挚虞的《畿服经》，隋虞茂的《隋区域图志》，唐李泰的《括地志》，宋乐史的《太平寰宇记》，元、明、清三代的《一统志》等。但是明代以总志题名的多是省志，如《河南总志》。现在一般把全国性志书称为总志。

（二）省志　除常称的通志外，还有总志、大志、全志、省图经等名称。是记述一省范围的方志。

（三）府志　记述一府范围的方志。府是省以下、县以上的行政区划，管辖范围与今地区近似。

（四）州志　记述一州范围的方志。明清时州是低于府、高于县的区划，直隶州则与府平级。

（五）厅志　记述一厅范围的方志。清代新开发的地区设厅，管辖范围相当于府或县。

（六）县志　记一县范围的方志。县志占方志总数的大部分，也是省、府、州志编纂时必须采摭的资料。

（七）乡镇志　包括镇志、场志、里志等等。是记述一乡一镇范围的方志。

乡镇志始于宋代。明清时期有的乡镇志称为"小志",如清焦循的《湖北小志》等。

（八）乡土志　侧重记述当地经济情况的方志。内容为采访实录,体例简明概括。乡土志因清光绪时下令编修而兴起。民国初期也曾编修过乡土志。

（九）边关志　记述边疆要塞情况的方志,包括关志、镇志等。

（十）土司司所志　明清时期,在边远少数民族地区,任命当地头人（土司）为招讨使、千户、百户等,负责管辖本族地区,这就是土司司所。其体例与州县志相似,只是在书首有世系一篇,专记土司家世。

（十一）盐井志　仅见于云南一省。

二、依照方志记载的内容不同,方志又可以分为以下三类:

（一）通志　这是相对于"专志"而言的。一般指省、府、州、县等志和全国性总志。

（二）专志　是专记某一项或主要是某一项内容的志书。这些专志,可以分为胜迹、宫殿、园亭、佛寺、道观、祠庙、陵墓、书院、山水、物产、风土、人物、艺文等子目。

（三）杂志　这类著作,多是私人的撰述。但他们所记述的,都是有关一地的舆地、政治、经济、文化等种种现象,而又没有通志那样完备、系统,所以名为杂志。

原载于《史志通讯》1985第5—6期

漫话地方志与文史资料

1981年7月下旬，全国地方史志协会成立大会暨首届学术讨论会所收到的一百五十余篇论文，涉及方面较广、论述课题较多；但概括起来，不外"总结旧志，创编新志"两个主要方面。总结旧志就是对历史上流传下来的八千部左右的地方志探讨其源流演变，剖析其体例内容，以达到汲取知识，借鉴经验而为我所用的目的；创编新志则是规划在全国省、市、县积极开展编写史志，详尽"记今"以应四化之需。不论前者或后者都与文史资料具有一定的关联。这种关联可从同源异体、殊途同归和相辅相成三方面作些具体考察。

同源异体的同源是指地方志与文史资料都离不开文献资料这一共同的源泉，而异体则指它们以不同的表现形式来提供资料。从历史传统看，二者一直是以不同体裁来保存一方之史的资料。地方志的这一特点比较显然而为人所易晓，而文史资料则系解放后的新事物，不甚为人所知。我认为现在的文史资料很类似过去的地方小志。过去有些人没有参加修志，或者在修志之余尚未尽其用，于是就别撰地方风物小志以记平生足迹所经的耳闻目见。这类小志数量很多，也有颇具水平的，如清初周亮工所撰《闽小纪》即其任官福建时杂记当地风物之作。在《四库撤毁书提要》的该书提要中即称它"究为方志之支流"。这种著作从撰者来说应属记一生或一时期经历见闻的个人档册。解放后，由于党和政府的重视，特别是1959年周总理在全国政协号召把近代亲身经历、所见所闻、丰富多彩的历史资料实事求是地记下来以后，从全国到各省、市、区政协都设文史资料研究会，分政治、经济、军事、文教，广泛地征集史料，出版文史资料刊物，选辑并聚集了亿万文字，使经历过各个历史时期的各方人士都得到记述往事的条件而无需像前人那样退归林下去从事地方小志的私撰工作了。从这点看，文史资料在一定程度上具有地方小志的性质。文史资料也正类似清代学者章学诚在立三书议中所规划的《丛谈》一类。因此，文史资料与地方志都共同归源于为一时一地的史事而采备史料。至于异体是指地方志以全面记今为主，而文史资料则或记某地某时见闻，或述某人某集团事迹，有类于清人孙奇逢所撰《中州人物考》及高士奇所撰《扈从西巡日录》之类。也即今所谓的地方史之意。史志异体，历来多有成说，至以何者为划分标识，则众说纷纭，尚待商榷。

所谓殊途同归者是指地方志与文史资料各从不同途径进行工作而同归于"成一代信史"的职责。从史料采择的途径看：地方志的采录方面包括文献与实物。它立足于"广"。文献即相沿所说的"征文考献"——文指档册、图方；献指口述材料。实物则指原物和遗迹。地方志只有广加采录才能使一地的舆图、疆域、山川、名胜、建置、职官、赋税、物产、风俗、方技、金石、艺文等方面汇于一编而成为"博物之书"。文史资料则主要采录口碑。它立足于"抢"。因为近代，尤其是现代和当代的史事，有些方面文字记载较少，甚至阙如，而不得不有赖于一些生存人的见证口碑，而这些目击亲历者大都已届古稀耄耋之年，风烛草霜，设不积极抢救记录，就可能失之旦夕。不论地方志的广采和文史资料的抢收，其最终目的都是为了同归于保存一代之信史。这正如前人所说："今日信志，即可备他年信史。"是否信史的一个重要标识就在于褒贬如何。褒贬得宜是直笔，是信史；褒贬失当是曲笔，是秽史。过去有一种说法，即认为"史兼褒贬，志彰一邑之盛"，似乎志则无所用其褒贬。近年还有一些学者用"志有褒无贬，史有褒有贬"来划分史志的异同。这种片面性的说法可能来源于两方面：一是有些方志喜欢矜夸本地历史悠久、文化发达、人才辈出、景物秀丽而曲讳其不足处；二是可能依据清初学者黄宗羲的一段话，黄氏在《再辞张郡侯修志书》中说："志与史例，其不同者，史则美恶俱载，以示褒贬。志则存美而去恶，有褒而无贬。"（《南雷文案》卷三）这实是后人的断章取义。因为在这段话后面被截去了两句重要的话——"然其所去，是亦贬之之例也。"所以，我看志还是有褒贬的。章学诚就明确地说道："志传之有褒无贬，本非定例，前代名志，亦多褒贬并行。"（《湖北通志辩例》）有所褒贬就可称信史，就可详尽如实地"记今"，而这正是地方志与文史资料所同归的重要目的。

至于相辅相成之说乃指地方志与文史资料之间的相互渗透、相互补益以共求史事的完备。清代学者章学诚曾指出志可以"补史之缺、参史之错、详史之略、续史之无"（《修湖北通志驳陈增议》），这是章氏从方志角度立言；实则文史资料对于地方志也能起到补、参、详、续的作用。地方志要反映本地区各方面情况，有些具体经纬始末或难详备，而文史资料则多系亲历者所记录，于一事始末类能巨细不遗，对地方志有补、详之功。再者，文史资料以回忆人的活动为多，而《人物志》又恰为方志的重要构成部分，此又可借之以入志；反之，文史资料所记究为个人一隅之见，未能从大局俯瞰，得其全貌，而地方志往往具有概况，可供撰写文史资料参、续之用。二者相辅相成终获共同提高之效。

诚如上述，地方志与文史资料二者实不可偏废，而在当前积极开展修志工作之际，尤应重视和加强文史资料工作。因此，不揣固陋而略陈浅见于文末。

文史资料的主要搜集对象是口碑资料。它着重在方面广、时间快。所谓方面广则不仅政治、经济、文化、军事要采，风俗、人情、艺文、金石也要采；不仅有名的要采，无名的更要采；不仅正面材料要采，反面材料也要采。一事始末要从几个侧面采；一地情况要从邻近地区采。因为只有这样，才能便于比较和鉴别。所谓时间快就是抢救史料问题。旧社会的各方人士也好，老一辈的革命家也好，大都已届高年，必须抓紧时间协助他们写回忆录，尽快地抢录口碑，甚至可以先采用先进技术手段及时录存，至于是否准确与可取，可留待日后逐步鉴别、整理以定去取。对于一生有毁有誉的人，不妨先采其津津乐道部分，而后再设法探求其有顾虑和有思想障碍部分。

对于所搜集到的史料能做到有闻必录尚不等于秉笔直书，遇见资料不加筛选就用也是对历史的不负责任。因此，对于搜集到的资料一定要审核、要存真，要实事求是去鉴别，也就是说要有"去伪存真、去粗取精"的鉴别过程。这种鉴别的重点似应放在订曲笔之误上。有些文史资料的撰者往往为尊者讳、为贤者讳，或为衒一己功业而背弃事实、添枝加叶，致使史事失实，贻害后世。鉴别资料要以周总理提出的"存真，求实"和陈云同志提出的"不唯上、不唯书、只唯实"的客观态度为准则，决不能以个人好恶来定去取。那些广收博采而来的资料经过严格的鉴别筛选后，方能达到"吹尽狂沙始到金"（唐刘禹锡诗句）的有价值地步，而为整理、使用资料奠定良好坚实的基础。

有了广征博收的资料，经过存真求实的鉴别，再加以排比类次、润饰文字，附些必要的题解、注释，则将为编写地方志提供大批有质量的文史资料。

原载于《中国地方史志》1982年第1期

地方史志资料的搜集与整理[*]

资料是编修地方史志的基础，资料的有无、多少、是非、正误、真伪、曲直则是决定地方史志本身质量的要素，而资料的搜集与整理又是编史修志工作中的重要环节。因而我想就此问题谈几点看法，请同志们指正。

一、资料工作的地位问题

资料工作在过去一段时间内是不太受重视的，没有把它放到应有的地位上。其所以如此，可能有两个原因：一个是直接原因，有不少资料毁于"左"的思潮之下。那时说某些资料是封资修的东西，就要封存、剔除、束之高阁以至弃置、毁坏，资料工作势必无从着手。其实，资料是一种历史遗产，马克思主义经典作家一再指出，对历史遗产要批判继承。因此，不管是什么资料，我们都可以批判继承地加以利用。另一个间接原因，就是社会上对资料工作的不正确看法。过去有些单位，只要某个人出了些毛病，不论历史上或工作上的问题，还是老弱病残等等，只要你不能胜任或不宜担任某项工作时，就给予到资料部门工作的"出路"。这种社会偏见不扭转，就会成为承担资料工作同志的包袱。我们有不少同志一作资料工作就暗中疑惑是不是领导上不重视我呀！实际上，这是为世俗观念所贻误，因为资料工作和经济建设中的采购、备料、仓储没有什么不同。资料是用之于当代，传之于后世的财富。而资料工作则是百年大计，世世代代都要进行的大计。

马克思主义理论告诉我们：我们每个人不可能事事都得之直接经验。什么事

---

　　* 本文系据一九八三年二月二十六日对《天津港史》编写人员讲话录音整理而成。

情都要亲自接触是势所难行的。古代有个许行，事事都想取得直接经验，结果行不通，还遭到孟子的讥笑。我们有不少知识都是依靠世代相传的文献资料而获得的间接经验。我们要进行爱国主义教育，资料就将起重要的作用。试想我们如果没有前人搜集和保存的历史资料，那我们民族的历史不将是一片苍白和空虚吗？我们现在能够谈论古往今来的仁人志士、英雄豪杰，靠的是什么呢？主要靠的是历史资料，靠的是前人为我们积累传递下来的资料。我国是世界上图书资料最丰富的国家。我们往往可以从中获得知识，吸取力量。资料搜集工作，现在看来，可能被认为没有什么了不起，但将来很多问题要依靠我们现在所搜集的资料来解决，所以我们对于资料工作应予重视，并给予应有的地位。不过，重视也要恰如其分，地位也有如何摆法的问题。具体说，就是指导思想与资料工作的关系问题。我看其中存在着第一与第二的问题。资料工作是第二位的。它应该在一定的指导思想下进行工作。我们必须强调理论指导的重要性。因为人类的社会生活是错综复杂的，所以社会现象也是形形色色的。由这些现象凝聚成的文字就是资料。如果没有一定的理论指导，那么我们面对五光十色的大量资料势必踌躇难办，有的同志主张"有闻必录"、"有什么是什么"，这种说法值得商榷。社会上的许多现象如果不在一定的思想指导下去研究分析，其结果可能会出现两种问题：一种是沉溺于浩如烟海的资料之中，造成了鱼虾泥沙一起抓，无所抉择；另一种情况是无所适从，难以措手，看这也好，看那也好，结果一无所得。这两种情况之所以造成，主要在于理论指导和资料工作的摆法问题。编史修志是否可以随心所欲、漫无限制地去搜集资料？我看不行。我们应当在马克思主义、毛泽东思想的指导下，以为两个文明建设服务为目的，进行实事求是的资料搜集整理工作。资料工作本身就是理论研究的重要步骤。马克思主义的经典著作中特别重视详细占有资料的问题。我们只有在正确理论指导下，在详细占有资料的基础上，经过分析研究，才能得出接近和符合客观史实的结论。理论与资料不是相反而是一致的东西。我们的理论是产生于各种丰富资料的研究分析基础之上的。我们的资料工作是在正确理论指导下来搜集研究的。二者的地位，理论指导是第一位，资料搜集与整理是第二位。

另外一点是关于编撰和资料的关系问题。这二者的关系是资料要为编撰服务，编撰要求助于资料。如果没有资料，就编不成书；如果我们有了资料，不把它编撰起来，也不能叫书，只是一堆散料。这与建筑高楼大厦一样，没有砖瓦灰石不行，有了砖瓦灰石，不把它用来建筑，那永远也成不了高楼大厦。

二、关于资料的征集问题

资料征集工作有一个发动群众与专业队伍相结合的问题。这是一个科学安排的方法问题。我们应该改变一个陈旧观念而清楚地认识到发动群众不等于群众运动。多少年来，一提发动群众就大轰大嗡，如果编史修志这样做，就会非常被动。必须注意，编写组要有主动权，不然，这么大的工程，手里没有主动权就非走弯路不可。那么，怎么样发动群众呢？河南省修志有一个经验叫做广征与特约相结合。他们把编志的要点公之于众，群众既可以投稿，也可以提供线索和资料。同时，他们还邀一部分熟悉某一方面情况的老干部、老工人、老知识分子和旧人员担任特约撰稿人，给予一定的报酬。这样，两者结合就比较稳妥些。

发动群众就是要求人人关心编史修志工作——提线索、"开绿灯"。比如我们对某个问题搞不清，就可以发动有关群众共同回忆，提供线索，来助成资料搜集工作。开绿灯也是发动群众的问题。找有关单位和本单位有关科室搜集资料就要打通渠道，争取支持。主要让别人知道有这样一件事情，这件事情有重要意义，应该给予支持，也就可以了。

进行资料工作还必须有专业队伍。因为只有这样才能按要求、有效率地工作，也才有完成任务的把握。专业队伍应该有条件要求，我看至少需具备四个方面，就是：

（1）基本理论：应该知道马克思主义基础理论的主要观点，能以这些观点来指导资料征集与整理工作。

（2）基本知识：这里包括自然科学和社会科学两个方面，否则无法选材、鉴别和利用。

（3）基本技能：要有整理资料的方法和文字写作的技能，不仅要有现代汉语阅读与写作的技能，而且还要懂点古代汉语，以便利用丰富的历史资料。

（4）刻苦耐劳的精神：资料工作常被认作是一项非常"枯燥无味"的工作，一天两天也不见得能翻查到一条两条有关资料。甚至会有"目轮火爆，肩山石压"的苦状，但也不能忘记鲁迅先生说过的话："废寝辍食，锐意穷搜，时或得之，瞿然则喜"。这才是资料工作的真正甘苦。

三、制定搜集资料的提纲

搜集资料，特别是为了写书，就必须要搞提纲，或称纲要。要有计划、有目的地制定提纲。这样才能节省人力或物力。这种提纲无须求其全，事实上也无法求其全。有的人认为，有了编写篇目，就不需要资料提纲了。我认为，这是两回事。篇目是框架，是设计院的蓝图，是平面图。征集提纲是个立体图，是立体的采购计划，是建筑材料的清单。这个立体图要注明来源和线索。某类资料到哪儿去找，什么人可以指引线索，都要尽可能注明。有些地方制定过资料征集提纲，我看基本上合乎要求，只是缺乏资料线索，希望能把已知项填补起来，未知项陆续增补，要像指挥员在地图上插小旗那样，解决那里，就插到那里。在制定征集提纲方面，编写组要成为作战指挥部，应以正确的理论指导，经过分析研究，列出各个时期的重大事件与问题。地方史志与各地区政治、经济、军事、文化都有密切关系，所以资料提纲的面要广一些。面广，收集量就要多，因而有的同志担心将来会不会有些资料用不上。我说肯定有。只有在用不上的基础上，才能有用得上的资料。这是一种辩证关系。我搞了三十多年文史资料，废的比用的多。没有正岂有反，没有废又何能取精用宏？

资料征集提纲制定后，要有分工、有进度，要摆脱小手工业方式。资料工作是永远没有完结的，不要无尽无休。你想一下子尽善尽美，这是不可能的，所以我们要掌握进度，对工作人员应提进度要求；但也要有灵活性，不要硬性卡住。在搜集资料时，力争做到"竭泽而渔"，不过很难真正做到。以"竭泽而渔"为目标的意思是：尽可能地齐备点，尽可能地多占有些资料。

征集地方史志资料应该注意到这几方面资料的特点：

（1）地区性：地方史志不是通史通志，首先要确定所编写的地区范围，一般以现行行政区划为准。搜集资料时要从当地实际情况出发，分清主次轻重，反映地方特点。

（2）时期性：这就是断限问题，要确定所编写内容的上限和下限，主要搜集断限内的资料。断限外的资料应从比较和参证的角度来选取。在断限内的资料应本着"详近略远"的原则来处理。

（3）全面性：编史修志不是某一部门的总结，也不是某一专门问题的汇报。因此，要注意搜集一些反映全貌的资料。这些资料既可以帮助安排写具体问题，又有益于写概述一类篇目。

搜集资料要注意掌握三个环节：

（1）沟通渠道：资料不可能集中在编写单位，大多数散存各处。利用各处资料本来不是什么问题，而现在封锁、垄断的情况时有所见，因此首先要想办法打通各种渠道，摸清资料底细；继而奔走呼号，获取支持；终于千方百计地把资料从各种渠道汇集拢来。

（2）搜集工作要坚持三条原则，即：

一是先远后近，要先搜集早期的少见资料。近期资料量多，搜集余地大，可以稍后。

二是先内后外，先清理搜集本地区本部门的资料。不要盲目地满天飞，行程万里，一无所获，结果所需资料近在咫尺。清查本地区的资料底数后，就能了解清楚还缺哪些资料。这样就可以有的放矢地去开展工作。

三是先活后死：这是指活资料而言。要先抢救活人口碑。因为死者已矣，从死者周围人口中去搜集就是第二手资料，可以稍缓，而可资采择的活人又往往风前瓦上，不知什么时候就去见马克思。对于活人要立足于抢，越快越好，甚至可先录音，留待日后整理。

（3）资料的科学管理：千辛万苦搜集到的资料不能任其散失，要科学地管起来，更不能让私人据为己有，或提成抽头。这牵涉一个史德问题，要有公私界限。搜集到的资料要交公，但本人可以使用。领导上也要考虑到同志们积极的一面，不要太死板，要给一定的方便，政策要放宽，要理解知识分子的心情。有些材料是同志们花费许多时间与心血获得的，用一用写点小文章，也不是坏事，想复印一份资料以便从容研究，也应受到鼓励。只需掌握一条，就是资料原件一定交公统一管理，共同使用。资料管理一定要科学，要做到片纸不丢，方便利用。要有一套资料卡片，以便按图索骥，既节省时间，也免得把资料翻烂。应制定相应的资料管理条例，以便保管使用都能有法可循，有章可遵。

四、关于资料来源问题

资料来源大体有二类：一类是文献记载，一类是调查访问资料。文献记载有：

（1）档案资料：这是历史活动的原始记录，不仅内容丰富，相对来说，可靠性较大；但也不可绝对迷信，要注意鉴别，去伪存真。

（2）报刊资料：这是历史活动的当时记录，所记时间、地点、人名多较准确，但要注意它的政治立场。

（3）旧史志资料：这是重要的历史资料宝库，数量大、连续性强，应以批判继承的态度，从中采择有用的资料。

（4）私人著述资料：包括笔记、诗文集、日记、书札、回忆录等，史料价值较高，可补档案及报刊资料的不足。

（5）工商业资料及其他图书文字资料。

调查访问资料有：

（1）口碑记录：主要是从各方面人物中采访而来。这些人是历史沧桑变化的见证人，但他们年事已高，要着重抢救资料。对于访问要讲究方式，不要搞成外调或提审式的，如搞得生硬，人家不说，你就毫无办法了。

（2）实地实物的考察测绘：要考察历史遗址、碑文石刻和历史文物来补充或纠正文字记载的不足，河南省搜集地震资料就采取碑刻与文字记载相印证的方法。山西沁水县连年搜集到碑文一百六十余篇，补充了农民起义和经济生活等方面的资料。

（3）民间传说：过去常以歌谣传说来反映历史，所以这些资料也不容漠视。

五、关于资料整理问题

整理资料的办法很多，最通用的方法是制作资料卡片。其中包括材料卡片和索引卡片。

卡片必须严格按照一事一卡的原则去写。每张卡片都要有题目、有类别、有出处、有编号。所有卡片的写法都应统一规式，不要五花八门，以免日后寻求困难。

注出处要特别严肃认真，不要图省事，不要写简称，如果从其他著作中转摘别人引录的资料就应注明"转引"，以不掠人之美。要重视资料来源，详细注明藏者和书号，因为日后重新检核时可以节省许多时间和精力。

摘抄资料是一种改造性劳动。在摘抄过程中可以把自己的看法和解释附记在卡片上。这种触景（资料）生情（看法）的点滴是十分可贵的。它往往在日后编写使用时会起到启示作用的。不过，这里有一个严格的操作过程，那就是要划清界限，资料就是资料，个人看法就是个人看法，用括号、引号或其他标志加以区分。

资料在积有一定数量后，就需要分类，如果不分类，势必杂乱如麻，无法使用。分类不要过细，过细就不易归属。

有条件的单位，可以编一份资料目录，把各类卡片标目编成书本目录，以便检用。也可以进一步编资料汇编。这是比较繁重的工作，但它可为编写工作提供一份长编，加快进度。这种汇编应本着"宁失于繁，勿失于略"精神去编，但要注意，即使编好资料汇编也不能把资料原件和资料卡片弃置，特别是不要把没有编入汇编的资料视为废料而丢掉，这样往往会失去一些好资料的。

六、关于资料鉴别问题

资料来源广、数量大。其真实性与精确性不一定都很可靠。有些图书由于编写者粗疏而记载有误；有些资料由于论述者的立场、观点不同而记载有隐讳、有出入；有些口碑资料由于所见局限一隅，或年代久远记忆有误或片面。因此，资料必须鉴别。

鉴别资料工作比较复杂。必须从具体资料出发进行考察核实和具体分析。一般采用排比资料→认真分析→发现矛盾→深入研究→反复比证和求取结论的方法。其中考证是主要的过程。考证有所谓四证，即：

（1）书证：把同一问题的不同资料，进行比较对照，求得准确或接近准确的意见和解释。这就是以文献证文献，但要注意孤证不取。

（2）物证：以实物资料来订正文献资料，这种订正往往比较可靠。

（3）人证：用活资料来验证文献资料，要注意活资料的可信程度，不要轻易以活资料否定死资料（文献记载资料）。

（4）理证：这是最难的方法。它是以个人的学识来判断是非。这在缺乏佐证情况下才采用，需要有高水平，但危险性也最大。要注意谨慎细心，不要鲁莽武断，轻率下结论。

七、关于资料利用问题

资料的搜集与整理最后落脚于利用。在利用资料时，也有一些应该注意的问题。

全面与重点的关系，一是资料要全面地加以利用，使资料能够比较全面地体现在论述中，但也要突出重点资料——就是要精选一些很能说明问题、比较完整可靠、使人感到有分量的资料。二是资料既要反映特点，也要照顾全面，有特点以别于其他地区，照顾全面能得到概貌，二者可有主次，但不能缺一。这里要注意有些问题不宜突出重点资料来反映特点。如怎样写"文化大革命"部分，许多同志感到是个难点，既有重点资料，又有明显特点，是否可以绘声绘色，工笔描画一下？这就需要审慎考虑。这个问题总的精神是"宜粗不宜细"，详其所当详，略其所当略。这些原则性的话讲起来比较简单，但做起来不那么容易。所谓"宜粗不宜细"就是大事不漏，要事不缺。有些事情在大事记中留下一笔，可以不加评论，让后人知道有过某些事就行了，我国写历史有个优良传统就是寓论断于叙事。有了记事，相信后人会论断的。

正与反的关系问题，应以正面材料为主，但不能排斥反面材料的合理部分和佐证作用。一般情况下，正面材料比较可靠，反面材料应慎加验证。

文字记载与口碑材料的关系问题，应以文字材料为主，相信文字记载，而以口碑材料为辅，供作参证。

在利用资料问题上还有一个史德问题。那就是要实事求是，不以感情用事，对于提供资料的人，特别是反面人物，不要有先入为主的观念。我们为保存一代信史，对所提供资料的价值就不要以人而论。不要认为坏人提供的都不可靠，好人提供的都可靠。这是一种形而上学。清末有个状元名叫张謇曾说过这样两句话："勿爱其长而护其短，勿恨其过而没其功"。这可以引来作为对待提供资料者的态度。

在利用资料方面，我们还应该想到后来。我们编史修志肩负着承前启后的重任。不仅要总结前人的事情，充分发挥历史资料的功效；而且还要想到储料备征。编史修志的事业是源远流长的，我们要储料供后人征考。我们不仅要完成一代信史，还应为后人留下可供依据利用的资料。

上述几个问题只是一孔之见，仅供参考。

原载于《中国地方志通讯》1983年第5期

志书的资料工作和编写*

自治区地方志总编室钟英同志要我和自治区区级机关以及乌鲁木齐市从事修志的同志们见见面。能和这么多同志见面，我很高兴。

当前修志情况

目前，全国修志是一派繁荣景象。盛兴修志，是因为政治稳定，经济繁荣，民族团结，生活安定。全国两千多个县，80%都在修志，已出版问世的县志有16部，已定稿油印出来征求意见的有220多部；接近定稿的就更多了。《如东县志》已经出版了，《建德县志》、《萧山县志》即将出版。我是萧山人，我祖父曾修过《萧山县志》。但过去修旧志是少数秀才举人的事，如今我们修志，要发动各方面的人，广集人才，参加人数之多，内容之广，篇幅之大，都是大大超过前人的。

现在有四个"三五"的说法，就是三五个人，三五万元经费，用三五年的时间，修一部三五十万字的县志。实际上，新县志很少在50万字以内，一般都有上百万字。有个市修了一部简志就有100万字，繁志将达到300万字。我认为一部县志有30万至50万字，至多80万字就可以了，超过100万字，篇幅就太大了。

各地对待这届修志，态度都十分严肃认真。市志有市志的特点，省志有省志的特点，内容丰富，各具特色。河北省把李鸿章主修的河北省旧志重新出版了。江苏、河南都在搞通志。从全国范围来看，西北地区晚了些，但进度是正常的。

---

* 此为1986年8月在乌鲁木齐市为新疆修志培训班上的讲话，由（广西）方志文库编辑部列入《全国各地修志培训班讲稿选编》一书于1989年4月发行，题目为该书编辑部所加。

我在伊犁地区接触到一些修志的同志，他们提出了修志中的许多问题。从提出的问题来看，说明起步虽晚，但水平较高，不然提不出这样深刻的问题。

目前已出版的200余部志稿，总的情况是好的，但也有不足之处。从宏观上看，有"三重三轻"的问题存在，即重经济，轻文化；重自然，轻社会；重物质，轻人文。这与旧志书正好相反。旧志书反映经济的内容是很少的，如渭南县的八部旧县志，反映经济的内容不到3%。目前，出现"三重三轻"的情况，与我们这几年在宣传上提出要注意经济有关。强调了修志为经济服务，这是对的，但没有预见到要两个文明一起抓，所以在已写成的县志中，对经济记得详之又详，对文化记得很少，对社会风尚、人文方面描述不够，人物传记缺少人物的具体活动。

从这种状况看来，概括性地说，一部志书应该是以时间为序，横断为面，资料为据，寓论断于记述，饰文采以点睛。

修志是学术工作，必须要有两个权威，一个是学术权威，也就是要有笔杆子权威，一个是行政权威。地方志是官书，要争取官方的重视和支持。

地方志究竟有什么作用？目前，我们一个很重要的任务，仍然是要宣传地方志的重要性。

我国有二千多年的修志历史，有很多方志遗产，正式统计的有8000多部，加上散失的或还没有收集到的，已经超过万种；类型也很齐全，有通志，有府、州、县志，甚至还有乡镇志。从历史传统来说，我们的志书是历史长、数量多、类型全。方志能够有这样强的生命力，就很能说明它的重要性。在封建社会，新官到任首先要翻看方志。他有两个目的，一是了解地方情况，以便推行其措施；更重要的一点是为了护官，维护其地位。后一种情况在今天是不存在了，但我们仍需将方志作为制定政策和施行政治措施的重要依据。

最近有些地区在搞土特产专志，一方面收集历史上的资料，一方面印证当前的情况。通过编纂地方志，把本县的、具有经济价值的物产记载下来。有些土特产品，现在已经消失、退化了，有些则品质提高了、推广了，所以单纯根据旧志是不行的。对一个地区的综合开发、多种经营，地方官应多向修方志的同志请教。因此，修志的同志应首先掌握信息，以便为地方提供咨询，为经济建设服务。

现在各地都在搞本地区发展战略设计，这正是搞地方志的同志发挥优势的时候。这种战略设计包含物质文明建设和精神文明建设两个方面。修志工作者不仅能在物质文明建设方面起重要作用，在精神文明建设方面也同样能起重要作用。地方性精神文明建设内容很广，其中重要的是要有一部向人民群众进行爱国主义和共产主义教育的乡土教材。这种乡土教材由谁来提供呢？就要由我们搞地方志的同志来提供。我们从县到省（区）的修志机构，应该承担提供乡土教材的任务。

历代修志文献大都散失了，给我们当今的修志工作造成不便。为后世着想，我们应该吸取这一教训，从现在起就重视保存文献。地方志是保存地方文献的很好的仓库，各级修志机构可以成为资料的汇集地和输送所。

如果我们能够真正认识到社会主义新方志是各级党政部门制定政策的依据，是一个地方经济建设的参考书，是爱国主义的乡土教材，是搜集和保存文献的资料库，那么地方志的编写工作是大有作为的。以上就是我讲的第一个问题，概括地叙述一下当前方志界的情况。

关于资料工作

我讲的第二个问题是关于资料的征集、整理、鉴别和利用的问题。

地方志要以资料为据，但并不是资料的堆积，也不是资料的汇编。我们要本着修社会主义新方志的观点来运用资料。如果没有正确的指导思想，往往会出现两种情况，一种是淹没在浩瀚的资料海洋中，结果鱼虾泥沙一起抓；另一种情况是不好下手，不知该选择哪些东西。

整个的资料工作是编修地方志的基础，资料的有无、多少、是非、正误、真伪、曲直，都可以决定地方志的质量。我们首先要占有资料，然后才可以进行编纂。

资料的征集是资料工作的第一步。征集资料应该是发动群众与专业队伍相结合。长期以来，对于发动群众的理解就是让群众都去干。在编纂地方志的工作中，应该明确地划一道线，所谓发动群众并不等于搞群众运动。有一个县志编辑室，给卫生局下达了任务，结果层层下达，卫生局要求各医院修志，医院要求各科医生修志。一位外科医生也写他的志书。有一个地区的轻工业志总编辑室将任务分到各厂，厂厂修志，交上来600部厂志。最大的厂志6万字，最少的也有1万字。结果总编无法应付。我们一定要注意掌握主动权，自己掌握材料，我要什么，你提供什么；当然你也可以提出意见。我们的态度是虚怀若谷，自有主见。所以资料的搜集要发动群众，但不能搞群众运动。要点公之于众，群众都可以写，也可以提供线索。同时邀请一些熟悉情况的老干部、老工人、老知识分子及旧人员来担任特约撰稿人。这样做从宏观上来说是发动群众与专业队伍相结合。

资料工作并不简单。搞资料工作的人必须具备三个条件：1. 基本理论条件，应该了解马列主义基础理论的主要观点，能以此来指导资料的征集和整理工作；2. 基本知识条件，包括自然科学和社会科学的基本知识，如无这些知识，就无法选择、鉴别和利用资料；3. 基本技能，掌握整理资料的方法和文字写作的技能，否则就不可能将资料运用成文字。有了这三个基本条件，还要有刻苦耐劳的精神。不少修志工作者在收集资料工作中，达到了废寝忘食的程度，可以说是锐意穷搜。

制定资料提纲是资料工作不可缺少的一环，根据提纲可以有计划、有目的地搜集资料。有的同志认为，有了编写篇目，就可以不再搞资料提纲。其实这是两个问题。如同搞建筑，编写篇目只算是一个设计蓝图，是个平面图，一个框架。而资料提纲则是一个立体图，是一个材料清单，是建筑材料的一个要目，是完成这项任务的物质基础。因此要重视资料提纲的制订。在资料提纲中应注意三点：1. 地区性。资料要在本地区范围内搜集，但并不排斥同该地有关的地方。地区的划分一般是以现有行政区划为准。2. 时间性。在志书准备编写的年代内的资料要集中搜集。3. 全面性。本地区各方面问题的资料都要包括进去。下一步就要以资料为据进行编写。在编写时，首先要检查一下资料收全了没有，尽量求全。但竭泽而渔的思想，在具体行动上是行不通的。只要资料搜集到一定程度，基本上全了，就可以动手写。

资料范围主要有三个方面：1. 文献资料，包括图书、档案、账本、日记等文字记载。2. 口碑资料，分两种：一种是世代相传的传说，另一种是当事人的口述。3. 遗址、遗迹、遗物。

收集来的资料还要经过考辨，去伪存真。记载的人从不同角度看问题很可能片面，不能完全相信口述，但可以作为参考。如果没有其他文字的佐证，没有其他口述资料的印证，宁缺毋滥。考辨后，就是如何选用的问题。前两年，方志界有一种说法，叫有闻必录。有闻必录的东西是实事，但不一定是真实。实事与真实不是一回事。我们选用资料是有明确指导思想的，要能够反映出社会的真实面貌。如果一部志书真正做到材料翔实，能够反映社会真实面貌，符合客观实际，那么这就是一部高质量的志书。有闻必录的说法是不正确的，那是一种没有选择的罗列。所以我们的资料还有一个选材问题。选材的标准应以质考核而不是以量考核。选材精不精，并不在量的多少，不一定少就精，多就不精。主要是看所选的材料能否说明问题。

编写工作中的几个问题

现在很多地方都已进入志书的编写阶段，这时应该注意些什么问题？这里只能讲一些经常碰到的问题。

目前，很多县志在前面增加了概述，这种体例是新编县志的创举。但概述到底是概什么、述什么？有的地方把全书的论点写进去，把一个地区的面貌整个写进去，那叫概论，不叫概述。我个人的意见，一部志书前面要有一个概述，但这个概述是本书的概述，不是本地的概述，是说明一书之要旨。它是针对目前志书篇幅过大而设，目的是使人看了以后，能够了解全书大致情况。概述中不要做对未来的预测，它要给人以很具体、很实在的东西，是一种提要，要有较强的文字可读性，能引发人们阅读全书的兴趣。

在一般志书中，大家争论比较多的是大事记。最集中的问题是什么是大事，各种意见都有。综合各方面意见，大致有以下十二方面：1. 重要的历史变革；2. 重大的事物开端；3. 重大的工程建设；4. 重大的政治运动；5. 重大的军事活动；6. 经济建设中的重要转折；7. 中央部以上人员的活动（对一个县来说，可以灵活掌握）；8. 重要的外事活动；9. 全国性的先进单位、科技成果和优质产品；10. 本地区的党政主要活动，如党代会、人代会；11. 重大的灾害事故，如大旱、大涝、洪水；12. 重要人物的重要活动。

这些大事如何选择？1. 围绕社会的主要矛盾来选择大事，这个大事能够反映发展规律。2. 对各种不同的事件要联系地看，不要绝对地和孤立地看，以便从中选择一个有代表性的列入大事记。3. 要考虑比例问题。过去资料少的可以略微放宽一点；资料多，可以从严一点，不要搞得太细了。

大事记怎么写？1. 述而不论。只记事情，不发议论。2. 编年与纪事本末相结合。大事记是按年来排顺序的，这样的事要完其首尾，以年为经，全其始末，既看到了时间，亦可观其全貌。有些大事是在开头记载好，还是在结尾记载好？

这要看具体情况而定。大事记的编年与纪事本末相结合，要考虑影响和成果。右派改正是有影响的，但影响之大是在1957年发动反右的时候。一项工程，则应在建成的时候加以记述。所以前者应该记在开始，而后者则可记在结尾。就大事记整个来说，应该是不繁不乱，不枝不蔓。对编志人员来说，可以根据大事记检阅志书是否有遗漏，全面性就在于大事不漏。大事记还可以发挥索引作用。读志书的人，能够根据大事记来了解一地大致面貌，也可以据此查阅有关资料。

一部志书要有个性和特点，要反映全面性、时代性和地方性。地方志是一个地区历史发展的横断面的剖析，但也并不排斥历史的纵剖。志书的全面性就在于志经史纬，以志为基本的经线，以史为纬线交织成功。关于史志分家问题，现在争论很多。我属于模糊史学派，认为志书中有些地方也要模糊一点，因为世界上没有绝对纯的东西，而且社会越发展，就越模糊。当然，模糊不等于马虎，要很认真。实际上，很多东西是相互渗透的。我认为现在修志无须争论史志如何区分的问题。我们起码应该达到司马迁的水平。两千年前，司马迁就知道五体并用：本纪、世家、列传、书、表。要反映一个比较复杂的社会的历史情况，就必须用各种相应的体裁。所以写志书应该诸体并用，而以志书为其主体。这样，我们在体裁上就较全面，这是第一点。

第二点，地方性。中国地域辽阔，各地情况不同，应该因地制宜，不能强求一律。比如，过去以粮为纲，排列顺序是农工商学，现在有的地方以工为主，许多县乡镇企业的收入占全部收入的60%还多，是不是可以改为工农商学或工商农学呢？为什么不可在体制上突出这个特点呢？浙江萧山县，搞了围垦，渔业发展了，农林副业也发展了，人民生活达到了小康水平，他们专门写了围垦志，放在农业前面。牧区也可将牧业志放在前面，这些都是允许的。总之，应该注意突出自己的地方特点。

时代性。把农业合作化写得十全十美，这样，后面的农业体制改革怎么写？为什么还要改革、实行联产责任制呢？因此，我们要随时掌握时代的脉搏。我们现在整个时代的特点是改革，对内搞活，对外开放，志书就应该反映这个时代特点。我们的工作有成绩，也有失误。志书对这两个方面应该都有记述，从而反映时代的全貌。我们的国家是个多民族的国家，在志书中，应该注意反映民族特点，凡是对中华民族做出贡献的民族，都应给予实事求是的描述和评论。对于各民族人物也是如此。过去的史书、志书中都谈到了民族问题，现在为什么不能谈？牵扯到历史上的一些问题，一些纠纷，可能会有顾虑。我认为，应该实事求是地谈。过去在封建时代，出于封建统治者制定的一些违背历史发展规律的政策，造成了民族之间的隔阂，那是那个时代的特点；现在谈了，并不有损于我们民族之间的和谐，这样更能证明我党的民族政策的正确，使我们各民族能够在一个统一的目标之下，共同努力，建设我们的祖国。

衡量一部志书是否反映了特点，有下面两点：1. 所反映的是别处没有的。2. 全国的共性在本地区有了特殊的表现形式。

有的同志说，反映特点是不是就是反映优势？我看基本上是一致的。发挥优势是抓住特点而进行工作的一种方式，突出特点是反映优势的特殊性。

关于详略的问题。条例中有一条，叫做详今略古。到底详什么，略什么？我看，是不是这样几个方面：详事业的发展，略日常的业务活动；详本地区的特色个性，略全国的共性，普遍存在的问题；详兴衰起伏的转折，略一般的正常发展过程；详开创性的事件，略继承性的事物；详先进科学技术和创造发明，略一般的技术措施；详有贡献、有创造的人物（不论其职位高低），略一般干部和循序而起的人物；详关键性的数据，略一般性的数字；详一次性的论述，略多次性重复。

关于断限问题。志书的上限不应强求一律，比如建置，是应该上溯的。下限的划定很不一致，但一定要划。修志若不划下限，就永远修不成。断限规定到哪一年就修到哪一年，不要往后再推，陆续出现的事情可以记入到下一年的年鉴中。

志书当中数字的使用问题。一般以官方公开发表的数字为准，不要用不同来源的数字，以免造成同一项目的数字有出入。数字要力求其完备，尤其要核实。目前这方面存在的问题较多，不准确、不科学、不完整，应当引起我们的重视。

志书中使人为难的是人物问题。全国修志条例规定生不立传，虽然有些争论，但大体上各地都在遵照办理。立传人物应该怎么写？我们提出三个为主，即以正面人物为主，以本籍人物为主，以人物的重大活动为主。所谓为主，并不排斥其他，而是在这方面的比重大一些。比如以本籍人为主，就是说本志书主要记载的是对本地有贡献或在外地有重要活动的本地人物。外地人在本籍的活动也是属于重大活动里面的，并没有排斥外籍人氏。另外，一些很有成绩的外籍华人也要入志。

封建时代写志书有一个不成文的规定：三品以上大员，属国事，县志不写。现在不好规定这一条。遇到领袖人物、国家领导人，最好由总纂送有关部门审定。写人物，不加作者评论，不分类别。人物情况复杂，不好分类，旧志分乡宦、义士、节女等等，现在总不能来个"干部类"。

人物如何排列？有两种方法：一种是以卒年为序，一种是以生年为序。我认为还是以生年为序比较好。目前对人物的问题，有个总的趋势，就是从严不从宽。

还有一个问题是，生人如何入志？对于生人，从原则上讲，叫做传事不传人，以事系人，谈事的时候把人连带说上去。这原则是对的，但实际上做得不够。为什么？一是历史的原因，长期受"左"的思想影响，没有摆正个人与群众的关系；二是生人的不稳定性大，今天写上了，明天出了问题，容易引起人们的非议。我认为，对这个问题不应过分苛求。这个人在这个时候做了这件事，把他写上也不算错。清末有个状元叫张謇，他说过一句话："勿爱其长而护其短，勿恨其过而没其功。"他的话可以供我们参考。这是清朝状元的水平，我们新时期的修志人员应该超过状元，比他的水平要高。

现在提出"生人不立传，传事不传人，以事系人"的做法，可以说是该办、难办、必须办、慎重办。该办、难办、必须办是没有什么争论的，问题在于慎重办。怎么个慎重法？有三句话：一是出类拔萃。二是核准实事，有根有据。三是把生人的事迹采取表的形式表述出来。

下面谈一下志书的表现形式——语言文字的问题。语言文字是一部志书的外表，是读者对志书的第一印象。一部志书写得好不好，读者还没有来得及审查核对内容之前，首先要看你的文句，这叫第一印象。在心理学上第一印象是非常重要的。志书的第一印象就是语言文字。目前志书中的语言文字可以说是不文的。"言之不文，行之不远"，没有文采，就很难流传。语言文字上的问题归纳起来，有六大弊病，即艰深话、口语话、过头话、啰唆话、简称话、含糊话。

什么是艰深话？如大段地引用旧志资料，有的自己也不懂。有个地方记载大的住宅，旧志当中记了"李明府第"，整理时，将李明与府第用标点分开，这就错了。"明府"过去是知县的代称，"李明府第"就是李县长住宅。加个标点，结果全错，使人莫名其妙。大量引用旧志，文字又很艰深，就会降低志书的可读性。

第二种是口语话。志书是写的，不是说的，口语是说话，写的是文章。过去在提高文化的过程中，有人提出了写话，怎么说的就怎么写，这在初级阶段是可以的。但用这个水平修志就不行。有部志书写了这样一句话："当地经过公私合营以后，私营的饮食业都由国营商业吃进。"用"吃进"来代替"改造"，就犯了两个错误：一个是政策性错误，怎么能说私营商业被国营商业大鱼吃小鱼吃进去了？一个是文字性错误，"吃进"谁懂啊！还有说干鲜果品行业供应不足，却用了一句"南北果品很少见柜"。"很少见柜"就是看不见了，属口语话，当代人都不懂，后代人非得花很大功夫去考证不可。

第三是过头话。现在有种习惯，讲好的就好得不得了，坏也坏得不得了，没有恰如其分反映实际，空话、大话，甚至错话不少，审稿的同志特别要注意。比如有个县的制药工业很发达，新县志中写道："本县的制药工业很发达，能制各种中成药"。一个县的制药厂怎么可能制各种中成药呢？显然属过头话。如改成"能制多种中成药"就比较实际了。

第四是啰唆话。这是普遍存在的。一句同样内容的话重复出现，造成文字的不干净，必须大量删节。

第五是简称话。春节时，中央发布了几条规定，要刹住歪风。于是我接到了一个开会通知，落款是"刹歪办"。这表面看来很节省，实际造成语言混乱。另外，有一份文件这样写："要加强对老少边的图书资料工作"。我不懂这是指什么地方，经请教才知道，"老少边"是指三种地方：老区、少数民族地区和边疆地区。志书中发现有不少这样简称的话："发展了二、三轮工业"。二轮是双轮双铧犁，三轮是三轮双铧犁。"全县有轻骑多少"，轻骑是摩托车。更可笑的是一个县的文化志中说："解放以来开始了扫盲工作，所以到六十年代，我县成为无盲县。"口语可以这样讲，形诸文字，"扫盲"就不通了，应该是扫除文盲。这类简称话在志书中是不能写的，否则，会给后人留下麻烦。

最后一种是含糊话。语意不清，有时易造成政治性的错误。有一部文化志里有一段话讲："文化大革命期间，群众不欢迎的书大量发行。""文化大革命"期间，什么书是大量发行的？红宝书呀，当时群众不欢迎吗？这就是一句含糊话。另外有一个地方的畜牧志中说，本地奶牛非常多，但是抗日战争发生后，奶牛全部毁绝。这就是说抗战抗错了。其实，罪责应该是日本侵华战争，怎能归罪于中国人民的抗日战争？所以文字一含混，就会造成不可容忍的错误。地方志之难，就在这里，要能经得起推敲。

关于审稿

下面谈谈如何审稿。

审稿不能走过场，要事先做好准备，把稿子印出来，大家好审。审稿应该有各层次人员，有专家学者。有些志，像地理志，一定要请内行审，因为许多问题在地理学界本身就有争论。另外，一个地方的领导也可参与审稿，他们来把把关也有好处。特别是保密问题，至今还掌握不好分寸。还要请些同行，他们知道甘苦，特别要请周围地区的同行，有相似之处，审稿也很认真，能攻其不足，交流经验，互相促进。审稿是专门家和实践家两大优势的结合。

审稿时应该有一个总的精神，就是言者无虑，听者受益。主持人的态度应该是不苟同、不附和，要各抒己见，有理有据，有评有议，有破有立，以立为主，不要以破为主，给人家泼几盆冷水，扬长而去，让人家莫知所措。评要评得实际，逐章逐节来评，议要议得合理，满腔热情，积极建议。开评议会特别注意会上会下都听听。会下的真实性往往比会上大得多。

那么稿子应该怎样定？我主张采取四合一主编制。什么是四合一？观点、材料、叙述、文字合为一个主编。每一部稿子的审定在总编室都应该聘请四大台柱。这四个人分别通读全稿，但每人有所侧重，一个专看观点，前后是否一致，有无错误；一个专看材料，是否合适，有无重复，使用价值怎样；一个看记事是否完备；一个看文字，用字是否恰当。然后把他们修改的稿子由主编汇总，主编统贯全书，掌握体例。如果一部志书体例一贯，错了也好改，最可怕的是自乱体例。对志书要力求完善，但不要求全责备，主编应该掌握方向，掌握基本观点和基本材料，觉得可以就争取早日问世。这有两个目的，一是争取社会承认，一是争取社会帮助。

问题就讲这么多。对于方志学，我虽然属于"学院派"，但在尽量争取摆脱学院的习气，不做空论，多谈具体问题。有同志提出志书只能写成就，不能记实，最好隔世修志、隔时修志。我认为，隔世、隔时修志，恐怕要更难一些，因为很多资料时间隔得太久，不容易完备，再说志书也不能说完全不可以记实，所以还是盛世修志好，不要有这个顾虑。我们如果想把志书修好，恐怕会有所失，无所失便无所得。现在有人讲修志的工作劳民伤财。对于这种流言，最好的办法是走自己的路，让他人去说。

一九八六年八月于乌鲁木齐

原载于《全国各地修志培训班讲稿选编》　方志文库编辑部1989年印本

1949年以来中国地方志的编写与研究

中国地方志具有悠久的历史传统。它是记载某一地区自然、历史、地理，社会、经济和文化纵横各方面的情况和资料的一种著述体裁；是对地方情况进行综合性反映的百科全书；是撰述历史借以取材的资料宝库之一；是华夏文化宝库中卷帙繁多、内容丰富的一块非常引人注目的瑰宝。回顾两千多年的方志发展史，不仅有大量的各类型志书，而且还开拓了方志学的研究领域，撰述了若干专著，流传给后世一份丰富而宝贵的历史遗产。

从1949年以来，中国地方志的编写与研究以丰富而宝贵的历史遗产为新的起点进行了整理旧志、创编新志和方志学研究等三个方面的工作：

一、整理旧志

（一）组织工作

旧志整理工作从1949年以来曾受到一定的重视，据不完全统计，从1956年到1966年间各地重印旧志已达二百余种；但正式作为全国史志学界的专门性问题加以研究，却始于1981年7月中国地方史志协会成立大会上所提出的《关于方志学研究工作的建议》。这份建议中包括编印方志目录，保存、刊印旧志，类编资料，选辑论文，编印风土丛书，筹办专刊以及建设专业队伍等。1982年5月在武汉召开的旧志整理工作座谈会上提出了《中国地方志整理规划（1982—1990）》草案；8月，又作了修订，并正式公布，计分四部分：（1）编辑方志学文献；（2）编撰地方志工具书；（3）汇编旧地方志资料；（4）整理重印旧地方志。

1983年4月，在洛阳召开的中国地方志规划会议上，又拟定了《中国旧方志整理规划实施方案（1983—1990）》（草案），共包括两部分：（1）地方志工具书（方志目录、方志提要、方志索引）；（2）地方志资料书。在这个草案后还附了一份《"六五"期间旧方志整理规划》（草案）和《"七五"期间旧方志整理发展规模》（草案），但都没有正式公布。

1983年12月，中国地方志指导小组第三次会议通过了《关于开展旧方志整理工作问题的决定》。1984年1月，根据决定，在北京成立了旧志整理工作委员会。3月，在天津召开了第一次旧志整理工作会议，研究了旧志整理工作中的两个中心问题，即整什么？怎么整？明确界定所谓旧志"是指1949年建国以前的地方志书"，同时规定旧方志整理工作项目是："原本复制，点校翻印，类编资料，辑录佚志及编辑方志目录、提要、专题索引等等"，并且"鉴于各地方志机构力量有限和为经济服务的要求，当前整理工作重点是从旧方志中检选出有关资料，类编成册，兼及方志目录、内容提要和索引等等"。

1985年1月，在北京召开的全国旧志整理工作委员会第二次会议上，曾设想为了协调和推动全国各地区旧志整理工作的开展而扩大和健全委员会的组织，并为第三次会议的召开作准备。5月间，在杭州召开第三次会议，检查和总结了全国旧志整理工作"六五"规划的执行情况，讨论拟定"七五"规划草案，为制定全国方志工作的"七五"规划和为全国第一次修志工作会议做好准备。同时，交流各地资料汇编的经验，讨论1985年的工作计划，中国方志编纂学大纲以及有关点校、提要、辑佚、索引、资料等问题。会议还酝酿了中国方志学大辞典的编纂并研究了委员会的有关工作问题。这些工作逐年在不同地区得到落实。

（二）旧志资料的类编

旧志中所蕴藏的资料，其数量之丰，方面之广，实为其他图书所未及。1949年以来，按专题自方志中类辑资料者甚众，如北京图书馆和地质部合作利用馆藏方志辑录《祖国两千年铁矿开采和锻冶》和《中国古今铜矿录》等；北京天文台则据方志资料，并参阅有关史书，编成《中国古代天象记录总集》；中央气象局则从中辑录《五百年来我国旱、水、涝史料》等等。它们都对科技工作作出了应有的贡献。而1956年由中国科学院地震工作委员会历史组所编《中国地震资料年表》（科学出版社）是利用旧志5600余种编成的，这对地震科学提供了国际上唯一可靠而连续的历史资料。至于地区性的类编工作也取得了很大的成绩，如广东省科技局查阅中山图书馆所藏方志120余种、900余册，摘录了550余条有关彗星、流星、极光、日蚀、地震等自然现象的历史记载；厦门大学南洋研究所也在该馆查阅了300种共3000多册旧志，搜集了有关我国在南海诸岛行使主权和外国侵占情况的史料100多条，地图近70幅，为捍卫我国疆域提供了历史依据。1979年广东省新丰、恩平两县发生地界纠纷时，省法院即查阅两县县志，寻找历史依据，作判案参考（《书海探胜》，1980年3月9日《羊城晚报》）。又如河南省地震局等单位从本省方志中查出大量地震资料，成为《河南省地震历史资料》一书的重要组成部分，对研究河南及其邻省的地震史作出了显著贡献。在河南的旧方志中还有不少捻军活动资料，也大可补正其他记载之不足（刘永之：《修志刍言》见《学术研究辑刊》1980年第1期）。广西壮族自治区地震局主要从大量方志中整理了公元222至1978年间地震记录325例，编成《广西地震志》，对于该地区地震趋势研究和基本建设规划都有重要的参考价值（钟文典：《修志刍议》，见《图书馆学通讯》1980年第1期）。

类编资料的原则是"全面取材，重点类编，求训致用"。全面取材就是综合治理，即将旧志中的有关资料全部选辑出来，编成资料索引，否则每编一个专题资料类编就翻检一次旧志，工程浩大，难胜其劳。类编资料的目的是"求训致用"，从中取得教训来为经济建设服务。当然可根据资料和地区的特点，区分轻重缓急，先重点选编一些对当地急需参考的资料，例如安徽、河南分别辑录了本省的土特产资料类编，安徽并注明现在土特产情况以相印证。河南类编了各种专题资料201种，共425万余字，及时地为经济建设提供了咨询参考资料。在1984年召开的旧志整理工作会议上，还提出重点类编的项目为自然灾害、矿产、渔业、畜牧业、水利、科技、土特产、名胜古迹和人物资料等。在编录旧志资料工作中，有时还需要采取一种折光式的研究方法。所谓折光式研究是相对直观性研究而言。有些问题比较明显，我们可以一索而得，但是有些问题需要我们采用迂回的方法，借助其他事物加以论证。比如台湾学者陈正祥，就曾根据各地的八蜡庙、刘猛将军庙、虫王庙设置情况绘制成图，从而描绘出全国蝗灾的路线图。他的研究出发点是立足于这些庙宇的设置反映了当地人们不能制服蝗灾而求神助的一种愿望。既然当地有此类庙宇的设置，则必然反映了当地蝗灾比较严重。在选编资料类编时，还要注意到近期和长远结合、历史和现实结合、整旧和纂新结合，各地可根据实际需要，自选类目，或酌增类目。选辑类编资料多以县为基础，尽量保持资料的原貌和完整，不任意删改，并详细注明出处。在类编文献资料的同时，也要注意到挽救碑刻资料，有条件的地方还应做成拓片。碑刻是地方志资料来源之一，可供考证旧志资料之需，例如河南即用地震后重修建筑的碑文记载，与旧志地震资料相印证，裨益甚多，价值很高。

（三）旧志目录的编制

旧志数量浩繁，搜求翻检，甚为不便，目录编制工作，急待推进。1965年，朱士嘉增订补正其旧作《中国地方志综录》，重新出版，共著录7413种，109143卷。1985年，由北京天文台在《中国地方志综录》基础上作了广泛的调查增补，新编的《中国地方志联合目录》由中华书局出版，共著录8264种，使中国这一丰富的历史宝藏得以昭示于世界。

在区域性志目方面，如1980年11月山西省图书馆编印了《山西省地方志联合目录》，著录了现存本省方志463种，5100多卷，包括省志、府志、州志、县志、乡土志、关志、山志、水志、寺庙志等。1981年1月，山东王建忠、刘善信所编《山东地方志书目》，著录了旧志597种，新编志57种，并转载了山东古方志考。4月间印行的《河南地方志综录》收录了方志554种，847个不同版本，21种手稿本。6月间，秦德印编印的《陕西地方志书目》收录了自宋至民国各时代所编方志442种，并著录了1953年以来新编方志13种。这些区域志目录收罗颇称完备，它既可成为全国联合目录的组成部分，又可单行别出，以便检索。

在馆藏目录方面，五十年代时，上海、天津、广东、甘肃、四川、福建及嘉兴、温州等地图书馆，都纷纷编制，油印流传。1980年9月，南开大学图书馆也铅印了所编的馆藏目录。

提要目录则是旧志目录编制工作中的一项繁重工作。张国淦的遗作《中国古方志考》（原名《中国方志考》第一编），是一部辑录体的提要目录，对自秦汉至元的方志，凡有名可稽，不论存佚，均予收录、考证，凡2271种，1962年由中华书局出版。1957年由科学出版社出版的洪焕椿所撰《浙江地方志考录》（1984年改名《浙江方志考》，由浙江人民出版社出版），对浙江省志书的纂修缘由、版本和藏所以及内容均写有较详提要。1982年由书目文献出版社出版了骆兆平编著的《天一阁藏明代地方志考录》，叙录了天一阁所藏明志不下435种，成为一代方志的提要目录。他如1986年由书目文献出版社出版的崔建英所撰《日本见藏稀见中国地方志书录》和1987年由齐鲁书社出版的陈光贻所撰《稀见地方志提要》则属于全国性的稀见书目，参考价值甚高。1992年由天津大学出版社出版的来新夏主编的《河北省方志提要》以及一些省市所编本地区的旧志提要则为区域性的考录工作，为综录全国性方志提要目录作了试探和准备。这些提要目录的基本内容包括书名、作者、卷数、藏者、出版年代、出版者、主要内容和篇目、志书评价等项。

其为新编县志和学术研究直接服务的则有1963年中华书局出版的朱士嘉所编《宋元方志传记索引》，共收录3949人，颇便检用；1980年武汉市图书馆根据《武汉志》编目要求，利用馆藏编就《〈武汉志〉参考资料要目》（《武汉志通讯》1981年第2—3期），共分32个大目、789个小目，为新编县志工作检索需用资料提供了方便。

（四）旧志点校与刊印

旧志虽数量丰富，但后世流传较少，有些旧志久已流布不广。自1949年以来，出版部门曾有选择地刊印了一些方志，为研究工作提供条件。如刊印元孛兰肹等撰、赵万里校辑的《元一统志》二册，提供了元代路、州、县的建置沿革、城郭乡镇、里至、山川、土产、风俗、形势、古迹、宦绩、人物、仙释等方面的资料。贺次君辑校的《括地志辑校》，对《括地志》这个久已亡佚仅存清人辑本的唐代地志进行了分辨真伪及整理工作。郭沫若点校《（光绪）崖州志》并为之写了新序，介绍该志的价值（1983年广东人民出版社出版）。又如出版了明人《祝枝山手写正德兴宁志稿本》、影印明万历刻本《顺天府志》，使孤本善刻得以流传。特别值得注意的是陈明猷点校、宁夏人民出版社出版的《嘉靖宁夏新志》。陈明猷根据《宁夏新志》分段校点，对缺页部分又从天一阁所藏弘治《宁夏新志》中节录相应内容附于有关正文之后。并在书后附入《嘉靖宁夏新志的史料价值》一文，有裨于读者对本志的使用，可为点校旧志者所取法。明人范钦创建的天一阁，所藏明代方志驰誉海内外，也由上海古籍书店于1961年开始影印选集为《天一阁藏明代方志选刊》，截至1976年底，已印行了百余种，近年上海书店又继续影印选刊，使私藏珍物流被四方。各省也颇有刊印本省旧志者，如河南已出版《兰考旧志汇编》（合明嘉靖《兰阳县志》、清康熙《兰阳县志》、《仪封县志》和民国《考城县志》等12部旧志及1份社会调查而成），《汝南县志》、《归德府志》、《同治三年郏县志》、《嘉庆鲁山县志》、《登封县志》和《嘉庆巩县志》各一种。1991年，浙江萧山最后一部民国志——来裕恂所撰《萧山县志稿》手稿也经整理后由天津古籍出版社出版。福建也刊印了《宁德县志》等。有的地方还做了旧志译注的工作，如江苏《（民国）沛县志》于1981年由江苏广陵古籍刻印社印行。从1951年以后，曾经不同渠道由日本拍摄流传于日本的珍本方志归国。台湾地区从五十年代开始点校整理旧志，如1951年校订印行《恒春县志》未刊稿，并编辑出版一些地方资料，如《台湾番政志》、《四明方志丛刊》、《台湾文献丛刊》、《台湾方志汇编》、《宋元地方志丛书》等多种，而规模大、种册多的当推成文出版社印行的《中国方志丛书》，它从六十年代后期起，分期分批出版，前二期共有1362种，第三期正继续印行，现入藏数为1678种4150册。大陆自1988年开始由江苏古籍出版社等出版机构联合聘请专家学者从现有9000种方志中精选3000余种，编辑一部海内外覆盖面最广，实用性最强的大型方志丛书《中国地方志集成》，自1990年起第一期包括乡镇志及上海、江苏、四川、浙江四省志书共721种已陆续问世，成为当前大规模地集中进行选刊的刊行旧志工作。

特别值得注意的是，大批过去不被重视的专记地区风俗、人情、物产的地方小志也得到重视而陆续刊印，如明代的《帝京景物略》、《宛署杂记》、《长安客话》，清代的《天府广记》、《京城古迹考》、《宸垣识略》（均由北京出版社出版）等相继印行。有的地区还有组织地进行风土丛书的编校工作，如南开大学地方文献研究室编校的《天津地方风土丛书》（天津古籍出版社1986年出版），包括《沽上旧闻》、《敬乡笔述》、《梓里联珠集》、《津门诗钞》等十种。这些小志都为了解地方情况，编纂新志提供了生动细致的具体资料。

二、方志与方志学的研究

1949年以来这方面的工作虽然不如其他学术领域活跃和有显著成效，但各地的方志学者孜孜开展研究，在理论和综述方面写出了一定数量的专门论文。在五六十年代，各地报刊不断发表一些论文和倡议，如金毓黻的《普修新地方志的拟议》（《新建设》1956年第5期），为方志及方志学的研究启端。其后，朱士嘉的《中国地方志浅说》（《文献》1979年第1辑）一文对地方志的起源、发展、特征、价值及国内外馆藏等问题进行了概括性的研究与剖析。傅振伦的《中国方志学》（《河北师范大学学报》1981年连载）对方志学进行了综括性的论述。刘纬毅的《中国方志史初探》（《文献》1980年第4辑）和陆振岳的《方志源流试探》（《群众论丛》1981年第3期）诸文，对方志名目的演变，方志的渊源发展和旧方志学的建立等都有所论述。徐一贯的《地方史与文史资料研究》（《山西地方志通讯》1981年第1期）对地方史志的源流传统和重要性作了论述，而他所写的《史中有志，志中有史》（《山西地方志通讯》1980年第5期）和《史以述往，志以示来》（《山西地方志通讯》1981年第2期）二文，则对地方史志的体裁同异发表了个人的见解，主张"在形式上史志可以分家，从编纂体制上，史志必须统一，既有专史，又有专志，才可使地方志成为一种完整的系统结构"。朱文尧则主张"志有志体，史有史体"，"史重在鉴，志重在用"，二者不能混淆（《山西地方志通讯》1981年第2期）。朱士嘉提出对史志区别的三点看法，即（1）史纵志横，志先于史；（2）国史一般无图，方志一般有图；（3）方志一般有褒无贬，国史则有褒有贬（《湖北方志通讯》1981年第4期）。其余尚有许多论文涉及此问题。这一讨论至今尚未获得极为准确的共识结论，是值得深入探讨的课题之一。

　　对地方志进行分区研究并概述其基本情况，兼作分析源流、探讨体例的论文较前一种情况为胜，如山西薛愈的《山西地方志目录汇编》（《山西地方志通讯》1980年第2期），将山西的474种各级方志按纂修时代为次，分别汇为专目。上海吴贵芳的《关于纂修上海方志新志的体例问题》（《上海史研究通讯》1981年第2辑），回顾了上海地方志的历史情况，提出了编写新志体例的建议十条。湖北里僻的《战略方志源流和〈湖北通志〉沿革》（《湖北方志通讯》1981年第1期），考述了湖北行政区域的沿革和湖北省志的源流，并对明嘉靖、万历和清康熙、雍正、嘉庆、宣统等六部有史可查的湖北省志进行了述评。陕西李德运的《我省著名地方志简况》（《陕西档案简讯》1980年第5期），对自宋以来的十部著名方志作了介绍。吉林金恩晖的《吉林省地方志考略》（《文献》1979年第1辑），对吉林省的百余部地方志的一般情况作了考察和介绍，其中对该地区的第一部专志《打牲乌拉志典全书》的发现与研究是极有价值的。辽宁邸富生的《辽宁方志述略》（《辽宁师院学报》1980年第1期），简要地介绍了辽宁方志的概况和史料价值。宁夏高树榆的《宁夏方志考》（《宁夏图书馆通讯》1980年第1期），对宁夏地方志的明志六部（佚三部）、清志二部和民国志一部的源流、编纂、刊刻情况作了考证。新疆纪大椿的《新疆地方志浅谈》（《图书评介》1979年第3期），对新疆通志、地区志、府州县志、乡土志进行了综合考述。内蒙古王志毅的《内蒙古旧地方志》（《内蒙古地方志通讯》1984年第4—5

期），概述内蒙古的旧志。云南方国瑜的《明修九种云南省志概说》（《思想战线》1981年第3期），对现存五种、已佚四种共九种云南志的渊源、流传进行了缜密的考究。北京李致忠的《略谈〈台湾府志〉》（《文献》1980年第4辑）一文，对康熙以来撰修刊行的《台湾府志》情况及目前的典藏作了介绍。对边远地区方志研究工作的积极开展，反映了方志学的研究正在蓬勃兴起，对内地省份也是一种推动与促进。有些学者还进行了艰苦的旧志辑佚工作，如山西大学的李裕明曾辑《山西古方志辑佚》九卷（山西省志办出版），尽多年辛劳辑得山西佚志236种共30余万字。它不仅为编写新志提供资料，而且其所收序、跋、佚文及所撰各志叙录对研究旧志颇有参考价值。东北师范大学陈连庆从《永乐大典》中辑出元人陈大震所修《大德南海志》，经过研究，撰成《大德南海志研究》（《古籍论丛》第二集，福建人民出版社），对研究元代海外贸易有重要价值。

在专题研究方面也取得了一定的成绩，如骆兆平的《谈天一阁藏明代地方志》（《文献》1980年第3辑），对至今仅存的古代藏书楼天一阁所藏明代地方志的典藏与聚散状况加以研究概述，使人们对这一有特色的专藏有所了解。仓修良的《章学诚和方志学》（《江海学刊》1962年第5号）、黄道立的《巨细毕收，博而能断》（《湖北方志通讯》1981年第5期）等文对章学诚的方志学理论与实践进行了学术性的探讨，有益于新编方志的借鉴，但也带来了一些唯章是奉的不良后果。在研究中比较被视为热点的是旧志的批判继承问题，有些文章都涉及于此。我认为应当批判的内容有三方面：一为竭力宣扬封建统治者功业的内容，如立于卷首或独立成章的皇帝的无关理要、专事粉饰之诏谕、诗文与言论；二为宣传封建伦常的内容，如诬反抗者为盗匪，颂扬所谓忠臣、烈妇、义士等的事迹；三为不恰当的溢美之词。而应当继承的则有两个方面：一是继承旧志中合理的编纂体例；二是继承文献资料，以备征考和补缺纠谬。

新撰专著也陆续纂成问世，主要的有来新夏主编的《方志学概论》，这是较早出版的一部教材性质的专著，对推动全国修志工作，培训修志人员起过重要的作用。其他如刘光禄的《中国方志学概要》，史念海的《方志刍议》，林衍经的《方志学综论》和仓修良的《方志学通论》等都是引起人们注视的专著。多人论文合集有《中国地方史志论丛》（中华书局，1984）。个人论文集有傅振伦的《傅振伦方志论著选》（浙江人民出版社，1992）和董一博的《董一博方志论文集》（河南大学出版社，1989）等，多侧重于一些专门性学术论文。工具书则有董一博主编的《中国方志大辞典》（浙江人民出版社，1988）和来新夏主编的

《中国地方志综览》（黄山书社，1988）等。后者汇集了1949—1987年有关地方志编纂与研究的主要文献，为方志和方志学的研究提供了基本参考资料。

台湾地区的方志学研究工作主要围绕方志性质问题和新方志的探索与实践等方面进行。学者们对方志的性质主要有四种看法，即（1）地方志即地方史；（2）地方志为地理书；（3）地方志是地方史与地方地理的合流；（4）地方志既不属地理，亦不属历史的另一分类。专著有唐祖培的《新方志学》、杜学知《方志学管窥》和毛一波的《方志新论》等。

三、创编新志

编修新志书一直受到各方面的重视，但公开提出建议则始于1954年9月山东教育厅副厅长王祝晨在第一届全国人民代表大会第一次会议上提出新编方志的建议；1956年6月，王祝晨更在《人民日报》发表《早早动手编纂地方志》的文章。而金毓黻的《普修新地方志的拟议》则提出了具体的"拟目"，成为第一个设计方案（《新建设》1956年第5期）。同年在哲学社会科学十二年规划草案中就正式提出了重新编纂地方志的任务，准备先从有条件的县市着手，逐步推广，计划在1967年以前能编出全国大部分县市的新方志。是年3月，湖北省成立了省志编委会，是最早成立修志机构的省份。

1957年，全国人大和政协的代表与委员先后提出了保存各种乡土资料，继续编纂地方志书的建议，大大地推进了创编新志的工作，有不少省区陆续建立专门机构来组织和领导修志工作，如湖南、山东、四川、甘肃、青海等省分别成立方志纂修委员会，着手工作，并取得成效。广西壮族自治区也成立了广西通志馆，负责修志工作。1953年，科学规划委员会设立了地方志小组，成为对全国修志工作的指导机构。10月间，地方志小组发布《关于新修方志的几点意见》，并制定《新修地方志体例》草案，向各地征求意见，1961年3月正式发布《新修地方志提纲》。

据不完全统计，至1960年6月止，全国已有20多个省、自治区，530多个县进行修志工作。有250个县已编出初稿，其中公开出版的有《湖南近百年大事记述》和《湖南省地理志》二卷，山西的《岚县新志》、《祁县志》上册和《陵川县志》等，湖北的《浠水县简志》、《汉川县志》、《咸宁县简志》，以及河北的《怀来新志》等。尚未公开发行的，如广西自1958年以来有20余县完成了编志工作，并油印了初稿；山西油印了《沁水县志》和《五寨县志》等；河南也有10多种内部流传的县志初稿。这些志书虽与志书的基本要求和体例、主旨尚有一定距离，但都为新志的创编工作起到了筚路蓝缕的摸索探讨作用。

1963年7月23日，中国科学院哲学社会科学部和国家档案局联衔向中央宣传部提交的《关于编写地方志工作的几点意见》，回顾了自1958年以来各地修志情况，指出了值得注意的问题，并提出了建立审阅制度、有计划有步骤地进行和加强组织领导等三点意见。

1964年以来随着农村"四清"运动的开展，在广泛发动编写"五史"活动的基础上，有些县曾组织专业人员创编新志，如河北丰润的试编县志，霸县编写的《东台山乡志》，可惜都未能达到完善的目标，其他地方也有类似活动。当时，这些活动曾引起了一定的重视。截至1966年"文化大革命"发生前公开出版了19种省志的专志和县市志。1965年，华北地区曾决定由专人拟定条例，准备开展新编县志的工作。可惜由于十年动乱，不仅志书编写工作中断，而且尚未完全成熟的一些条例及有关资料也荡然无遗。

七十年代后期，创编新志工作在各地陆续兴起，改变了长期中断的状况。有些省成立了专门编写机构，发表有关论文，编制新志初稿，取得了可喜的成绩。1978年10月，湖南即作出恢复省志编纂工作以适应四化需要的决议，并于1979年8月召开编纂委员会全体会议，就编纂力量的组织和断限问题进行了讨论。1980年4月间，胡乔木在中国史学会代表大会上提出编修新志需要用新的观点、新的资料和新的方法和体例的"三新"要求。6月间，许多重要报刊发表专论，如刘纬毅在《红旗》杂志第11期发表《要重视地方志的编写》，李志敏在《光明日报》发表《地方志的编修工作急待开展》等。10月间，天津举行中国地方史研究会筹备会。次年7月，在山西太原正式成立中国地方史志协会，通过了《关于新省志、新市志、新县志编纂方案的建议》和协会章程，明确了地方史志的重大意义、基本方针、原则和任务。1982年7月下旬，中国地方史协会常务理事会通过《关于新编地方志工作条例的建议》，对编志的方针、原则、体例和工作步骤提出了具体建议。

在此期间，各地已开展编志工作。如1980年初，黑龙江省的《呼玛县志》内部印行出版。这是本届修志的第一部新志，虽有不足之处，但有开创局面之功。辽宁省的台安县早自1979年9月即开始组织人力，经过一年多的努力，终于写成了5编36章20余万字的《台安县志》，为全县政治、经济、文化、军事和自然地理等方面提供了有参考价值的资料。山西代县是一座历史悠久的古城，最后一部志书是清光绪八年（1882年）刊行的《代州志》。它较详细地记载了从战国到1881年之间的历史、地理、政治、文化和军事等方面的资料，但历时百年却没有延续记录。1981年5月间，该县成立专门修志机构，邀聘人员，立即投入紧张的查阅、收集和编写工作。湖北、湖南、山西、浙江、山东等地也开始制定条例，编写新志。北京、上海、湖南、湖北、山西、贵州等省市的修志机构还出版刊物，以交流经验、沟通情报、辅导编写、征集资料，大大地推动了新志编写工作。

1983年，原地方志小组恢复工作，拟定了《1983—1990年中国地方志发展规划及设想》草案。1985年，中国地方史志协会易名为中国地方志协会。地方志指导小组正式组成，并发布了《新编地方志工作暂行规定》。于是修志机构在全国普遍建立，截至1990年，据统计已有29个省市区、2037个县都建立了专门机构，加速推动了修志工作。新编县志也初见成效，截至1991年底，全国已完成950余部新志的编纂任务，正式出版的三级志书达600余部（有300余部已交出版社待出版）。在编写新志过程中还积累了丰富的地方文献资料，如1984年吉林省搜集资料6.4亿多字；1985年，湖北省已搜集资料20余万字。县一级也多近千万字。这笔珍贵财富不仅奠定了新编县志和年鉴的坚实基础，而且还为后世储备了可资征信的资料。从1982年开始，分地区、分层次举办的各种类型培训班，使全国拥有具备一定修志专业知识的专兼职人员近10万人。

台湾地区的修志工作始于1945年台湾光复后，《台北县志》是最早创修的一种。1960年《台北县志》印成线装28分册，下限截止于1951年，这是台湾新修志书中体例内容最为完备的一种。1973年《台湾通志》编成出版。台湾的修志工作显见成效，七八十年代台湾省、市及乡镇各级志书共有29种。

如上所述，从1949年以来，地方志的编写与研究工作已取得了一定的成就，但与丰富的历史遗产和现实的社会需求相比，还有不少可供开拓和继承发展的余地。今后，将在旧志整理、新志创编和新方志学体系的建立诸方面展现出质量并重而尤重质的新的发展趋势。

第一，继续开展旧志整理工作

（1）类编资料：这里所说的资料主要指两种，一种是旧志中所蕴藏的各方面历史资料。过去曾类编过地震、天文、土特产和风俗等专科资料，但旧志中仍有不少有关社会经济、文化艺术、著名人物等方面的珍贵资料，如明万历《郴州志·坑冶》一部，即记述宋明两代矿民反抗和禁闭矿场经过的资料；嘉靖《建阳县志》详记书市情况和书坊书目，为研究明代图书事业提供资料。这些都有待立类汇辑，使方志资料发挥潜在的作用。另一种是前代学者研究方志所取得成果的资料，特别是清代许多著名学者如钱大昕、戴震、章学诚、洪亮吉、汪士铎、孙诒让等人的著作中都有多少不等的有关方志的论述。这些论述对深入研究方志学有重要参考价值。

（2）编纂目录：方志目录虽创编于清季，而收罗较备，卓有成就的当推近年出版的《中国地方志联合目录》。但这类目录仅起到登记图籍，读书知津的作用，尚未进而辨章考镜，所以近代方志学家朱士嘉曾创议编制一部《地方志综目提要》，这将使人们不仅知道某地有若干志书，而且更能读其提要，得其概貌。此事固然体大，难于一蹴而就。如能先期组织力量，分区纂辑，规定每篇提要包括书名、作者、卷数、出版年月、出版者、主要内容、篇目和评价等项目，字数最好不超过千字，然后由专人整齐文字，统一体例，汇为《综合目录》，也决非不可行之事。另外，清人和近人的方志学论文在尚未结集刊行前，也不妨先编制《方志学论文目录》以备翻检。

（3）汇编地方风土丛书：地方志的功能之一是保存地方文献资料。其中风土资料也应在征材之列。这正如章学诚在《方志立三书议》中所主张的立《丛谈》一书的立意所在，也正是过去《上海掌故丛书》与《武林掌故丛书》等的所以汇编。即以江苏风土笔记而言，如清初叶梦珠的《阅世编》之记上海地区，乾隆时黄印的《锡金识小录》之记无锡、金匮地区，顾禄的《清嘉录》之记苏州，道光时甘熙的《白下琐言》之记南京等等，都是极有用的志料。各地区如能仿《上海掌故丛书》、《天津风土丛书》等而整理、刊印各种地方风土丛书，不仅为欲了解当地风物者提供读物，也大有利于地方志的编纂与研究。

（4）刊印旧志：旧志刊印较少，流传欠广，不仅难于保存，而且不便于研究利用，似应继续《天一阁藏明代方志选刊》之类的刊印工作，尤其是对一些珍贵的未刊稿、有价值的油印稿和孤本善刻，亦应有选择、分缓急地加以刊印。如浙江图书馆所藏《浙江通志》初稿百余册，福建师范大学图书馆藏道光九年（1829年）胡之锟增修的《晋江县志》77卷抄本等，都是值得重视的。又如河南方志中顺治十六年（1659年）的《荥泽县志》、《汜志》和康熙十七年（1678

年）的《荥阳县志》等，早已是海内孤本；他如广东省共有方志440余种，其中海内孤本百余种，海外孤本约20种。山西省共有方志430余种，其中海内孤本约58种，海外孤本约16种。这些都应考察重印，以便流传典藏。对于散佚的旧志，也应有专人搜求辑失，使人得从吉光片羽中略窥古志的面貌。《中国地方志集成》也希望在已刊行的基础上，能按原计划，继续刊印。

第二，提高新编志书的质量

建国以来，创编新志工作虽有起伏，但近十年来，进展之速，覆盖之广，实为前所未有。今后对新编志书应着重于量多质优。所谓量多是在已完成一定数量县志的基础上，积极扶植行动迟缓地区的工作。凡在编纂阶段者要促其早日定稿问世，对尚未全面开展修志的地区则应积极搜集志料，投入编纂工作。在新编县志中特别要注意填补旧志所偏废的空白点，如社会经济状况、工农业发展、民俗方言等具体内容。要及时抢救口碑资料，记录保存。在征集资料过程中，还应对社会流传或私藏的志稿（包括刊印、手写、油印等形式）加以搜求典藏，有的经过加工整理，应予正式刊行问世以丰富中国志书宝库。

对于志书质的提高，关键在于加强问世前的审稿和发行后的评书工作。审稿在编修条例中早有明确规定，但尚需有一个大体统一标准，根据过去一些经验，不外指导思想、论述内容、资料运用和文字表达四个方面。不过，任何严谨的审稿都不可能消灭所有的疵点，因此还必须加强志书问世后的评书工作。这项工作不仅使原志精益求精，也使尚待问世之作能消除不足于摇篮之中。这项工作在过去已有所启动，但却形成一种以鼓励赞誉为主，以略有建议批评为点缀的书评模式。今后则应提倡多种形式的书评，特别是欢迎能出现一些"吹毛求疵"的书评来一新耳目。

本世纪末，县一级方志应有大部分或绝大部分刊行问世或待刊，那么新编志书工作似应移重点于省区志。近年来，省级志书已有部分专志和简志出版，应在已有基础上抓紧完成。设人力不足则可借材于县志编纂部门。而县志已完成任务者则可编纂地方年鉴，承担有关部门咨询工作及为后世修志储料。

第三，加强方志与方志学的研究

1949年以来，散见于报刊的方志与方志学方面的研究论文为数不少，但既无全目可稽，又未汇聚成册，对进一步发展这方面的研究搜寻检读，至感不便。

1984年，虽有《中国地方史志论丛》的编刊，尚欠充实完备，应广加搜求，组织专家评选，汇编为《建国以来地方志论文选集》以代表此一历史阶段的研究水平，并在书后附以《论文目录》，力求全备。从目前已发表的论文看，无论在源流、方志学理论和新志编纂法的全面探讨上都尚有开阔的领域，有待于撰述大批有质量的论文，来推动方志与方志学的研究。专著方面多属初期修志阶段之作，其总括1949年以来的新发展、新成就而撰著类似《中国地方志概论》之类的著作，也是当务之急。

中国方志学的建立，大多数人认为始于清代章学诚。它至今不过二百余年，远不如方志历史的悠久。在清末、民国期间，方志学内容在西方思潮影响下，有所增益，但始终没有脱离章氏方志学体系的篱樊。1940年以来，由于社会制度的质变，方志的服务对象已有彻底的改变，编纂出一定数量的社会主义新方志。与此同时，大量的旧志尚待清理，因此建立新的方志学即方志科学的体系将是今后研究工作的重点。近来，有一篇题为《论方志科学》（《中国地方志》1992年第5期）的文章，对旧方志学与方志科学的区界、方志科学的学科地位、方志科学的研究对象和体系结构等提出了一些粗浅设想，但仅仅只能说是这一方面研究的开端，希望今后能有更多的论文涉足这方面的理论性研究，直至写出一部有一定水平的《中国方志学》，使方志科学的研究获得新的成就。

总之，今后的研究工作将在旧志整理、新志编纂及方志科学体系的建立上展现出质量并重而尤重质的新趋势。

原载于《高校社科情报》1994年第1期

要加强新编地方志的审评工作

"盛世修志"是我国历代修志事业中的传统。近年来，随着我国政通人和盛世的到来，修志事业已遍兴于神州大地：各级修志机构纷纷建立，省市县志相继完成或正在积极开展。国家社会科学发展规划也把"地方史与地方志"列为研究课题之一。中国地方志指导小组据此制定了"六五"规划和"七五"设想，其中规定将于1990年前有三分之二省市自治区完成省级志编写和基本完成所有市县志编写，并撰写若干山水专志。目前，公开出版或内部发行的成书正在日益增多。在这一蓬勃兴旺情势面前，量多固然可喜，而质优尤为可贵。而要保证量多质优的重要前提莫过于加强问世前的审稿和发行后的评书工作。审评工作无疑已是现阶段编志工作中不能不予注视的当务之急了。

审稿素来是保证出版物质量的关键，地方志书也不例外。这在省市县志编修条例中早有明确规定，各地也曾以不同形式组织过审稿活动，但审稿的标准与方法尚未引起应有的重视。我国地域如此之广，方志类型又如此之繁，设无一个大体统一的标准，则审稿工作难免无所依据。在规定审稿标准前首在明确我们所修为社会主义新志而非其他什么续修旧志。苟明乎此，则胸中方能有所衡量。要之，不外指导思想、论述内容、资料运用和文字表达四端。

方志包罗万象，博及自然与社会，头绪既纷杂，而从征文考献到纂辑成书的全部流程又如此繁复，必须有一个统一的指导思想方能驾驭得宜。那么究竟以何者为其指导思想呢？从方志发展历史看，历代均有明确的指导思想。封建主义时代有维护封建统治的指导思想，即以封建伦理关系为核心的儒家思想。这在旧志的序例行文中几乎无一例外地有所宣称。当然，社会主义时代也要有有利于社会主义发展和巩固的指导思想，那就是必然要以指导建设社会主义事业的理论基础——马克思列宁主义和毛泽东思想为其指导思想。这应是无可争议的定论，但过去缺乏应有的重视。

　　志书还有它不同于其他体裁著述的特点。它要反映纵横交错的历史和现状。它不同于史之可由"史官"发抒褒贬是非，而是使褒贬是非寓于事实记述之中。正因如此，有人误解为志书只是事实的缀连，某些时期甚至还引出"秉笔直书"与"有闻必录"等等主张。这种主张本身无可厚非，但重要的在于秉笔者与必录者的实体。后世盛称的南史董狐，其所直书者，质言之不过直书那些有悖于封建体制、有害于封建统治的事实，春秋的斧钺华衮也不过直书那些足使乱臣贼子惧的事件而已。至于"有闻必录"，容或所录都是事实，但未必反映了事物的真实。因之，抽象的"秉笔直书"和"有闻必录"似难存在，而社会主义新方志的所书所录自应反映一定时代、一定地域的全面真实面貌。这种反映不靠议论，而靠资料。翔实丰富的资料是编好新志的物质基础，但却决不能成为一种资料汇编或堆砌资料，而应似竹木灰石之建成高楼大厦。我们要把广泛搜集到的资料经过考辨，甄选其中最有说服力部分来记述信而有征的事实。然后，以朴实无华的文风、流畅生动的笔触，按照统一规范，纂辑成一部合格的志书。

　　既已提供上述审稿标准四端，那么如何审，由谁审呢？除按编修条例规定由主管部门审稿外，还应有同行审稿。前一阶段曾先后举办过北方地区县志审稿会、南方地区县志审稿会和十市志审稿会等，与会者除撰写人外，还有部分修志机构人员，取得了一定的成效。但是如果这些审稿工作中能更广泛地吸取部分专业研究人员参加，那将更有裨于提高志书的质量。

　　任何严谨的审稿都不可能消灭所有的疵瑕，而且审稿队伍终究人数不多，或有所蔽。因此，出版问世后的书评工作又是提高质量、完善志书以至选拔标本的另一重要步骤。书评工作在各类图书中都开展得较好，而志书领域中则有待提倡。从看到的专业书刊中，旧志评介曾出现过专栏多篇，而对新编方志的评介则尚属罕见。目前已有公开发行的县志，在全国颇著影响，不妨即以此数种为评论中心，互议短长，进而对政策界限以及保密、民族、涉外等重大而较难处理的问题展开评述，取得比较统一的认识，这样不但使被评论的志书得以精益求精，也使其他志书获得借鉴，对提高志书质量大有关系。至于书评工作的方式既可召集已出版诸志有关人员集会，争鸣互评，也可以由个人独抒己见，在报刊发表评介以达到集思广益的目的。

　　新编方志硕果累累的时代行将到来。为使这一盛世大业在文化史上占有光彩的一页，量多质优确为关键。量多可凭靠善于组织，而质优端赖加强审稿评书工作。愿方志学界在审评工作中发挥更多的潜力，把盛世修志的宏伟巨业卒底于成！

原载于《天津史志》1985年第1期·总第1期

漫话地方志

一

地方志是我国具有悠久历史的一种著述体裁。它记载着某一地区的自然、历史、地理、社会、经济、文化等等内容，是蕴藏着丰富历史资料的宝库。它的起源甚早，但究以哪部著作作为起源的标志，目前学术界尚有多种说法，不过它有二千多年的发展历程是无疑义的。不仅如此，地方志还有持续发展的特点，几乎各个朝代都给它以应有的重视，隋唐以来尤为显著，如隋大业年间，"普诏天下诸郡，条其风俗、物产、地图，上于尚书"。（《隋书·经籍志》）这是政府明令修志的最早创意。从而巨帙方志相继出现，如见于《隋书·经籍志》著录的就有《诸郡物产土俗记》一百五十一卷、《区宇图志》一百二十九卷、《诸州图经集》一百卷等。唐代方志著作也较多，其见于两唐志著录的就有《括地志》五百五十卷、《元和郡县图志》四十卷、《十道图》十卷等等。其中《元和郡县图志》是一部对后世影响较大，具有一统志性质的著名方志。在本世纪初在敦煌石室发现的唐修《沙州图经》和《西州图经》的钞本上，还可看到早期方志的样式——即以图为主而附加文字说明的"图经"型。这些都为后来方志体例的渐趋定型起了先导作用。

宋代学术比较发达，地方志的撰著也较兴盛，著述体例大体定型，内容门类包含较广，长篇巨制相继出现，如《太平寰宇记》二百卷（现缺一百一十三至一百一十九卷）、《舆地纪胜》二百卷和《方舆胜览》七十卷等。它们不仅篇帙大，编纂体例也日臻完备，如《太平寰宇记》在记载地理之外，又编入姓氏、人物、风俗数门，详细地记录了人物的官爵、所撰诗词以及人事活动，大大地丰富了地方志的内容，并为后世地方志的编写体例树立了基本模式。同时，南宋已开始有续修制度，如临安一地就先后于孝宗、理宗、度宗三朝续修《临安志》。在前后百年的动荡年代，一地之志竟能重修三次，可见当时对修志工作极为重视。元朝仍踵行其事，而纂修《大元大一统志》又开明清一统志纂修的先河。

明清以来，方志修撰工作有了更显著的发展，几乎遍及州县乡镇。清代修志成就尤为突出。在现存的方志中，清修方志约占总数80%左右。据一种统计，清修方志达六千五百余种，平均每年有二十多种新志。上起全国一统志及各省通志，下到府州县镇乡，旁及盐井、土司司所和分县等等，无不有志。其数量之多，层次之广，可称空前。官修方志的制度也陆续建立。如康熙十一年曾诏各地分辑志书；雍正七年，为了修撰《一统志》，又严命各县修志；不久，还明令规定各地六十年修志一次。这些对推动方志编修工作起了一定的作用。清代还有较多学者投身于修志工作，如谢启昆的《广西通志》、阮元的《广东通志》、章学诚的《永清县志》、洪亮吉的《泾县志》、孙星衍的《三水县志》和李兆洛的《凤台县志》，下至清季郭嵩焘的《湘阴县志》、王闿运的《湘潭县志》和缪荃孙的《江阴县志》等。这就使若干清修方志具有了较高的学术水平而成为人所称道的名志。与此同时，学术界还展开了方志学的研究，探讨方志的性质、体例和规制等等问题。如章学诚在《方志立三书议》中，主张"志属史体"，"志乘为一县之书，即古者一国之史也"（《永清县志》七）；而戴震则认为"志以考地理，但悉心于地理沿革，则志事已竟，侈言文献，岂所谓急务哉！"这些都表明清代对修志工作的重视。

辛亥革命以后，修志工作虽不如清代之盛，但仍不断有纂修之举，如河南在1949年前共续修七十八部，山东在1929至1937年间共修八十四种。方志学的专著也相继问世，如李泰棻的《方志学》、王葆心的《方志学发微》、黎锦熙的《方志今议》和傅振伦的《中国方志学通论》等都对方志的体制、源流、纂著方法进行了研究。1929年底，南京国民政府内政部颁发了《修志事例概要》二十二条；1944年又颁布了《地方志书纂修办法》，规定"省志三十年纂修一次，市志及县志十五年纂修一次"。这些规定虽未实行，但其中某些内容尚有可资参考之处。

总之，回顾两千多年方志编撰的历史，不仅编制有大量的各类方志，而且还开拓了方志学的研究领域，这是前人留给我们的一份丰富遗产。对于这份遗产既应慎重地继承与吸取其足资借鉴与参证的合理部分，也应严肃地批判与指明其不足之处，给予恰当的评论。

旧志主要采取官修制度，所以它必然需要极为明确地为当时的政治服务。它不仅在体例上给予封建统治者以特殊地位（如《畿辅通志》首立《圣制纪》），而且还借方志资料作施政的参考，地方官吏要"以之斟酌条教，风示劝惩"（李兆洛：《凤台县志》序）。其他如因体例混杂，草率从事，仓促成书也大大降低了方志的参考价值。但是，正由于它数量大，历史久，也仍有不少可资参证借鉴的地方。

首先，旧志保存了较多资料，其中若干真实性较强的记载多据档册、谱录、碑传、笔记等而来，可以反映当地自然、历史、社会、经济、文化等方面的风貌，为后世提供有价值的资料。

其次，旧志可供了解某一地区的基本情况。一地之志记载当地各方面基本情况比较周备，如有一志在手，则当地面貌可得其大概。这正是封建时期地方官吏下车伊始即索观郡县志的道理所在。

其三，旧志体例虽多陈旧，但因旧志类型多，修撰者也各有所见，所以仍可从中选取若干有裨制定体例、条目的借鉴资料。

正因如此，所以我们还应对旧志有所扬弃地加以整理。

二

五十年代以来，我们在整理旧志方面作了刊印、类编资料和编制目录等工作，取得了一定的成绩；但更主要的工作则是创编新志。新编方志既不是旧志的续编，也不是旧志的重编，而是在总结旧志的基础上进行创编。在五六十年代，这项工作曾有所开展，据不完全统计，截至1960年6月，全国已有二十多个省区、五百三十个县进行修志工作，其中二百五十个县已编出初稿。公开出版的有湖南的《湖南近百年大事记述》和《湖南省地理志》二卷、湖北的《浠水县简志》、山西的《祁县志》和河北的《怀来新志》等，其未公开而油印流传的也很多。这些都为新编地方志工作起到了筚路蓝缕的摸索探讨作用。近年来，创编新志工作在经过一段滞缓的路程后又重新恢复发展，全国各地由省至县纷纷开展，并有多项列入国家科学规划项目之中。现已铅印出版的有《如东县志》、《萧山县志》等。因而如何创新地编写新方志已成当务之急而亟待共同商榷。

　　我认为新编地方志应从指导思想、政策要求、论述资料和文字结构等方面加以注意。

　　一部志书内容广泛，涉及自然和社会诸方面，从而就需要有一个从搜集资料、调查访问到鉴别整理，终而成文的过程。面对这样千头万绪的繁复情况，如果没有正确的立场、观点和方法，那么编写新志的工作势必会莫知所措，难以着手。我们修志的目的是为建设社会主义现代化国家服务，势必要以指导我国革命与建设的正确理论——马克思主义、毛泽东思想为指导思想。这是在创编新志工作中必须坚持的首要一点。

　　政策要求也是修志工作中应加考虑的重要方面。一个时代、一个政权都有自己的各项政策，并以之处理各种复杂的事物。编志工作更需要用有关政策来再认识某些问题，例如：如何在写志时评价历次政治运动就可以反映我们的政策水平。在编写工作中要掌握政治分寸的问题，不能以感情代替政策。关于民族问题应正确反映各民族的历史和现状，把各民族对祖国历史发展所做的贡献都进行实事求是的描述和评论。对历史人物只论业绩，不论民族。对历史上的民族纠纷和隔阂无须回避。如果不写历史上发生过的民族压迫与歧视，就显不出社会主义民族政策的伟大与正确。对人物评论更需注意政策。地方志对人物既写正面人物，也写反面人物；既写推动历史的，也写阻碍历史的。写前者为使他流芳百世，写后者为使他遗臭万年。这就是对人的褒贬问题。

　　论述首先要注意全面性，使所写志书从自然到社会各方面情况都能得一横断面剖析性反映，成为提供全面资料的一部书。其次要有时代特点，我们时代的特点是经过艰苦奋斗才有蓬勃发展的，所以不仅要写成就，更重要的是还要写获得成就的艰苦历程。第三要注意地方特点，这是由我国国情所决定。我国幅员辽阔，人口众多，地区差异性大：城市与农村不同，沿海地区与内地不同等等。所以新编地方志从制订体例篇目到搜集资料、整理定稿都不能忽略地方性这一特点。如果一部志书能从全面性、时代性和地方性三方面进行系统的论述，那将会获得一定成就的。

　　地方志还有一大特点，那就是需要有丰富资料作基础，要以足够的资料来反映面貌。如何判断一部志书的资料质量呢？首先是看资料搜集的范围广不广、够不够。是否已对文献资料、口述资料和实物遗迹都加以征集和考察过。搜集到资料就要鉴定考辨，作出判断，加以选用。对选用数据应该从作者、时代、可靠程度、使用准确等方面来考察。

　　在结构与文字上，首先涉及体裁问题。在实际编写工作中不要过多地纠缠于史志异同问题上。我认为一部志书要诸体并用，即以志为经而并用表、传及纪。要做到广采诸体，综合表述。凡文中所用名称、纪年、地名、标注等都应事先制定划一规范，不要在一志之中五花八门。文风要求严谨朴实、简洁流畅、通俗易懂，而且附录齐备。

　　如能注意到上述几点，就能以拟定的写作提纲为依据，以丰富可信的资料为基础，经过艰辛的劳作而写成一部可为两个文明建设发挥作用的信志。

原载于《文史知识》1985年第4期

论新编方志的人文价值*

一、前言

中国地方志编修事业的历史源远流长，1949年以来更是志业繁兴，层峰迭出，有力地推动中国志业的前进，特别是八十年代的第三次修志高潮，志业益形发展，成势不可当之局，成果丰硕，为海内外所称道。十年修志，显见成效：从纵的方面看，上起省区，下至县镇，成书殆逾千种（据一种统计，截至1993年6月30日，公开出版的新编省市县三级志书已达1379部，占整个修志计划数的22.78%）①；从横的方面看，既有一地方一区域之综合性通志，也有记一行一业一领域之专业性专志，包容甚广。至于编写体例、内容所涉以及装帧印行尤为百花纷呈，使人目不暇接。中国之为地方志大国，已为世人所共识。

地方志记述着各个地区历史与现状的社会文化现象，即一般所谓的"地情"记述。它既不是自然科学性质的，也不完全单纯是社会科学的，而是有机地结合社会科学与自然科学的知识精髓，体现出人类社会各种文化活动，为人类的发展提供依据。中国历代方志学者无不为方志确立其"资政、教化、存史"的重要意义。这正指明方志旨在推动人类发展，保存和汇集人类文化成果的人文价值。

近年来，新编地方志大量成书，从对其论述体例与内容所作的初步考察，无

---

* 本文系1998年11月在台湾中兴大学"海峡两岸地方史志、地方博物馆学术研讨会"上的学术报告稿。

① 拙著《中国地方志》页187，台湾商务印书馆1995年9月版。最近在《天津史志》1999年第1期上发表的郁文讲话中正式宣布说："到1997年底出版的志书达三千余部"。

不具有浓厚的人文色彩，但也尚难越出资政、教化与存史的概括。比来，应各方所约，撰写序评，遂能较仔细地阅读一些志书；又以多次参加志书审评工作，更多地接触新志。面对盛景，不能不使我始则惊愕，继而欢悦，天公固无负我十万修志大军之十年辛劳。中华文化宝库犹如神灯启库，照见璀璨耀眼之奇观。既入宝山，俯拾碎珍片石，均可见资治、教化、存史之效。

二、新志资政的摭拾

地方志书的资治价值是中国地方志事业的优良传统。宋儒朱熹莅任南康索读志书的故事，早已啧啧人口。清代官颁的《吏治悬镜》第23条即有莅官读志的规定。旧志若干名序也多以资治为言，新志映现之资料可供资治之需者颇多。所谓治者，治国也。资者，借助也。资治者，言治国者可借以为助也。

政策为治国之所据，新志载例甚多，摭拾二三，以见一斑：

（1）四川《营山县志》因其为各方面领导提供第一手真实可信的资料，备研究县情，决策工作之需而深受领导欢迎。该县县长陈士铮深有所感地说："一卷在手，备之案头，考史实，搞调研，作决策，究事理，有微型档案之便，有省时致用之功。"而该县搞"撤区并乡"即以县志《政区篇》及《人大政府篇》为主要依据，本着立足现实，照顾历史的原则，综合考虑建置沿革，经济流向，地理位置，群众习惯诸因素后，才决定撤销10个区，将原来的68个乡（镇）并为31个乡（镇），使各乡镇都基本具备市场、交通、通讯等基础设施的现实条件和发展潜力。[①]

（2）广西容县为广西著名侨乡，它不仅人数多，活动内容亦丰富多彩。《容县志》记华侨出国原因颇多典型，编纂者既立足于容县，又远远超出于容县；既立足于当代，又远远超出于当代。编纂者站在历史的制高点上，甚至结合中外近代史仰视俯瞰，归纳分析，才论据十足地写出华侨出国的政治原因、经济原因以及远见卓识之士放眼世界，欲展鸿图等多种因素。[②]

（3）河南南阳市于1987年编制1988—2000年的《南阳市经济社会发展战略规划》时，参考了《南阳市志》所提供的确切而宏博的历史资料和现实信息，乃

---

① 《营山县志》，李定国主编，四川辞书出版社1989年版。

② 《容县志》，容县志编委会编，广西人民出版社1986年版。

使其规划建立在比较科学的基础上，对现状作出比较客观的评价，提出可能的发展途径和对策，使人们能明确地捕捉到和把握住本世纪的未来。

经济建设为治国之本，工农业建设尤为核心。新编县志去旧志轻经济之弊，而有较多经济资料可备采择，如：

（1）广西上林盛产煤炭，为发展工业，谋建1.2万千瓦火力电厂，选址于王马庄山谷，一切条件都较好，但对大用水量的水源无把握，经查，新编《上林县志》载称："汇水河全长36.3公里，河面平均宽窄17米，流域面积599.5平方公里，年平均流量16.2立方/秒。"据此，汇水河水源完全能满足这一火电厂的用水需要，于是决定在王马庄附近建厂，投资2000万元，这将对各项生产起很大的促进作用。湖北老河口市的锦纶丝厂扩建选址时，颇有争议，影响了进度，后据市志资料，充分论证，很快便确定了厂址。

（2）安徽马鞍山市是华东地区最大的铁矿基地，为全国七大铁矿区之一。《马鞍山市志》的《地理篇》以千余字综合记述矿藏资源，使人了解到铁矿储量16.35亿吨，占安徽全省总储的57.32%；硫铁矿2.62亿吨，占全省总储量的55.39%等引人注目的基本数据，加深了对马矿重要地位的认识。[1]

（3）广西《容县志》有矿毒性水稻土的记载说："位于灵山铁矿附近的铁矿毒田，常被铁矿毒水淹没，聚集矿泥，覆盖了原耕作层，破坏土壤结构，肥力下降而导致减产。"对农田水利环境保护提供了要领。[2]

（4）云南《潞西县志》对橡胶、咖啡、甘蔗等的种植、加工与购销的具体记述，鲜明地展现出该县发展热带作物的优势。[3]

（5）安徽《马鞍山市志》"农业篇"第五章"蔬菜业"第四节分析种植面积与产量对蔬菜生产供不应求的矛盾说："除菜地持续不断地减少等原因外，与蔬菜基地设置不够科学有关。已形成的蔬菜生产基地，除慈湖、雨山、冯桥等乡土壤适宜种植蔬菜之外，霍里、杜塘等地，土质黏重通透性能差，灌溉不便，种植蔬菜费工费力，产量不高，而小黄洲江心洲及沿江冲击地带，土质肥沃，通透性能好，灌溉方便，适宜蔬菜生长。如能调整蔬菜产地布局，开辟新的蔬菜基地，将会大大提高单位面积产量，缓解城市居民吃菜难的矛盾。"[4]

---

① 《马鞍山市志》，李昌志主编，黄山书社1992年版。

② 《容县志》，容县志编委会编，广西人民出版社1986年版。

③ 《潞西县志》，何萍主编，云南教育出版社1993年版。

④ 《马鞍山市志》，李昌志主编，黄山书社1992年版。

旅游是一种无烟工业，在国民经济总收入中占有相当比重。我国有若干旅游重点省县，如陕西是历史上十三个王朝建都之地，人文古迹，星罗棋布，自然景观，别具风姿。名山有华岳、终南、太白、弥山和桥山；名水有泾渭汉洛；名城有全国唯一完整保存至今的古城西安；名陵有黄陵、周陵、秦陵、汉陵以及唐十八陵；名寺有法门寺；名塔有大雁塔；名碑有大小碑林；均见记于各地志书。四川乐山、峨眉江油、都江堰等地都是旅游资源丰富之所在。《峨眉县志》记峨眉十景中"圣积晚钟"之钟声说："铮铮然回响于山林之间"，使巴蜀钟王之雄姿，得形神俱见之妙。万方游客当争来一游，而财源亦随之滚滚而来。①

吸引外资亦为经济建设之要务，投资者多不信人言，而往往钟情于方志，设志书载投资环境则一览可得，事将促成。欧洲共同体拟来华投资，特往荷兰一汉学中心查阅中国的新编地方志了解投资环境，确定投资项目，因为他们认为地方志是可靠的。《马鞍山市志·大事记》记"八五"期间，"马钢将进行大规模的改造和扩建，形成年产值400万吨铁、320万吨钢的生产规模，同时形成线材、车轮轮箍、板材、型钢、五氧化二钒、煤焦化工等六大系列的名优产品结构"，寥寥百余字，对投资者将产生何等重大的吸引力，其社会效益和经济效益，实难估量。②台商郑氏因读《渭南县志》，获得了全面了解，遂向渭南投资5000万元，建设"世界奇观"景点。

三、方志的教化功能

教化是历来编志的主要目的之一，晋人常璩在其所撰《华阳国志》序中标举出著书的"五善"要求，即达道义、章法戒、通古今、表功勋、旌贤能，基本上是要求发挥教化职能。③元修一统志，其目的是为了"垂之万世，知祖宗创业之艰难；播之臣庶，知生长一统之世"；教育臣民，"各尽其力"，以求"上下相维，以持一统"④。清代方志学家章学诚说："史志之书，有裨风教者，原因传

---

①　《峨眉县志》，骆坤琪主编，四川人民出版社1991年版。

②　《马鞍山市志》，李昌志主编，黄山书社1992年版。

③　常璩：《华阳国志》序，商务印书馆1958年版。

④　元·许有壬：《大元大一统志》序，《圭塘小稿》卷五。

述忠孝节义，懔懔烈烈，有声有色，使百世而下，怯者勇生，贪者廉立。"①当然，他们限于封建立场和道德规范，只能适用于其所处的时代。新编地方志同样具有教化的价值，只是教化的内容有了根本性的变化而已。新方志承担着对干部和人民进行国情教育的社会职能。国情包括社会与环境、历史与现状各方面。在地方志之外也还有便览、手册、年鉴、大全和百科等方式，但它们不是失之于简，便是失之于难，或局限于年代，只有新方志才是提供国情及省、市、县情的最重要的手段。所以，有人认为：（1）新方志较为详尽地记述了各地的经济建设的情况；（2）新方志详尽记述一地一域文化、教育、卫生、体育……各项表现事业发展的情况；（3）新方志融天地人事物于一体；（4）一部近现代的发展史在志书中均有所记述与表现。这四个方面与国情教育的要求相吻合。四川《营山县志》完成后，所发挥的教化作用可说是广达城乡，普及老幼，有的学校把县志当成对广大学生进行爱国爱乡教育的地情教育的教材。

但是，新方志的篇幅一般偏大，动辄百万余字，要求人人通读，势所难能。所以有些地方为了进行教化而以志书为依据，另编教材。浙江青田县在《青田县志》②出版后，在志书的基础上，编写了《青田乡土教材》，把近百万字的县志浓缩成一本18000字的教材，包括插图与作业，现已经浙江省中小学教材审定委员会审查通过，由浙江少儿出版社出版，从1991年开始使用。这部教材共有22课5单元，完全取材于县志，题目也非常吸引人，如"九山半水半分田"、"人才辈出"、"明天更美好"等等。陈桥驿教授曾将此教材与县志作过一番对照，认为"材料都出自县志"，但他认为"这并不是一件轻而易举的事，必须下一番很大的功夫"，而肯定了青田县志办所获得的成就。③其他有些地方也有类似办法，如吉林农安县志办根据新编《农安县志》④，编写《农安历史》、《农安地理》，受到干部群众和学校师生的欢迎。河北省丰南县志办利用新编《丰南县志》的资料编写出一套县情知识讲稿，先后在八所中学进行了讲授，听讲师生达4800多人。当县广播台广播此讲稿内容时，全县收听者达20余万人次，既传播了知识，又进行了教育。⑤安徽萧县也据县志编写了多种乡土教材，达80余万字，

① （清）章学诚：《答甄秀才论修志第一书》，《章氏遗书》卷十五。
② 《青田县志》，陈慕榕主编，浙江人民出版社1990年版。
③ 陈桥驿：《陈桥驿方志议集》，杭州大学出版社1997年版。
④ 《农安县志》，辛春风主编，吉林文史出版社1992年版。
⑤ 《丰南县志》，李继隆主编，新华出版社1990年版。

对全县进行了宣传、教育,其中《爱我萧县》一书已定为中学生教材,每年印发
3万余册。

四、志书存史的例证

方志以资料为基础,所以储存史料亦为其要务之一。清代方志学家章学诚曾
论志对史的作用是可以"补史之缺,参史之错,详史之略,续史之无"。往往今
日信志,即可备他日信史之需。新编地方志于创编之始即注重资料之搜集,数
量之巨,前所未有,如1984年吉林省搜集资料已达6.4亿多字,全国县一级亦在
千万字左右,成为新编县志的坚实基础。新编方志以一当十地选用,增高了志书
存史的价值,其例比比皆是,摘引一二,以见一斑。

(1)北宋以后,浙江成为全国刻书重点地区,但旧志或失载,或语焉不
详,致使此文化史实有所缺憾。《大藏经》是人类文化史上极为罕见的巍峨丰
碑,自北宋以来刻有十余部,而余杭一地就刻过两部。余杭县志办将元、明时代
两部《大藏经》的刊刻情况详记入志,提高了志书的存史价值。《径山藏》是我
国所刻十余部《大藏经》中的重要一种,传统的说法是《径山藏》明万历十七年
初刻于山西五台山清凉寺,后于明万历二十年迁余杭径山寂照庵续刻。余杭县志
办人员经过考证,万历七年紫柏禅师真可初倡缘刊刻时,其地即在径山,即以此
入志,纠正了旧志的谬误,提高了新志的学术价值。①

(2)历来史志多不注重艺文著述,仅列其人名书目而已。宋施宿所撰《嘉
泰会稽志》卷十六即有《藏书》专篇,《四库提要》誉之"为他志所弗详"。
清庞鸿文撰《常昭合志稿》卷三十二即录藏书家32人。新编方志以重经济而轻人
文,能为藏书立专篇者盖少。江苏《常熟市志》特立第22篇《藏书·著述》,
下分四章:①《历代藏书》为常熟私家藏书史,记清至民国143人(清占据101
人),除记其字号生卒外,尚立简况一栏记其藏书特点,立室名一栏记其室名以
明藏书处所,旁行斜上,一览可得。②《藏书家选介》,自百余家中择其荦荦大
者15家,详其始末。③《今存善本书目》,按四部分类著录常熟市现藏善本书。
④《邑人著作书目》著录乡人著述,为乡邦储文献之目。有此一编,足补中国藏

---

① 《余杭县志》,周如汉主编,浙江人民出版社1990年版。

书文化史之缺。①

（3）少数民族史料，一般较少，新编志书多有补充。从云南《潞西县志》在《土司·山官》卷对傣族的"土司集团"及其成员的服饰、饮食、居住、行走等系列的生动具体记述，可看到历史上芒市土司集团的衣、食、住、行文化，如土司喝专门烧制的纯米酒和糯米酒，也喝威士忌、三星白兰地和茅台酒。抗战时期，土司住屋也有沙发、时钟、花瓶和软席双人床等，反映滇缅公路开通后的生活变化。又如记土司统治阿昌族的基层政权称"撮"（相当于乡），"撮"下设"档"，每档由一个较大或几个较小的村寨组成。"撮"设"岳尊"一人，由土司委派由番象山等寨的汉人轮流充当，代土司催收官租、杂派。这些都为民族史的研究提供了史料。②

地区文化的研究是文化史研究中的重要领域，但其资料比较散落，而地方志中往往保存一些足资参考的史料，如：

（1）云南《陆良县志》在《概述》和《文化》编中记述了蜀汉爨民入迁陆良与当地民族文化相结合而开创的"爨文化"，并收录有关碑文和考跋，为研究"爨文化"提供了翔实的资料，使人们对"爨文化"有较清楚的了解。③

（2）安徽《马鞍山市志》记1984年在基建施工中偶然发现三国东吴左大司马右军师朱然墓，是八十年代中国考古的十大发现之一。它所记有发掘、墓制和出土文物的资料，在新志中是少有的最新考古全录。又所记1985年发掘的邓家山商周古遗址具有三千年前湖熟吴文化特征。志书还设有《湮没古迹》专章，不仅记载历代毁弃的古建筑，亦记有民国时曾存在于安徽图书馆或民间的已佚的珍贵文物藏品，使志书成为研究我国江南文化，特别是吴文化的一部重要参考书。另外，有的志书还保存着一些原始文献和珍贵照片，如《青田县志》附录中就全文辑存了宋郑汝谐的《易瓦记》、清吴楚椿的《畲民考》和民初叶正度的《查灾日记》等。志书收录了占全志照片三分之一的124帧历史照片，其中如《古县道》、《抗日时期碉堡遗迹》等，都有存史价值。④

① 《常熟市志》，周如汉主编，浙江人民出版社1990年版。
② 《潞西县志》，何萍主编，云南教育出版社1993年版。
③ 《陆良县志》，艾加茂主编，上海科学普及出版社1991年版。
④ 《青田县志》，陈慕榕主编，浙江人民出版社1990年版。

五、新志人文价值之再衍生

地方志既有如上所述那样的资治、教化、存史等重要人文价值，为什么还未能引起重视和发挥应有的作用呢？这不能完全责怪社会对我们不理解和不认识，而应该反责自问：我们究竟如何认识地方志价值和怎样发挥其效用的？这就需要我们认真转变观念，重新认识如何发挥地方志的两种效益。总之，要变被动提供为主动参与。首先，我们要改变地方志的静态存在，不能只等待别人来使用，原封不动地提供，任人采录；而是要使地方志资料变成信息化的动态。认真研究和参与各地区地情研究，把志书中的资料结合现实，适时地发布各类信息，引起领导关注，诱发群众兴趣。

其次，我们要改变志书完成即大功告成的思想。志书完成至多是大功的80%，还需要面向经济大潮，使志书这一典籍商品化，向社会市场推销自己，用典型效果大力开展宣传工作，组织各种以志书内容为依据的知识竞赛、演讲会和展览会，使志书立体化、全方位地普及于群众，使其从懂得读志书到用志书，则志书自可不胫而走。

第三，要积极开展志书二次文献的编纂工作。各地志书一般篇幅偏大，动辄百数十万，不可能人人通读，而且志书本是一种备参翻检之书。所以急需编制一些检索工具和参考用书，即像整理旧志那样，以新志为依据，以地区为单位，汇集所属各县、各行业部门的志书资料编制各种专题汇编和索引目录等，则手此一编，设有所需，即可按图索骥，翻检而得，并能引起人们了解志书和进一步的求读与利用。

第四，编写志书所搜集的史料不可能全部采用，但余料不等于废料，有的是我们限于认识水平，尚未能了解其真实价值，有的是目前尚不需要，而难定日后是否需要。据悉有的县已在考虑修续志的问题，那么对储料备征的问题亦应有所注意，而力求增强我们对余料价值的认识。我们要积极整理余料，并向社会提供应用，使其更好地发挥社会效用。

如能作上述努力，则志书的价值可能会被更好地认识。

从对新志利用的探讨中，也认识到今后续编志书时应注意的问题，特识于文末，以备后来者借鉴。

（1）严格选用入志资料，认真进行校订、考证，尽可能系统、完整，具有可征性。做到事事有来源，字字有出处。

（2）特别注意数字文献，一要全志数字无矛盾；二不要出现离奇的数字，如有部志书相连两年的人口数有几万人的出入，使人难以置信；三不要迷信文献记载中已有的数字，天津汉沽区得到一份地震伤亡人数的文字记载而不盲目相信，又组织专人作实地调查，结果伤亡人数多出几万人，大大地提高了志书的可信度。湖南沅陵县曾编《沅陵县方志数据集》达10万字，为编写志书提供一致可信的基本数据，给后人留下了信而可征的依据。

（3）认真编好附录。附录不是蛇尾而是凤尾。有许多有价值的史料和文献，但是，文本一时难以写入，那就应把一些比较系统、完整的资料保存在附录中，尤其要注意金石碑刻文字和遗物遗迹的照片。

六、结论

十年修志，成就辉煌。它已从为少数学者所掌握而走向民间的广泛使用。它有质有量地丰富了中华文化宝库的典藏。它的人文价值也已为各方人士所承认；甚望方志界人士在志书告成的基础上，积极开展宣传，推广应用和参与地情研究，编写二次文献，为读者提供方便，使新编地方志更放光芒，以无负于此十余年十万修志大军的辛劳，也无负修志大国之称。

原载于《海峡两岸地方史志、地方博物馆学术研讨会论文集》 台湾省文献学会1999年印行

中国地方志的史料价值及其利用

　　中国在2000多年前就对文献有所认定，在儒家经典著作《论语》中就开始探讨文献足征与否的问题。地方文献是文献总类中的一支，据今人的考订，认为地方文献最早受到重视，是1941年图书馆界前辈杜定友先生在韶关任广东图书馆馆长时。他规定地方文献应包括史料、人物、出版三方面，这一说法不太准确，因为这三方面的文献不一定都具有地方文献的内容与性质。所以我认为，只要是反映本地区的历史、地理、社会、政治、经济、军事、物产、资源以及碑帖、手迹、学术著作等，即使是零篇散页，都应归入地方文献。所以地方文献包罗宏富，门类众多，如地方志，宗谱，私人笔记，名人手稿墨迹，铺户账簿等皆是，其中以地方志为大宗。

　　中国地方志以起源早、持续久、类型全、数量多而享誉于世界，据《中国地方志联合目录》的统计，仅保存至今的宋至民国时期的方志就有8264种，11万余卷，占中国古籍的十分之一左右，而实际数字尚不止于此，除原未计入的山水寺院志外，在历年编修新志过程中和普查后所知，尚有不少遗漏。粗略了解，旧志的总数已达万种。近半个世纪的首届新志编修事业，可称成绩斐然，成果丰硕。据一种官方数字宣布，截至2000年11月，已出版面世的新编三级志书，有4000余部。[①]如果加上近四年陆续出版的首届新志和第二届续志的成书，以及三级志以外的一些部门志、行业志、山水志等，估计也在万种左右。合新旧志的总量，当在20000种以上。因此中国地方志无疑是地方文献中的大宗，它既具有丰富坚实的史料基础，更具备取之不尽，足资参证的史料价值。

---

① 《中国地方志年鉴（2002年）》第3页，中国地方志年鉴编辑部，2002年12月。

一、旧志的史料价值

旧志是指中华人民共和国建国以前各个历史时期所编纂的地方志书。旧志中记载着大量的有关当地的历史沿革、生态环境、社会经济、景物资源、风土人情、文化艺术等方面的资料，可以发掘出无穷尽的有价值的史料。对旧志史料给以极大重视并因之撰著传世名著的是明清之际的顾炎武。顾炎武在整理研究地方志的基础上，撰著了《天下郡国利病书》和《肇域志》两大名著。其中，《天下郡国利病书》120卷是顾炎武呕心沥血，博览群书，花费了二十年心血，收集了全国各地有关地形、关隘、赋役、水利、交通、物产、农业、手工业、倭寇等与国计民生有关的资料，于康熙元年汇编而成的。该书考证精详，征引浩繁，共征引了千余部地方志，占全部资料来源的三分之一，给后世留下了一部非常有价值的经世致用之作。旧志中可供采撷的史料，俯拾皆是，如从《上元县志》中可以了解南京丝织业的生产组织、生产概况以及丝织品种。在浙江的《桐庐县志》中曾有一段描写一洞前村的景象说："洞口阔二丈许，梯级而下，五丈余。有崖、有地、有潭、有穴。壁有五彩状，若云霞锦绮。泉有八音，声若金、鼓、笙、琴、人语、犬声，可惊可怪……唐宋以来，题词尚存。元末，乡人徐舫避住于此，有《瑶琳杂咏》一卷。"可惜这段珍贵史料未能早为后人所用，致使"瑶琳仙境"胜景沉睡多年，令人遗憾。旧志中的某些史料往往又会转变一地的经济生活，如山东枣庄市齐村区，相传有一种能"咬人"（一触碰就能中毒伤人）的怪树，被人们视为"不祥之物"，砍伐殆尽。后从志书中查知，这是当地古来就有的一种优质漆树，于是受到重视。经过精心培养，到上世纪80年代中期已发展到20多万株，成为该地的重要财源。①

有些中外学者感到难以确认的史实往往从地方志中求得答案。如宋代是否在上海设立过市舶司，这是中国对外贸易史上的一个重要研究课题。日本著名经济史学家藤田丰八的论文《宋代之市舶司与市舶条例》，根据《宋史》和《宋会要》而对宋代是否在上海设市舶司表示存疑。藤田丰八在这里犯了一个史源学方面的错误，因为《宋会要》只修到南宋宁宗朝为止，而《宋史》的主要根据《宋实录》则对宁宗以后的理宗、度宗二朝事多缺略。所以只能说宋代南宋宁宗以前上海未设市舶司，而宁宗以后是否设，尚需求证。十年前，谭其骧教授在一篇文

① 《地方志与信息》，《人民日报》1984年6月15日。

章中，曾据明弘治《上海县志》所载的两篇文章，驳斥了藤田的说法。这两篇文章是宋度宗咸淳年间管理上海市舶司的主要官员——监镇董楷所撰，一篇名《古修堂记》，有云："前分司缪君司之。"另一篇名《受福亭记》，篇首即云："咸淳五年八月，楷忝市舶司，既逾二载"。这两条史料就肯定了宋末上海确有市舶司的设置。[①]1982年华东师大张天麟教授曾据上海地区十几种地方志所记地震资料，从时间和空间研究了该地区地震活动和移动的规律，对掌握该地区地震状况有重要参考价值，从而使他认识到："方志史料不但内容丰富，而且记录年代基本连贯，是探讨自然现象演变规律具有优越性的一种历史文献。"[②]

日人加藤繁是最早开发方志史源的学者，他在其名著《中国经济史考证》一书的第三卷中引用中国文献达300余种，其中引用中国地方志有204种，占全部引用文献的60%，方志的史料价值由此可见。加藤繁在该书中又曾利用山东省46部志书中所记载的村镇定期集市的史料，测算出历城、齐东、临邑等17个县，平均每一村镇定期集市拥有7895人的数字。另一位日本学者清水泰次在其有关明代的论文，如《明代的漕运》、《明代户口册（黄册）的研究》、《明代庄田考》等，以及专著《中国近代社会经济史》中都引用了大量方志史料，考证周详，论述谨严，颇受日本史学界的好评。西方学者也多在自己的著作中利用方志史料。如美国的农林学家施永格在上世纪20年代起就参考闽、粤方志研究福桔、广柑的生产规律，成绩显著。英国的著名学者李约瑟主编的多卷本《中国科技史》就征引了大量的地方志资料，撰成举世闻名的学术巨著。

二、新编地方志的史料价值

自上世纪50年代以来，由于政治更新，文化建设也随之开始。由官方领导的新编方志事业便在全国范围内普遍展开，特别是80年代历史进入改革开放新时期，修志事业也有计划地迅猛发展，取得很大成绩。2001年3月12日，中国地方志指导小组宣布的官方文件《新编中国地方志工作概况》中做了简要的回顾说：

全国性有计划编写新地方志工作是80年代初开始的。当时计划编纂省、市、

---

① 《中国地方史志论丛》，中华书局，1984年。
② 《运用方志史料探讨地震活动规律》，《中国地方史志》1982年第1期。

县三级志书5881部，要求在20世纪末或稍长一些时间内完成。到2000年11月已经出版4280部，完成计划的73%，约40亿字。此外有关部门和地区，自己还编辑出版了相当数量的部门志、专业志、乡镇志、名山名水志、地方综合年鉴等，如煤炭志、森林志、水利志、黄河志、长江志、黄山志等等，约6000部，30亿字。①

如此巨量的成果，置之世界文化之巅，当可无愧。之所以有此成就，端在新编地方志自创编开始即注重史料之搜集，其积累数量之巨，前所未有。如1984年吉林省搜集到的资料即达6.4亿多字，全国县一级亦在千万字左右，成为新编志书的坚实基础。兹摘引一二例，以见一斑。

1. 《大藏经》是人类文化史上罕见的巍峨丰碑，自北宋以来，即刻有十余部，而浙江余杭一地就刻过两部，历来于此所记简略，新编《余杭县志》则将元、明时代所刻两部《大藏经》的刊刻情况详记入志。《径山藏》是我国所刻十余部《大藏经》中的一种，传统的说法是《径山藏》于明万历十七年刻于山西五台山清凉寺，后于明万历二十年迁余杭径山寂照庵续刻。现经修志人员考证，万历七年紫柏禅师真可初倡缘刊刻时，即在径山，纠正了旧志谬误。②

2. 少数民族史料一般较少入志，新编志书多有补充。云南《潞西县志》对傣族土司集团及其成员的服饰、饮食、居住、行走等系列地作了生动具体的记述，从中可以了解到芒市土司喝专门烧制的纯米酒和糯米酒，也喝威士忌、三星白兰地和茅台酒；抗战时期土司住屋内也有沙发、时钟、花瓶和软席双人床等。又如记土司统治阿昌族的基层政权称"撮"（相当于乡），撮下设"档"，每档由一个较大或几个较小的村寨组成。撮设"岳尊"一人，由土司委派由番象山等寨的汉人轮流充当，代土司催收官租杂派。③又《陆良县志》收录了"爨文化"的有关碑文和考跋，为研究"爨文化"提供了翔实的史料。④

三、地方志人文价值的再衍生

中国地方志数量如此之多，而又具有极高的史料价值，但人们对它的重视和

① 《中国地方志年鉴（2002年）》第374页，中国地方志年鉴编辑部，2002年12月。
② 《余杭县志》，浙江人民出版社，1990年。
③ 《潞西县志》，云南教育出版社，1993年。
④ 《陆良县志》，上海科学普及出版社，1991年。

利用尚不足,因此怎样认识地方志的价值和发挥其效用,应是一种当务之急。首先,最根本的问题是要把地方志由被动提供变为主动参与,要改变地方志的静态存在而为信息化的动态配合与服务。过去学术界曾经做过不少类似的工作,如1956年由中国科学院地震工作委员会历史组所编《中国地震资料年表》①,就是在有关单位的合作下,利用5600余种旧志史料编成的,对地震科学提供了国际上唯一可靠而连续的历史资料。其他专题类编资料尚有多种,如《中国古今铜矿录》、《五百年来我国旱、水、涝史料》等等。无论旧志或新编志书进行史料类编的原则,是"全面取材,重点类编,求训致用"。只有这种动态服务,才能使人们加深对地方志的认识,改变地方志仅仅入藏的状态。

其次,鉴于人们对地方志书缺乏足够的认识,特别是面对市场经济的现状,无论是修志者或收藏者,都应向社会、向市场推销自己,用典型利用效果大力开展宣传工作,如浙江上虞古代有很发达的陶瓷业,称为"越瓷"。唐陆羽曾在《茶经》中称赞"越瓷"类玉类冰。但在上世纪40年代末,上虞陶业就已衰落以至绝灭。50年代初,根据《上虞县志》所记的线索,在小仙坊古青瓷窑址,发掘出东汉时期的青瓷器。其胎质细腻,制作精细,造型优美,线条明丽,釉色光润,而吸水率、抗弯强度、胎釉结合等,均符合现代瓷器的标准要求。后又陆续发掘到几处商代龙窑,不仅提前了中国陶瓷史的年代,而且还由此恢复和发展了上虞这一名牌工艺品。②这样就诱发人们对地方志的利用。此外,还可以组织各种以志书内容为依据的知识竞赛、演讲会和展览会等活动,使志书立体化、全方位地普及到群众之中,使更多的人能读志用志,则志书自可不胫而走。

第三,要积极开展志书二次文献的编纂工作。志书数量较大,不可能人人通读,而且志书本身性质就是一种备参翻检之书,所以急需编制一些检索工具和参考用书。1983年4月,在洛阳召开的中国地方志规划会议上曾拟定过《中国旧方志整理规划实施方案(1983—1990)》(草案),要求编撰方志目录、方志提要、方志索引和地方志分类资料等。历年虽有些成绩,但远远不能满足需用。而大量新编志书则尤待尽力开展二次文献的工作,如能大致完备这类参考用书,则手此一册,设有所需,即可按图索骥,翻检而得,并能借此使人们能更多地了解志书的价值和进一步求读与利用。

第四,尽快尽多地应用高新技术来利用方志资源,值得特别推荐的是国家图

---

① 科学出版社,1956年。

② 《方志出信息越瓷开新花》,《中国地方志通讯》1985年第6期。

书馆已于2000年下半年启动了数字方志的项目，采用数字图书馆的技术与方法，整理和加工6000余种1911年以前的馆藏方志资源。这一数字方志主要由资源建设和用户服务系统构成，形成一种有意识地主动提供利用的行为，一改长期以来储料备征的静态。资源建设的内容，由全文影像库、全文文本库、书目库、专题库和相关文献库等五部分构成。其中专题库又分地名、人物、作品、景点、插图和事件等六个子库。其用户服务系统主要包括检索途径、版本校勘、跨库连接和个性编辑等内容，为需用者提供多种利用渠道，尽量发挥方志资源的史料价值。目前，各地也多有省情资料中心等类似机构，分类输入地方志资料，颇能快捷地为有关部门提供所需地情资料。

我期待我的几点意见对更深层地开发利用中国地方志这一无穷宝藏，能有一点参考作用，使中国地方志这一地方文献中的大宗矿藏资源能再衍生，对人类物质文明和精神文明产生更大的人文价值。

原载于《地方文献国际学术研讨会论文集（2004）》 国家图书馆古籍馆编 北京图书馆出版社2006年版

地方志与文学研究

地方志为中国文献之大宗，其数量之巨，门类之广，传承之久和庋藏之富，在文献领域中，几无能与其伦比者。举凡一地之自然环境、政事旧闻、经济物产、文化艺术、风俗民情、名胜古迹等，无不包容，实为百科全书式之地情书，而与文学研究尤多关联，今择数例而辨析之，供治文学者参考与采择。

一

地方志设置门类繁多，有多至数十类者。其所记录资料，多有裨于知人论世。所以宋人司马光在为《河南志》所写序言中说："凡其废兴迁徙及宫室、城郭、坊市、第舍、县镇、乡里、山川、津梁、亭驿、庙宇、陵墓之名数与古先之遗迹、人物之俊秀、守令之良能、花卉之殊尤，无不备载。"其中除艺文与诗文等类载有诗文著述，可直接备采录外，其他名胜、古迹、人物、方言、风俗，亦多与文学有相应关联，即使地理、气候、奇闻怪事，亦可作创作文学作品之背景资料。是以宋人王象之在其所撰之地方志名著《舆地纪胜》一书称：志书应该是"收拾山川之精华，以借助于笔端，取之无禁，用之不竭，使骚人才士于一寓目之顷，而山川俱若效奇于左右"。寥寥数语，尽括方志与文学创作之密切关联。即使一些乡镇小志，也有多门与文学有关。如《澉水志》是现存最早的一部村镇志，宋海盐人常棠受人嘱托所撰，虽名八卷，实仅四十四页。全书十五门，与文学有关联者有山、水、坊巷、亭堂、桥梁、寺庙、古迹、物产、碑记、诗咏等共十门，占三分之二门类，治文学者，岂能忽之？

二

地方志中选举、艺文各志及附录诗文辑录、人物传等，均可备作品存佚与作者生平之征考。古今文人的生平资料大多苦于难求。有些人在当时由于地位显赫，成就卓著，生平事迹易见，而获流传后世；但也有些人虽声名不显，而颇有成就，惜未被时人所认识和重视，以致遭到埋没而事迹不彰。一旦其作品为后世人们所认识，甚至获得很高评价，而其个人资料却难以满足需求，地方志往往是这方面的解答者。前几年曾有一位德国留学生问及《封建论》作者的生平资料。我因经历过"文化大革命"的"评法批儒"，所以非常熟悉《封建论》及其作者柳宗元，于是当即为这位留学生讲述了柳宗元的生平，并认为外国人研究汉学的基础太差。不意这位学生立即申辩，说他问的不是唐朝柳宗元的《封建论》，而是他从《古今图书集成》中看到的明朝一个名叫柳稷的作者所撰。这一意外使我瞠目以对，只好婉请宽以时日。经查《明史》、明代几十种传记以及《中国人名大辞典》等等，都无所获。最后从《明清进士题名碑录索引》中找到柳稷其人，但只注明柳稷是"明正德三年进士，南充人。"虽然很简单，但"南充人"三字却给了我一条极重要的追求线索。终于我在四川《南充县志》中，索得柳稷完整的生平资料，不仅有柳稷的生平简历，而且还收有他的著述。这个问题证明，地方志中常有他书所不载而能补缺的资料，值得引起重视。

三

研究和创作文学作品，无一不需要了解地域和时代背景。地方志由于其包罗较广，极利于研究和创作之取用。游记文学为众多作者创作文学作品领域之一，中华大地有诸多名胜古迹，可备文人学士笔墨所及，而记载形制、景色最具体而完备者，则莫过于地方志。如陕西是历史上十三个王朝的建都之地，人文古迹，星罗棋布；自然景观，多具风姿。名山有华岳、终南、太白、骊山与桥山。名水有泾渭汉洛。名陵有黄陵、秦陵、汉陵以及唐十八陵。名寺有法门寺。名塔有大雁塔。名碑有大小碑林。其具体描述均见于有关各地方志。在旧志中尚有不少专门记载名刹古寺，秀山胜水，宫殿园林有关的风景、事迹、传说和诗赋的专门性志书。如孙治的《灵隐寺志》、毕沅的《关中胜迹图志》、赵之璧的《平山堂图志》以及云南的《鸡足山志》等，都有很多可作写作背景的参证资料。所以清乾嘉时著名地理学家李兆洛在撰安徽《凤台县志》后，即在所写《古迹志序》中，称一部志书"可以见时会之盛衰，地势之险易，陵谷之变迁，政治之得失，风俗之淳薄。以之斟酌条教，风示劝惩，览一隅之天下，其所裨甚巨"。由此可见地方志提供背景资料之作用。

四

少数民族文学是文学研究与创作的重要领域之一。可是，由于对少数民族的族情与习俗不太熟悉，因而涉足其间者较他领域为少。而地方志特别是少数民族地区的志书，则有大量可资参阅的内容。如云南有许多方志中设有《种人志》，介绍各族人民的生产、生活、民族风情等情况，如傣族的泼水节，彝族的火把节，苗族的踩花节，傈僳族的刀杆节，都有浓郁的民族色彩。其中如《潞西县志》对傣族土司集团及其成员的服饰、居住、饮食、行走等，都作了生动而具体的记载，可看到历史上芒市土司集团的衣食住行状况。又如记土司统治阿昌族的基层政权称"撮"（相当于乡）。"撮"下设"岳尊"一人，由土司派汉人轮流充当，为土司催收官租杂派。如此可为研究和创作少数民族文学者提供若干基本知识。

五

遗诗佚文的搜集，是文学研究的一个方面和进行创作的一种借鉴。有些诗文既不见收于总集，亦未刊行和流传于别集，以致难以查考。而地方志中的艺文、金石、人物、方言、风俗、诗文辑录及名胜古迹之题咏吟唱，往往留有这些作者的篇什，为修志者所汇集，成为取之不尽、用之不竭的宝库。如当前流行的"牵手"一词，即出台湾少数民族之方言，刘良璧的《重修台湾府志·土蕃风俗》中即记男女相求，以竹及铜片制成口琴，吹之相约，以通情好，"当意者始告于父母，置酒邀同社之人，即成配偶，谓之'牵手'"。清人周凯所撰《厦门志》

世称名志，其《艺文略》所收五七言诗即达八十六首之多。因为方志资料与文学有重要关联，所以清代著名方志学家章学诚就提出三书四体之说。他把"三书"提高到三家之学的地位，他说："凡欲经纪一方之文献，必立三家之学，而始可以通古人之遗意也"，其中《文征》一书，就是有关一方不能并入本志的奏议、征实、论说、诗文、金石等，遂使论述与资料相辅相成地结合起来，给后世留下文学上的研究资料。有些民间流传而少见记载的民间谣谚，如崇祯《吴县志》即载有明末农民遭天灾人祸的民谣十二首。其中有一首是反对税官的："四月水杀麦，五月水杀禾，茫茫阡陌殚为河。咨尔下民亦何辜，仰天天高不可呼。杀禾杀麦犹自可，更有税官来杀我！"以之作为创作素材的文学蕴藏，自当不言而喻。

六

地方志中尚有一种风土小志，被《四库撤毁书提要》称为"方志之支流"。此小志主要记一地物产民风、逸闻琐事、人物生平等。既可资乡土掌故之谈助，又可供文学研究资料之采择。其数量极多，远之如梁宗懔的《荆楚岁时记》，至宋时已有多种小志，如孟元老的《东京梦华录》，记开封地方的风俗、人情、物产以至街头商业等情况甚详。他如《都城纪略》、《梦粱录》和《武林旧事》等等，也大多类此。近之则明清以来名作迭出，而有清一代，兹体愈益发展，几乎各地多有其书，特别是一些大城市和省份甚至不止一种，举例如次：

北京：《宸垣识略》、《藤荫杂记》、《燕京杂记》、《京师偶记》、《京尘杂录》。

天津：《津门杂记》、《天津政俗沿革记》、《敬乡笔述》、《天津皇会考》。

上海：《瀛壖杂志》、《瓮牖余谈》、《淞滨琐话》、《淞南梦影录》、《沪城备考》。

苏州：《中吴纪闻》、《清嘉录》、《桐桥倚棹录》、《居山杂志》、《吴乘窃笔》。

杭州：《东城杂记》、《杭俗遗风》、《清波小志》、《湖壖杂记》。

南京：《凤麓小志》、《秦淮画舫录》。

福建：《闽小纪》、《闽杂记》、《闽游偶纪》。

广东：《广东新语》、《粤述》、《岭南杂记》、《粤游小志》。

四川：《蜀难叙略》、《蜀都碎事》、《蜀碧》。

这些小志，有相当数量，难以穷举，其内容设置门类繁多，叙事详尽具体，可供采择处俯拾皆是，实为不可忽略的资料源泉。

七

中国地方志（包含小志）时间跨度之大，图籍数量之巨，涉及范围之广，品种门类之全，居文献领域之前列。无论任何方面，皆有可供参阅采择的内容。历来特别是近几十年，逐渐引起各方注意与重视，资政、教化、存史的作用日益显著，而文学研究与创作方面，似乎利用较少，所以我特作如上粗浅说明，以引起人们对地方志这一文献库藏，善加利用，以免货藏于地，不得其用。所说是否有当，请予指正！

原载于《中国地方志》2007年第2期

地方文献学学科建设与人才培养

地方文献的研究近年已逐渐进入部分学者的视野，并已获有一定的研究成果。自本世纪以来，北京、萧山及台北等地，已多次举办地方文献国际学术讨论会。地方文献学的学科建设和培养专业人才工作，已成为当务之急，本文即对此提出个人的一些设想。

中国是历来重视文献的大国，早在春秋时，孔子就把文献的作用提高到文献足不足是能否讲述一国状况的主要依据，并载之于儒家经典《论语·八佾》中。刘邦攻入咸阳，命萧何收集遗留的图籍，使刘邦"具知天下厄塞，户口多少，强弱之处，民所疾苦者"（《史记·萧相国世家》），为汉朝的建国提供了重要的参考依据。这些文献依据的基础是各地方送呈的地方资料，亦即地方文献。隋炀帝大业时曾"普诏天下诸郡，条其风俗、物产、地图，上于尚书"（《隋书·经籍志》）。这是政府明令地方呈报地方文献的开创。相沿以来，各时代均十分重视地方文献领域，而使它愈来愈多地拥有经过整理的大量资源，乃至有待发掘的积存资源。近十余年来地方文献的搜集、整理利用工作，日益彰显。浙江、山东、山西、广东、福建、湖南、北京、天津、西北各省以及港、澳、台地区，纷纷展开地方文献的研究与编纂工作，并在海内外多次举行以地方文献为主题的国际学术研讨会，使地方文献在学术领域中日显其重要。因而如何建立地方文献学学科的议题，也就必然提上我们学术研讨的日程上来。

一门专门学科的建设究竟需要具备哪些条件？我认为：

1. 必须有一定的学术宗旨。

2. 必须有相沿较久的历史发展过程。

3. 必须有丰富的内容。

4. 必须有大量有关本身的各种形式的原始资料的积存，并保存比较完整，足供研究者作研究根据。

5. 必须拥有足够数量的研究者和广阔的研究空间。

6. 必须对现实社会各方面有借鉴利用和教育作用。

如果按照上述条件来衡量，我们可就现实状况，作如下的回答：

1. 文献学的学术宗旨是"考究文献积存，辨识学术价值，力求经世致用"。

2. 中国的文献发展史有二千余年的发展历程，在这一漫长的历程中，逐渐完善文献的搜集、典藏、整理、考辨、利用的全过程。其成果在世界地方文献研究发展史上居于前列。

3. 中国地方文献既有大量积存，遂形成其丰富的内容。它包含地方志书、宗族谱系、碑刻拓片、公私档案、图册簿录以及种种非书资料（音像、缩微、机读和电子等形式）等。

4. 中国地方文献有各种不同形式的原始资料，如地方志具备起源早、持续久、类型全、数量多等四大特点，仅宋至民国的方志就有8624种，如以有清一代计，有6500余种，如以民国时期河南一省计，三十八年间编纂志书有78种，再加建国后新编志书万余种，数量不可谓少，应是地方文献之大宗。最近国家正式颁布的《地方志工作条例》第三条规定："地方志书是指全面系统地记述本行政区域自然、政治、经济、文化和社会的历史与现状的资料性文献。"这一属性的确认，完全适用于地方文献。又如档案也是地方文献的大宗，古今中外各国从中央到地方，无不有档案之收藏，仅举一例以见一斑，如中国第二历史档案馆所藏，截至1985年底，所藏有140多万卷，排架长度达34000米。又如宗谱，我国几乎每个宗族皆有谱，而且不止一谱。武新立《中国的家谱及其学术价值》一文曾称，现存于国内外的中国家谱已超过4万种（《历史研究》1988年第4期）。实际上，这是二十年前的统计，目前远不止此，仅上海图书馆目前的约计，已有18000余种13万余册。这些宗谱对研究家族的来源、形成、繁衍，以及人口的迁移路线和社会诸方面现象，均有较详细的记述，对社会史、家族史、人口史、地域史的研究，可提供极其丰富的史源。其他如私人日记、商业账册、图像照片、建筑蓝图及设计书等等，无不妥善保存于相应机构。地方文献数量之巨，可称浩如烟海。虽近年已有所开发利用，但与储存量相比，远远不能相称。它为研究者留下极大量的研究根据。

5. 地方文献历来为各时期所庋藏和利用，地方文献观念亦为人们所熟知。但明确地方文献这一定名，则在1941年，是当时广东图书馆馆长杜定友在韶关提出。他提出保存广东地方文献为办馆第一方针，并规定地方文献包括史料、人物、出版三方面。这一创意非常值得注意，但失之于泛，因为这三方面的文献不一定都具有地方性内容，湖南雷树德先生在所著《地方文献与地方文献学论考》（《津图学刊》1997年第3期）中称："记录有关于某地区的知识和信息的一切载体"均属于地方文献。所以我认为应从文献内容来界定地方文献的定义，只要是反映本地区的社会、政治、历史、地理、经济、军事、物产资源等各方面地情，不论其载体形式如何，即使是零篇散页，也应归属于地方文献。最近天津图书馆的张岩又从馆藏旧版外文文献中挖掘出地方文献资料，为地方文献大大扩充了积存，开辟了新的研究领域。

至于从事地方文献整理研究的人员目前已形成一个庞大的队伍，即以地方志研究人员而论，已号称十万大军，再加上图书馆、档案馆、高等院校、科研机构等各种地方文献的从业人员，数量之巨，实难估计。有些地方已在着手汇集地方文献，编纂地方丛书，如江苏省的《江苏丛书》、山西的《山西文库》、广东的《岭南丛书》；一省之内也出现若干县级丛书，浙江省就有《绍兴丛书》、《义乌丛书》、《温州丛书》等。南开大学地方文献研究室与萧山市志办年前曾有过编纂《萧山丛书》的策划，并已开列书目。最近陈桥驿教授还提出编纂《萧山丛书》的刍议。尤其值得注意的是内蒙古大学张利馆长主编的《中国西部地区地方文献资源论稿》的完稿。我在为这本专著所写的序言中曾做出如下的评论说：

> 在这部书中，作者采取了一种大视角、全方位的研究模式，首次对我国西部大开发所辖区域范围内的图书、档案、方志、文博等各个文化系统的各种类型、各种载体、各个文种的地方文献资源及其开发利用进行了比较全面系统的揭示和研究。（内蒙古大学出版社2007年版）

这是前所未有的研究课题，足以证明研究群体和研究领域的日益扩大。与此同时，有关地方文献的专门性论文在图书、档案以及某些文史专刊上不断发表，也为进一步编纂与研究提供必要的参考。

6. 近年各图书馆从国家馆到地方馆以及若干高校馆，都设有地方文献部门，为利用地方文献承担参考咨询工作，为现实社会建设提供有关资料。为此，我曾写二文，即《旧地方志资料在经济建设中的作用》和《论新编方志的人文价值》（《三学集》，中华书局2002年9月版），可供参考。

因此，我认为地方文献目前已进展到可以建设专门学科的时机。这个问题已被学者认识并提出自己的看法，如湖南雷树德先生在其所撰《地方文献与地方文献学论考》一文中说：

> 本来，按理地方文献应归之于文献学的门下。这里主要是考虑到文献学更多地把重点放在文献及文献发展规律的研究上，且有时称之为图书学，而苏联有称为书志学；又因文献学更多地是一门传统的古老的科学，而地方文献学则是一门新的更注重时代特色的科学，研究这门科学，应该更注意现代文献处理、整序方法，更应该注重开发和利用，所以将其上位类确定为文献信息学比文献学更加合理。（《津图学刊》1997年第3期）

这一建议有其一定的合理性，但是作者着眼点在于处理、整序的方法上。我认为：对于一门学科的归属，应注意其积存和内涵。至于方法，任何人对任何事物都是运用其当代的方法，而使其具有时代特色；如果强调方法，那会忽略了对地方文献的搜求、典藏、整理、考辨的完整程序。至于产生信息，乃是任何研究必然产生的结果似无特别标举的必要。而在教育部学科目录中曾在历史学下列有历史文献方向，在文学下列有古典文献方向等类似项目，如果建立学科，则地方文献方向运作起来，比较方便。

为了建设专门学科，相随而至的是培养这方面的人才，广东骆伟先生在所撰《地方文献工作中几个问题的述评》中，曾有过建议说：

> 人员是这项工作的主体，其素质的高低，直接影响地方文献工作质量。目前，人才培养主要靠实践工作、知识传播和学术交流，有条件可进行业务教育和进修再教育，使之制度化，务使从业人员具有一定学历，精博知识，综合能力强的高素质专业人才。（《第二届地方文献国际学术研讨会论文集》，国家图书馆出版社2009年版）

就目前状况而言，我再提出两条具体措施：

一是正规教育，在高等院校人文学科领域，申报成立地方文献专业，设立相关课程，进行大专或大本教育。过去北京师范大学和宁波大学均设过这类专业，有这方面的经验，可资参考。

二是培训教育，这是近几十年经常使用的办法，上世纪八十年代当全国广泛开展新编方志工作时，首先在全国划分华北、西北、东南、中南四个地区，聘请专家，巡回讲课，全面进行培训，为新编方志工作提供了切实有效的保证。目前，可就现有从事修志、整档、图书等部门工作人员中，选取优秀人员进行期限不同的专业培训，如已有大本学历者，也可以用开设研究生班之类的培训方式。

建设学科和培育人才则需更多的人员付出极大辛劳，进行如下的推动工作：

1．总结地方文献前此的研究成果。浙江、广东、湖南、西北等地，俱已有这方面的论文。

2．进行专题研究：对地方文献的源流发展、整理研究，作深入探讨，并展示未来的趋向。历次地方文献各种国际学术研讨会所提交的论文，多已编纂成册，为进一步研究工作奠定了基础，可选编为正式出版物。

3．编写教材：对地方文献的定义界说、基本理论、学说发展和利用功能等方面，约集专家，分头进行，编写系统、全面、完整而适用的入门教材。据知浙江袁逸先生已拟就一份《地方文献概论》的纲目，希望有志者能给予合作。

4．撰写专著：这是丰富完善学科理论，奠定学科基础，确立学术地位的必要途径。已故文献专家林天蔚教授的遗作《地方文献研究与分论》和内蒙古大学张利先生即将出版的《中国西部地区地方文献资源论稿》都是精心研究的专著。专著的日增，将巩固地方文献的学术地位。

如果上述各项工作都能在不长时期内有令人瞩目的成绩和丰硕的成果，那么，地方文献学科的建立，自然水到渠成，而大量专业人才的涌现，也必指日可待。我期待这一现实很快地到来！

原载于《地方文献国际学术研讨会论文集·萧山》 沈迪云主编 三晋出版社2010年版

新编地方志的标准问题

任何事情都要有个标准。标准是对一件事情要求的规格，对一个成品验收的卡尺。新编地方志当然也应该有个标准。近来有些地方志书正日益接近完稿，就必然会提出这个标准问题。

我认为新编地方志应该从政治、论述、资料和结构文字四个方面来考察和衡量。

政治标准是首要的一条，它可以从两个方面来考察：

一个是指导思想问题。我认为新编地方志必须以马列主义、毛泽东思想为指导。编地方志要不要指导思想？我看是要的，而且是必要的。因为一部志书内容广泛，涉及社会和自然两个方面的诸种情况，我们既要在志书中全面而准确地反映本地区的各种状况，那就需要进行长期而仔细的调查研究工作。在这一过程中就有如何调查访问，如何鉴别整理资料，如何分析利用资料，如何编写成文等一系列工序。在千头万绪，十分复杂的社会现象、自然状况面前，如果没有一个正确的立场、观点、方法来作为指导，那我们的修志工作必然会莫知所措，难以着手，也许会走向旧志编修的道路，或者更坏些。既然肯定必须要有指导思想，那就需进一步探讨：为什么要以马列主义、毛泽东思想为指导思想呢？这就必须先明确我们修志究竟是为什么。我们修志就是为社会主义服务，为两个文明的建设服务。旧志的前序中都明确地宣布为封建统治服务的观点，我们的新方志为什么不能公开宣布是为社会主义服务呢？我看，这种宣布是自然的、合理的，是不足为奇的。封建社会的各朝志书都有两条基本要求。一条是为了巩固封建制度，统治者要从志书中寻求进行封建统治的资料依据。另一条是为封建官僚制度服务，是为地方官提供"护官符"的依据。地方官不仅可以了解基本情况来进行统治，而更重要的是从志书中了解地方上的实力派和自己地位的维护者。既然我们修志是为建成社会主义现代化国家服务，那又怎能不以马列主义、毛泽东思想作指导思想呢？如果我们能在正确理论指导下达到以下各条，即：（1）全面反映本地区的历史和现状；（2）提供历史借鉴和现实依据；（3）进行爱国主义与革命传统教育的乡土教材；（4）能保存地方文献，储料备征，那就是一本具备基本标准的志书了。

政治标准的另一个方面就是政策要求。一个时代，一个政权都有自己的各项政策，并以其政策来处理各种错综繁杂的事务。旧志书中大书忠臣义士、烈妇贞女，就是封建朝代对人的政策。因此，我们的新编地方志也必须反映我们时代的各种政策要求。我们在编写工作中应该用政策水平来再认识某些问题。比如，如何评价历次政治运动就反映我们的政策水平。有的同志曾主张把十年动乱写得具体些，特别是受过委屈的同志希望多写些受迫害的情况。这是个人感情，而不是政策。感情不能代替政策。这当中确有一个如何掌握政治分寸的问题，万万不能以个人感情的要求为准。又如民族政策问题也要正确掌握。我们写自治区、自治县的志书经常会遇到此问题。旧志中对民族问题采取歧视和污蔑的态度，我们则应正确地反映各民族的历史和现状，把各民族对祖国历史发展所作出的贡献进行实事求是的描述和评论。对历史人物只论业绩，不论民族。对历史上的民族纠纷和隔阂也不必回避。因为不写历史上发生过的民族压迫与歧视，就显不出我们社会主义民族政策的伟大与正确，只有认识到封建社会民族压迫的状况，才能珍惜现在民族大家庭的和睦相处。对待人的问题也是政策中一个很重要的方面。我们在新编地方志中对人物立传与否，决不能以地位高低来定立传的标准，而是应以人物对当时社会的作用作标准。地方志和党史、革命史是有所不同的。党史和革命史都写正面人物，而把反面人物作为对立面的背景来处理。地方志则既写正面，也写反面；既写推动历史的，也写阻碍历史的。为顺潮流而动、促进社会发展的人立传，其目的是使他流芳百世；反之，为逆潮流而动、妨碍社会发展的人立传，其目的是使他遗臭万年。这就是地方志中的褒贬问题。关于是否为生人立传的问题，最近有些同志主张为生人立传，我们坚持原来的意见，认为作为学术问题来探讨可以暂不作结论，但在实际工作中还是不为生人立传好。因为给生人立传的话好讲，做起来却困难重重。试想一下，如为生人立传写得过分就有捧场之嫌，写得差一点，不仅本人不高兴，而且还有社会上各种因素的干扰，甚至在写的过程中，还会有人"打招呼"。主张"生人不传"不等于不收集生人的材料。对生人可以"传事不传人"，比如一个工业劳动模范，为人所钦敬，有立传价值，可是遵循"生人不传"的义例在其生前先不立传，但在写工业志时可以把他的业绩贡献写进去，可以毫不避讳，如实写录。我们修志既不因人立言，也不因人废言，即使这位劳模日后出了"问题"，但他曾经做过的事还是要存其真实的，这才是正确地对待历史。保密制度也是政策性很强的一个问题。该不该保密，这是关系国家安全的重大问题，应该保密是毫无争议的一致意见，问题在于掌握分寸，保密到何种程度？我曾和一位写军事志的同志探讨过这个问题，感到很难处理，不写高精尖的军事设施没有分歧意见，但写不写常规设备则有争论，有人说可以写，有人说国外情报人员，可以根据常规设备，分析出高精尖设备的程度，这算不算泄密？这个问题，写志部门很难解决，最好依靠有关主管部门来审批。涉外问题也是周边地区写志时煞费考虑的难题。我的看法是"议历史不议现状"，现实性很强的问题可先不议，但对历史上的纠纷则按历史真实面貌来写。这些政策性的问题都应属于政治标准中的另一重要方面。

第二个标准是论述标准。第一是全面性，地方志是一个地区横断面现状的剖析，自然、社会各方面情况都应得到反映，使志书能够成为提供全面资料的一部书，如果有重大缺漏，那就是不完整。如果历史沿革、名胜古迹讲得很多，而工业经济讲得不够，那也是不全面。第二是时代性。新编地方志要突出特点，因为现在无论在社会、经济、文教、政法等等方面，都已经有了新的发展。我们不仅要写过去的历史，要反映"八景"、"十景"之类，更重要的是写我们时代的特点。有些同志认为写辉煌成就的热烈情景就是时代特点。我看还不够，因为我们时代的特点是经过艰苦奋斗才有蓬勃发展的，所以不仅要写成就，而更重要的还要写获得成就的艰苦历程，这才是准确地反映，才能发挥教育的职能。要反映新时代的特点就要有新材料，要搜集本地区最新状况的具体材料，如果写本地区现在的工业发展，而还用六十年代的统计数字、七十年代的报表，那就失去了时代性。八十年代的材料理所当然地不同于六十年代或七十年代，有新材料就比较容易体现时代性。反映时代性还牵涉到一个今古比例的问题，史志界中流行着"详今略古"的说法，这个口号是对的，但如何具体化？我想补充三句，即"详今略古，立足当代，回首过去，放眼未来"，这是否比较完整点？"详今略古"不仅只是避免和旧志重复，更重要的是留下新时代的新材料。如果后人要了解本地区八十年代情况，只看我们这本志而无需旁求，那就是成功。第三条是地方性。地方性是由我国国情所决定。我国幅员辽阔，人口众多，地区性的差异很大：城市与农村不同，平原与山区不同，临海与内地不同……还有种种不同，如同在河南一省，距离不远的开封与洛阳就各有地方特点，开封的水患比洛阳严重，洛阳的牡丹是全国的名花。所以，新编地方志从制订体例、篇目到搜集资料、整理定稿都不能忽略地方性的问题。一部志书要表现特色，要区别共性与个性，最有效的办法是突出地方性。宋朝范成大所撰《吴郡志》之所以称为名志，其重要原则之一，就是突出了苏州的园林特色。这一点我们应该借鉴。"洛阳地脉花最宜，牡丹尤为天下奇"，如果新编《洛阳市志》中有《名花志》，描写了姚黄魏紫，那就非常有地方特色了。它不仅是艺术，还有科学，很多园艺流程既是珍贵的历史遗产，又是很好的园林参考资料。如果一部志书能从全面性、时代性和地方性三个方面进行系统的论述，那应认作是一部有成就的志书。

第三是资料标准。写地方志确应重视资料，但却不能写成资料汇编。有的县志资料丰富，但形成堆积也不好。那么资料标准应该如何考察呢？首先是看资料搜集的范围广不广，够不够。资料范围主要指三项：一是文献，即文字资料。它包括图书、档案、碑刻文字等等。即如写《洛阳市志》，是否看了《洛阳伽蓝记》、《洛阳名园记》等图书，是否把近现代的有关文书档册和报刊都翻阅了。二是口碑资料，其中包括传说和口述经历，是否都采访记录了。三是实物遗迹，无论是出土文物，还是遗址遗迹，是否都征集并实地考察过。搜集了资料就要考辨，要经过去粗取精、去伪存真的考辨过程，作出判断。考辨资料要以冷静的态度和科学的头脑去对待，不能猎奇，最重要的是不取"孤证"。对歧异的资料是否加了考异，是否加了注。要注意这部志对资料是否有闻必录，不加考辨。资料考辨后就有选材问题。如果一个问题有三四条经过考辨都可征信的资料，但只有文字歧异，而内容无大出入，或有一条就足以包容其他，而仍把三四条资料摆进去，那就是罗列。我们对选用的资料应该从作者、时代、可靠程度、使用准确等方面来考察。选材精炼往往能够以一当十。在选用资料时还有一个对待旧志资料的问题。对于旧志资料，一不迷信，二不唾弃，而是正确地以批判继承的观点来对待。我们有旧志八千多种，其中有不少可备参证的资料，如社会经济、风土人情、文化艺术等等方面都有可供采录者。新编地方志是否恰当地使用了旧志资料，是否取其精华，去其糟粕，这也是资料标准中的一个衡量尺度。

第四是结构与文字标准。首先应考察体裁运用问题。我主张一部志书应该诸体并用，即以志为经而表、传、纪并用。要做到广采诸体，综合表述。其次是出处详明，不仅直接引用要注明出处，即使是经过加工，如编制一个统计表，也应注明资料来源，目的是便于后人征考。特别是写初稿，更应该注意出处详明的问题以便送审时核对，否则等需要时再复查寻求，难度就大了。三是体例划一。这种体例，细至于称呼、年代、地名、标注等等都应划一，如对朝代称呼，一般都用惯称，如清、中华民国不要有的地方又称满清、民国。特别是不要随便加"伪"字。只有"满洲国"和"汪精卫政权"可以加"伪"。袁世凯时期，历史上是北洋军阀统治政权，但对外它是代表当时中华民国的实体。纪年也要划一，光绪就写光绪几年，可以在后面加括号附公元，因为用公元纪年是解放后宣布的，应该用当时年代的称谓。古地名要注今地名，一般注治所，或注约地，因为古今辖地不是如此吻合的。人物直书其名，不另加褒贬词。体例的统一非常重要，因为我们新编地方志并非专设机构集中人力专门从事，而多半是分行业写专志而后汇总的，所以往往会出现许多歧异的。在文字标准中还要注意章节间量的大体平衡。作为一部浑然一体的志书，如果一部分二十几万字，一部分几万字，如此大的差距，就需要考虑一下平衡问题。

新编地方志还应注意文风问题，文风端正就是要求全志达到严谨朴实、简洁流畅、通俗易懂，而且附录齐备。

总之，新编地方志以这四方面标准衡量后，再做到清、定、齐。清是文字清楚，问题清楚；定是内容论点、资料征引，完全可以定下来；齐是各方面附表、附图、附资料都齐备。那就可以根据条例规定送审并出版。这样，一部新编地方志也就可以正式问世了。

以上只是个人的一孔之见，从学术角度上进行一些初步的探讨，与同志们商榷。希望有更多同志就此问题发表卓见，为修志工作提供参考。

原载于《浙江学刊》1984年第2期

在《萧山县志》编写人员座谈会上的讲话*

我是萧山长河人，我的小学是在西兴铁岭关小学读的，后随家父出外读书。

这几年我参加了地方志的工作。在全国性的地方志工作中我分担了部分培训任务。今年的培训工作分为四期，第一期在华东区（六省一市）；第二期在武汉（西南中南九省）；第三期在山西太原（北方八省区）；第四期在天津蓟县（华北东北地区）。到今年10月全国的培训工作大致可告一段落。

我的本职工作是在大学教书，但在地方志工作中也承担着一些任务，一般都在省、市各地跑跑，和有关同志研究和商榷地方志方面的问题。这一次我来萧山是桑梓情深，一来看看故土，二来向父老们学习讨教。贺知章讲"少小离家老大回，乡音无改鬓毛衰"，恰恰如此，我确是还有一点乡音，但鬓毛不仅是"衰"，而且是苍苍了。

三十多年来，我在外面做了点工作，没有什么突出的成就，但自问没有辱没故乡，大大小小的事情多少做了一点。

关于方志学的问题，在我来之前，萧山的情况我已经了解了一些。全国的情况，我手边比较集中。从县志的角度来讲，萧山还是走在前面的，步伐也是比较快的。在这里我把全国的情况大致地介绍一下，使同志们了解一些"行情"。

方志学这门学科，我们中国是有传统的，已有二千年左右的历史了。现在世界各国都在搞，美国在搞"城市志"。我们中国的方志是代代相传没有中断过。各个时代都出现了许多志书，可以说浩如烟海。这次我们在太原第一次全国方志学会议上，初步确定了全国的地方志收藏量，大约有八千多种。其中百分之八十是清代编修的，百分之二十是清代以前的。地方志的地位历来是很高的，不论是在封建政权的时候，还是在民国以后，一直到解放以来，都是受到各个时代的政

---

* 记录稿，已经本人审阅。

府机关和社会所重视的。最早在隋朝的时候就命令全国要把地方情况报告中央，汇报地方的全面情况，后来到了清朝，有六十年修志这样的说法，民国也修志，所以说，我们是有优良的编写地方志传统的国家，我们的地方志工作从历史上来讲是处于相当优先地位的，在世界文化史上也处于优先地位。

从现实生活来看，地方志也是极其重要的，整个地方志同政治是分不开的。现在有许多人不想谈这个问题，避讳这个问题，认为地方志怎能为政治服务？实际上地方志与政治关系是密切的，它在任何朝代、任何时候都要为政治服务，封建时代为封建政治服务，现在为无产阶级政治服务，这个问题是非常明确的。比如在封建社会，一个地方官上任，他首先就要看当地的方志。传说朱熹到江西南康做知府的时候，下轿以后，第一件事就是看地方志。那个时候看地方志，我想有二个原因，一个原因是要了解情况，了解当地的山川沿革、名胜古迹、物产文物等，以便统治；更重要的一点是要保护他自己的地位，因为只有了解了地方上的豪绅名人，才能施展自己的逢迎投靠的本领。《红楼梦》里有个"护官符"，地方官的"护官符"，其寻求根据也可能来源于地方志，这个地方哪些"家"不能得罪的，哪些家与自己的乌纱帽有关的，这些问题其实也是个政治问题，看地方志的目的，主要为了服务于政治。我们现在也是这样，比如天津的水很不好，是咸的。要改变这种状况就得把黄河的水调到北方，就得根治海河。显然，要根治海河就得想办法了解海河的源流。政府派了人专门了解海河情况，同专门研究海河的同志一起查资料、搞分析，提出参考意见。又比如文物单位，它要保护文物古迹，就得了解文物古迹的历史价值和文物价值，那就要从地方志中查考依据。听说过去，有个日本代表团来，讲起了一件事情，大约在中国清朝同治年间，在东方曾经发现过"北极光"，日本人已经观察到了，问我们中国有没有观察并记载。当时我们有一个搞地方志的同志回答了这个问题，他说：在湖北的《光化县志》"祥异"部分中有这样的记载，陕西的《大荔县志》和河北的《东光县志》也都有记载，而且不仅一次，有同治元年和十一年两次，天空中出现了特别的光图，然后散开来像宝石花一样，这就是极光。于是这个同志说，我们有记载，而且不是记录一次，是两次。日本学者听了后，认为中国的记载比日本详细，不愧为文化古国。这种例子使我们进一步加深了对地方志的历史和现实意义的认识。

解放以来，我们党和国家一直重视地方志这门学科。在一九五六年定过一个地方志的草案，后来成立了地方志小组，地方志小组是中央的权力机关，属国务院领导，当时由曾三同志任组长。后来由于种种原因，这个组织停顿了，但没有取消。一九六四年的时候，曾经要在华北地区推动地方志工作，当时我就到河北丰润县去搞地方志编写的试点工作，接着又到河北省霸县东台山村去研究乡镇志编写问题，后来我提出了一个编写地方志的条例草案，可是这个条例搞好后没有得到推行就流产了。一九七八年，中国史学会开会时，胡乔木同志提出了地方志的问题，认为地方志在中国是有传统的，如果我们现在不搞，就会对不起子孙。我们要搞，要坚持"三新"，即：新的材料，新的观点，新的方法，编写出一部"三新"的地方志。一九八〇年在天津举行了中国地方志协会筹备会，会上提出了总结旧志、创编新志的规划草案，会上还商定成立中国地方志协会筹备组，一九八一年七月底，中国地方史志协会正式成立。中国地方史志协会，作为一个全国性的学术团体，推动全国的地方志工作。在中国地方史志协会的推动下，全国的地方志形势发展很快，从省一级来看，比较好的有山西、湖北、湖南、山东、河南、安徽、四川等。湖南是比较早的，而且发展形势很好，湖北现在气魄很大，进度很快。

这次我碰到河南社科院历史所所长杨静琦同志，她讲河南现在是突飞猛进，后来居上。河南的经验何在？她讲主要是一个退休干部起了作用。河南有个县叫台前县，这个县是黄泛区，是河南第一个穷县，这个干部退休后认为应该为家乡做一点好事，他想来想去想到修志，于是他奔走呼吁，八访财政局，终于得到了领导的支持，把县志工作开展了起来，由于台前县的经验，河南各个县都动了起来，认为条件这样差的县能修志，我们为什么不能？于是全省出现了修志的热潮。山东省原来是搞地方斗争史的，现在也大搞修志工作，由一位副省长亲自挂帅。还有黑龙江省，现在是全省一片红，从省到各个县的方志编纂办公室都已全部成立。

省一级的情况是这样。市一级的，现在全国最好的是武汉市，武汉市市长黎智同志，他对方志学特别爱好，他亲自挂帅，推动了市志的编写进程。武汉市还召开了有一千人参加的地方志工作表彰大会，表彰了地方志编写中各条战线的先进工作者，鼓励了先进，加快了编修步伐。其他的市如山东的威海市、枣庄市，山西的长治市，贵州的贵阳市，搞得都很好。

县一级的，山西省的各县都已铺开了，而且进展较快。主要特点是山西省委的重视。省里分管方志的政协副主席李志敏同志，他对地方志这项工作非常热心，认为修志是回顾过去的好办法，他有句口号叫"千金难买回头看"，说修志是千秋大业，花多少精力都值得。江苏省如东县是脱颖而出的，它的县志已经修出来了，今年将由江苏人民出版社出版。其他地方如我们萧山县也是全国提得到的。四川也有一些县开展得比较快的。全国的地方志情况，总的来讲，发展还是比较迅速的，但是发展很不平衡，有些省、市、县至今仍默默无闻。

还有全国地方志书刊方面，现在已有这样几种：一种是东北编的《中国地方志论丛》共三册，里面收集了一九八〇年以前的地方志重要论文。第一册总论，第二册分论，第三册是吉林省的地方志情况。还有一种是《中国地方史志论丛》，中华书局准备明年出版。全书分两部分，一部分是报刊的文章，一部分是第一次地方志学术会议上的文章选编，共四十万字。第三种是《方志学概论》，这是一本比较通俗的基础课教材，大概十七八万字，将于明年六月由福建人民出版社出版。现在主要的方志学书有这么三种。刊物方面，全国地方志刊物很多，全国统一的地方志刊物《中国地方史志》，是双月刊，这是中国地方志协会的机关刊物，一九八二年已经出到第三期了。以上情况，主要为了使大家了解全国的编志情况。

下面就自己考虑的几个问题，提出来向同志们求教。

第一个问题，是史与志的关系

史与志的关系问题，现在在方志学界里面是个争论的重要课题之一，可谓是"公说公有理，婆说婆有理"，大家都在讲自己的道理。究竟史的标准如何，志的标准如何？主要有几种说法：有的认为史是竖的，志是横的，所谓"史纵志横"；有的说史是加观点的，志是讲事实的，所谓"史为史观，志为志实"；有的认为史是有褒贬的，志是没有褒贬的，所谓"史有褒贬，志无褒贬"等等。这几种说法，都不全面。大家知道，地方志没有褒贬是不可能的。当然，修撰本乡本土的地方志，总希望把自己的家乡讲得好一点，这是人之常情。但是它里面大是大非还是有的，而且它不修入的东西就等于不要的东西，本身就意味着褒贬。对此，我在地方史志第一期创刊号中，就写了个关于史与志的问题。我认为史与志的关系是相辅相成的，没有必要划得那么清，所以有人批评我是"折中主义"。比如现在我们修《萧山县志》，你说前面的萧山建置沿革是史还是志？你说志只是一个横断面的解剖，那么萧山志就只能讲现代了。萧山是秦置县也好，汉置县也好，这是学术上需要考证的问题，但是这个东西从上记述到下，这也是个历史的进程，所以我们修地方志应该本着一个志经史纬，以志为经，以史为纬的观点。任何一个志，专门志也好，行业志也好，必定有个历史发展过程。你说写人物没有历史吗？人物本身就是个历史。你说他青年时做什么，中年时又怎样，晚节又如何，这不也是个史的叙述吗？所以要完全断定志就是志，史就是史，截然分开，我看是不可能的。

第二个问题，是分志与总志的关系

所谓分志与总志，这种关系如何处理？我看了许多提纲，现在大家都在搞专门志（行业志），这个专门志与总志究竟是什么关系？我在湖南、山西都讲过这个问题。当时提出了"总体规划，分头进行"的说法，县志办的任务起到了总体规划。县志办的人员编制最多也不过十来个人，要包办是不可能的，而且想包办也包办不起来。你说写公安志，我们许多东西都不懂。山西的煤炭很重要，它这个煤炭志非写不可，因此只有请研究煤炭的专家来参加写。所以要总体规划一下，然后大家分头去进行。这就产生分志与总志的关系究竟如何处理，事先不搞好，将来要成问题的。到底我们是搞"拼盘"呢，还是重新"炒过"？我看不能"白斩鸡"、"咸肉"、"火腿"都一锅煮，还是把这些东西"炒成三丝"为好。从县志的角度来讲，要有个全面观点，要有个统观全局的观点，所以我认为修志这个问题，修志机构和人员应该永远保持主动权。一切要为我修志服务，而不是你拿来我就用。因此在总志对分志问题方面，要总结情况，要规划，规划要求应该特别高，甚至于文字、格式等方面都要十分讲究。比如你这个图表如何处理，资料如何汇编，你下面到底摸到什么程度，都得一一指点。不然的话，将来总纂县志的时候，下面分志拿上来了，大家都各行其是，结果是五光十色，"各有风格"，是称为分册汇编呢，还是称为《萧山县志》？不要搞得离题太远了！所以我们要讨论这么个问题，下面的专门志到底应该达到什么水平？我有一种意见是达到长编。长编的意思就是它是个初稿。这一点要明确，就是修专门志是为总志"备料"，而不是结果！结果要总志来结。

专业志的编写如果没有一个总体规划，结果讲农业的讲到了财贸，讲到了林业、牧业、副业，它都为你涉及了，你怎么办，依此类推岂不是大杂烩了吗？将来这个地方谈的，那个地方也谈了，出现多层次重复，就得花大力气了。这次我们八院校合写的《方志学概论》开始就出现了这个问题，我们的讲义是分章写的，结果汇总一看，重复的很多，听课的人也反映了这个问题，这个老师讲的是从头到尾，那个老师讲也是从头到尾，每一个分章都有个始末，你说他不对吧，力求完整不能不这样，可是你要每个分章完整，就成了叠床架屋。我认为总志与分志的关系不是"拼盘"的关系，分志是为总志备料，总志是在分志初稿的基础上，完成统一体系的成稿。

第三个问题，是资料与论述的问题

我们认为地方志重在资料，这一点大家是比较一致的。但是地方志是不是等于资料汇编，我看不是！地方志是需要全面反映资料，但是地方志不是不加论述的资料堆积，地方志的论述应该是以资料来论述，不是以写史修志的个人观点、议论来论述。它与历史文章不同，历史文章可以发表个人见解，但地方志是不能容许这样的，它不能按自己的意见发议论，它的论述应该是寓论断于叙事之中，在事实讲清楚的情况下，把你的论点自然地渗透进去。

最近又发现了这么一个问题，既然地方志是资料的全面反映，那么我有闻必录对不对？不对！有闻必录是对历史的不负责任，是自然主义。比如我们社会主义有许多好的新风，有雷锋等许许多多先进人物。我这次到萧山来感触很多，我三十年前到萧山还是青石板弄堂，记得那天天下着雨，我穿着钉鞋行走在青石板路上，两旁是摇摇欲坠的破旧木结构楼房，而现在是高楼大厦鳞次栉比，一派欣欣向荣的繁荣景象。这是社会主义的正面。但是，公安局经常在公共汽车上抓住小偷，社会上仍然有许多不法分子、投机倒把等等，假如我有闻必录，社会主义就是这样的杂烩，可以不可以？我看不可以。社会主义既有繁荣昌盛的发展，也有偷盗等不法行为的存在，这个东西在资料上不能有闻必录，只有发掘、叙述历史的真实面目。比如美术家，如果他们都必须做到有闻必录，那么他们只需要一只照相机就可以了。牡丹花很美，牡丹花上有一只绿头苍蝇，你把它照下来，这难道是实事求是吗？这也许实有其事，但决不能是我们所求的是。一朵很好的花上停着一只绿头苍蝇，不美，不好看，不是牡丹花的真实，所以反映资料就要有观点，而观点不是发议论。比如某一个人他在地方上做了很多好事，但也有好多不足之处，这是有根据的事，我们要经过选择、研究、考虑，不是作空洞的论述，而以事实作出评论。如果只说某人"进步"的、"反动"的，加许多帽子，这不叫议论，不叫观点，这叫帽子！所以我们现在要多研究资料，因为将来这个东西要让更多的人看，要根据资料的论述，写成一部很好的志书。我认为最好的志书，还应该附一个资料汇编，就是你修志用的材料，汇编起来，作为附录。

清朝方志学家章学诚，他的《方志立三书议》里面讲了个文献，认为有一部分东西应该作为资料保存起来备考。所以我曾经提出来过，一部志书应该是全面反映，储料备征。储料备征就是把你得到的资料储备起来，等待别人来考证，来取信。

第四个问题，是新志与旧志的关系

我们对新志与旧志的关系，总的观点是继承与批判的关系。对于这个问题大家研究得很多。中央"37"号文件中陈云同志提出的关于整理古籍的问题作为中央文件下达后，关于旧志书的问题提出来了。国内外，特别是台湾，在旧志书的问题上，以营利为目的大量地翻印出售，卖给外国人。外国人对中国地方志之所以非常热心，因为地方志是情报的来源，可以分析情报，所以他非常关心。我上面讲了我们中国地方志有八千余种，美国犹他州有一个中国家谱学会，收藏中国地方志达五千五百余种。中国驻美国大使柴泽民是山西闻喜县人，他去参观犹他州的家谱学会后，这个学会送给他二件礼物，一件是山西《闻喜县志》的复制品，另一件是"柴氏家谱"，所以台湾大量地印刷地方志，就是为了适应这些人的需要。我们对古籍的态度不是这样，是采取最有效地使用人力物力来搞，把其中好的东西拿来作为借鉴。这里面有什么好的东西？我看有这么几种，一种是它的体例篇目有可供参考之处。从前编志，参加修志的人员，每人分看本地区一部旧志，从前写志发凡起例，志前都有篇"凡例"，"凡例"中讲这部志到底如何修法。它的观点是不好的，但是它有技术性举例是可以借鉴的。我们《萧山县志》可以先把旧的县志、旧的纲目研究研究，有的旧县志修得还是比较认真的。当然有的地方志修得面目全非也是有的。明朝有几个志不是很好，但是很多志还是经过深思熟虑的。

第二方面应该肯定旧志中的许多资料在现在来讲，仍然还是有参考价值的。

因此我们在编修新志以前要胸中有数。我们辨别一件资料好与不好的唯一办法，就是比较；不比较就没有是非，没有标准。我们现在修新县志，要经得起两个比较，一个是纵的比较，是与旧县志的比较，究竟好在哪里？所谓好，有二点，一是纠正了过去的错误，二是增补了过去的缺陷。这就是过去没有的我们现在有了，过去错了的我们现在纠正了。另一个是横的，横是与同类县的修志情况比较，我们比他们哪个修得好。他们没有想到的我们想到了，他们不够完整的我们完整了，这就是评价。标准就在于此。我们在编新志的时候，常常有这种情况，为了某个问题的调查花费了很多的精力，结果旧的县志早已有了记载。所以我们第一要摸清底细，修志的底细是什么，就是旧志的状况。但是旧志终究是封建时代的志书，所以它的局限性比较大，因此不能完全崇拜和迷信它。我们要用批判的眼光去看待它。所以看旧志不能是会一点古文，能看懂志书就行了，不行！看旧志还必须具备在看时对哪些东西不要、哪些东西保留的"以决去取"的能力和水平。因为旧志当中有很多东西被蒙上一层神秘的外衣，但它本身是有价值的东西。现在我们修志与过去的修志在条件上是大有区别的，有许多蒙昧不明的资料可以得到科学的解释，但是在旧志当中搞材料由于水平问题也会搞错的。如四川一部方志中记载唐玄宗逃到四川川陂，"蜀中大震"。这是指人心震动，如把它作为唐朝天宝年间四川发生过的一次大地震，那就错了。我们现在修一部新的志书，第一条要把旧志的精华吸收过来，反映到我们新志中去。第二条是我们能够把现状全面反映到新志里面去。如果这样，我们的志书就是成功之作了。如果大家看了我们的新志，还不放心，还要去查旧志，那就不对头了。我认为我们的新志是用新的观点、新的方法、新的材料组成的综合性志书，不是旧志的所谓继续，不能提作续志。我们修的是新志，不是修续志。

第五个问题，是领导与群众的关系

修县志要发动群众，这是县志修编过程中的基本要求，但如何看待发动群众，如何有领导地发动群众，这就值得我们研究。萧山一百零六万人，提倡人人关心县志是对的，但发动大家关心的目的是要大家来支持和爱护这项工作，而不是要一百零六万人，人人来动笔。发动群众与群众运动是两码事。中央在打击经济领域里的犯罪活动中有这样的提法：要发动群众，而不搞群众运动。我认为编地方志也必须遵循这个原则。在实际编写工作中也出现过这样的情况，有一个地方编轻工业志，他们接受了编写任务后，采取群众运动的方式，把任务下达到所属五百多个工厂，结果五百多个工厂把厂志送了上来。我们算了一下，平均每份厂志一万字，五百多万字交上来了，其实，轻工业志在市志中最多不过一二十万字，在这一二十万字中不可能把五百多个工厂都提到。同时，在这些厂志中，都大同小异地写了各厂的发展史，这作为厂史、厂志是可以的。但作为修专门史和省市志则感到很棘手。所以我认为，领导与群众的关系是我们要求教于群众，希望群众提供资料；而作为县志办，本身要自由主张的。修专志也好，自己一定要有主见。这样你就得有一个调查提纲，凡调查来的情况，采纳问题则由我处理，根据修志要求来采纳，不要对群众搞一轰而起，其结果实效不大，群众反映也不好。做具体编写工作的同志不能不注意这个问题。

第六个问题，是全面与重点的关系

地方志应该很明确的一点，就是以资料为根据，全面地反映情况。所谓全面，并不等于面面俱到．还是要有所侧重的。我们从全国的情况来看，中国史志协会有个"条例"，还附了省市县的参考篇目，比较全面。但中国的地方大，不平衡性明显，都按这个"条例"去搞，可能很全面，但却看不出特色，这就是忽略了有所侧重的问题，各地的地方志应该是既有全面，又有重点，要有所侧重，反映地方特色，不能所有的东西都是重点，结果弄得无重点。

第七个问题，是关于人物传的问题

人物的问题是地方志当中最难办的问题，其他东西都比较客观，人物问题就牵涉较多，需要研究了。首先是立传的问题。什么人立传，什么人不立传，如何立传，以什么标准？有一种说法我们是不赞成的，它以地位高低为限，政权机关地委书记以上，军队师长以上，文教系统教授以上，医生主治医师以上，这好办，只要看看履历表就是了。这是排队摸底，不是研究工作。修志不能这么办。修志既要反映地方特点，也就要反映地方人物的特点。一个人物的特点，就是他对社会的作用是什么。所谓作用有二点，即：正面作用与反面作用，这二点都应该写。过去认为只能写正面，不能写反面，而地方志正反面都要写。这和党史不一样，写烈士传，那当然都是正面的。有正必有反，这是对立统一的两个方面，所以立传的标准应该是：顺潮流而动，促进社会发展的要立传，目的为的是流芳百世；反之，逆历史潮流而动，阻碍社会发展的也要立传，目的是让他遗臭万年。这个标准在春秋笔法中早就提出来了，即所谓一字之褒，一字之贬。我们现在搞地方志更应如此。还有生存人不立传的问题。比如一个劳动模范是搞工业的，他改进了某项工艺，提高了工作效率多少倍，有卓异贡献，但他尚在世，就不立传。不过这个人的事迹可以在工业志中写进去，他的履历和功绩可以编成资料收藏起来。因为人是在变化的，生存人还有许多改变，立传了将来不好办。人物传里面还有关于国家领导人是否在地方志立传和如何立传的问题，这一点目前还缺乏研究，思想上不明确，有待于大家共同探讨商榷。还有一种人生平变化较大，前后截然不同，像衙前的沈定一，这个人一生中前后反复较大，我想对他还是应该实事求是，千秋功过，我们不能以个人意志随意打折扣，既不能以功代过，也不能以过代功。历史论断要实事求是。对人物必须实事求是，不能说这个人好时就锦上添花，说这个人不好时就落井下石。在立人物传当中，搞地方志的还有个很重要的任务，就是要努力发掘人物。因为每个人的情况不同，有的人在有生之年发挥作用，得到了社会的重视与评论，有的人在他生前并没有得到重视，而死后影响越来越大。比如萧山的蔡东藩先生，他当时很穷，搞二十四史演义的时候，并没有得到社会的重视。可现在来讲，他的影响是很大的，他用通俗笔法，宣传中国的历史是很显著的。像蔡东藩先生还有遗著留传于世，可有些人的手稿却还有待于发掘和整理出来。我们要评论人物、衡量人物、发掘人物、识别人物，这就是我们在搞人物志中的宗旨所在。再有个问题就是大人物与小人物的立传问题。李维汉同志特别强调了这一点，他讲写大人物重要，但更重要的是写小人物，不能把小人物遗忘。因为大人物不大容易漏掉，大人物你不写，别人会写，而小人物如果我们在县志里不给予反映，那么这个人就销声匿迹了，就被埋没了。而这些人的有关资料往往可以被后世人所利用。上次我在苏州讲课时，曾举过一个例子，前不久有个西德留学生选了我的课，他是来学中国目录学的。他拜访我时提了一个问题，这个问题是西德的一位汉学家，也就是这个留学生的老师，托他来问我们中国学者的。问题很简单，就是那位西德的汉学家从中国清朝康熙年间编的《古今图书集成》中查到一篇文章，题目是《封建论》，作者姓柳。当他向我提出这个问题后，我脱口而出说："这是柳宗元"。可这个留学生说姓柳的是明朝人，而且这个人的姓名是两个字，不是三个字。我问他："你提这个问题的目的是什么？"他回答："我的老师认为这个姓柳的在《封建论》中提出的一些论点很好，在作注的时候要注这个作者的生平，可到处都查不到这方面的资料，想必中国的学者一定知道。"他提的问题将了我一军。要是中国学生提这个问题，我们当老师的可以厚着脸皮说个不知道，就完了。可一个外国留学生问我们中国的事，我怎么能说不知道呢，有失国体啊！于是我就查书。我在史传里查没有，明朝所有的传记里都没有这个人。这事情就不好办了，我又不能瞎说。无奈，我只好再想办法。我忽然想到，这个人既然能写文章，而且文章确实写得不错，那么在当时总有点名气，或许是一个进士吧。于是我就查上海编的《明清进士题名碑录索引》，里面果真有这个人，叫柳稷，四川南充人，正德三年的进士。接着，我又查了《南充县志》，这里面记载得就比较详细了，因为柳稷当时在南充可是个大名鼎鼎的人物，《南充县志》里不仅乡贤志上有他，而且艺文志后面还收了他除《封建论》外的其他一些诗文。后来，这个留学生把查到的资料寄给了在西德的老师，解决了疑难。由此可见，我们现在把前人的资料保存下来，可以为后人查考，否则后人就要唾骂我们。所以我们现在需要前人给我们留下东西，相反，我们就要考虑如何给后人留下东西。

　　以上我讲的，作为同故乡父老座谈的一点有关方志学的意见，和大家商榷。

一九八二年六月一日下午

原载于浙江省萧山县《编史修志通讯》1982年第10期

在《鄢陵县志》审稿会上的发言

——关于修志的后期工作*

　　这次有幸到鄢陵来参加县志审稿会，一是出于对新志编写工作的热爱；二是杨静琦同志经过缜密考证，认定我祖籍是鄢陵，寻根问祖，谊切桑梓，义不容辞。在对县志本身评论之前，先就目前修志进展形势谈点看法。

　　几十年的修志历程，特别是近十年的经验，很重要的一条是要有行政权威的支持。地方志是官书，必然要有官方的关注，但关注支持不能限于表态，要落实，上个月应邀到济南出席山东全省地方志工作会议时，他们把地市领导召集起来安排后期工作，这个做法很切实，很有功效，省长表示把修志工作列为任期目标中，于是修志工作大有希望。听说鄢陵县领导也十分重视支持，杨静琦同志说他们支持得很实在，抓得很具体，我很欣赏"实在"二字，实在就能把事办好。

　　地方志编修工作是一项系统工程，前期起点比较低，比较容易，但要善始善终就不容易。后期是攻坚战，有相当的难度。实践证明，结尾的总纂阶段是保证志书质量的关键。这个阶段应该在人力、物力、财力上给予保证，在精神上给予支持与鼓励。开始修志时我们曾设想："三五个人，三五十万元，用三五年的时间，写出三五十万字的志书"。这种设想现在看来不现实，现已出版的志书少者有七八十万字，多者突破百万字大关。我看问题不在字数多少，而在质量高低。鄢陵就没有在字数上争短长，可能突破五十万字。

　　在修志的后期工作中，应该加强志稿的审评工作。我们是官书，一定要坚持分级审评。审评是保证志书质量的关键，而不是走过场。审稿不是为了平衡关系

---

　　* 副标题为本文集编者所加。

和制造舆论，而是为了更好地完善志书。审稿要请四种人员参加：首先要请一些专家学者审稿，以保证志书的科学性。志书里有些特殊部分，如地理志、方言志，专业性非常强，必须请专家看一下，甚至动手修改。其次，要请主要领导。这些同志可以提出一些宏观要求，掌握政策界限。同时，要请一些修志同行，这些同志既有理论，又有实践经验，一些问题可以具体切磋。另外，还要请周围的兄弟县修志人员参审。这在审稿中很重要，因为这可以发现与周围县的重复、矛盾资料与论述，经过修改纠正后会使志稿减少许多硬伤。

审稿会要有好会风。有些同志比较客气，这没有必要。应该本着言者无虑，听者受益的原则，养成一个好会风，有理有据，各抒己见，既不苟同，也不附和，展开友好的争论；但也要注意方式，不要鲁莽地大杀大砍，使对方不知所措。评稿应该有建设，不能只破不立。评要评得实际，大到篇章结构，小到资料核实、行文用词。评审志书是非常细致的工作，必须字斟句酌。被评论的，会上会下都要听，有的同志会上谈了，但还有所保留，保留的往往比会上谈的深而多，把会上不好讲不便讲的当面讲清讲透，这样就能吸取更多更实际的东西。

目前市县志已进入或准备进入总纂阶段，志书质量问题引起普遍重视。关于志书质量的标准，我在1983年洛阳会议上曾首先提出四条标准：一、指导思想（包括理论指导和政策指导）；二、论述；三、资料；四、文字。我至今仍认为这四条是保证一部志书质量的基本要求。

在志稿总纂、修改过程中，主编要有"冷"的精神。写完一本志稿，就好比在阵痛以后生了一个胖娃娃。如果没有冷，只是热，只是陶醉，看自己的文章越看越觉得可爱，去掉哪一点都像挖肉一样，志书的质量就很难保证。主编还要肯于舍，也就是要"割爱"。在搜集资料阶段唯恐不多，资料越多越好；但在总纂时，要有一个唯恐其多的精神。在审稿过程中，也不能过分地求全责备。改稿子和陪嫁女儿差不多，陪不尽的嫁妆，改不完的稿子。改一遍不满意，再改一遍还不满意。所以我认为志书达到一定标准后应该尽快地问世，以使其及早地发挥社会效能。

关于志书的下限问题，最近听到一些反映，有些主编或主持工作的同志觉得不太好办：有的志书原定下限是1985年，但书记、市长是1986年以后到任的，书上连他们的名字都没有，他们就很难插手措词；或是1985年虽已上任，但尚无政绩可言；或近两年政绩卓著，口碑很好，但志书并没有写。有这种情况的县市，希望下限下延，但一延可能牵一发动全身。资料搜集和篇章结构的变动是一项巨大工程，切不可轻举妄动。有的同志主张另设"政绩篇"，专讲好话，我认为这不太好，建议尚未成稿的可考虑适当下延，已成稿的可以在附录中增一篇"政事纪要"，这样就比较全面，整个全局可以不动。

各级政府及各级地方志机构领导还应注意这样一个问题，修完志后不能过河拆桥，把我们千辛万苦搜集来的资料全部扔掉。我们曾抱怨先人没有留下资料，如果我们也不给后人留资料，后人也会骂我们的。所以应该把资料看成与志书并重的成果，要把资料很好地保存下来，有条件的可编成文献汇编，公开出版或内部印行，或作档案保管。

志书出版后还要做好评书工作，浙江《建德县志》出版后，县志办召开评书会，从篇章结构到行文，全面进行评论，写出评论意见。这些意见既可供修志者借鉴，也可供读志者参考。

修志到后期应该抱任重道远、再接再厉的态度。志书成稿、出版不是修志工作的终结，我们既不能解甲归田，也不能功成身退。修志工作开展起来很不容易，领导同志要珍惜、爱护修志人才。有了这些人才，我们可以对地方的政情、社情了如指掌。

修志队伍要稳定，组织起来不容易，解散只是一句话。失而再得更难。我们应该让志办同志更好地发挥作用，让他们坐下来冷静地反思一下，向方志理论研究的高度发展，把过去的实践经验理论化、系统化。旧志整理也是一项很重要的工作。旧志中有很多资料可资参考，旧志整理应提到日程上来。

会后修志机构要成为一个地区的资料咨询中心，当做各级领导的智囊团看待，地方志办公室可以每年出一本当年的资料汇编，这样我们再编修志书就不需要再花这么多时间了。地方志机构应该成为人才培训基地，有些地方从地方志机构中选拔干部的措施是很英明的。

从地方志机构本身来讲，也应有所改进和发展，应当向现代化方向迈进，向微机化发展，把我们掌握的资料编成程序，随时可以快速提供数据。只有对人有奉献，才能显示自身的存在价值。

原载于《河南史志》1989年第5期

为山九仞　功在一篑

有机会参加山东省地方志工作会议感到非常荣幸。我从50年代起就参加修志工作，到现在已有三十多年了。在这三十多年中，曾经历了三个起落。1956年，原科学规划委员会的十二年哲学社会科学规划草案中提出编写地方志的任务；1958年成立了地方志小组，起草了修志条例草案；1959年周总理亲自询问了编志情况。当时，各地确实做了成立机构、搜集和印行资料以及编写草稿等等工作。但是，当时由于缺乏经验，加之"左"的影响，搞得五花八门，有些提法，如"人人动手、群众修志"等等也多是不符合客观实际的，因而难以取得成效，造成了人力物力的浪费，结果是只开了一个头。60年代，又把这个问题提了出来，梁寒冰同志抓这项工作，我作为助手做些具体工作，如到河北的丰润、霸县去试写县志，拟定修志草案稿等。当时可以说这项工作是有希望的，但由于不久发生的"文革"动乱，修志事业又被迫中断了。到了80年代，在贯彻执行党的十一届三中全会路线的过程中，地方志工作得以重新开始。从胡乔木同志1980年提出用"三新"观点指导修志起，全国二十几个省、二千五百多个县，修志事业应该说是蓬蓬勃勃地开展起来了。整个形势的特点是越基层越积极，越边远越积极，而江苏、福建、广东、浙江却动得比较迟缓。目前，全国已有40多部县志正式出版，还有更多的志书已处在总纂、审稿阶段。修志事业在经过三十多年风风雨雨之后，能有今天这种局面，是很不容易的。从我个人来说，对山东是有感情的，80年代我第一次下去了解地方志工作情况就是到山东的枣庄市；现在，我还承担和允诺了滕州、青州和枣庄等几部志书的审稿工作。我觉得山东的修志工作确实是后来居上的。

从三十多年的编史修志的工作实践中，我们深深地感受到，要完成一部好的志书需要两个权威，即行政权威和学术权威。学术权威，领导者对志书的各个方面应是内行或半内行，要对志书进行客观上的控制、把关；行政权威，则更为重要，志书的成败就在于地方各级行政领导的重视程度如何。这已为过去的工作和目前的进度所证明。作为一名史志工作者，呼吁也好，乞求也好，总之要千方百计地争取各级领导多多关心新方志的编修工作。在这方面，北京就是一个很好的例子。北京开始是把这项工作放在社科院，因为缺乏行政权威，这项工作实际上进展缓慢。后来改组了编委会，由陈某同志负责，陈既是北京市长，又是国务委员，说话自然就有分量，所以北京的修志工作立即很快展开了。山东修志工作搞得较好，重要原因就是各级领导的重视。把编修地方志工作列入各级领导同志的任期目标中，于是修志工作就大有希望。但是，要想善始善终地完成一项事业，实在是很不容易的。地方志是一项系统工程，前期起点比较低，比较容易，后期则是攻坚战，有相当的难度。实践证明，最后的总纂是保证志书质量的关键，这个阶段应该在人力、物力、财力上给予保证，在精神上给予支持和鼓励。开始修志时曾设想：三五个人，三五十万元，用三五年的时间，写出三五十万字的志书。这种设想现在看来不现实，已出版的志书多在七八十万字，有的还突破百万大关。我看问题不在字数多少，而在质量高低。

在修志的后期工作中，应该加强志书（稿）的审评工作。我们现在是官修志书，所以一定要坚持审评。审稿是保证志书质量的关键，而不是走走过场。现在有人说审稿是为了平衡关系和制造舆论，我认为这是不正确的。审稿是为了更好地完善志稿。首先要请一些专家学者审稿，以保证志书的科学性。志书里面有些较特殊的部分，如地理志，专业性非常强，必须请专家看一下。另外，还要请主管领导看，这些领导同志可以提出一些宏观要求，掌握政策界限。同时，要请一些修志同行审评，这些同志都有一定实践经验，一些问题可以相互切磋。还要请周围的友县修志人员参审，这在审稿中亦是很重要的。把周围几个县的修志同行都请来，审查时就会发现一些资料与周围县的重复、矛盾，经过修改纠正后会使志稿减少许多硬伤。审稿至少要有上述四类人员参加。在审稿中要打破顾虑，有些同志比较客气，这是没有必要的，因为我们是为了一个共同的事业。应该本着言者无虑、听者受益的原则，养成一个好的审稿会风，有理有据，各抒己见，既不苟同，也不附和，展开友好的争论。但也要注意方法，发言不要大砍大杀，使对方不知所措。我们不管是被评还是评别人，都要有一个正确的出发点和方法。评别人要以立为主，如说什么地方不对，可以说是不是用另一种方法更好一些。我认为学术争论中应该有建设，不应只有破坏。评要评得实际，大到篇章结构，小到行文用词。如西北地区有个县在县志中记述："1962年成为无盲县"。有的同志就提出来，"盲"是指瞎子，所以要加上个"文"字，记作"无文盲县"。志书审定是一个非常细致的工作，必须字斟句酌。被评论的，会上会下的话都要听。有的同志虽然会上谈了，但还有所保留，保留的往往比会上谈的还要多。有的同志工作就做得比较详细，会后会到各个房间去拜访，有的同志觉得会上不好讲的问题就当面对你讲了，这样就能吸取更多更实际的东西。

目前市县级志书已经进入或准备进入总纂阶段，志书的质量问题引起普遍重视。关于志书质量我认为有四大标准，一是指导思想，我认为指导思想包括两个内容，一个是理论指导，就是以马克思主义为指导。关于这点一度曾有人认为过时了，是不对的。以马列主义为指导，并不是说拿马列著作的经典语句来装点志书的门面，而是要用马克思主义的立场、观点、方法来处理有关问题。具体到编修地方志，也就是要坚持实事求是的观点，要保证我们修的志书成为一代信史。但实事求是，并不是说"有闻必录"。1985年以后在史志界出现了个"有闻必录，秉笔直书"的提法。我认为秉笔直书是要有一定立场的。社会本身是千变万化的。大千世界，各式各样的东西都有。志书反映历史的真实并不是罗列历史的事实，而是要反映社会的本质。在志书编纂中还有一个重要的政策指导问题。前几年我和董一博同志一起到内蒙古，内蒙古同志对志书里面少数民族的提法感到不准确。他们说我们这部志书中蒙古族是多数，汉族才是少数，至少应写成"兄弟民族"。这类问题就牵扯到民族政策问题。再比如在与邻国接壤的边境地区，如果没有外交政策的指导，这些县的县志就写不好。志书质量的第二个标准是资料标准。志书本身的基础是资料，但志书不是资料汇编，只把资料排列起来，仅是资料长编，而不是志书。整部志书的资料标准就是三个字："全、真、精"。所谓"全"，主要的资料没有漏就是全，天下没有绝对全的东西。所谓"真"，即资料经过考证，确实可信就叫真。所谓"精"，就是从十条材料中选择一条最能说明问题的材料，以一当十，就是精。第三个标准是论述标准。论述既要有源，也要有流，要有横的联系，不重叠，把事实说清楚，观点明确，而不仅仅是堆积材料。第四个标准是文字标准。志书的文字应当朴实无华，不能有空话。同时要求文字精练。文字的表述一定注意不要太绝对，有时一个字就影响到志书的科学性。有个县的制药工业比较发达，这个县的县志工业篇记述制药工业时说本县能制各种中成药，这句话讲得就不科学，话讲得太满了。可以改成能制多种中成药。以上四个方面即指导思想、资料、论述、文字，我认为是衡量一部志书质量高低的基本要求。

在修改志稿过程中，主编要有"冷"的精神。写完一部稿子，就好比在阵痛以后生了一个胖娃娃。如果没有冷，只是热，只是陶醉，看自己的文章越看越觉得可爱，去掉哪一点都像挖自己的肉一样。志书的质量就很难保证。主编要肯于舍，也就是我们的传统说法要肯割爱。在初期搜集资料的时候是唯恐不多，资料越多越好，但在总纂志稿时，要有一个唯恐其多的精神。可以用一句话的就不要用两句，可以用三个字的就不要用五个字。但是在总纂、审稿过程中，也不能过分地求全责备。我们搞文字的人有句话，修改稿子就和嫁闺女陪嫁妆一样，陪不尽的嫁妆，改不完的稿子，修改一遍不满意，再修改一遍还不会满意。所以在志书达到一定的标准后应该尽快地问世，以使其及早地发挥社会效能。

关于志书的下限问题，最近听到有些反映，有些主编或主持工作的同志觉得不太好办。有的志书下限是1985年，而书记、市（县）长是1986年到任的，书上连他们的名字也没有；或是1985年虽已上任，但尚无政绩可言，只能留个名；或近两年才有了些政绩，但志书没有写进去。像这种情况的地（市）县，希望志书的下限再向下延两年。如果下限再下延，可能牵一发而动全身，因为资料的搜集和篇章的结构等工作是一项巨大的工程。有的同志主张另设一个"政绩篇"，专讲领导的好话，如某个领导来了以后修了多少水利，建了多少学校，开了多少马路等等。我认为这样不太好。我建议尚未动手总纂的地（市）县志，可以考虑下限适当下延；已经写出初稿的地（市）县志，可以搞一个从1986年到1988年的《政事纪要》附在后面，这样就比较全面了，整个全局可以不动。

各级政府及各级地方志机构领导同志还应注意这样一个问题：修完志后不能过河拆桥，把我们千辛万苦搜集来的资料全部扔掉，我们曾抱怨我们的先人给我们留下资料太少，如果我们不给后人留下资料，后人也会骂我们的。所以，应该把资料看成与志书并重的成果，要把它很好地保存下来。有条件的，可编成文献汇编，公开出版或内部印发或作档案保管。希望各地做好这件造福子孙后代的好事。志书出版以后，还要很好地做好书评工作。浙江的《建德县志》出版以后，县委把有关的同志请来，从篇章结构到行文，全面进行评论，写出评论意见。这些意见既可供修志者借鉴，也可供读志者参考。这些意见可在地方志刊物上刊登，互相交流。

现在我们的修志工作已经到了后期，对于后期工作我觉得我们应该抱一个任重道远，再接再厉的态度。志书出版不是修志工作的终结，我们既不能解甲归田，也不能功成身退。修志工作开展起来很不容易，我们的领导同志要珍惜、爱护修志人才。有了这些人才，我们就可以对地方的政情、社情了如指掌。封建社会有学者建议为修志成立一个"志科"，我们现在难道还成立不起一个"志科"来吗？组织起来不容易，解散只是一句话，失而再得是更难的。我们应该让史志办的同志更好地发挥作用，让他们坐下来平静地反思一下，向方志理论研究的高度发展，把过去的实践经验理论化、系统化。萧山市志办写完志书后，花了很大力量把队伍稳定下来，写了两本关于修志经验的书。此外，旧志整理也是一项很重要的工作。山东是古代文化的发达地区，除了新建的县外，大概所有的县都有旧志书，有的还不止一部。这些旧志中有很多的资料可资参考。所以新志书出版之后，旧志整理应当摆到日程上来。旧志中的不少东西对我们的开发很有用处。浙江某县比较贫困，在整理旧志时发现这个县历史上曾盛产茶叶并出口，于是这个县狠抓茶的种植，茶叶成了全县脱贫的一个重要经济来源。所以，今后我们的地方志机构要成为一个地区的资料咨询中心。我们现在还没有把资料问题提到应有的高度来认识，国外对资料是很重视的。我前几年到美国去的时候，有几个被访问的学校送我一封信，打开一看是我的一份简历和著作目录。像我这样一个不大的人物都有这些东西，可见他们的资料工作是很细致的。美国有个老太太，一生花了几十年的时间专门到各国图书馆抄录法律书的目录，她回国后把这些资料集中起来，成立了法律资料中心。我们各地为什么不能利用现有的条件建立资料中心，为政府施政决策服务呢？此外，我们的各级领导应把地方志机构当做一个智囊团来看待。我听说了这样两件事，有个县要搞绿化，向地方志办公室的同志征询意见，他们就根据掌握的情况指出哪个地方种什么树合适。马鞍山要建码头，已选好了地点，地方志办公室的同志根据志书记载，指出这个地方经几十年就要塌陷一次，结果没有建，后来这个地方果真塌陷了。所以，地方志机构完全可以发挥智囊团的作用。地方志办公室可以每年出一本当年的资料汇编，这样我们再编修志书就不需要花这么多时间了。地方志机构还应该成为人才培训基地。过去地方官下轿以后，地方绅士送的第一件礼物就是地方志书，地方官了解当地的社情、地情、人情是非常重要的，而我们的地方志工作者最了解地方情况，所以很多地方从地方志机构中选拔了一些干部。听说青州市从市志办选拔了一位年轻人当了团市委书记，这个措施是英明的。

从地方志机构本身来讲，也应当有所发展，应当向现代化方向迈进。我们现在仍是手工业方式，我建议我们应该向微机发展，可以学点新东西，搞搞程序的编制。领导再去问地方情况，如人口问题等等，只需几分钟就可以了解到历代人口的变化情况。这样就能更好地发挥咨询的作用。

【编者附记】本文是1989年5月15日来新夏教授途经济南应邀参加山东省地方志工作会议时的即席发言，本刊根据录音整理后送经来教授审订，并由本人加了标题。

原载于《山东史志丛刊》1989年第4期

十年风云　一代佳志

天津市修志十年，无论从哪方面讲都有可观的成绩，当然也不可免地经历了许多困难和曲折，有停滞缓慢的时候，也有奋进拼搏的时候，而后者是天津修志事业的主流。如果要加以概括的话，那就是"十年风云，一代佳志"。十年风云，很多同志都经历过，无需多说；但是，为什么说"一代佳志"而不说"一代名志"呢？我认为当代人论断当代志书只能说是部好志，也就是"佳志"，至于是否流传后世，得到名志的肯定，犹待未来评说，我们只是竭尽全力修部"佳志"而已。佳志是名志的扎实基础，虽然佳志不一定都成为名志，但名志一定是当时的佳志。我所说"十年风云，一代佳志"是一种留有余地的说法。

天津的修志事业有不少特色值得注意。它不仅符合我国两千多年的修志规律，而且有突破、有创新。首先从量的成果来看，这项浩大工程已面世的各类志书，其字数已逾亿字，如合将要陆续完成和出版的，估计总在5亿字左右。在用竹简的简书时代，可以说已不只是著作等身。现在学者很难说著作等身，只能当夸赞之词来用；但是，就修志者来说，岂止等身。这个量的成果在全国省市级也是排得上座位的。其次是层次完整，层次全是中国修志事业的优良传统。全国有一统志，各省有通志，下有府州县志，以至于乡镇志、少数民族的土司志、山水志、寺院志，可以说应有尽有。天津的修志事业确实做到这一点，不仅有《天津通志》，还有《天津简志》。日本史志学界很注意《天津简志》这部书，有位学者曾作过专门的比较研究。各区县有区县志，各行业、部门有志，乡镇街有志，有《盘山志》那样的名胜志，形成一整套的系统工程。不仅如此，我们还重印了风俗小志、论文选编、专门性研究论文和译著，还做了旧志整理工作，所以不仅是继承，更有超越。从全国修志事业来看，天津是一个值得研究和解剖的标本。

天津修志事业有一个非常值得重视的问题，那就是以一种极其认真谨严的态度去对待。天津修志事业从草创以来，我大都厕身其间，听到过许多意见，看到过许多做法，也亲自参与过具体工作，给我印象极深的就是认真谨严的态度。我们都知道志书具有官书性质，新编县志是修社会主义新志，当然也是官书。许多学者对历代志书都有微词，如谭其骧教授就曾批评过旧志是地方官员和一些士绅的例行公事。旧志中确有这种弊端。天津在新编县志工作中明确地提出了一个问题，那就是地方志要以学术著作的标准对待它、要求它。这个思想对天津的修志事业有非常重要的指导意义。有了这样一个较高起点的目标，修志人员就要向这样一个目标去努力，去追赶。

天津修志在理论指导、篇章结构和内容论述诸方面都作了很大的努力。从《天津通志》各分卷看，不可避免地有差异，但都能从已有的志书中取长补短，建立起从实际出发，能反映历史与现状的框架，做到纵不断线，横不缺项。从已面世的志书看，可以说达标了。在理论方面，包括思想和各项政策。志书牵涉着方方面面的政策，有民族政策、宗教政策等等。修志不仅要消灭明显的"硬伤"，还要注意隐形的"软伤"。天津某县有个很著名的武术家，这个人在40年代曾因其武术成就应邀赴日，并受到天皇接见。这件事孤立看是可以考虑入志的，初、二稿也都写进去了，后来发现忽略了当时正处在中日战争这一历史背景。日寇蹂躏着中华大地，这个武术家却去接受天皇召见，岂不是类似溥仪访日吗？于是就删掉这条记事。80年代初志书中"左"的痕迹也在反复修改过程中消除了。在搜集资料上，既有扬有弃地采用历史文献资料，也很注意口碑资料的发掘，与文献资料印证后，把确实内容写入志书，化口碑为文献。如汉沽在记载地震灾害时没有单纯依赖官方调查报告中的资料，而是逐一去调查实际伤亡人数，大概相距有万人之差。这样就使当时地震的真实情况得以入志，使一代信志终成一代信史。这种口碑调查得到的是一句话，做起来却是千辛万苦的。关于新志断限，上限根据事物发展而定，没有什么太多问题。而下限要划定年头，与定稿出版往往有三五年甚至十来年的差距，如下限断在1985年或1987年，而出版则在1995年，这些年中，地方官换届数次，政绩难以见志，地方的长足发展得不到反映；如果随时增续，则志书永无封口之日。于是，我们另立一篇下限外的《政事纪要》，解决了志书结构中有所不足之处，后来许多地方也多采用此法。

天津修志工作中的评审制度是很值得发扬和坚持的。我参加过多次分志和区县志的评审会，其严肃认真的态度，大大超过某些学术会议的评稿。在志书评审会上，交锋尖锐，直言不讳，大至于观点，小至于文字、标点，可以说无所不提，而听意见的人都能虚怀若谷，善于对待各种意见，使志书尽可能消灭它的疵点，在绝大程度上保证了志书的质量。在文字上，天津的志书基本上做到既不忽视文采，又能朴实无华。

我想提两点希望：一是《天津通志》是种丛书形态，本身很有价值，又能及时提供，使各行业各方面的情况能全面反映出来；但行业间、领域间难免有相互重叠处、交叉处，不能成为浑然一体。我们应该尊重现在丛书形态的《天津通志》以及修志同志所付出的劳动。但我又非常期待在日后完成通志丛书的基础上，集中人才，以十年磨剑之功，再总纂一部浑然一体、自成体系、居于目前通志和简志之间的《天津通志》，使后人既能得天津的全貌，又可节数以亿计文字的翻检之劳。嘉惠后世，莫过于此。二是天津是一个有修志传统的地区，从明朝建卫以来就有过《三卫志》等，可惜已亡佚。现存最早志书是清康熙时的《天津卫志》。以后有府志、县志、续志、新志、志略、志要等等，总有十几种，另外有《杨柳青小志》、《津门杂记》之类，各县也都有不止一种的旧志。这么大一笔遗产不容忽视。旧志是传统文化中很重要的一份宝贵财富，整理后的旧志也是新编志书的一个重要组成部分，最近市志编委会与南开大学地方文献研究室已有所协议，共同进行天津旧志的标点整理，完成后按《天津通志》的规格印成二册，让天津人既能从新志中看到现实社会的横断面，也能从旧志中看到历史的成就，使天津的历史、地理、经济、风俗、人情和人物都能体现出来，使天津的修志事业跃登全国修志工作的前列。

一九九六年一月三十一日在"十年修志成果展览会"上的发言

原载于《天津史志》1996年第1期·总第44期

为十万修志大军一哭

　　读1998年7月7日天津《今晚报》天外天专版转摘自6月26日《信息日报》的一篇文章，两行刺人的标题赫然在目，那就是："新中国首次大规模方志编修让人哭笑不得"。我因投身方志事业半个多世纪，又始终其事地亲身参与了"新中国首次大规模方志编修"工作，见此自然本能地有所震动，急于诵读全文，以明究竟。读后始知这一"哭笑不得"的结论乃是根据"中国历史文献研究会副会长、知名方志学家仓修良教授"的谈话，感到异常的惊讶。但是采访者却遗落了仓修良教授对此问题发表谈话的更具权威性头衔，仓修良教授现还是中国地方志协会的常务理事和学术委员呢！

　　我像当年比附胡适之而说"我的朋友胡适之"那样，我的朋友仓修良的这番谈话确引起方志界人员的若干困惑。我和仓修良教授确是相识多年的朋友，我们应当说属于方志界的学院派，对于章学诚等方志学先贤的方志理论及成就，确是有所研究，有一定的著作和发言权；但是，对于新方志的修志实践却是一块空白。我虽然评审过近百部志稿，也滥竽于数十部志书的顾问之列，对志书的成绩和修志大军的辛劳只有赞叹和敬仰，有时也提出一些意见建议，是为了更好地完善。几十年来，我从没有"哭笑不得"的感觉。

　　仓修良教授在谈话的开端，也说了修志的一些成就，这些多是人所共知，难以抹杀的事实硬件，也是一般评论的固有模式。而更值得注重的是继之而来的批评。批评是推动工作的有力武器，因为任何事情都不能达到"足赤"，都需要批评，否则就会停滞不前。但总不该由于有这样那样的不足和缺点就得出"哭笑不得"的结论性标题。我对谈话中所涉及的几点意见，也有某些难苟同的地方，愿与仓修良教授商榷。

　　仓修良教授的第一点批评是："新修的许多方志不约而同地将国民党、三青团、民国时期县政府和参议会、汪伪县政府和伪保安大队、日军暴行等等放入‘附录’，主要是指导思想上有意识地对之加以贬抑。"接着他教育修志者"撰史修志应从史实出发而不能感情用事，历史上从没有修方志把前朝放入附录中的"。这里有与实事相悖的地方，我虽没有像仓修良教授那样下工夫去查阅230部志书，但也审读和查阅过近百部新志，所见国民党、三青团等都是与中国共产党及民主党派共入于党派之下，民国时期的县政府与参议会也多写在政权之类的编章内。至于是否真有志书把这部分打入附录的，我因读志未遍，不敢信口雌黄。汪伪政权和日军暴行之列入附录，正如仓修良教授所指责那样，是"有意识地对之加以贬抑"，因为对汪伪和日军都不能加以贬抑，那还能算一部什么新志？如果把汪伪和日军都抬高起来，那才真让人"哭笑不得"呢！仓修良教授更进一步指责说："历史上从没有修方志把前朝放入附录中的"，试问汪伪、日军能算"前朝"吗？此我所不能苟同者一也。

仓修良教授认为"艺文志（经籍志）的缺失是新修地方志的另一大问题"。这恐怕是一种误解。艺文、经籍之名，汉、隋二史所立，其他正史仿行者少，而缺失者多，是各有见解，难求一律。当然有此内容固佳，但绝非其名不能变易。新编方志有艺文内容者不在少数，我所看到的志书几乎都有类似艺文志的内容，如我家乡的《萧山县志》中就有《主要书目》的专章，详列自明到解放后本县人物的著作目录（包括本人的著作）；比较偏远闭塞的山西《河曲县志》还设有《艺文》专卷；天津《蓟县志》在文化编下有《艺文选录》专章，其第三节即为《书目辑要》，著录自北魏阳尼《字释》至当代著述之书名、卷数与作者等项目，岂非今之艺文志耶？抽样调查本不科学，仓修良教授仅抽样230部，查到74部有艺文志之类内容，但其中独立成篇单独立目的几乎没有，便轻易得出是"一大问题"的结论，似嫌鲁莽。因为我也同样能从230部志书中找出74部有专章专节专目艺文内容的志书。再说从已出版的二千多部志书中抽不足十分之一书作样，显然基数不足，难以服人。此不敢苟同者二也。

仓修良教授又批评了由于"部分修志工作者史学常识缺乏"而导致出不应有的"硬伤"和"笑话"。这应是认真分析的：来自四面八方的十万修志大军确有一些不像我和仓修良教授那样受过正规的史学教育，但他们在十几年的接触修志实践的过程中，已颇具备一定知识。出现"硬伤"和"笑话"，恐亦非这些人所独有。我可大胆说一句，哪个人和哪本书敢自承毫无"硬伤"和"笑话"？即以仓修良教授所举嘉靖和嘉庆为例，就有一位受过正规史学教育并有丰富史学常识的大学教授曾在文章中把嘉庆遗物作成嘉靖，上推了二百多年，那又何必责难这些缺乏史学常识的部分修志工作者呢！况且新修志书经过多次审定，也有专家学者参加，所以这种责难也难说公正！此不敢苟同者三也。

也许这个标题是采访者所拟，如仓修良教授事先知道，似应制止；如不知道，那也应考虑，为什么自己的谈话会引出"哭笑不得"之类的结论呢？因为从"新中国首次大规模方志编修"的事实考查，决难得出"哭笑不得"的结论。可怜"新中国首次大规模方志编修"的历程真是多灾多难，十几年前遭受过"劳民伤财"的抨击，如今又被摆到"哭笑不得"的尴尬地位，真可付浩叹。我认为首次修志是成绩斐然，成果丰硕，成就巨大，这"三成"是应该大颂大赞的盛事。相反地，我当为贡献青春，贡献一生，不计名利，默默耕耘的十万修志大军最终落个"哭笑不得"而一哭。

我和"我的朋友仓修良"确是相识多年的朋友，本应保持缄默，但为了尽真正净友之道，还是把不敢苟同的几点看法提请考虑，希望仓修良教授能明鉴我的直谅。我更热切地期待仓修良教授能以"知名的方志学者"的权威给"新中国首次大规模方志编修"以公正的评论！

原载于《天津史志》1998年第4期·总第57期

知错必改*

——学术批评杂论

最近，随着葛剑雄先生等对一本有关人口问题的专著进行了比较尖锐、但却是以理服人的批评后，引起了学术界的关注，更多的人欢迎这将扭转学术批评上的庸俗学风，这是一种敢为人先的学者风度。有些人在说长道短，也有些人在介绍国外学术批评状况等等，这些都不是什么坏事。尤其是《历史研究》敢于和肯于发表这类批评文章，对推动学术批评颇有重要作用。不可想象，如果没有刊物媒介将之提供给社会，那批评等于白说，毫无社会意义。我想刊物本身也会因此获得读者更大的信任。要开展正常的学术批评更需要的是被批评者能从善如流，知错必改，若有不同意见可保留和反批评，如此来来往往，如切如磋，自能相互得益，又有何不好？错，谁能没有，过而能改，善莫大焉。但事情往往有出人意料之外者。

大约在今年6月下旬，听说江西《信息日报》发表了一篇题为"新中国首次大规模方志编修让人哭笑不得"的访谈录，我没有读到。但是，仅仅十天左右，天津《今晚报》又以原题在显要位置较多地摘发，首先引起天津地区方志界的激愤，人们为之献身近五十年的事业，被人几句话全盘否定，是难以接受的。我认真读了全文，真不敢相信这是我的朋友、杭州大学教授仓先生的谈话。我相信标题是记者为耸人听闻，从仓先生谈话精神中概括出来而决非仓先生所亲拟。不过这位记者又怎能从仓先生的谈话中概括出这样一个标题来呢？仓先生的谈话所举的例证，很容易让人得出"哭笑不得"的结论。这里举出三个例子说一下：

* 此文在《天津史志》1998年第6期（总第59期）转载时稍有删减。

其一，仓先生在谈话中说："新修的许多方志不约而同地将国民党、三青团、民国时期的县政府和参议会、汪伪县政府和伪保安大队、日军暴行等等放入'附录'，主要是指导思想上有意识地对之加以贬抑"。又说："历史上从没有修方志把前朝放入'附录'中的"。这些话有对的，也有不对的。对的是我们修新志，确是有意识地对汪伪和日军暴行贬入"附录"，不贬还有什么史笔呢？如果把汪伪和日军都抬高到和我们平起平坐，老百姓干吗？不对的是我所见到过的新志，国民党大多是有专章的。至于非把汪伪都视作前朝，那是一个常识性的错误。仓先生的这些论点在类如《中国地方志》这样权威性刊物上也曾有零星的刊发。

其二是仓先生认为"《艺文志》（《经籍志》）的缺失是新修地方志的另一大问题"。新志俱在，有案可稽。只要多翻一些新志，事实俱在，不容置辩，只不过新志没有沿用旧名而已。如果以较少数量的根据来做论断的话，那我们就不能不以颜之推的"读书未遍，不可信口开河"之语为戒。

其三是仓先生批评由于"部分修志工作者史学常识缺乏"而导致出不应有的"硬伤"和"笑话"。这话有一定道理，来自四面八方的十万修志大军，有多少和我与仓先生那样受过正规的历史学教育？但是他们二三十年的修志实践知识又是我们谁能与之相比的呢？至于"硬伤"，我何敢说没有，即如仓先生也难免出汪伪是前朝的"硬伤"。再说一部志书问世是要经过多少道关的，单位审、领导机关审、专家审、市里审、省里审、出版社的三级审，我和仓先生无疑也审过稿，为什么都没审出来，而把"硬伤"消灭掉，偏偏要让修志人员独尸其咎呢？

正常的学术批评本来应该很顺当地结束了。真诚地希望仓先生能对错的地方知错必改，有不同意见尽可保留或反驳；也希望有关刊物肯把正确意见公之于众，使学术循着正确道路发展，这是再好不过的了。哪知树欲静而风不止，仓先生一直纠缠于标题非我所定，而不涉及其谈话内容，并函告我："此事发生后（指发表访谈录一事），中国地方志指导小组诸公，也深信此事不会是我仓某所为。"我想指导小组诸公不会在白纸黑字面前说"不会是"，即使有个别人作如是说，也绝不会是"诸公"。显然是拉大旗暗示我有来头，封我的口。某刊则拒发批评意见，始而该刊副主编向我当面说谎：未收到这方面稿子；继经追问收转人，才用电话相告稿子转到，已交领导研究研究；终而有该刊编委会负责人以电话正式告知，你们的批评是对的，但批评稿不拟公开发表，只在内部传阅，以免引起仓先生又反批评，就会争论不休。这种搭浆糊的说法，真让我糊涂了，为什么明显错误的论点，该刊可以发，而批评性意见就不该发。他们的不公开表态就是一种真正的表态。厚彼薄此，实难理解。

正在我满脑混沌之时，随手抄起身边的《中华读书报》，恰好是介绍西方学术评论的内容，文中引述了中国社科院副院长王忍之先生批评"只说好话，不说缺点和不足"现象的话，真是警世良言。可惜，某刊没有遵循忍之先生的话去做。他们既然不喜欢说缺点和不足，更何况是批评错误的话呢。这是一场没有结局而夭折的学术批评！

原载于《中华读书报》1998年11月4日

新世纪的修志思考

——写在第二届修志之前

一、首届修志成绩的总估计

送旧迎新，本是历史的必然。但是在旧世纪做了些什么，到新世纪又将做些什么，确是每个人应该思考的重要问题。当我们已进入新世纪时，修志领域也随之进入第二届修志时期，当此之际，不仅要回头看过去，更要向前看未来。过去近半个世纪的首届新志编修事业，可以说成绩斐然，成果丰硕。这是有目共睹的事实，绝非任何人所能否定。数千部新志，数百部方志学专著和数万篇论文，使中外学者无不叹服：这是当代中国最宏伟的文字工程。据一种官方数字宣布，截至50年国庆，已出版面世的新志约4000部左右，完成了预期目标6000部的三分之二。它体现了第一届修志事业的空前繁荣，达到了历代修志的新高度。

第一届修志有三点值得注意，一是总体规划，分头进行；二是反映全面，突出特色；三是具备时代气息。但也存在一些不足，如体例不划一，断限过于参差，字数过多，成稿与出版间距过长。中国地方志指导小组有位领导人曾说："已经出版的志书质量很不整齐，一些志书存在的缺点和问题还比较突出，如史实不准，取舍不当，语言不精，校对粗疏，甚至对某些历史事件和历史人物记述不够客观"等等。这些问题都可以逐一解剖，但决不应如某些自以为是的权威那样对第一届修志事业大加指责，而应客观认真地对第一届志书进行全面、系统的研究，总结其经验教训，用以指导即将来临的第二届修志工作可能遇到的具体问题。这是新世纪给我们的第一大任务。

首届修志的起步是正的，它既有传统的修志经验作依靠，又有代表先进思想的理论作指导。它还有半个多世纪的酝酿、摸索与探讨的过程，积累了若干有益的经验，如：

1. 工作程序的规范化：先行试点、交流学习、全面培训、组织队伍、搜寻资料、拟定篇目、投入撰写、层层审读、反复修订、批准印行。

2. 继承传统：开展对旧志及旧志理论的研究，总结旧志，取其精华，全面吸取修志传统的有用经验，甚至篇章节目都有所借鉴，起步时颇有帮助。

3. 明确方向：首批修志从一开始，就明确是在正确的先进理论指导下的社会主义方志，是一部官修志书。

4. 创编新志：新志编写立足于"创"字，如重经济，立概述，大事记为编年与纪事本末相结合体，增设外文目录，编制综合索引等。

这些经验在第二届修志工作中仍有参考意义。

二、对第二届修志的种种认识

新世纪等待我们的更大任务是如何修好第二届志书。官方和不少修志人士都在说这是"续修"，这种提法虽然有历史的依据，但既不准确，也不便运作，因为在1998年所制定的《关于地方志编纂工作的规定》中曾规定"各地地方志每20年续修一次"，如此一续、再续、三续以至无穷的续，将给后来造成某些麻烦。我认为第二届修志既不是只与前一届志书时间衔接的"志续"，也不是全盘否定前者的"重修"，而是一次有修订、有继承、有创意的新一届修志，所以不宜称"续修"而应定名为"第二届修志"，才是比较切合实际、便于运作的。不过，目前对这一问题尚有多种不同的理解与意见，如：

1. 有人认为"续修"就是"新修"，这在某种意义上说有一定道理，因为第二届修志必然有其创新的一面，但也不能完全抹杀对前届修志继承的另一面。用新修来代替续修似乎易于混淆概念。因为当年首届修志时，最初有一个口号是"总结旧志，创编新志"，而且新与旧是一个相对概念，如第二届称"新志"，则今后"续修"，是否都以"新志"名之？

2. 有人认为第一届修志的理论准备和资料准备都不足，体例设计陈旧，很多志书没有达到新编志书的要求，所以"续志"应当通贯古今地重修。这显然是没有充分了解第一届新修志书的基本情况，是对前届修志的全盘否定。

3. 有人认为第一届志书经过多年的资料搜集和积累，已达到一定的饱和点，重修不可能有更大的突破，因此只能以前后的时间相衔接，这适用于大部分第一届志书，但第一届志书也绝非不容侵犯，而应实事求是地纠谬补缺。

4. 有人认为第一届志书从八十年代以来陆续出版，十一届三中全会后的改革开放与市场经济等状况，尚在逐步认识，有许多地方记述得比较简略粗放，没有完全达到存史的要求，所以第二届修志应从三中全会写起。这应视各志的具体状况而定，不能都这么办。最好是在第二届修志过程中适当增订而不要重叠。

5. 有人认为"文革"是现代史划阶段的界标，从"文革"到三中全会召开的两年中，是为从计划经济过渡到市场经济做理论和舆论准备的两年。为了完整地记述市场经济的由来应以1977年为第二届志书的上限，以便把国民经济的恢复、真理标准的讨论等与市场经济体制关系密切的内容都能包容进去。这一主张有一定道理，预料第二届修志将会对这些内容有所增补，但不宜以1977年为第二届志书的上限，那样几乎就是实质上的重修。

6. 有人认为中华人民共和国的成立是重要的历史分期界标。第一届志书在资料剪辑和体例布局等方面都有不足。所以第二届修志应从建国起，或从当地解放时起，以使中国共产党的执政史完整。这是混淆史志体例界限的说法。如照此办理，没有什么新内容可写，只能是把第一届志书中史的那部分内容重新摘抄一遍而已。

7. 有人认为，第一届修志上下限很不统一，有的相差20年。第二届志书的上下限不可能一刀切，所以不要强求一致，仍应从实际出发各自运作为好。这个建议应该受到重视。

8. 有人把续与修分开，续就是把改革开放的20年补写清楚，修就是把上届志书进行修正。把续与修截然分开似有新意，但其诠释却难令人接受。这一意见让人有一种"重修"的感觉，甚至会误解为第二届修志就是修"改革开放志"。这个意见是不论第一届志书的下限在何年，第二届志书一律先修1980至2000年这20年，然后大家都齐步走，再也不用考虑志书的上下限，每20年一起步，这对领导修志者来说可收统一规划和指挥若定之效，而在实际工作中将会呈现重修与半重修状态，似与续修本意难合。

三、第二届修志的难点

上述这些意见还不能说已包罗殆尽，但已使人难于决策，而更大的难题还在面临的困境。我估计有两大难题：

一是两届修志的间隔为20年，似乎太匆迫而不切实际，我曾参加这次讨论，表示过反对意见。清60年一修，民国30年一修，都没有显著成效。一般来说，志书与所写内容需要一定的时间差距，才能反映社会发展较为清晰的曲线。20年似乎时间不短，但从历史和社会发展看只是弹指一挥间。再说，首届修志的下限很不一致，若都按20年一修的规定，则会出现忙闲不一的弊病，下限早的，眼看20年续修之期已到，遂不顾一切地匆匆上马；下限晚的，离20年续修之期尚远，无所事事地等待。第二届修志既没有事先准备好的现成文献，也没有已经总结好的定论，因为修志者与所写内容在同步行进。因此修志者只有站在时代的风口浪尖上，参与现实建设的拼搏，又要用冷静的眼光和公平、公正、公开的态度准确地记述这一瞬间的具体内容。这不能不说是一大难题。

二是第二届修志所面临的问题有许多是第一届修志所未接触过的新领域，是一个几乎完全陌生的世界。其中如国民经济与社会发展的运行，突破传统的产业、行业与事业的界限，新的跨行业、跨区域的横向联合实体和高科技的发展与应用等等。所以不能墨守成规照方抓药。

四、第二届志书内容与体例的设想

我认为第二届修志的覆盖面至少包含着这三方面：（1）记好重大经济与社会专项事类的始末，如国民经济的治理、整顿与"软着陆"，短缺经济的结束及后遗问题，精神文明在市场经济条件下的转折性变化等方面都要以新视角记述好。（2）依法治国所产生的政治生活变化，及其在经济与社会发展诸领域中所产生的重要影响。政党与政权职能的转变，都应做出具有权威性与定论性的记述。（3）人和人构成的社会群体都应全面展开记述。要将当代人物的典型性活动都记入志中，不再拘泥于生不入传的陈规。

第二届修志不仅在内容上要解决上述难题，而且也要改变原来的志书编纂体例与方法。首先力争与第一届志书保持相对的衔接和平稳过渡，不要让读者无法将前后志书联合使用，如前志基础较好不妨移步而不变形。其次体例应有所创新，但这种创新不是简单地增减门类或更换标题，而是一次相对独立的设计与组合，如：（1）在传统的横排竖写基础上强化整体性和综合性的新思路。不要层层设综述，行文要明确有力，让社会实践中新的综合事类突出来，要采取修志者与志书内容同步表现的手法。（2）全面刷新体例、体裁、结构、章法，不再纠缠大编小编之争。制定全新的设计蓝图，要采用以志为主、诸体融合的体裁，并从社会实践和社会结构的特点中寻求篇目，对旧有篇目可以有取有舍，但以创新为主。（3）要增强志书的学术性，容许对专用名词和行业用语加简要注释，对异议有论辩，对疑问有考证。前届修志有个别志书对这方面曾有所试行，效果颇佳。（4）为适应信息网络化处理的发展态势，应建立对应的处理程序，做好进入信息网络的准备。这是前届修志没有遇到的新事物，应给予最大的重视。

五、第二届志书由谁来修

首届修志发动群众之广，参与部门之多，是前所未有的。修志界的共识称之为"众手成志"。众手成志的背景是计划经济时代。由于修志传统中断百数十年，资料严重分散，许多人对修志问题已很陌生，所以有可能和必要以行政手段层层建立修志机构，调集一定数量人员，开展修志工作，反正都是在一口锅里吃"皇粮"的。所以耗费人力物力财力和时间较多，而临时抽调组成的队伍，文化素质不齐，缺乏修志的基础知识，临时培训相当吃力，进入角色的周期较长，往往事倍而功半，不利于保证质量，明知有弊端，但许多矛盾不易解决，只能无奈地做下去。但第二届修志，条件大为改观，背景已是市场经济时代，工作讲究效率，机关人员精简难以抽调，但有一批积有修志经验的专业人员可以竞争上岗，所以第二届修志可以说是依靠专家修志。

所谓的专家修志是一个群体概念。这个专家群体大致包括三方面人员：一是熟悉方志理论，有一定修志经验的专业修志人员；二是掌握各行业情况的行家里手，要具备高科技的基础知识；三是了解社会经济发展的人员。

这些人员都应共同具有"三会"的技能，即会写作、会用电脑、会调查研究。这个修志专家群体可在开始修志时，公开招聘，约定年限（一般要求三年成志），由组建部门进行目标管理，到期验收。

我所说的修志专家群体在某种意义上看仍是众手成志，但这是专家之众手，削去了冗员的赘疣。这些专家群体中的人既能高瞻远瞩地观察形势，又能鞭辟入里地分析问题；既能从纷至沓来的资料中撷取珍珠，又善于删繁就简画龙点睛，足能收到既快又好的效果。较之第一届修志定有新的成绩。

新世纪的来临是百年一遇的盛事，百业维新，修志何得例外？作为方志界的老兵，谨贡浅见，与有意参与第二届修志同道商榷，并祈指正。

原载于《河北地方志》2000年第2期

岁首献言

旧岁即将过去，新年就要来临。送旧迎新本为正常岁序，而事业之成绩与发展则不能不有所回顾与展望。适逢其会，有幸应邀参加全国地方志第三次工作会议，各地领导与修志人士，济济一堂，共议志事，虽期望过高，但所获滋多。二届修志，任重道远，尤当缜密策划，以无负盛世。我籍隶浙江，首批修志，略效绵薄；二届继起，义难缄默。际此岁首，略作献言，聊抒游子之诚。

首届修志经验不可没。首届修志正规启动于80年代初，当时正为百废待举，拨乱反正之际，虽匆匆上马，思虑多有不周。但指导思想正确，修志人员虚心求进，不计辛苦，不顾艰苦，不怕清苦，边学边干，历二十年之磨砺，至世纪末，已完成之三级志书达4700余部，为预定完成额之75.24％。其功固不可没，而其经验教训更多可借鉴，为二届修志树一标尺，庶增补正讹有所依据，若攻其一点，视若敝屣，则不仅使修志人伤心，亦将使二届修志失其助力。

二届修志最要者在于质量。此次会议李铁映同志首揭此议而论说："新一轮修志工作不是在数量上速度上做文章，而是要在质量上做文章。志书质量在续修工作中至关重要，要摆在第一位，要把创精品作为新一轮续修工作的基本精神，否则将失去志书的社会价值和文化价值，损害当代，贻害子孙。"与会者虽于此尚有议论，但我则以其为不刊之论。首届修志在材料散失，前无依据的情况下，保存资料实为当务之急，一切行动都具有抢救意义，因而强调志书为资料性的地情书、国情书，自有其历史意义。今则与时俱进，前有首批修志基础可据，而各种条件又大为改观，佳志名志固非志志可求，但取法乎上，仅得其中。若以质量为鹄的，以正确理论为指导，以翔实确凿资料为基础，论事事有出处，论言言必有据，数字统核无异，图表随文，清晰可见，文字通畅可读，如此臻于佳志名志，其庶几乎？

　　二届修志形式不必强求一律。一般可为前志之续，但不可用续志之名，若二十年一修之议成立，则续而再续、再再续，终至无法排序，不如以数字为序，可无所窒碍。而有些地区因行政区划变更，尽可用新设置区划为志书题名。近读河北《三河市志》，即为《三河县志》之后续，因三河既已易县为市，则今所修者当为市志，虽形式上与前志之下限相衔接，但实非县志之续篇。若正名径称第二届新修志书为《三河市志》，又有何不可？又闻浙江萧山有修《萧山市志》之议，此确为二届修志可资推广形式。萧山由县而市，由市而区，几番改易，体制自有不同，其中市之设置，固前所未有，而日后是否尚有市之设置，殊难逆料。愚谓市之设置，于萧山恐将为昙花之一现。是以二届修志之际，萧山当效三河做法，修萧山十六年之市志，径题《萧山市志》，成世纪之志，而不必斤斤于续修之说。

　　二期修志一定要贯彻和确立专家修志的观念。首批修志发动群众之广，参与部门之多，是前所未有的。当时因修志传统中断百数十年，资料严重分散，急于抢救，运用行政手段，层层建立修志机构，抽调和临时组成人员，势在必行。这种众手成志的做法，在计划经济时代是可行的，而且也取得一定成效；而在当前，无论工作条件，还是人才素质，都大有改进，众手成志在实行上颇多窒碍。所以二期修志应走专家修志之路。

　　欣逢新春，略抒末见，是否有当，至祈批评！

原载于《浙江方志》2002年第1期

我对第二轮修志的一些看法

【编者按】 作者针对第二轮修志提出三个"新",即理念新,内容新,编纂方法新。作者希望第二轮志书在现有的基础上大力提高志书的学术性,按照科学发展观的要求,遵循实事求是记述原则,进行批判地继承,总结地创新。收集资料的过程要注重社会调查,将文献和田野调查结合起来,并将调查所得写成专题报告。成志稿前一定要写资料长编,志书从第二稿起要请人评议。编纂志稿还要讲究文采,恰当使用图表,适当增加注释的分量,注意人物的历史评价和收录范围。

第二轮修志已开展多年,虽然我因年高体衰,久已淡出志界,但终有过半生的经历,所以还未能忘情,经常涉猎一些有关第二轮修志的信息,也有过一些看法,陆续记录点滴,也曾在某些适当场合,做过几次较有条理的发言,现整理成文,与同道商榷,借抒胸臆。

我认为第二轮修志应当做到三个"新"字。首轮修志一开始也提出三个"新",就是新观点、新资料和新方法,而二轮修志的三个"新"则是理念新、内容新和编纂方法新。这是需要全面把握的宗旨。

一是理念新。就是要在现有的基础上,提高志书的学术性。提高学术性就是要由依靠史料写志转变为写志是为保存史料。我看过一些第二轮志书,发现他们已经组织开展一些专题调查,并写成书面报告。这些报告就是原始资料,把这些第一手资料写入志中,就有助于提高志书的学术性。学术性不是一个抽象概念,不是高谈阔论,而是要有坚实的资料作基础,是继承传统的创新。对继承传统过去有些误区,认为继承传统似乎就是照搬旧东西,其实传统本身就不是一成不变的,而是随着时代的推进不断发生变化的,它是需要注入时代精神的,是在不断更新的。

在第二轮修志中，如何更好地体现学术性呢？我认为要作多方面考虑。从理论上看，没有理论的行动是盲动，要按照科学发展观，根据国家的法律、法规、政策考察我们志书的内容，是否符合科学规律。说到底，就是看有没有体现实事求是的原则。要批判地继承，总结地创新。

如何实现这些理念，《萧山市志》主编沈迪云先生曾向我说过，要注重四个关系，那就是：一是静态与动态的关系，二是点与面的关系，三是个性与共性的关系，四是写志者与读志者的关系。我同意他的想法。这也是《萧山市志》在第二轮修志中能有较好成绩的原因之一。

二是内容新。志书的生命线就是凭资料说话。在收集资料中应当注重社会调查，这就是点与面的关系，也是文献与田野相结合的问题。第二轮修志应特别强调写出专题调查报告，把这些报告适当地写进志书，或者作为志书的附录，备研究者参考。据我所见，目前全国在修志收集资料中，很少是这么做的。专题报告必须符合实际，不要轻易下结论，搞专题调查，不能鲁莽从事，要有针对性，调查的资料要进行考证，对调查的疑点，不能搞推测猜想。在采录口述资料时，不能仅凭一个人的回忆。有些人口述亲临现场的事，听来头头是道，但也许是"制造"的，或其中有回避的地方，因而这个人的回忆有可能掺入了假话或不准确的内容，不可不注意。对此，应努力做到口碑与文献相印证。写志书是提供一个实证，需要反复地印证，做到信而有征。对收集到的各方面资料，通过精心整理，各有所属。在各条资料后面，可以有标识地写下自己的史识，不要拘泥于史志界限，可以写自己的见解，或不入正文写在注释中，只是注意不妄发议论，不说空话、套话，在这些方面史志是统一的。

三是编纂方法新。在正式写志稿前要编长编，长编就是资料汇编。把所收集的资料按志书门类分别理顺编次，要坚持做到"宁滥毋缺"，要给写志稿的人留出思想回翔的空间。编好长编，要从头到尾看是否有阙漏待补，是否有冗赘待删。等长编齐备后，即可写志稿。志稿不能一挥而就，可能写几遍。第一稿可能写得粗糙些，但要较快地把主要论点和资料结合成文，第二稿写得慢些，要精雕细刻，写好后略放一放，再请人评议，要请三种人审读。一是比自己水平高的人，以利于受人指点；二是水平与自己相近的人，可以相互商榷比较；三是水平低于自己的人，测试你写的内容，读者的感觉如何，接受程度如何。对分到各有关部门撰稿的成品要求该部门主要领导看过，实行问责制。经过认真改写的第三稿，要让修志者互改，要排除"自己孩子自己抱"的狭隘观念，不要唯我独尊，摒除自己的稿子别人不能动一字的恶习。互改要建立修改表，把原稿和修改处并列对照，便于终审时确定是非和存档备查。

编纂志稿要讲究文采。首轮修志因为长期未修，人们对志书文字比较生疏，史料散在各方，难以一时归拢，所以文字不太讲究，只注重朴实无华。第二轮修志则要讲究点文采，不能忘记古人所说："言之无文，行之不远"。志书需要有一定的文采。我所说的文采，不是虚构无内容的词藻，也不是多加粉饰性的语词、造句，而是要求字斟句酌，脉络清晰，逻辑合理，笔端常带感情，令人读之有味。

图表是志书的重要组成部分，是数字文献的表现形式。在志书中，有些不便用文字记述的地方，采用图表来表示，显得更真实可信。如灾荒造成的人口减员，占地失地的情况等，用图表表示既能有明显对比，又可避免触动时忌。首轮修志图表用法单一，数量亦较少；第二轮修志已注意及此，并取得很好的效果，为编纂方法增添部分新内容。

第二轮修志最值得推广的方式，就是增加注释。这是首轮修志少见的做法。我看有些第二轮志书增添了注释，注图表和引文出处，注互见，注异说，注地名今释，注年代考订，注当地俚语方言的解释等等。注文有时很长，内容很充实，有的甚至像一段小考证，可能比写一段志书还费力。这样既不影响志书本身的阅读，又增强了志书的学术含量。

人物是志书中最具活力的组成部分，为志书所不可或缺。其难度在人物的历史评价和收录范围。首轮修志，人物均为已故者，所以有生不立传的规定，为修志者所恪遵。至其入少入多，多依地方名人之多寡，优中选优，以定去取，尚易着手。但第二轮修志则人物多存世，尚未盖棺论定，议论者也多见仁见智，各持一说。现实迫使修志者不得不放弃生不入传的陈规。在行文中，只述其人事功，采取以事系人的做法，对人不作全面结论和颂赞。尤其值得注意的是，千万不要将人物部分写成履历表，将当时当地各级领导小传及照片，编成人物传。我曾看到某省一部县志的人物部分，不仅县的各级领导，甚至本志总编、编委以及一些无所作为的庸吏等等，均入志立传，我看这只能是"秽志"，决不可取。

这些是我最近看过几部第二轮志书后的一些看法，不一定妥当，只供参考，希望得到方家指教。

原载于《中国地方志》2010年第1期

以旧志考辨　以新志存史

　　地方志是我国具有悠久历史的一种著述体裁。它记载着某一地区的自然、历史、地理、社会、经济、文化等内容。地方志的起源很早，如果从战国时所写的《禹贡》算起，已有两千多年的历史。1973年，马王堆出土汉初地形图、驻军图和城邑图，是方志的最早形态——图经的雏形，侧重于地理方面。到东汉袁康撰《越绝书》就多记及人事活动，使地方志粗具规模。魏晋以来，方志的编纂体例渐臻完备，如常璩的《华阳国志》和宗懔的《荆楚岁时记》，都是当时的方志名著。隋唐时，方志编纂工作受到政府注重。隋大业年间，"普诏天下诸郡，条其风俗、物产、地图，上于尚书"，这是国家明令修志的开始。从此篇帙巨大的多种方志著作相继出现，其中《元和郡县图志》40卷是一部影响甚大的地方志。它记述唐宪宗元和时十道所属州县的历史、疆界、山川、户口、贡赋、古迹等，南宋时图亡，即称《元和郡县志》。20世纪初在敦煌石室发现唐修《沙州图经》和《西州图经》残卷，已是早期方志的规模，即以图为主，附加文字说明，为后世方志体例的定型起了先导作用。

　　宋代地方志的撰著，日趋兴盛，体例大致定型，门类亦多拓宽，长篇巨制出现，有多达数百卷者，即以《太平寰宇记》200卷为例，在地理门外，又编入姓氏、人物、风俗数门，详细地记录了人物的官爵、所撰诗词以及人事活动，丰富了地方志的内容，开后世地方志立人物、艺文体例的先河。同时在宋孝宗、理宗和度宗百年之间，三修《临安志》，成为被后世誉称为"体茂事备，可称名著"的佳志。在兵荒马乱的动荡年代里，一个地区的地方志，竟能续修三次，也可见当政者对地方志编纂工作的关注和重视。它也是后世续修志书的优良典范。

　　明清以来，方志修纂工作有了更显著的发展，几乎遍及府、州、县、乡、镇、村，而清代的发展尤为突出。在现存方志中，清志几占80％。清代修志总量达6500余种，平均每年修志20多种。它上起全国的一统志和各省通志，下至府、州、县、镇、乡，无不有志。康熙初又规定六十年修志一次，对推动地方志编纂工作起了一定的作用。许多著名学者也把修志工作视为学术研究。有些学者倾力于方志学的研究，对方志学的源流、体制、历史、性质、编纂等问题，相互商榷探讨，在清人文集中可以看到大量清代学者的有关论述。清代学者在修志实践上，理论探讨上，资料搜集上，都显示出独特的成就，为地方志的编纂与研究奠定了良好的基础。

辛亥革命后，地方志的编纂事业以续修为重点，如河南在1949年前续修了78部，山东在1929年至1937年间共修84种。许多学者倾力于方志学的研究，对方志学的体制、源流、纂著方法等，撰写了大量的论文和专著，其中当以梁启超的《清代学者整理旧学之总成绩——方志学》为代表作。1929年南京国民政府内政部颁发了《修志实例概要》22条。1944年国民政府已处于风雨飘摇、岌岌可危的境地，还颁布了《地方志书纂修办法》，规定"省志三十年纂修一次，市志及县志十五年纂修一次"。这些规定虽然未见全部施行，但其中内容还有可供参考和采择之处。

上世纪五十年代初，政权易主不久，方志事业已在一部分人中喧嚷，除重印旧志、类编资料、编纂目录、开展专题研究等外，最突出的事业是以不断呼吁，逐渐实践，广泛开展，相继编纂为目的的新编地方志工作，先后于各地蓬勃兴起，虽经"文革"的巨大挫折，但经几番辛劳，在本世纪初，终于基本完成首轮新编方志这项重大工作，并继续开展第二轮的新志编纂工作。规定二十年一修的条款，并在距今五年前由国务院正式颁布《地方志工作条例》，对新志的性质界定、编写体例、编纂要求等等有关内容作了具体规定，使地方志编纂工作有法可据，有例可循。第二轮的新志编写现正在全国各地有领导、有次序地开展，并已取得部分成果。地方志事业正方兴未艾地进行。

无论旧志还是新编方志，有一个共同特点，那就是注重文献资料的搜求、整理、使用、保存，这是修志和用志各方的共识。清代方志学家章学诚曾论及方志的文献价值，他说，志书的文献可以"补史之缺，参史之错，详史之略，续史之无"，我们不妨摘取数例，以说明地方志的文献价值。

《大藏经》是人类文化史上极为罕见的巍峨丰碑。自北宋以来，刻有十余部，而浙江余姚曾刻过两部，旧说其《径山藏》是明万历十七年（1589年）初刻于山西五台山清凉寺，后于万历二十一年（1593年）迁余杭径山寂照庵续刻。经新志编撰者详加考订，万历七年（1579年），紫柏禅师真可初创议刊刻时即在径山，便以新说入志，纠正旧志之不足。

历来史志多不注重图籍著述，仅列其人其书名目而已。宋人施宿所撰《嘉泰会稽志》卷十六立《藏书》专篇，《四库全书总目提要》誉之"为他志所弗详"。清人庞鸿文撰《常昭合志稿》，其卷三十二曾入藏书家32人，亦欠详尽。新编《常熟市志》特立第二十二篇——《藏书·著述》，下分四章：（1）《历代藏书》，为常熟私家藏书史，记清至民国143人（清有101人），除记其字号生卒外，尚立简况一栏，记其藏书特点；立室名一栏，记其室名，以明藏书处所，旁行斜上，一览可得。（2）《藏书家选介》，自百余家中择其荦荦大者15家，详其始末。（3）《今存善本书目》，按四部分类，著录常熟市现藏善本书。（4）《邑人著作书目》，著录乡人著述和乡邦文献之目。观此一篇，足补中国藏书文化史之缺。

少数民族史料，相对来说较少。云南《潞西县志》对傣族"土司集团"及其成员的服饰、饮食、居住、行走等作了生动具体的系列记述，可看到历史上芒市土司集团的衣食住行文化，如土司喝专门烧制的纯米酒和糯米酒，也喝威士忌、三星白兰地和茅台酒。抗战时期，土司住屋也有沙发、时钟、花瓶及软卧双人床等，反映滇缅公路开通后的生活变化。又如土司统治阿昌族的基层政权称"撒"，"撒"下设"档"，每档由一个较大或几个较小的村寨组成；"撒"设"岳尊"一人，由土司委派，由番象山的汉人轮流充当，代土司催收官租、杂派。这些对民族史的研究都具有文献价值。

地区文化的研究是文化史研究中的重要领域，文献资料比较散落；但在地方志中往往保存一些足资参考的文献。云南《陆良县志》记有蜀汉爨民入迁陆良，与当地民族文化相结合而开创的"爨文化"，并收录有关碑文和考跋，为研究"爨文化"提供了翔实的资料。有的志书如《马鞍山市志》，还设有《湮没古迹》的专章，不仅记历代毁弃的古建筑，亦记有民国时期曾存在于安徽图书馆和民间的已佚珍贵文物藏品，使志书成为研究江南文化，特别是吴文化的一部重要参考书。有的志书如《青田县志》，还保存着一些原始文献和珍贵照片。在该志附录中，就全文辑存了宋郑汝谐的《易瓦记》、清吴楚椿的《畲民考》和民初叶正度的《查灾日记》等，都具有存史价值。

从上述数例看，大体上是旧志的文献价值在于挖掘考辨，提供编写研究的依据，而新志的文献价值在于求真求实地创建文献，足资后人征信的文献依据。是凡研究学术者对二者固不可偏废。对新旧志书均应以审慎思辨、求真求实的态度善加利用。

二○一一年七月修订于南开大学邃谷

原载于《方志文献国际学术研讨会论文集》 中国地方志指导小组办公室等编 中华书局2012年版

给城市区志一席之地

城市区志一直没有在方志类型中得到应有的地位，实际上它已经是志域中一株正吐露芬芳的奇葩。任何一种志书能否自成一类，可以从一个"基本标准"和两个"面向"来衡量。一个"基本标准"就是是否合乎地方志的属性，胡乔木在第一次地方志工作会议上的讲话中对地方志的属性曾有过这样的界定：

> 地方志是一部朴实的、严谨的、科学的、有时代特色的资料汇集，是地方的科学文献。它是为全社会多层次、多种需要服务的。它是为认识国情、建设有中国特色的社会主义服务的。

城市区志与这一属性并无不合之处。至于两个"面向"：一是面向设区现实，二是面向修志现实。我国城市设区，始于20年代后期，上海、北平、南京相继设区，相沿未变。截至1994年，全国的市辖区已有669个，占市县总数的30%。城市区志的正式修志机构也在1981年于无锡崇安区正式建立，此后，重庆北碚、济南天桥等城市属区的修志机构也相继建立，开展工作，发行刊物。1990年6月9日，在南京白下区召开的首次全国城市区志编纂工作协作研讨会，得到了中国地方志指导小组和有关地区领导机构的祝贺与支持。这是城市区志编修者的第一次大聚会，到会代表有31个城区，提交论文和经验介绍30篇，对城市区志的特点、地位、作用和篇目设计等问题进行了研讨与交流。这次会议使城市区志的编纂工作得到了社会的承认，正式进入新编方志活动的行列，成为一个比较稳定的层次。这一设区现实应是城市区志能自成一类的重要依据。

另一个"面向"是修志现实。任何一个学科门类都有自己发生、发展的积累过程，不可能一蹴而就。城市区志亦复如此。全国城区有600余个，截至目前已有150余部城市区志在印刷、出版，占全国城区的20%，即五分之一左右。第一部城市区志——《白下区志》在1988年正式出版，也是我读到的第一部城区志，虽是首创之作，但已具志书规模。以后，上海的普陀、黄浦、静安等七个区的城区志，天津的大港、塘沽、汉沽、东丽等区的城区志以及济南的《天桥区志》、沈阳的《东陵区志》、扬州的《广陵区志》等也相继问世。因为我曾应邀为《广陵区志》写序，所以读得比较仔细。《广陵区志》具有一城一区和本为扬州古城所在的先天优越条件，加以修志人员的辛勤努力，终于成为一部居于前列的城区志。仅从这部志来看，就提出了若干编纂城市区志的经验，它依据"详今略古，详区略市，该详则详，该略则略"的原则，基本上解决了市、区同城的困惑，使市、区两志各得其宜，有互补之效。它狠抓地方特色，因扬州以园林古迹称盛，素有"扬州重园林"之评，乃立《园林名胜》及《文物古迹》专编，以文字描绘玉树琼花、绿杨明月、二十四桥、瘦西湖水等等景色，体现了地方志应突出地方特色的要求。该志还严格恪守生不入传志例，收录本客籍有突出事迹和影响的已故人物。这些足证城市区志的修志现实已渐趋成熟。

面对这两个现实，城市区志已是屹然独立于志苑。纵然社会上甚至方志界对城市区志尚有这样或那样的议论，但是从事城市区志编修工作的人们应该认清任何事物都有自己的形成过程和万事开头难的最平凡的道理，走自己的路，听他人去说。最初食蟹的人是勇敢的人，也是应当给予尊重的人。

与城市区志接近或类似的志书还有城市志和地区志。城市志从开始就被承认为三级修志中的固定层次，中国地方志指导小组还专设城市志小组指导和推动城市志的编纂工作。1987年11月，在昆明召开过"城市志编纂会议"，对城市志的编写工作进行了探讨和研究，会后结集为《新编城市志研究》一书，提出了"只有深入研究，正确认识城市的基础上，科学地运用方志的特有体例来准确地反映城市的基本面貌"的论点。这就为城市志成为独立层次提供了论据，那就是说城市志既要充分反映城市的功能和地位，反映其辐射力和吸引力所能达到的不同圈层，又不能让城市的中心作用局限于市属县范围之内，或看不出市与县间的不同功能与作用。按此标准，区志完全有编写必要，而且还为市与区之分工提出了解决途径。

地区志和城市区志有着不被重视的同样命运，而地区志更以地区非一级正式机构，遂处于一种被人不加可否的冷漠地位；但是经过地区志编修人员的艰苦奋斗，目前已有数百种问世，蔚为志苑大国。其实，地区的体制与历史上的州相类，州志之修为数不少，则地区志既有历史传统可取法，又有地区本身发挥功能与作用的现实，地区志之编修也理所应当。但是，直到1992年11月，它才在陕西渭南地区召开了首次"地区志研讨会"，比城市区志的聚会集议尚迟两年，也可见地区志的举步维艰。地区志的地位就是地区志，它既不是省志的拾遗补缺，也不是县志的简单相加。它从本身功能出发，立足全区，面向民众，反映整体，体现特色。它能补省志所缺，详省志所略，通县志所不通。所以，地区志与城市区志同样是志苑中不可或缺的层类。

城市区志从地方志的基本属性、两个"面向"的现实以及与相接近或类似志类的比较研究等方面考察，确实应给它以应有的一席之地。当前正在广泛展开城市区志编写与研究之际，问题在于如何把城市区志编写得更好、更完善。我从阅读的为数不多的城市区志中，感到今后城市区志的编修应在原有的成绩基础上，从实际出发，树立新的观念，探索新的模式，经过一种探讨、研究和完善的过程，进入城市区志的新境界。要保持城市区志的全面性、系统性和完整性，从这三方面来反映城区的基本面貌。要强调内向力，尽量减弱辐射力。要贯彻志书时代性、地方性和科学性的基本要求，其中科学性最难，因为它不仅是编写运作问题，而是牵涉到修志人员的素质和修志队伍建设的问题，只有建立一支高素质的修志队伍才能修好一部科学性的佳志，也就是说修成一部人们可以引为根据的权威性著述。更值得注意的是与周边接壤市县志书记述中的详略异同问题。天津市志办的郭凤岐曾提出过存小同求大异的论点，颇为形象，因为它们之间不能没有小同，也不能脱离小同，否则这一城区志就成为无根之木而无依无靠了；它们之间不能不求大异，不求大异，那就失去本身的特色。总之，应该宏观小同，微观大异。至于详略问题，各城区志中都有"详市志所略，略市志所详"的凡例规定。这在原则上是完全正确的，但执行运作时是有难度的。这不仅要从本身及接壤地区的众多事实中去细心抉择，区分使用，更重要的是要彼此折衷斡旋，都不要各行其是，惟我为尊，而要相互协作，各尽其用，其功效远胜于墨守原则。这些想法只是与实际修志同道相互商榷而已。

我对城市区志的一些看法多是一孔之见，但我确实希望城市区志能以日日新的精神，大力推进和完善城市区志的编修工作，进一步奠定独立志类的地位。我更希望读到更多更好的城市区志，为盛世修志的事业增光添彩。

原载于《天津史志》1997年第6期·总第53期

新兴企业与史志编写

改革开放已是当前潮流的趋向，经济发展也呈万马奔腾的态势，随之而各类企业犹如雨后春笋，相继勃兴，为经济领域增添了新血液，助长生气，极见功绩。但在优选规律支配下，无论岿然屹立，抑或昙花一现，都不可避免地经历艰辛困窘，而何者为成功经验，何者为失败教训，又无不有益于未来。可惜由于弄潮匆促既疏于积累资料，又昧于形诸笔墨，遂使创业之艰辛、经营之周章，尽付空白。迨时过境迁，而往事如烟，难以记忆，或记忆有所出入，以致风云诡谲的陈迹淹没于历史长河之中而无所显现，此又不得不为创业者遗憾，是以不能不及时提出新兴企业与史志编写这一重要问题。

中国历来有编史修志的优良传统，而对经济资料的积累也肇端甚早。其为企业与企业家撰写史志之作，推溯其源，当以《史记·货殖列传》为始作。司马迁在这篇名文中，不仅详尽地搜集了汉帝国的风俗、人情、地理、物产各方面的资料，精心绘制了一幅绚丽多姿、有立体感的图画，而且还挥写意之笔，勾划了古来的企业家。他虽着墨不多，但已为企业及企业家树碑立传。司马迁在研究了秦汉时期的企业和企业家的状况后，作出了总的结论说：

> 富无经业，则货无常主；能者辐辏，不肖者瓦解；千金之家比一都之君，巨万者乃与王者同乐。（《史记·货殖列传》）

这段总结表述了司马迁对新兴企业的兴衰规律和企业家的经营成败与社会地位的看法。正是由于有了《货殖列传》这种虽欠完整但已开端的历史记载，才使后世能借此窥知当时的社会经济状况。继《史记》之后的各种史志中，或记事迹，或载人物，均能有所涉及，而比较完整的记载尚不多见。

明清之际为中国资本主义萌芽时期，若干封建行业已萌育资本主义经营方式，出现某些萌芽时期含有资本主义因素的企业。但其情况大多散见于一些学者的笔记杂著中。清初学者屈大均在所著《广东新语》中对当时他所见到含有资本主义因素的铸铁、酿酒、制陶、织葛、制香、制纸诸业的规模和操作技术都有纤细入微的记述。乾嘉时期的学者钱泳对自明初仅为一家小铺，发展到清初已是有明显的资本主义因素的南货行曾描述它的规模说：

> 其为铺也，如州县署，亦有六房：曰南北货房、南货房、腌腊房、酱货房、蜜饯房、蜡烛房。售者由柜上给钱取一票自往各房发货而总管者掌其纲，一日一小结，一年一大结。自明至今已二百三四十年，子孙尚食其利，无他姓顶代者。吴中五方杂处，为东南一大都会，群货聚集，何啻数十万家，惟孙春阳为前明旧业。其店规之严、选制之精，合郡无有也。

因为有了这段资料才使我们能了解这一家有悠久历史、有严格制度、有严密分工的批发商的情况。它成为研究中国资本主义萌芽、生长、发展的好例证。这些散见资料为数不少，但处于片段，有待搜集和类编，为研究中国企业发展史提供历史的依据。

中国近代社会从十九世纪六十年代以来曾出现了一些发展资本主义经济的企业。这些企业由于有官方的支持与参与，初建时颇具规模，人员也比较冗杂，其中有些文墨之士曾经不自觉地做过一些企业史志资料的积累与编写工作；有些则为博取支持或应付奏报而撰写本企业的建置、规模与技术资料而汇集成册。因此在某些新兴企业中开始出现比较完整的企业史志。江南制造局是清同治初年推行"洋务"的重要企业。这是一座具有资本主义性质的新兴企业，具备了军民两用的功能；是当时设备最全、规模最大"机器母厂"，对后来中国资本主义企业的发展有重要影响。这个企业就有由魏允恭所撰的《江南制造局记》十卷（附一卷、首一卷）。该书采用图、表和资料文件结合的体裁。全书计分建置图、制造图、建置表、制造表、会计表、征缮表、存储表、职官表、考工枪略、考工炮略、考工火药铜引子弹略、考工炼钢略共十二项。末附仿造克虏伯炮说。卷首是呈送局记文牍及目录。全书编排先有一概述，继之以表，继之以历次公牍，但也有无表及公牍者。这本书于光绪三十一年石印行世。它实际上是一本新兴企业的史志著作，使人手一册即可知江南制造局的创始沿革、建置设备和技术成品状况以及原始文献等，应称为新企业史志的嚆矢。当时类似的企业史志颇有数种。其外资企业也时有这类史志。如1925年刊行、由英美烟公司编写的《英美烟公司有限公司在华事迹记略》等。清末民初的地方志开始倾向于记述实业，企业情况有所涉及，企业人物也有所收录，但多偏于简略，难于了解全貌。不过，它却对新兴企业的编史修志开启了新的风气。

1949年以来，随着社会经济的恢复、发展和跃进，旧企业革旧立新，改变了性质，新的社会主义企业不断建立，编史修志也应运而生，特别是在五十年代末，随着全国四史编修运动的开展，厂史列为四史之一，知识分子到企业中去写厂史厂志之风大盛。但因事起仓促，既未拟定体制凡例，作为共同规范；又乏专业人才主持其事，以致一哄而起，虽积稿盈尺，而难以问世，捆扎弃置，终使散佚无存，其残存少数幸经专业人员重加编整，方略有成书问世者。六七十年代，处于动乱，百业荒弛，史志编写自难着手。八十年代，拨乱反正以后，百废俱兴，新编方志掀起第三次高潮，全国县市十九投入，而企业史志也相应而起。如钢铁企业，有1984年解学诗和张克良合编之《鞍钢史（1909—1948年）》（冶金工业出版社版）问世，该书介绍了1949年以前的历史，记录了日本帝国主义疯狂掠夺钢铁资源、压榨工人的罪行，也叙述了当时的生产技术与管理等情况；又如由许维庸和黄汉民所写的《荣家企业发展史》（人民出版社1985年版），就是一部以茂新、福新、申新三大企业系统为对象而撰成的企业史，为研究近代中国资本主义发展史提供了较丰富的第一手典型资料。这些企业史志的撰写，既显示了一个企业兴起发展的沿革和经营规模，又可保存资料，垂训后来，以资借鉴。另外在新编方志中，由于若干有关经济专志的编纂需要，遂多取材于各个企业，以致出现一批篇幅不同、层次不等的各种企业史志成稿，可惜多数文稿仅为敷衍公事，草率成稿，结果是大多未能正式问世，而少数尚有水平者则犹待加工整理。

九十年代以来，开放浪潮汹涌澎湃，新型企业接二连三投入经济大潮之中。他们的建置缘起、发展状况、生产规模各不相同，而经营管理则或伸或绌，或盈或亏又互有歧异，但都缺少专篇记录保存。新编地方志容有所记，亦偏于概括，语焉不详，难以发挥求训致用的作用，因此而有编写企业史志的社会需要。可惜环顾许多新兴企业似尚未顾及。当然，即使有明智者似亦感难以措手。

新兴企业应注意史志编写工作，在理论上易于成说，但付之实行或将茫无头绪。结合近十余年新编方志的经验，编写史志至少应具备以下两方面的条件。

首先，要树立完整的企业文化观念。企业文化是近年来在企业朋兴的经济热潮中新开拓的一个文化领域。目前已有一些文章探讨着企业文化的内涵与效能，提出了不少值得重视的阐述与注释的见解。有一篇题为《企业文化与企业现代化》（1992年9月17日《光明日报》）的文章，认为"企业文化的中心问题是人的问题，企业文化建设的任务是通过人的文化素质的提高推动企业生产的发展。企业生产的发展反过来又为企业文化的建设提供了必要的条件"。文章又阐述了企业文化与生产建设、改革开放和科学管理三者间的同步发展关系，从而提出了企业文化与企业现代化二者之间具有相辅相成辨证关系的结论。遗憾的是这篇文章只把企业文化的重要内容局囿于企业中的文化艺术活动，并推崇这些文化艺术活动可以培养文明行为、竞争意识、集体意识、荣誉感和自豪感，变成了促进生产的巨大精神力量。这可能是由于文章的作者是中央机关的一个调查组，受到调查对象的局限而未能以较宽的覆盖面来论述。我完全承认文艺活动是企业文化的重要内容，但却认为企业文化应该包容更多的内容，如企业史志就是一个重要方面。企业文化不仅需要显现一时的舞台形象以寓教于乐，更需要以文字图片来"信今传后"，把编写企业史志作为适于当代、传诸后世的重要文化活动，使之发挥与文化艺术同等的社会功能。一个新兴企业能把它的创建、发展、规模、远景形之文字，编为史志则不仅可以保存本企业的重要文献，以备公诸社会；而且还可以作为本企业的职工教材，使本企业职工了解创业的艰难，守业的辛劳和未来的憧憬；增强他们热爱企业的爱心、勤劳奉职的敬业心、发挥聪明才智的上进心，维护集体荣誉的公心和发展企业的雄心，终而凝聚融合为一种巨大的精神力量。把这种比较完整的企业文化观念灌输给各类企业，尤其是新兴企业的主事者，使他们有比较明确的企业文化观念，并见诸行动，在开展文化艺术活动的同时，也抓紧编写史志这一环节，从而使企业史志也成为推动企业发展的精神动力。

其次，要落实编写史志的具体措施。树立起明确的观念，不等于已成为事实，要落实还需要具体措施。根据八十年代以来的十年修志经验证明，这十年修志之所以能顺利发展而成绩卓著，除了制订若干有关政策、条例和实施办法外，最重要的就是人的问题，就是要培训一支有专业知识、甘于默默奉献的人才队伍。十年修志之始，第一手就是抓了培训队伍工作，在全国各地举办各种培训班与研讨班，至今粗略估计，已拥有近十万专兼职具有专业基础知识的浩荡大军。经过培训的人员应该说只是编修史志的"巧妇"；但是，巧妇难为无米之炊。编修史志的"米"就是文献资料。它包括文字、图画、录音（像）带、胶片等等。文献资料的有无、多少、是非、正误、真伪和曲直决定着编写史志质量的高下、优劣。无论新旧企业都应建立自己的资料档，特别是新兴企业从创业之始就应将资料积累置于企业发展的同步。在搜集保存文献资料的同时也不要遗落口碑资料。在先进技术条件具备的企业中应及时建立本企业史志的数据库，遇有需要时可一索而得，而在编写史志时也能随时提供。

有了明确的建设企业文化的观念，有了具备基础知识的专业队伍，有了翔实可信的资料依据，便能比较顺利地完成企业史志的编写。有了企业史志不仅可供企业内部运用，而且还能产生重要的社会效能，平时是本企业的宣传品，散发于社会可以起到廉价广告的作用；一逢节庆，既可作为纪念品，又能向社会报告成绩；遇有参观考察，更可作为礼品，成为争取投资的论证书。一举数得，投入少而取得多，有志事业者，何不稍加顾盼，而有志于企业史志者，又盍兴乎来！

原载于《天津史志》1993年第2期·总第33期

企业史志的传统

　　中国历来有编史修志的优良传统，而对经济资料的积累也肇端甚早。其为企业与企业家撰写史志之作，推溯其源，当以《史记·货殖列传》为始作。司马迁在这篇名文中，不仅详尽地搜集了汉帝国的风俗、人情、地理、物产各方面的资料，精心绘制了一幅绚丽多姿、有立体感的图画；而且还挥写意之笔，勾画了古来的企业家。他虽着墨不多，但已为企业及企业家树碑立传。如记秦朝经营畜牧业的乌氏倮和经营丹砂矿的蜀寡妇清，司马迁均用简洁的笔触描述了他们的经营状况和致富途径，并以"礼抗万乘，名显天下，岂非以富邪？"的结论来宣扬当时新企业主的经济实力；其于汉朝则叙及更多的新兴企业家，如冶铁业的卓氏、程郑、孔氏，农牧业的任氏，金融业的无盐氏等等。司马迁在研究了秦汉时期的企业和企业家的状况后，作出了总的结论说：

　　　　富无经业，则货无常主；能者辐辏，不肖者瓦解；千金之家比一都之君，巨万者乃与王者同乐。（《史记·货殖列传》）

　　这段总结表述了司马迁对新兴企业的兴衰规律和企业家的经营成败与社会地位的看法。正是由于有了《货殖列传》这种虽欠完整但已开端的历史记载，才使后世能借此窥知当时的社会经济状况。继《史记》之后的各种史志中，或记事迹，或载人物，均能有所涉及，而比较完整的记载尚不多见。

　　明清之际为中国资本主义萌芽时期，若干封建行业已孕育资本主义经营方式，出现某些萌芽时期含有资本主义因素的企业。但其情况大多散见于一些学者的笔记杂著中。清初学者屈大均在所著《广东新语》中对当时他所见到含有资本主义因素的铸铁、酿酒、制陶、织葛、制香、制纸诸业的规模和操作技术都有纤细入微的记述。乾嘉时期的学者钱泳对自明初仅为一家小铺，发展到清初已是有明显的资本主义因素的南货行——"孙春阳"曾描述它的规模说：

其为铺也，如州县署，亦有六房：曰南北货房、南货房、腌腊房、酱货房、蜜饯房、蜡烛房。售者由柜上给钱取一票自往各房发货而总管者掌其纲，一日一小结，一年一大结，自明至今已二百三四十年，子孙尚食其利，无他姓顶代者，吴中五方杂处，为东南一大都会，群货聚集，何啻数十万家，惟孙春阳为前明旧业。其店规之严、选制之精，合郡无有也。（《履园丛话》卷二四《孙春阳》）

因为有了这段资料才使我们能了解这一家有悠久历史、有严格制度、有严密分工的批发商的情况。它成为研究中国资本主义萌芽、生长、发展的好例证。这些散见资料为数不少，但均处于片断，有待搜集和类编，为研究中国企业发展史提供历史的依据。

中国近代社会从十九世纪六十年代以来曾出现了一些发展资本主义经济的企业。这些企业由于有官方的支持与参与，初建时颇具规模，人员比较冗杂，其中有些文墨之士曾经不自觉地做过一些企业史志资料的积累与编写工作；有些则为博取支持或应付奏报而撰写本企业的建置、规模与技术资料而汇集成册。因此在某些新兴企业中开始出现比较完整的企业史志。江南制造局是清同治初年推行"洋务"的重要企业。这是一座具有资本主义性质的新兴企业，具备了军民两用的功能；是当时设备最全、规模最大的"机器母厂"，对后来中国资本主义企业的发展有重要影响。这个企业就有由魏允恭所撰的《江南制造局记》十卷（附一卷、首一卷）。该书采用图、表和资料文件结合的体裁。全书计分建置图、制造图、建置表、制造表、会计表、征缮表、存储表、职官表、考工枪略、考工炮略、考工火药铜引子弹略、考工炼钢略共十二项。末附仿造克虏伯炮说。卷首是呈送局记文牍及目录。全书编排先有一概述，继之以表，继之以历次公牍，但也有无表及公牍者。这本书于光绪三十一年石印行世。它实际上是一本新兴企业的史志著作，使人手此一册即可知江南制造局的创始沿革、建置设备和技术成品状况以及原始文献等，应称为新企业史志的嚆矢。当时类似的企业史志颇有数种。如宣统三年，担任汉冶萍公司经理的叶景葵曾亲撰《述汉冶萍产生之历史》（原为抄本，现刊于《洋务运动》第八册），虽文字简略，然也可得汉冶萍的概貌。其外资企业也时有这类史志，如1925年刊行的由英美烟公司编写的《英美烟公司有限公司在华事迹记略》等。清末民初的地方志开始倾向于记述实业，企业情况有所涉及，企业人物也有所记录，但多偏于简略，难于了解全貌。不过，它却对新兴企业的编史修志开启了新的风气。

原载于《志域探步》　来新夏著　南开大学出版社1993年版

旧志经济史料初检*

　　旧志绝大部分产生于封建社会，纂成于封建文人之手，受到孔子"罕言利"和孟子"何必曰利？"等等正统儒家思想影响。因而多数旧志连篇累牍记载职官、选举、人物、艺文，而经济门类则既少且粗，篇幅颇少，即如明清两朝所编八部渭南县志仅有食货一门反映一些田赋、徭役、户口、经费等数字，在整个志书中篇幅不足百分之三。直至近代，惩于西方侵略，痛感经济落后，修志者始于经济有所注意。试以天津两种不同时代志书为比较：乾隆四年（1739年）修《天津府志》四十卷，共分二十五门，其中有关经济的有物产、户口、田赋、盐法、驿递、河渠等六种，占全志门目的百分之二十四；分卷有七，为全志总卷数的百分之十七点五，而所列门目又多与维护封建统治有关，如物产主要指农产，因为"农业是整个古代世界的决定性的生产部门"（恩格斯：《家庭、私有制和国家的起源》）。农业的好坏在于水利，特别在旱涝频繁的中国尤为如此，所以注重河渠。户口多少既反映劳动力状况，又是征税的主要对象，更是衡量朝代兴衰的标志之一。赋税则是维持庞大的官僚机构和军队的财政保证，在赋税中盐税所占比重较大，是国家财政收入的重要来源之一。正因为这些门类都是与政权有关的重大经济领域，所以旧志中也就不能不有所反映。再看民国二十年（1931年）的《天津志略》二十编，有关经济门目为九卷，占全志百分之四十五。它所分物产、金融、工业、商务、交通、公用及公有事业、慈善事业、食宿和游艺等九编，不仅反映了当时经济的发展，也反映了人们思想观念的转变。

　　尽管旧志中反映经济的比重较小，但零散记载已多涉及社会经济生活的诸多方面，无论是生产、分配、交换、消费等生产流通环节还是农业、手工业、商业、交通等具体情节都有所记载，可供后人参证。诚如瞿宣颖在《方志考稿》序中所说："方志多详物产、税额、物价等类事实，可以窥见经济状况之变。"

---

　　* 本文发表时署名来新夏、国庆。

综括旧志所能提供的经济资料，经初检所得，约可概述其例如次：

一、农业资料

农业在古代中国经济中占有十分重要的地位，所以这方面资料比较丰富。如耕地面积、物产及产量、水利、气候、耕作制度、农业技术、租佃关系、林牧业、鱼类养殖和副业等都有一些记载，如民国《望都县志》记各种农作物的亩产量和年产量；乾隆《长洲县志》记粳、糯、麦、粟、菽、蔴、蔬、花果、笋、木等多种物产情况。水利是农业的命脉，修志者也多认为"水利为一方灌溉所资，利病所系"（康熙《磁州志》凡例）。乾隆《衡水县志》在水利方面则记当时水势、河道的源流、利害甚详，其《艺文志》中多采"从前发源水经论说及近代名篇"，是研究河北省水利史的参考资料。光绪《山西通志》及《续修曲沃县志》、同治《榆次县志》等都详载水利管理的组织方法、水利灌溉的用水规划、水利工程的维修方法等，反映了山西省历史上严密的水利管理制度。

其他如乾隆《行唐县志》载有灭蝗的人力组织及"辨类"、"扑法"、"搜种"诸法；嘉庆《涉县志》介绍了用铳炮轰击祛雹的方法；同治《盐山县志》记述了"芒种刈麦嫁枣，以锯围树锯一遭则多结实，曰嫁树"的生产经验。《盛京通志》和山东、云南部分县志记载了农具图说，都为研究我国农业技术发展史提供了资料依据。

二、手工业和商业资料

由于过去"重农抑商"传统政策的影响，旧志中关于手工业和商业方面资料相对量少。但江浙一带由于明清以来资本主义萌芽的产生，所以也尚有一些记述，如雍正《震泽县志》卷四记该地集镇形成、发展情况，志称："震泽在十都，地滨太湖，故名。去县治西南九十里。元时村市萧条，居民数十家，明成化中至三四百家。嘉靖间倍之，而又过焉。……平望镇在二十四都，去县治东南四十七里。明初居民千百家，百货资而如小邑；然自弘治迄今，居民日增，货物益倍，而米及豆类尤多，千艘万舸，远近毕集，俗以小枫桥称之。双扬市在十一都，去县治西南五十里，明初居民数十家，以村名，嘉靖间始称为市，居民至三百余家，嘉靖间倍之，货物颇多。……檀丘市在十八都，去县治西南五十里，明成化中居民四五十家，多以铁冶为业，至嘉靖间数倍于昔，凡钢铁木砖乐艺诸工皆备。梅堰市在十九都，去县治西南六十五里，明初以村名，嘉靖间居民五百余家，自成市井，乃称为市。"这样一大批集镇自明以来的迅速形成，密集度又比较大，正反映当时该地区手工业与商业发展程度之高。这段资料是研究我国资本主义萌芽问题的珍贵佐证。

诸如此类的记载可从旧志中搜检到许多，如民国《涿县志》载有手工业作坊、商号的数目、产值和营业额；《歙县志》记载了徽州的商业和金融状况；《腾越厅志》介绍了当地的商业及对外贸易状况；《江西通志》、《浮梁县志》记载了瓷器的品种和制造过程；《秀山县志》有咸丰以来桐油生产情况；康熙《怀柔县志》载有挖煤情况；《个旧县志》载有矿产种类、采矿法和锡厂产规等；尤为人所熟知的则是同治《苏州府志》介绍孙春阳南货铺自明万历以来的发家史和经营规模，已成为中国资本主义萌芽中商业资本的一个标本。

三、赋役、财政及各种经济制度资料

赋役和财政等资料是较易反映民生困苦的。它一般地说多为生动具体的记述，所以可采性也较强，如乾隆《大名县志》详载地粮、户丁、杂课方面的税收制度及各项税收总额。乾隆《唐县志》把土地按肥瘠分为五等，每等再分为上中下三层，并按等收赋。崇祯《吴县志》载录反对税官民谣十二首，其一云："四月水杀麦，五月水杀禾，茫茫阡陌弹为河。咨尔下民亦何辜，仰天天高不可呼，杀禾杀麦犹自可，更有税官来杀我。"民国《南宫县志》云："大约杂税之增涨，萌芽于光、宣之际，而大腾起于民国以来。"又云："官府分润于牙侩，可耻孰甚焉。"民国《满城县志》记载了当地官衙的开支。光绪《丰润县志》载有孝东陵礼部内务官俸饷，匠役、树夫俸薪数量及其他开支情况。乾隆《乐亭县志》载清初有地八千一百余顷，圈地以后，"实剩民地二十二顷三十九亩一分"，可见清初圈地之酷。同治《磁州续志》载地震后清政府赈济灾民的具体开支。康熙《浒墅关志》记明代造钞过滥，倒换艰难，久之钞价日降，官府空存，民间视为无用；后以钱钞兼行，仍有弊端，最后采取折色为主的情况。对研究明

代货币史颇有参考价值。

四、消费、生活资料

各阶级、阶层的消费生活状况在方志中也有较多的反映。光绪《五台县志》生计篇记载农工商贾的生活状况。嘉庆《高要县志》、《兴宁县志》和《增城县志》记载了疍户的生活。《个旧县志》则反映了矿工的生活情况。《新安县志》记工匠日价及材料价格。《榆次县志》记匠人工资的沿革。民国《阳原县志》载有土地及粮价的涨落，地价随时局的变化和赋税的轻重而涨落的情况，另有瓦木油工工资的变化表，上载民国元年（1912年）月工资为三角，而二十四年（1935年）却下降为二角。嘉庆《涉县志》载有官府所市大米、小米、棉花、猪、羊肉的价格。民国《涿县志》载有三十二种日用品价格。民国《景县志》介绍明正德以后，当地婚丧礼的竞相奢侈以致破产者，他如所记"人多不论贤贵，虽卑贱暴富，俱并齿衣冠，置之上列"的资料，可证社会风气之变化、商人地位的提高等等。乾隆《林县志》记当地人民就地取材建屋筑舍的情况说："南方屋材取诸杉，北方屋材取诸杨，县属杉不可得，杨亦罕有。虽在山林，选材不易。其取不尽而用不竭者，惟山石而已。凡屋制有山墙无壁柱，惟正厅用隔扇，余皆一门二窗，唯和土为墙。棺椁以柏木为上材，余皆山中杂木也。日用器物编荆条为筐，织高粱为席，铁器自壶关来，磁器自朱仙镇来，竹器自清化来，瓦器自彭城来。"这段史料，具体如实地反映了当地居民的消费方式和水平。

五、自然灾害资料

我国幅员辽阔，水、旱、虫、涝及地震等自然灾害现象在旧志中不绝于书。它主要集中在"祥瑞"或"灾异"以及"杂记"、"遗闻"等门目中，一般记载都比较详细。如受灾区域、灾害发生时间、持续状况、灾情程度及影响均有记及。

如光绪《唐市补志》记清乾隆四十六年（1781年）六月十八日飓风大作，次日引起大水，仅三州一镇即淹死二万七千余人；浏河新镇淹死二万余人；而沿海一带淹死二十七万五千四百余人。虽数字不尽精确,但灾情之严重可见。

尤为骇人听闻的是康熙《束鹿县志》所载明崇祯十二三年(1639—1640年)由于连年灾荒,竟发生人相食的惨状,有"食人肉者皆色黑而瘠,多病死"等等记载,令人难以卒读。类此,旧志所载有一定数量,由此可见当时某些社会现象。

原载于《史志文萃》1986年第3期

旧地方志资料在经济建设中的作用

旧地方志中所包含的经济资料，内容丰富，范围广泛，是值得我们很好研究的。我们发掘、研究这些宝贵资料的目的在于借鉴历史，资治当今，以求为经济建设服务。

一、为战胜自然灾害提供历史依据

自然灾害对经济建设的危害极大，为了战胜自然灾害就必须认真总结历史经验，摸索自然规律，防止灾害和增强抗灾能力，而旧志则在这方面为我们提供了大量的、较系统的历史依据。建国以来，一些单位在整理、发掘旧志中记载的各种自然灾害资料用来为现实服务方面做了许多工作。如中央气象局曾辑录《五百年来我国旱、水、涝史料》；中国科学院地震工作委员会曾编辑了《中国地震资料年表》，1980年又重新校补为《中国地震资料汇编》。安徽省文史研究馆自然灾害资料搜集组，曾根据安徽历代方志，将安徽省历史上近千年的自然灾害资料进行系统整理，辑成《安徽地区地震历史记载初步整理》、《安徽地区历代旱灾情况》、《安徽地区蝗灾历史记载初步整理》、《安徽地区风雹雪霜灾害记载初步整理》等四种材料。山东省农业科学院情报资料室编成了《山东历代自然灾害志》。湖北省也编写了《湖北省近五百年历史气候资料》。许多县级单位也克服人手少、经费紧的困难，编辑成一批有关自然灾害情况的资料汇编，如浙江省萧山县编成《萧山历代自然灾害表》，象山、义乌、海盐等县志办也汇编了《历代自然灾害资料》。这些资料汇编主要都借助于旧志资料。

这些资料汇编往往在抗灾救灾斗争中能起到立竿见影的良好效果。如安徽省马鞍山市人民政府在1983年5月发出当年有特大洪水的通知，市志办及时整理、编印了《马鞍山口岸地质构造》、《马鞍山历年水文情况》、《马鞍山历年崩岸、保圩工程情况》、《马鞍山历年水位一览表》、《当涂县近千年来水灾记录》等五份资料，在7月市委召开的防汛抗洪紧急动员大会上发给各级领导参阅，直接配合了抗洪斗争起到良好作用。分管防汛的副市长赞不绝口地说："这些资料编得很及时、很好，我一直放在身边，对我帮助很大。"

另外有一些单位和个人利用旧志资料对本地区的自然灾害情况进行综合分析和研究，也取得了较大的成绩。

湖南省农业志编写组1981年整理的《湖南近三百年干旱发生情况》对1640年以来发生的192次干旱的类型、间隔时间、发生季节、分布地区进行综合分析，反映了雨量与地热、森林覆盖面积的相互关系，是一份研究干旱规律、生态平衡的有价值的资料。

黑龙江省水利厅水利志编辑室的于凤文撰写了《借鉴历史，资治当今》一文。在文章中根据隋大业八年（612年）至清嘉庆四年（1799年）期间的一千余年断续资料和嘉庆五年（1800年）至1983年间184年的连续资料记载，本着能反映全省旱涝变化趋势为原则，将旱涝分为三级，即旱（偏旱）年、正常年和涝（偏涝）年，将实测降水、径流资料也划为三级，即丰（偏丰）年、平水年和枯（偏枯）年水平，全面分析了黑龙江省旱涝变化的几个特点，即频繁性、普遍性、季节性、区域性、交替性；指出涝旱灾害是影响黑龙江省农业产量的主要自然灾害，在旱涝出现的频率上，涝多于旱。由此提出黑龙江省近期的水利建设应贯彻"突出防涝、立足防旱"的原则，并提供了一些防涝、防旱的具体方法。这为确定黑龙江省农业发展和水利建设的战略布局，提供了可靠的信息。

二、为农业生产建设服务

农业是发展国民经济的基础，这个基础的好坏与否直接关系到国民经济的发展速度和人民生活的提高。中国农业遗产研究室曾从八千多种方志中摘引了数千万字的资料，辑成《方志物产》四百余册、《方志综合资料》一百二十册；上海文物保管委员会曾从方志中辑录了《上海方志物产资料汇辑》。这些资料对利用各地资源、发展农业生产的多种经营颇有参考价值。

　　河南省鹤壁市志办在及时整理、传播地方信息，发挥地方优势，搞好多种经营方面曾作出了如下的显著成绩：

　　鹤壁的淇鲫，与黄河鲤鱼齐名，个大美丽，体肥肉嫩，为肴馔珍品，但过去未加保护，群众任意炸鱼、捕鱼，使淇鲫濒临灭绝境地。市长侯协庆从市志办获悉这一信息，立即责成郊区政府发布保护淇鲫、繁殖淇鲫的布告。淇河岸边许沟村所养的鸭子，产蛋奇特，蛋黄外又套一层蛋黄，呈缠丝状，故名缠丝鸭蛋，历史上也曾为贡品。市政府得此信息，立即发出号召，要求大力发展养鸭专业户。

　　王家辿村，盛产香椿树，约数万棵之多，春季香椿芽香味扑鼻，历来是当地农民的一项重要收入。"文化大革命"中，以粮为纲，香椿树几乎被砍光。市领导了解这一信息，决心大力发展香椿树，并联系加工、出口事项。

　　郊区龙宫村、龙泉村、前后蜀村盛产桂花，花有奇香，乾隆帝曾加封为"安桂"（原属安阳县地）；大胡村所产的大胡黄酒，酒味甜醇，能防治多种疾病，为民众喜爱的健身酒。市政府知道这些信息后，立即决定郊区成立花卉公司，并酝酿在市中心成立花卉门市部；对大胡黄酒也决定恢复发展大胡黄酒的生产，并作出解决酿酒原料、免征所得税三年的决定。

　　黔西马历史上号称"爬山虎"，闻名海内，据历史记载，早在宋代就曾在此征选良马，元代曾在此设牧马场，明洪武帝还赐黔西马"飞越峰"的美称，清代在此开辟了全省最大的牛马市场之一。一直到新中国成立初期，闽、皖、豫、鲁、晋、秦等省都不辞千里来黔西选购种马。后来因措施不当，农村养马者逐渐减少，牛马市场衰落，直接影响人民经济收入。现在，政府大力提倡养马，努力恢复黔西马的特色，村村寨寨都开始养马，为振兴黔西经济开辟了新局面。

　　另外，安徽省祁门县努力办好《祁门志苑》，提供乡土资料，如关于"祁红"、桐油生产的资料，对该县发展多种经营、搞好经济帮助很大。

　　萧县县志办为了促进发展多种经营，组织编写了《石榴》、《葡萄》、《萧艾》、《蘑菇》等专题材料，详细地介绍萧县各种传统特产的历史、性能和功用，提供有关部门和单位参考。

　　1985年初，贵州省黔西县委和政府决定在宋家沟兴建一个容量为四百四十万立方米的附廓水库。两条水渠经过六个区，全长一百二十五公里。当时的工程指挥部的负责同志参考了《黔西州志》。《黔西州志》记载的山脉、水道均较为详细，这对测量设计颇有好处，结果，工程设计提前完成，水利工程提前开工。

三、为工业生产建设服务

方志在为工业生产建设服务方面所起的作用也是多方面的，如提供矿藏和其他地下资源的信息、情报，发掘、恢复传统工艺产品，节约能源、资金，发展交通运输事业等。

我国的矿藏十分丰富，这在旧志中往往能找到线索。如《玉门县志》记载当地农民称石油为"石脂水"，用来点灯。《续修博山县志》记载当地盛产煤、铁、硫磺等。乾隆《腾越州志》、光绪《腾越厅志》介绍了当地有关火山、地热的情况，已故地质学家章鸿钊曾根据方志资料编成《古矿录》。一些科研部门和图书馆也先后依据方志资料，编成了《中国古今铜矿录》、《祖国两千年铁矿开采和锻冶》、《四川各地矿藏提要索引》等资料汇编。这是一种利用地方文献报矿的好方法，为地区勘探提供了线索，也因此查明了一批矿藏。

安徽蒙城县小涧区狼山青灰陶器，久负盛名。区编志组的同志在《区志简报》中加以报道，从而取得区委的重视，而县政府也向省有关单位推荐。现在，第一座陶窑已经建成，停产多年的地方名牌产品——狼山青灰陶器即将问世。

浙江上虞县的陶瓷业在古代异常发达，驰名海内。县内民间收藏着许多本县烧制的古陶瓷器皿。故宫珍藏的唐代御用瓷器也有上虞烧制的青瓷器。在唐代，越州窑和邢州窑是南北诸窑的代表，瓷器品位不相上下。唐陆羽在所著《茶经》中比较越、邢两种瓷，说邢瓷类银，越瓷类玉；邢瓷类雪，越瓷类冰。意为邢瓷不透明，越瓷半透明，给予越瓷很高的评价。可惜到解放前夕，这一著名的瓷器却早已衰落以至绝灭。解放后，有关部门为发掘、恢复这一产品，查阅了《上虞县志》，从中发现了一些线索，然后根据这些线索进行调查、发掘工作，发现不少古青瓷窑址，其中小仙坊古青瓷窑址陆续出土了一批东汉时代的瓷器。这些古代青瓷器胎质细腻，制作精细，造型优美，线条明丽，釉色光润，而且吸水率、抗弯强度、胎釉结合等均符合现代瓷器的标准要求。这一发现，把中国生产青瓷器的上限提早到一千八百年前的东汉，要比西方早十五个世纪。1983年发掘了四处商代龙窑和一些制陶作坊、工场遗址。考古学家们认为商代龙陶世所罕见，这一发现使中国陶瓷的历史上推了六百年。

为了恢复和发展这一名牌手工艺产品，于五十年代初建立了上虞县陶瓷厂，开始了陶瓷和仿古瓷器的生产，取得了可喜的成就。上虞陶瓷厂注意把古老的传统工艺和现代技术结合起来，所制成的仿古瓷器釉色均匀光洁，青如天，明如镜，薄如纸，声如磬，真是"青出于蓝而胜于蓝"，受到了中外有关人士的高度赞誉。

湖南省《交通志·民运篇》编写组在收集整理资料中，发现五十年代该省曾推广过南县船工曹春生的多桅风帆（当时称为"八面风"）的先进经验。这种"八面风"能巧妙地运用风的不同角度，驾驭各种倒、顺、偏、歪风向。航速在六、七级的顺风顺水中，和当前机动船舶的航速相差无几。可是，早在六十年代，湖南省的木帆船就完全废弃了这种风帆行驶。经估算，全省民运系统若以三分之一的船只恢复风帆行驶，每年可节油几万吨，节省开支三千多万元，对降低成本、提高企业的经济效益，颇有现实意义。省民运系统采纳了他们的建议，把恢复风帆作为"节能"措施之一，从1982年起，各地均已开始恢复了部分风帆运输。

安徽省全椒县《交通志》编写组在深入调查研究、细心考证古道之后，向省交通厅提出建议，以原来的古道为基础，修筑一条柏油路，可比现在的浦合公路缩短二十一公里，每年可节省客货运费一千万元左右。这个建议受到省交通厅的重视，并报中央请求批准为国家重点建设项目。

四、为发展商业、外贸事业服务

商业是产品的生产、分配和消费之间的必要的中间环节，是联结工业与农业、城市与农村的桥梁与纽带。我国过去对发展商业不够重视，全国城乡之间、生产与消费之间缺乏一个严密的商业网，给经济的发展和人民的生活带来诸多不便。如湖北竹溪县，据同治《竹溪县志》所载，全县有市集五十二个，旧时的商品生产就在五十二个市集上进行交换与流通；可是到现在，只是在十九个社镇所在地尚有市集，其余的旧集市早已消失，这显然对发展经济、改善人民生活是不利的。旧县志资料可对恢复市集提供历史依据。

山东省淄博市志办曾为外贸局提供历史上当地出口商品的信息：如古代临淄丝织品的外贸情况；西汉齐郡丝织业的兴盛，并经"丝绸之路"远销国外；明代琉璃业的发展与商品出口的情况；建国后，淄博外贸事业的发展变化，主要出口商品在国际市场上的地位和销售情况，包括历年出口商品的品种、数量、收购值及年增长率的系统资料和数据。山东省土产进出口公司准备在淄博市建立出口杏米生产基地，市志办及时提供了山区农业人口、耕地面积、宜林地带面积等资料，为发展该市外贸出口货源，促进山区经济发展，起了一定的作用。

湖北省云梦县盛产棉花，据志书记载，解放前，十之八九的农户都有织布机，生产府布。县城有白布街，乡镇设布行，商旅络绎不绝，府布远销西北高原地区。府布具有贴身、御寒、长途运输不受潮霉等优点，所以深受高原地区人民，特别是回民的喜爱，常用它制帽、绕头、作衣及死后裹身，用量很大。当化纤产品问世之后，府布的销售量锐减。但化纤制品易着火，寒不暖身，暑不散热，不适于高原地带。因此对府布的需求量仍很大。云梦棉纺厂掌握这一信息，继续大量生产28×28的云梦府布，结果近四百万码存布被军工厂（这种布宜于边防军穿用）和高寒地区服装行业抢购一空，还有不少客户闻讯急驰云梦订货，以至供不应求。而另一家织布厂，不借鉴历史，不凭借信息，不以销定产，盲目生产低档色布，结果造成产品大量积压，近八百名职工只得靠银行贷款生活。这一事实充分证明志书信息的重要作用。

五、为发展第三产业、旅游业服务

近几十年来，发达资本主义国家的产业结构和就业结构发生了巨大的变化，第三产业迅速发展，其就业人数和产值在总就业人数和国民总产值中所占比重越来越大。在我国，第三产业很不发达，其就业人数和产值在国民生产总产值中的比重很低，是一个应值得大力发展的经济部门。旅游业是第三产业中的一个重要组成部分，它包括旅游区为旅客提供服务的旅馆、饭店、出租汽车、公用设施、商店、银行、邮电局、书店、纪念品及生产纪念品的厂家等。近年来，随着世界经济的发展和交通工具的改善，旅游事业得到迅速的发展，许多国家的旅游业在整个国民收入中，约占国民总收入的百分之三十，有的甚至高达百分之五十。

我国地大物博，历史悠久，名胜古迹很多。有雄伟壮丽的长城，有劈地摩天气冠群伦的五岳、黄山、峨眉；"上有天堂，下有苏杭"，苏州园林，巧夺天工，杭州西湖，仙姿媚态；"桂林山水甲天下，阳朔山水甲桂林"。……这对发展旅游业十分有利。在我国发展旅游业，投资小、见效快，一本万利，大可倡导，以满足人们日益增长的精神消费。而地方志则可为旅游业的开展提供信息，提供详细的导游资料。

近年在浙江桐庐发现的"仙灵洞"，被称誉为"瑶琳仙境"，为世界上第一流的天然溶洞。乾隆《桐庐县志》记载说："瑶琳洞，在县西北四十五里。洞口阔二丈许，梯级而下，五丈余。有崖、有地、有潭、有穴。壁有五彩状，若云霞锦绮。泉有八音，声若金、鼓、笙、琴、人语、犬声，可惊可怪。……唐宋以来，题词尚存。元末，乡人徐舫避住于此，有《瑶琳杂咏》一卷。"可惜这段珍贵的史料未能早为今人所用，使瑶琳仙境沉睡多年，真令人遗憾。如果我们普查一下方志中的有关资料，一定能发现、开辟更多的旅游胜地。

贵州省委根据道光《大定府志》上有"黄坪十里杜鹃"的记载，于1984年初夏，派专家到万县的大桥、普底，黔西县的金城坡、纸厂一带考察，发现了在群山翠岭之中，形成长百余里，宽五里左右的杜鹃林带。这是全国（甚至可说全世界）所罕见的天然杜鹃花园。经报上宣传后，各地游人都来此参观。他们对此赞不绝口，称之为"花园县"，"神仙住的好地方"，现在已经成立管理机构，成为贵州省重点开放的游览区。

方志还能为发展旅游业提供详备的导游资料。我国方志种类很多，其中有不少专门记载名刹、古寺、秀山胜水、宫殿园林有关的风景、事迹、传说、诗赋的专门志书，如孙治的《灵隐寺志》、毕沅的《关中胜迹图志》、赵之璧的《平山堂图志》、云南的《鸡足山志》。这些专志的记载往往是很好的导游资料。在云南的许多方志中设有"种人志"，介绍各族人民的生产、生活、民族风情等情况，如傣族的泼水节、彝族的火把节、苗族的踩花节、傈僳族的刀杆节，都具有浓郁的民族色彩。又如《续修昆明县志》、《昆明市志》记载筇竹寺五百罗汉，造型各异，栩栩如生，被誉为"东方艺术宝库中的一颗明珠"；另外还记载了昆明大观楼一百八十字长联，上联写昆明风景，下联述云南历史，情景交融，气势磅礴，称为"海内长联第一佳者"。

发展旅游业，一定要因地制宜、突出地方特色和民族色彩。如在西双版纳开辟旅游点，因当地下湿上热，多建竹楼居住。如果将旅馆建成竹楼形式，既节省投资，经济便宜，又使旅客领略了民族风情。

六、为城市规划和基本建设提供科学根据

广西桂林和浙江杭州在作城市规划时，十分重视地方资料，用方志中的资料

作为城市规划的历史根据。浙江仙居县新建茶厂，制定城镇建设规划，特地派人赴县志办查阅资料。广西富川县志办向有关单位提供当地的地质情况和地下水源资料，合理解决了该县泄洪引灌问题，并使全县居民能够引用地下水，解决了用水问题。四川省从旧志中摘录的地震资料，对该省的工业布局、厂址选择、交通建设都起了重要作用。

如果我们不重视、利用方志中有价值的资料，常会给经济工作带来严重的危害，给国家造成不必要的损失。安徽省马鞍山市沿江的恒兴洲口岸，1949年以来经常塌方，上游威胁到马钢工业用水泵房，下游影响了发电厂，1960年，在缺少水文、地质等资料的情况下，贸然在如此危险的地段修建码头，同年12月发生塌陷，使第二建港作业区沉入江底，经济损失十分严重。其实，《当涂县志》对此段江岸演变情况有所记载，并附有地图。恒兴洲江岸是由明清时长江中的一个小沙洲随着江流演变才成为今日的江岸的。只要查阅县志中的有关资料，完全可以避免这种不应该的经济损失。

上海市的张堰镇，在清代地震十分频繁。据《重辑张堰志》记载，张堰在道光十九年（1839年）至咸丰五年（1855年）十七年中，几乎连年地震，甚至一年数震，有记载的大地震达八次之多，地震烈度可达6度。距张堰仅十八里的金山卫，设有国家重点工程单位——上海石油化工总厂，但对金山卫附近的地震情况考虑得不够周到。其基本建设理应采取防震措施，否则，一旦发生咸丰年间那样的大地震，就有可能受到严重损失。

七、为各级领导机关制定经济政策、措施和进行经济体制改革起咨询作用

制定一项重要的经济政策和措施，不但需要现实的根据，而且还需深入研究历史状况。在进行改革的今天，有许多重大问题需要解决。地方志在这方面则可发挥其不可低估的作用。

湖南省《农业志》编写组在1980年整理编写了一份《湖南历年农作物种植面积和产量》的资料，印发给厅领导和科技人员参考。资料中记载了油菜生产情况：1947年，全省播植1054万亩，产量959万担，而解放后的常年面积仅为200万至300万亩，产量在200万担上下。省农业厅于1981年分析了历年产量，根据现有

条件，制定出种植900万亩的计划，可是在召开全省油菜生产会议上，有些同志认为指标太高，难以完成。主管油菜生产的李巨炎副厅长，用《湖南省历年油菜面积、产量》中关于1947年的有关数据，说服了大家，意见很快取得了一致。结果1981年播种面积500万亩，产量611万担，1982年播种624万亩，产量784万担。

湖南省保靖县贾长岳县长制定农业发展规划时，发现该县油桐在民国时产量达300万斤，而解放后则下降到200万斤，后查阅到旧志中收录清雍正年间该县的《示劝遍山种桐》文告，述及该县的自然条件适宜种桐，"与民裨益良深……最易培养，不过二三年间取利无穷"。于是即以此旧志资料为依据，进行了实地考察，决定把扩种油桐列为发展农业生产的重要项目，制定了发展规划，使该县的油桐生产得到很快的发展。

四川什邡县的晒烟闻名全省。县委想扩大种植面积，苦无资料数据。县志编委会编写了《什邡晒烟的起源、发展与展望》，其中有1946年烟草种植面积达到14.8万亩的数据，于是1982年全县种烟面积扩大为10.7万亩，产量为33万担，增加了农民的收入，全县人均收入超出温江地区各县48元。群众高兴地说："金温江，银郫县，不如一个多种经营的什邡县。"

关于木材价格，有人说价格太高，有人嫌价格偏低。1980年，林业部为了准确判断木材价格高低的问题，便要求生产木材的湖南省提供一份历年木材比价资料。《湖南省志·林业志》编写组接受了这个任务，将修志中所收集的历年木材价格进行汇总，发现现行价格低于解放前，为国家决定适当提高木材价格提供了历史依据。

八、为学术研究提供基础条件

我国利用地方志进行学术研究活动有着悠久的历史和优良的传统。

清初著名学者顾炎武抱着"经世致用"的目的，在整理研究地方志的基础上，撰著了《天下郡国利病书》和《肇域志》两大名著，开利用地方志进行学术研究之端。其中，《天下郡国利病书》一百二十卷，是顾炎武呕心沥血，博览群书，花费了二十年的心血，努力收集全国各地有关地形、关隘、赋役、水利、交通、物产、农业、手工业、倭寇等与国计民生有关的资料，于康熙元年（1662年）汇编而成的。该书考证精详，征引浩繁，其中征引了一千多部地方志，占全部资料来源的三分之一，实为一部内容丰富的综合性社会经济资料著述。作者撰著的目的在于通过这部巨著提供各地"利病"的情况，希望当政者能关心人民疾苦，赈灾救荒，改革弊政，发展生产，富国强兵。这种美好的愿望在当时当然是不可能实现的。《天下郡国利病书》是顾炎武留给我们的一部重要的历史经济文献，为我们研究明清时期的社会经济提供了许多有价值的资料。

外国学者也特别重视利用我国的地方志开展学术研究，并努力为现实服务。据有关统计，日本现存我国方志四千余种，美国收藏的中国志书已超过五千种。此外，欧洲七国（法、英、意、德、比、荷、瑞典）二十五个单位所藏中国方志二千五百九十种，除去重复，共有一千四百三十四种。这为研究我国古代社会经济状况提供了有利的条件。

美国农林学家施永格，早在二十年代起就参考闽、粤方志研究福桔、广柑的生产规律，成绩显著。英国英中了解协会会长李约瑟主编的多卷本《中国科技史》巨著，内容丰富，征引广博，其中就参考了大量的地方志资料。四十年代，日本人根据《八闽通志》、《霞浦县志》和福建其他方志中有关渔业的资料撰写论文，供本国渔业生产参考。日本渔业十分发达，这和他们善于研究中国方志中的鱼类资源，吸取我国劳动人民的经验不无关系。

日本学者十分注重对中国古代社会经济的研究，在本世纪二十年代前，研究的史料主要来自正史、实录、会典等典籍，对于方志却不太重视。后来加藤繁、清水泰次、和田清、仁井田陞等一批学者，改变了过去那种主要依靠正史、实录、会典治史的方法，开始收集、分析方志、文集、家谱、笔记及地方政书中的史料，来研究中国的社会经济状况、经济制度等，取得了可喜的成就。

如加藤繁所著《中国经济史考证》，其中第三卷，共引用中国历史书籍、文章三百三十二种，其中引用的方志为二百零四种，占全部引用书籍、文章总数的百分之六十以上。在该书中，加藤繁利用山东省四十六部方志中记载的村镇定期市集的史料，推测出历城、齐东、临邑等十七个县平均每一村镇定期集市拥有七千八百九十五人的大概数字，反映了山东清代社会村镇定期市集与人口关系的大致轮廓。加藤繁堪称为日本学者中利用中国方志研究中国社会经济史的代表人物。

另外还有清水泰次，他的《明代的漕运》、《明代户口册（黄册）的研究》、《明代庄园考》、《论明初苏州府的田租》及专著《中国近代社会经济史》等著作中，引用了大量的方志资料，考证周详，论证严谨，颇受日本史学界的好评。诸如此类的著作、文章还有很多，恕不一一介绍。

和二十年代的日本状况相似，我国在近现代对利用方志来进行经济学术的研究不够重视。解放后，开展了一些这方面的工作，一些国家机构整理、编辑了一批有关经济的资料汇编，如《方志物产》、《五百年来我国旱、水、涝史料》等。

在编写教科书时，也注意将方志资料作为历史依据。如《中国近代经济史》所依据的《中国农业历史资料》、《中国手工业历史资料》、《中国纺织工业历史资料》等书的资料多来源于方志。

1981年11月，联合国粮农组织在福建省福州市召开近田灌溉提水工具研究会。我国有十四个省市的代表参加，湖南代表、水利厅工程师彭昌达，利用、参考了农机局省志编写组收集的大量资料，撰写了《湖南历代提水工具》一文，参加学术讨论，深受与会代表的好评。

"湖南畜禽品种"是省畜牧业兽医研究所的科研课题，又是省《农业志》的编写内容。省《农业志》编写组请该所承担科研课题的同志参加编写工作，并交给他们有关的历史资料。1982年他们既为《农业志》编写了《畜禽品种和饲养管理》一章，又在调查研究的基础上，写出了一部《湖南畜禽品种志》，获得了1982年湖南省科研成果二等奖。

九、结语

新编地方志进展迅速，目前已有相当数量的新志完稿、出版，其余也正在急起直追。到本世纪末，估计新编方志工作应能大体完成。当新志行将告成之际，旧志整理工作必将提到工作日程上。对于旧志，我们一直持批判继承的态度。批判那些竭力宣扬封建统治者功业、宣传封建伦理纲常和一些不恰当的溢美之辞等糟粕部分，而继承的主要是两个方面：一是继承旧志中合理的编纂体例，这在新志编写工作中已起过应有的作用，二是文献资料的继承，这在新志编写工作中曾有征考、纠谬、补缺之效，并有如《湖南地方志中的太平天国史料》、《中国地方志民俗资料汇编》等大型汇编的出版；但衡量旧志的资料蕴藏量和使其发挥社会效应方面尚有很大的余地。本文所论述的八个方面问题就是想从经济建设的需要角度来论证旧志资料的重要作用，以期引起学术界，特别是方志学界更多地重视旧资料的整理工作，把它置入研究课题的领域中，把它作为每一部新志告成后的一项重要工程，同心协力地去发掘、整理、汇编、出版，使华夏文化重要宝库之一的近万部旧志能从半昏睡状态中完全苏醒过来，重现光彩，能为当前经济建设提供所需的参考信息，端正人们对我国传统文化的认识，并给以应有的评价。

原载于《中国地方志》1994年第1期

旧志整理工作的回顾与展望

一、旧志整理的物质基础

旧志卷帙繁多，是中国文化宝库当中一块非常引人注目的瑰宝。它具备起源早、持续久、类型全、数量多等四个特点。关于方志的起源问题，古今学者众说纷纭，迄今还无定论。《禹贡》、《周官》、《山海经》、《越绝书》、《吴越春秋》、《华阳国志》等图籍曾被人们分别引为方志渊源，这些观点是有一定理由的，但是并不全面。因为一种体裁、一类图书在它形成过程中，都是从多方面汲取源泉，逐步发展、丰富、演化而来。方志也不例外，决不能只是一个来源，而应是在兼收国别史、地理书和地图等各种不同源泉的基础上，逐渐发展融合而成为一种新的反映地区特色的体裁。不论是一源说，还是多源说，将方志起源推溯到战国时期，基本上是没有太大争论的。我们如从战国时期算起，至今已有二千余年的历史，真可谓源远流长。汉魏以降的地记、图经推动了方志体裁的发展。至隋，"普诏天下诸郡，条其风俗、物产、地图，上于尚书"。使方志正式以诏令形式向全国征集地方资料。唐代出现的《元和郡县图志》即是一部由政府出面编修的全国性志书。宋代是地方志有了显著发展的一个朝代，根据一些目录的著录统计，宋代所修的志书大约在六百种上下，现在所能见及的只有三十种左右。宋代还开始了地方志的续修制度，例如南宋从孝宗到度宗前后一百多年间，南宋首都临安就曾三次修志，这就是中国地方志历史上有名的三修《临安志》。方志模式也大体定型于此时。元代创立了一统志形式，纂修了《大元大一统志》，开启了明清二代一统志的纂修工作。明朝修志相当普遍，仅现存海内的明代方志就将近千种。同时于明永乐十年（嘉靖《寿昌县志》首卷）、永乐十六年（正德《华县志·修志凡例》），曾先后两次颁降修志条例，开始有了正式的政府修志法规。从中可以看出，地方志的纂修已引起政府的极大重视。到了清代，方志的编纂得到了更进一步发展，形成了一种所谓的"鼎盛"局面，据一些粗略统计，清代所修方志约有六千四百多种，占全国现存方志总数的80%以上。如按清代政权存在的时间计算，每年要完成二十部左右。清朝从康熙十一年始正式命令各地分辑志书汇为一统志（康熙《浙江通志》）。雍正七年，又规定了各州县志每六十年一修的条例（雍正《吉安府志》定祥序），使地方志的官修制度基本完善。此外许多著名的学者参加了修志工作，并开始了对旧志进行系统的理论研究，这一研究工作，一直到民国时期依然延续不绝。从历代流传下来我们所能见到的志书来看，上起全国性的一统志，下至地方乡镇小志，种类齐全，各种类型的志书都很完备。有人认为全国性的一统志，从语义上看不应计入地方志之列，但是我们若把一统志视为全国各地方志的总编似也未为不可。现有方志类型大致可分为：全国一统志、各省通志（总志）、府志、县志、厅志、卫志、乡志、里志、村志、镇志、关志、乡土志、小志等十几种类型。这些大量的志书，现统计数字为八千四百余种，实际上近年来各地普查后所知已将近万种，数量相当可观。如以方志类型计算，现存志书中，以县志为最多，府志居次。县志大概有五千四百多种，占方志现存总数的65.2%。府志约七百余种。如从卷数来讲，也是县志最多，约七万多卷，占总卷数的50%以上。如以地域而言，论种数则四川居首，以下依次为江苏、河北、浙江、山东。论卷数则江苏第一，约十万卷；再下为浙江、江西、四川、河北。各省基本上都有志（合未刊本）。各县除一些偏远地区及新建置的县外，也都有志书（吴景熙：《国内现存方志、北京图书馆藏方志及其他》，《中国地方史志》1982年第6期）。这笔起源早、持续久、类型全、数量多的丰富历史遗产，就是我们整理旧志的重要物质基础。

二、旧志整理的历史与现状

旧志比较正规整理的历史可上溯于明清之际。早在清初，著名学者顾炎武就在研究、整理地方志的基础上，利用旧志资料撰写了《天下郡国利病书》和《肇域志》两部名著，开始了利用整理旧志资料作为学术研究依据之端。清代还出现了方志目录之作，如清康熙年间，徐乾学所编《天下志书目录》。道光年间，周广业编撰了一个地区性的方志目录，即《两浙地志考》。民国时期，缪荃孙、谭其骧、任振采诸人都有方志目录之作，其中收录较多现在仍为人所使用的是朱士嘉的《中国地方志综录》。这些目录虽记录了方志的撰者、刊本、时代、卷数及藏者，但是方志的基本内容尚难概见。所以在目录当中，还有一种提要目录，作较全面的反映。方志提要目录除《四库全书提要》及《续四库全书提要》中有部分外，还有一些私家所著提要目录，如张国淦的《中国古方志考》和瞿宣颖的《方志考稿》等。清代学者在古地志辑佚方面也有很大贡献，重要成果有《汉唐地理书钞》、《玉函山房辑佚书》、《麓山精舍丛书》等。民国时期，鲁迅和赵万里等人都从事过旧志辑佚工作。如上所述，清代和民国时期，旧志整理工作主要可分为四种，即：（一）利用旧志资料进行学术研究；（二）编制目录；（三）撰写提要；（四）恢复旧志面貌等。

建国后，随着经济、文化建设的发展，旧志整理工作引起了有关部门的重视，主要进行了以下几项工作：

（1）旧志的刊印

我国旧志数量虽多，但流传不广，有些旧志历经兵火，几近绝迹，所以建国以来，出版部门有选择地刊印一些旧志，如《大元大一统志》、《天一阁藏明代方志选刊》等。特别是台湾省翻印了大量旧志，扩大了流通范围。此外，北京、山西、上海、福建各地还重印一批有关地方风情的风俗小志。这些都为研究工作和利用旧志资料提供了便利。

（2）类编旧志资料

解放之后，无论是社会科学还是自然科学的研究，都大量地利用了旧志的宝贵遗产，并且编辑了各种类型的专题资料。如中央气象局从旧志中辑录的《五百年来我国旱、水、涝史料》，河南地方所编的《河南省地震历史资料》等。这些资料类编，对建国后的各项经济文化建设都有一定的参考作用。

（3）编制旧志目录

编制目录有多种形式。一为联合目录，即将全国各家所藏方志编制成目。现比较有权威的联合目录是《中国地方志联合目录》，该目为中国科学院北京天文台所编，收录了全国一百四十余家的藏书，记录了书名、作者、卷数、版本、收藏单位等情况。共收书八千四百多种，现已由中华书局排印出版。一为藏书目录，即各个图书馆及高等院校图书馆所编的馆藏方志目录，如上海、天津、广东、四川、福建等地和南开大学图书馆等的藏志目录。一为地方目录，各地一些单位为了编修新志，如安徽、河南、河北、陕西、广西、新疆、武汉等地，他们对本省本地区历代所修方志作了一次综合考察之后，分别编辑了各省的现存方志目录。有的更编制了佚志目录，朱士嘉、赵慧还编制了《日本所存稀见中国宋明两代地方志草目》，颇便于了解国外藏志情况。一为提要目录，这类目录目前已公开发行，质量比较高的是洪焕椿著的《浙江方志考》，该书集作者数十年心血，共六十余万字，是一部大部头的著述，虽然此书也有遗漏，但这在编制提要目录的过程当中，是很难避免的。此外在全国各地修志办所出的刊物上，也陆续发表了一些提要目录，如《七种山西省志提要》、《玉溪地区地方志提要》等，数量颇为可观，应在积有成数后汇编以备参考。

（4）旧志的综述

这类概述性文章主要有以下三种：一为将一个地区的旧志及编修情况作一综合叙述，如刘志盛的《湖南地方志述略》（《湖南地方志通讯》1982.3）、何马的《新疆地方志概况》（《中国地方史志通讯》1981.7-8）和王志毅的《内蒙古旧地方志》（《内蒙古地方志通讯》1984.4-5）等。一为将一个朝代的各种志书情况加以综合记述，如刘纬毅的《明代地方志概述》（《山西地方志通讯》1982.1）。一为将一志多种加以综合叙述，如何孝积的《清代三修〈湖南通志〉述略》（《湖南地方志通讯》1984.2）、方国瑜的《清修云南省志诸书概论》（《云南地方志通讯》1983.6）、来新夏的《重印畿辅通志序》（《河北学刊》1985.1）等。这类文章，近年来已陆续发表了数百篇。

（5）旧志点校

旧志一般多由文言文写就，今人翻读颇有困难，所以在重印时甚需点校。目前，以陈明猷点校、宁夏人民出版社出版的《嘉靖宁夏新志》本为最佳。这本书系据嘉靖《宁夏新志》分段校点，对缺页部分又从天一阁所藏弘治《宁夏新志》中节录相应内容附于有关正文之后。这样，既能补缺，又不混淆，实是点校工作的良策。点校者还做了若干有利读者翻检的加工。书后附录《嘉靖宁夏新志的史料价值》一文，对宁夏志书的沿革、本书成书缘由及全书史料价值均有较详细的评述，有裨于读者对本志的使用，颇足为校点旧志工作所取法。

从上述五个主要方面看，建国以来，整理旧志工作还是受到一定重视并取得若干成绩的，不过若与浩瀚的旧志急待整理的情况比较，这项工作需更进一步加快速度，以发挥它的历史信息作用。

三、旧志整理工作的批判继承问题

对于旧志的利用，前一阶段主要有两种不良的偏向。一种是照搬旧志资料，即根据新编方志纲目不加选择地大量塞入旧志资料，而不是利用旧志资料重新改写编纂。另一种偏向是排斥，在早期修志时，这种倾向是比较严重的，认为旧志都是地方上的县太爷聘请封建文人所写，对旧志采取了一概排斥的态度，屏旧志而不观，这是受极左思潮影响的一种反映。旧志固然有其糟粕，但也有某些精华，对于这个问题，在马列主义经典作家的著作当中早已讲得很清楚，我们决不能对旧有的文化持一种民族虚无主义的态度，不能当穴居野人，而应以批判继承的态度来对待旧志整理工作。中国历代修志有一个好传统，即修志之前，首先把旧志通读一遍，观其利弊，订其谬误，然后决定取舍，用以编修新志，这个好传统我们一定要继承发扬。

在旧志整理工作中，应当批判什么？旧志当中应当批判的内容主要有三个方面。一为竭力宣扬封建统治者功业的内容。在过去的旧志当中，普遍存在着这类内容，如皇帝的诏谕、诗文、言论，极尽粉饰，歌功颂德，并且还独立成章，立于卷首。一为宣传封建伦理纲常方面的内容。如旧志中所记节妇、烈女、义士等行事和对人民的一些活动，特别是对当时人民的一些反抗活动诬之为"匪"、"盗"、"叛逆"等词语。一为不恰当的溢美之词。所谓溢美之词就是脱离实际的吹捧。由于旧志的编纂人员多是当地人和从外地聘请而来，或爱乡心切，或受人之托，所以旧志当中最大的毛病是不切实际的溢美之词太多。

对于旧志，我们可以继承些什么？有哪些可供借鉴？我看主要有两方面。一是继承旧志中合理的编纂体例。历代方志的编修人员都非常注意发凡起例，在各类志书中都有凡例序言，说明编写宗旨与方法，编修新志应特别注意考虑如何继承其合理部分。因为旧志前人搞过多次，必定有些可资参考的想法，尽管旧志的体例有不完善的地方，但我们可以加以改造利用，这总比我们毫无依据，苦思冥想，闭门造车简便一些。武汉的编志同志曾做过一件比较可取的事情，他们参考了十七部和武汉有关的旧志，将其篇目和体例进行比较研究，借以核定武汉志的篇目体例，取得了事半功倍的效果（史泽畔：《在十七部旧志中有关武汉志第一卷内容的篇目和体例》，见《武汉地方志通讯》1983.3）。此外河南的编志同志编了一部二十多万字涉及四十多部旧志的《河南地方志凡例序跋选编》，为大家节翻检之劳。这个做法很值得提倡。

二为文献资料的继承。旧志中，保存了大量的有关社会经济、自然现象的宝贵文献资料，这些资料不仅涉及面广，记载时间较长，而且有些资料还是由当地直接采录而来，大多是比较原始的第一手材料。这些宝贵的材料究竟有什么价值，对我们的研究工作有什么益处呢？

首先，这些资料可备征考。旧志中记载了大量的有关当地社会经济、风土人情、文化艺术的资料。例如要了解南京的丝织业，我们就可以从《上元县志》中索取大量资料。它不仅记录了当时丝织业的生产概况，而且还描述生产的组织及丝织品种。最近山东图书馆的同志利用旧志，搞了一个《海事资料》。这是一个新问题，它在如何面向经济，为经济服务方面，迈出了可喜的一步，为近海的打捞事业提供了线索，可从茫茫汪洋中索取财富。再如人们根据《桐庐县志》记载，发现浙江桐庐县有个洞前村的记载，即按此线索终于在村后发现了瑶琳洞，洞内石笋林立，瀑泉飞泻，开辟了新的旅游地点。我们在研究经济规律时，遇到过一个困难问题，就是有关当时物价问题总是记载得不太具体，往往用"物价腾涌"四字一带而过，但究竟腾到什么程度，涌到什么情况，我们却无从了解。但是在一些地方小志中，却往往有对当时物价的具体文字记载。例如《阅世篇》就详细地记载了明清之际上海商业地区的十几种物价，并从这些记载和评论中还可以得出"安定时期，原材料贵，商品贱；动乱时期，原材料贱，商品贵"的物价变化规律。由此可见，旧志资料不仅可以备征考，而且对当前经济建设还有着重要的现实意义。日本学者利用中国福建省的《八闽通志》、《霞浦县志》和沿海的几种县志，了解到中国东南海域一带的鱼类汛期活动的规律，撰写了论文，对于获取渔类资源起了重要作用。马鞍山的江岸码头建设，如事先看一下《当涂县志》关于恒兴洲江岸地质及历年崩岸的记载，完全可以避免数千万元的损失。所以充分利用旧志中的宝贵资料，更应引起我们的极大注意。此外在旧志当中，如《永济县志》、《畿辅通志》中有关当地人民困难生活的描述，在一般书中很难找到如此生动而具体的材料。这对我们了解当时人民生活大有裨益。

第二是利用旧志资料可以纠谬。比如中国对外贸易机构市舶司的设置问题，日本学者藤田丰八依据《宋史》和《宋会要》对宋代是否在上海设市舶司提出怀疑。但他没有了解到他所依据的史料并不是宋朝的全部史料，因为《宋会要》是南宋宁宗以前的史料，《宋史》虽然是宋代的全部历史，但《宋史》所依据的主要史料《宋实录》于宁宗后史事也多缺略。所以科学地讲，应该说南宋宁宗以前，宋代未在上海设市舶司，而宁宗之后则还不能轻下论断。最后这个问题借助于弘治《上海县志》得以解决。《上海县志》附载了宋度宗时管理市舶司的主管官员"监镇"董楷所写《古修堂记》和《受福亭记》等二篇文章，这两篇文章写于咸淳年间，涉及他管理上海市舶司的一些事情，肯定了宋度宗咸淳年间上海确设有市舶司的论断，从而祛除了日本学者关于宋代是否在上海立市舶司的怀疑（参谭其骧《地方史志不可偏废，旧志资料不可轻信》，见《中国地方史志论丛》，中华书局1984年版）。有时还能纠正传闻之误，如山东枣庄有一种树一直被认为"咬人不祷"，砍伐殆尽。后查方志，始知为一种高质高产的珍贵漆树，近年又重新培植二十余万株，成为该地重要资源之一。

第三是利用旧志资料可以补缺。在我们的研究工作中，有时往往苦于资料缺乏，特别是在人物生平问题上。有些人在当时由于他的成就卓著而流传下来，但有的人却因其成就没有被当时人们所重视，致遭埋没而事迹不彰。对于这些人的一些材料往往可以在旧志当中得到补缺。我曾从中受益，深有感触。几年前有一位德国留学生，向我请教《封建论》的作者生平问题。当时我不加思索地答称此文作者是柳宗元，并如数家珍地概述其生平，孰知对方提出该文作者为柳稷而非柳宗元，这一意外使我瞠目相对，只得婉请宽以时日。经过辗转检索，穷二日之劳，终于在四川《南充县志》中索得，县志中不仅载有柳稷生平简历，而且还收有他的著述诗文。这个问题证明，旧志当中有许多可资补缺的宝贵资料有待于我们去发掘。在发掘资料时，我们还必须注意一个问题，即对于旧志当中我们现在尚难理解的东西，一定要采取慎重的态度，某些我们不理解、不懂的问题，不等于这个问题不可以被认识。因为我们的知识有限，也许别人或后人会理解。比如自然现象往往作为祥瑞灾异来记录，需要我们以现在掌握的科学知识去理解和认识，如极光问题，是对通讯、广播、空间探测、宇宙航行等有重要关系的天象，但在旧志中却未揭明这点，湖北《竹溪县志》对清同治元年八月十九日的极光现象却作如下的描述说："东北有星大如丹，色似炉铁，人不能仰视。初出则凄凄然，光芒闪烁，顷之，向北一泻数丈，欲坠复止，止辄动摇，直至半空，忽然银瓶下破，倾出万斛明球，缤纷满天，五色具备，离地丈余没，没后就觉余霞散彩，屋瓦皆明。"其他在陕西《大荔县志》、河北《东光县志》和湖北《光化县志》中还记载了同治十一年的一次极光。这些资料都是经过科学性解释论证而成为足资参考的珍贵资料。

当然，旧志资料中也有记载失误，在类编、利用之际，必须严加校核考辨后采录。

四、关于旧志整理工作的趋势

旧志整理工作虽多年来受到一定的重视，但正式作为全国方志学界的专门性问题提到议事日程上来研究，则始于1981年7月中国地方史志协会成立大会上所提出的《关于方志学研究工作的建议》，这份草案包括编印方志目录，保存、刊印旧志，类编资料，选辑论文，编印风土丛书，筹办专刊以及建设专业队伍等。1982年5月在武汉召开的旧志整理工作座谈会上提出了《中国地方志整理规划（1982—1990）》草案，共分三个部分：（一）综合参考：方志学文献、地方志工具书；（二）旧志重印；（三）资料汇编。1982年8月，中国地方史志协会对上述文件作了修订，公布了《中国地方志整理规划（1982—1990）》草案，计分四个部分：（一）编辑方志学文献；（二）编撰地方志工具书；（三）汇编旧地方志资料；（四）整理重印旧地方志。1983年4月，在洛阳召开中国地方志规划会议，又拟定了《中国旧方志整理规划实施方案（1983—1990）》（草案），共包括两个部分：（一）地方志工具书（方志目录、方志提要、方志索引）；（二）地方志资料书。在这个草案后还附了一份《"六五"期间旧方志整理规划》（草案）和《"七五"期间旧方志整理发展规模》（草案），但没有正式公布。

1983年12月，中国地方志指导小组第三次会议通过了《关于开展旧方志整理工作问题的决定》。1984年1月，根据决定，在北京成立了旧志整理工作委员会。3月在天津召开了第一次旧志整理工作会议，研究了旧志整理工作当中的两个中心问题，即整什么？怎么整？明确所谓旧志"是指1949年建国以前的地方志书"，同时规定旧方志整理工作的项目是："原本复制，点校翻印，类编资料，辑录佚志及编辑方志目录、提要、专题索引等等"，并且"鉴于各地方志机构力量有限和为经济建设服务的要求，当前整理工作重点是从旧方志中检选出有关资料，类编成册，兼及方志目录、内容提要和索引等等"。

1985年1月在北京召开的全国旧志整理工作委员会第二次会议上，曾设想为了协调和推动全国各地区旧志整理工作的开展而扩大和健全委员会的组织机构，并为第三次会议的召开作准备。

1985年5月间在杭州召开的第三次会议，检查和总结了全国旧志整理工作"六五"规划的执行情况，讨论拟定"七五"规划草案，为制定全国方志工作的"七五"规划和为全国第一次修志工作会议作好准备。同时，交流各地资料汇编的经验，讨论1985年的工作计划、中国方志编纂学大纲、点校、提要、辑佚、索引、资料等问题，并酝酿编纂中国方志学大辞典以及委员会的工作等有关问题。

类编资料是当前旧志整理工作的重点。类编资料的原则是"全面取材，重点类编，求训致用"。全面取材，就是综合治理，即将旧志中的有关资料全部择选出来，编成资料索引，否则每类编一个专题资料就翻检一次旧志，工程浩大，难胜其劳。类编资料的目的是求训致用，从中取得教训来为我们当前经济建设服务。当然各地可根据本地的特点，区分轻重缓急，重点选编那些对当地建设急需的资料。例如安徽、河南分别辑录了本省的土特产品资料类编，安徽并注明现在土特产品情况以相印证。河南类编了各种专题资料二百零一种，共四百二十五万字，及时地为四化建设进行了咨询服务工作。在1984年召开的旧志整理工作会议上，还对重点类编资料项目做了说明，供各地参考。这些项目是自然灾害、矿产、渔业、畜牧业、水利、科技、土特产、名胜古迹、人物资料等各种类编。在辑录旧志资料工作中，有时还需采取一种折光式的研究方法。所谓折光式研究是相对直观性研究而言，有些问题比较明显，我们可以一索而得，但是有些问题需要我们采用迂回的方法，借助其他事物加以论证。比如台湾学者陈正祥，就曾根据各地的八蜡庙、刘猛将军庙、虫王庙设置情况绘画成图，从而描绘出当时全国的蝗虫灾害路线图。他的理论出发点是基于这些庙宇的设置反映了当地人们不能制服蝗灾而谋求寄托的一种愿望。既然当地有此类庙宇的设置，则必然反映了当地蝗灾比较严重。在选编资料类编时，还要注意做到近期和长远结合、历史和现实结合、整旧与纂新结合，各地可根据实际需要，自选类目，或酌增类目。选辑类编资料，应以县为基础，逐渐汇编上来，并应保持资料的原貌和完整，不要任意删改，个人对此有不同的见解和认识可作注解说明。选编资料时应详确注明出处，并精心校对原文，以免发生错误。在类编资料的同时，各地还应注意挽救碑刻资料，有条件的地方还应做成拓片。碑刻是地方志资料来源之一，对我们考证旧志资料大有裨益，例如河南的同志利用地震后重修建筑的碑文记载，同旧志地震资料互相印证，价值很高。

旧志整理的另一项工作是编辑目录。现在重点放在提要目录上，河南的同志今年已完成二百多篇（全省大约有旧志五百多部）。南开大学地方文献研究室承担了《天津地方志提要》和《河北省地方志提要》任务，现已完成近二百部。如何编写提要目录，各地可参考1982年5月在武汉会议上提出的《关于编辑出版〈中国地方志提要丛刊〉的建议》和各地方志通讯中已发表的提要。每篇提要的基本要点应包括书名、作者、卷数、出版年代、出版者、主要内容、篇目和评价等项。评价最好借用前人现成的评价。字数大致在五百至一千字之间，最好不超过一千字。

关于重印旧志问题，现在有几部大的志书准备重印：一部为《河南通志》，解放前，从1919年到1948年为编纂此书用了近三十年时间，全书三百六十多万字，现已开始标点、整理，拟按类汇编成册，刊印出书。第二部为《光绪畿辅通志》，是一部三百卷的大书，河北省政府很有胆识、魄力，给予相当数量的资助，现已交付河北人民出版社承印陆续出版。第三部为《江苏通志稿》，此手稿本一直存于南京图书馆，据江苏的同志说准备重印。除这三部大的通志外，各地也整理标点刊印了一批旧志，例如河南已出版《兰考县志》三种，《汝南县志》一种，《归德府志》、《同治三年郏县志》、《嘉庆鲁山县志》、《登封县志》和《嘉靖巩县志》各一种，共十种；福建也印了《宁德县志》；浙江已整理出版了十一种旧志，清代稿本《武林坊巷志》也在整理中。在重印旧志时，不仅应加点校，还应在书前写一说明，对本书作出全面中肯的评价，书后附入有关本志的重要参考资料。在重印旧志的同时，还应注意编定点校一些地方风土丛书，包含记述当地风俗、人情、物产的小志，北京曾印了一大批如《宛署杂记》、《帝京景物略》、《天府广记》、《宸垣识略》等。目前有组织地进行编校的，据我所知有两个地方：一是福建，他们编了《八闽丛书》，将有关福建的小志加以整理点校出版。另一为天津南开大学地方文献研究室，为天津古籍出版社编校的《天津地方风土丛书》，今年准备完成《梓里联珠集》、《敬乡笔述》、《沽上旧闻》、《津门征献诗》、《天津闻见录》、《天津会考》和《津门诗钞》等十种小志。

总之，旧志整理工作的发展趋势，基本上是以类编专题资料为主，兼及编制提要目录，重印旧志，编定点校地方风土丛书。这些项目如能按计划顺利进行和完成，不仅是整理工作的成绩，也对编写新志作出了贡献。

原载于《史志文萃》1986年第1期

论清代修志事业之成就

清代重视地方文献的最大成就约有二端：其一为嘉、道间盛行对边疆问题的研究，梁启超氏曾论其事说："自乾隆后，边徼多事，嘉道间学者渐留意西北边新疆、青海、西藏、蒙古诸地理，而徐松、张穆、何秋涛最名家。松有《西域水道记》、《汉书·西域传》补注、《新疆识略》，穆有《蒙古游牧记》，秋涛有《朔方备乘》。"（《清代学术概论》十五）这一端导致了某些学者对边疆史和元史的研求而逐渐朝史的方向发展。其二为自清初发端至康乾称盛的修志事业。志书覆盖面之广，内容包罗之富，影响后世之巨，在地方文献研究领域中似已与边疆史的研究难分轻重，而朝志的方向发展。但其受重视的程度远逊前者，甚至有"不足以语于著作之林"之讥，是不可以不着重予以论述。

一

中国修志事业源远流长，它合国史、图经、地志、纪传诸体而独创一体，历代相承，至宋体制初备，明清有显著发展，而清则久为学者推重为方志编纂的鼎盛时期。鼎盛之称并非虚夸谬誉，究其成就，盛名可符。

中国方志为数甚多，据一种保守性的统计约有8200余种，而清代所修为5701种（《中国地方志联合目录》），占方志总数近70%，其中康、乾两朝所修为2551种，又占清修方志的44%强，是清修志书在数量上之居于绝对优势已无疑义。

清代修志事业的成就不仅数量巨大，而且类型齐备。上起于综括全国的一统志；中有省府州县志，旁及土司、厅卫、山水；下至乡镇村里及风俗小志等十几种类型，可称极一时之盛。

一统志之名起于元《大元大一统志》，明清两代继承其事，清之三修一统志与宋之三修《临安志》并著称于方志之历史。清代三修一统志之初修始于康熙二十五年，直至乾隆八年，历时五十余载，成书342卷。乾隆二十九年，因内乱平定，开疆拓土，已非初修一统志所能包括，加以初修旷日持久，时修时辍，以致"稽考失实"，"挂漏冗复"者在所不免（清一统志卷首上谕），于是又组织人员，以当时有关成著为依据，历时二十年，于乾隆四十九年成书424卷（并子目计为500卷），是为二修一统志。它虽内容有所增益，但篇帙巨大，书成众手，依然有所错漏，至为龚自珍所指摘。龚氏仅"举其炳炳显显者"有十八误（《上国史馆总裁提调总纂书》，《龚自珍全集》第五辑），所以仍难称如人意。嘉庆十六年遂有三修之议。三修超越初二两志多多，一则参考典籍如方略、通志、舆图皆有专门著述以供依据；二则各地报送资料也较前为胜；三则有些学者如龚自珍之针对二修不足所陈十八误颇有助于三修之发凡起例。它历时三十四年，底成于道光二十二年，成书560卷，因其下限止于嘉庆二十五年，所以三修一统志被称为《嘉庆重修一统志》（简称《嘉庆一统志》）。《嘉庆重修一统志》体例完善，门类齐备，资料丰富。它既"俾旧典有所承，而后事有所起"，又体现清代辽阔疆域的盛状；既前此所未有，亦后世尚不见。该志被称为清代修志事业重大成就之一，谁曰不宜？

一统志建基于通志，通志建基于府州县志，层层要求，促使全国各地纷纷展开志书的纂修。于是省府州县几乎无不有志，凡旧有区划设置者，一地往往多志，如《苏州府志》有七修（康熙、雍正、乾隆、嘉庆、道光、同治、光绪各一次），《亳州志》有五修（顺治一次，乾隆两次，道光、光绪各一次），而江苏常熟更续修达十三次，平均每二十年续修一次，修志事业，可谓盛矣！新立区划也多立志，如江苏于雍正十一年置铜山县，即有乾隆、道光《铜山县志》；河北于雍正九年置宁河县，即有乾隆、光绪《宁河县志》。下至乡镇有乡土志，截取府州县志中有关本乡资料，并加以实地调查而记一乡一镇之风土、物产、人事等，如广东之《佛山忠义乡志》、上海之《真如里志》、江苏之《震泽镇志》、天津之《杨柳青小志》等。其地皆为河津要冲，经济发达之区。这类乡镇志发展速度远超前代，如浙江乡镇志，明修5种，清修达77种，增长15倍多，可称是一种重大成就。此外尚有各地风土小志，亦颇具史料价值。

风土小志为"方志之支流"（《四库全书总目提要》），记一地物产民风，遗闻琐事，可备地方志料之采择。远之如梁宗懔《荆楚岁时记》，近之则清人所作繁兴，其数量迄无准确估计，从现有著录看，几乎各地都有这类著述，如《燕京杂记》之记北京，《闽小纪》、《闽杂记》、《闽游偶记》之记福建，《扬州画舫录》之记扬州，《清嘉录》之记苏州，《杭俗遗风》之记杭州，《白下琐言》之记南京，《锡金识小录》之记无锡，类似之作，举不胜举。其数量之多，内容之富，洵可称清代志书中之大宗，固不得漠视其为支流。

方志初始，其体多偏重于图经、地记。宋修《太平寰宇记》增人文内容，方志之体例粗具，至清由于学者的重视与研讨，志体得到进一步完善，除志、图、表、传、记五体并存外，更制定若干凡例以指导修志。纵览有关志书凡例，无论置纲立目，抑或细目并举，大多兼综博搜，门类齐备，即如重修《一统志》虽多存瑕疵，犹能"一展卷而九州之砥属，八极之会同，皆可得诸指掌间矣"（《四库全书总目》）。至名家手定体例，虽难称尽善，但自成一家之言，不仅为当时修志所依据，亦为发展方志学理论所必需，如陈澧《肇庆府修志章程》（《陈氏三书》），李兆洛的《凤台怀远县志序》（《养一斋文集》卷二），章学诚的《方志略例》（《文史通义》），皆有助于体例之日臻完善。各志间于体例又相互参据依托，如谢启昆的《广西通志》乃集众志体例之长，而为一时之典型；阮元修《广东通志》"大略以《广西通志》体例为本而有所增损"（《广东通志》序）。至于一地新设建置，或资料不足或记事不多，遂有合志之体，如乾隆《常昭合志》即为常熟与昭文之合志，道光《武进阳湖合志》即为武进与阳湖之合志。

正因为修志事业发达，各地为使本地区的志书特出，除一些阘茸因循的地方官员采取敷衍公事、循例修志之态度外，较多的地方官员为提高本地区和本身的声名，竞相征聘学者纂修，或籍隶本地的学者为效力桑梓而献身志事，于是学者修志亦成为清代修志事业一大特色。梁启超曾例举其事说："清之盛时，各省府县皆以修志相尚，其志多出硕学之手。其在省志，《浙江通志》、《广东通志》、《云南通志》之总纂，则阮元也；《广西通志》则谢启昆也；《湖北通志》则章学诚之原稿也。其在府县志，则《汾州府志》出戴震，《泾县志》、《淳化县志》出洪亮吉，《三水县志》出孙星衍，《朝邑县志》出钱坫，《偃师志》、《安阳志》出武亿，《富顺县志》出段玉裁，《和州志》、《亳州志》、《永清县志》、《天门县志》出章学诚，《凤台县志》出李兆洛，《长安志》出章祐诚，《遵义府志》出郑珍、莫友芝。凡作者皆一时之选，其书有别裁，有断

制，其讨论体例见于各家文集者甚周备。"（《清代学术概论》十四）

实则梁氏所举远远不足，即以乾隆一朝官修志书而言，有金石家王昶之撰《青浦县志》，目录学家周书昌、李文藻之撰《历城县志》，史学家邵晋涵之撰《杭州府志》，史学家杭世骏之撰《西宁府志》、《乌程县志》、《昌化县志》。其他各朝亦多有学者参与修志。至如学者私人修志，更难屈指而数，梁启超氏曾按其性质不同，概括为七类，并称："其间固多佳构，或竟出正式方志之上也。"（《清代学者整理旧学之总成绩·方志学》）

学者在修志之外，尚有从事古地志辑佚者，对总结与继承文化遗产有重要作用。古地志辑佚的主要成果是：王谟的《汉唐地理书钞》，收汉唐地志五十种；马国翰的《玉函山房辑佚书》和王仁俊的《玉函山房辑佚书补编》，收唐前方志约六十种；陈运溶的《麓山精舍丛书》，收宋以前湖南地区方志七十五种。其他还有毕沅辑《晋书地道记》、孙诒让辑《永嘉郡志》、张澍辑《三秦记》和《凉州记》等。这些材料虽然大多是些残篇断简，已非完书，但对研究方志源流与发展仍有其重要的参考价值，这也是清代修志事业中的一大成就。

此仅举其荦荦大者以论列清代修志事业的成就。

二

清代修志事业成就之巨大已如上述，究其成就之缘由，约有数端：

其一，维护封建集权政治的需要。方志自隋唐以来日益明确其为官书，至清实行集权政治，假方志为施政工具。方志对维护集权政治的重要作用有两端：一则宣扬统治者之功德，使亿兆民众增强对中枢的向心凝聚力，此从清重修一统志立意中可得明证。此志之修即为宣扬乾隆"十大武功"的成绩以显示清代疆域之广袤，增强全民信念，以利中央推行集权政治。二则为集权政治的统治者利用方志来获得所统治的全国各地的政情与社情资料，庶一篇在手，则大自省区，小至州县里镇的诸般情况历历在目，大有利于加强集权政治。因之，有清一代，修志事业能一直进行而无中辍，乾嘉之际，方志尤称显学，良有以也。

其二，官修制度的保证。方志之官修始于隋，炀帝大业年间曾"普诏天下诸郡，条其风俗、物产、地图"，然后命虞世基等人根据所征集的各地文献编成《隋诸州图经集》。至唐，先有三年、后改五年上报地方资料的规定。宋自开国之始即敕令编修图经，并确定抄送史馆以备采择。徽宗处国势阢陧之际，仍创置"九域图志局"以总管全国修志事业。明代官修制度进一步发展，开国几代君主都曾三令五申推动修志事业。清代官修制度更形完备。康熙十一年根据大学士卫周祚的建议，曾令"直省各督抚聘集夙儒名贤，接古续今，纂辑通志"，并将顺治十八年河南巡抚贾汉复主修的《河南通志》发往各地以作"程式"。康熙二十二年，又令各省设通志局，为地方修志建立专门机构，负责官修志书之事宜。雍正六年，鉴于一统志的迟迟未能成书，于是又严诏督催各省重修通志称："著各省督抚将本省通志重加修辑，务期考据详明，采摭精当，既无缺略，又无冒滥，以成完善之书。如一年未能竣事，或宽至二三年内，纂成具奏。"（《清世宗实录》第二册，雍正六年十一月）并于次年确定各州县志书每六十年一修的续修制度（《吉安府志》定祥序）。这些措施收效甚宏，从雍正九年《广东通志》问世到乾隆六年《贵州通志》刊刻的十年间，先后共有16部通志问世，对全国修志事业是一次重要的推动。而通志由"总督、巡抚董其事，似已成为历代相沿的成例"（《四库全书总目》卷六八），各地方志书也能不时续修。正由于官修制度的日趋完备与严格，各地各级行政官员，虽有些因怵于功令，乃委之俗吏腐儒致贻粗疏之讥外，更多的官员既为贯彻层峰的要求，又视开局修志为斯文重任，且有关个人声名，所以特邀一些有学识造诣的学者主持志事。这些学者亦视此为著述之大业，刻意讲求编纂体例、方法和文字。这不仅使修志事业的日益繁荣得到保证，而且也使某些志书具有相当高的学术质量，使清代的修志事业无愧于鼎盛之誉。

其三，大僚提倡的主导作用。清立国之初，顺治十八年河南巡抚贾汉复首倡修志，下令所属府州县修志以备编纂《河南通志》。由于有行政力量，所以河南省的"八郡十二州九十五县之志，渐次报竣"（《河南通志》沈荃序）。而《河南通志》便在此基础上撰成。其后，贾调任陕抚，采用同样手段撰成《陕西通志》。二书后均作为全国志书的模式（雍正《陕西通志·凡例》）。封疆大吏的提倡无疑起到了重要的主导作用。康熙十一年，大学士卫周祚以总修一统志为理由，建议"各省通志宜修，如天下山川、形势、户口、丁徭、地亩、钱粮、风俗、人物、疆域、险要，宜汇集成帙，名曰通志"。这个建议得到批准。卫周祚还在一些志书的序中提出自己对修志工作的见解，如在《长治县志》序中论及志书的资治作用是为"天子明目达聪之助，以永扶大一统之治"；在《曲沃县志》序中又提出修志人员须具备正、虚、公的三项品质要求，对修志事业都有指导作用。清朝有些志书中常提到贾、卫倡修志书之功，如顺治《开封府志》、《洛阳县志》卷端有"奉贾汉复巡抚之命所修"；康熙《邹县志》、《莱阳县志》有"奉朝旨卫周祚之请"等语。康熙二十九年，河南巡抚阎兴邦通令所属州府县修志，并颁发了修志牌照，列举凡例二十三条，对时代断限、材料取舍、文字详略、史实考订、叙事先后乃至地图绘制均有详细规定。在大规模的修志事业中，由地方官员来制定和颁发凡例，对于划一志书体例，减少俗吏粗制滥造，推动志业发展都起到了一定作用。雍正时的李卫，乾隆时的阎兴邦、毕沅，嘉道时的阮元、谢启昆，光绪时的曾国荃、李鸿章和张之洞等人，均以封疆大吏而承担推动与监修志书编纂的重任。核之近十年的修志状况，行政领导所起的主导作用，仍是第一条重要经验。

其四，学者研讨与专科建立的推动作用。清代自顾炎武撰《肇域志》，以志书为主要参考资料，开放了对志书研讨的风气。顾氏在《营平二州史事序》中还提出过修志要求，即：要有具有学识的人才，要有足够的参考资料，要实地调查验证，要有充裕的写作时间，要用通俗文字等等。这些都为发展修志事业提供了足资参考意见。乾嘉之际，乃有戴震舆地考证学之说，主张"以山川为主而求其郡县"（段玉裁：《戴东原先生年谱》），即重志书之沿革考证；章学诚则主张"宁重文献而轻沿革"（章学诚：《记与戴东原论修志书》，《章氏遗书》卷十四），使志书趋于正轨。章氏以毕生精力深研志学，不仅有理论阐发，更具修志实践经验，曾提出"志乃史裁"，立"三书"（志、掌故、文征）、"四体"（纪、谱、考、传），建立"志科"以及修志实践中应注意的具体事项等重要论题和建议。他还总结了《修志十议》（《文史通义·外篇》）的纂修经验。章学诚和其他一些学者在理论和实践工作中的努力对推动修志事业和奠定方志专学的础石，厥功甚伟。学者间的相互诘难以及提出若干指导性理论，有利于方志学的建立，而方志学的建立又推动清代修志事业，起到了提高志书质量的重要作用。

当然，清代修志事业不可避免地存在着若干弊端，以非题义所在，未有涉及。而所论则肤浅疏漏，惟望能以此引发对清代修志事业成就的评议。

一九九一年八月完稿于天津南开大学
九月订正于日本独协大学

原载于《江苏地方志》1992年第1期

地方官读志书

中国地方志是中国文献的一大积存，它具有历史长、传承久、层次全、数量大等特点，是最足反映全国各地地情的参考和依据。它的社会功能是资治、教化、存世，而以资治居首，这已为志界所共识。历来地方官亦多有到任读地方志的传说。地方官到任读志一事至清似已成为出任地方官必须履行的规定，但一直未能追寻到文字出处。

近日读到一部名为《新编吏治悬镜》的书，是清乾隆时人徐文弼所编刻，傅梦熊、涂丛桂二人参订，徐的八个儿子参与校字。这是地方官案头必备之书，其卷一所收为《莅任初规》，这部书应是初入仕途的地方官读本，与汪辉祖的《学治臆说》属于同类官箴书。其序言中已有所申明云：

> 是编为甫膺民社者昭揭成规，随事著则，统以整躬率物，澄清吏治之源。立全编枢要，故断自入境为始。其诸坊本所载，由诏选赴都至捧檄就道，不惮烦陈琐述者，皆不复赘及焉。编《莅任初规》。

《莅任初规》的内容是：入属境、看须知、览志书、亲查阅、清交盘、发堂规、详签押、给告示、备号簿、设买办、紧关防、订告期、考代书、试经承、限差票、点解犯、驭书役、酌条陈、革陋规、谨操守、戒躁怒、尚节俭、慎刑法、恤狱囚、勤审勘、禁荒嬉、事上司、和寅僚、防佐杂、待游客、接绅士、防蠹棍等三十二条。每条都有长短不一的说明，大体按新官到任施政程序排列先后。这三十二条实际上就是做官的规范，是多年从政的总括。《览志书》是《莅任初规》的第三条，足征它是到任之初首要的行事，条目下有较简要的说明，因为少见，特录全文如下：

一邑之山川、人物、贡赋、土产、庄村、镇集、祠庙、桥梁等类，皆志书所毕载。而新莅是邦，一为披览，则形胜之舆衍扼塞，租庸之多寡轻重，烟户之盛衰稀密，咸有所稽，而政理用是足以取衷焉。至于名贤祠墓，为祀典之所（阙），新其栋宇，飨以牺牲。先代古迹，为岁月之久淹，加意搜求，重标胜概。不惟风教藉以感兴，而疆域益为增色。诸如冠盖经临之途，岂可扛梁弗治？弦诵传扬之地，宁无黼黻为文，抑亦邦大夫所宜用心者矣。毋曰簿书期会是急，又安恤此以自委于俗拙可也。

这篇百余字的说明对地方志的内容和地方官莅任之初应如何借此以施政，都有简要阐述，确为重要官箴。它反映有清一代对志书的重视，这就无怪乎清代修志达5000余部，占全部旧志的70%—80%，达到历朝修志的顶峰，给后世留下可贵的历史文化遗产。由于《莅任初规》较为稀见，今人著作又少有征引，即引用者亦未详其出处，于全部内容了解较少，故特加解说，以供志界参考。

原载于《人民日报》2013年12月2日

评稿随录

小序

三月初旬应邀评议已出县志，到会者十人，评议者三书——《萧山县志》、《渭南县志》和《玉山县志》。这三部县志是近年来在不同阶段中呈送于社会的作品。它们虽具有一定代表性，但尚不能概括现已出版的37部县志。只是因评议时间短促，为便于探讨研究而以此三志作举例说明。因而在评议中也就不限于三志而共同探讨新编县志的普遍性问题。前后聚谈五天，涉及方面颇广，问题探讨较深。不敏如我，从中受到很多启发教育，于是随听、随谈、随录，匆匆草此，不成体系，仅为片断。此或能有裨于县志编修，爰整理成文，题曰《评稿随录》。

指导思想　修志必须以马列主义为指导思想，这是人们共同遵循的信条，似已无庸讨论。马列主义的指导是指以其立场、观点、方法为指导。其中很重要的一条是实事求是。这一条可以避免"左"右及一切浮夸虚诞的笔墨。从已出版的几部县志看，大家都在主观上努力运用马列主义的立场、观点和方法。我认为编写社会主义新志就是正确的立场，实事求是就是唯物观点，论述发展与变化就是辩证的方法。除了理论性指导外，政策性指导也很重要，志书中笔笔体现政策。我们正确地写了各民族的历史和现状是民族政策；妥慎地写了边事是外交政策；恰当地安排了党派团体是统战政策……如果理论性和政策性的指导得到具体贯彻，那么，这部志书的基本方向当可无误。这就是新编县志的最大成就而应加以充分的肯定。至于过去有人提出随着时代而"高举"不同旗帜，或者"紧跟"形势而随时变更论述，那似乎不利于保持志书的相对稳定性而无需作更多的考虑。

概述　　当前绝大部分县志都设置了旧志不经见的概述，这种安排似乎已为大多数人所接受；但概述的写法却有所不同。《渭南县志》以前言代概述，这个写法是舍难就易的聪明办法。它分两部分，前半是地质、经济、社会、人物诸方面的简述；后半则为编辑说明。《玉山县志》将概述分为十段，分述全县各个方面，可收层次分明，易于成文之效。《萧山县志》则综合全志作写意式概括。各有千秋，本无需强求一律。但愚以为有一点似宜明确，即概述非概论，更非概说，而是全书精华的提炼。概述不必作未来的预测，也无需向当政者献策，而应以能引发读全志之兴趣为要。设读概述而不欲读或不需读全志则概述失其本旨；设读概述而有急欲通读或翻检全志则概述得其本旨。概述文字不宜过长，行文可不排顺序，不设章节，总以高屋建瓴，一气呵成为尚。

大事记　　大事记旧志也有，但不若新志之普遍并显列卷首。大事记应否设立似已少有异议，但何为大事，如何记大事则众说纷纭，难求一是。三志均采此体而列于卷首。玉山、渭南纯以编年，萧山等多志则以编年与纪事本末相结合。二者何优何劣，姑可不论。因其关键基本在于何为大事。在《萧山县志》定稿讨论时曾议及此题，如重要历史变革，重大事物发端，重大工程建设，重要军事、政治、经济和外事活动，重大自然灾害等都可属于大事。但我国幅员辽阔，设县二千余，所谓"重大"，程度各有不同，因此选择大事实为难题，而微观言之尤难。愚意大事记宜通贯古今以见一县之要，因而首应平衡古今比例。《萧山县志》从1800余年的大事中选用八百余条，而辛亥革命前的1700年仅占15%，民国时期三十八年占22%，解放后三十六年占63%，则古代似略嫌少。次则选取标准宜从围绕当时当地社会主要矛盾所出现的诸事务中进行相对的具体筛选。繁剧县份可从严，偏简县份可从宽，而全国性大事影响及于本县者不应有漏。至于奇事、怪事则应慎重考虑，总以不入、少入为好。其三，体例宜编年与纪事本末相结合，即以时为序而全一事始末。记始记终当视其影响与成果而定。反右造成后果在1957年，而六十年代的甄别、七十年代的改正则为消除影响之举，所以宜记反右于1957年而相连写入后来各项政策的落实。又如经济建设的重大项目，其成效见于建成之期，则宜记于建成年月而追叙其始建。至于文字应不枝不蔓，不烦不乱，述而不论，并以置于志尾为佳，可备检索。

篇目设计 篇目设计犹如建筑之蓝图，舍此则无所遵循。今志篇目大体有大编、小编与专志三种类型。大编易于归类而失之泛；专志易于着笔而嫌混同于部门志；小编则近年颇为多志所采用，其佳处在便于突出地方特点，不致千人一面，而谋篇立节可少窒碍。当前设计篇目较之草创时期便利多多，既有旧志篇目可资参考，又有已出新志可备依傍。不过设计篇目仍有可商榷者：其一，篇目顺序一般先自然，次经济，次政治，而以艺文学术殿后，此似趋于定型，至于新兴篇目如社会志之类究应入何序列，则尚待研讨。其二，谋篇立节为全志建立筋骨，虽然宜视内容而定繁简，但一志之中，篇节宜有形式平衡，过大过小均不适合，如一节仅三五百字或二三事则似难成立。其三，篇目设计务求得当。萧山围垦，既具特色，复有成效，乃立专篇以见地方特色，为人所称道者正在于此。有的志于城建志下立政府建筑专节，内容简单，颇类旧志衙署，为此而立专节，既无必要，反贻不良印象。

文献资料 资料是编志的基础。资料的有无、多少、是非、正误、真伪、曲直可以决定志书的质量。新编县志在搜集资料方面确花了很大气力，这正是新志能有一定水平的主要物质保证。

资料要经过征集、整理、鉴别、考辨、利用和储备多种工序，缺一不可。但首要问题要摆好资料与理论的关系地位。理论与资料不是相反而是相成的关系。理论产生于各种丰富资料的研究分析基础之上，资料则需在正确理论指导下搜集、研究和利用。如果反其道而行之，将会出现两种后果：一是沉溺于浩瀚资料之中，鱼虾泥沙，无所抉择；一是身陷宝山，难以措手，彷徨四顾，一无所得。二者均不可不慎。

志书以资料为基础编撰，但不是资料汇编与堆砌。资料要为编撰服务，编撰要求助于资料。如果没有资料就编不成志，但有资料而不加编撰也不能称志，终究是一堆散料。

纵览多志，大都注意资料，但如何对待口碑与利用旧志仍可商榷。口碑资料要注意可信性，使用时宜与文字记载相印证，不宜不加考辨整理而照搬入文，有的志记烈士事迹直接以敌人提审笔录入文，似不合志体。旧志资料自应继承，但不经批判、分析、汰取即大量搬用则似不相宜，特别是艺文、怪异如因猎奇滥入则甚不可取。有的志连篇累牍大量填充旧志资料，与新编篇目难以相称。

文献资料，利用量比搜集量小已是通常现象。凡未被利用资料不得视为废料弃置，而应选精存粹，为后人留存。有若干志后附录文献确为有识。《玉山县志》末附地方文献，《渭南县志》附记《重要历史文献辑存篇目》，均可收储料备征之效。而《萧山县志》附录西施有关资料，尤见匠心，既可保存文献，又可避免毗邻县域互争"名人"的缪辖。

数字统计　数字文献为文献中重要类别。旧志有列数字者，但为数较少。新志开始重视，但尚待完善。数字统计既可节省文字篇幅，又可具体比较以见变化。一志之中数字来源务求统一，因我国统计数字往往为应付不同需要而有所异同。假如时而用此，时而用彼，来源不一则往往自相矛盾，难以征信，并易造成分记与总和不能合拢。有些数字不够完整，如物资有收购量数字而无价格数字，企业商业有资本家数字而无从业人员数字，均难寻求准确说明。

数字如有年度联系性，既可免去文字叙述的繁复，又能从中发现文字有所讳避的问题，有一部最近出版的新志有1959年至1962年人口数字统计，中间人口数减少数万。这种突发性锐减反映了三年灾荒的后果，为研究当时社会情况的数字依据。

新志对数字文献除表列数字，更应进而注坐标统计曲线，使人对升降冷旺等不同变化从曲线中一目了然。物价虽以数字代替旧志中"物价腾涌"、"疲软"等文字，但若能计算指数和有百分比升降更较明晰。

善于利用数字统计在编纂法上可一改抽样而为计量，使分析结论更接近科学。

人物立传　志书需有人物，生人不得立传，已为多数人所同意。生不入传既可便于论定，又可免去人际纷扰。入传者应以正人为主、本籍为主、有重大活动特点者为主。传文直陈事实，不评论、不分类，寓论断于叙事。

入志人物量之多寡，或严或宽，尚未一致，古今比例也多不同。渭南量大，萧山偏严。其人物顺序似以生年先后编排为宜，否则，短命之孙在前，而长寿之祖列后，颠倒次序，不便循读。

今人有翻读本省诸志人物传后，总括五失：一为评论式，多溢美之辞；二为演义式，虚构夸张，拔高宣扬；三为悼词式，简单罗列，高度赞颂；四为模型式，千篇一律，固定呆板；五为判决式，不加分析，全盘否定。其论虽苛，但足以示儆。

人物入志为百业不朽盛事，宜严定标准，旧志已收人物既有旧志可稽，更当严加筛选入新志；新收人物应验其事迹确有可称道者，确可为桑梓增光生色者，若一般殉职殉难，尽可列表而略传。至于事迹卓著而尚存世者，可以事系人，即传事不传人，其事迹资料可积累储存，俟其人身后，成传入志，毋须它求。

语言文字　语言文字是一部志书的外貌，是给读者的第一印象，但似乎并未引起应有的重视。综读过的新志约有六弊，即：艰深化、口语化、过头话、噜嗦话、简称化、含糊话。不适度引用旧志，故作艰深，降低新志可读性的质量。口语不得入文，久为常规，而新志仍时有所见，方言、行话阑入志书，时人不懂，后世人更难理解。大话、空话、超越实际的话均为过头话，某县制药工业发达，乃记称"能制各种中成药"，似嫌夸大，所谓"各种"应是包罗万象无一例外，这是不切实际的过头话，易为"能制多种中成药"，则比较实际可信。记事重见迭出，文字臃肿，是谓噜嗦话。简称习惯用于口语，若以之入文，则混乱误解，某县记成人教育称1984年全县有半数乡"已经成为无盲乡"，盲者，丧失视力，口语称扫除文盲为"扫盲"尚可，入文称消灭文盲为"无盲乡"则为简称所贻害。含糊不清，语意不明，不易理解内涵，甚至出现错误者，往往在不经意时造成，某志论述乡镇企业发展曾称："'文化大革命'以来，一些社队开始创办企业。"这种语意含糊的表述使人误解为乡镇企业之所以发展当溯源于"文化大革命"。又如记畜牧业有语说："奶牛在抗日战争中毁绝"，乍看尚无大误，若咬文嚼字，细加推敲，则将被日寇所毁绝奶牛之罪恶转加于我抗日战争。类此六种，仅为示例。愚意志成之后、问世之前，一切均可过关时，务求慎加笔削，润色审定，使文字既谨严完美，又清新可读。设以文字为小道，或草草结束，则虽有正确观点，丰富内容，也犹美玉之有瑕疵！

结语

自指导思想至语言文字，大体上为修志之轨迹，随议随录，间有蕴积头脑而未获发抒者也借文字以出之。其他虽无损总体，但精益求精，将益为新志增辉。如题字插图过多，其意或为平衡人际关系，增加志书色彩，实则有损本身价值。志书文字本有参考数字规定，但目前趋势似已以百万为轴而上下之，长此以往，你追我赶，不仅耗资费时，且使读者裹足。文固在精不在繁，字数膨胀似宜有所抑制。附录部分，所占比例较大，也宜适度压缩。修志人穷年累月，默默耕耘，系一志成败的重任，而所得者又若何，有人曾说"得志不修志，修志不得志"，虽语涉牢骚，但也包含一定真情。修志人员熟悉当地情况，自然、经济、政治、社会无不了然于怀，以之备咨询顾问，绝非放言空论者可比。所以不仅应为他们解决培训、进修、职称、待遇，使之安于位。尤宜注意者，当政者曷不从中选取人才以供梯队之需，则施政有资，大有利于振兴。略供刍荛，聊作曝言。

原载于《中国地方志》1988年第3期

谈谈天津六种旧志的点校

《天津通志·旧志点校卷》共收书九种，经责编一审后，现二审除三种小志外，全面审读了其余六种篇幅较大的正志，提出如下意见：

（一）乾隆《天津县志》与《天津府志》同成稿于乾隆四年七月，刻印成书则稍后。然天津各馆藏本均著录作"乾隆四年刻本"，但该志《艺文续志》有二处则在"卷之二十一终"和"卷之二十三终"字样之后，又所记《邢贞妇传》与《殷烈妇传》之死均为乾隆七年正月，因此当做乾隆四年序后刻本为妥。

（二）同治《续天津县志》自动议至付梓经时两年，时间匆迫，人员几易，内容不无草率之处。该志署俞樾著，但据俞氏《曲园自述诗》自注云："崇地山属余修《天津府志》，然无经费，无任采访者，姑就故书中钞录而已。乙丑秋间，因二儿在吴下大病，南还视之，故未竟其事也。"由此可见假俞声名或为直督崇厚授意，但俞氏究竟参与多少则难以考订。

（三）民国《天津县新志》是一部时间跨度最长，内容最为丰富的天津志书，达70余万字。虽成书并付梓于民国，但所记内容则迄宣统三年，故其例如旧。其中优长之处有二：一是收录了此前天津旧志以外的大量文献材料，并对前志进行了匡误补遗工作；二是在记载内容方面颇详史实、人物，如"人物"一门收录了480余人，为前所未有，堪称明清两代天津人物的总汇。又"碑刻"门中，有《光绪二十六年殉难绅民表）及《殉难妇女表》，真名实姓地记载了列强攻陷天津后烧杀抢劫的罪证，颇具史料价值。该志的编制方法也颇有时代感，如"职官"、"科举"等门编以表格，条分缕析，易于翻检。

（四）民国《天津政俗沿革记》，从成书年代看，当为天津旧志殿后之作。该志与《天津县新志》本为一书，当天津修志之议初起时，王氏领新志前16卷纂修之任，而由高凌蔚主纂后12卷，后因意见不合而分别从事，各自成书。因此，此二书在本书中接连排印的处理办法，颇便读者利用。本志在内容编排、文字风格等方面，与前志有明显不同，即较侧重对清末新事物的记述，如天津电车的设置和运行，邮务电讯的兴起，自治选举的措施，电灯与自来水厂的开办，新式文化教育事业的概况，司法警察的创始，清末军制的改革等等，皆为前此旧志所未见，为研究近代天津城市发展和清末政治经济变迁的重要参考资料。

（五）民国《天津志略》成书并面世于1930年，时值北洋军阀统治结束，国民政府调整建制之际，天津获得了一次发展的机会，辑者原拟组织出版三十余部东南亚各国及中国各省"志略"，以备沟通内外贸易渠道之用，故该志辑录内容、体例和编纂方法均异于旧志。尤其因该书偏重工商，疏于人文，挂漏之处颇多。但可贵之处是该书辑录大量照片资料，使二三十年代的天津风貌得以留存。原书印校粗略之处经此次重新梳理，多有纠正。

（六）道光《津门保甲图说》作为天津旧志之一种，从严格意义上说，更可列为天津形势的图解，不仅记录了天津所辖地域的方位、地形，而且说明其历史沿革、自然环境、人口户籍、军事设施等状况。原书刻印粗疏，幸得此次校正错讹。本书优长之处在于图文并陈，颇便读者使用，有一定史料价值。

（七）审读者对全书六种做全面审读后，特别对各书前言中涉及版本和评价问题做了认真推敲、把关。对一审中置疑的问题做了相应的解决。

以上意见供三审参考。

二〇〇一年二月二十八日

原载于《中国地方志》1988年第3期

给天津市地名办的复信

天津市地名办：

《征名汇总》一稿，已看过。总的看来，与理想目标距离较大，只有少数几个能考虑采用。可能征名时要求不够明确，造成如此结果，我因病未能参加前次讨论会，现就个人所见，提出几点意见供参考：

一、地名的命名是为辨位指向，一切应以是否便民为基点，对老百姓久已熟悉的地名，不要轻易改动。对新的命名是否便于记忆，是否指向性明确，命名含义是否易懂；对每一个新地名，都要先替老百姓想想，是否便民？

二、对沿用已久的老地名，如含义又无不妥或陈旧，最好不任意改动，不重新命名。如天津地名有较大量改动，不仅外来人无法寻踪，恐怕天津人都难以指认，易造成混乱。有些地名具有历史感，不宜动。

三、命名含义要直白，不要过于曲折，或需另加解释才能明白。如"师叔居"，究竟何意，需多方面解释才明白，而"师叔"二字又有歧义，是师傅的弟弟呢，还是向叔叔学习呢？又有多少人能一看就知道这是纪念李叔同呢？

四、地名的命名不能只看字眼如何，而要看这个命名有无不妥，如"金三角"看起来似乎很富丽，但这是举世闻名的毒品区，如何能在天津出现这样的地名？缺乏应有的常识。若干有殖民色彩的地名最好不用，如"米兰小区"。

五、命名应直白，但也不能太泛太俗，如"繁华广场"、"辉煌埠"，到处可用，是滥词。"津沽大地"、"旅游胜地"、"名人居"等，都是非确指，用在哪儿都行，用在哪个名人身上都行。"天妃护"不成其为地名，"再玥格"晦涩曲折，莫名其所指。

六、地名最好不用人名，如恩来、启超、曹禺等，都不宜用。挂一漏万，以免造成有谁没谁的无谓意见。而且中央似有过不用人名作地名的决定。

七、地名不能过分夸大，如"万国金融桥"。

八、地名也不宜太长，如"卓越黄金桥"既不顺口又不易记。地名字数最好二至三字，最多不能超过四个字。

总之，定地名牵涉到各行各业，千家万户，一定要便民。尽量保留人们习惯的名称。新地名一定要平实、典雅、上口，含义要明确，不要随意别出心裁，任意性太强。

以上只是看过征名稿后的一点感想，仅供参考。我画的勾太少，也就是同意的不多。很抱歉！

原载于《砚边馀墨》（原创随笔系列·纸阅读文库） 来新夏著 内蒙古教育出版社2010年版

志序

《方志学概论》前言

我国的地方志编写工作起源甚早，而且自秦汉以来一直没有间断，到了清代便发展成为方志编写工作的鼎盛时期，并形成了一门专门学科——方志学。清代编写的地方志不仅数量占我国地方志总量的百分之八十强，而且质量也多超越前代，许多著名学者亲身参与其事。在方志的研究工作方面，自顾炎武到章学诚经历了大量研究工作和理论建设的过程。顾炎武不仅运用丰富的地方志资料撰著《肇域志》和《天下郡国利病书》等名著，而且还在《营平二州史事序》及其他论著中提出修志要旨和若干有关论点，初步奠定了方志学理论的基础。经过更多学者的努力，而由章学诚在前人成果的基础上，总结了封建社会编纂方志的经验与教训，提出了比较全面的方志编纂理论。这套理论反映了他所处时代的应有水平，其中某些方面至今尚有可资借鉴之处。至于对方志学进行比较系统的研究与论述，则是近代以来的事情，如王葆心的《方志学发微》和傅振伦的《中国方志学通论》等，这些著述在当时成为编写地方志与研究方志学的重要读物。建国以来，在方志学研究方面也取得了一些成绩，有进行综合研究的，有讨论志书体裁的，也有进行地区志书研究的，但始终没有一本通论性方志学著述问世。从事地方志编写工作和有志于方志学研究的同志希望有一本提供比较系统的方志学知识的入门读物。这就使《方志学概论》的编写成为客观的需要。

一九八〇年秋，在天津召开地方史志协会筹备会时，就有人提出过编写一部《方志学概论》的建议。次年八月在山西太原召开的中国地方史志协会成立大会上，与会的高校同志经过酝酿，向大会建议编写一部《方志学概论》，供高等学校历史系开设方志学课程和培训全国各地史志编写人员使用。这一建议得到与会同志们的赞同，即由协会委托南开大学、安徽大学、宁夏大学、福建师范大学、苏州大学（原江苏师范学院）、辽宁师范学院、贵阳师范学院和杭州师范学院等八院校参加编写，并推定由我担任主编。接着，一九八一年十月三十一日至十一月四日在南开大学召开了编写工作会议。在这次会议上，与会的八院校同志总结了历代修志的传统经验，回顾了建国以来的研究成果，展望了发展远景，深感编写《方志学概论》的重要，决心编写一部适合方志学专业学习和全国地方史志编写人员需要的教材。会议围绕由各校提交的编写大纲展开了热烈的讨论，对某些学术上有争论的问题，如方志的起源与性质问题、史志关系问题等等都各抒己见，深入讨论。会议确定了《方志学概论》的编写方针是：以马列主义、毛泽东思想为指导，坚持四项基本原则，批判地继承我国方志学的传统，总结近年来编写方志的经验，系统地阐述方志学的基本理论，为建设社会主义的物质文明和精神文明服务。大家认为：编写这本教材目前虽然缺乏较完备的依据，但也要力求做到能系统而通俗地讲清有关概念，详细地叙述方志的起源与发展，商讨性地提出编纂新方志的要求与具体方法，使此教材能体现出应有的知识性、学术性和实用性。经过反复讨论研究，最后在各校提交的大纲的基础上，拟定出统一的编写大纲，又进行了充分协商，分配了编写任务，并对写作体例和初稿试讲等问题作了具体的安排。

分担编写任务的同志们，在本职工作繁忙的情况下，经过近半年的努力，于一九八二年四月中旬完成了草稿的油印稿，并于五月间在苏州举办的第一期地方志研究班上进行了试讲，得到参加研究班的全体同志的热情帮助。承担本书出版任务的福建人民出版社的编辑也参加了试讲活动，并提出了修改意见。全体编写人员据此分别对自己所写的草稿进行一次修改，完成了初稿。这份初稿经过我和吴奈夫同志修订后，印成了第二次油印稿，先后于七月间在太原、十月间在天津蓟县的第三、四期研究班上试用，第四期研究班的学员还深入细致地阅读和讨论过，提供了若干有益的意见，使我们的修改工作具备了更广泛的群众基础。与此同时，我还将第二次油印稿寄送给梁寒冰、傅振伦、左开一、刘光禄等专家和地方史志工作者审订，承他们在百忙中给予不同形式的指导和支持，推动了修订工作。

参加《方志学概论》草稿创编和修订工作的有周春元、傅贵九、陆振岳、林衍经、邸富生、吴奈夫、陈树田、陈明猷、林正秋等同志，他们在教学与科研工作繁忙情况下，承担了任务，付出了辛勤的劳动。第二次油印稿印出后，他们又委托我全权处理定稿工作。我对方志虽略有涉及，但学殖浅薄，钻研不深，见闻不广，膺此重托，只得勉力从事。然而整理编订工作量较大，非短时所能完成，而旷日持久，又不足应社会急需，于是复邀吴格和赵永东两位青年同志相助，进行了极其有效的合作。在我们共同商订宗旨、综理众说、斟酌去取的基础上，吴格和赵永东两位同志完成了调整篇章、编次文字的工作，为我提供了通读与定稿的便利条件。最后由我删定。

《方志学概论》的问世，主要是创稿人、有关专家学者和各期研究班学员共同努力的结果。但是，由于书成众手，时间匆促，一些内容重复、论点歧异、文风不一等缺点还未能完全消除。这些缺点和错误应该由承担通读和总修任务的主编来负责。我虽然主观上作了一些努力，但终因水平所限，没有很好地完成任务。我真诚地期待着同志们的批评与指正。

《方志学概论》在编写和修订过程中，得到了有关专家学者的指导、广大地方史志工作者的关心、福建人民出版社的支持、吴格和赵永东二同志的助理，上海图书馆顾廷龙馆长以高年为本书题签。我都在此表示最诚挚的谢意。

一九八三年二月于南开大学

原载于《方志学概论》　来新夏主编　福建人民出版社1983年版

《中国地方志》序言

中国的古籍数量，从未有比较准确的统计数字。古人常以浩如烟海、汗牛充栋来形容它。近人曾用综合各种古籍的约数来计算，少则六七万种，多则十五六万种，二者差距甚大。如果说八九万种应是一种比较保守的数字，而地方志的近似统计数是八千余种，恰占古籍总约数的十分之一，不能不说是一座极为丰富的文献资料宝库。

中国地方志不仅数量多，而且历史长，虽然学术界对它的渊源尚有多说，但它有二千年的发展历程当无疑问，可称得起是历史悠久。它又有连续性，几乎各个时代都给它以应有的重视，特别是自宋代方志体制渐备以来，到元、明各朝更日趋兴盛，而清代尤为突出，编修志书六千余种，占志书总数的百分之八十以上，年平均量达二十余种，成果可谓显著。民国以来也仍不绝如缕。

由于地方志的编修历来都含有官修性质，因而它多与行政层次比附而行。上起于全国一统志①，各省通志；下至于府州县志；旁涉于山川、土司、盐井等专志；细及于地方杂记小志，无不呈现一地一区的横断剖面。设有一编置案，则举凡沿革建置、疆域区划、山川名胜、人物艺文，均获备览，自然地成为地方百科全书。

历代学者对地方志的认识、研究大约始于晋。唐以来日益深入，迄清大致成一体系，章学诚可称巨擘焉。民国以来，有关方志学专著即有多种问世，推动其发展而巍然自成专学。晚近以来，海内外学者频加探讨，方志学之健全建立当指

---

① 一统志属于全国性的总志。谭其骧教授认为："凡是以全国为记载对象的，那就不能叫它地方志。"这是正确的。这里是因全国性总志乃建基于各地方志之上汇编纂修而成，所以视总志为志书的一种，并为使读者对中国志书有全面了解而在书中有所叙列，并不是将一统志之类的全国性总志划入地方志或方志之属。

日可期。

中国地方志正因其数量多，历史长，持续久，层次全，所以它保存的资料亦颇丰富。无论其编撰体例及文献资料，虽有其难符时代要求者，但不乏大量可供采录之资料。近年于编纂研究、整理刊行诸方面，颇有成绩。尤以检获所得资料更有裨于经济建设之参考，其例不胜枚举，其成效也已为社会所认识，不再以其为一方之史而忽视之。

近年以来，修志事业勃兴，新编志书，硕果累累。据一九九三年出版的《中国新方志目录》著录：自一九四九年十月至一九九二年十二月，"全国已编纂出版（含内部印发）的省、市、县级新方志和其他专业志共九千五百余种"。其尚未问世者当可于世纪交替之际陆续完成，县县有志之繁盛，自可拭目以待。至新志之资治、教化与存史等效用更昭昭在人耳目。

一九九三年冬，我应邀赴台，获识商务印书馆张连生总经理，虽系初识而倾盖如故，相谈甚欢，乃有撰写《中国地方志》之议。我于方志与方志学之探讨前后殆四十年，近年又多参与修志实践，理应有所奉献；惟以俗物烦扰，难期有成，匆匆荒废。仅于十年前成一《方志学概论》；五年前成一《中国地方志综览》；二年前复有《志域探步》之作。有编有著而有待订补者尚多。遂以三书为基础，复参阅同道多种著述，订误补缺，尤详于近数十年志业情况，俾海内外同道得获信息。

今夏北方酷热，独坐静处，汗犹涔涔，臂黏纸湿，进度迟缓，遂于随室装置冷风，方克着笔。历暑日近三月，初稿告成，复经通读修订而成一书。多年设想，得遂初衷，亦无负于连生先生之友情厚望。对参阅诸作未能一一注明者，于此统致谢意。苟有错谬缺漏，至祈有道指正！

一九九四年秋于南开大学

原载于《中国地方志》 来新夏著 台湾商务印书馆股份有限公司1995年版

《志域探步》自序

1923年夏，我出生在杭州一个家道中落的知识分子大家庭中。祖父来裕恂是本地颇有名声的学者和诗人。光绪末年，他以秀才身份参加过光复会，又到日本弘文书院学过教育；辛亥革命后在本省从事教育工作。祖父也是一位地方志专家。有一段时期，他几乎以修志为主要生活来源。1948年，他在极艰难的条件下，独立完成了本县最后一部民国志书——《萧山县志稿》的编纂工作。我的童年是依傍在祖父膝前度过的。祖父是我的启蒙老师，使我幼小的心灵中早早地对地方志产生了印象。

1942年，我经历了小学、中学而进入了北平辅仁大学，由于专业需要和藏书便利，我翻读了若干种县志，得识其体例，还通读过历次所修萧山县志，并撰有《萧山志要读后》刊于报端。

解放后，我从事史学研究，曾利用地方志资料撰成《试论清光绪末年的广西农民大起义》（《历史研究》1957年11月号），并投入编写"四史"的活动。

六十年代，在参加"四清"之际，我曾写过《丰润县志》片段、霸县《东台山志》和盐山《南阱志》。可惜这些手稿多已散失不全。这期间我又曾应倡导编史修志的梁寒冰同志嘱托，拟定编志草案，其中有访求地方人士参加修志的主张，不幸成为"文化大革命"中批我的第一张大字报的主要内容。开始我未能"服罪"，后来才渐渐明白我犯了"举逸民"的"罪行"。

四凶倾覆，朝晖重现，修志工作又得复苏，寒冰同志壮心未已，再倡盛举。1980年天津召开中国地方史志协会预备会，我奉命作《总结旧志，创编新志》发言，进而撰成《略论地方志的研究状况与趋势》（《天津社会科学》1981年创刊号）。这是恢复修志工作后我的第一篇成文；后经日邦学人东北大学寺田隆信译为日文刊于《东洋史论集》（1984年第一辑）。次年8月，中国地方史志协会成立于太原晋祠，我不仅躬逢其盛，复膺理事职任。而八所高校合撰教本，又谬推总领其事。历时年余，乃成《方志学概论》一书（福建人民出版社，1983年），为海内史志贤达所注目。

我上承祖业，时逢盛世，益感振奋。1982年全年仆仆于苏、晋、鄂、冀培训修志人才。1983年故乡萧山重命为县志顾问。1984年受任旧志整理委员会委员，又以寄籍天津忝列天津史志编委一席。1985年，中国地方志协会包头集会又蝉联理事。九十年代前后，各地县、市志陆续杀青，我应邀担任了若干县、市志的志书顾问，写了一些表达我看法的序言和评论。1991年，我有幸与日本独协大学齐藤博教授就中日地方史志比较研究问题进行合作。在我们共同主持下邀约了第一流学者分别完成了各自的研究论文并汇成《中日地方史志比较研究》论文集出版。我首先落实了地方志进行国际交流合作的研究工作。我虽立志继续奋进，但志域宏阔，而我则学识浅陋，临深履薄，探步而前，犹虞有失。老骥"出"枥，志在"万"里，行当以此自勉于史志事业，并呈历年探步所得于同道，声应气求，实企翘焉！

一九九三年春节重写于邃谷
时方古稀

原载于《志域探步》　来新夏著　南开大学出版社1993年版

《志域探步》后记

　　《志域探步》是我近十多年来参与地方志编纂与研究活动中所积累的寸楮片简。过去，我曾主编过《方志学概论》和《中国地方志综览》，为地方志的编纂与研究略效纂辑之劳；而《志域探步》则比较集中地表述我对地方志编纂与研究的一些见解和观点。这些文字不是全面系统的论述，而是就我所见到和为人所关注的一些问题，通过发言研讨，或序言小评而有所发抒。由于这些文字是在不同场合阐述的，所以又难免时有重复之处，尚祈读者鉴谅。

　　《志域探步》之所以在1993年整理出版，一是我已在人生旅程中蹒跚地走过了整整七十个寒暑。昔人说："人生七十古来稀"，今人云："七十不为老"，虽命意异趣，但七十终究不是短暂的时间，而且这七十年的路途也确是风雨艰辛；如今幸登中寿，也值得自我庆贺。世俗的寿诞燕聚非我所爱，而以文字自寿，不失雅趣，乃以《志域探步》自我纪念七十初度。二是欣逢南开大学出版社十年社庆。这是我曾奉职的单位，历任两届，难言业绩；但作为首任主持者也与有荣焉。一介书生，无所奉献，秀才人情，仅以《志域探步》为出版社寿。出版社的社、室诸同志眷念故旧，惠予出版，编印复力求精美，不仅泫然而感友情之重，是为后记。

一九九三年四月写于邃谷

原载于《志域探步》　来新夏著　南开大学出版社1993年版

《中日地方史志比较研究》序

  中国的地方志不仅数量多，而且历史长，虽然学术界对它的渊源有多种说法，但它有二千年的发展历程当无疑问。中国地方志的延续性也很强，几乎各个时代都给它以应有的重视，特别是自宋代方志体制渐趋完备以来，到元明各朝更日趋兴盛，而清代尤为突出，一朝修志总数达6000余种，占各朝所修志书总数8000余种的百分之八十左右，其年平均量达20余种，成果可称丰硕。民国以来，志书之编修仍然绵延不绝。

  由于地方志的编修历来都含有官修性质，因而它多与行政层次比附而行，上起于全国的一统志、各省通志，下至于府州县志，旁涉于山川、土司、盐井专志，细及于地方杂记小志，无不成为一地一区之横断剖面。

  地方志在国内各地多有入藏，国外也频加搜求汇聚，美、日等国入藏已为数不少，美国犹他州的家谱协会藏有正复本中国方志达5000余种，日本所藏仅珍稀中国方志即有百余种之多。目前，中国国家图书馆与著名大学图书馆也不断采取收购旧藏、交换复本、复印照相等方式从海内外搜求志书以充实馆藏。

  50年代以来，中国有识之士，一本盛世修志之义，奔走呼吁，着手其事：一面整理利用旧志，一面搜集资料，试编新志。历二十余年，虽经艰阻，但已粗见成效。迨80年代，国情大定，地方志事业随之而勃兴，全国各地普遍展开新编志书工作，整理旧志工作也相应推进。十年修志，硕果累累，累计自1949年10月至1992年12月，全国已编纂出版的省市县级新方志和其他专志等等共有9500余种。洎世纪之末，县县有志之繁盛，当可拭目以待。

  中国方志积存之厚与纂修之盛，使历代学者颇多倾注，或身与编纂之役，或论志书之得失，撰述专著，岁积月累，乃有方志专学的建设，屹立于华夏学术之林。类此，皆不能不对近邻日本产生应有的影响。犬井正教授的论文曾有所论及

（其文已收入本书，可备参阅）。虽然，日本的撰述趋势，渐近于史，但两国于地方史志的学术沟通，其痕迹已清晰可见。

日本于编修地方史志工作，历来颇见成绩，不仅各地有专门机构发挥指导作用，当地人士及学者专家也多参与其事，征文考献，编纂成书，不遗余力，地方史志著作也不断问世，而从事其间者又颇多知名学者。吾友齐藤博教授学殖深厚，尤以社会史、民众史之研究知名于世，并曾亲自参与地方史志编修之实践，于编修史志之立论与方法，独具卓见，于中华文化亦久有会心，遂有与中华学人共作中日地方史志比较研究之议，乃于中国新著方志之著者中，反复比量，嘤鸣求友，终以各种条件适宜而致书于我，数以鱼雁往还，大致定议。1991年初，齐藤教授亲临我校，面商细节，签定协议，并盛情邀我任独协大学客座教授，赴该校讲授《中华文化的传递》和《中国方志学概论》二课。1991年9月，我应聘赴任独协大学，一面讲学，一面就近与齐藤教授就合作项目交换意见。1992年3月，我任满回国。4、5月间，齐藤教授与犬井教授来校回访，专诚拜访天津市志编委会及蓟县县志编委会，进行史志编写工作经验交流，并实地考察长城、盘山及清东陵等名胜古迹，又对进一步合作提出了各自的意向，双方共同愉快地度过了这值得怀念的十日访问期。

1992年9月正式开展课题组织工作，历时二年，至1994年9月，中日双方学者的论文基本汇齐，又经过三个月左右双方审定文稿、修正译文的过程，终于完成了全书的编辑工作。所收论文为中方九篇（日文本收七篇），日方五篇，虽篇数有异而字数相差不多。

中国方面的论文大致可以分为三类：一类是从历史学角度论述中国地方志不同阶段的发展史，并评价其记事内容、语言要求、史志关系诸方面。郦家驹、来新夏、谭其骧、傅振伦和林衍经诸教授的论文属于此类。另一类是历史地理学家的立论，如史念海及陈桥驿两位教授的论文即属此类。还有一类是从事修志实际工作者根据长期从事修志实践活动中所获得的经验而加以理论的升华，如杨静琦和费黑二氏的论文便属此类。这九篇论文中陈桥驿与林衍经二氏的文章由于日译工作的延误，没有能够收入日文版，而陈桥驿教授那篇以《慈溪县志》与《广岛新史》比较研究的佳作则又因原文过长，且已由慈溪县志编委会单册印行，所以只选取了部分内容入中文本。

日本方面的五篇论文实际上是以第一篇作为主论文。这是由齐藤博教授主持，邀请色川大吉和芳贺登两位教授就地方史与民众史题目进行座谈的记录。这篇文章所讨论的内容远远超出了主题，内涵极为丰富。应该说这是对日本战后史学界现状的概括性描述与评价。他们从自我历史的角度对日本战后十多年的历史学领域进行了回顾，对历史学界各流派的人物和观点进行真实的介绍和坦率的评价；他们提出了研究和编写地方史的方法——把自己放进去的研究方法，即把自己作为创造历史的主体之一进行分析；他们探讨了民众史和社会史的方向性问题，主张写由于愚昧而被时代愚弄卷进某种浪潮的普通民众。这些观点反映了三位学者独立有识的见解，某些观点对我们如何去认识某一历史时期的历史现象颇有启发。从学者们讨论之能步步深入和充分表述都显示出齐藤博教授在主持学术座谈时所具备的才华和技巧。大滨彻也教授的论文阐述了市民亲手创造市史的意义，不赞成由教授专家承包编修市志，提出了考察真实情况的方法，利用士兵、农民的私人档案如日记之类进行具体分析，从地方纪念物来认识周围发生的新变化等等观点和见解都是值得借鉴的。不过，某些举例似不甚恰当，如对孩子的教育是使他们向往做士兵和将军，即或战死被祭于靖国神社等等，这易使人连想到日本军国主义者进行侵略战争的社会原因，也提醒人们对这些观点的注意。齐藤博教授的另两篇论文旨在重申地域社会史的发生、发展与意义；论述了地方史编纂法的几种潮流，支持了市民创造市史编写的观点；对专家承包和专家与乡土史家共同编写的方法有一定的看法，并批评把编史作为学术实习的做法。这些都可供我们新编方志时的参考。犬井正教授的论文是以《天津简志》作为研究素材来进行中日地方史志比较研究的，他从中国志书的叙述方法及目的来纵观中国方志影响下的日本方志的传统，对史志关系从名称、用法及叙述内容各方面作了比较研究。这是对中国新编方志给以友好评论的一篇佳作。

在这次合作研究过程中，我非常欣喜地结交了齐藤博教授这样一位异国的良友。齐藤博教授是位性格开朗坦率的性情中人，他喜怒形于色而毫不掩饰自己，但在关键时刻，能明辨是非，仗义执言，全力维护和信任自己的朋友。回忆我在东京独协大学任教不久时，不意竟有同我族类的宵小觊觎职位，见利忘义，勾结某劣生挑衅离间我和齐藤、犬井二教授间的友好关系；但二教授不为浮言所动，力持正义，公开暴露其奸计，面斥其人。而于我则多方慰藉，使友情益臻金石。及中文本将付剞劂，齐藤教授复竭力张罗，终获出版资助金而中文本乃幸登枣梨。齐藤教授的援手之情，不可没焉。

日文本已于6月间由日本学文社正式出版发行，中文本也已交付南开大学出版社印行。在《中日地方史志比较研究》一书中日文本行将合璧的时候，我真诚地向为本课题的完成和本书的出版给以帮助和关心的单位和个人表示感谢。
他们是：

日本独协大学对课题研究和成果出版所给予的经费资助；

齐藤博、犬井正二教授在合作研究全过程中的精诚互助和热情关注；

中国天津外国语学院修刚副院长在承担中、日文本中双方论文的中译和日译
的互译工作中所付出的辛勤劳动；

南开大学信息资源管理系在执行合作协议过程中所给予的支持；

南开大学地方文献研究室副主任张格副编审在拟定协议、计划进度和处理常
务诸方面所承担的良好工作；

南开大学出版社地方志编辑室主任焦静宜副编审在亲赴东瀛策划中文本的出
版事宜和担任中文本责编工作中所作出的努力。

此外对所有关心这一课题的师友们，都借此敬表谢意。

这项课题由于双方主编各在一方，有些问题未能及时通报，以致选文标准、
编纂体例各方面容有不够完善之处，欢迎读者不吝赐教，以便日后进行国际学术
合作项目时能做得更好些，更完善些！

一九九五年十月写于南开大学地方文献研究室

原载于《中日地方史志比较研究》（中文版）　来新夏、齐藤 博主编　南
开大学出版社1996年版

《中国方志史》序

方志的编纂，在中国具有悠久历史，明清以来，尤呈盛事，其数量几为古籍中之大宗。上世纪五十年代以来，新编志书大量出版，合新旧志书计，殆将数万。有清一代，不特编纂事业超越前代，即以研究论著而言，亦多有佳言说论。其佼佼者，如章学诚《修志十议》等，为方志学之条理建立基础。民国以还，著作频见，颇有建树。惟所论多偏于方志学之嬗递流变，史仅居次要，而以史为线索之专著，尚不多见。今所见者，惟刘伟毅君等所著之《中国方志史》。

我在上世纪八十年代中期就认识刘君伟毅。当时正是新编方志启动时期，我受梁寒冰先生嘱托，奔走各地，推动新志编写与人才培训工作，得读刘君一些论述，深感其人旧学底蕴较厚，新事物接受也较快，遂于一次赴晋与会之际，得与刘君相识。以后时得惠书，而对其学识有更进一步的了解。数十年来，刘君孜孜不倦，潜心著述，在方志界颇获声名。前不久，山西曹振武兄来津相晤时，曾面告刘君等已成《中国方志史》一书，拟邀我作序。既为旧识，情不可却，遂允读后当略贡所得以为序。

《中国方志史》不同于近数十年方志学方面的多种著述，它别具一格地以史为线索，按历史不同时期为段落，分述几千年中国方志的漫长历史。全书共分十二章，除第一章通论方志有关概说外，其下按章分渊源（先秦）、始创（秦汉三国）、多元（两晋南北朝）、图经（隋唐）、定型（宋）、拓展（元）、猛进（明）、鼎盛（清）、嬗变（民国）及社会主义新方志时期（上、下）等十一章，前九章皆高度概括该时期志业特色作标题，十分醒目，而后二章则仅标时期而不显特色，章题体例似宜力求一致。

《中国方志史》前九章为旧志历史部分，有大量前人著述和成志作依据，条理清楚，内容充实，可得以往数千年方志史的系统脉络，如能对众所熟悉部分，再加精简镕铸，当更显精彩。后二章新编方志部分，新志编修为近半世纪社会主义文化建设事业中重大建树，本书作者亦多身经其事，所述有待浓墨重彩，刻意论述，既以见十数万修志者之辛劳艰难，亦以回应有人对新编方志事业之贬损。且行文似采总结汇报旧文较多，与全书文风不甚一致。书成众手，势所难免。若能增补缺项，统一文字，抒其情感，盛其声势，则新编志书事业，可留其完美史迹于人间，而凡与其事者，当得自慰！

《中国方志史》以第十二章第四节《也有值得总结的教训》为全书结尾，意志似感消沉，令人抱有微憾。若能另辟专章，回顾数千年方志史的地位、贡献，宣扬传统文化之丰富内涵，阐释二轮修志之必要，指明志业发展之愿景，则当有鼓舞振奋之作用，而全书亦得昂扬之势。点睛之笔，不可或缺。

耄耋之人，神昏目眊，通读全书，颇费心力，而时生悖意，实难自匿。平生不作诳语，率意写陈，若有可采，不胜荣幸。若有异议，删之弃之，均凭卓裁。野叟曝言，尚祈作者、读者谅之！

二〇〇八年六月中旬写于南开大学邃谷，时年八十六岁

附记： 山西刘伟毅君成《中国方志史》一书，请曹振武兄来邀作序。我以刘君为首轮修志开始时旧识，乃坦述读后，优点与不足并论，为作序单纯捧场风气纠谬。2009年该书出版，未刊序言。刘君亦未告知，仅在其自序中略说我曾阅过书稿，亦未说明撤序一事。后悉因序中所涉不足之撰者，小有名声，故而撤下。我从不计较刊与不刊，但有两点困惑：一是序用与不用虽我已事先言明"删之弃之，均凭卓裁"，按之情理似当事先打招呼，说明理由，但毫无信息，直至曹振武兄问及，始来一函，亦未言及撤序缘由，未免情理难通。二是我在序中只对当前写序只捧场而不商榷的序风，略作评述，并未指名道姓，刘君何顾虑之有？现将原稿投送发表，并请识者对我写之序予以评论。

二〇一〇年九月下旬记于南开大学邃谷，时年八十八岁

原载于《开卷》2008年第10期

《中国地方志总目提要》序言[*]

一

中国地方志以起源早、持续久、类型全、数量多著称于世界文化之林。它自周秦发轫以来，至宋而大体定型，至清而称极盛。据《中国地方志联合目录》统计，仅自宋至民国保存至今的方志就有8264种，11万余卷。近年又时有发现，除山水寺院志外，实际数字已达万种，至少为古籍之十分之一。上自全国，下至省、府、州、县、乡、村、镇等无不有志，而海内外各大图书馆又无不入藏。可称地方文献之大宗。

修志传统历代相沿不绝，中华人民共和国成立后，百废待兴，而修志建议，频见报端，甚至有向人民代表大会提出议案者。于是，各地相继筹设专门机构并着手试修，惜以经验不足，时事多扰，修志工作时兴时辍，两度起伏，直至上世纪八十年代，政通人和，百业繁兴，适逢盛世修志之际，新编方志事业随之进入第三次高潮，众志成城，显见成效。截至1994年6月，全国已普设修志机构，已出版的省级志书349部，市地级志书165部，县级志书1035部，共为1549部，已定稿即将出版的各级志书尚有777部。两项合计为2362部。据1999年9月由方志出版社出版的《中国新编地方志目录》一书所收新志有3612都，而近两年新志数量更日见增长，蔚为大观。

---

* 《中国地方志总目》于1996年由台湾汉美图书有限公司出版；继之，该图书公司又于2002年出版《中国地方志总目提要（1949—1999）》。此文系为两书将合一再版所写的序言。

二

中国地方志合旧志与新编约近15000种，其数量之巨，涵盖之广，入藏之遍，当居世界前列。然志书功能决不止于此数端，因其最大功能乃在于为社会所用。惟志书篇帙较大，如何使用，确为修志、读志者所困惑。凡图书典籍大要不外三类，一为精读书，指经典要集及具特识卓见之著作；二为浏览书，指一般读物与文艺作品；三为翻检书，指辞书、工具书与资料书。地方志为横列门类、纵述古今，以资料为基础之翻检书。如从地方志查阅某一有关地方事物之资料，往往须从头至尾阅读，行之实有难度，是以有编制目录以供检阅之需。据北京大学信息管理系萧明先生的考证，中国独立的书本式方志目录，最早是清初顾栋高的《古今方舆书目》。而道光间的周广业所撰《两浙地方志录》则为区域性方志目录之始。民国以来，相继有缪荃孙、谭其骧等所编馆藏目录，颇有一定影响。1935年，朱士嘉编撰《中国地方志综录》，为中国第一部全国性的方志联合目录，收录自宋熙宁间至1933年的5832种方志。1958年该书又经增订，著录截至1956年，收志7413种，并附台湾稀见方志232种、美国国会图书馆所藏稀见方志80种，为研究者提供极大便利。1985年，北京天文台又在朱氏《中国地方志综录》基础上，重加增补修订，成《中国地方志联合目录》一书，共收截至1949年除山水寺庙志外之各级通志共8264种，成为当时所收最完备之地方志目录，使中国旧志宝藏得以昭示世界。在此以前，编制区域性地方志目录工作亦在八十年代初分别进行，如《山西省地方志联合目录》著录现存本省方志463种、5100卷，包括各级政区通志、关志、山水志及寺庙志等。《山东地方志书目》著录本省旧志597种，新志57种；《河南地方志综录》著录本省方志554种，847个不同版本，21种手稿；《陕西地方志书目》著录自宋至民国各时代旧志407种及新志13种……这些区域性之志目搜罗颇称完备，它既可成为日后增订全国性联合目录之组成部分，又可单行别出以便检索。至若一些著名图书馆、博物馆、档案馆等藏书处所，也多编有馆藏目录，备读者检用。总括各录，旧志状况大体可见。

新志编撰工作自五十年代、六十年代至八十年代，历经三次修志高潮，成果丰硕，数以千计，无目录实难得其全貌。有识之士多有编制新志目录之议，并着手其事。1993年8月，书目文献出版社出版之《中国新方志目录》第一册，收录1949年10月至1992年2月新志，包括较广，以省市县三级志书为主，旁及区、街道、乡、镇、村、山水名胜等专志和部门志达9000余种。其二、三两册尚未获见。收录虽全而略嫌庞杂。1999年9月，方志出版社出版之《中国新编地方志目录》，收录前世纪七十年代末至1999年9月（北京至10月）之三级志书，而各种专业志、部门志、乡镇志均摈而未收，较前书似又过于狭窄，难符读者求书愿望。

三

新旧志书目录既大体完备，自可供即目求书之需，而于因书究学之用犹感不足。单一目录确能有登记图籍、读书知津之作用，但并未进入考镜源流，辨章学术之境地，学者于此颇多致憾。已故方志界耆宿朱士嘉氏曾倡议编制一部全国性的《地方志综合提要》，这不仅使读者知其书之所在，更能使人读其提要，得其概貌。揣度其意，似指旧志而言。傅振伦氏为《中国新方志目录》写序时，曾于新志提要深加关注，他深望该书撰者"继事编辑中国新方志书录提要，仿前人目录学之成规，将方志书名、记述范围、编纂经过、体例得失、义例特点、学术价值、内容珍贵资料与时人评述等项，一一叙入，如此则新志必将为用更宏"。惟兹事体大，难于一蹴而就。

编制提要目录确为一项繁重工作，前人曾有部分试作。1930年，方志学家瞿宣颖所著《方志考稿（甲集）》由大公报社出版，是中国最早一部私家方志提要目录专著，主要著录天津方志收藏家任凤苞天春园所藏方志600种，逐一辨其体例，评其得失，志其要点，录其史料，为学术含量颇高之目录学专著。1962年由中华书局出版的张国淦遗作《中国古方志考》（原名《中国方志考》第一编），是一部辑录体的提要目录。收录秦汉至元方志2271种，凡有名可稽，不论存佚，均予收录与考证。瞿、张二书可称全国性方志提要发轫之作。1957年，由科学出版社出版的洪焕椿所著《浙江地方志考录》（1984年易名《浙江方志考》，由浙江人民出版社出版）；1992年，天津大学出版社出版由来新夏主编的《河北省方志提要》以及一些省市所编本地区的旧志提要，均为区域性方志提要。1982年由书目文献出版社出版的骆兆平所著《天一阁藏明代地方志考录》叙录天一阁所藏明志不下435种，为一代方志之提要目录。1986年，由书目文献出版社出版的崔建英所著《日本见藏稀见中国地方志书录》及1987年由齐鲁书社出版的陈光贻所著《稀见地方志提要》则属于全国性的稀见方志提要，学术参考价值甚高。这些提要目录的基本内容，包括书名、作者、卷数、藏者、出版年代、出版者、主要内容和篇目以及志书评价等项，为综录全国性旧志目录提要做试探与准备。至于新志提要目录至今尚未一见，而能编纂一通贯古今之方志提要目录则尚待时日，更望有识有为之士之挺身而出。

四

编纂一通贯古今方志提要目录之宏业，终于在1987年显其端倪。有胡述兆及金恩辉二氏钟情于此，勇于任事，毅然倡导并投身于方志提要目录之编撰工作。胡、金二氏与我相交有年，素知二氏学术造诣，而竟未知其甘倾精力于为人之学，深感内愧。胡氏为台湾大学资深教授，博学多才，著述闳富，为图书馆界知名学者；金氏任吉林省图书馆馆长有年，而以不废学术为同侪所称道，于方志学尤多精深研究。二氏虽分居两岸，声应气求，相与磋商，为使地方志之整理、研究和提供利用，由目录性总结发展到考评性总结的新阶段，乃议定编纂《中国地方志总目提要》一书，并于1987年启动，邀集两岸学者专家二百余人，共襄盛举，历时八年成稿，收录旧志8577种，除山水寺庙志外，各级各种通志性志书以及为修志而撰写之采访册调查记等，无不收录，较《中国地方志联合目录》尚多二百余种，且不仅列其词目，更为各志撰一提要，叙其志名、撰者生平、修纂沿革、内容概述、志书价值、版本源流及附注等。1996年，该书由汉美图书有限公司以三巨册精装形式出版，于是此浩大工程终告完成，为两岸学者架一学术桥梁，为广大读志者辟一捷径，学术功德，莫此为甚。

我虽未亲与该书纂修之役，而获读其序言与凡例，深感其书之体大思精，惜以其仅限于旧志为憾。如胡、金二氏壮志不已，更当再接再厉，有新志提要之作，则中国地方志之专门提要目录当成完璧。适金氏惠临寒舍，以其《寻根集》问序于我，乃于序中寄语云："设二君更能就新编志书数千种撰成《新志总目提要》，则于方志界将有气吞包举之势，我将为此而馨香祷祝焉。"不意时隔不过二三年，金氏再临寒舍，即以《新志总目提要》告成喜讯见告，我闻之既惊且喜，惊其撰写速度之超常，非有艰苦卓绝之精神不能致；喜其自今而后，中国万余种通贯古今之方志提要目录赫然问世。读志、用志者手此一书，则展卷可一索而得众志之大要，岂非大有裨于学林。

《新志总目提要》始1945年10月，止1999年9月，收录全国正式出版之省、市、城区、地区、县等各级新编志书3402种。其台湾地区方志则辑入台湾严鼎忠所撰《新编台湾方志目录（1945—2000）》及《新编大陆方志目录（1945—2000）》，均列为附录，未撰提要。各志均经撰者亲加检读而后着笔成文，条目要素及编写方法一仍旧志提要之例而略有增益。

2001年夏，金氏三临寒舍，告以新志提要目录全书脱稿，付梓在即，请序于我。胡、金二氏及编纂诸君，前后十年辛劳，功不可没；读志者得此利便，亦当念念不忘；我以垂老之年，获睹宏业告成，曷胜欣慰。乃叙其始末，述其体例，论其价值而为之序。所论当否，至祈识者垂察焉。

二○○一年仲秋写于南开大学邃谷

原载于《中国地方志总目提要（1949—1999）》 金恩辉、胡述兆主编 台湾汉美图书有限公司2002年版

《中国地方志历史文献专辑》序言

中国地方志，源远流长，究其肇端，其说不一，《四库全书总目》曾概述方志源流称：

> 古之方志载方域、山川、风俗、物产而已，其书今不可见。然《禹贡》、《周礼·职方氏》，其大较矣。《元和郡县志》颇涉古迹，尽用《山海经》例。《太平寰宇记》增以人物，又偶及艺文，于是为州县志书之滥觞。

由是观之，方志之起始，当为多元。从春秋战国时起，中经汉唐，方志内容与形式，逐渐得到丰富，并日臻发展完善，至宋方确立方志之基本体制。明清以后，方志修纂事业发达，方志著述甚多，据《中国地方志联合目录》的统计，现存历代方志8264种，实际已逾万种。若按纂修朝代计，明清两代最多，明存942种，清存5701种。亦可称古籍中之大宗。

历代修志，多由官修，是以上起各省通志，下迄府、州、县志，旁涉于山川、寺庙、土司、盐井等专志，细及于地方杂记小志，无不呈现一地一区之横断剖面。其所包容，亦称繁富，举凡建制沿革、天文气象、政治军事、文化教育、山川名胜、天灾人祸、医药宗教、人物政绩、民情风俗、交通制造、经济物产、方言艺文，无不涵盖。其蕴藏之富，数量之多，方面之广，实为它书所未及，足供研史写史者与研究专门问题者之采摘。

中国方志既有起源早、持续久、数量大、层次全、资料富等特点，前代学者已早有顾及，清初顾炎武之撰《肇域志》，其主要参考即为数百种方志。后世学者亦多所涉及，奈以篇帙之巨，庋藏又散在各方，翻检使用，极感不便。而类编之作，迟迟未能展开。直至上世纪五十年代以来，按专题自方志中类编资料者渐多，官方民间，多有瞩目。如北京图书馆和地质部合作利用馆藏方志辑录《祖国两千年铁矿开采和锻冶》和《中国古今铜矿录》等，中央气象局亦从方志中辑出《五百年来我国旱、水、涝史料》。1956年中国科学院地震工作委员会历史组更据五千余种旧志类编成《中国地震资料年表》，对地震科学提供了国际上唯一可靠而连续的历史资料，随之各地亦相继开展类编工作，取得一定成效。综观近年所辑录之专题类编，有一共同不足之处，即其取材大多采用本地区和本藏书单位所收藏者，显然有一定局限。同仁等有鉴于此，签议编撰《中国地方志历史文献专集》，并于2006年5月启动。

《中国地方志历史文献专集》的取材，不限于一地区或一收藏单位，而是搜访全国之收藏。然后，全方位地比对一地区不同纂修年代之版本，论证其史料价值及版本价值而慎加遴选，一般以每一地区较晚之方志为主，盖取其记述较全，编制较善，征选较易耳。该书所选全国方志达2600种，先以"建置沿革"、"灾异"及"金石"三类，分别类编。并附一《今旧地名对照表》及分编索引，以方便读者使用。设读者使用中发现不确及窒碍处，至祈教正，以俾继续类编时参考改正为幸！

二〇〇九年一月中旬写于南开大学邃谷，时为迎米寿之年

原载于《中国地方志历史文献专辑·灾异志》 来新夏主编 学苑出版社2009年版

《中国地方志文献·学校考》序

中国地方志文献为地方文献之大宗，素以起源早，历史久，传承长，品类全，数量多享誉于世界。民国前所纂旧志，据一种统计达八千余种。在新编地方志进行过程中，又有所发现，目前已逾万种，洋洋大观，无与伦比。其内容包罗极广，凡一地区之自然、历史、地理、社会、经济、文化、军事等，无所不包。有人称之为地情百科全书，信非虚美。近年以其内容闳富，翻检不便，于是有对旧志门类，有选择地分编为各种专志，单行别出，颇有裨于求知者搜求利用，而史料更得集中保存。如人物、物产、风情等部类，已有编著，而有关教育之《学校志》，各志多有，而选编为一书者，犹付阙如，有关学人，期待久矣。

旧志中《学校志》（亦有称《学校略》者）内容丰富，记述学宫、书院、礼乐、祀典、名宦、乡贤、乡学、社学、义学、学田、上谕、碑记等各类情况。类下有目，凡教学机构、教学内容、经费来源、典章制度等，均有详细记载，如（同治）《涿州续志》记学田来源及收租米钱数等，甚为详细。其间尚有附入插图者，如山西（道光）《阳曲县志》即附有《学宫图》，楼阁堂庑，皆清晰可见，为研究中国教育史之重要而珍贵的原始文献。惜长期以来掩盖于志书海洋，未能充分利用，实为学人憾事。

近闻京都有《中国地方志文献·学校考》之编，邀各藏所行家，共襄其事，不佞又谬蒙邀任主编，下风逖听，倍感惶恐。历数年艰辛，遍查全国各地民国前之旧志，经论证其价值，选择优秀版本，完整清晰查重后，共收三千余种方志，可谓大观矣。

全书分册出版，各册按省为序，省下列各县志书，按原书版式，分上下栏影印成书。各志皆标以编纂时代，如（万历）、（康熙）、（民国）等。除各县不同时代正志外，尚收有调查报告书、续修、重修等类，可称全备。各《学校志》

所述，皆上溯古代，下迄修志时代，保存一套有关建学施教，培养人才，普及知识，促进社会文明的完整、集中的专题资料，有裨研究者参考。

全书书尾有附录三。一为《地名沿革与相关旧志》，简述今地名沿革，曾用名所涉及相关旧方志；二为《地名沿革与相关旧志索引》以中文拼音字母顺序排列，依次以地名沿革与相关地志内各地名首字的顺序检索；三为《旧志书名索引》，以书名为序，其上所冠之"定词"与冠词均不录。有此三附录，对使用全书，多增利便。

如有不当，尚祈贤达教正！

是为之序。

二〇一一年秋写于南开大学邃谷

原载于《中国地方志文献·学校考》　来新夏、黄燕生主编　学苑出版社2012年版

《志余随笔》点校本前言

  《志余随笔》6卷，天津人高凌雯撰。高氏字彤皆，生于清末而卒于民国。清光绪十九年（1893年）举人，未仕，退居津门。民国四年（1915年），徐世昌以"乡邦文献日就湮灭，倡议修志"，曾邀严修、华世奎、赵幼梅与高氏等知名人士会商数四，定议于次年开志局搜集资料，而由高氏主其事。自民国八年（1919年）开始编纂，历时三年，至民国十一年（1922年）脱稿。高氏在编纂之余随手札记达400余条，大多为新县志所未收旧事、佚文及考订资料等，可有助于检读《天津县新志》。

  《志余随笔》凡6卷，442条札记，另有附录18则。虽未标明各卷所论，各则札记也无题目，但大抵隐含类次；条分欠整，惟不失随笔之体。书前有总目，目后有高氏识语，一言其随笔所收为在修志中凡"无关体要，为编纂所不及者，辄别纸以存之"，凡"考古生疑，临文有见，不揣弇陋，亦附记焉"。二言此随笔之作用有三，即保存为志书所不暇顾及之琐琐遗闻；考辨相传日久，傅会支离之实事，以免讹者终讹；更可以用随笔所记补志书所不录者。是其撰写随笔之主旨已约略可知。

  随笔卷一论修县志事颇详，既记《天津县新志》之编纂始末，复引录采访办法十九条，说明新志体例，并详加解释，可为读新志之锁钥。其于天津前此旧志亦颇有评论，如评康熙《天津卫志》"颇伤简略，然犹赖有此编之存，稍征旧典"；评乾隆《天津县志》"所纪明制，大率依据卫志而书；而开国以来九十余年之事，不免遗漏"，而总序"雅洁可爱"，人物传则"时杂俚语"，二者"纯驳不应相悬如是"；评同治续县志"前半录蒋雄甫志稿，余则临时征访，匆遽成书，讹缺实甚"，其于各志之评论，尚称公允。对于前此诸志之修志掌故亦有所涉及。而于有关天津地方文献著述，如《敬止述闻》、《敬乡随笔》、《津门诗钞》、《津门文钞》、《津门征献诗》及《梓里联珠集》等均有所评定。其采访、编纂之法亦有较详论述，既于着手进行之新编县志工作曾具重要指导作用，而于后来者亦有所借鉴。其卷末一条尤见高氏搜集资料之苦心孤诣与艰辛坦荡。高氏为补充近时行事，翻检时人著述不遗余力，至所录用资料亦坦述其出处，如自《东华录》钞681条，《谕折汇存》101件，《政治官报》102件又209条。至其资料搜集之广，尤可为修志者法，如读各家谱牒32姓，有资于选举搢绅人物之考证；于《耆献类征》中搜检可入人物传者22人；搜集旧志所无之碑刻70余种；借书500余种；官册、学册、旌表册、历年搢绅、各府州县志，其数不可计也。凡为征集资料出函602件，收函520余件。亦可见其史源之丰富。

卷二所述主要为新编县志之分门别类、编纂程序、著述体例、编纂态度、资料取舍以及行文要求等等修志必备知识，于后之修志者裨益非浅。是卷更备陈个人修志见识，如"事实之重尤贵其备也"，要求"事事征实，力戒影响之谈"。对前辈学者之议论也有所斟酌，如对钱泳所谓修志有二难："非邑人则见闻不亲，采访不实，必多漏略；如邑人而志邑事，则又亲戚依倚，好恶纷沓，必至滥收"，以为"此乃阅历有得者之言"；而于黄彭年不以释道入人物则持异见，"以为事既可传，似不必以方外屏之也"，实为有识之见。

卷三至卷五多论及人物传之撰写，如于生平事迹当以史料相证；于轶闻琐事，应纠正失误，补充事实；于著作则应评论。其附录则录某人有关文献之完整而少见者。类此皆足为志书编纂所取法。

卷六则多涉典制，如于"学校"记其建学之始及诸学推行状况；于"科举"列题名，谋所以见一地之文风；于"兴建"叙卫城、鼓楼及寺院等之沿革兴废，皆可补志书之不足。

书末有金钺跋一道。金钺为沽上刻书大家，于传播地方文献，厥功可念。《志余随笔》即为金氏屏庐刻书之一种。书既刻讫，金钺乃为书其后。金钺于《志余随笔》多所赞誉，称其书"大体吾乡数百年来流风遗韵，颇可考见矣。凡所纠正，妫妫能辨积年故老讹传之误与旧籍载笔失实之疏者良多"，核读全书，金跋似非过誉。我随读随点，出以应留心津门地方文献读者之所需。如有误读，至祈读者随时纠正为幸！

《天津通志·旧志点校卷》（下）　天津市地方志编修委员会编著　南开大学出版社2001年版

题滨久文集

——《方志学新论集》序*

我国有久远的修志传统。明清两代，可称极盛，而清朝成志六千余种，尤推大观，其与修志事业相辅而兴的理论研究也卓著成绩。前有顾炎武《肇域志》、《天下郡国利病书》等的述作，后有章学诚《文史通义》诸篇的立论，对封建时代方志学理论的建立具有重要意义。

民国以降，修志工作虽略形中落，而理论研究著作尚不断问世，如李泰棻《方志学》、傅振伦《中国方志学通论》、黎锦熙《方志今议》、王葆心《方志学发微》及甘鹏云《方志商》诸作，虽多承实斋志学绪余，然尚能有所发明，使方志学研究有所进展。

解放之初，百废待举，自难顾及修志，更遑论理论研究。五六十年代，倡导"群众修志"，鹊起鹊落，徒有积稿盈室之虚誉，终以缺乏理论指导而使记述、编纂难有成效，出版问世，实属寥寥。嗣经十年动乱，修志之议颇涉举逸树碑之嫌，为免遭谴责而更形默然。八十年代，诸业咸举，编志事业随之大兴，省市区县风起云涌，数年以来，县志成书问世者已逾四十种，每种无不字在百万上下，在学术领域中几成泱泱大国，而颇感缺憾者，则惟理论研究的不足。其初多以章学诚的理论为理论，于是立三书议，设志科说哓哓众口，流传甚广；继之汲汲探讨、阐述章氏理论，希冀略加装点以之作为新编方志指针者也或有人在，而能陈言务去，奋力总结概况修志实践以求建立马列主义方志学者不乏有志之士，其中佼佼者则有刘光禄、梁滨久……诸君。光禄勤奋好学，出而奔走各地，归而

---

* 副标题为本文集编者所加。

伏案疾书，积稿盈尺，颇著影响，不幸英年早谢。梁君滨久则新枝挺秀，成果丰硕，我历年读其文而憾未会一面，仅称文字之交。去岁，我主编《中国地方志综览》，滨久也预其事，始略知滨久于八十年代之初负笈京华，学成即投身志界，傲立于北国冰城。读其文知其学识皆有根据，不唯书唯上，能独抒新见，又勤于著述，私衷窃喜方志学界后来者之能居上。今春，忽奉寄来书稿，嘱为作序。书稿乃滨久于多年来所撰八十篇文章中精选其中自定成集者。读滨久诸作，见其观点之鲜明，论述之新颖，实有可称。综诸文所及有历史遗产之研究，理论建设之呼吁，方志学科建立之倡导，志书编纂法之商榷以及新编方志之评议等等。虽尚未能建立完整的方志学新理论，但已能超脱于编撰、记述之外而立足于理论之探讨与研究，为编写新志寻求绳墨，为方志学新理论建设殚精竭思，空谷足音，不禁色喜，故徇其请而题其集。

一九八九年元月于南开大学

原载于《方志学新论集》　梁滨久著　广西人民出版社1989年版

《方志论评》序

　　中国方志事业源远流长，迄今二千余年。历代所撰志书流传至今者，已逾万种。惟20世纪前期，略逊前代。五十年代以来，修志之业重兴，仅因形势错综，时有起落。迨八十年代以来之修志十年，古木新枝，成"盛世修志"之美。约略计之，各级志书问世者殆及千种，于是审评工作相应而兴，论评内容与水平亦日见丰富与提高，诸家议论纷陈杂出，而能适应潮流，颇具新意者，则郭君凤岐所撰之《方志论评》当侪共列。

　　《方志论评》系郭君主持津门修志工作时，从实际出发，而有所立意之作，或阐明理论，或发为评说，要皆动中窍要，无蹈空虚夸之论，而最引人注目者，在于论及新志之社会作用、近期新志之表述方式以及如何提高新志学术水平诸论题，颇能独抒胸臆，自陈新意而发人深思，引人入胜。

　　史志二体之争，历有年所，论者多以史重议论，志在记述相界定，于是志以资料为据，寓观点于记述以及志无褒贬等说层出。郭君之作既肯定前此之所论，复不苟同于仅止记述之说，乃据历年实践所得，提出志书表述方式应增强深度之见，其所谓深度包含生度、广度与立度。所谓"生度"即"详独略同"之"生疏度"，亦即存小同而求大异。志书如各有大异，则读者必有独特新鲜之感。所谓"广度"亦非仅指涉及广泛而言，郭君明确提出削肥补瘦，拓宽领域及利用新成果等具体内涵，其结果必将提高学术理论，增强学术素质，深化学术领域，如此志书，何得不入著作之林。至所谓"立度"，即表述宜生动灵活，贴近现实。使志书具有三维空间立体感，庶免资料罗列、平铺直叙之干瘪感。郭君诸篇之立论要皆集中于此。他如论政治部类六原则将似是而非之说严加明确界定，有裨修志工作者之遵行。

　　郭君凤岐毕业于南开大学中文系，与我有师生之情；他于1990年初投身志界，与我有同行之雅；后又应邀兼任我所主持之地方文献研究室副研究员，又与我有同事之谊。有此三同，且不时就志学商讨评论，相互沟通，遂益增了解。今兹郭君集历年所撰论述汇为一编，印行问世，此不仅于前此诸论有所增益，且为日后编写续志者提供指导。我既应请读其全稿，深感郭君仅投入三年而有此成果，欣慰无似，乃操笔而为之序。

一九九四年清明写于邃谷

原载于《方志论评》 郭凤岐著 天津社会科学院出版社1994年版

题毛东武《方志语言学》

近日承江山毛东武先生惠寄经多年积累研究撰成的《方志语言学》一书，略加浏览，深感其书颇具创意，取材殷实，为方志学理论研究另辟蹊径，为方志学学科建设增加分支。作为志界老兵，本当有所议论，奈老病侵寻，撰写长文已感困难，而毛先生殷殷敦促，情不可却，谨题数语以报。

近几十年，随着首轮方志的编写，方志学理论研究亦有所开展，但视野不广，发掘欠深，往往局限于方志学本身发生发展之研究，而少开拓领域之念。上世纪之末我曾撰《关于比较方志学建设的思考》一文，倡导"以比较方法为研究方志学的基础和手段，以逐渐形成方志学所属的独立分支学科"，但反响不大。近见毛先生倡《方志语言学》之说，不禁怡然而喜。德不孤，必有邻。我虽老朽，但有贤者继起，览其撰著，又超越拙见多多。此书不仅拓宽方志学之分支建设，亦将启发其他分支学科之蜂起。《方志语言学》之功，固不可没。

《方志语言学》所依据史料，颇为广泛，据作者自称，对方志语言学有关资料进行搜集与研究，留心阅读自古至今方志学著述达1000余种，另及语言学方面的中外名著多种，经过三年多的精心研究、撰述，终成此40余万字巨著。为方志学开辟新领域，为研究者树立一范本。其勤奋努力之艰苦情状，可以想见。

《方志语言学》全书，共分十章。由概念界定开始，沿袭历史脉络，归纳行文规则运用要求及修辞、美学等的审视。前后结构合理，逻辑性强，条理清晰。顺章而下，行文通畅，颇注重语言的推敲。其《方志词语及运用》一章，颇能引人入胜。作者从方志中搜求归纳各种词语，又从不同角度分析，以证明用该词语之当否，对后学是一大启示。特别对一些习焉不察词语，更有振聋发聩之效。

全书后所附作者有关方志语言的论作与著述，为作者实践中的体验，不仅使被议论单位能对照提高，而若干论点，对所有修志者均有参考价值。不能因其为附录而忽略之。

涉猎全书，深感作者以多年潜研精神成此巨著，应是人生一大贡献，亦为方志学界扩展领域，加强研究深度树一典型。乐而为之略缀数语以志贺意，至祈作者谅之。

二〇一〇年六月溽暑写于邃谷

原载于《方志语言学》 毛东武著 方志出版社2010年版

《地方文献研究与分论》序

1993年，我和林天蔚教授相识于台北。那一年的11月上旬，我应台湾淡江大学之邀，赴台参加第一届"21世纪海峡两岸高等教育学术研讨会"。会后，又到台北的几所大学作学术报告。中旬的某一天，我应政治大学历史系的邀请，向该系师生作有关北洋军阀史的学术报告。在报告结束后，有一位学生来邀我到某教室和一位教授晤面。到教室门口时，只见一位身材不高，但精神矍铄的老教授，从讲台上下来迎候。他就是林天蔚教授。当时他正在为历史系学生讲授有关方志学方面的课程。他向我解释，因为时间安排有困难，所以他让出一课时，请我为学生谈谈方志学中的史志关系问题。我深感林教授的真诚，也就不揣冒昧地讲了讲自己的观点，向林教授请教，与同学们商榷。从这次缔交以后，我们多次在国际性学术会议上见过面。彼此交流沟通，了解日深，特别是1997年底和1998年底，分别在天津和台北召开的"中国海峡两岸地方史志学术讨论会"，是由我和林教授代表双方主办单位具体运作促成的。通过这两次具体合作，我对林教授有了更进一步的认识：林教授在学术上有深厚的旧学根底与学术造诣；在为人上非常热心坦率，乐于助人；在处事上又非常干练通达，的确是一位值得信赖的益友。

林天蔚教授涉及的学术领域很广博，从他的著述考察，他涉及历史学、方志学和谱牒学，都有很丰富的论述。他治学谨严，所著无不遵循学术规范，一丝不苟。他勇于发表个人新见，善于与同道商榷而不相忤。天蔚教授好学深思，勤于笔耕，曾积三十年之功力，于1995年汇其所著，成《方志学与地方史研究》一书，于台北问世，对推动史志研究有所贡献，颇得同道重视。而是时林教授方为二竖所扰，自以为尚未能臻于完美，颇引以为憾，乃又以七年之功，订正补益，终于2002年成《地方文献论集》巨著，次年即在大陆海南出版，影响更为广泛。

我辱承不弃，幸获赠书，并嘱撰写书评。惟以当时先室正重病在床，心焦神疲，难以执笔，迁延多年，未能报命，深感愧疚。而林教授一本精益求精之旨，不仅对《地方文献论集》续有修订，复增入新作数篇，即于2004年10月间，在北京国家图书馆召开"地方文献国际研讨会"之际，将《地方文献论集》增订本（书名改为《地方文献研究与分论》）交由北京图书馆出版社重新出版，并面约我为之撰序。我敬承雅命，谋补前愆，欣然允诺，乃尽月余之力，读竟全书（2002年大陆原刊本），颇有所获，爰就所得，略陈臆说。

《地方文献论集》之命名，即已揭示林教授学术之本源，乃在于地方文献。至其所致力之历史学、方志学与谱牒学，无不源出于地方文献之范畴，而各自成流。此于林教授自序中已阐明其义云：

> 大概在宋之前，志书之修纂多撷取自国史之资料；宋以后，国史之编纂又多采自地方志书之史料，而地方志之资料多来自地方文献，如族谱、方志、金石碑刻、文书契约、个人著作（如文集）等。文书契约有个人文集，杂而无章。大致而言，研究地方史却以族谱、方志、金石碑刻等项为主，而此等史料可修纂而成地方志，或汇集而作专题研究。

这一段论述，不只明示林教授之学术源流，亦且为地方文献之内涵、地位以及与史志间关系等，出一论断。循此源流脉络，顺藤摸瓜，则读《地方文献论集》，若剥箨见笋，易得其窍要矣。

《地方文献论集》共有5篇。分装上下册。上册为《方志篇》与《谱学篇》。《方志篇》对方志之源流发展与功用、方志理论与方志理论家、新方志兴起与新方志拟目、海峡两岸之修志机构等，皆分别列章，有较详之叙述，使读者对中国方志事业得一完整认识，不啻为一部方志史。此数章原刊于《方志学与地方史研究》一书，收入《地方文献论集》时，略有增删，并增入新作二篇。一篇名《清代方志学名著知见录》，为应同道建议而作，用以示有清一代方志学研究之盛况。另一篇则为评介拙编《中日地方史志比较研究》。"中日地方史志比较研究"是1991—1992年间我与日本独协大学齐藤博教授有关方志学的国际合作学术研究项目，分别组织、汇集中日学者有关史志研究成果。历经三年，彼此交换审定修改，至1996年，中文本由南开大学出版社出版。我曾奉赠林教授，请其评正。林教授非常认真地对待我的请求，他没有只写点感想和简评，而是对全书作了极为详尽的评说，他介绍了这本书的主要内容，又逐篇甚至逐段，加以按评，他更以专篇形式置入其《方志篇》中，作为主要章节，其真情令人感动。林教授认为《中日地方史志比较研究》虽然只是一部"两国学者研究成果的汇编"，但"亦可窥知两国学者在史志方面的成果及联合研究的开端"。他对每篇论文都能实事求是地做出按评，如对拙作《略论地方志的研究状况与趋势》一文中所论辛亥革命后方志研究的四个方面即评称："此四项分类，十分具体而简明，惟举例方面……似乎详北略南，尚可补充"，但对拙文中所提到的"今后地方志研究工作的浅见"，则肯定为"这是作者多年经验提出的意见，十分宝贵"，体现出一种实事求是的精神。对其他中日学者所著，亦多有中肯的按评，值得参考。

《谱学篇》是本书的另一重点，充分表明林教授在这方面的研究成就。他除了剖析源流，严加界说外，有若干独抒己见之处，如对海峡两岸之新旧谱学的剖析，总括了两岸研究者与研究成果，均为他书所未及。而最值得注意者，乃是作者经多年研究所提出的论题，即"方志与族谱之关系及其联合研究之价值"（已编作本篇第四章）。作者在文中对方志与族谱二者之间提出六条相比较的内容。并得出结论说："方志与族谱，均是地方性之资料，各有其价值。方志之研究，重点在'地'；族谱之研究，重点在'人'。当然两者亦兼及其他各方面之活动，故若联合研究，所得更大。"作者更以此方法亲撰专文以实践之，即《宋代徭乱纪事编年》、《隋谯国夫人事迹质疑及其向化与影响》和《16世纪葡萄牙人在香港事迹考》等三篇，并再次"强调联合方志与族谱是研究地方史志主要途径"。大陆志事之兴，已逾半个世纪，而言及与族谱联合研究者，尚乏其人，亦足以见林教授之好学深思也。

下册为《金石碑刻篇》、《专题研究篇》和《附录篇》。

《金石碑刻篇》在本书中虽篇幅较小，但金石碑刻却为地方文献属下之一大部类。林教授以敦煌索勋碑考索张义潮在敦煌与当地望族索氏共建归义军政权之史事，为唐代西北历史增一重要史料。严格说敦煌写卷，本非金石史料，林教授或以其出于石室，遂将利用敦煌写卷所作考证二文入于此篇，其中《敦煌写卷之校勘问题》一文系林教授精心之作。他以半年时间检阅瓜州资料（约为全部写卷之5%），便"感觉到写卷中问题不少"，于是做出敦煌资料"固然是最宝贵的原始资料，却未必是绝对可靠的资料"的结论，从而大声疾呼要校勘敦煌写卷。这不仅有益于敦煌学之研究，亦为校勘学增一新内容。其最引人注目的是《金石与中国历史文化》一文，其中甲、乙两部，附入金石图片，作实物说明，而丙部虽文不满千，但述搜集、利用金石之历史，以及有关学者、著述，颇简要可读，他总括金石之重要性称："金石学是研究地方文献的'头手'资料，价值甚大"。其言可谓得乾嘉诸老"金石证史"之余绪矣。

《专题研究篇》系作者多年研究成果之结集，除对多种《广东通志》有所评介外，对若干人物与史事，亦多有研究，资料丰富，论述精当，甚有裨于历史研究，尤其是对南方民族史的研究，更为时人所难涉及。《附录篇》为本书之结尾，收入作者特约稿十一篇，前三篇为西方学者介绍美国有关地方文献之著作，后八篇为两岸学者对《方志学与地方史研究》之评介。此附录并非点缀全书之闲文，而是对作者原始著作《方志学与地方史研究》之拾遗补阙。作者对这些意见亦非全部包揽或不置可否，而是在本书自序中有所回应：有自承不足与错讹者，有相与商榷者，令人感到作者确具虚怀若谷，又独有见地的良好学风。

林天蔚教授在重新出版《地方文献论集》增订本时，又增入论文数篇，它们是《广东文化之"危言"与改革之"微言"》、《香港文化与历史——新的剖析》、《论钱宾四（穆）罗元一（香林）两位史学大师对香港之贡献》以及在"地方文献国际学术研讨会"上的主题演讲论文《地方文献之新观念与新分析》等，基本上以香港问题及地方文献之研究、运用与整理之建议为中心，颇具与时俱进之感。另收台中中兴大学黄秀政教授评《地方文献论集》之《谱学与金石碑刻研究的创新》一文。黄教授为台湾资深教授，于地方史志研究，素为两岸学人所推重，所论林著中谱学与金石碑刻研究的三特点，即：比较研究，内容创新；资料丰富，引证详实；立论平允，见解精辟。实为中肯之论。

读《地方文献论集》竟，深感于地方文献研究方面获益良多，而若干创新之论，又甚受启迪。从而粗窥林教授学术堂奥，不禁令人叹服。不意耄耋之年，神昏目眊，犹获进益，得不欣然！爰就随手札录之心得体会，整理成文，以作愚者一得之贡。是为之序。

二〇〇五年春节写于南开大学邃谷

原载于《地方文献研究与分论》　林天蔚著　北京图书馆出版社2006年版

《新方志"概述"点评》序

　　自20世纪80年代首轮新编方志在全国范围内全面展开以来，气势蓬勃地走过了近三十年的历程，并已转入第二轮修志阶段。在这关键时刻，对首轮修志事业进行全面回顾，总结经验，吸取教训，十分必要，但不需要满篇官话、空话和套话的文章，而需要认真研读，细节分析，做出褒贬得当、具体深刻、言之有物的论述，令后来者有所去取与依傍，为第二轮修志提供详明具体的借鉴。我曾想对首轮修志中的大量创意，进行探讨，议论是非。但年高体衰，力不从心，惟非常期盼有志者能对此有所贡献。适逢其时，山西任根珠先生以其新著《新方志"概述"点评》一稿请序于我，不禁大喜过望，即允其请而通读其全稿。

　　任君根珠从事方志编研工作二十年，为山西修志事业主编刊物、整理旧志、编纂地情丛书、汇集资料及志书评审等项工作，尽心竭力，卓著劳绩。科研成果累累，鸿篇巨制，蜚声志坛。前者，我曾览读其《山西大典》与《西樵志语》二书，并曾应请为其《西樵志语》作序，有云："展读任君《西樵志语》文稿，确乎有学有识，耐人寻味，一气读竟，自愧暮年学殖之荒疏，深慕后起者之精进不已。"集中所收诸文"于旧志整理与研究，继承与参考，树立模式。于新志体例之探讨，分析详尽，有理有据，不仅总结二十年修志实践中之经验，亦足备后来者之参考借鉴"。时隔十年，任君复以《新方志"概述"点评》新著见示，足证任君之奋进不已，笔耕不辍之精神。

　　"概述"一体为首轮新编方志之创意，大多数志书竞相采用，效果甚佳，而究以何种体例为宜，则众说纷纭，莫衷一是。我虽于此无专题论述而为各志撰序时则多所涉及，如《平遥县志·序》有云："概述为旧志所鲜见，而为新编志书之再创体，其体甚善，既可括一地之盛，复能得一书之要。今编新志，无不有此一篇。虽写法多有不同，而已共识其为此新志构架不可或缺之一重要组成部分。"于《许昌县志·序》中有云："概述为新编方志所独具，纵览新编诸志，体例各异，尚难划一。《许昌县志》之概述，言不足万字，而古往今来之天地人各方面，均见于笔下，而全书内容复得提挈。其言简，其意赅，既方便于一般需知县情者，又启示欲知其详者之求读全书，诚可谓得概述之立意。"至《武都县志·序》尤得概述之大要云：

> 概述为旧志所罕见，而新编方志之立概述似已为大多数人所认同。综观当前各志，写法有三：一全志浓缩法，将全志浓缩提炼，成万字之篇，置之志首；一特点勾勒法，将地方特点要言不烦，写意勾勒；一分段提要法，按全书大篇区划，等分撰写提要。三者是非优劣，尚难定评，而概一地之要抑概一书之要，亦尚有争论。愚以为概述既是一书之要，也是一地之要，最要者应为"引而不发"。概述应引人粗识其地而急谋读其志，迨一志在手，通读全志则其地之天地人诸端可了然于胸。

1988年3月初旬，我应指导小组之邀，参加萧山、渭南、玉山三县志书评论时，曾专题论辩概述有云：

> 当前绝大部分县志都设置了旧志不经见的概述，这种安排似乎已为大多数人所接受；但概述的写法却有所不同。《渭南县志》以前言代概述，这个写法是舍难就易的聪明办法，它分两部分，前半是地质、经济、社会、人物诸方面的简述；后半则为编辑说明。《玉山县志》将概述分为十段，分述全县各个方面，可收层次分明，易于成文之效。《萧山县志》则综合全志作写意式概括。各有千秋，本无需强求一律。但愚以为有一点似宜明确，即概述非概论，更非概说，而是全书精华的提炼。概述不必作未来的预测，也无需向当政者献策，而应以能引发读全志之兴趣为要。设读概述而不欲读或不需读全志，则概述失其本旨。设读概述而急欲通读或翻检全志，则概述得其本旨。概述文字不宜过长，行文可不排顺序，不设章节，总以高屋建瓴，一气呵成为尚。

虽然如此，我之所言，终为寸纸短笺，非若任君《新方志"概述"点评》一书之内涵丰富，论述详明。任君所著，确具承先启后之效能，故我乐为之序。

山西省史志研究院在二轮修志之始，能将《新方志"概述"点评》列入省委、省政府制订的"史志科研十一五规划"内，并倾力支持。这样做的好处：通过对"概述"这一涉及志书的重要部分，通过某位专家的集中研究，再广泛吸收参与意见，形成最新成果，这样可更加容易使大家对"概述"篇看得更加透彻。

　　概述为首轮新编方志的重要创意与构件，亦为二轮修志关切要点，任君于此切入，可谓得其窍要。任君以全国31个省区首轮新编市县两级志书之概述为研究基础，尽数年搜集、整理、研究之功，撰成一书，其资料之丰富深厚，可以概见，则其辨章论述自可征信。

　　全书共分三大部分：一为《总论》，首为对概述之理论研究，使读者对概述之源流、功能与作用、特点与内容、名称与体式以及写作等基本理论概念，得一开宗明义之了解，并以之统摄全书。继对百五十篇概述进行比较研究，对概述方方面面，进行详尽细致之研究，比较其优长与不足，辨析其数字、史实、语言、标点之差误，以警示来者。第二部分为《百五十篇"概述"点评》，所收各篇，皆经筛选，于概述本文之前，皆写一数百字的点评，简述其篇幅、内容与体式，略评其得失、优劣。言简意赅，文约事丰，妙笔圈点，颇堪回味。而循读各概述本文，又时见有夹注，大者如人名、地名、物名之误，小者如标点、用字、句法之讹，皆一一注出，示人以力求完备之意。既可作读概述之选粹本，又得见易出错讹之情状，其义至深，其用至弘。第三部分为《"概述"篇论文集萃》，共37篇，首列志坛耆宿董老一博先生之三论概述编之设置。董老生前指导各地修志，异常重视概述编之设置，曾就所见，成雄文三篇，并一再告我概述为全志之灵魂，一篇好概述，当为全志增色五成以上。善体斯言，可知概述之重要，其他多篇亦皆时贤深切体会之作，可供参考与借鉴。

　　全书体现理论与实践相结合之要蕴，非托诸空言者可比，而尤可贵者，任君面对百余作者，就事论事，坦率评论，为志坛树正确批评之风气。浏览《点评》一过，无趋时迎合之媚态，学术境界，可谓不俗。虽仅就"概述"一隅立论，但鞭辟入里，颇有见微知著之效。有此开端，继起者当闻风而动，如大事记之研究，志文之分部研究，附录之研究等等之问世，将可拭目以待。分而论之，合观全貌，则不仅总结首轮修志，亦为二轮修志作依傍。善乎其二美具矣！惟见仁见智，各有所得，读是编者，务不囿于任君之所言，而能亲读"概述"原本，简练揣摩，独立思考，自抒心得，则与任君所言，相辅相成，切磋砥砺，则志坛之春天将纷呈异彩，二轮修志必将有所超越，煌煌志业，更增颜色。山西省方志部门的努力也很有独到之处。我于此固有期待焉。

　　是为之序。

二〇〇八年四月写于南开大学邃谷，行年八十六岁

原载于《新方志"概述"点评》　任根珠著　中华书局2008年版

《教育志学》序

方志之成学，其说不一。有人认为南宋时志家已提出志书完整体例，确立了志书主要内容与编纂方法，形成了方志之学。有人认为始于明代，而更多学者则认为方志学的建立乃肇端于清代章学诚。说法虽各有不同，但方志学的建立至迟在清代乾嘉之际。至于志书中的个别门类如教育等相沿称之为部门志或专志，仅记述其历史与现状，而无从概括其理论体系以独立成学者。

旧志之中，教育历来为其重要组成部分，有所谓"学校"、"科举"、"选举"、"教育"各种门类名目，而未别立一志，门类之下尽括一地教育状况而信今传后，其体例篇目也一依地志要求。是教育别成一志盖鲜，而探讨教育志之篇目体例自立专学者尤所未睹。今所见齐红深、王克勤二君合撰的《教育志学》一书殆为初创之作。二君所在单位之前辈学者、教育史学家苏甫先生大力支持、玉成其事，使此书得以问世。

教育为历代所重，当代尤标明教育为立国之本，新旧各志立教育一门，固所当然；若别立一志也未为不可。我国幅员广袤、人口众多，教育为施政要著，如各地纷纷独立记事成志而无所依托，则不免有典型阙如之叹。齐红深君经年累月于教育史志之编纂，积有丰富实践经验，于理论研究又卓有成绩，遂合同道王克勤君共同探讨，升华经验，试立理论，进而标举教育志学之名。此种创意虽尚待方志界广泛讨论，但其学术胆识弥足钦敬。

《教育志学》广泛吸收方志学与教育科学之研究成果，经作者反复修改，自成体系。全书共十四题，凡定义、分类、渊流、内容、体例、篇目、编写、应用等等均有所论述，其中颇有独到之处。观其篇目、内容，固已为专业志撰写树一规矩，为方志学研究增一新作。

齐君红深曾负笈南开大学中文系，卒业后即投身史志事业，敬业乐业，意志不懈，而我执教南开大学垂四十年，与齐君虽非同一系科，而有校友之谊。由我主编的《中国地方志综览》一书齐君又有首倡之功。今既嘉其志读其书，齐君复不弃衰朽而请序，乃忻然志其事而勖其所为。

一九八八年十二月

原载于《教育志学》 齐红深等著 辽宁大学出版社1988年版

《史志文集》序言[*]

　　山西是第一轮全国修志工作的先进省，随之也出现一大批优秀的修志人员，其中有曾在某一场合晤面交谈过，也有一些心仪其人而缘悭一面的。晋城市志主编秦海轩君就是久闻其名而未获一晤的著名志界人士。老友曹振武兄多次与我谈及秦先生诚邀我赴晋城一晤的愿望，我也久闻晋城为人杰地灵之胜地，颇思一游以广智益闻，并与秦君商讨探究志学之大略。惜俗务羁绊，未得成行，唯秦君著述则久娴于心。始则受命拜读秦君主编之《晋城市志》，通读一过，深感其成书之速，体例之精，意境之新，行文之畅，固非时著所能及，曾濡笔题记所感于《中国地方志》以作推介。继之振武兄复转赠秦君与人合著之《中国皇帝制度》一书，我匆匆浏览一遍，深感秦君固洞识皇帝制度为中国自秦至清二千余年封建专制制度之关键所在，研究此一课题则纲举而目张，使长期封建社会之历史粲然而得其窍要矣，于此亦见秦君于史于志之兼通，而我则因杂事干扰，未遑对此著一陈所见，深感歉然于秦君。今年初夏，振武兄复自太原来电，谆谆相询：秦君已辑其所著史志论作，汇为一编，题曰《史志文集》。能否序其书？我为践前约而允其事。

　　《史志文集》是秦海轩君历年在史志领域长期研究的成果结集。史的部分以研究皇帝制度与职官制度等为主要内容。这是中国政治制度史中的主要支柱，但长期以来为研史者所少涉及。集中所收《中国皇帝制度概论》一文，似是后来与人合作之《中国皇帝制度》一书之纲要与基础，此文使庞杂的皇帝制度——举凡皇帝名位、皇权、继替、宗藩体制，以至后宫、外戚、宦官、职官、谏诤乃至于都城、宫省、宗庙、陵寝、礼仪、警卫、服饰、贡纳等等有关皇帝的一切规制，

---

　　* 《史志文集》出版时易名《史志丛稿》。

几乎无所不包，令人对二千余年封建社会史了然于心，有提纲挈领之效。统一与割据历来是中国历史上不断起伏发展的问题，秦君于此也有所探讨，并在《中国统一趋势谈》一文中提出：统一是中国历史发展的主流，是中华民族的共同愿望，是当代中国的一面旗帜等三要点。又以《浅议国家统一与民族融合》一文羽翼其说。秦君不仅述古，亦多切今，更著《政治协商与民主监督》与《试论新时期统一战线的特点》二文以阐论当代统一形势。清儒刘献廷云：知古而不知今，只算得半个学者。海轩通达古今，于此可无愧矣！

《史志文集》的另一部分是秦君终身从事修志事业之业绩记录。《晋城市志》为第一轮修志中之佳志，志界学人多有评论，我忝在其列，于《晋城市志》之体例、进度、图表、综述、大事、文献、著述、文征、丛谈诸端，多有肯定。《晋城市志》无疑当为秦君志学领域之代表作，但其成书背景与思路，则人多未言及。文集所收《修〈晋城市志〉的前期准备与思考》和《主编〈晋城市志〉的实践与探索》二文，使读者了解《晋城市志》撰写的全过程，对其他修志者有重要的借鉴意义。至所撰《上党史话》虽为史体，但叙事详明通畅，通俗可读，易为常人所熟知，足与市志有相辅相成之效。

秦君海轩出身农家，少而自学，长攻政史，长期从事教学撰述工作，虽僻居晋东南地区，资料搜检困难，学术交流不畅，但孜孜不倦，笔耕不辍，成果累累，颇获赞誉。近又辑其历年论述，汇为一编，问序老朽，虽高年溽暑，每读至会心处，顿感爽意，乃欣然命笔，贡其所见，尚祈识者指教，是为之序！

二〇〇五年仲夏，挥汗写于南开大学邃谷，时年八十三岁

原载于《史志丛稿》　秦海轩著　书海出版社2006年版

《拾秋集》序

上世纪八十年代，为建国后编修新志事业获有极大成就的一次高潮。其规模之大，声势之广，实为前此所未有。

我有幸躬逢其盛，倍感欢欣，而尤有二事，为毕生所难忘。其一为得志界先驱梁寒冰先生之识拔，受命推动全国修志事业，分赴各地培育修志人才，编写专著论文，二十余年，浪获薄誉，不负我生。其二，则为于三晋差次，获识山西志界俊彦曹君振武。曹君籍隶津沽，而供职山西志办，为人豪爽，颇具燕赵慷慨悲歌之风。初识晤谈，顿有倾盖如故之感。缔交二十余年，虽异地相处，而声应气求，灵犀有通。昔人有云："平生得一知己足矣"，我于曹君，得其征也。

曹君振武，家本寒素，幼而失学，然勤勉好学之志不衰。孜孜矻矻，终于在逾冠之年成为一位能文之士。建国之初，已于津门文坛崭露头角，于《天津日报》、《中国青年报》、《工人日报》等重要报刊，发表文艺作品；举凡论述时事，抒发感受，表彰人物，传承民俗，几于无所不包，笔墨亦鲜明条畅，为读者所喜爱。后虽转业志界，犹乐此不疲，时有作品见诸报端。迨转业志界，尽力专注，迅即驰誉三晋，而渐至全国。其探求理论，验诸实践之学风，固为人所称道，而积累资料之勤、之丰，又令人赞佩。1983年，我主持修志培训班于蓟县，礼聘曹君，莅临讲坛，广征博引，口讲指画，条理有致，语言生动，备受学员赞扬，声誉鹊起，致使山西志界引以为荣，而奉为权威。凡省市县镇各级之志，其起步、编写、审定、评论，无不以函件相商，或亲谒曹门请益。曹君或书面指点，或亲临评定，人皆以得曹君一言为重，而我亦时以曹君之推毂，多与山西志事。各地仰慕曹君之志学造诣，亦时有咨询。岁月推移，曹君志学论述不断问世，志学专刊时见鸿文。于是志界无分南北，不论东西，皆知志界之有曹君。而第一届修志史册，曹君实无愧其一席。

　　新世纪以来，曹君已臻耄耋之年，而壮志不已，乃整理书箧所积，选为一册，题名曰《拾秋集》。秋者，春华秋实、秋收冬藏，皆以明秋之为收获也。"拾秋"者，农间每于大秋之后，妇孺皆群赴田间，拾其余粒，曹君借喻，示谦抑之志。我则谓不然，曹君之"拾"，乃俯拾皆是之义，言其成果累累，随手俯拾，皆称佳构，集而成书，自在意中，足以见曹君立言之德矣。《拾秋集》二卷，上卷为学志文选，下卷为文史杂俎。皆可见曹君数十年耕耘之勤，尤可备后学作津梁。曹君既以全稿来相商榷，复面嘱序其集。我敬其人，重其文，虽目眵眼花，顾念二十余年友情，何敢违命？乃就春节之暇，通读全稿，无可置喙。惟歆羡其笔耕不辍，老而弥健，我当引老友之所为以自励。语云："天行健，君子以自强不息"，我当与曹君共勉！是为之序。

二〇〇四年甲申春节

写于南开大学邃谷，时年八十二岁

原载于《拾秋集》　曹振武著　2004年山西省内部图书准印本

《西樵志语》序

　　十年前，1989 年春，冰城梁君滨久函其文稿索序，我与梁君素未谋面而久闻其名。滨久小我二十岁，因夙钦其文，乃妄自托大而读其全稿，并题窃所见于卷首，文曰："读其文知其学识皆有根据，不唯书唯上，能独抒新见，又勤于著述，私衷窃喜方志学界后来者之能居上。"复曰："读滨久诸作，见其观点之鲜明，论述之新颖，实有可称。综诸文所及有历史遗产之研究，理论建设之呼吁，方志学科建立之倡导，志书编纂法之商榷以及新编方志之评议等等。"岁月推移，滨久且时值壮年而我则日近耄耋，虽不时获读滨久新作，然终以缘悭至今未获一面为憾耳！

　　时隔十年，1999 年初夏，我途经太原，于曹振武兄寓得知并城任根珠君。根珠复小滨久九岁，时当中年，而进方志学界已十余年，有关论述，时见报刊，而编著成书者殆近十种，其荦荦大者若《清实录山西资料汇编》、《山西大典》、《（成化）山西通志》及《（乾隆）山西志辑要》等，于保存乡邦文献，弘扬传统文化，颇著辛劳，深庆方志学界后继之有人焉。根珠于晤谈间，乃出其文集《西樵志语》请为之序。我愿读其文，而愧为之序，且亭林氏有言："人之患在好为人序"，旨哉斯言！我近年以时势所需，已为多序，实不敢重违前贤遗教，遂逊谢不遑，而振武兄百般怂恿，力请作序，二十年故交，一意垂爱，情难以却，乃掣《西樵志语》稿以归。

　　归津后，展读任君《西樵志语》文稿，确乎有学有识，耐人寻味。一气读竟，自愧暮年学殖之荒疏，深慕后起者之精进不已。至是始悟振武兄之识人爱才之用心，其情可感，而读任君之文又不能已于言。于是重蹈好为人序之患，操笔而述其读稿之浅见。

　　《西樵志语》为任君多年于方志学领域中研究与实践所得之结晶。全稿五十余万字，虽非巨制，而篇篇为呕心之作。任君开宗明义，以所作体现首届修志之要旨。忆二十世纪八十年代之初，第三次修志高潮再起之际，创事者明标"继承旧志，创编新志"之宗旨，而后来修志者往往侧重甚至专注于新志编写。视旧志于可有可无之间，甚有摒旧志而不观者，畸轻畸重，难称允洽。《西樵志语》则非是，集中诸文，两不偏废。其于旧志整理者有《（成化）山西通志》、《（嘉靖）山西通志》、《（康熙）山西通志》、《（光绪）山西通志》以及《（民国）山西省志》诸文对本省旧志详加评介，于各志成书缘由、卷次内容、独具特色、优缺评论以及文字版本诸端皆有所论及，于研究和参考山西旧志者当可因文求书，因书而究学，为旧志之整理与研究、继承与参考树立模式，厥功至伟。至所论新志之编修尤为全面。若《新方志"凡例"丛谈》、《志书序言琐谈》、《大事记编纂纵横谈》、《浅谈志书照片的题材选择》、《新方志图片杂谈》等篇，于新志体例之探讨，分析详尽，有理有据，不仅总结二十年修志实践中之经验，亦足备后来者之参考借鉴。其他尚有评稿文数篇，可以见晋省修志状况，而《总结修志经验 提高志书质量》一文又为承前启后之作。

《西樵志语》即将付梓，我喜而读其稿，窃祷其早日问世，以利志界。根珠学术历程如日中天，我与振武当拭目以待其更进层楼，根珠其勉旃！

一九九九年初夏写于南开大学邃谷

原载于《西樵志语》　任根珠著　方志出版社2003年版

《凤岐文选》序

自上世纪八十年代举国编修新志以来，各地能文之士纷集，文史交融之作迭出，称一时文事之盛。不佞何幸，历年时承志界诸友，嘱读文稿。拜读之余，不禁色喜，中华大地诚无愧文明之雅。惟设无盛世修志鸿业，则和璧无光而人才埋没，固为中华文化之不幸。于是每有志界作者请序，辄不揣老悖，率尔操笔，借以弘扬其事。今夏，天津东丽区志办傅鸣山先生（字凤岐）持其历年笔墨积存，合为《傅鸣山文选》一稿，携其哲嗣长新，惠临寒舍，嘱读其书，并请作序。长新供职天津市河北区志办，亦为修志事业贡其年华。两代修志，不愧世家，不佞何敢辞其事。虽年登八秩，时处溽暑，亦甚感兴奋。乃尽数周之力，读其书，颇有作意，遂赘数言以志所感。

傅鸣山先生早年从事写作，作品时见报刊。历经半世纪之耕耘，积稿数百万字。今从中选辑二十余万字，编订为《凤岐文选》一书，当为作者精心之作。全书分散文、杂文、文学评论、诗词楹联、民间文学、讲稿、应用文、方志节选及文史资料诸类。文史相通，素为文士艳羡，而傅氏诸文，颇得斯意。其文朴实无华，其事详核求实。述往事，情意绵绵；贬时弊，严词振振。如《我的老伴儿》，所述虽为人生经历中之家庭琐事，却可见一位劳动妇女如何经历艰辛，如何安贫守素，如何仰事俯蓄，读之令人感动。《钓鱼与廉政》一文，直言不讳，尽吐郁结，以钓鱼一平常事，折射社会腐败现象，义正词严，无所顾忌，义愤填膺，斥权势者之无耻。惜乎细民低微，谠言不足以疗痼疾，至今大言不惭而钓鱼于养鱼池者犹比比焉。更有甚者，权贵者已视此为当然，呼朋引类，毫无愧色，欣欣然夺利于民，不以为耻，反以为荣。世风颓坏，曷胜浩叹！其纪史之作尤具史料价值，如《天津排地初步考察》一文，实物口碑，搜罗较备。此文对排地的异说、历史沿革、物产民生、面积范围等均有详尽考证，并附图说明，于研究天津水利兴修、土地开发等事，颇有参考意义，而作者采访搜检之苦，亦于此备见。《私塾漫忆》一文乃作者就亲身经历所写，情真意切，于私塾缘起、校舍及特点、塾师、课程安排、学习塾规等，均历历在目，对研究蒙学教育，颇有参考价值。其应用文中之《书信常识》一文，论书信之名称、类别、特点、写作方法、规定程式及专门用语等，甚称详备。书信为人类社会活动中不可或缺之工具，传递信息，通音问好，无不用之，而今人多不明此道，每每违规操作，以致贻笑于人而不自知。此文振聋发聩之功，实不可没。其他有用之作，难以尽数。读者可读其书而究其学。

傅鸣山先生久困基层，而向学之志弥坚，孜孜矻矻，笔耕不辍。存此一卷鸿文，当已无负此生。吾深为志业幸，有此文才。吾更为傅先生贺，为人间增此笔墨。老骥出枥，志在万里，愿与先生共勉！望勿以老自懈，幸甚，幸甚！是为之序。

原载于《凤岐文选》 傅鸣山著 吉林人民出版社2004年版

简论莫艳梅的方志研究

——《莫艳梅方志文集》序

　　新编方志，呼吁酝酿于上世纪五十年代初，而正式启动发展于八十年代，历时二十余年，硕果累累，成书几遍全国；人才辈出，号称修志十万大军。近十余年，进入二轮修志。其首轮修志人员，老者大多凋零衰弱，中青年虽仍在志界奋进，但也为数不多，这批人既有首轮修志之实践经验，又有新理念的熏陶，为当前志界之中坚，我所见萧山志办之莫艳梅女士即其中之一。

　　莫艳梅女士早在上世纪八九十年代之际，即参加修志事业，先后历时二十余年，经历过四部市县志之编纂实践。她是经过首轮修志艰苦磨练的志业人员，不仅具有丰富的实践经验，而且尚能突破局限于单一编修工作，进而潜心学术研究，将修志工作推向学术研究的道路。尤其是自她来萧参与修志工作后，由于萧山对地方文献研究工作的重视，修志条件比较完善，而共事人员又具备应有素质，使她得心应手，更开扩眼界，推进其新的学术研究。在萧的七年中，她在修志工作繁忙之余，从学术研究的高度，认真反思总结首轮修志的得失，并对二轮修志的若干问题提出建议，虽然涉及面甚广，但对某些细节，则进行深入分析研究，形诸文字。据粗略统计，这些年她写了近五十万字的文章，其中有四十余篇在省级以上专业刊物上发表，引起志界的关注。

　　清代学者章学诚曾言及史志关系说，志书于史的文献价值是"补史之缺，参史之错，详史之略，续史之无"；我对新旧志书之文献作用也曾概括为"以旧志考辨，以新志存史"，意即旧志的文献价值在于挖掘考辨，提供编写研究的依据；而新志的文献价值在于实事求是地创建文献，足资后人征信。莫女士善体此意，于二者未曾偏废。萧山建县时间及西施故里二事，素有争议，而新编志书也置于待决问题，而各存其说。莫女士为此特广征史料，重加论说，成《萧山建县时间考》及《西施故里新探》二文，创萧山秦置说及西施余暨（萧山、诸暨）说，成一家言以破解悬疑。

莫女士的论文，几乎遍及修志中诸问题，无论体例、篇目、大事记、附录，还是图表设计、社会调查、文字表述，均有较深研究，提出个人见解，有裨修志实践。例如《注释在志书中的应用》一文，以《萧山市志》为据，博涉浏览二十余种新志，对二轮修志中兴起的这种新体例，进行自古至今的全面论述。她除了简言记述注释的释义及注释在旧志中的应用外，更详尽地阐明注在新编志书中的应用。她赞同《萧山市志》将注释列为志书的重要体裁，并阐明注释在《萧山市志》中被广泛使用的成就。她归纳了《萧山市志》中的注释，除通常的注年代、注地名、注人物、注称谓、注互见、注文号外，更有特色的是注限外内容、注诸说争议、注正误存佚、注资料出处、注背景缘由、注观点凭据、注名词解释、注补充说明、注时代称谓、注地方用语、注统计口径、注计量单位、注表格图照、注附录，等等，并逐一解释，使《萧山市志》的注释使用得到应有的创意地位，也使新编志书在发展中得到体例上的丰富。

莫艳梅女士还有许多论述和见解，值得重视。我用了将近一个月的时间，读完她的论文，不仅为她写序作准备，也使我从中汲取到若干有益的营养，促进了思考，对志业前途增强信心。莫艳梅女士来我的故乡参与修志，楚才浙用，吾萧之幸！莫女士方当盛年，修志学识和实践经验丰富，尚望继续奋进，为我故乡地方文献事业做出更多贡献。九十衰翁，得见后辈学者成长成就，得不欣然！愿莫艳梅女士无负我望为幸。是为之序！

　　　　　　　　　　　　　　　　　　于二〇一二年六月中旬

　　　　　　　　　　　　　　　　　　　时年九十初度

　　　　　原载于《莫艳梅方志文集》　莫艳梅著　上海远东出版社2013年版

《明代孤本方志选》序言

　　中国地方志以其起源早、持续久、类型全、数量多而享誉世界。据《中国地方志联合目录》统计，由宋至中华民国方志，今存8264种，11万余卷。为与近半世纪首批新编方志相区别，遂习称之为"旧志"，归属古籍。其实际数字尚不止此，除山水寺院志未计外，近年于新编方志访求资料时犹有发现，估计已达万种，几占古籍1/10。此固中华文化遗留之瑰宝而当为国人所珍惜。

　　稽现存旧志，以清修为最多，有5700余种，约占旧志70%至80%，民国时期有千余种，明有近千种，而宋元存今者不过数十种而已。其亡佚数量不可谓不大。据张国淦《中国古方志考》著录，元以前留下书名之佚志达2000种。明修方志据《明史·艺文志》所著录，不少于3000种，而今仅存1/3。天一阁原藏明志不下435种，颇多佳本善刻，而今仅存266种。明修《蓟县志》四次，除一次未成外，其余成化、嘉靖、崇祯三志均失传。是搜求佚亡之固不可忽也。

　　旧志庋藏涵盖面遍及海内外。美、日及欧洲各国多有入藏，日本所藏达4000余种，多来自近百余年来对我国之巧取豪夺，其间不乏精本，如静嘉堂文库藏有宋本《咸淳临安志》和《咸淳毗陵志》，内阁文库和东洋文库等处馆藏有明清孤本五十种。美国国会图书馆及其他公私收藏单位纸本入藏量，约略估计也在四五千种之谱，其中也有我国失传之珍本。欧洲各国也均有数量不等之入藏。我国国内收藏尤富，上海图书馆、南京图书馆分别藏有四五千种，其他省级图书馆及著名高等院校图书馆亦均有所收藏，而国家图书馆之庋藏则称巨擘焉。据1993年所宣布，该馆已入藏历代旧志6000多种12万余册，其中有不少宋元明清精刻本与稿本、批校本等，甚有不见任何著录者，至为海内外学术界所注视。

　　旧志数量之夥，蕴藏之富，久为中外学人所共识，不止为中华文化之重要宝贵遗产，抑且为当代政治、经济、文化、社会诸方建设征文考献之所必需。国家图书馆有鉴于斯，乃于90年代之初，特辟"地方志与家谱中心"，备地方志之收藏、查阅、咨询及研究之需。历有年所，颇著声誉。近年该中心于整理馆藏旧志时，发现明代孤本方志23种，经与已出版之《中国地方志集成》、《天一阁藏明代方志选刊》正续编、《宋元方志选刊》、《稀见中国地方志汇刊》、《日本藏中国罕见方志丛刊》、《中国西北稀见方志》正续集、《中国方志丛书》等书相核，均未见收录。其为《中国地方志联合目录》所著录之22种亦惟国家图书馆独家入藏，而《（天启）武安县志》则从不见著录。据此，新发现之23种明代方志，亦足称孤本而无愧矣。

国家图书馆所属"地方志与家谱中心"出密藏而公于世，俾旧志研究与新志编纂者咸能得其用，不惜斥资，合23种59册成《明代孤本方志选》一书，编印出版，诚有裨学术界之一大功德也。是书内容涉及河北者12种，山东4种，山西3种，豫、陕、皖、浙各1种。其中有5种内容完整，余18种均有不同程度缺叶、缺卷或缺册。各种俱以原大原版式影印，庶读者得睹原貌。每种由专人撰一叙录，详具纂修者生平、编纂缘起、县治沿革、体例篇卷、版本格式以及前后诸志之比较与评论，内容简赅，得古典目录辨章学术、考镜源流之遗意。编者尽其辛劳，而读者得其利便。

我年近耄耋，治史志流略之学殆五十余年，愧无所成，旧学固待商量，新知尤谋探求。国家图书馆念及野老，坚邀为《明代孤本方志选》作序，读其原物，并及提要，实为当世少见之豪举，欢忭无已，不禁动其十指，敲其键盘，记得书整理之始末，志编修诸君之辛劳，惟愿天下之藏珍者，皆能出其所藏与世人共之，则学术幸甚！学人幸甚！我又乌得而不为之序乎？

二〇〇〇年四月十日写于南开大学邃谷

原载于《明代孤本方志选》 国家图书馆地方志和家谱文献中心编 全国图书馆缩微复制中心2000年版

重印《畿辅通志》前言

一

通志是指一省范围的地方志。它大致可推源于宋代王靖《广东会要》及张田《广西会要》之作（《宋史·艺文志》）；但那是合数郡之要为一书，且篇卷甚少，尚无通志的名实。元代即有行省之设，又为纂修《大元大一统志》而命各行省撰送图志，遂为专修省志准备了条件。及至明代，各省多撰省志，其间有名"通志"者如浙江、山东、山西、河南、江西等省；有名"总志"者如湖广、四川；有名"新志"者如贵州；有名"书"者如福建（《闽书》），纂修省志工作可称一时之盛，对清以来的普修通志工作颇著影响。但是，地处冲要的畿辅地区却未闻有志，稽其原因，则因"明代以畿内之地直隶六部，与诸省州县各统于布政司者，体例不侔，故诸省皆有通志，而直隶独缺"（《四库提要》卷六八）。

入清以后，随着社会经济的恢复与发展，编志工作日益受到重视。康熙十一年（1672年），大学士卫周祚奉命陈事六条，其一即"请令天下郡邑各修志书，宣付史馆，汇成通志"，其意在为纂修一统志准备材料，所以要求凡山川形势、户口丁徭、地亩钱粮、风俗人物、疆域险要均当涉及。康熙接受了这一建议，便命各地组织人力，纂修通志，并颁发了顺治十八年（1661年）纂辑的《河南通志》作为参考模式。二十二年（1683年），复由礼部命各省于三月内成书。这种单纯依靠行政手段草率从事、限期完成的作法是难以保证质量的，因而实际奏效甚微，所获成果也不大；但对开展修志风气确有一定的作用。雍正时，吏治振作，各地奉行政令比较认真。六年（1728年），曾为此特发上谕，要求各省修志既保证质量，又限期完成。其谕旨称：

> 着各省督抚将本省通志重加修辑，务期考据详明，采摭精当。既无阙略，亦无冒滥，以成完善之书。如一年未能竣事或宽至二三年内纂成具奏。（《清世宗实录》卷七五）

于是，各省通志纷纷进行，其中《广东通志》于雍正九年（1731年）首先完成，《贵州通志》最晚成于乾隆六年（1741年）。直至清末，陆续重修、创修之作达数十种之多，几乎遍及各省。其中不乏由学者主持而著称于世的名志，如阮元重修《广东通志》、谢启昆重修《广西通志》以及黄彭年的三修《畿辅通志》，都是各具特色并反映一定时期成就的佳作。

二

清代修纂《畿辅通志》凡三次：

初修之议始于康熙十一年（1672年）大学士卫周祚建议纂修通志之得到谕允。至正式纂修则从康熙十九年（1680年）七月开始。它相续在直隶总督于成龙及格尔古德主持下，邀翰林院编修郭棻总其事，至二十一年（1682年）四月，仅历十数月而全书告成，得四十六卷，而开雕则在二十二年（1683年）春。此次修志终因期限匆迫，草率成书，致贻后世以讥评。始而于修雍正志时曾评此康熙志说："旧志则简而不当，其根源见于经史子集者每缺焉，或取诸类书而与本文讹舛，其他则稗官小说为多。"（雍正《畿辅通志》唐执玉序）继而《四库全书》不仅不加著录，更于《提要》中评康熙志"讨论未为详确"，此即指其书既有疏漏，又不谨严。对官修图书作出如此评论，也足见康熙志确有不足，因此乃有雍正重修之举。

重修始于雍正七年（1729年）春。当时为备一统志采摭之需又命天下重修通志。直隶总督唐执玉奉命后即延请原任辰州府同知田易等于保定设局，开始志料采摭工作。其后直督易人，相继由刘与义及李卫领其事，而由翰林院侍读学士陈仪承纂修之任，于雍正十三年（1735年）成书一百二十卷并图一卷，即付刊行。这次重修对康熙志作了"广为稽考，订误补遗，著其有征者"的工作。《四库全书》不仅收录此书，更在《提要》中誉其书说："凡分三十一目，人物、艺文二

门又各为子目，订讹补阙，较旧志颇为完善。"（《四库提要》卷六八）

三修《畿辅通志》始议于同治十年（1871年）末，由直隶总督李鸿章延学者黄彭年等人纂修，至光绪十年（1884年）成书三百卷，即刊行问世。黄彭年是当时"博学多通"的史地学者，所著有《三省边防考略》、《金沙江考略》及《陶楼诗文集》等。他应聘修志时，还兼主讲莲池书院，所以得在较长时间的安定条件下潜研纂修，再加以借李鸿章权势所能提供的诸种便利，终于能力持卓识、独排众议地完成了一部较前志为善的巨帙。此书在光绪十年（1884年）初刊于保定莲池书院，后以版毁，又于宣统二年（1910年）由北洋官报局据光绪十年本石印，遂得流传较广。1934年，商务印书馆又据光绪十年本影印精装为八册，并于书后附四角号码索引，极便翻检。以光绪十年（1884年）到1934年，先后五十年间，如此巨帙的地方志书竟获三次刊印流通，足证其为时所重，而其书之价值也自可见。

民国以后，有人曾对光绪志有所訾议，认为其书"较康雍二志虽称详备，而帐册市簿，成文者鲜，未足当著述之目，识者憾焉"（中国第二历史档案馆藏档）；又以光绪以来，京畿地区变化繁兴，为免资料遗佚，要求及时重修，并推贾恩绂主纂。此事以三万元之财力，经四年之功，完成《直隶省通志稿》二百卷。纂修者以较少财力、较快速度成如此巨著的经营苦心是应受到重视的。纂修者也颇自矜其书说："论者咸谓吾直隶通志，康雍引其端绪，光绪备其资料，至民国始成为完书。"（中国第二历史档案馆藏档）书成因财力匮乏未能及时刊行。稍后虽有人向当时军阀政府申请经费，组织校刊处，准备印行，也未获成效。现除北京图书馆藏有抄本外，尚有个别篇章的抽印本与油印本。

抗战前又有由卢启贤等人纂修的《河北通志稿》四十七卷。此稿记事止于民国二十六年（1937年），原藏本六十二册藏湖北省图书馆。散藏各处有部分铅印本，天津市图书馆入藏铅印本二十四卷并附舆图一幅，为十六册一函。

总之，自清初至抗战前，河北省地方志先后纂修五次；但这五种通志中仍当以光绪《畿辅通志》为最善。

三

光绪《畿辅通志》是清季修志的重要成果，也是清代各省通志中的名作，后人曾赞其书说："同光之际，李文忠督直隶最久，特延黄子寿先生总其成，复广罗当时名宿，重事修辑，十年成书，艺林称盛。刊行以后，颇孚时望，为畿辅有志以来之所仅见，即在各省通志中亦且推为巨擘也。"（商务影印本序）

这部志书确乎自有其特色。

首先在编制体例上未沿袭通用的门目体，而是诸体并用，颇类正史纪传体，并参以郑樵《通志》之例，分纪、表、传、略（志）、录等。即帝王用纪、琐细用表、人物用传、纪事用略、宦绩用录，后附以识余。具体分卷是卷一至十五为纪，包括诏谕、宸章、京师、陵寝、行宫；卷十六至四十五为表，包括府厅州县沿革、封建、职官、选举；卷四十六至一八二为略，包括舆地、河渠、海防、经政、前事、艺文、金石、古迹；卷一八三至一九二为宦绩录；卷一九三至二八六为人物列传；卷二八七至二九七为杂传；卷二九八至二九九为识余；卷三〇〇为叙录。这种体例较之分门列目更便于汇聚和保存资料，易于较全面地反映各种情况，它是一种可资借鉴的体例。

其次，这部通志是按照志书的要求而纂修的。史志异同是史志学界长期探讨的问题，但有一点则是多数人比较一致的意见，即志书要求全面反映一地区的自然与社会状况，为各门学科和现实建设积累提供资料，以收"储料备征"的作用。清代方志学家章学诚在《方志立三书议》中曾提出方志要有掌故、文征部分以汇辑簿书案牍和各体诗文，这是颇有见地的主张。黄彭年主持三修《畿辅通志》工作确具一定的史识。他广搜资料，汇辑成书，为后世保存大量可资参证的资料。尽管同事者如张裕钊、吴汝纶等有所异议，攻其体制为"失纂述之体，贻市簿之讥，篇不成文，无异档册"（商务影印本序），甚至张裕钊竟以辞莲池教席拂袖而去相胁，他也在所不顾，坚持进行。民国以来仍有评论此志为"帐册市簿，成文者鲜，未足当著述之目"（中国第二历史馆藏档）。所谓"篇不成文，无异档册"，多为文章家抨击史家的惯用语。文章家以"篇自成文，典雅绚丽"自诩；而史家则以"事有来源，语有出处"自称。二者固各得其用，而地方志则当用史家之法。张裕钊、吴汝纶是当时著名的古文家，黄彭年则是学有专长的史志学家。他们之间的发生歧异正是无可避免的结局，而黄彭年不为异议所动，坚持史法修志正是光绪志能超越前志并为后世提供参证的重要原因。黄彭年在纂修光绪《畿辅通志》上所作的历史贡献是值得肯定的。

第三，这部通志在汇聚和保存河北一省的资料上起到了重要的作用。它所引录的资料都谨严地注明出处。无论是上谕诏旨、名臣奏疏，还是各种著述、属县志书，都于每条资料下注明来源。虽然其中有些图籍至今尚能寻求，但就一省资料而言，采择汇集予人便利之功，决不可泯。即如清初京畿地区旗地旗人为害一端为例，从所录上谕章奏中可知顺治时对圈地有"满汉界限分明，疆理各别"（卷二）的建议；康熙时"旗下凶恶人员并庄头等，纵恶恣行，武断乡曲，有司畏威而不敢问，大吏徇隐而不能纠"（卷一）和雍正时"八旗罢黜之废员及不能上进之子弟，与多事不法之家人，往往潜在其中，结交游手好闲之辈，妄行生事；或好勇斗狠，或酗酒赌博，或与百姓争讼告讦，辗转不休，以致风俗日渐浇漓，难以整理"（卷二），这些弊病可一览而得。又从所引录各县志资料即可知各地民情，如满城县"小民勤本业，而一意种植纺绩"（《满城县志》）；广宗县"男力稼穑、女勤任织"（《广宗县志》）；巨鹿县"昔称忮诈推掘，今则急上而力农；昔称弹弦踮蹋，今则纺绩而宵作"（《巨鹿县志》）；献县"妇勤于绩，夏月席门前树荫下，引绚声相应，比户皆然"（《献县志》，以上统见《畿辅通志》卷二四〇）等。又如从职官、选举诸表中可约略借知未入列传有关人物的简历。

第四，这部通志博采众志义例，斟酌损益，择善而从。此《凡例》已有明确记述。惟艺文一门于经史子集外别立方志一类，"凡直隶统部及府厅州县志书无论是否畿辅人所撰，皆编存其目，取便考查"。这使一地文献，收按图索骥之效。这是在纂修志书时注意存志书之目的一种卓识，也以见黄氏的明于流略之学。

正因为光绪志有一定特色，所以在书成后即为时所重；清季又以版毁而由直督陈夔龙再次石印；二十余年后，又以石印本不易多得，而由商务印书馆缩印原本精装八册应世。它的不断重印正说明该志有其一定的需用价值。

四

我国旧志宝藏繁富，据一类统计有八千余种，设再广加搜求，或达万种。旧志整理与利用，清初以来就已比较正规地开始，如顾炎武利用方志资料撰《肇域志》与《天下郡国利病书》、徐乾学之编《天下志书目录》，而重印以广流传也所在多有。解放后，整理旧志工作除以汇编专题为主之外，尚及目录、提要与索引，皆多著有成效。至于重印旧志则因耗费巨而收益难，未能大量进行；但就以刊印《元一统志》、明《顺天府志》以及《天一阁藏明代方志选刊》百余种而论，都为保存文献、利用资料提供了方便。不过所刊种数与旧志总量相衡，重印者为数终究不多，致使原有旧志艰于保存，而研究者又苦于得书之难。特别是一些使用价值高和某些孤本善刻更需有选择、分缓急地加以刊印，以广利用。即如河北方志而言，据知天津市图书馆即藏有四十余种为他馆所未入藏。这些方志虽不尽是海内孤本，至少也是罕见方志。当然，在重印旧志问题上，也尚有些不同的意见，有的认为旧志需经整理方能重印，而目前又缺乏整理力量；有的认为方志的社会需求量不大，重印要考虑经济效益。因而，要想重印旧志，尤其是篇帙大的地方志，既需财力，又需胆识。河北人民出版社在省人民政府支持下能够克服诸种困难，毅然斥资重印篇幅达三百卷之巨的《畿辅通志》，不能不说是方志学界的豪举，也为学术界的研究工作带来福音。我深愿这一个好的开端能产生系列性的反应，如《浙江通志》初稿、《江苏通志稿》以及海内外的孤本稿都将陆续得到梓行，那将对保存文献，推动方志学的研究作出莫大贡献。

一九八四年十月

原载于（光绪）《畿辅通志》 （清）黄彭年主纂 河北人民出版社1985年版

《徐州地方志通考》序

  提要目录一体,肇端于《书序》。前汉向、歆父子,用以整理丘山之藏,提要规模始备,为中国古典目录树立优良体制。后世诸家目录多承此体,中华传统文化赖以保存大略,厥功至伟。宋人晁公武撰《郡斋读书志》、陈振孙撰《直斋书录解题》均以提要精审而著声誉,至膺私家目录双璧之称。清《四库全书总目》更发挥提要目录之功能,于所收典籍,无论著录,抑或存目,皆由名家各撰提要一篇,致使《总目》不仅为备翻检之目录工具,实可称"辨章学术,考镜源流"之学术著述,此《四库全书总目》得以名垂后世、津梁后学之缘由。是以提要目录之撰著当推目录之上乘,而撰提要者更非饱学之士,不克从事。晚近图书目录多以书目为主,而提要目录转少。前者,我曾依提要体制撰《近三百年人物年谱知见录》即不揣愚陋而妄求以提要之体为学人谋利便。今获读赵君明奇所撰《徐州地方志通考》,方一展卷,不仅色喜而深庆此学之不衰,乃尽数日之功,通读一过而颇有所得焉。

  徐州为古今胜地,地方文献颇多积存而苦无专目以备检索。赵君明奇,英年笃学,不慕俗务,不尚空论,而致力于朴实之学,遂经年累月检读徐州及其所属六县市地方存佚文献,每读一书,辄依向、歆遗法,详加考录,撰成提要,积至盈箧,条分类次,汇成一书,题为《徐州地方志通考》,都二十余万言,为徐州地方文献立一纲目,为古典目录增一新作。

  《徐州地方志通考》凡四编:

  上编为《现存地方志书考录》,收徐州市及所属六县志书三十余种,上起有明,下迄民国,按行政体制区为六类,每类之首继承古典目录体制立一小序,概述本府州县建置沿革及地理状况等。各书撰叙录一篇,略述作者、内容、版本诸事。其第七类《新沂市方志史料述略》尤具特色。新沂为新设区划,由周邻各县割划而成，故无旧志，赵君谋储料备征，不仅介绍今新沂四邻各县文献，荟为一编；更成《试论集志》一文，以宋李震《彭门古今集志》及真德秀《星沙集志》为例，详论集志要略，使旧有集志之体重为今用，益以见赵君之善于搜求抉择。

下编为《失传徐州地方志书考证》，共收徐州佚志三十四种，乃撰者自正史及方志艺文志以至各家公私书目中钩沉而得，用力甚勤而用心良苦。撰者曾言："考失传之志，既可知古人之功，亦可明古人之心；既可励今人之志，又可鉴今人之行"，诚哉斯言。

附编为明冯世雍所撰《吕梁洪志》之辑佚本。《吕梁洪志》二至七篇原有明袁褧《金声玉振集》所收节本，而首篇建置与末篇艺文则屏而未录。赵君于节本六篇加以校勘、标点、注释，复自多种史书记载及现实勘察资料辑录而成首尾两篇，为旧志增一全志。

外编为《徐州古籍考查记》，略以年代为序，叙徐州人及有关徐州地区之古籍，虽已越方志范围，但不失为存一方文献之善举，亦为整理地方文献开一新路。

手此四编，徐州地方文献虽篇帙繁多可赖此钩玄纂要之作足使学者得坐收便利于几席之间。赵君明奇，年逾而立而学殖较深，心仪古人而行有创新。积数年之功，成此四编，不特为整理地方文献辟一蹊径，亦为古典目录绽一新范。设学人能如斯苦行，为一地方文献、一领域典籍撰成提要之作，则嘉惠后学免涉翻检之劳。积以岁月，文献宝藏将次第开发，中华文化更将熠熠发光。我治古典目录学有年，与赵君明奇忘年相交，幸能早睹佳著，喜获同心，乃涉笔为序以志彼我之文字因缘云尔。

一九九一年七月上浣于南开大学

原载于《徐州地方志通考》 赵明奇著 中国文史出版社1991年版

《徐州古方志丛书》序

二十多年前，我曾为徐州中年学者赵明奇所撰《徐州地方志通考》一书作序。当时我年近古稀，正从事全国性新方志编写工作的推动，虽有兼顾旧志整理与论述之念，并创建旧志整理相应机构，而行动滞缓，及见赵书，方知世有学人正潜心于地方文献之研究，对旧方志详加整理与考索。我与赵君，虽缘悭一面，而读其所撰，既为赵君研究方志学起步之作贺，又为各地整理旧志树一范本，心有所动，乃欣然为之作序。在这篇序中，我曾对赵君与其所著有所评说云：

> 赵君明奇，英年笃学，不慕俗务，不尚空论，而致力于朴实之学，遂经年累月检读徐州及其所属六县市地方存佚文献。每读一书，辄依向、歆遗法，详加考录，撰成提要，积至盈箧，条分类次，汇成一书，题为《徐州地方志通考》。

其后音问稍疏，仅闻知赵君于世纪之初曾点校刊印（同治）《徐州府志》，约略窥知赵君作此，不过为解剖麻雀，小试牛刀而已，必有待于庖然解牛。果尔，今夏门人徐建华教授又受委托，持赵君《徐州古方志丛书》有关资料来请作序，并称已由中华书局开始影印。其计划之宏伟，令人惊讶，使人叹服。《丛书》规模有8600余页，达千万余字，覆盖徐州一府、六县，共36部传世旧志及31部佚志之考证，体大思精，钦敬之情，油然而生。而赵君行事之艰，尤难尽述。即如寻访底本，因徐州当地仅有三四种，其余三十余种均需求诸异地。传世各志前之导言，非浏览原书一过不能作，而考证佚志更需求诸劳籍，缜密细致，固非一日之功。就我所见，方志领域当世尚无如此大工程可与比拟。十年经营，足见赵君殚精竭虑之艰辛。

"竭泽而渔"每为学人所乐道，而能实行其事者盖鲜，赵君所集，据称于现存已无遗珠，则备此一编，徐州四千余年地方政事、社情可一览无余。旧籍再造工程为国家保护推广珍善本旧籍之文化措施，先贤也早有刊行珍善以保存推广古籍之论述。今赵君此举，固不止步于搜罗、纂集、影印、发行，尚将传世诸志编次，并为每部旧志写一导言，以利便读者。更对31部佚志加以考证，为后学开眼界。赵君之所为，已远超单纯"再造"一端多元，是进一步保护推进古籍之有益善举，天下读书人当致谢赵君之奋力。

时间流逝，无可追寻。而今我年逾九十，有心无力，学术活动，难以从事，而赵君虽登下寿，神清体健，正获取成果之年，出此巨制，令人有后生可畏之叹。甚望赵君以其余年，再接再厉，更创新绩。我当伫立路旁，为之鼓呼。垂暮之年，精力日衰，友朋请序，多被婉拒。顾以赵君所作，一可充实地方文库，二可为全国整理旧志树一典范。率而执笔，略赘数言，虽文乏烂漫，理少诠释，惟以见老人之期盼而已。

是为之序。

二〇一四年春节写于南开大学邃古，行年九十二岁

原载于《徐州古方志丛书》（全十册）　赵明奇主编　中华书局2014年版

（天津）《和平区志》序

　　和平区居天津市之中心，四界与和平、河西、南开诸区相邻，成一不规则四方形。界内机构林立，经济繁兴，里巷交错，人烟稠密，虽名为区，实则一都会也。历年行事，固有例行文献记录，但从无系统地情著述，将使后世文献难征。且自世纪前后，市属各区志书，相继成书问世，惟尚待殿后压卷之作。和平区委与政府领导有鉴于此，毅然决策，组织人员，借鉴前作，广泛搜求资料，精心编纂文字，夜以继日，不辞辛劳，终以三年之功于2004年秋完成百余万字之蓝本，遍征意见，反复修改，将于天津设卫筑城600周年之际问世，既为和平区开创修志首例，更为志林城市区志一类增一佳作。

　　城市区志虽未列入三级修志之列，但我国自上世纪二十年代已于北平、上海等地设区一级机构，一直相沿未变，截至1994年，全国市辖区已有669个，如此庞大行政机构，何得无文献积存？而编修区志之正式机构又早于无锡崇安区成立。第一部城市区志——南京《白下区志》亦于1988年正式问世，至今城市区志问世者已达百余部。面对上述现实，区志确应在志书系列之中有其固定层次。前数年，我曾为此撰《给城市区志一席之地》一文，公开呼吁。今读《和平区志》，益见纂修城市区志之必要。

　　城市区志因面对市区同城的现实，故纂修城市区志较他志为难。历经各地多年探索，始略有所得，如"详今略古，详区略市，该详则详，该略则略"，"要从全面性、系统性和完整性三方面来反映城区的基本面貌"，要"强调内向力（多写区内事），尽量减弱辐射力（少写区外事）"，"与市志保持存小同求大异，以显示区志特色"等等论述，皆为城市区志之纂修树立规范。今读《和平区志》，亦大致得其要领。

　　《和平区志》共28篇124章，另附篇4章，篇章结构合理有序，并以自然环境已具备于市志而略其事，亦以见实事求是之意。其有别于他志而独具地方特色者约为两点：其一，突出地方特色为历来修志之基本要求，《和平区志》综览全区区情，特立《五大道》、《海光寺》、《南市》三专篇，使读者知和平区历史特色之所在。如能将三专篇连缀排次，则特色更为明显。其二，和平区有英、法、美、日诸国窃据之租界，既为民族受辱之创伤遗痕，复可教育激励民众之奋起振兴，是不可以不记其事，乃分章记四国租界之始末，并借体例排次寓褒贬，特设附篇置于卷尾，足以见撰者之睿思。

《和平区志》前无依傍，而搜集资料如此闳富，论述如此条畅，实属难得。从此，和平区情，开卷可得；民众论事，文献足征。若能以此教化民众，更为爱国爱乡增一丰富教材，而天津市城郊各区志书得此而成全璧，是编撰者之功，固不可没也。

和平区为天津首善之区，海内外士商往来频繁，其求知区情者必众，若能将目录与概述等译为外文，则万方来客均得按图索骥，骈集于津门。与时俱进，于此又得一证。我居津七十余年，青少年时期，僦居辖区。今年逾八旬，犹得乐观区志问世。展卷循读，区情历历，不亦快哉！乃应区志办之请，为撰此序。设有不当，尚祈父老见谅为幸！

二〇〇四年初冬写于南开大学邃谷

原载于《和平区志》 天津市和平区地方志编修委员会编著 中华书局2004年版

（天津）《河东区志》序

　　河东区位于天津市区东部，为市区之一，以地处海河之东而得名。自古为盐灶之地。蒙元以来，即在现区境大直沽置司，监管熬盐，复以地理之便，为海、河漕运转输中心；而造酒业亦名驰遐迩，各业随之繁盛，于是大直沽遂成天津最早聚落与城市起源之一。迨进入近代，洋务运动在区内多所兴建，于早期工商诸业颇有催动。改革开放为河东注入莫大活力，各业以突飞猛进的力度、速度从事建设，至今已粗具现代城市之规模。惜格于旧习，城市向无区志之修，遂使编纂新志无文献可稽。盛世无志，又何以记当世功业，更何以传诸后来？1990年秋，《天津通志》编委会毅然决策：十市区可单独修志，河东区主政者闻风而动，于次年即着手筹划，建立机构，拟订篇目；惟以事属草创，难免小有窒碍，略有推延，直至1996年始获全面展开，分头落实。历时两年，以无所依据作始，历经搜集资料、撰写初稿、分纂各篇，至1998年初，进入总纂，又历时近三年，终于完成总纂，先后六易其稿，共得27篇131章，百余万字。至此，河东区之历史与现状，乃有依托，而河东之独立有志，亦以此为嚆矢。

　　一志之纂首在突出地方特点，而河东之堪称特点者，一则大直沽为天津城市发源之一，二则为清季洋务运动在津重点所在，均为他区所不具。修志者有见于斯，乃设大直沽与洋务运动专篇，以示《河东区志》不同于其他区志，此足以见修志者之深娴志体。大直沽为津人所熟知，惟其文献征存则未多搜集，《河东区志》于此竭尽全力，广事搜罗，以历史沿革、海运与酿酒、庙祠、八国联军罪行与反租界斗争、考古发掘、直沽史研究、文献辑录、碑文与诗、传说等九章对大直沽进行全面论述，其中《文献辑录》章自宋、金、元、明正史，方志与《日下旧闻考》专著中，辑录有关资料，似为前此所未见。又《考古发掘》章对遗址遗物考证详明，均与研究大直沽有所裨益。另有《洋务运动》专篇，其立意亦同于

《大直沽》篇。类此专篇之设，则《河东区志》之特色，跃然纸上矣。《河东区志》不仅以专篇显特色，其各专业篇亦多有突出特色之笔。如《卫生》篇突出特色医疗，《体育》篇突出足球之乡等，皆有此立意。

《河东区志》于每篇之首均有"简述"之设，运用述体写作，概该篇全貌、规律与特色，补门类分述之不足，有提纲挈领之效。全志文字悉采顺叙，通畅可读。其于人物，承传统史法遗意，颇采类传之体，如周学熙与周叔弢为叔侄，李耀曾与李学曾为兄弟，皆纳于一传，既省笔墨，更便浏览。卷末附图表、条目、人物索引，以利读者检索，体例可称完备。

编纂志书难，修订志书尤难。《河东区志》之编纂，历时四年，五订篇目，六易其稿。成书百余万言，可谓备尝艰辛。及蓝本提交审定，评审者为求完善，严加吹求，修志诸君耐心听取，择善而从，慎加甄选，复经时数月。焚膏继晷，悉心修订，俾消除谬误，增补缺漏，成前所未有之一代佳志，不只为河东存一区文献，抑且为天津史志增光添采。我既膺区志顾问之聘，责有攸归。而主编郭君复频邀作序，义难坚却，遂叙其编纂缘由，略陈管见蠡测，至祈编纂诸君与读志者有以教我。是为之序。

2000年9月26日写于南开大学寄庐

原载于《河东区志》 天津市河东区地方志编修委员会编著 天津社会科学院出版社2001年版

（天津）《河西区志》序

　　河西区位于天津市东南部，为中心城区之一。以地处海河之西而得名，与和平、南开、西青各区相接壤，居冲要繁剧之地。据文献记载，自唐以来即有人事活动，明初已见村落，清初复为水稻重要产区，有"小江南"之称。清末虽有一隅被德人侵占为租界，而终于1917年收回。河西历经区划更易，乃于1956年始定名为河西。改革开放以来，全区面貌丕变，经济地位日趋重要，是不可以无志以纪其盛。1993年6月乃定议纂修区志，建立机构，组织编修人员达六百余人，全面开展修志工作，进度迅速，于1998年上半年成志，为河西存乡邦文献，为城市区志又增巨制。

　　城市区志能否在志书中独立成类，志界颇有异议，此实为陈说所囿。实则城市区志所植根之"区"，既非临时建制，亦非派出机构。早在本世纪二十年代，上海、北平及南京等城市已相继设区，迄1994年全国市辖区已达669个，是知"区"已为稳定合法之一级建制，为之立志，有何不可！且自八十年代南京《白下区志》之始作，相沿不衰，至今全国城区已有五分之一成书。是城市区志之能独成一类，已为志界所共识，此《河西区志》之纂修又为时势发展之必然趋势。《河西区志》虽动笔较晚而可资借鉴者多，此固之幸事也。

　　《河西区志》分24篇，并有附录。其篇章结构，论述层次均能合乎志体。篇章结构为一志之架构，修志诸君于篇章设计，用力特深，故结构比较合理，为日后纂修奠立初基。全志24篇分述天地人，政经文教，比重恰当。其文化所设五篇占全志五分之一，与经济诸篇相衡，尚无重经济轻文化之弊；城建四篇，突出城市区志之特色，尤以于一般城建论述外，别设旧区改造新区建设专篇，于改造建设中之擘划施行，备载其事，不仅有存史之效，亦可供其他城市借鉴之需；至将建置与自然环境合为一篇，不拘定格，纯从实际出发，盖以建置之资料难以成篇耳！全志各篇标题明确，且图文并茂，极便翻检使用，而所设简述，辞意通达，文字简要，有引导读者进而读志之效。其艺文部分尤见修志者之卓识，为地方文献保存史料，极便于后人之征考，足证当前有人云首批修志不重艺文之为谬说。卷末附录所收杂记、碑文，更合存史之旨。统观全志，不失为城市区志中之佳志。

人物立传，相沿以本籍为主，其客籍建事功于该地者，可适当立传，至域外人士之入传，则尚未之见。《河西区志》于人物传收美国传教士丁家立，论者颇有异意。丁家立之事功是否有入志资格姑置不论，即以外籍人士入志而言，确非传统志体；但陈规非不可破，新体亦当容探索。且晚近外籍华人日增，颇多蜚声于世者。论其国籍，实属域外人士；论其祖籍，则根在中华，是可入抑格于陈规而不入，此固有待于志界人士之商榷探讨。

新编方志动辄百万余言，通读势所难能，检读亦感不易。近年已有于志末编制索引者，为识者所赞许，新志利用率之提高更不待言。《河西区志》于书成之后，念及读者，力任繁剧，为全志编制索引，使新志体制臻于完备。不仅如此，其尤令人惊异者为所增之概述英译之作。前者，我尝于多次审评志书会议上倡导新志应增概述英译，虽颇获赞同，而以兹事较难，尚未见诸实施。今《河西区志》不顾艰难，将概述译为英文，使仰慕中华文化而苦于不娴中文之海外人士亦能因此而窥中华之地情风物，中华文化亦将广被宇外。《河西区志》创始之功，固不可没。

百万巨制，撰著固难，而修订尤难。《河西区志》蓝本经过评审，评论者畅所欲言，提出了不少好的意见。修志诸君，倾心恭听，振笔疾书，唯恐有所遗漏。统修时能择善而从，认真取舍，力求避免谬误遗憾。一志之成，修志者固责有攸归，而审评者万不能以此推诿其责。近人或有言云：志书质量如何，纯为修志者之责，而审评者无与焉。其言似是而实非。窃以为修志者唯恐学识不足，所见有蔽，硬伤错误未能及时发现，致成缺憾，是以敦请专家学者评审把关。即此"把关"二字已明定审稿者之千钧重任，曷容草率？于理于情，凡审评者自当与修志者共济同舟，休戚相关。一旦志书问世，设有错谬，审评者至少在道义上应与修志者共尸其咎。我于《河西区志》亦将以此自矢焉。

一九九八年五月写于南开大学邃谷

原载于《河西区志》　天津市河西区地方志编修委员会编著　天津社会科学院出版社1998年版

（天津）《津南区志》序

　　津南区位于天津市东南部，面对渤海，背靠市区，辐射华北，拱卫京畿，为兵家形胜之地。据考古发掘，其境内之贝壳堤形成于距今3400年前，历经退海成陆、黄河移道、渔盐屯田之经营，遂成经济繁荣之势。区内小站、咸水沽复为国内名镇。改革开放以来，城乡面貌，变化极大，津南在天津郊县中之地位，日趋重要。津南人民之艰苦历程，前此尚无完整著作以传之子孙。津南区主政者，有鉴及斯，遂有编纂区志之议。

　　城市区志在志书中能否独立成类，过去存有异议，或以新编方志工作正在伊始，难以兼顾；或摒城市区志于省市县三级志书之外，此皆非确论。城市区志所植根之区，既非临时建制，亦非派出机构，而是合法之一级建制。我国城市设区始于本世纪二十年代，上海、北平、南京等城市相继设区，相沿未变，截至1994年，全国市辖区已达669个，无疑已为一级稳定建制。城市区志之编纂也于八九十年代兴起，南京《白下区志》为城市区志之始作，继起者纷纷，现已有150余部区志成稿问世，占全国城区之五分之一。城市区志之成果丰硕而编纂体例与方法也大抵完备，其能屹立于志苑，独成一类，已为志界所共识，此《津南区志》之编纂固已为时势发展之必然要举。天津市地方志编委会于编纂城市区志，定策较早，而督促尤勤；各区主政者，尤能热情支持配合，于是，汉沽、塘沽、大港、东丽先后问世，并已获赞誉。《津南区志》借鉴各志，取长补短，不仅可加速进度，且更登层楼，超越前志，任务之艰巨自在意中。此津南修志诸君不得不自我鞭策，力成全志，以无负于志界之期待。

　　《津南区志》自九十年代初策划启动，六易寒暑，终成140余万字之巨制。修志者之辛劳，于此可见。惜其修志前期，人员更易频数而进展较缓。及李君忠诚接长编政，殚思竭虑，倾力擘划，焚膏继晷，身体力行，乃使《津南区志》之编纂工作，步入正规，不经年而志书蓝本告成。其备力搏击之精神，弥足钦佩。展卷翻读，资料可称丰富，凡于修志有关者多加采录，并择其要者，别为《资料溯源》一书，此新修方志处理引用资料所别出心裁的做法。它既示人以本志资料之有来源，为当前处理资料少见之良法；另则于所据资料可善加保存以不没原作者辛劳，足征史德。全志分25编，其篇章结构，论述层次，均能合乎志体。其论述内容亦平实可信。对历史存疑及现状形势，亦能认真考辨分析。唯能见志书之特色者，厥为地方性之突出。

地方志谋突出地方性，自应首先深入研究地情，如萧山之重围垦，青州之重烟草，苏州之重园林，类此皆可冠全国而自具特色者。若此，则津南究以何者为重点？审慎抉择，唯小站三事足称独有而未为全国所雷同或类似者。小站练兵为中国近代军制改革之发源地，清自同治时期以兵驻此，至袁世凯继胡燏棻练兵于小站，组成新建陆军，为北洋军阀集团奠定基础，在近代政治舞台叱咤风云者殆三十余年，为当时各种政治、军事力量所难企及；小站稻米，明清两代精心经营，品种之佳，罕有其比，并以此而蜚声海内外；至于小站"四清"冤案，其案情之扩大化，涉及人员之广，对"四清"运动影响之恶劣，为各地所未有。此三事无小站则难以托足，小站无此三事又何能名噪于世？是以言小站即知津南，言津南而舍小站则难得津南之特色。《津南区志》为此立小站专编，使各事始末，首尾完整，稽往察今，皆有所据。此实修志诸君之卓识，也为后来修志者树一典型。

纂著难，修订更难。《津南区志》之蓝本既交付评审，岸边指点者各抒己见，而见仁见智，歧议甚多。修志诸君，倾心恭听，振笔疾书，唯恐有所遗漏；若即就此逐条照改，则不仅难以措手，亦将使原有体系有紊乱之虞，志亦将不志矣。我虽参与审评，于全志亦不过粗读一过，远不如修志者之昕夕磨砺，即使偶有所见，亦仅得一麟半爪，有小补而无大益；且评审人之间，意见亦未必一致。是以建言修志诸君，听取意见，理应虚怀若谷；而修订全志时则当自有主张，择善而从，取舍由己，力求避免牵一发而动全身之弊。梳理意见既竟，即当以较快速度全盘考虑，统一修订，使《津南区志》更臻于至善，为志林增一佳志，为津南修志放一异彩，我于此有厚望焉！是为之序。

一九九八年三月写于南开大学邃谷

原载于《津南区志》 天津市津南区地方志编修委员会编著 天津社会科学院出版社1999年版

《蓟县志》序

蓟县为历史文化名城。自春秋以来即设县置州，世代相沿。境内遍布名胜古迹如独乐晨钟，三盘暮雨以及黄崖雄关，不仅为旧志所盛道，且于今日津门十景中独居其三，而盘山景物尤胜，山秀石怪，林深路奇，洵不愧京东第一山之称，以致清乾隆帝触景而发"早知有盘山，何必下江南"之情。

山川灵秀钟毓，古往今来蓟县儿女，各瘁心力，为故土争光添彩。白莲教、义和团之反封建、反侵略固足彪炳史册，而抗日战争、解放战争所建勋业尤为辉煌。类此地灵人杰，势将凝聚于笔墨而载于一方之志。此蓟县修志源远流长之缘由。蓟县修志自明以来先后有州志、县志、山志、园林志殆十数种。志业不可谓不盛。

建国以来，修志事业曾先后三兴其事，而80年代举国修志，尤称盛举。是时，主事者为推动修志，颇汲汲于作育人才，乃委我奔走其事，遂于1983年在苏州、武汉、太原及天津相继举办培训班四期，而天津则于1983年11月开班于蓟县。华北、西北、东北各地修志人员负笈来学者近二百人，虽历时仅两周，但方志与方志学之基本知识及修志条例已粗得其要。结业后散走四方，而三北志事乃大兴，是蓟县复为北方新志事业之策源地，从而促进蓟县新志之编修。

山川人文不可以无记，而为无负三北修志策源地之盛名，更不可以不修新志。1985年，蓟县当轴决策修志，并以李福兴同志总司其事。凡组织人员、搜集资料、拟定纲目、纂修初稿以及人力、物力之周章，福兴同志无不亲与其事而备著辛劳；共事诸君郭新纪、赵学海等同志亦能坦诚协作，昕夕从公，共襄盛业。《蓟县志》历时五年，至1990年6月，成初稿百余万字，于是名城名志，蓟县之政治、经济、军事、文化以及社会、人物毕具于一编。今后为政者有所借鉴，而地方之文献足征。

我谬膺《蓟县志》顾问之选，自定纲立目至纂成草稿，往返商榷者屡屡，深知成书之维艰。今乐观厥成，欣然色喜。书成众手，瑕疵自所难免，历经审订，当可跻于前列，固无需再加雌黄；顾随读全稿，于新志之编修，联翩浮想，颇有不能已于言者。

新编志书之役，计今四十年，前三十年成效甚微，而近十年则蓬勃腾飞，硕果累累，迄今县志成书问世者已三百余种，其接踵而至者为数尤多。核其所以能疏阻塞、达通途者，诚与主政者之支持有关。志书之成，学术权威仅有助于内容之质量，而行政权威则为志书成败之所系。《蓟县志》始终其事者为资深领导，历届主政者多予竭力支持，而志事之进展遂获顺利。其他各地修志亦多类此。

修志非一朝一夕之功，其成书时之主政者往往被摈于新志下限之外，业绩事功不载志册，而成书问世又在在希求支持，主编者颇有难于措置之憾。此《蓟县志》所以于1985年断限之外，别立《1986—1990年蓟县经济和社会发展纪略》一篇，虽有迁就现实之嫌，但于志书之底成，大有裨益。此既可免下限一延再延，以致牵一发而动全身，又可增补下限后之内容，使志书更趋完备。此未始非权变之措施。

地方志书以资料为依据，似已为方志界所共识，而所谓述而不论乃指不以秉笔者主观意志强作评论，而仍应立足资料，加以分析研究，去伪存真，综合论述，俾读者于叙事中得完整概念；否则或汇集资料，纂成长编；或类次排比，宛若簿册，则有失志书信今传后之主旨。世有谓志无褒贬，实为皮相之论，而未识志书记事之真谛。

志书当力求文字简炼，篇帙适中，若文字冗长，动辄一二百万言，无论人力、物力之虚耗，即读者亦有难以卒读之感，徒失志书备参之效能。但当前志书篇帙，日趋膨胀，我曾多次论及志书良窳，在质量而不在数量。衡以当世所需，百万字足矣，而人微言轻，未能奏效。此又不得不再次呼请修志者珍惜笔墨以造福读者。

为山九仞，功在一篑。一志之良，端在总纂定稿之得力。成稿之后，历经审订，每每众口异辞，要在择善而从。总纂既能虚怀若谷，勇于割爱，又能思虑周详，自有主张，于指导思想、资料基础、叙事论述及语言文字四大端严加比量，精雕细刻，如琢如磨，则良志之信今传后可待，亦无负于数年修纂之劳。

　　我读《蓟县志》蓝本既竟，触景生情，思绪纷繁，随笔札录，权当一得之愚。适《蓟县志》主编邀我作序，乃濡笔记其遐思，固非拘于一志，或可备后来者采择。言鲁语直，祈知者谅其老悖！

一九九一年三月于邃谷

　　原载于《蓟县志》　蓟县志编修委员会编著　南开大学出版社、天津社会科学院出版社1991年版

（静海）《台头镇志》序

《台头镇志》的编者邢维刚先生从事志事多年，历参《天津市志》、《静海县志》的编写，相识有年，极见学识。近又就静海县台头镇之聘，主编镇志。接事之后，倾其历年编志经验，发其厚积学识，孜孜矻矻，终成一五十余万字之镇志。邢君之辛劳，于兹可见。丁亥秋日，维刚携志稿来舍，请为之序，遂获通读全稿，随手札录所感，略贡愚者一得。

镇志虽未入当前三级修志之列，但其源远而流长，固为未可忽视之地方文献征存。镇志之起，源于宋代，今残存之宋人常棠所撰《澉水志》，即为浙江海盐之一镇。明清时期，数量极多，如《乌青镇志》、《黎里志》、《颜神镇志》、《北湖小志》、《甘棠小志》等等。当代新编方志之际，各地所编镇志，亦为数可观，如浙江萧山之《长河镇志》、江苏之《震泽镇志》、山西之《南垴镇志》皆为内容丰富、资料翔实之作，为研究了解社会最基层之地情资料。今又得天津静海之《台头镇志》，更为新编镇志增一新枝。

概述为新编方志时之创意，历来多有异例，或大笔勾勒，或撮其指要，或排叙篇章，不尽相同，而《台头镇志》则自出机杼，别立一体。能独立于志书之外，不受志书正文拘束，文不过三千余字，而台头一镇之历史、地理、政情、民俗、人物等，无不备具，既可合志书为一体，复能独立成文，俾读者仅读概述亦可知台头之概貌，实为作者之独特笔法，为后来者立一新例。

修志最重地方特色，作者以"鱼米之乡"、"西瓜之乡"及"北昆之乡"为台头之特点。言鱼米，则有优于小站稻之水稻精品，又能利用水乡优势，治鱼为天下先；言西瓜，则质地优良，独称品牌；言北昆，则台头为北昆发祥，既有名伶称雄菊坛，而内廷供奉又不乏其人。有此三者，台头一镇之优势，跃然纸上，而为人所艳羡。

人物为志书灵魂，苟无人物，则志书见物不见人，犹如枯木一堆，而有人物则全书灵活，富有生气，可借以窥知历史车轮之转动及社会之变迁，是以历来修志皆有人物之传记，惟向沿生人不录之常规，致当代人物事功，往往被摒于志外。近年稍有突破，而若邢君之明确其事，订入凡例者，尚不多见。观其所撰各传，亦多首尾完整，事实详明，既传乡贤，又育后来，颇具教化之功。惟"党员干部事略"独成一节，何如融入群众各节，以示党群合一之至意。其事迹欠详者又立人名诸表，可称周全。至于作者个人传记，亦以置于编后为宜。

志书最大功能之一，为保存地方文献。《台头镇志》特留意于此，其十八章至二十二章所述，无论文字或口碑，均有保存文献之意义。即如"大事记略"一章，对当地重大事件，均以纪事本末之体，详加论述，既能有提纲挈领之效，亦能有大事记要之作用。其"镇中之最"以人、事、物分类，条理清楚，情趣益然。一镇之突出点，一览无遗，为志书增无穷兴味。

《台头镇志》为一体制更新，图文并茂，文字可读之力作，于当今新编镇志中自具特色。其创意尚有若干，未遑尽述，仅举数例以明作者之业绩。尚望作者百尺竿头，更上层楼，为新志伟业，发挥余热，我于此有厚望焉。是为之序！

二〇〇七年国庆前夕写于南开大学邃谷

原载于《台头镇志》　台头镇志编修委员会　中国国际美术出版社2008年版

《浙江图书馆志》序

一

19世纪末，戊戌变法时期维新派在探索国家富强道路的过程中，认识到图书馆对进行社会教育的重要作用，曾积极倡议建立向公众开放的西方式图书馆。维新人物汪康年认为："今日振兴之策，首在育人才。育人才必能新学术，新学术必改科举、设学堂、建藏书楼。"（汪康年：《论中国富强宜筹富强之法》）孙家鼐也认为："泰西教育人才之道，计有三事：曰学校、曰新闻报馆、曰图书馆。"（孙家鼐：《官书局开设缘由》）因而当时在广设学会、学堂、报馆和译书机构的同时，大都附设了收集中外图书，并对外开放的藏书机构。这些藏书机构虽然随着戊戌变法的失败而关闭，但是这种建立新式图书馆的思想却影响深远。1900年，浙江杭州郡绅邵章等首设杭州藏书楼于杭州菜市桥东城讲舍旧址。1903年，绍兴名流徐树兰父子将私人藏书经过整理和扩充，成立古越藏书楼，对外开放；同年，经浙江省政、教官员奏准，将杭州藏书楼扩充改建为浙江藏书楼，为地方建立向新式图书馆过渡藏书机构的首创。它开始了民间藏书楼向近代图书馆的过渡。

这些公共藏书楼的宗旨是"以备阖邦人士之观摩，以为府县学堂之辅翼"（徐树兰：《为捐建绍郡古越藏书楼恳请奏咨》）。它不仅收藏书籍，还收藏报刊。这类藏书楼虽不具图书馆的名称，但已反映新式公共图书馆的特性。这类藏书楼已是从旧的藏书楼向新式图书馆演变的过渡形式。中国近代公共图书馆的出现已是指日可待了。

20世纪初，清政府为了缓和当时的社会矛盾，朝野上下，侈谈新政，于1901年在西安宣布"变法"，在文化教育方面的重要内容是兴办学堂。但随之而来的是学生对图书的要求。山东巡抚袁树勋有鉴及此，奏请创设图书馆。他说："自学务改良以来，虽日渐开通，而学术究未精粹，良以殷殷向学者寒士为多，宏篇巨册，购置为难。教授既有专书，参考尤资群籍，是图书馆之设，诚为必不可缓之需。"1909年，清政府颁布图书馆章程，并定第二年各省一律开办图书馆。浙江藏书楼得风气之先，于1909年7月即改建为浙江图书馆，为今浙江省图书馆之前身。

二

浙江图书馆从1900年创建杭州图书馆起，至今足足经过了整整百年。它走过了一条艰辛、困顿、流离、重建、发展、前进的漫长之路，对国家、民族做出了保存文献，启迪民智的重要贡献，为我国近代图书馆事业起到了示范与推动作用。

浙江图书馆是一个非常注重馆藏的馆，1902年，当杭州藏书楼正式开办时，就有藏书9499册，并编有《杭州藏书楼书目》，至1907年，入藏图书已达3.5万册，比初创时增约2.5倍。1911年1月（宣统二年十二月），浙江藏书楼改称为"浙江全省图书馆"。7月间（宣统三年六月），文澜阁所藏《四库全书》及其他阁藏图书拨由浙馆庋藏，为浙馆的发展奠定了坚实的基础。民国以来，馆藏在不断发展充实，特别是从1915年到1926年的十二年的过程中，对文澜阁《四库全书》的征购、补抄、补校工作尽了最大的努力，使全书大体恢复原貌，对保存中国近代以前的传统文献有很大的贡献。30年代初，浙馆藏书已达24万余册，成为当时具有相当规模的省级公共图书馆。至抗战前夕，馆藏已逾30万册。中经八年抗战，搬迁流离，图书颇有散失。虽经全馆人员搜求、采购，终因时局动荡，增长不多。

1949年全国解放，进入社会主义建设时期，浙江图书馆也在大好形势下，得到相应的发展。藏书量从1949年的34万余册，发展到1960年的101万余册，而在"文革"前夕的1965年已达124万余册，发展速度不可谓不快。虽在"文革"期间遭到严重破坏，但在"四人帮"覆灭后，藏书量得到迅速回升和发展。1978年馆藏图书量即达227万余册，直至2000年，假改革开放东风，藏书近400万册，可称藏书量较大的省级图书馆之一。

浙江图书馆在其百年的历程中，随着不同时期的要求，在各方面颇多建树，如馆舍的扩建，当杭州藏书楼之初建，不过就一讲舍旧址一隅之地，历经修茸扩充，多有改观，至今已拥有馆舍四处，总建筑面积4.5万平方米，增长奚止百倍。现代化设备也在不断添置，力求适应社会需求。社会服务的涵盖面也在日趋扩大，读者借书证数已达8万余张。他如出版有关书籍、采购之求其精审、编目之纳入标准化等等举措，无不日新月异，精益求精，使浙江图书馆成为一座蜚声海内外的著名图书馆。

三

有名馆必有名志，有名志方传名馆。浙江图书馆主政者有鉴及此，而适逢首批纂修方志事业大兴之时会，乃于1995年定议，开始编修《浙江图书馆志》，历时五年，数经修订，成稿30万字。此为一馆独立修志之始，其首创精神实堪钦佩。

馆志虽篇幅不大，但志体完善。卷首有大事记，为全志之纲；正文共分十章，自概述至文献辑存，历述机构、馆舍、设备、藏书、读者服务、研究出版以及人物传略等。全馆百年行事，几已尽收志中。手此一编，浙江图书馆之面貌当可得其概矣。我籍隶浙江，又服务图书馆界多年，时思有所效力。今浙馆馆长程小澜、王效良邀为馆志做序，情切桑梓，谊难推辞，乃濡笔为序，幸贤哲垂察焉。

原载于《浙江图书馆志》 浙江图书馆志编纂委员会编 中华书局2000年版

《萧山县志》序

一

萧山修志，始于明初，直至民国建立，前后凡十数修。民国二十四年刊《萧山县志稿》纂者杨士龙氏曾在其再跋中概括其事说："萧有邑志，宋元以来，不详载籍。明永乐间，知县张崇奉敕重订志书，观其序言，前先专书，所谓旧志者，郡志而已（见康熙志遗文门）。厥后，宣德、弘治、正德、嘉靖，凡数修辑。远者六十余年，近者仅十余年。明代修订，可谓綦勤。清踵明后，仅康乾间，一再修之。厥后，历嘉、道、咸、同、光、宣百五十余年，竟阒然焉。"

自明永乐之始修至清乾隆之成书，历时近三百年而修志达十余次，足以见萧山地方重视修志的传统。可惜乾隆以后一百五十余年，其事没没。民国初建，重有修志之议，前后垂二十余年，方有民国二十四年《萧山县志稿》的问世，历程不可谓不艰辛。继之，乃有先祖裕恂先生于一九四八年艰苦卓绝独力完成《萧山县志稿》十四卷、志余一卷，为旧志之殿。建国后，百事待举，修志工作自当循次而兴。近年以来，四海安谧，政通人和，值盛世修志之会，中国共产党萧山县委及政府烛见修志工作意义之大，毅然定策，拨付专款，调集专材，广搜博采，殚精竭虑，尽五年之功，八订纲目，三易志稿，终于在一九八六年夏完成了《萧山县志》全稿近百万字。从此，一方乡风，展卷可得；鉴往知来，为政者将有所咨考。

二

《萧山县志》是当前修志工作中所涌现的重要成果之一。其业之宏，其功之勤，其效之著，自有志在，不待赘言。若进而言之，这部志书基本上达到指导思想正确，论据充实可信，时代特点突出，地方色彩浓郁，篇目设计合理和文字通畅可读等等新编方志的要求。其超越历来旧志处显然可见。

旧志之修大多由主县政者邀集地方士绅文人，仓卒从事。或计日程功，不顾质量，或迁延岁月，时辍时兴。今志之修则大不然。始有县委与政府认真研究，广征博咨，订立规划；继则广集人才，专业从事；终而从本县实际出发，以实事求是精神，上承前志精华，下聚各方卓见，制纲订目，分口撰写，汇集总纂；复经专人分编，主笔统摄，反三复四，而后完成草稿，即印发各方征求意见，再加审读修订，方提出评审稿。虽时日略延，而敬事慎行的精神保证了新志编修的良好基础。

旧志连篇累牍记及职官、名胜、人物、艺文，而于经济少所涉及。远者如明清两朝八部《渭南县志》仅有食货一门，篇幅甚少；近者如民国二十四年刊《萧山县志稿》三十三卷，人物占十四卷，几近二分之一，而经济仅有四卷，为十分之一略强；因之，一代面貌难以再现。今修县志则增益大量经济内容，即以其大事记而论，建国以来共记400条，而经济大事为146条。经济专篇也较多，而萧邑地处钱江之滨，围垦已成经济要务，新志乃特立专篇。它如乡镇企业、引进开发诸端也莫不标列条举。其意义当与宋范成大《吴郡志》专立园林相比美，使《萧山县志》具有时代和地方的特点。

旧志体例率多因袭，或续前志所缺，或补旧志不足，即成新编，其篇目内容纵有增损也大体相沿。今修县志非续非补，实为创编，上承旧志精华，于篇目取材多所创新，如以大编既难突出重点，又不易概括得宜，乃采小编体制，使问题集中而无畸轻畸重之弊。今志于志首冠以概述，总述全志，钩玄纂要，使一编在览，纵然未读全志，而全县情况，大体了然，此为前志所少见。大事记虽旧志间有，但今志则采编年与纪事本末相结合形式，既能纵贯古今，又能首尾完备，推陈出新，为全志的纲要。它如专志及人物传，都独具匠心，各赋特色。类此均足以见修志者经营的苦心。

旧志成书，或为速求声名，未经详审而草率付印，匆促问世；或以县主易任，集事维艰而束诸高阁，以待后来。其能集硕彦英才，切磋琢磨，务求其精而后付诸枣梨者所见盖鲜。今志之修不仅定稿过程中敬慎其事，即定稿后，犹广邀各方人士来萧集议，其中既有各方面专家学者，又有邻右各县修志者，自理论至实际，自大要至细节，反复商讨推敲，各贡所见，力求确当，甚者如地理篇之涉及专门学术，则有关学者不辞辛劳，亲操笔墨为之删订；各县修志者更能鉴其甘苦，补缺纠缪；主笔于此，既虚怀若谷，倾听意见，复自有主张，知所抉择。众志成城，终纂佳志，为新编县志增一异葩。

三

萧山是我的故乡，而先祖又为最后一部旧志撰者。情切桑梓，固念兹难忘；而克绳祖武，尤感仔肩沉重。所以自县志纂修之始，我即奉故乡之召，于一九八二年六月回县与修志人员交谈修志的若干问题。离乡几近四十年，自然有"少小离家老大回"的万千思绪，虽乡音无改，但时光催人，鬓毛非衰，已呈苍苍。故乡巨变既激励我奋发，而先祖于艰难恶劣年代，以烟纸写志，独力成稿六十万字的精神，更加重我于修志一事义不容辞的责任感，因而遂受县志顾问之聘。数年经历，我贡献不大而受益良多。深感今志之成，当归因于县领导的重视，修志人员的努力，行业部门的合作，各地的支援等等。尤可贵者为一九八六年初夏的评稿会，既有方志工作各级领导人员，又有各方面专家、同行，济济一堂，共商志事，畅所欲言，各抒己见，受惠者已非萧山一志。县委及政府领导不仅严格要求，集思广益，精益求精，更不惜斥资出版，庶无负父老期望，尤愿为全国修志工作起推动作用。

《萧山县志》是一部有特色、有成就的新县志。它的出版将为新县志武库增一瑰宝。我以躬与其盛而深感幸运。缅怀先祖之艰难，不禁泫然，而乐观新志之纂成，又无任欢忻。我籍隶萧山，自当引为自豪。愿故乡青山绿水钟灵毓秀，愿故乡父老接受游子莼鲈之思的情谊。

一九八六年六月于南开大学北村邃谷

原载于《萧山县志》　萧山县志编纂委员会编　浙江人民出版社1987年版

《萧山市志》序

　　《萧山市志》是继1987年版《萧山县志》之后第二轮修志中的市区志。这部志书是全体修志人员历经多年辛劳，广搜资料，精心编撰的呕心沥血之作。在修志过程中，我曾多次与修志人员接触，了解一些修志情况。近又获读《萧山市志》第一卷试印本，深感此志非一般著述，是具有科学性、真实性，且资料丰富、内容充实的创意之作。我为家乡能成此佳志而备感自豪。

　　此志在体制上不墨守成规而随着时代前进，新建若干篇目，用以反映现实。各编设置颇有新意，如第一编《跨湖桥文化》，追寻远古文化，且有实物可证，不仅为萧山历史上推8000年，亦为中华文化增加辉煌。有不少编章皆能与时俱进，反映新事物。如第四编《环境保护》，历数环境质量、污染源、监测、污染治理、管理及生态保护等内容，为前此诸志所未载，具有时代创意。第六编《人口》单立第四章《素质》，讲述精神文明，颇具新意，体现了两手抓的要求。第七编《居民生活》详细记录人民的各种消费，符合以人为本的基本国策。所调查各类资料极为详尽，将成为重要史源。第十一编《农村　农民　农业》具体剖析了国家"三农"政策的落实情况，提供了解决"三农"问题的例证。又如第三编专立《钱江潮》一章以体现地方特色。第九编首立《航空》一章以体现航路在萧山交通中的重要地位。类此均取得新人耳目的效果。

　　本志最引我注意的是改脚注为边注，在形式上为他志所未用而颇便读者，随读正文，随参阅注释，不仅在版式上益增美感，在内容上尤令人重视，因所有边注并不是仅限于注解和出处。这些边注首先体现全志的科学性，如注考异、存疑、互见、文献根据等皆足以为证。同时，注文谨严，对术语界定很准确，且完备易懂。

　　第二轮修志与首轮修志的最大差异，就是第二轮修志注重科学发展观，重视调查研究。全志处处可见调查报告，如《1987—2003年萧山农田害鼠种群动态调查》不仅是具有说服力的附录，甚而还是一篇可备有关部门采取措施的科学依据。第三篇第一章《地质　矿藏》对岩石、构造及主要山岭等，均非沿袭陈旧，而是经过调查后所得。又第七章《动植物》所列中文拉丁文对照的名目表，都据动植物志，科学性甚强。其他例证多处可见。

附录多为补正文之不足，或为降格记述，含有贬意，而本志各附录均为经调查研究、综合分析、统计所得的资料汇辑。如第七编第二章第二节所附《萧山城厢镇某居民家庭的日常消费》，分年排日，具体记述，不仅可见居民生活状况，亦对物价的具体变化有参考价值。第十一编第六章《农民》所附《北干街道兴议村外来务工人员情况调查》，是2006年调查所得，对外来工的基本情况、居住情况、产生的作用、带来的负面影响以及消除负面影响的对策等，记述详尽，分析深入，是一篇实事求是的调查报告，不仅有事实可据，还有对策措施，可供施政者参考。以外来工入志，不单是记述上的首创，特别体现出对外来务工人员的重视。

读志既竟，常务副主编沈君迪云来邀作序。我籍隶萧山，又长期参与其事，义不容辞。乃就所得，略缀数语，以作弁首。所言有欠当之处，尚希编者见谅，是为之序。

二〇〇九年十月十二日写于南开大学邃谷

原载于《萧山市志》　杭州市萧山区人民政府地方志办公室编著　浙江人民出版社2013年版

《萧山县志稿》说明

《萧山县志稿》是先祖来裕恂先生著述的一种。

先祖来裕恂先生字雨生，号匏园。清同治十三年四月十一日（一八七三年五月八日)生于浙江省萧山县长河乡旧宅。弟兄五人，先祖雁次行三。

先祖少攻经史诸子，年十八，肄业于杭州西湖诂经精舍，得清末经学大师曲园俞樾先生青睐，赞誉为"颇通许郑之学"。当时曲园老人已年逾古稀，犹吟诵不绝，时与诸生称道先祖诗才，认为由于先祖对诗"乐此不疲"，而使老人能"歌咏湖山，不虞岑寂"（《匏园诗集》俞樾序），给予了颇高的评价。

光绪十八年，先祖方二十岁，就一面自杭州崇文、紫阳二书院以窗课博膏火之资；一面设帐授徒为稻粱之谋。光绪二十五年，主宗文义塾智斋教务二年。二十七年，应浙江大学前身求是书院聘任教职。二十九年，先祖年三十一岁，因受新思潮影响，乃典衣举债,东渡扶桑，入弘文书院师范科，并考察日本各类学校的教育状况。次年应聘主横滨中华学校教务，同年归国，值光复会成立，先祖以学识受知蔡元培氏而加盟入会。

民国肇建，先祖接任县教育科长。次年，应邀入浙江省长屈映光幕，不久辞去。民国三年春，北游京师。居数月南归，家居著述。次年任萧山县志馆分纂，参与编修民国《萧山县志》。民国八年，先祖在杭州甲种女子职业学堂执教。十二年，任教葫芦岛航警学校。十六年，先祖以友人浙江民政厅长马叙伦氏征荐，出任浙江绍兴县知县，以不善敛财，任职仅六月，愤而去官，在杭州、萧山等地从事教育工作。民国二十三年，先祖应聘任上海大同大学国学教授。抗战时期居乡，拒任伪职，在宗祠以教蒙童维生。抗战胜利后，应旧友沈鸿烈之邀，受浙江省政府咨议名誉职，而实职则在萧山县志馆任编纂。

解放后，先祖以故交沈钧儒、马叙伦诸氏推荐，被聘任浙江省文史馆馆员。

一九五八年当选为萧山县第三届人民代表,一九五九年任萧山县政协常委。一九六二年七月,先祖以高年无疾而终于故里,享年九十岁。

先祖是清末较早接受新思潮,由封建知识分子转化为具有浓厚爱国思想的资产阶级知识分子之一。他的名著《汉文典》系留日时愤日人所撰类似著作"非徒浅近,抑多讹舛",归国后即潜心创撰,越年书成,由商务印书馆刊印行世。在他的《匏园诗集》各卷中,任加翻检都可读到具有爱国诗情的篇什,如反对帝国主义侵略的有卷六《倭寇行》的指斥日帝侵略,《游江北岸》的抨击英国侵华,卷十四《总税务司加宫衔》的反对英国侵略分子赫德;赞成变法的有卷十《读公车上书》的颂扬康有为是"伟哉南海有人豪,联合公车情允洽。"《八月十三日六君子成仁,仿老杜七歌以弔之》不仅哀痛变法者的流血,更大胆直斥慈禧是"牝鸡司晨失妇德"。同情革命的有卷十五《为苏报案章炳麟、邹容下狱,乃醵以周之,延徐紫峰为被告律师翻译,赴会审公堂旁听,归而放歌》一诗,揭示了苏报案的实质是"痛言论之不自由兮,横遭祸殃。"以章邹的入狱为"因文字而获罪兮,大道晦盲。"卷十九《闻皖省之变》与《六月六日闻秋瑾就义》二诗的悼念徐锡麟与秋瑾。卷二三的《武昌起义》高歌"霹雳一声惊破胆,楚江风雨天昏暗,……从今收拾旧山河,赤壁功成奏凯歌。"他如卷十一《猛虎行》的刺贪官,《读扬州十日记》的抨击清兵残暴等等。这些诗篇反映了先祖随着时代前进的可贵思想。当然,诗集也存在着封建主义思想的烙印。

先祖一生潜研经史诸子,兼擅诗文骈俪,著述宏富,而散失太半,仅就所知有:

(一)《汉文典》七卷 光绪三十二年商务印书馆印本 分文字典三卷、文章典四卷。

(二)《匏园诗集》三十六卷(十二册) 民国十三年家印本 按年分卷:起己丑,止甲子(1889—1924),历时三十六年 共收古今体诗二千四百首。

(三)《萧山县志稿》十四卷、《志余》一卷 稿本 浙江省图书馆藏。

(四)《萧山人物志》 未刊稿 杭州市图书馆藏。

(五)《杭州玉皇山志》二十卷(八册) 杭州市图书馆藏稿本 1985年石印本。

(六)《春秋通义》 未刊稿 见《匏园诗集》卷二一诗题《著春秋通义成赋此》。

(七)《文学史》 未刊稿 见《匏园诗集》卷十七诗题《暑日,予著文学史，内子尝伴予至夜分或达旦》。

（八）《中国通史》　未刊稿　见《匏园诗集》卷二二诗题《著中国通史成系诗于后》。

（九）《姓氏源流考》二卷　残稿本　家藏。

其它尚有多种，不备录。

《萧山县志稿》是先祖众多著述中有关乡邦文献的撰述，纂于1948年。是时，先祖已复任萧山县修志馆编纂，但以形势动荡，地方政权杌陧不安，志馆形同虚设，先祖因事关桑梓文献，乃就前志基础，毅然独力进行，惨淡经营，而经费无着。家父与我虽月奉菽水之养，亦仅敷日用，难供写作之需，先祖复不向当道进言干求。值纸张有所不继，则以杭城皮丝烟店"宓大昌"包烟纸书写，终于以一手纂成《萧山县志稿》十四卷，附《志余》一卷，约七十余万字，为萧山旧修县志之最后一种。其艰苦卓绝之精神，昭示后来，弥足钦敬；而子孙读之更不禁怵然，益以励自求奋进之心。今新编《萧山县志》先祖本传中特志其事以彰先祖征文考献之劳。

《萧山县志稿》乃先祖在民国二十四年刊本《萧山县志稿》基础上删繁补略，斟酌体例重加编纂而成，凡十四卷，附志余一卷。先祖于纂辑之初曾手订凡例十八例，论修志体例綦详，颇具新意，如以"不悖古，不戾今"为宗旨，总括历来萧志体例，论其得失，有兴有革，以为纂志依归。其论"田赋则隶于赋税，役政则隶于户籍"，军事、疆域分列二志；艺文所收"以文字有关于文献掌故乃国家地方之有切实考证者"诸例，皆独具新意，于今之修志工作不无参考价值。先祖曾于生前抄示此凡例及篇目初稿，我敬谨珍藏书箧多年，现附录稿末以备参考。现稿前凡例则为先祖所拟凡例第二稿。

《萧山县志稿》纂成后，原藏于家。1963年，先祖逝世，手稿入藏浙江省图书馆。1982年，新修《萧山县志》工作开始，主事者访知此稿，乃倩人就浙馆钞录全稿以备撰修新志参考，更录一副赠我。我敬谨循读，深感先祖在经营、设计、论述，编纂诸方面之敬谨从事；更痛先祖一无资财、二无人力，独力奋搏于艰辛困窘之境。设非热爱故乡，关心文献，则实难坚持成稿。此于当前广集人力物力编修新志工作，容或有策励鼓舞之效。

《萧山县志稿》是萧山建国前县志的殿后之作。它虽为因民国二十四年刊本断限清末而增补民国邑事之续篇；但补缺订讹，已自成体系，惜以无缘问世而久藏名山。我早悉此事，数年以来，奔走呼吁，冀得援手而未果，私衷怏怏，终感内疚；然为一旦有机会出版作好准备，特请南开大学地方文献研究室杨君嘉年清整抄稿，经年告竣。顾录副本颇多讹误缺漏，亟待补正，乃一面以民国二十四年刊本校正，一面又商承浙江省文化厅厅长毛昭晰教授、浙江省图书馆苏尔启馆长及该馆古籍部金东升主任惠允至浙馆与先祖手稿相校订。老友端木留、杨嘉年二君，年逾花甲，亲冒余暑，疾趋杭城，勇承校订之任；内子李贞休致家居，也随往执役，历时仅半月而竣事，订讹补漏者多处，而原稿缺卷尚多，无从补入，乃于目录下注明，至其缺漏原因，以时地阻隔，已难求其详。至原稿中原有人物表，二十四年刊本中已有，且仅录人名，并无事迹，遂由整理者删除，其余文字，概仍其旧。

《萧山县志稿》校勘既定，又苦乏枣梨之资，幸得萧山市领导慨解义囊，关怀资助；天津古籍出版社吴恩扬、孙致中诸君复允为出版。至此沉埋四十年之先人遗稿，乃获流布，庶家祭可告慰于先祖。私衷得尝，不禁色喜，敬志始末如上，并向为志稿尽力诸君谨致谢忱。

> 长孙新夏敬志
> 一九八九年元旦

原载于《萧山县志稿》 来裕恂著 天津古籍出版社1991年版

《萧山县志稿》（民国二十四年本）整理前言

　　萧山为吾浙一大古邑，地滨钱塘，乃贯通浙东西之要衢，交通顺畅，商业繁兴，山水秀丽，物产丰盈，人文荟萃，精英辈出。如此大邑，何得无志以记事乎？稽宋元以来，志事勃兴，据一种统计：两宋时期全国各级志书达六百余种，而以江浙为盛，惜散佚者多，传于今者，不超过三十部，而萧山是否有志，未见载籍。明初萧山事务，始见于郡志，唯尚无单行一志。萧山之独立成志，肇端于明，"宣德、弘治、正德、嘉靖，凡数修辑。远者六十余年，近者仅十余年，明代修订，可谓綦勤"（杨士龙再跋），今所见者有嘉靖林修《萧山县志》六卷（今有胶卷本及抄本）及明万历刘修《萧山县志》六卷（现存残卷）。清继明后，有康熙邹修《萧山县志》二十一卷、刘修《萧山县志》二十一卷及乾隆黄修《萧山县志》四十卷。其后垂百八十余年，未见续修。辛亥鼎革，万象更新。民国三年，县知事彭延庆有鉴于民国肇建，百业待举，诸多事务已非旧志所能及，遂立意邀乡老贤士，创意修志。经略多年，粗成规模，而彭令离任他调，人去政息，成稿束之高阁，渐有散落。迄民国九年，陈氏曾荫来萧主政，重加董理，谋付剞劂，亦未藏事。直至民国二十四年张宗海氏来掌县事，深知志书之要，立意成书，乃整旧稿，"阙者补之，赘者删之，讹误者更正之，错杂者理董之，凡四阅月而稿定，检付手民，刷印成书"（张宗海序），即今之民国二十四年本《萧山县志稿》。上据创意已历二十余年，成事之难，可付一叹！前后主纂者有杨钟羲、姚莹俊、杨士龙诸君子，而乡绅多人亦颇参与其事。其后，先祖来裕恂先生历尽艰辛，于民国三十六年独力纂成《萧山县志稿》（稿本今存浙江图书馆）六十余万字，为萧山旧志殿后之作。

　　上世纪40年代末，政权易手，世多有议修新志者，政府号令各地推行。屡经试修，摸索经验，其间起伏曲折，备尝苦乐。及至80年代，渐入正轨，各地纷出新志。新编《萧山县志》亦于1987年问世，颇著佳誉。不佞籍隶萧山，又心仪先祖修志苦心，义难置身事外，曾受命与其事，并为撰序。随之又有各类专志之编。及萧山改县为市，更有编修《萧山市志》之议。不佞均蒙邀参与。新志日新又新，主事者尊重传统，不忘征文考献，于旧志颇多关注。康、乾二志，年代久远，与时代多隔，独民国二十四年及三十六年所修公私二志，内容充实，乃一时文献积存之所在，亟待整理推行。后先祖遗稿《萧山县志稿》（民国三十六年本）经不佞粗加整理，已于1991年由天津古籍出版社正式印行。而民国二十四年本《萧山县志稿》虽有印本及近年翻印本，但流传不广，先贤苦心孤诣，未得彰显，乡人时以为憾，频以此为念。主政者有鉴于此，决策将其改简横排，重加点校，以适应当前读书习惯而广流传，藉俾民众阅读。

民国二十四年本《萧山县志稿》共三十三卷，分疆域、山川、水利、田赋（上中下）、建置（上下）、古迹、学校（上下）、纪事、官师、选举、人物（卷十四至卷二十七）、琐闻、艺文（卷三十至卷三十三）等，卷首有序、跋、凡例及图等。卷末附旧《萧山县志》各序及《萧山儒学志序》等多篇序跋，其间述旧志沿革綦详。民国二十四年本《萧山县志稿》原本于民国三年所创修旧稿，中经民国九年十一月时任县长陈曾荫之重新整理，惜均未能及时出版。延宕多年，直至民国二十四年张宗海氏出掌斯邑，邑人施凤翔原为彭氏民三创意修志时之首捐乡老，仍健在，力促成书，终经杨士龙诸氏厘正旧稿，补其阙漏，得以付印，为《萧山县志》民国本之第一种，亦为自乾隆修志百八十余年后之新修志书。

民国二十四年本《萧山县志稿》为约百万字之巨制。内容引述丰富，考证翔实可征。全志以大字列纲，小字附注史料依据，斑斑可考。谱前有《志例举凡》十七则，论康、乾旧志得失，评述本志分门理由，均称详尽，更著新意，固非一般地方志书之陈规可比，适以见民初修志之要略。如《艺文》诸卷，矫康熙志之疏及乾隆志之冗，而自立书目、金石、诗文抄三纲要，其诗文抄多有关政教、社情之篇什，为地方文献之一大积存。其他门类之设置与下限之期均有较详诠释，为修志者树一绳墨，为读志者作一先导。其卷末所附旧志诸序，除县令所撰为职任所在外，其余多出名家手笔。如《萧山儒学志序》出明崇祯首辅来宗道之手，他如来集之、任辰旦诸先贤，亦有笔墨留存，而本志编者特著其事称："旧序为全志攸关，故以为殿"，足见民国二十四年本之编修，曾参稽旧志，故所述有所凭借，益以明本志之信而可征也。尤可贵者，明志多佚，今赖卷尾所附旧序，犹得窥原志一二。清康、乾二志，虽今犹存世，设难得原书，仅读其序，亦能得其大概。故存旧序确为编者之卓识，今之修新志者往往附载旧志序跋，实为善举，此不仅可窥前志之大略，亦以见一方文献之不绝如缕。

民国二十四年本《萧山县志稿》论述颇称详明，于事多言其始末，于人则重其事迹，内容充实可信，超越前志，与先祖所撰《萧山县志稿》后先辉映，均为上世纪80年代新编《萧山县志》所凭借。不佞为萧邑子弟，又多年涉足文史，整理推广前贤著述，责有攸归。2007年，主政者终于决定由萧山区志办与南开大学地方文献研究室共同承办，而由迪云与不佞共司其事。不佞学殖疏略，惧难胜任，但乡里子弟，曷敢有违乡老嘱托，唯朝乾夕惕，郑重受命，以报父老殷望而已！虽已臻高年，仍以为桑梓服务为荣，为求点校本早日顺利完成，诚邀潘友林、高鸿钧二先生相助，亦承慨允。历时周年，点校整理就绪，成民国二十四年《萧山县志稿》点校本。妻子焦静宜女士时任南开大学出版社编审，久娴编务，自愿担任责任编辑，为全稿策划版式，编次定稿，即交由南开大学出版社承接出版。多年积愿，终获实现，私衷曷胜欣悦！爰述梗概，以作《前言》，若有错谬不当，悉由不佞承其责，至祈海内外贤达，有以正之为幸。

二〇〇九年中伏写初稿于蓟县黄崖关石炮沟村寄庐
二〇〇九年处暑修改于南开大学邃谷，时年八十七岁

原载于《萧山县志稿》 南开大学地方文献研究室、杭州市萧山区人民政府地方志办公室整理 南开大学出版社2010年版

《萧山地图集》序言

　　我是萧山人，但谋食四方八十年，对故乡的山山水水已经不十分熟悉了。虽经常返乡，但对萧山的认识，不出耳闻目见的范围，从未能够描述故乡的全景。我读过县志，也参与新志的编写，看到过一些新旧志书的插图，但旧法绘图不准确、不科学，难得理要，新图则只见有区域而其他内涵付缺，所能得到的依然是从文字文献中得来的抽象概念，而缺乏具体切实的形象认识。至于以地图来"认识萧山，解读萧山"，更非思虑所及。顷者，浙江省图书馆学会秘书长、旧友袁逸先生推介《萧山地图集》，不禁愕然而惊，如获秘籍。展卷观读，多有难点，加以伏中暑热，进度甚慢。历时半月余方读竟，始得《萧山地图集》之大要。

　　《萧山地图集》是以萧山的天地人各方面情况为基础，运用先进的科学理论与技术，精心编绘制作而融思想性、科学性、艺术性、实用性于一体的综合性地图集。它以地图为主，以文字、图表、照片为辅，如实地记录和描绘萧山的过去、现在和未来，突出了改革开放以来的成就和业绩。

　　全集共分三篇：其一"概述篇"，从区域位置、行政区划、人口、气候、地势、水系、土地利用、围垦、生态、历史等多方面介绍人口、行政和自然资源为主的总体情况。其二"经济社会篇"，从综合经济、农业、工业、第三产业、城市建设、科教文卫和人民生活等七个方面，全方位、多层次地介绍了萧山改革开放以来经济和社会快速跻身于全国前列的历程。其三"区域地理篇"，以地形图为基础，最新的卫星影像数据为补充，对萧山现设的17个镇、11个街道制作了28张地图。又利用卫星影像数据对28个镇与街道中心区制作了影像地图，详细标示了居民地、道路、水系、地貌和主要单位等。

　　手此三篇，萧山地情可一览无余。而其特色，亦显现无遗。论其内容，全面、权威、实用而具有较强现势性，体现了萧山的自然与人文之特点。论其制作，则地图充分展示了现代测绘技术的最新成就，且文字言简意赅，图表、照片均选择恰当，与图文相契合。至若数据综合、地图整饰、版式装帧等，均富有创意。

《萧山地图集》是萧山区历史上第一部用地图语言全面介绍萧山自然资源、经济社会和区域地理的综合性地图集。它不仅为县、区一级编制地图集之先声，亦以当代科学理念和最新技术手段，为恢复方志早期形式——图经传统作范例。1973年湖南马王堆三号墓出土的汉初长沙国深平防区的地形图、驻军图和城邑图，开启了后世修志图文并存的途径。唐宪宗元和八年，《元和郡县图志》撰成，以当时十道所属乡镇为纲，每镇一图一志，分别记载府、州、县的户口、沿革、山川、道里以及开元、元和时的贡赋等项，颇称详备。惜其图于宋时亡佚，而易名为《元和郡县志》。其后方志中文字日增，而地图渐沦入附庸。今当二轮修志之际，何不号召各地，修志著文时，并精绘地图，则新编方志将呈左图右史之妙，更趋科学完备，而超越前志。此或为《萧山地图集》之绘制与撰述者所乐同也。

是为之序！

二〇一一年盛夏于南开大学邃谷

原载于《萧山地图集》 《萧山地图集》编纂委员会 中国地图出版社、测绘出版社2011年版

（桐乡）《洲泉镇志》序

乡镇志在中国方志史上早具一席之地，自宋《澉水志》以来，村镇志之修，不绝如缕，明清两代，尤见兴盛。在新编志书年代，乡镇志虽未列入三级修志体制中，犹不乏相继成书者。即以我所披读者，前者有江苏《盛泽镇志》，浙江《长河镇志》，山西《南垴镇志》、《理家村村志》等等。近年更有江苏苏州的《友新六村志》、浙江慈溪的《坎墩镇志》、山东淄博的《彭家庄志》等，均各有特色，而《洲泉镇志》内容之丰，篇幅之大，当为新编镇志中之翘楚。

洲泉位于浙江桐乡市西部，境内河道纵横，称江南水乡。历代名人辈出，为人文荟萃之地，文化事迹斑斑可考，不愧为具有人文内涵之名镇。该镇有志之士深知追寻记忆，不忘历史之要谛，乃以数年之功，成近百万字之宏篇，为乡土存既往，为后学示典范，实为当今文明建设不可或缺之要务。

《洲泉镇志》之引人注目者在于二注重。一不墨守成规，注重时代新兴事物，在篇目设计上有新篇目、新内容。如第九编《环境与生态》，即记及环境污染、能源消耗、村庄整治和节能降耗等事；第四编《人口》之第四章《人口迁徙和流动》即叙及二十世纪六七十年代，本地知青支援黑龙江、内蒙古等边远地区和本镇接受外来知青插队落户等有关知青问题，反映时代特色，为一般志书所少见。二是注重地方文献之积存，近年来各地修志多已注意文献积存，而《洲泉镇志》于此尤为注重。于《凡例》中特著其事称："一些重要资料、史实须载入志中，而于体例又不便归入上述各编，兹别设第二十三编《洲泉历史资料辑存》。历代洲泉人士著述甚丰，记述洲泉人物生平事迹之典籍、文章多有所见。是为地方文献，具有重要的史料价值，内容繁富，《文化》编中，已难包容，因于《文化》编外，另设第二十四编《文献》。"

《文化》编之设置，各志多有，而另二编则为因地制宜之创意。其《文献》编之《古代书目》节，不只单列书目，而于各书下尚有长短不一的提要，并博采有关作者与典籍之其他著述中资料，如《玉壶清话》、雍正《浙江通志》、《四库全书总目提要》、《崇文总目》、《直斋书录解题》、《郡斋读书志》、《文献通考》……皆有所引录，颇资参证。该编又立《诗文录》专章，收自宋以来序言题跋、墓铭行略、杂记书札及诗词等，足为地方文献所采择。

第二十三编《洲泉历史资料辑存》为编者之又一创意，第一章《古籍中关于洲泉的若干资料》乃自《至元嘉禾志》、雍正《浙江通志》、《明一统志》及《人谱》等多种古籍中爬梳有关洲泉资料，有裨史证。第二章表列日寇侵华时本地伤亡人员及财产损失较详，可借以见日寇之暴行，亦可作对青少年进行爱国主义教育之资料。虽此调查各地均在进行，但完成入志者首见于此。其第五章《岑山村资料汇编》，叙该镇一个村之历史及现状，用解剖麻雀的方法，以见洲泉发展变化之典型。

《洲泉镇志》之篇章设计，基本保持结构合理，容量平衡。经济门类设八编，占全书三分之一，体现以经济为主的时代特点。文化门类设六编，占全书四分之一，但也以见编者无某些志书重经济、轻文化之偏颇。第十五编《军事　民政》编下第一章第四节列举日军侵略洲泉之暴行以及我爱国军民奋起抗日之英勇事迹，既存史实，又寓褒贬，以体例安排见春秋笔法。

志书虽为记事之作，但若仅记事而无人物，则见树不见人，失去精神灵魂，故各志均设人物传，缅怀先贤，教化后昆。《洲泉镇志》立《人物》一编，彰显乡贤志士，激励当代精英，尚称完备。而于流寓人物亦能适当注意，更见卓识。如吕留良为清代文字狱大案中之主要人物，处刑之惨，影响之广，载在文献，虽非本镇籍贯而坟茔在镇区之识村长板桥，难以入人物传，乃于第十九编第一章第一节《文物古迹》中列《吕留良墓》一目，略存事迹，以示文化专制主义之酷；若能修葺其坟茔，立为参观谒拜之景点，可增本镇文化氛围。

综观《洲泉镇志》稿，无论体例、论述，还是资料、文字，均可称是一部能反映该镇历史与现实的地情书，能发挥资政、教化、存史的作用。洲泉镇领导及镇志主编俞尚曦先生为求镇志之更加完善，乃于2008年岁暮，邀约方志界人士，桐乡市、洲泉镇的领导及有关人员，共聚一堂，各倾所见，相互探讨，而编纂人员虚心聆听，继而参酌各种意见，历时数月，重作修订。近将刊行问世，特来请序。既参其事，自当略述大概，为读者先导。《洲泉镇志》其将成为当前村镇志中之佳志，实企待之，是为之序！

二〇〇九年初春写于南开大学邃谷，行年八十七岁

原载于《洲泉镇志》　桐乡市洲泉镇志编纂委员会编　浙江大学出版社2009年版

《平遥县志》序

平遥位居晋中地区，南连介休，北望太原，东临上党，西面黄河，为有二千七百余年建置历史的古城。它最为完整地保存了明清以来的城墙、街道、店铺、民居等历史的遗留，独具特色，为国内所罕见。1986年12月8日，它被国务院公布为国家历史文化名城；时隔十年，它又于1997年12月3日，在意大利的那不勒斯城，由联合国教科文组织正式确定为"世界文化遗产"，列入《世界遗产名录》。这样一座跻身于世界文化遗产之列的中国古城，包含着无数令人歆羡的政治、经济、文化诸多足资自豪的可贵遗产，又怎能不编纂一部内容丰富、全面反映县情的志书？

平遥于编写志书一事具有悠久的历史传统，它自金代首纂《平遥图经》始，至明嘉靖间方有志书之修。万历初年，以嘉靖志颇多阙略，虽经增修，仍未能完善。中经四十余年，至万历四十五年，杨迁谟来长斯邑，见旧志残缺失序，乃集县内文士，以数月之力，成《平遥县志》十二卷，于平遥的沿革始末，户口登耗，田赋增减，风俗淳浇，政治得失，人物臧否等类项大体具备。清初政局粗定，平遥即于康熙十二年有陈以恂、梁雄翔所纂修之《重修平遥县志》二卷，篇章略简。下至康熙四十五年，邑令王绶有鉴于旧志简略，乃邀学者康乃心，共同商榷纂修，记平遥的山川、田赋、文物、风俗，历时七月而成《重修平遥县志》八卷。又经一百七十余年，光绪八年，县令恩端主其事，倩武达材、王舒萼操笔纂成《平遥县志》十二卷。平遥之修志传统，可谓源远流长。自此而后，百年间无增订续补之作。今当盛世，曷可无志以弘扬传统，而昭示海内外以当代平遥之新貌？

平遥历届主政者，有鉴于盛世修志之成规，周爱咨谋，众议金同。于是定策修志，于1980年8月建立机构，广集人才，多方搜求文献、口碑资料，历经周折，终于1989年春拟定纲目，分头撰写，汇通总纂，至1998年前后历时达十八年，终成百五十余万字之新志。从此，名城名志，相得益彰，主政者可借以资治，建设者可引为参证，观光者可得以导游，民众可得其教化，而两千余年古城的史迹亦煌煌载诸新志。修志诸君，备尝艰辛，编纂之功，固不可没！

《平遥县志》的最大特色，在于刻意表述地方特色。平遥特色有二，一为古城历史遗留之丰厚，为世所罕见。不论其古建筑群所保存的明清县城原型，抑或境内文物之星罗棋布，几无一地可与之相比并者，此非特色而何？修志者遂于此施重彩浓墨，不仅于概述中立"文物宝库世界骊珠"专段以突出其事，并于第二十二编中设若干专章，详细记述古遗址、古墓葬、石窟寺、古代建筑、碑刻石雕以及馆藏文物等，读之令人神往不已。平遥特色之二为全国第一家票号"日升昌"之诞生地，其分布全国之分号殆达二十余家，开中国私营金融业之先河，固非其他城市所能企及。修志者笔触所及又于此情有独钟，始于概述立"晋商源地称雄全国"专段；继于第十一编《金融》下设《平遥票号》专章，从各方面分节论述，不啻为中国票号之简史，而为研究中国金融史提供重要参考资料；更于《古代建筑》之《民居店铺》专节中记日升昌店铺之规模，创办人雷履泰住宅之格局，用以见平遥金融地位之最；终而于《人物传》入雷履泰生平事迹，可约略窥知日升昌票号创建之缘由。修志者反复着墨于此，殆使以"汇通天下"著称于世之金融中心，赫然矗立。平遥特点或不止于此，而愚意即举此二点，亦足使未见《平遥县志》之书名而读是志者，亦必喟然而叹曰，此固山西之平遥也。

概述为旧志所鲜见而为新编志书之再创体，其体甚善，既可括一地之盛，复能得一书之要，今编新志，无不有此一篇，虽写法多有不同，而已共识其为此新志构架不可或缺之一重要组成部分。《平遥县志》概述分段标题，立"陶唐故地历史悠久"、"文物宝库世界骊珠"、"晋商源地称雄全国"、"耕织之乡华夏闻名"、"人才辈出代代风流"、"土特名产誉播天下"等六题，言简意赅，文字条畅，为读全志之锁钥。尤堪注意者，即概述之译为英文，于当今新编方志中尚不多觏。此举不仅显示修志者之目光远大，也为域外人士更深认识平遥提供重要阶梯，其意义之深远，固不待言。

断限为编写志书之要事，无断限即无范围，亦无从着手著述。《平遥县志》上限溯事物之发端；下限至1996年底，衡之当前诸新志之下限，此为时距最近者。修志者复于编末列《限外辑要》，补叙1997至1998两年行事，分条记事，使全志成一首尾大体完整之作，既完备政事，又以见当届主政者政绩，得两全之美。修志者之苦心擘划，于此可见！

人物传记为志书之灵魂，人才辈出方见人杰而地灵。《平遥县志》于此搜罗较富，采入古今人物一百二十人，如三国魏之孙资家族，其中资四世孙孙盛尤著声名，所撰《晋阳秋》有"良史"之誉。清雷履泰为中国票号金融之始创者，游宦徐继畬为近代介绍西方史地知识之新人物，所著《瀛寰志略》至今犹为研究西学东渐之名著。他如当代之侯外庐、郝德青、王瑶等皆为海内知名人士。传记于人物评论颇称公允，如康熙时知县王绶以游宦入志立传，传文记其"喜立事功，行政严苛，多兴工程，征收赋税，加耗过重"，甚至有一批乡民入京告状之举，称其为"贪官"。但王绶复捐俸"首倡整修庙堂、殿阁、廊庑、学宫"，并捐银重建城外各村已荒废的义学十处，志书撰者两存其行事，庶不以其过而没其功，堪称史笔。至确定传主以生年为序，而不趋以卒年为序以致颠倒史事之时尚，甚为合乎志体。

综观全志，其规划篇章结构合理，叙事突出地方特点，行文朴实流畅，并能广泛聆听意见，认真修改蓝本，力求完善，更承不远千里，来舍商讨，修志者之虚怀若谷，于此可见。及定稿后，复函请作序，情真意挚，难以推托，乃就所读蓝本，略述所见以为序。苟有失当，至祈修志者与读者正其谬误为幸！

一九九九年初夏

原载于《平遥县志》 平遥县地方志编纂委员会编 中华书局1999年版

《平遥古城志》序言

全国地上文物山西约居十之七，而首登世界文化遗产宝册者，厥惟平遥。平遥之所以获此殊荣者，以其为古城也。平遥为晋中名邑，南联介休，北望太原，东邻上党，西面黄河，为有2700余年建置历史之古城。历经兵燹劫难，幸获抢救维护，至今犹得巍然称中华之璀璨。我久慕其盛，而一时无缘亲睹风采，时以为憾。1999年春，《平遥县志》稿成，副县长李全祥、总纂冀有贵亲临寒舍，持稿征求意见，力请作序，并邀赴平遥考察。是年夏，我遂有平遥之行。夙愿获了，幸何如也！

居平遥数日，李副县长亲自陪同参观考察古城景物，登临城楼，环顾四方，巍峨宏伟，目不暇给。远眺铁路公路之蜿蜒走势，使朝朝夕夕匆匆过客，一掠古城风貌；俯瞰城邑，街道横竖交错，民居庭宽院深。古城宛在，难禁思古幽情，遥想当年，晋商取利四方，捆载而归，营之造之，美轮美奂，益为古城增色。居民恪遵功令，无有拆旧建新或自建高层者，政府兴建新区于古城之外，此诚得传承文明，开拓创新之深意，不禁感慨系之，设举国皆能若平遥之作为，则中华大地之古城又何止平遥一地哉！古城东北有五代北汉所建镇国寺，距今千余年，殿堂转角铺作，精妙绝伦，为木结构中难见之作。殿内五代彩塑佛祖及其弟子，神态安详，发人玄思。古城西南复有中都寺，始建年代失考，北齐时重建，距今1500余年，北宋时改今名双林寺。有殿堂10座，规模宏大。有宋元以来彩塑2000余尊，今完好保存者尚有1500余尊。大者丈余，小亦尺许，造型优美，气韵生动，令人流连。二寺胜景，固非一时匆匆所能尽览，惟留其余味，以待异日。综数日观览见闻，深惟平遥以一城二寺为主体，复以遍布全县之遗址、遗迹、台桥、关隘、寺院、墓葬、民居、店铺等数百处，足以构成一立体文化群。乃于宾舍增订县志序言之余，别撰《平遥古城》一文刊发于《人民日报·海外版》，略申文化群之蠡见，并微示其意于有贵。

《平遥县志》问世后，2000年5月，我应邀再访平遥，重履胜地，文化氛围，颇感浓郁。虽《平遥县志》具载其事，而县志独成一体，横列门类，纵述历史，所涵盖者为平遥之方方面面，古城胜景不过为其数十篇章之一部分，语焉而难得其详。且县志篇帙巨大，多达170余万字，尤非一般人士所能检阅。若能立意于古城文化群，以一城二寺为主干，叙及胜迹、风物、贸迁、习尚等，而自成一专志，事从简赅，文从平顺，则不仅突出平遥特色，为通志成钩玄纂要之简本，更可作宣扬古城文化，备导游之指南，一举两得，讵非佳事？乃与李全祥副县长及冀有贵先生粗道其事，而有贵相告，晋中市常务副市长杜拉柱先生和晋中史志院等早有此意，真乃不谋而合。

返津不日，得有贵电告，《平遥古城志》已获立项，由晋中市史志研究院负责编写，平遥县史志研究室具体组织实施。由杜拉柱、王俊山负责主编，冀有贵、孙爱英为执行主编，并力邀我顾问其事。我久有此念，今得诸君盛情，又乌得不慨然承诺！于是凡立主脑、定纲目，以至编纂初稿等，无不相与商榷。虽所见微末，但求尽心而已。历时一年，终成蓝本，设非倾心斯业者，又曷克臻此？

2002年初春，《平遥古城志》主编王俊山、冀有贵，相偕携稿再次移趾飘庐，面嘱审读全稿，并请为序。我既始终其事，何能推卸仔肩？乃尽多日之功，详读全志，深有感慨，若无积有长期修志经验之冀有贵、孙爱英等之驾轻就熟，悉心参与，恐难成书如此之速，内容如此简要得体，文字又如此条畅易读。晋中市领导可谓善于用人。书凡六卷，记述平遥古城之自然、社会与人文之历史与现状，要言不繁，事皆有据，叙事有趣，语言生动，为雅俗共赏之作。凡中等以上文化水平人士，皆得利便。如将卷首之《古城概览》一篇译为英文，则颇有便于国际人士，而使古城文化之发展更得推波助澜之效。

《平遥古城志》即将杀青，不仅为平遥争得为县级古城纂著专志之先例，亦为方志武库增一奇范。《平遥古城志》更为平遥旅游事业之发展以及宣扬世界文化遗产之盛名树一有力论据。平遥于前世纪末成通志性质之《平遥县志》，于新世纪之初复成专志性质之《平遥古城志》，实为新编方志事业中所罕见，我又何幸得参与二者。八十初度，犹得乐观其成，亦学术人生之大幸，乃濡笔以为之序。苟有失当，至祈贤达有以教之！

二〇〇二年初春成稿于南开大学邃谷

原载于《平遥古城志》　晋中市史志研究院编　中华书局2002年版

《汾州府志·平遥编》序

　　平遥冀有贵先生，能文善书，为三晋名士，与我以文字相结识殆二十余年，时有切磋，颇得收益。新编方志事兴，冀先生以才名，为当局借调，主编《平遥县志》，殚精竭虑，黾勉从事者多年。1999年春成稿时，该县副县长李全祥与冀先生偕来寒舍，征求意见，并请作序。因其情真意切，乃允读其志，并为作序。是年夏，我应邀亲赴平遥考察，见其于维护古城，颇多善策，而境内留存旧物古迹，所在多有。观其城而读其志，于其叙古城事不足，似有微憾。缘今修新志，自有体例，古城胜景，不过新志数十篇章之一门，难以餍民众之需求。于是在交谈中，我曾建言说，平遥古迹如此之多，何不别撰古城志，既能为全省通志备份，更可作宣扬古城文化，备导游指南。我不过信口一言，而李、冀二先生则耿耿于怀，时在念中。经多方奔走，终于在2001年春得获立项，责成晋中市史志研究院负责，由冀有贵先生主编，经年而稿成。题曰《平遥古城志》，为今修志书开县级古城志纂修之先河。

　　平遥于世纪前后成二志，皆出冀有贵先生之手，诚为难得。冀先生于编纂县志过程中，得读平遥旧志多种，于旧志情况了若指掌。平遥修志自金始修《平遥图经》以来，历明至清，共修志九次。计金志一种，明志四种，清志四种。金、明二朝志均佚，独清康熙十二年、四十五年，乾隆三十五年及光绪八年四志，尚散存各方，但使用颇多窒碍，幸2004—2005年该县重新影印康熙二志及光绪志等三种各数百册，几近全璧。而明志一无所存，时使冀先生引以为憾。

　　冀先生于主编《平遥县志》尝不时翻阅《汾州府志》，平遥为汾州属县之一，府志中又有平遥专编。经相核校阅，参以专家考证，尽悉府县志书之关系。盖万历《汾州府志》之内容皆采自万历初之《平遥县志》，而乾隆《汾州府志》亦采自乾隆《平遥县志》。冀先生以为，苟将其各自辑出，则前者可补明志之佚缺，后者可解难求之困惑。设由万历、乾隆二府志中，别裁《平遥编》，另成一书，则为平遥之县志传承，增光添色，固非仅仅补益缺憾而已。

明万历三十七年《汾州府志》经李裕民先生点校，清乾隆三十六年《汾州府志》经马夏民先生点校，纠谬正讹，条理编次，皆具劳绩。而李裕民先生为万历三十七年《汾州府志》所写之点校前言尤见功力。李先生对该志作了优缺点的公允评述，并有所考证、论辩，非一般点校前言可比。冀先生有鉴于此，久有心于二志之择录，自成一书，以补平遥明志之佚缺。惟以公私猬集，簿书鞅掌，难得空闲，蹉跎迁延，郁为心结，待时而动。

去冬今春，冀先生为疝疾困扰，手术后卧病、养病，殆将数月，琐务摒除，较有空闲，书生故态，未能稍泯，遂抱病重理旧业，病愈而书告成。其坚韧不易之志，天人共鉴，足令人钦敬。冀先生于详阅慎录过程中，抽绎编录原则三，颇有参考价值。一曰关于节选内容，将府志中分散在各卷目中的平遥内容，分别照原样一一择录，以利读者；二曰编录体例，在尽量保持原卷目体例不变的前提下，酌情对少数卷目适当合并与调整但无损原志内容；三曰校勘编注，府志重印时李、马二先生曾于各卷卷尾设"校勘记"，冀先生编录时，若见有小误者，即加注释与订正，立"编者注"于"校勘记"之后，于提高原府志专篇质量，极有裨益。当前各地整理旧志者颇多，有重印者，有点校者，有重加整理校勘者，有以旧志改编新著者，而从上一级志书中择录其属县者，重加编录成一书者，则未之见也。冀先生此举，当为首创，或可为后来者示范，我将拭目以待。是为之序。

辛卯盛夏写于南开大学邃谷，行年八十九岁

原载于《汾州府志·平遥编》 冀有贵编录 三晋出版社2013年版

《晋县志》序

晋县地处冀中平原，为京畿要冲，自成吉思汗十年（1215）置晋州始，至今垂七百余年，物阜地丰，代有名流，而文献之征存，尤称繁富。其见于明人著录而久佚者有《晋州图志》及《晋县志》二种。明清各有州志三，清复有乡土志之作，民国以降，修有《晋县志》及《晋县志料》二种。今兹盛世修志，晋县亦勇于其事，于1985年始事，历时七载，至1992年完成初稿，复经周爰咨谋，细加修订，乃于1993年初竣事，成《晋县志》36篇，都百余万字，亦可称巨帙矣。

篇章结构为志书之筋骨，《晋县志》虽成书较晚，而前有可资参考之已成诸志，乃斟酌损益，采明设36编，暗分八大类之编制。明设暗分之法，清代学者孙星衍撰《孙氏祠堂书目》将所藏直接分为12类，而暗中仍归属于四部，当可称先声。当代修志采小编者大都可按大类归属，而能揭示明设暗分之说者，惟《晋县志》尔。如此，或可息大编、小编之争议矣。

史志二体，历来多有争论，而史志之相异，端在编撰体例、论述方法及行文风格之有所区别，非关乎体裁若何。记、志、传、图、表、录诸体皆可用于史志，要在便于表达而已。《晋县志》以记志为经纬，设传以知人论世，图表随文，收并茂互补之效，录则储存文献，作存史备征之需，于是一县之古今纵横，莫不得诸体之用而表述之。有司百姓一展卷而县情皆具。此新志之有功当代而利溉后世也。

志书以资料为基本而出之以论述。新志之始修，即以使用新资料为要务之一。所谓新资料者，一则挖掘既往旧史料之遗落者，设有所得，可为宏观论述增色；二则保存新事物之新资料，则非微观刻画，不能奏其功。《晋县志》有识于此，既重视宏观描述，复不忽略微观刻画，而尤注重记录新事物之新资料，诸如农作物之播种时间、农机队伍之技术培训、畜牧中之饲草饲料、城市建设中之拆迁、环境保护中之生活垃圾处理、商业中之废旧物资回收、劳动中之劳动仲裁、教育中之特殊教育、体育中之伤残人体育等等，皆于志中有所体现。此类记述，貌若平淡无奇，而传之后世则续修志书者有所依傍，而免搜求之苦，嘉惠后来，莫此为甚。

十年修志，艰苦备尝，而诸志多缺论述方志专章，以我所经眼，独《晋县志》有此专章，于历代所修州县志书之缘起、撰者、卷数、存佚、藏者均有所记，俾世人知晋县文献之足征。所惜者于新志之修仅立一目，文字不足四行，致使晋县志业及修志者之艰辛，掩没难见，似欠公正。或主其事者谦逊自守，不自炫其能以免遭物议。识小遗大，似可不必。若付梓前尚能增补，立专节叙新志编纂始末，庶修志者之辛劳有所慰藉，而盛世修志之伟业亦得彪炳史册。

我于《晋县志》始终未与闻其事。及其成稿，校友申建国君籍隶晋州，复任事于当地，乃力荐作序，自思于该志未尽寸劳，率尔操觚，置之卷首，妄自托大，未免愧然，而主编张喜聚已携全稿七大册莅舍，情真意挚，万难推却，遂受嘱从事，尽双旬之力，粗读全稿。有所刍议，另纸寄供参考，乃撮其指要，略抒所见以为序。

一九九四年岁末于南开大学

原载于《晋县志》　河北省晋州市地方志编纂委员会编纂　新华出版社1995年版

《青州市志》序

　　青州地居鲁中，建置历史悠久。汉晋以来，迭为名城重镇，久称兵家险隘。加以交通便利、物产丰饶、人文荟萃、名胜广被，为齐鲁之一大都会。此自不可无志以志盛。

　　青州修志，溯源甚早，见于著录者，宋已撰有地志、图经。而成书传世者有《青州府志》及《益都县志》多种。府志之修据称始于明洪武，惜其不传，难以考求。其传于今者当以明嘉靖《青州府志》一十八卷为肇端，其后有明万历《青州府志》二十卷及清康熙之三修《青州府志》，而道光、咸丰间，历时廿载所修《青州府志》六十四卷，时称佳构。除此六种传世成书外，其已撰未刊者尚有雍正时所撰《青州府志摘略》，今仅存光绪抄本于山东省图书馆。县志之修凡三，始于明万历《益都县志》九卷，北京图书馆入藏其残本五、六两卷；次有清康熙、光绪二志，而光绪《益都县图志》尤著声誉，为志家所推崇。

　　青州既为可志之胜地，又有修志之良好传统。故建国后益都、青州先后主政者之汲汲擘画，广集人力物力，亟谋盛世修志，自在意中。青州新志之修始于1960年4月。时当1958年群众编史修志热潮之后，修志工作趋于平实之际，历时八月乃成《益都县志》八卷四十万字，以油印本行世，惜因众所周知之故，百业俱辍，志事中断，志稿更未遑修订。80年代，诸端并举，又倡修志之议，于是中华大地，修志成风，举国市县，无不纷起，极历代修志之盛。益都县主政者遂于1982年初，集人力财力编纂《益都县志》，五易寒暑，至1986年益都易县为市，以故青州名市，于是定名为《青州市志》。1988年6月，广延有关人士评审修订，于10月成稿，更邀我任市志顾问承终审志稿之责。同事王连升教授籍隶青州，谊切桑梓，与我共膺顾问之聘。是时我兼绾南开大学出版社编政，青州市志编委会乃委以刊行问世之任，义不容辞，慨然允诺，乃遴选编辑室主任焦静宜偕编辑庞标、陈岩与市志办诸同仁尽半月之功，去重订正，整齐文字。11月中，市志乃告底成。

青州市志既有在位者热诚支持关注，复得各行各界共襄其事，乃广集本邑人才，拨付专项用款，时经七载，终成专志二十二篇及概述、大事记、人物传、附录多种，近百万字，并配以图表，俾一志在手，青州之古往今来，纵横左右，无不坐收于几席之间。其事之伟，其业之宏，足以当"漪欤盛哉"之誉。我谬任市志顾问，复主编政于南开大学，审订编印之责，难卸仔肩，通读全志，乐观其成，不禁深以州人孜孜于乡邦文献而有所感，适市志办请序于我，面临盛举，我又乌得不泚笔以纪其始末。是为序。

一九八八年十一月十日于南开大学北村邃谷

原载于《青州市志》 青州市志编纂委员会编 南开大学出版社1989年版

《夏津旧县志校注》序

第一届新编县志之际，凡有旧志者莫不有所参证，而整理旧志者不多；有意整理旧志而能见成绩者亦不多；有搜罗一地多种旧志加以整理，成书出版者，所见惟《天津通志·旧志点校卷》，但未具考释，犹有余憾。其能点校注释考证具备者，仅见有《夏津旧县志校注》一稿。注者潘友林，素昧生平，今夏得其来书，始知其有《夏津旧县志校注》之作，而不悉其究竟。未几，潘君携稿来舍。接谈之下，固谦谦好学之士，70年代卒业于山东师范学院，以学业优秀留校任教，旋以家事牵累，归故里服务，受命参与《夏津县志》之编纂工作。于旧志多所涉及，深以旧志内容文字与当代颇有阻隔，难以普及，乃萌校注之念。于80年代中期着手校注，历时十余年，方底于成。其艰辛困苦之状可以想见。反观当世浮躁之徒，浑浑噩噩，无所事事，不禁感慨系之而益重潘君之难能。我虽年老体衰，难以承担审读之任，惟念潘君远道来访之诚，情不可却；又以投身方志事业近五十年，责无旁贷，遂受其书稿而读之，并应邀序其书。

夏津旧志完整存世者三种，有明嘉靖志、清乾隆志及民国志。三者前后相续而各有特色。潘君以其具有史料价值，乃合三者为《夏津旧县志校注》一书，利用公余从事整理，以原书缩印成页，于页面点读本文，以另纸打印校勘、注释、考证等文字，分别剪贴于每页之末，眉目清楚，颇便省览。每种之前，增置"新编目录"、"出版说明"、"通俗导读"三种。"新编目录"方便读者检阅，"出版说明"简介本志编纂缘由及有关志书情况，并说明校注体例，备读者参考。三者中尤可贵者为"通俗导读"，实潘君创意之作，为历来整理旧志者所不备。潘君既识三旧志之史料价值，兼具传播乡土文献之用心，故所撰力求平实通达。"通俗导读"既言旧志之重要性，更指点读志方法，即一要细读，二要全书贯穿通读，三要通览综合阅读，并分别举例说明，推陈出新，功底显见。潘君不夯金针度人之胸襟，令人钦敬。校注者又以乾隆、民国二志文丰事烦，乃编制专题索引，以利读者。乾隆志立专题六，即：一、河流、桥梁；二、建筑、古迹；三、署衙、机构；四、各村庄有关记载；五、县内外关系；六、人物。民国志立专题九，即：一、地形、道路、桥梁；二、重点建筑物；三、文物、古迹、碑石；四、机构、团体、事业单位；五、义军、驻军、民团、土匪；六、有关村庄的记载；七、县内外关系；八、掌故；九、人物。按图索骥，可坐收利便于几席之间。

读《夏津旧志校注》讫，不禁喟然而叹。夏津，鲁西小邑，既乏参考资料，又囿于见闻；潘君僻居一隅，求书不易，为得一解，奔走四方，竭十数年宵旰精力，终成一书，足征其勤奋励进之劳。环视今之夸夸其谈，放言高论以取媚于朝市者比比，而甘于澹泊，默默耕耘者几稀。若潘君者，深谙整理古籍之道，复具宁静致远之志，成果亦为学人称道，惜以所作不同流俗，犹待字闺中，藏之名山。兴念及此，得不黯然？预为之序，亟望有识者，鼎力相助，促成其事，俾我衰年犹得见其书之问世，岂不快哉！

二○○○年十月五日于南开大学邃谷

原载于《夏津旧县志校注》　潘友林校注　山东省地图出版社2000年版

《德州旧志十种校注》*序

　　中国地方志素以起源早、持续久、类型全、数量多四大特点驰名世界，据《中国地方志联合目录》统计，自宋至民国尚存者达八千二百六十四种，约占中国古籍的十分之一。这些旧志中保存了大量有关社会经济、自然现象、文化艺术等宝贵资料，不仅涉及方面广，而且延续时间长，足可备弘扬历史，借鉴现实的重要参考。而整理利用旧志资料实为当前志业发展不可或缺的重要方面。

　　自二十世纪五十年代以还，社会贤达倡修新志之际，旧志整理亦为有识之士所注意，奔走呼号，奋力推动，于是旧志整理事业渐见成效。惟当时所谓整理者，不过征引、类编、点校、刊印及改繁为简诸端而已。至深入研究，补订笺释者，所见尚鲜。其能推陈出新，另辟蹊径，羽翼旧志，注入新意者，就余所见，惟山东夏津原方志办主任潘君友林，历尽艰辛，勇担重任，致身旧志之深层研究。

　　余识潘君于二十世纪末，潘君曾携其整理后夏津旧志稿亲临寒舍请序，并言及立意整理德州旧志。余嘉其志行而相勖勉以实践。岁月流逝，不意五年后即二○○四年，潘君竟携其《德州旧志十种校注》，再临寒舍请序。时余已年逾八旬，不禁讶其立志之艰毅与行事之执着。德州为齐鲁大地名邑，自明以来，下迄民国，六百余年间，编纂志书达十余次之多，至今存世者犹有十种。其数量之多、蕴藏之富，颇为人所欣羡，惜货弃于地，难以利用，徒付一叹。今德州十志得潘君顾盼，何其幸也。潘君得施其抱负，又何其幸也！

　　整理旧志，首在搜求积存。德州旧志，大多已佚，今存国内者，皆属珍善孤本，藏者吝之。即辗转求得又多以年久疏于保护或复印模糊均需反复印证。潘君

---

　　*　该书所收德州旧志十种中含明万历、天启二志，因后者除在职官部门添加了人名之外，其余内容皆为万历志原版再印，故出版时书名易为《德州旧志九种校注》。

为之南北奔波，竭尽心力。其整理《德州旧志十种校注》复能不拘陈规，全方位深入研究整理，独具特色，显见成效。今撮其要，以告读者：

一、将原书逐页缩小影印，既使读者得窥原书面貌，又为研究者提供原始资料。

二、对照原书页码，标点后简体重排，方便大多数读者阅读。

三、对十种旧志进行通校，校各志记同一事物之异同及文字讹误，彰显事实真相。

四、注释采用当页注释和书末总注相结合方式，因文制宜。当页注释对某些词语以志解志。这对各志书间相关内容是一种适宜的沟通。书末总注以文作解，或别出心裁。

五、书后附专题索引以便研究与查检。

余既读其稿，时就所见，相互探讨商榷。潘君从善如流，多次修改，终成定稿。惟苦于难付枣梨，多方求助，不免和氏抱璞之泣。天道酬勤，二〇一〇年春，《德州旧志十种校注》终得德州市委、市政府重视与支持，斥资付印，此亦当政者造福一方之善举。有志者事竟成，余不禁为潘君贺。山野一叟，见此盛事，得不为之傲啸而额手称庆？是为之序。

二〇一〇年春写于南开大学邃谷，时为米寿之年

原载于《德州旧志九种校注》 潘友林整理校注 德州市文化广电新闻出版局2010年编印

《河北地方志提要》序

　　80年代以来，随着普修方志高潮的兴起，旧志整理工作也提上议事日程，1982年，中国地方志协会召开地方志整理编纂工作座谈会，视整旧与编新为并重任务，并规划制定1982至1990年《中国地方志整理规划》。次年，成立旧志整理工作委员会，由方志界耆宿董老一博主其事，指导全国的旧志整理工作，并于1984、1985年间先后召开三次全国性会议，旧志整理工作行见次第展开，各地之类编资料、编制目录、旧志今译、点校重印诸工作也初见端倪，深庆浩瀚旧志资源将广被利用。唯是时新编方志任务綦重，人力物力皆见支绌，整旧编新势难等量兼顾，此亦事实使然，不能不曲谅其事。方期新编方志粗有头绪，旧志整理工作之开展翘首可待，不意1987年冬，董老辞世，而旧志整理工作遂有缓慢迟进之势。

　　编制出版旧志目录为原定规划中重点，也为数年来成效较著者。盖自新志编修普遍开展和《旧志整理工作规划》公布后，藏书单位纷纷编制藏书目录行世，以备搜求查阅之需。惟所成诸目多属书目，而提要目录之作似有逊色。

　　提要目录古称叙录、解题、读书志。其体非仅录其书名、撰者、卷数及刊印而已，尚须言篇目之次第、叙作者之行事及著述之旨意，此又非具学术功力者不能为。据自1949至1987年间不完全统计，全国出版方志书目、索引达50余种，其中提要目录屈指可数。顾如张国淦之《中国方志考》、洪焕椿之《浙江方志考》、崔建英之《日本见藏稀见中国地方志书录》及陈光贻之《稀见地方志提要》诸作，皆能出以积学，承向、歆余绪，钩玄纂要，裨益读者，较之仅多识书名、记其撰者、辨明版本之书目远胜多多。斯提要目录撰著之艰而其用途之要可见。

　　各省方志提要之作，虽原为规划所规定而多年来成书不多。其中《河南地方志提要》以《续修四库全书提要》（未刊本）为据而加增补订正，成书最早，其余亦在进行。我曾受命董老，不揣固陋，愿承总汇各地所作，纂成《中国地方志提要丛刊》，为检索旧志之本原。奈各地以新编地方志编务丛杂繁忙，修志机构尚无余力顾及，而私家又力有不足，以是稽延未果。我既身居京畿，于河北方志提要之纂集，义难坐视，惟以兹事体大，未敢率尔盲动，经多番思考，拟先就地取材。窃以天津一地，志量较少，与河北又唇齿交错，行政体制曾有所牵涉，乃制定体例，于1981年夏，请王德恒、萧朝宾二君试撰《天津地方志提要》，历时年余而稿成，并油印流传，深感利便，遂启编纂《河北方志提要》之念。

《河北地方志提要》始作于1982年初，当时曾邀约多人，以《天津地方志提要》稿为模式分头撰写，数年以还，虽进展较缓，而略有积稿。1986年，河北省地方志办公室有编纂提要之议，卢振川兄适主其事，因悉津地已有积稿，乃谋襄成斯举，并慨予资助，推动之功实不可泯。1987年春夏之交，共商成立编委会，卢振川兄婉辞邀约，乃转荐王景玉同志与会，于是集京津沪宁冀有关人士组成编委会，并谬推我任主编，而以王德恒君执行其事。遂广泛邀约以期早日成稿，其应邀撰稿者达60余人。1991年初，凡能得书者皆成稿集聚，复由王德恒君于工余之暇多方搜求，补缺增漏，并对成稿粗加删定。1992年5月于石家庄市召开编委会讨论修订。河北省地方志办公室主任许明辉同志又惠诺参加编委会，承担审定工作，贾辉铭同志则与王德恒君共司编辑整理工作，我则负通阅全稿之任，于1992年7月下旬定稿，交付河北省地方志编委会办公室审定。此书定稿之际，惊悉编委马先阵同志以积劳尽瘁，不幸未及下寿遽尔谢世，曷胜痛悼。此书之成当可告慰先阵同志于九泉。

本书体例一依古典目录之成规，记书名、作者、卷数、版本、作者生平、编纂缘起、著述意旨之外，复一增藏者，因收集典藏面较广，故每一书末署藏者以利读者搜求；二增史料价值，虽未能全录史料；但提供线索实有裨考史证史。顾以书成众手，虽经反复通稿划一，仅能求形制之统一，至叙录内容，由于各撰者学识、经历之不一而质量水平难求一致。其收书范围非若据目成书之易于钞撮，必待经眼则往往由于风气原因而求书难遍。稿经审订当能正误订讹、拾遗补缺以更求完善。但其书之错误缺漏，主编自应独任其咎，设有利便，当与撰稿诸君共之。其《天津地方志提要》及《天津地方志佚志录存》为始创模式之作，共附书末，以供参阅。十年一剑，粗告竣事，冀可为整理旧志规划增一内容。谨志编纂始末，幸读者不弃鄙陋有以教之！

一九九二年初伏挥汗作

原载于《河北地方志提要》 来新夏主编 天津大学出版社1992年版

《石家庄地方史志研究丛书》总序

  史志关系久为史志学界所争论，或主史志各异，或主史志合一，皆各有所偏；平心而论，史志二体，既有区别，又相联系，固无需胶着一端。远溯汉晋以来的《越绝书》、《吴越春秋》、《襄阳耆旧传》、《华阳国志》以及唐代的《蛮书》、《太原事迹》，其内容多兼及人物、地理与都邑，为一方史志之作。洎宋代，地方史志始有区分，地志名称也独具志体特色，如临安三志、《吴郡志》等。但巨作《舆地纪胜》仍义兼史志，著者王胜之序其书说："每郡自为一编，以郡之因革，见之篇首，而诸邑次之，郡之风俗又次之，其他如山川之英华，人物之奇杰，吏治之循良，方言之异闻，故老之传说与夫诗章文翰之关于风土者，皆附见焉。"这就无怪清乾嘉学者钱大昕赞其书"俾益于史事者不少"。清代于史志二体犹有戴震与章学诚之争。直至晚近，争议仍未稍息。其实际编志者则一意成志，无暇与议，以致成著大多重现状而轻历史，颇失志经史纬的立意。现状的纂辑有各专业各局口的分工搜求，有档册文书之可据，自易于成文；而历史的钻研，设非潜心寝馈，益以考辨优选，实难于立论。苟能既有坚实的"史纵"，复具广被的"志横"，二者相辅相成，则地方史志事业行见蒸蒸日上，更登层楼。有识之士固当勠力于此，而比年所见能躬行其事者则惟石家庄市史志研究者杨俊科、梁勇诸君。

  石家庄之地自先秦以来即已对中华民族文化有所贡献，后历经兴革，日趋繁富；近代以来，尤称重镇。河北拱卫首都，石市以后起城市，代保府而居省会，为萃集全省政治、经济、文化的中心，市志编修，待举眉睫；但主政诸公寓目全局，不斤斤于志书编修之迟速，而汲汲于合史志之统筹，杨、梁诸有识之士更能明确认识深研历史固将有裨于地志的提高，于是有编辑《石家庄地方史志研究丛书》的倡议，并已撰成《大兴纱厂史稿》及《石家庄史志论稿》二书问世。我早知信息而未及时获读，正在求书之际，《石家庄史志论稿》撰者梁勇同志即举所著相赠，并盛情邀我为《石家庄地方史志研究丛书》补写总序。这就迫使我不得不在公私猬集之余通读《石家庄史志论稿》。

我虽然一直主张开展区域性历史研究，近年来又曾阅读上海、四川、天津等地方史书，但所见各著多偏于综合论述而罕见专题研究之作。及读石市论稿，深佩作者的艰苦攻关。他们力求以正确理论、丰富资料对石市远古以来的各方面历史进行较系统研究，并能于不数年间陆续成书二种以问世，实堪欣慰。至《石家庄地方史志研究丛书》的价值，也可举一以反三。即以《石家庄史志论稿》一书为例，全书共分三编，上编论政区沿革及经济发展史，中编论文化发展的进程，下篇则为专题考证，于古史沿革作详尽考议，鞭辟近里，足征功力。《石家庄史志论稿》虽为史作，其于地志之编撰无异使现状展翼于历史础石之上，编纂新志将愈转深沉。职是之故，我不仅乐为之序以弘扬其事，抑望新志编撰者以此为鉴，深化编志工作，提高新志质量，则《石家庄地方史志研究丛书》不止为史志研究开拓视野，也将有裨于新志的传世。杨、梁诸君的宿愿也将以此而得偿。

一九八九年一月于南开大学

原载于《石家庄地方史志研究丛书·大兴纱厂史稿》 杨俊科、梁勇著 中国展望出版社1990年版

《盐山县志》序

　　盐山地处华北滨海平原，自汉高祖建高成县以还，二千余年，孳殖繁息；虽地瘠民贫，而盐山人民勤劳艰苦，顽强奋战，为盐山焕勃勃生机，为中华增熠熠光彩，其业绩固不容磨灭而当载之书册，垂诸久远。

　　一方事功，无论述则不足以激励来兹。史书囿于体裁，于自然、人事难尽其详，志书可发挥补史之缺的作用，此正我国志书兴起、发展的客观需求。盐山自明嘉靖十二年始修县志，下及一九一六年，凡八修县志。其修志之始不可谓不早，修志次数不可谓不多，迄今虽中断七十余载，与若干缺断县份相比较，中断间距不长，各种资料尚未过多散佚，未始不是新修县志的良好前提。

　　盐山既有事功可纪，复有修志传统，一九八六年正值盛世修志之际，盐山主政者承先启后倡议新修县志，又得各方一致支持，于是毅然决策，调集人力，组织机构，拨定专款，着手纂辑，先后历时四载，六定篇目，四易文稿，终于一九九〇年纂成此近七十万字之新志，实可称盐山的伟业。县志编委会谬采虚声，延聘我为顾问；我于盐山粗识其乡土风情与人民生活，义难谦辞，遂受命审读。

　　修志之本在于确立篇章纲目。纲举目张，纂辑者有所凭依，审定者庶可宏观。《盐山县志》编审者于篇目制订，不惮烦劳，从事惟谨，检读新旧志书，于凡例纲目择善而从，又审度县情，立足实际。始则以大篇立规模，而有归属牵强之憾；继则谋立小篇，又有章节畸轻畸重之虑，反复斟酌，周爰咨谋，遂确定破除大篇而首以天地人分立三篇，示一县基础所在；顺序而下，以农、工及基本建设三篇明立县之本，复以三篇记经济生活志兴县之命脉，更立政法三篇、军事一篇、科教文化四篇，殿以人物一篇，使县情基本完备。全志共得专志十八篇九十九章，虽篇章有繁有简，而论述务祛虚赘。卷首列概述及大事记，卷末有附录，于是全县可借此而得一脉络清晰的概观。

历来佳志文体务求平实而不滥事藻饰。《盐山县志》以资料为根据，以事实作论述，秉笔者不加臆断，不作辞费，合于志书体裁。《概述》一篇，他志多长达万言，盐山概述文不足五千而一县概貌一览可得。尤以《本志编修始末》一文，言简事赅。凡此类文字，撰者往往于文中陈述甘苦辛劳，本也无可厚非，而《盐山县志》主稿者不虚美，不衒功，以三千余字概述四年经历，文笔质直，推功于人而不自誉，益以见主稿人之淡泊，而厕名其中若我者，读之益增愧恧。

近年修志风气，日趋以字数多寡争短长，于是数十万字而至百万字，而至百余万字，甚至有近二百万字者，人力物力财力徒增虚耗，读志者更有难以终卷之叹。《盐山县志》不趋时尚，力求文字简括。捧读一过，已足称完备。如此，既可供读者检阅资料、了解县情之便，又可备当政者资政参考之需。信今传后已无负于主编者的初衷。

欲修佳志首在修志人员得力。盐山经济条件不甚优裕，县情又不足独特震世，编修纂辑志书，困难滋多，而县志编修人员不计功谋利，奋担重任；原县委书记、主审陈炳文同志自荐修志，奔走呼号，百计筹措，通审全稿，补缺订讹；主编张爱国同志以志事为生命，置家事于不顾，焚膏继晷，孜孜以求；编辑诸同志分工协作，不图荣利，不计主从，共襄盛举。此《盐山县志》得以告成的重要因素。我审读全志又何能不为诸同志精神所策励而黾勉从事？

我于一九六六年春夏之际曾赴盐山城关参加社会主义教育运动，以接受教育为主旨，言行敬慎，与县镇父老水乳交融。一九八六年应邀返盐，重游城关，旧友故知，纷来话旧，回忆往岁居民扫土熬硝谋生活补贴之艰辛，而今生活颇见改观。二十年今昔，握手言欢之际又泫然不能自已。于是毅然受聘，顾问县志以报父老深情厚谊。志稿告成，陈炳文、张爱国二同志问序于我，顾念志情乡谊，两不可却，遂记其事，志其情而为之序。

一九九〇年初秋于邃谷

原载于《盐山县志》　盐山县地方志编纂委员会编　南开大学出版社1991年版

《冀州市志》序

　　冀州位于河北省南部平原，自汉初设郡建治以来，历时两千余年，是素有"华夏第一州"之称的古邑。经历代经营管理，庶民自强奋进，遂使冀州物阜人丰，日趋发展。又有北京、天津、德州、济南、开封、邯郸、邢台、石家庄、保定、沧州等十多座大中城市环绕其外围，交通利便，俨然为冀南一大枢纽。时至今日，诸多物质文明凝聚并升华为"崇文重商，大气谦和，自强不息，敢为人先"的"冀州精神"，鼓舞冀州人民不断进取。如此胜地，何得无志以记其盛？

　　冀州修志，肇端于修志高潮之明清时代。据本志所著即收明清各二志、民国二志共六志序跋，于《艺文》编下立专章"序跋选录"。各序详叙志书作用与修志缘由，俾后人知前志之梗概。洎新编方志兴起，冀州曾于1993年编修新志，惜成书仓促，致使内文有误，印制粗糙而禁行。又于2006年再度启动，惩前事之失，乃慎选人员，加强领导，再三审定，不断修改，历时六年，至2012年终成新编《冀州市志》。全志达220余万字，可谓巨制。其内容丰富，文采斐然，允称佳构。2012年秋末，《冀州市志》行将付梓问世，该志主编常海成先生携稿来舍，请为一序。我粗加涉猎，深讶该志编写历程之艰辛，且阅读中颇有所得，乃濡笔为之作序云。

　　志书之筋骨首在编章之恰当安排。《冀州市志》共设28编175章，大致不脱新志编写体制，而又有所创新。如衡水湖，本为冀南一大洼，但经编者详细调查与尽力搜求资料，对此湖有更进一步之认识——衡水湖面积达千顷，俗称千顷洼，在1958年建水库后，始名衡水湖。冀州境内水域即达57平方公里，占全部水域76%，其面积及蓄水量仅次于白洋淀，而资源之丰盛，环境之优美，尤令人瞩目。编者有鉴于此，乃破常规而将一湖之记述位置提升为全志最高层次的"编"，全编历述衡水湖成因与变迁、湖泊构成、湖区环境与资源、湖区水利工程、湖区经济、旅游及湖区管理等详细状况，读之历历如绘，尽收眼底。又如采暖设备业在冀州工业发展中极为突出，编者一如衡水湖立专编之方式，自《工业·建筑业》编中析出，独立成专编——《采暖设备制造业》，以示其特殊地位。这种以编章编次来反映冀州地方特色，在首届修志中极为少见，亦足证编者之特见卓识。

资料为志书基础，一部佳志往往在搜求、占有及使用资料上付出一定功力。《冀州市志》是一部拥有220余万字的大型志书，其征引资料自当谨严审慎。资料来源，据其《凡例》言："本书采用资料大多源于各承编部门或各级档案馆、图书馆以及有关史志书刊，辅之以经过考订的口碑资料"，由此可见其资料收集之广，甄选之严。纵观全书，所引资料皆堪征信，所挖掘资料尤为全志增色，如第二十四编《艺文》所提供若干资料，对冀州文化论述多有补益。《艺文》编下设邑人编著存目、诏谕禀文选录、碑文选录、墓志铭神道碑文选录、序跋选录、杂记选录、诗词曲赋选录和轶文选录共八章，所收资料不仅有拾遗补阙、补益旧闻之效，亦可备研究冀州社情之参考。如所录清光绪年间知州吴汝纶《为民减赋禀文》即为珍稀文献。吴氏为晚清古文家，是曾国藩四大弟子之一，是一位值得研究的历史人物。由此可见编者在搜求与挖掘资料上用力之勤。

志书为记录一地全方位之地情书，一事一人往往重见，尤其是数百万字之巨制更所难免，然颇显冗阔。今《冀州市志》鉴前志之失，以互见方式力加改定。不仅如此，编者尚对重复处增著互见。如"邑人编著存目"，既著录其书，其作者颇有已入《人物》编中传记、传略者。编者乃于有关条目后注明互见，既节篇幅，又利读者，实为两全上策。

图经为志书源流之一，历代相沿，图文并存，各得其所。自宋以来，文字渐趋主流，志书插图渐近绝迹。首届新编志书，倡导图表入志，志书日渐完备。《冀州市志》于此特加注重，除在卷首置彩图多幅外，更增随文插图，使古今事物、遗迹文献，皆得一览真面，加强文字理解。与此同时，各编设表较多，旁行斜上，文省而事全。志末又立"索引"，有裨读者翻检。有此数端，《冀州市志》允称精品佳作。

我已届高年，精力日益衰退，各方请序，多被婉谢，而读《冀州市志》，颇多领会，谨择其要，粗加梳理，勉成一序。设有不当，尚乞编者、读者鉴谅指正。

是为之序。

二〇一二年十月写于南开大学邃谷行年九十

原载于《冀州市志》　冀州市志编纂委员会编　方志出版社2012年版

《许昌市志》序

历史名城许昌为曹魏发祥基地。操、丕父子，两世经营，奄有中原，乃成"魏基昌于许"之说。说部《三国演义》海内流传，许昌更为妇孺所咸知。许昌地居中原腹地，位当交通枢要，历来又为各方争逐瞩目之地。若是，必当有志以纪其盛。稽考文献，唐樊文深编纂之《中岳颍川志》为许昌旧志之始。此不仅为许昌志始，也为旧志之珍秘，惜其书久佚，仅存书目。今存世许昌志书当以明永乐《颍川郡志》为最早，下迄民国，计有刊本八种、稿本一种，其中明弘治邵宝修《许州志》尤称名志。近年新编县志之事大兴，许昌早于1981年即筹谋擘划，几与八十年代第三次修志高潮同步；十年修志，许昌又与相终始。1990年，《许昌市志》告成，都百余万字，跻于新志之林，《许昌市志》编者请序于我，辞不获已，乃为略缀数言。

修志一事，首在定结构，谋篇章。近年于此有大编小编之说，而以采小编居多，其意在便于突出重点，立意盖善。至旧立大编，确感疏阔，但其易于统摄，尚有可取。而《许昌市志》则另辟蹊径，以并列条目体构结全书。兹体例用诸综合类志书之编纂，允当与否尚需经由实践考量，难乎遽下定论，然编者不拘一格，勇于探索之精神，诚可嘉佩。

地方志之要在于突出地方特色，使读者不见志名而读其内容即以为非此地之志不可，庶可免千人一面，千志一貌之憾。许昌为烟草重要产地，久为英美烟草资本家所掠取。烟草驰名遐迩，斯民备受敲剥，此固许昌一地所特有，而非各地之共象。它如属县禹州之钧窑，有"进窑一色，出窑万彩"之妙；鄢陵蜡梅甲于天下，均赋特色，《许昌市志》为此特设《名特产品》一条。地方特色，于兹显然。

近年，行政区划之设置时有变易，而经济发展之区，往往有升格殊荣。许昌市本为县级市，与许昌、长葛、鄢陵、禹县等十余县并隶许昌地区。1986年进行区划调整，许昌地区撤销，许昌升格为地级市，辖许昌县、长葛县、禹县、鄢陵县及魏都区等四县一区。区划升格标明许昌之繁盛，而修志者则颇感棘手。目前，地级市志为数不少，修志者困于市县关系之处理，言详则夺县志，言略则遗所属，举棋不定，着笔较难。《许昌市志》编者思虑反复，首于凡例五中规定：本志记述的区限"以许昌市行政区划为准，包括魏都区、许昌县、长葛县、鄢陵县、禹县。'全市'指'四县一区'，'市区'指魏都区。'许昌市'1986年前指原许昌市，1986年后指区划调整后的许昌市（包括四县一区）"，使读者明其改制前后之不同区划。《许昌市志》复于志末立《县区志要》一编，概述新市所属四县一区，既不遗所属，又以志要而不夺县志笔墨，一举二得，固可备编地级市志者所参酌。

志书文字犹衣饰之于人。文字规范化当为志书基本要求。比来审读多志，时见有简称侧于字里行间，致使词意含混，设再传之后世，更难了了。窃意一字之略容或谬以千里，颇不以为然。此虽小节，不可不慎。《许昌市志》凡例八规定"组织机构、会议名称等，首次出现用全称，以后用简称"，虽可稍省文字，究不若均用全称以求志文一律而免读者前后翻检之劳。所见如此，当有可议之处，聊以应命，冀可备志序之一格耳。

一九九一年九月一日于南开大学

原载于《许昌市志》 许昌市地方志编纂委员会编 南开大学出版社1993年版

《许昌县志》序

许昌县居中原腹地，早经设州置县，为汉魏名都。中华文化孳殖于中原，许邑于建安、黄初之际为中原文化大逞璀灿之姿，是视许邑为中华文化之一导源，谁曰不宜？其地人文荟萃，硕彦朋兴，见于史册者代有其人。乡邦文献，久传不坠，推本溯源，端赖乎志业之丕兴。许邑修志千年，自李唐樊文深始纂《中岳颍川志》已见两《唐书》著录以降，明、清各有四修，民国有二修，先后合佚书在内，凡十一修。其中明弘治时大儒邵宝所修《许州志》及1933年朱又廉所修《许昌县志》尤称名志，可傲居志林之前列而无愧。今新编县志，十年磨剑，虽难侈言超越前贤，顾念承前启后，其志可钦，其书也自具特色。全书共26篇，杨静琦编审于其序言中已对全志内容有确当概括，并评《许昌县志》为"综合性强，系统性好"的新志，可称公允相知之论。

史志异同，方志界久有争议，纂修者也时有钤束手足之感。新编《许昌县志》着笔之初即未拘拘于此，而以述、记、志、传、录、图诸体并用，庶收横不缺项，纵不断线之效。其篇、章、节、目，结构亦称严谨；资料搜集颇为丰富；论述则经济、政治、文教、科技以至古迹名胜，靡不详具始末，而经济篇章约占三分之一，以反映经济腾飞的时代特点。烟草独成一篇，益见地方特色。

概述为新编方志所独具，纵览新编诸志，体例各异，尚难划一。《许昌县志》之概述，言不足万字，而古往今来之天地人各方面均见于笔下，而全书内容复得提挈。其言简，其意赅，既方便于一般需知县情者，又启示欲知其详者之求读全书，诚可谓得概述之立意。大事记贯串古今，当与专志之详今略古配合默契，而其要在于比例适当。《许昌县志》解放前后之大事记述，大体上各居其半，使古今各得其宜。由此可见，凡已有多种旧志的城邑，专志尽可详今，而纵不断线多可于大事记求之。大事记与专志相辅相成，《许昌县志》其庶几乎！

修志非朝夕之功，往往经年累月，历数载而始成稿。《许昌县志》下限止于1985年而志稿成于1992年，其间主县政者数易其人，1986年以来之事功未见志书，于当政者似有所憾。近年各地成志，常为此所困扰。《许昌县志》则于"1986年至1990年5年间的要事，特别是改革开放，治理整顿的新情况、新成就，以'补记'形式列于附录"。此当为主编用心之笔。或有人言，既付梓于1992年，《补记》何不下延至付梓之前；我谓不然，事物之成败可否，非立时可辨，至少需经一二年之实践，方可置辞。《许昌县志》之止于1990年，应称主编者为有识。至于以《补记》入《附录》，似尚可商榷，不若题为《1986—1990年政事纪要》，单列于卷末，因入于《附录》易启畸轻畸重之思。

人物为志书灵魂，有俊才硕彦之诸般行事方可编织为一地之夺目光彩。生不入传，旧有传统，今有条例；其生存人之有勋绩者则借传事不传人之例以存其事迹。河南新编县志，多有以生人入传者。《许昌县志》固未能免俗，其人物篇之人物传记与英烈名录理应设章，毋庸置议；而人物简介与人物表所入者则为存世者，似违志例。尤以人物表，以官阶、职称为入表标准，更非志体。此主编者自有苦衷，当予曲谅，而究其实，私衷未敢苟同。

1989年6月，我应邀赴鄢陵审稿，得识《许昌县志》主编杨建民同志，坚邀作序，情不可却，适以东渡讲学，未遑着笔。今春主编杨建民同志复亲临寒舍，再次邀约。既感建民同志情真意切，复以宿愿待偿，乃粗读全志，略陈陋见而成此序。

一九九三年四月

原载于《许昌县志》 许昌县志编纂委员会编 南开大学出版社1993年版

《项城县志》序

项城地处豫东南，置县于二千年前，可称古邑。累世经营劳作，名人辈出。东汉应劭，深谙经籍；曹魏应场，独擅诗文。有清季年，更有袁世凯以练兵起家，洊历大僚，进操民国政柄，至膺袁项城之尊称，于是项城之名啧啧人口而益以名城著称。

项城之有志始于明万历十八年，方逾十年，复有续修之作。至清有顺治、康熙、乾隆、宣统四朝之修志，前后综计项城共有六志。一县之有多志，足证前此志业之恢宏。纵览前志，或续修，或重纂，终不脱封建时代之窠臼。而以崭新面貌展现者，实自80年代创编新志始。项城早于60年代即兴编志之举，草成初稿，而体例、内容尚多商榷之处，遂置而未梓。1982年，项城县随着第三次修志高潮之勃兴，建立组织，采撷资料，缀辑编纂，历时十余年，终成全稿，计21编，89章，百余万字，为河南省方志武库又增一剑。

人物为志书灵魂，固非此不足以见历史之进展，社会之动态。是以无论既往，抑或当前，修志者颇注重于人物。旧例生不入传，近复有主张若生不入传则志书缺乏栩栩生气。遂又创简介之体以记有事功之生存人，而《项城县志》之简介则除入有事功之生人外，尚入传主事迹不足成传之殁者，虽与传统志例有所异议，但面对现实生活，介而不传，犹不失为权宜之计，至以职务、职称为入志标准，愚意未敢苟同。《项城县志》之人物更具探讨兴味者，厥为其邑有袁世凯其人。袁世凯著籍项城，于清末之编练新军，有所贡献；旋又乘辛亥革命之机遇，独操民国政柄，位极元首，权倾中外；终蹈复辟帝制之误，贻羞后世。其人其事，世已有多种传记论文详加评述。《项城县志》初有为其设置专章以突出其位置之拟议，顾以文字所限，何能尽其全貌，难免有顾此失彼之虞。愚以为此类人物，旧例概不入志；今欲入志，不宜独立章节，顺述其一生，而应视其为项城之一人，仍依生年为序，平列于诸人物之中，详述其在本邑之活动，略附其全国性活动，庶可二者互补，各得其宜。

志书谋篇立章，创意较难，犹忆80年代之初，武汉编志人员曾研究17部与武汉有关旧志的篇目、体例以核定武汉志的篇目、体例。河南也编有《河南地方志凡例序跋选编》备人翻检，对总结旧志，创编新志颇具参考意义。旧志流传久远，或以不获卒读旧志，可从凡例、序跋略窥一二；或以全书已佚，仅存序例，亦幸见吉光片羽。新编《项城县志》有鉴于此，乃于《附录》中辑入旧志序文、凡例并目录。缀辑旧文，既可免利用者翻检之劳，又具"文征"之效能，二美毕具，有利后世，曷可漠然视之！

《项城县志》始事至今，十易寒暑，而断限则止于1985年，缺空者殆十余年，似嫌悠长，遂于个别章节略超不限，并于大事记之末延伸下垂至1996年底，补其纲目，一则是时主政诸公之政绩可有笔墨依托，于加速志书之问世，有无形之裨益；再则一县数年行事历历在目，可备修续志者征考，并能以之慰父老之乡情。

《项城县志》我素未与闻其事，只以涉及袁世凯，乃承河南方志耆宿杨静琦编审谬以我曾撰著《北洋军阀史稿》，于袁氏一生略有涉足，而屡加推荐，并面嘱项城县志办来商其事。县志办主任韩虹彩同志，不辞辛劳，几度来津，咨询垂问，并坚邀作序。情谊难却，不揣固陋，略陈鄙见，以为《项城县志》贡一得之愚，是为之序。

一九九九年九月

原载于《项城县志》　项城市地方志办公室编　南开大学出版社1999年版

《鄢陵县志》序

　　鄢陵地处中原腹地，得名置县二千余年。其山川物藏、人文风貌自具特色，其事多载旧志。近五十余年，星转斗移，旧貌新颜，似不可以无志以纪其盛。此鄢陵之所以旧有多志而今又创编新志之缘由。

　　鄢陵修志始于明永乐，至抗战前官私修志凡十六次，而梓行于世者凡十一次，计明志三种、清志七种、民国志一种，其中明永乐、正德二志已佚。今见于著录者有印本九种，别有民国二十三年周澹渊所修《鄢陵县志稿》一种未梓行，残稿存南阳市图书馆。旧志以明刘讱嘉靖《鄢陵县志》八卷及清同治苏源生《鄢陵文献志》四十卷二种称佳志。二志皆一手成书，颇著勤劳而为后人称道。今新志之创编始于1982年岁末，八易寒暑而告成于1989年冬，其艰辛尤越前人。

　　新志编纂历经建立机构、培训人员、征集资料、编纂初稿、核实订补、评审成稿诸阶段。志成凡专门志传七编，益以卷首大事记及卷尾附录，都六十余万字。是志以章为主干而纳之于地理、经济、政治、军事、文化、社会、人物等七大编，既收小篇易于叙事、突出特点之效，复得大编提纲概要之功，可见编纂者谋篇之慎思。鄢陵莳花殆有千年历史，古有"花都"、"花县"之美誉，尤以蜡梅名葩，久负"鄢陵蜡梅冠天下"之令名，是志乃于"经济编"中特立《花卉》专章，此犹宋范成大《吴郡志》之志园林，今萧山志之志围田、青州志之志烟草，皆以彰其地方之特色。是志不仅有多种旧志为依据，复以广征博搜之五百万字资料为基础，甄选采录，备见编纂者搜讨之辛劳。是志初稿八十余万字，历经修订评审，终成六十余万字之定稿，颇立异于当前追逐巨帙，非百万字不足以见功力之志风。我曾力陈志书字数不宜过多，使人力物力皆可免虚耗，若鄢陵志之勇于割爱，乐于刷汰，确乎难能。至若生人不传，久著条例，而是志更立人物简介，兼收存人，于例似有不合，顾念乡人事功，有所建树，不入志似不足以备乡邦文献而信今传后，编纂者为此反复周章，乃选精拔萃，立简介与诸表以存其事。此虽涉破例，然又不得不曲谅编纂者用心之苦与谋事之艰！

我籍隶浙江萧山，1983年《萧山县志》审稿，与会方志名家河南杨静琦编审告以来氏之始在河南鄢陵，坚邀顾问鄢志。我久悉来氏居萧始于赵宋南渡，而鄢志又确指鄢陵来氏于南迁时有一支由绍迁萧山长河乡。寻根问祖久为社会风尚，事实昭然，我又何敢不应邀为祖籍效绵薄之力。遂于1989年亲与鄢志审稿会，并欣然承担审订梓行之任，乃简派陈岩、莫建来二君赴鄢与编纂者共谋修订内容、整齐文字。几经反复，益以钦编纂者不惮繁劳、不计功利，虚怀热情，以志事为重之风范，而陈、莫二君亦能倾其所知，相助为理。今稿成待梓，鄢陵主政者复邀我作序，固辞不获，遂浅论其事，一以志眷念桑梓之情怀，一以答静琦编审之厚谊，至所论是否有当，尚俟博雅君子有以教我。

一九八九年十二月于南开大学邃谷

原载于《鄢陵县志》　鄢陵县地方志编纂委员会编　南开大学出版社1989年版

（苏州）《友新六村志》序言

　　村镇志虽为当今官办三级修志所屏除，但近年面世者仍不少，多为基层组织或民间所为，实则村镇志所包极广，修者亦众，于中国方志史上有其一席之地。所谓村镇志，包括乡志、镇志、村志、里志、团志、坊志等等。现存最早之村镇志为宋常棠所撰《澉水志》，为浙江海盐澉水一镇之志。明清时期，村镇志数量大增，甚有多次修志者，如安徽贵池县杏花村曾于清代和民国两修《杏花村志》。是可知村志之修，其来有自。但若村已撤改而犹追记原建制之历史、地情者，我未之见。有之，则今之《友新六村志》也。

　　《友新六村志》所含为现苏州友新街道所辖之原双桥、三元、三香、友联、新郭、盘南等六村。六村位居苏州西南隅，至2008年夏，因相继"撤村建居"而不复存在。惟各村旧居民不忘历史，追寻记忆，各成民间村志，于资政、教化，实大有裨益。中华文化自原始时代，即有乡老口耳相传，以为后来者借鉴。迨有文字以来，笔之录之，多成小志，俾后世仰慕前徽。今人多以老照片追寻既往，皆寓教化庶众之意，惜文字之追忆犹缺。今六村故老毅然命笔述旧，既寄老村民之怀念，又可教育后辈，增爱乡爱国之理念，此六村志之特色一也。

　　《友新六村志》为合志体。合志在修志史上，前有成例，如《上元江宁合志》、《昆山新阳两县志》、《常（熟）昭（文）合志》等等，然皆为县级合志。若合多村为一志者，见闻仄陋，尚未之见。当今"撤乡并村"或"撤村建居"之举，所在多有。而旧村历史、地情，若过眼云烟，行将湮灭无闻，日久更难寻踪迹。独六村志对此已不复存在之社会最基层结构，著之文字，传诸后世，实具创意。设举国类此者，皆能有六村志之举措，存录文字，其为后人积存之地方文献，将不可计数。此六村志为新修志书辟一新径，而显其特色二也。

　　《友新六村志》由各村分别撰写，而后合为一集若丛书。虽出自多手，体例少有差别，而内容所述不出村境，举凡自然村区划、现存街道、古址逸闻、历史往事、社会风俗以及人物文献，无不入志。文字直白，朴而不华。但资料所记，史事充实，颇有可作史征者。如《新郭村志》第八章《名人与园墅》下《范成大与石湖别墅》节所记宋人范成大生平行事，著述爱好以及身后纪念等事，要言不烦，足资参考。在《余觉与觉庵》条下又较详细地记述了余觉妻子、苏绣奠基人沈寿生平与苏绣兴起发展之概况，有助于了解苏绣艺术。在《友联村志》第六章《名胜古迹和遗址》下第二节《唐寅墓》条下除叙其茔墓之兴废重建外，又附录有明祝枝山所撰《唐子畏墓志铭》、苏州府县志所载之小传以及有关诗词联语等，为明代大画家唐寅提供若干可资研究之资料。其他各村志，亦多有谈故说往之细节史事，可备采择。是内容丰富，文字通畅，又为其特色三也。

由此观之，《友新六村志》当为具有特色之新编村志。我之所以得获读此佳志，乃得益于忘年好友王君稼句也。稼句，古吴才子，年当我行年之半，而学识之博，著述之丰，令人拍案。稼句既承《友新六村志》统稿职责，又函稿来舍，邀我为序其志。深情厚谊，又何敢辞！乃尽一周之功，通读其志，而抉其特色三，写序以报。至是否言之恰当，尚待通达君子有以教之！

二○○八年岁暮，写于南开大学邃谷，时年八十六岁

原载于《友新六村志》 路军主编 古吴轩出版社2008年版

（扬州）《广陵区志》序

城市区志，为社会主义新方志百花园中一朵新的奇葩，类于县级志书，始创修于80年代。今已有南京之《白下区志》、洛阳之《涧西区志》等先后问世，而扬州之《广陵区志》行将以宏篇巨帙跻列于新志之林，更为盛世修志增光添彩。

广陵为历史文化名城扬州主体之所在，筑城置县已逾二千四百余年。地居江淮要冲，历来为政治、经济、文化之重镇。俊才硕彦各领风骚，英杰豪士备建功绩。《广陵散》为魏嵇康绝响之琴曲，《广陵潮》乃近代反映社会百态之稗说。扬州八怪驰誉画坛，扬州学派阐扬古学，皆为其他地区所难以伦比者。地灵人杰，宜乎广陵之有志。

广陵之古往今来，可检诸史志之载录，尤以明清以来多种扬州志及甘泉、江都诸志可备稽考。东汉王逸（一说南齐王逡之）撰《广陵郡图经》，始有以广陵名志者，而论其全备则当推今修之《广陵区志》。

《广陵区志》共二十四编，以章节系事，人物则独立成传，别有附录数篇。诸体并用，体制可称完备。字数达百二十万，资料搜集颇丰，可存一代文征。其尤为突出者，管见所及，要为数端：

其一，市区同城，使志书编写颇费周章。现制广陵区为扬州市惟一城区，市志、区志修纂势必存在分工和详略问题。区志全记，难免重复；少记则虑有缺空，着笔诚有难度。《广陵区志》编者历经实践探索，乃确定"详今略古，详区略市，该详则详，该略则略"之例，力求市、区两志各得其宜，有互补之效。浏览全志，颇见用心，虽建区前难以完全脱幅，而建区后则界限自分泾渭，而叙述亦复详明。市、区二志，因事先曾互商协调，各守其域，详略有度，记述时则化难为易。其所采编纂之法于一地包含市、县，或地级市与县级市并存，甚至如广陵之市、区同城之修志同仁当有可借鉴者。

　　其二，地方志顾名思义，当志一方之事，而以反映地方特色为重要。昔者，我以萧山之志围垦、青州之志烟草、鄢陵之志花卉为善于着笔而乐为之序，欣赏其符合志例。今读《广陵区志》颇重地方特色。广陵以园林古迹称胜，久在人口。其玉树琼花、绿杨明月、二十四桥、瘦西湖水诸多秀丽，吸引多少游客嘉宾，纵目骋怀。即以饱览天下湖山之隋炀帝及清康、乾二帝亦忻然巡幸驻跸。"扬州重园亭"之评，诚非虚誉。区志编者深识志宜，独立第六编《园林名胜》、第七编《文物古迹》，置于全志前列以突出广陵之独特处，使人展卷寓目，即可见广陵之地方特色。

　　其三，人物传记为历来志书必具之内容。今新志于编修之初即定"生不入传"之例。近年来，某些志书徇于世情，有悖定例而为生者立简介，使其厕名于志乘，甚者有按生者地位、职称而入于志传，此固有现实困难，当予曲谅；但终有违背志例之瑕。当今广陵，存世人才，层见辈出，设易地而处，修纂者恐难不违初衷，而《广陵区志》恪遵生不入传之例，收录本客籍有突出事迹和影响之已故人物，足以见编纂者之风骨。

　　其四，志书自创修至告成，殆达数年。其下限之年既定，而成书往往在下限之后，于是下限与志书完稿问世之间，时使数年政事业绩几陷空白。非惟今志有缺，而致用者亦有所抱憾。前者，我承乏《蓟县志》顾问时，即于此有感，乃建议该志主编于原定1985年下限之后增入《1986—1987年蓟县经济和社会发展纪略》一篇，如此既免下限推延，又可增补内容，使志书益趋充实，而在任主政者自当忻然于业绩事功得入志录而鼎力促进志书之问世。今修之《广陵区志》于附录中即有《大事记略（1989—1991年）》一篇，显系权变措施。蓟县之变例，《广陵区志》编者当未之见，而其如此暗合，亦足见编者之识见。

　　《广陵区志》既成，行将与《广陵散》、《广陵潮》并呈扬州文化鼎立之盛。主编迭函坚邀作序，幸附骥尾，曷胜欣慰，乃振笔而为之序。

一九九三年三月写于南开大学地方文献研究室

　　原载于《广陵区志》　扬州市广陵区地方志编纂委员会编　中华书局1993年版

《武都县志》序

武都地处甘肃东南，为陇上重镇，秦蜀咽喉。物产丰厚，而药物种植尤名驰遐迩，有"千年药乡"之美称。武都之名见于先秦传说，而其设置，实始嬴氏。相沿有道郡州县之设，可谓开化较早区域，修志事业也代有所作。据史志所载，其地志书殆达十余种，即有清一代已修志七种，惜多毁于兵燹，清志亦仅存数种而已。其清修光绪志距今亦已有百余年，其间历史之翻覆，社会之进步，迥非往昔所可比拟，而修志大业，无人顾及。今志之修，始于80年代中期。十年修志，备尝辛劳，而修志诸君子，正谊明道，不顾左支右绌之财政制约，焚膏继晷，孜孜以求，卒底于成，撰200余万字之巨帙，非惟空前，抑亦数十年内难有后继。读其志，怦然色喜而难有异议。顾主编曾礼君，好学深思之士，不遗在远，惠我志稿，复音问频频，遂不惮辞费而相与之。

篇章之立乃修志之根本。新编方志之篇目设计不外三端，即大编、小编及专业志。县志编纂大多采取大编、小编。《武都县志》则以专业志为章，而归口于行业为卷，类似小编与专业志之结合。各卷之上虽未立篇，而隐隐若有政区沿革、地理、经济、政治、文化及社会诸大篇统摄其后，条理清楚，论次井然。撷篇目三端之长，立合乎实际之设计，亦可谓自有创意矣！至若《药材》之独成专章，虽有悖于篇章设计应有定格之说，但立此可突出地方特色，正合志体，去千人一面，千志一式之弊，则谋篇立章自行定格又有何不可？

概述为旧志所罕见，而新编方志之立概述似已为大多数人所认同。综观当前各志，写法有三：一全志浓缩法，将全志浓缩提炼，成万字之篇，置之志首；一特点勾勒法，将地方特点要言不烦，写意勾勒；一分段提要法，按全书大篇区划，等分撰写提要。三者是非优劣，尚难定评，而概一地之要抑概一书之要亦尚有争论。愚以为概述既是一书之要，也是一地之要，最要者应为"引而不发"。

概述应引人粗识其地而急谋读其志，迨一志在手，通读全志则其地之天地人诸端可了然于胸。《武都县志》概述综政治概况、地理条件、经济发展、社会发展四项而类述之，颇似分段提要，读后似已得其大要而求读全志之心油然而兴。则分段提要法，亦不失为撰写方志概述之一法也。

资料为志书之血肉，非此不足以保证志书之质量。资料之来源不外求之古昔，征之当代。中国志书编纂历史悠久，蕴藏丰富，可备补缺纠谬之处颇多，历来修志者多以读旧志为先。今编新志每视旧志多糟粕，弃而不读，不辞辛苦，奔走万里，耗资成千累万，所得不丰，而归检旧志，颇多赫然存者。《武都县志》主编曾礼君深谙此道，于受命编纂县志之初，即将武阶旧志视作新志重要史源之一，且将清代武都名志——光绪《阶州直隶州续志》一依先师援庵先生四校法先行董理并出版梓行。《续志》上起三代，下逮清季，广及陇右、陕南、川北诸地，撰者皆能事寻其源，人考其实，遂使后之读者以其体例完备、归属合理、考证精当、史料翔实、文字简炼而誉为"文约事丰"之作。曾礼君等以名志为鉴，进而广搜博征，纂集成志，于保证新志之质量，颇有裨益。

人物为志书之灵魂。设无人物专卷则志书仅为物典，而非一方之史，失其资政、教化、存史之全功能。入传过严，难显一方风流之雅；入传过滥，定获鱼龙混杂之讥。是以历来志书莫不于人物三致意焉。为求臧否得宜，杜绝请托，乃有生不入传之例。新编县志之始，人多恪遵，我亦屡申其说。近年修志者顾念乡人奔走四方，建功立业而克享盛誉者，苟囿于生不立传之成例，摒不入志，似不足以备乡邦文献而信今传后。甚者有谓生不入传则盛世所修之志，不见生人，鬼影憧憧，恹恹而无生气，于是于传之外又立简介与诸表以存其事。此虽涉破例，然又不得不曲谅编纂者用心之苦与谋事之艰。《武都县志》于人物卷立传、录、简介与表，其情其事，当为适应潮流之举措，未可厚非。其以生年纪始，允为超俗之笔。

《武都县志》于概述、大事记之后，设13卷112章，达200万字，可称宏篇巨帙。主编曾礼君亲自动手着笔成稿者有7卷90万字，其他亦均为其增删、裁定。其殚精竭虑，皇皇不可终日之情景当可想见。稿成有日，早付手民，以卸仔肩，亦在情理之中，而曾君为求志书之更加完善，乃携稿东行于京津等地征求意见，复登傅振伦教授之门并惠临寒舍，请序志书。振伦教授为方志界耆宿大老，于我为师辈。傅老慨诺作序，不顾高龄，如期交付。我有幸先睹傅序，深感其笔力雄健，气势依然，既娓娓话当年之亲历，复广征博引于文献，措辞确当，评论公允。于

《武都县志》大增光彩，更何待不佞啧啧置喙。是以稽延推脱，迟迟未敢落笔。曾君情真意挚，迭函敦促，情不可却，乃不揣固陋，勉为续貂之举，聊抒浅见，至祈傅老有以教我，并以应曾君之请。是为之序。

一九九五年初夏

原载于《武都县志》　武都县地方志编纂委员会编　三联书店1998年版

《阶州志集校笺注》序

中华人民共和国成立以来，有识之士多方呼吁编修新志，惜以世事多端，百废待兴，尚难全面展开。后复以"文化大革命"劫难，修志事业，几于停顿。直至20世纪80年代初，修志事业方获认同而积极落实。于是各地纷纷建立三级修志机构，遴选人员，先后启动社会主义新方志编修。历二十余年，乃成各级志书达数千种，一时称文化之盛业。至若旧志继承，虽早有议及，董老一博亦力排众议，筹建旧志整理委员会，大力推动，我亦应邀相助。行见整理旧志事业，将与新编志书并蒂兴旺，不幸董老谢世，人亡政息，后继者亦意不在此。我则山野一叟，人微言轻，无力支撑，旧志整理事业几已名存实亡。历二十余年，旧志整理可称成果者，实寥寥无几。兴言及此，得不一叹！唯甘肃武都曾礼君于主编《武都县志》之际，以众醉独醒之卓识，关注当地旧志。

曾君为应编修新志之需，首先整理光绪《阶州直隶州续志》并付之枣梨，于是武都之有旧志，始为时所闻。迨《武都县志》告成未几，曾君退归林下，而关注旧志之心未泯。将他在修志阶段，奔走四方，搜求所得之明万历《阶州志》、清康熙《阶州志》、乾隆《直隶阶州志》、嘉庆《武阶备志》和光绪《阶州直隶州续志》等五种志书结集一起，历时数年，详加校注，终成《阶州志集校笺注》一书。从此，世人皆得窥阶州旧志之全貌。我不得不为武都幸，亦不得不为曾君贺！而曾君复不远千里，惠寄清样稿，俾获先睹。曾君又请序其书，我虽高年目眊，心犹愿读未见书，乃手持放大镜，尽一月之力，粗读全稿，颇有所感，略述数语以赠，借以塞责！

旧籍点校，世多不经意，往往视为雕虫小技，章句之学，此实为未经实践者流之谰言。实则真正从事点校旧籍者，无一敢轻言其点校书无一误处，是可见点校一事，绝非顺文而下，信笔圈点而已。曾君之于点校，则持敬慎谨严之态度。

曾于其自序中立"整理校注的原则"与"整理校注的方法"二题，以申明点校之指归。而读其所笺注，则力求倚乾嘉常规，"求真复原"，又历述博览之有关群籍，并恪遵先师援庵先生之校书四例，而解说其内容，既有裨于后学，且以见曾君治学之有本原。

曾君既申明其点校方法，复分析诸书致误之由及处理方式，令读者易于了解如何订正错讹。尤可注意者，曾君固不为整理而整理，更不为单纯整理旧志而整理，其宗旨乃在以其整理成果为世所用，诚如其自言："笔者校点这四部阶州志，一是正误，二是便读。"不仅于正文变繁为简，而且出注简要，力避烦琐，使读者更有所得。其治学之仁心，于此可见！

曾君为弘扬乡邦文献，搜求旧志，历尽艰难，其志可嘉。得书之后，不计功利，焚膏继晷，隐于点校。历时六年，点校竣事。然经费拮据，难以付梓。曾君义难坐视，多方呼吁，筹集经费，以求《笺注》问世。曾君志行足贬末俗而励高行，我于此又何得不肃然起敬，乃濡笔书其二三事，愿世人读其书，敬其人而仿其行，则文献之不坠，其有待乎！是为之序。

二○○七年元月写于南开大学邃谷，时年八十五岁

原载于《阶州志集校笺注》　曾礼校注　甘肃人民出版社2013年版

《克什克腾旗志》序

克什克腾旗地处松漠，建置垂三百五十余年；顾以文献阙征，迄无成志问世。80年代以还，旗志编纂人员不辞辛劳，历时十年，终成巨帙新志。此不特为民族文化放一异彩，也为民族地区方志增一新葩，更以见蒙、汉及各族人民之协力合作，成此盛举。

《克什克腾旗志》不仅在民族地方志中，即置于全国志书之林亦能以其篇幅宏大、内容丰富而一争短长。我曾尽数日之力读其油印送审稿一过，虽尚有待进一步订正之处，而其特色已显然可见。

志书基础在于资料，而资料质量之高下又赖于广搜博采。克什克腾旗除于六十年前曾有一仅10万字之《经棚县志》待刊稿外，未能如腹地县市之一地多志；又以地居荒漠，资料分散，搜集维艰。克什克腾旗领导极重此基础工作，曾广泛号召，抢救资料，进行全面网罗；编纂人员立志为克什克腾旗成一代信志，不惮烦杂，奔走采访，并翻检典籍档册、记录口碑回忆、调查实物遗迹，自1982年至1986年，四年之间，万里辛苦，积存资料达1500余万字，可称宏富。嗣经甄别筛选，为旗志提供翔实依据；又为无成志地区立一借鉴。其用力之勤，建业之艰，足征编纂人员之苦心孤诣。资料搜集之广，数量之夥，允称《克什克腾旗志》之一大特色。

志书为一方之全史，记载当力求详备。克志以丰富之资料记述现况，颇得志法。如所记自然资源之篇，于土壤类型、不同植被区之物产、水资源之分类等等，均能记述详明，条理清晰，有裨于经济建设之参考。至如植物、动物名录均按科学方法分门别类，详加收录，颇便检索。其他政治、经济、文化、教育诸篇之有关篇章亦能力求详尽，致使手旗志一编而全旗概貌可得其大要，不啻为施政、观光及乡土教育提供依据与教材。

志书之与他种著作相异之处端在具有浓厚地方色彩，使人开其卷即能知其地。旗志于此颇加注重。如地貌描述，纵使文字简约而力求突出重点，遂能一览其篇即扼见其地貌之要。至于民俗、方言诸篇更予浓墨重彩，既保存一方文献，又以见地方特色，颇耐读者寻味。

《克什克腾旗志》之能如此，与编纂者之精心擘划确乎有关。旗志自1986年至1989年间，群策群力，撰写初稿，而于1990年至1991年进入总纂，先后几经讨论修订。主编李振刚同志更不弃在远，于1991年春远道专程见访，以送审稿进行面商，坚邀作序，并热情邀约于秋季北去塞外，参与审定。我以克什克腾旗前无成志，又地在边远兄弟民族地区，理当应邀，奈因东瀛早有讲学之聘，不克前往。迨1992年春归国，李振刚同志复函告志稿业经讨论、修订、终审，即将付梓，敦促早日作序。我既以未获亲与讨论为歉，复念克什克腾旗已一改无志面貌，而编纂人员十年寒窗之劳尤不可没，乃就前此读志所得，濡笔而为斯序。

一九九二年四月写于南开大学

原载于《克什克腾旗志》　《克什克腾旗志》编纂委员会编　内蒙古人民出版社1993年版

志评

自著方志学著作提要

《方志学概论》

《方志学概论》，来新夏主编，22万字，福建人民出版社出版，1983年8月。

1980年秋，在天津召开地方志协会筹备会时，有人建议编写一部《方志学概论》。次年8月，在山西太原召开的中国地方史志协会成立大会上，决定编写一部《方志学概论》，供高等学校开设方志学课程和培训全国史志编写人员使用。并由协会委托南开大学、安徽大学、宁夏大学、福建师范大学、苏州大学、辽宁师范学院、贵阳师范学院和杭州师范学院等八院校参加编写，并推定由来新夏担任主编。1981年10月31日至11月4日，在南开大学召开编写工作会议，确定《方志学概论》的编写方针是：以马列主义、毛泽东思想为指导，坚持四项基本原则，批判地继承我国方志学的传统，总结近年来编写方志的经验，系统地阐述方志学的基本理论，为建设社会主义的物质文明和精神文明服务。并拟定了统一的编写提纲，要求编写人员尽全力编写出一部融知识性、学术性和实用性于一体的教学用书。

《方志学概论》从1981年11月开始分头撰写，历时半年，至1982年4月间，各草稿撰稿人即完成初稿，经主编大致通读，略事修订后，即以油印稿形式印行，并于1983年先后在东南、华北、西北、中南四地区的方志编写人员培训班上试用，取得良好效果，又组织培训人员多次讨论，提出修改意见。经撰稿人员反复核对，认真补正，再一次油印第二稿，送全国有关专家学者审定。在集中各方意见后，由吴格、赵永东二君全力襄助主编，综理众说，确定宗旨，调整篇章，斟酌文字，删定成书，交由福建人民出版社，于1983年8月出版问世，成为首届修志时期第一部方志学领域中的通用教材。

《方志学概论》共五章。第一章：《方志与方志学》，对方志与方志学的有关基本概念给以准确的界定，使读者获得方志与方志学方面的若干基础知识。第二章：《历代的方志编纂与研究》，对自汉魏至建国前我国地方志编纂工作及方志学的理论研究工作进行历史的叙述，并对重要旧志与方志学专著进行评价。第三章：《建国以来的方志整理、研究与编纂》，一方面对旧志的整理与应用以及对传统方志学重加研究的成果作了详尽的介绍，另一方面又介绍了新方志编写工作的筹划和进行状况，阐述了新编方志与传统方志间的继承发展关系。第四章：《方志编纂的原则与体例》，对于新编方志的指导思想、原则和体例，从编写新志人员实际需要出发，作了较详尽具体的阐述，使读者易于把握。第五章：《方志编纂的方法与步骤》，叙述了新编方志工作的具体操作进程，提出了当时切实可行的设计方案，即从建立编志机构，培训专业人员，资料的搜集、鉴别与整理，分纂与总纂，以及有关几个值得注意的问题等，均作了较全面的叙述，力求达到可操作性。书后有三个附录：一是关于新编地方志工作条例的建议和新编省、市、县志基本篇目，供启动工作时的参考。二是省、市、县地方志编纂工作意见示例。三是方志学重要书目论文索引，收录了自民国以来至1982年7月止，有关方志学的重要书目与部分论文索引，分《方志书目》、《解放前论文索引》和《解放后论文索引》等三目，供研究者参考。

这本书既注意了内容的理论性、知识性和学术性，也注意了它的实用性。它不仅是一本高等学校的教学用书，也可供各省市县地方志编写人员的学习和使用。经几年使用，获得学术界的较佳评论，并成为新编方志界一直沿用的一本主要用书。

参加这本书写作的人员有：周春元、傅贵九、陆振岳、林衍经、邸富生、吴奈夫、陈树田、陈明猷、林正秋等人。

《中日地方史志比较研究》

《中日地方史志比较研究》，来新夏、（日）齐藤博主编，271千字，南开大学出版社出版，1996年1月。

本书系中国南开大学与日本独协大学方志学国际合作项目成果。

日本独协大学经济学部部长齐藤博教授，以社会史、民众史名世，并曾亲身参与地方史志编辑实践，于编修史志之立论与立法，尤具卓识。曾向南开大学来新夏教授建议共作中日地方史志比较研究，在双方多次书信往还、商讨交流基础上，1991年初齐藤博教授来访南开大学，面商细节，签订协议。1992年9月课题研究工作全部落实到人，研究撰写工作正式开始。历时两年，于1994年9月，中日双方学者的研究成果基本汇齐，又经过三个月双方交换审定文稿，修正译文的过程，终于完成全书，分别交由中日出版机构，出版两种文本。

中国方面的论文大致可以分为三类：一类是从历史学的角度论述中国地方志不同阶段的发展史，并评价其记事内容、语言要求、史志关系诸方面。郦家驹、来新夏、谭其骧、傅振伦和林衍经诸学者的论文，属于此类。另一类是历史地理学家的立论，如史念海、陈桥驿两位教授的论文，即属此类。还有一类是从事实际修志工作者根据长期从事修志实践活动中所获得的经验而加以理论的升华，如杨静琦和费黑二氏的论文便属此类。

日本方面的五篇论文实际上是以第一篇作为主论文的，这是由齐藤博教授主持，邀请色川大吉和芳贺登两位教授，就地方史与民众史进行座谈的记录。这篇文章所讨论的内容，远远超出主题，内涵极为丰富，应该说这是对日本战后史学界现状的概括性描述与评价。他们从自我历史的角度出发，对日本战后十多年的历史学领域，进行了回顾，对历史学界各流派的人物和观点，进行真实的介绍和坦率的评价，他们提出了研究和编写地方史的方法，即把自己放进去的研究方法。大滨彻也教授的论文，阐述了市民亲手创造市史的意义，不赞成由教授、专家承包编修市志。他提出了考察真实情况的方法，利用士兵、农民的私人档案，如日记之类，进行具体分析，从地方纪念物来认识周围发生的新变化等等观点和见解，都是值得借鉴的。齐藤博教授的另两篇论文，旨在重申地域社会史的发生、发展与意义，论述了地方史编纂法的几种潮流，支持了市民创造市史、编写市史的观点。犬井正教授的论文，是以《天津简志》作为研究素材来进行中日地方史志比较研究的。他从中国志书的叙述方法及目的，来纵观中国方志影响下日本方志的传统。对史志关系从名称、用法及叙述内容各方面作了比较研究，对中国新编方志给以友好的评论。

《中日地方史志比较研究》是中日方志学界众多知名学者共同参与的一项首创的国际学术合作项目，由于各方面的关注得以顺利完成，并根据双方协议出版中日文两种版本。日文本于1995年6月由日本学文社正式出版，中文版则于1996年1月由中国南开大学出版社正式出版。出版后在中日史志界产生重大影响，被中国方志界评为当年十件大事之一。

《志域探步》

《志域探步》，来新夏著，158千字，南开大学出版社出版，1993年9月。

《志域探步》是作者二十世纪八十年代投身于新编方志事业的十多年间，参与地方志编纂与研究活动中所积累的一些论述。它比较集中地表达了作者对地方志编纂与研究的见解与观点。这些文字虽不是全面系统的论述，但却是作者就所见到和为方志界所关注的一些问题，通过发言探讨或撰写序言、书评而发抒的见解与观点，对当时正在新修方志热潮中的各地编修人员，发挥了辅导、参考作用。

全书分上下编。上编共有七篇：

第一篇：《丰富的历史遗产》，叙述了民国以前历代方志的编纂与方志学的研究状况。第二篇：《建国以来地方志的编写与研究》，叙述了建国后方志学界整理旧志，研究方志编纂法，探索新方志学的创建和创编新志的工作情况。第三篇：《新编地方志的取材》，较深入地探讨对旧志资料的批判继承问题，对新编地方志所需资料的搜集整理与利用问题。第四篇：《新编地方志的编写》，对新编方志的编纂体例，编纂工作中的相关问题，史笔志笔的异同以及对新编方志的历史回顾与前瞻未来。第五篇：《审稿与评志》，作者强调了审评工作在新方志事业中的重要意义，首次提出审稿的四项标准，即政治标准、论述标准、资料标准和结构文字标准等。并列举了对萧山、渭南、玉山、江宁、青州、常熟、青田、江阴等市、县志书的评论。第六篇：《开拓史志编写领域》，作者提出开展编写企业史志的建议，为史志领域注入新的时代精神。第七篇：《近代地方文献学家陈作霖》，详尽地论述了近代地方文献学家陈作霖对南京地方文献的研究和撰述的成就，以激励新编志书的编写人员发挥最大能量以推动新志编写工作。

下编收录了作者历年为一些市、县志书所写的序言，以表达个人对编写新志的见解与观点，并具体评论各志优缺点，以备各地尚在进行修志人员的参考。所收有重印《畿辅通志》、《萧山县志》、《青州市志》、《盐山县志》、《鄢陵县志》、《蓟县志》、《许昌市志》、《项城县志》等共十八篇。

《中国地方志》

《中国地方志》，来新夏著，18万字，台湾商务印书馆出版，1995年9月。

1993年冬，作者访问台湾时，曾与商务印书馆张连生总经理相晤，谈及应有一部反映中国地方志历史与现状的书，供大专院校作教学用书和一般人士阅读。张总经理力邀作者承担此事。作者因从事这方面研究与撰述工作垂四十年，积累较丰，遂接受委托，以作者旧作《方志学概论》、《中国地方志综览》和《志域探步》等为主要依据，并参阅同道多种论著，订误补缺，历时数月，成《中国地方志》一书。

《中国地方志》共分六章。

第一章：《概说》，对方志的定义与名称、方志的起源、方志的类别、方志的属性与特征、方志学的研究对象与内容等问题，进行全面详尽的论说与界定，使读者获得有关方志与方志学的基本知识。

第二章：《历代的方志编纂》，对清以前、清代和民国各个历史时期的方志编纂状况、体例、特点及成就等方面，进行科学的分析，并分别列举各时代的名志，给以公允的评价，向读者推荐。

第三章：《方志学的萌芽与发展》，阐述清以前历代对方志的见解，清代方志学的建立，以及民国时期方志学名著的评介，并着重论述了当代对方志与方志学的研究状况，又推荐若干专著，供研究者参考。

第四章：《旧地方志的整理与利用》，中国是地方志遗产极为丰富的大国，本书特立专章，回顾这笔历史遗产，并着重论述了新志编纂时期对旧志整理与利用的成绩。

第五章：《新方志的编纂》，这是本书的重点章节，对二十世纪五十年代以来编纂新方志的详细过程作了具体描述。由于作者亲身参与新编方志的全过程，其所述内容足可征信。而对新方志的编纂方法与主编职责，作者根据统一规定，作了明确的条列和解说，对指导全国普遍开展的修新志工作具有一定的指导意义。并立专节，有选择地介绍曾起过示范作用的五部志书，即《萧山县志》、《许昌市志》、《江宁县志》、《江阴市志》和《吴县志》等，进而总结了新编方志在资治、教化和存史方面的社会效用。

第六章：《今后的趋势》，这是作者对未来在旧志整理、新志编纂和方志学研究等三方面的发展趋势，作了预示性的分析，供今后开展工作的参考。

本书在适当章节写入香港、台湾修志状况与主要流派观点，为当前有关方志学著述所少及。书后附有《参考书目》，分专著、工具书、方志与期刊三类，均为撰写本书时所参考，可供读者进一步研究时检读。

本书内容丰富，文字简要，既可作大专院校教材，亦适合一般人士阅读参考。

《中国地方志综览》

《中国地方志综览》，来新夏主编，76万字，黄山书社出版，1988年10月。本书是一部全国性地方志资料的综合汇编与著述，兼有工具书的作用。

本书以马列主义、毛泽东思想为指导，全面系统地辑存散见的有关方志资料，为方志工作者提供查览之便。收录范围上起1949年，下至1987年末。

本书依类编次，分为专载、大事记、新志编纂、理论研究、刊物·著作·文章选目、文献资料辑存、旧志整理与研究、社会服务选例、台湾香港方志动态，共九部分。书末《附录》有二：一是《中国历代方志概述》，简要介绍1949年前的历代方志状况，而侧重介绍民国时期的地方志；二是《史志书讯》，简介本书收录范围之外的部分资料，以利信息交流。

中华人民共和国建立后，特别是八十年代全国兴起修志热潮以来，方志资料繁多，而本书限于篇幅，未能全部入录，乃依下列规定入录：

1. 记事、录文，原则上至省级或省会城市为止。

2. 志书、方志著作的收录与介绍，除省、地、市、县志外，原则上只取公开出版物。其余视情况，列入相应栏目之附录。

3. 志书篇目力求照顾不同志种、类型、风格，加以选介，严格限于已成书或已定稿付印者。

4. 方志刊物的收录限于国家和省级修志部门的专刊和其他全国公开发行者。

5. 选载的方志文章目录索引，取自以上相应的方志刊物，或社会非方志专业性报刊。

6. 重要学术活动，只取全国性或多省（区）联合举办的较大活动。

7. 所选录资料，限于地方志。有关地方史或类似方志者，一般不予采用，或视情况列入附录。八十年代以前资料，辑录难全，适当放宽收录标准。

8. 收录资料的取舍标准以学术价值和资料保存价值为重点。

各类资料的排列，力求查阅方便。根据地方志自身特点，采用以区域为序和以时为序两种方法结合进行。而对旧志整理成果，一律按成果印行时间为序。

本书资料主要取自各地地方志书刊、文件以及图书馆、档案馆所收藏的有关文献。全书主要采取条目式记述，间用记、述、录等体裁，以便读者检用。

本书由于涵盖面较广，收录资料较丰富，工具性较强，遂成为当时各地修志部门与修志人员必备的学术性工具书。已故方志学专家傅振伦先生当时对本书总的评论是："使读者足不出户庭，而能窥方志论述之全貌"。

参加本书编纂工作的，有各地修志部门、部分大专院校和有关科研单位的方志工作者和爱好者。撰写稿件者有九十余人，已在本书的扉页上详列名录。

二〇〇二年十月

原载于《邃谷书缘》（书林清话文库） 来新夏著 河北教育出版社2005年版

《志苑杂纂》审读意见

　　郭凤岐先生所著《志苑杂纂》是近几年方志界一部有影响的专著，经审读，提出如下看法：

　　（一）《志苑杂纂》是作者在近十几年来主持和指导天津市编修通志、专志的实际工作中，将1995年—1998年间所积累的经验和理论文章的结集（1994年前的论文已有《方志论评》一书），这些论述对指导修志工作具有实际意义。

　　（二）全书近30万字，共60余篇，分论文、讲话、书评、杂谈四类。对方志学理论、编纂法的论述已达到当前研究工作的高度，对新修各志的评论也能切中主旨，评说公允，并能提出应有的批评。这对首届新修方志工作是一种总结性的探讨，对日后修志工作有足资借鉴之处。

　　（三）作者对编修新志工作的学术性研究有独到的见解，如对志书体例结构、志书质量的保证、指导修志工作等方面均在有关论文中有精辟见解和论断，为方志学界所称道（详见该书《论文篇》），这些见解有较强的指导意义，并反映了首届修志工作的理论水平。

　　（四）作者有较深的文学修养，写作水平较高，本书行文简洁流畅，可读性强，尤其对修志人员更有参读价值。

　　总之，《志苑杂纂》一书既有理论价值，又有实际意义，是一部具有相当质量的方志学论著，特推荐参与评审。

一九九七年五月

原载于《天津史志》1999年第5期·总第64期

《邵长兴方志文存》读后

　　自首届新编方志兴起以后，有志之士，颇多投入，俊才硕彦，不乏其人。而能倾其身心，无怨无悔，忠诚于方志事业者，厥推辽东邵长兴先生。邵长兴先生一生从事新闻、教育事业，颇有成就，而晚年尽力修志事业，尤著声名。我与邵先生虽仅一面之雅，但曾有函件往来，并于报刊间知其奔走各地，了解志情，总结材料，为从事修志者节劳，提供帮助，颇为人称道。

　　不久前，承邵先生惠寄《邵长兴方志文存》（以下简称《文存》），皇皇巨著，可称方志界之翘楚。附函嘱贡一言。是时，我方婴疾初愈，体力欠健，而历年积习不读全书不作序评，遂函复邵长兴先生，奉达下情，请迟以时日，而邵长兴先生复来函敦促，并嘱为一短文，以作纪念。不佞有何德能，致劳远方盛情，愧恧不已。遂尽十余日之力，读竟全书，获益殊甚，深感邵先生督促之功。

　　《文存》一巨册，都80余万字，卷首有董一博、邵文杰、邵华泽、王忍之等等名流题词，有与各地方志办负责人及志界人士合影，足以见邵长兴先生之广交游，志界耆宿傅振伦、杨静琦与苏长春三老，为《文存》序，皆有所确评。傅老之总评曰："今读长兴之书稿，其学博，其品高，其识远且广，更才华横溢，非凡宏著，有发前人所未道者，诚为撰志之指南，亦存史之珍萃。"静琦女士序有云："长兴同志是一位治学谨严，用笔勤奋，思路开拓，勇于创新的方志编纂的实践者和方志学理论的研究者，他的文集出版将对方志事业的发展做出有益贡献。"而苏先生之序更能分析入微，做到"由书写人，由人论书"。三老之论几已包罗全书，令人难以质言，惟既受命读书，亦不揣浅薄，略赘数言以报。

　　《文存》以四季编次分卷。卷之春为《纪事》，有记1988年至2000年间，计十三年之方志界大事。每年发动各地热心志业者提供信息，从中权衡轻重，选其最要者十事入文。可称新编方志事业鼎盛期之大事记。而近年继首届编志之后，为续志之储材备征，大兴年鉴编纂之风，而邵先生又自1995年至2000年间复著年鉴十件大事专篇六。二者为春卷之中心，更以专篇综述撰写十大事之经纬，以及有关二者之编著述略，使从事方志事业者所需之检读工具大备，为后来者造福不浅。夏之卷为《谈书》，乃评人评书之作，持论公允，态度真诚，易为人接受。秋之卷为《论志》，系作者方志学理论研究之成果，与对各地新编志书之评点，皆能独抒己见，激扬文字，对推进方志编纂工作大有裨益。冬之卷为《纪游》，以诗文记见闻，足以见作者之屐痕忙碌。另有《特载》为各方同道对邵先生事业著述之评论，有此四卷一特载足可窥邵先生之辛勤一生矣。我匆匆浏览一过，获益良多，惟以未能详读为愧，所陈诸端，亦难见新意，聊贡愚者一得，至祈邵长兴先生有以谅之！

原载于《天津史志》2003年第2期·总第85期

评《宋朝方志考》

地方志至宋方定型，修志达千余种，但多亡佚。现存世者仅有二十九部。学者有必要了解宋代志书情况，故本书选题，切合现实需要，具有现实性。本书撰写体裁为提要目录形式，是具有学术内涵的工具书，有较大的实用价值。

本书前言，若作为代序，文字过多。若作为全书概述或综述，则尚有若干待补充处。建议另写一篇简明序言，将现有前言改写补订成具有研究性，能概括全书的学术论文，详细论述评介两宋方志的特色、体制及在方志史上的历史地位等等，

发凡起例为著述首要任务，尤其学术性工具书，更有必要，有了凡例，便于读者掌握全书使用方法。现前言中关于体例的内容应为制定凡例的基础，专设凡例一篇，置于卷首。

本书书名《宋朝方志考》似欠准确。其一，朝指一个君主的统治时期如徽宗朝、高宗朝、康熙朝、光绪朝等等；代指一个完整的时代，一个历史时期，如唐代、五代、明代，习俗上朝代混用，但作为一部专著，应用《宋代方志考》；其二，宋有南宋、北宋，史家合称两宋，如名《两宋方志考》比《宋朝方志考》准确多；其三，"考"者，主要内容应在考论文献价值，本书这部分内容较少，较多的是版本、存佚等，主要是一部提要目录，应归属于目录类叙录，故书名如作《两宋方志叙录》则更为贴切。作者论定地方志为"记一地之政治经济文化风情人物……的综合性著述"，著述前应加"地情"二字，改为"综合性的地情著述"，这是方志界已有的界定。

本书称"保存了不少正史、野史中所未记录的资料"。既是"未记录"的资料，当然珍贵。但各篇叙录并未摘引，亦无指向。宋存志书不过二十九种，应在叙录中有所记录。而本书失载。

本书论及方志起源事，引《周官·地官》说"诵训""掌道方志，以诏观事"，不够全面，因《周官》中尚有"外史""掌四方之志"的记载。实际上真正管地方志的是"外史"，即"外史"掌管各地有关历史与现状的情况，并负责整理，提供给"诵训"，"诵训"则把"外史"提供的"四方之志"，为周天子讲述，使其了解各地情况，更好地治理国家。

本书论图经之始说"经汉以后，发展至唐代图经"。并举《沙州图经》与《西州图经》为例，似唐以前只有图而无图经，实则东汉已有《巴郡图经》，书虽亡佚，但却是最早以图经命名者（见《华阳国志》）。又图经的界定，"图则作绘之名，经则载言之训"，虽注明出于《祥符州县图经》，但此语为该书李谔序中之经典语，应注全。

本书论及方志功能时说："方志有资治、教化和补国史等功用"。其义不错，但志界一般用"资治、教化、存史"，较本书所说，涵盖更丰富些。

宋代不仅志书修志体制成型，而修志思想亦较完备透彻。

如司马光在《河南志》序中说："凡其兴废迁徙及宫室、城郭、坊市、第舍、县镇、乡里、山川、津梁、亭驿、庙寺、陵墓之名数，与古先之遗迹，人物之俊秀，守令之良能，花卉之殊尤，无不备载。"

马光祖在《景定建康志》序中认为地方志功能是"天时验于岁月灾祥之书，地利明于形势险要之设，人文著于衣冠礼乐风俗之臧否"。并提出五大功能说："忠孝节义，表人材也；版籍登耗，考民力也；甲兵坚瑕，讨军实也；政教修废，察吏治也；古今是非得失之迹，垂劝鉴也"。

其他尚有郑兴裔《广陵志序》、朱长文《吴郡图经续集序》、王象之《舆地纪胜》等著述中，均有宋人论志书之理论，应加注意。在综述中增入此部分内容。

本书概述涉及宋代修全国志书之事，述太祖、真宗修志事，但对太宗修《太平寰宇记》一事则未著一字，不知何故。《太平寰宇记》汇前此图经、政纪、人物、风土记、古迹、谱牒、文征等于一体，极大地丰富了地方志原有的内容，开后世地方志立人物、艺文体例之端。清学者钱大昕曾评说："是书体例虽依吉甫（《元和郡县图志》），而援引更为审慎。间采稗官小说，亦惟信而有征者取之。有宋一代志舆地者，当以乐氏为巨擘"。这是中国方志发展过渡阶段中极具关键意义的一部名著，加以宋志存世少，此书不能不收。其他总志，亦应入书。

　　宋代志名较完备，有图、谱、记、乘、志等名称，是其特点。但宋代志名亦有一大缺点，即州县志书往往不标某州某志，而好援引古郡名或所在山水名，如福州志名《三山志》，因福州城东有九仙山、西有闽山、北有越山，故以山名志。台州志名《赤城志》、松江志名《嘉禾志》，以古别称名志，人难晓其义。本书应指出。

　　凡专著征引图籍，应写入全名，以便读者顺文即知所引为何书，不宜用简称。本书均用简称，不当。且又在书末附一简称全名对照表，实为画蛇添足，多此一举，应取消。

　　今存宋代志书，为数甚少。本书将存佚书混编在一起，使存志湮没于佚志大海之中，使用者翻检存志，实感不便。建议：分为上下编，上编为存志，下编为佚志，各归其类。

　　宋代存志，为数甚少。著录存志，应加注藏者一项，以便搜求。

　　著录存志，应注明现存卷数，如乾道《临安志》著录为"十五卷，存"。实际现存仅三卷，虽内文对存卷有所考订，但始列项即应著为"十五卷，今存三卷"，其他类此。

　　本书对撰著者生平事迹、卷数、版本状况、存佚等项，均有著录；但对志书史料之考评及征引则较少涉及，尤其对佚志，更应重视这一点，以体现志书"存史"之功能。

　　本书征引书目，对旧志、目录书及杂著，有所涉及，但今人有关研究成果较少，形成空白。而清代目录书记及宋志者，亦尚有缺漏。建议：应稍扩大征引书范围。

　　本书是一工具书，以准确方便为主，应在书尾编一纂者、书名综合索引。

　　本书从整体看，有出版基础，但需认真修改补订。

审稿人：来新夏（南开大学教授）

二〇〇八年十月

审评（天津）《南开区志》

南开区位于天津市区中心地带，为具有悠久历史的重要旧城区之一，经济发达，人文荟萃，可惜从没有一部区志可备参考。我国具有两千余年的修志传统，素以品类齐全名于世，而城市区志则付阙如。直至现代，始于上海有区志之作，而为数仍称寥寥。迨新编方志之业大兴，城区增多，有识之士注意及此，奔走呼号，城市区志之作勃然兴起，蔚成志坛之新葩。《南开区志》因时承运而起，终成一自具特色之区志，为天津新编志书增色。

《南开区志》于篇目设置颇有新意，第二篇《南开精华》充分显示南开区之地方特色，下设"南开之最"、"周恩来在南开"、"天津老城厢"、"著名学府学校"、"知名一条街"、"百年老字号"、"文物古迹"、"遗址"及"民间工艺"诸章，毕呈南开区以至天津市之文化精华，有此一篇足以见修志者之创见，亦为区志之编纂树一新路。

其于内容安排、资料运用亦颇见特色，如区境内有海内外驰名之南开等学府两所，设备完善，人才济济，如不叙及则缺浔，如详述则篇幅所占过大，致使各篇章失其均衡。此志首于凡例中明确，二校为驻区单位，而驻区单位之人物不入区志，如此，二校之济济多士可不拥挤于区志，实为明智之决断。艺文为文明城区之具体体现，《南开区志》特于文化卫生体育篇设《艺文》专章，收近代名人著作、碑文选录、匾额、楹联、诗词民谣、书法真迹选录及早期话剧简介等节，从各个方面反映南开区之文化文明程度。又有《厢风卫俗》专篇，充分显示天津卫城厢地区之民风习俗，尤以所属《家族民俗》章之家族称谓节，不仅保存津城之民间称谓，而今后独生子女时代，若干称谓行见消失时，更具特殊参考价值。

概述为一部志书之总括，既得一地之胜，复见一书之要。而最要者莫过于求其言简意赅。《南开区志·概述》以五千言文字，分立"光辉的过去"与"奋进的今天"两大部分，下列九个段落，紧紧抓住南开区特色而给以高度概括，眉目清楚，钩玄纂要，得概述"小而精"之妙。

《南开区志》引用资料，重于考证，求其翔实。如对围城绕转之白牌电车开通时间，旧有两说，修志人员并未两疑并存，而是几经周折，终于在《大公报》上查到通车的报道消息，疑义终获解决。于人物生卒年有缺、名字号存疑者均一一查对补正。全书119处图表中1196个数据均经反复审核，力求无误。他如图片之搜集达810张，从中选定入志者有彩照117张、插图照片65张，可称博收约取，自见精彩。全志文字精炼通畅，合乎志体要求。

《南开区志》经审读所见如上。在评审过程中，各方人士所提意见与建议也经修志人员充分考虑，择善而从，认真修改。全志历时六年，数易其稿，成百万余字之巨帙，以之置于当前城市区志之列，亦当称力作，可与诸志一较短长。《南开区志》其勉乎哉！

原载于《天津史志》1999年第3期·总第62期

（天津）《红桥区志》读后

　　红桥区位于天津市区西北，为天津市六大城区之一。区以有清乾隆三十八年前所建红桥而得名，历来为骚人墨客题咏所取材，以是为人所熟悉。区本无志，1991年全国编修新志热潮迭起，天津史志编修领导机构乃定策编修城市区志。红桥区如响斯应，建立区志编修机构。于1992年启动着手，历时三年，至1995年完成资料搜集和编写初稿工作。又经三年，至1998年夏经审评、分纂、总纂，终于完成前所未有之《红桥区志》（蓝本），并以蓝本为据广邀有关人士召开评审会，肯定成绩，提出修改建议，进行再一次修改和增补。2000年秋，《红桥区志》定稿终于告成，并出版问世。从此红桥结束历史上无志状态，并为撰写城市区志树一例证。

　　评论一种著作的成就，唯一标准在于其有无创新内容，是否有新角度和新资料。《红桥区志》为红桥区创编一部具有相当规模之新志，填补历史之空白，此为一新。近年各种志书大多循区划、自然、经济、政治、文化、人物之序结构篇章，而《红桥区志》独出心裁，于第一篇《区划·环境》之后即以三篇特色篇章继其后，以《四个发祥地》、《红桥精粹》与《历史名园水西庄》专篇，精雕细刻，突出红桥特色。令读者展卷之始，即获红桥之绚丽。如此结构，确乎体现修志诸君之殚精竭虑，而有异于他志，此二新也。《红桥区志》卷尾附入旧照片多帧，非为猎奇，而是以此旧式城市面貌与当前发展进程相互比对，益增激励之心，可以之进行爱国主义教育。寓教于乐，颇具创意，此三新也。有此三新，不仅体现地方志应具地方特色之基本要求，更使《红桥区志》可备佳志之选。

　　《红桥区志》共28篇，131章，369节，140余万字，可称巨制，而内容叙述较详尽实得益于前期资料搜集工作之得力。修志者以三年之功，百般搜求，得资料1200余万字，初经筛选，得500余万字之长编，为区志奠定坚实架构，又经删定，成140余万字之定稿，洵非易事，亦可见修志者之艰辛。概述为全志总括，为引发读全志之锁钥，分《历史的辉煌》、《现实的崛起》和《未来的展望》三大部分，言简意赅，不枝不蔓，可读性较强，惟述及历史上四个发祥地内容与第二篇颇有重复，似感微憾。大事记叙事简明，取舍亦较恰当。区志下限原定1995年，而成书时已及世纪之末，修志者乃于《志补》下设《1996—1999年红桥区经济和社会发展纪略》一文，补叙世纪末有关要事，而成一划时代之世纪之作。

《红桥区志》很注重著述体例，特别是善于接受新体例。志书应有之篇、章、节、传、大事记及附录等，完整具备。目录与概述均有英译，有裨于域外人士之阅读，更有利于红桥区之对外宣传。卷末附索引，为新著述通用体例，极便读者翻检。

红桥所属三岔口为天津城市之源，天津建城行将600年（1404—2004年），而《红桥区志》于其前夕问世，更具重大意义。我粗加检读，深以为喜，乃撮述浅见以为贺！

原载于《旅津八十年》　来新夏著　南开大学出版社2014年版

（天津）《津南区志》读后

津南地处天津东南，面临渤海，背依市区，为城乡接合之要镇，形势险要，经济繁荣，历史现状颇有足资征考者，惜无文献以记事，而城市区志有无专设必要，当时犹有歧议。近年天津城乡变化甚巨，津南地位日趋重要，领导群众咸以盛世不可以无志，而城市区志自成一格，已为志界共识定论，是《津南区志》之编撰，固应时势发展需要而产生者。

《津南区志》之编纂始于90年代之初，六易寒暑，几经删订，终成百数十万字之巨帙，编纂诸君，备尝辛劳，功不可没。我久居沽上，躬逢其盛，忝蒙相邀，备位顾问，与修志诸君多有切磋商榷之便，偶贡愚见，时蒙采录。及全书告成，复应邀序其书，乐观厥成，至感欣悦，通阅全稿，可称佳志。举其荦荦大者，可得三端。

其一，方志最要者为独具特色，而切入特色必熟谙地情，慎加比量，方能确定。《津南区志》于此曾反三复四，详加分析，终以小站三事为地方特色之突出点，乃立《小站要事记略》专编。小站三事云何？小站练兵、小站名稻及小站"四清"等全国独有之三事。修志者于此三事，浓墨重彩，详尽陈述。小站练兵为中国近代改革军制之发轫；小站名稻为明清两代悉心经营之良种，久已蜚声海内外；而小站"四清"冤案，其范围之扩大，影响之恶劣，为他处所未见。有此专编，《津南区志》之特色显然可见。

其二，首届修志后期，修志人员逐渐从修志实践中日益感到志书不能止步于记事，理应向学术著述高度迈进，天津修志人士于此尤加关注，宣传推动不遗余力，是后期所成各志多有学术含量，而《津南区志》着笔更见功力，如第二编第八章有关贝壳堤之论述，固可称精心谨严之科学文字，文章对贝壳堤之概念、分布、年龄、特征、形成，以及科学价值、社会经济价值等，均有准确之描述，而尤为可贵者，在于文字之深入浅出，使艰深之考古内容易为一般读者所了解。又如第二十编第八章记及古遗址前三合村宋代遗址，虽寥寥三行，而考订其为宋三女砦遗址，则曾多次邀约专家学者亲临其地，进行实地考察，终使湮没千年之古遗址得以确认，使全志学术质量得以提高，更为下届修志树一标尺。

其三，《津南区志》的编制体例合乎现代著作之要求，全志从序言、凡例、目录至概述，均译为英语，方便国际人士参阅，使具有悠久历史传统之志书走向国际，与国际接轨已非空言。卷尾之条目索引，更为利民之作。因志书篇帙较大，翻检为劳，有此索引，检读称便。凡读《津南区志》者均可坐收利便于几席之间。而国际人士于中国志书更当刮目相看而有所仰慕矣！

内容前所未记，特色异常突出，而体制复合乎当代。具此三端，将使津南文献从此有征，津南地情得展现国际，称为佳志，谁曰不宜？

二○○一年三月

原载于《邃谷文录：来新夏自选文集》（上册） 来新夏著 南开大学出版社2002年版

喜迎（天津）《北辰区志》问世

　　《北辰区志》虽成书略晚，而篇幅之巨，内容之丰则居津市各区志之首。历时五年，成书200万字，编修人员之历尽艰辛，亦可概见。北辰前此无志可依，一无凭借，编修人员筚路蓝缕之功，固不可没。我忝承区志顾问之邀，撰稿之商榷，蓝本之评审，均亲与其事。今乐观厥成，得不欣然，爰就读志所见，略缀数语以贺。

　　《北辰区志》既恪遵志体，复自有创意。概述为新方志之创例，而写法各有不同，《北辰区志》以万字篇幅撮要述一地之概，分列四部为：得天独厚的区位优势、不断发展的城郊型经济、各具特色的社会事业、硕果累累的两个文明建设。于是北辰区之自然条件、经济趋势、人文活动以及事业成就几均跃然纸上，令人一览可得，可谓自具风格。而将概述译为英文，与国际接轨，利域外人士之检读，尤为切合现实之举。

　　地方志必突出地方特色为新方志编修原则之一，各地新志大多遵循，或立专章，或成专篇，而天津各区志之修，多立特色专章，如《南开区志》之立《南开精华》专篇，《北辰区志》之立《北辰菁华》专编，皆独具创意。《北辰区志》之《北辰菁华》编，分三章详加论列，于是北辰区之古镇名村、名门望族以及全国全市全区之最均得历历在目。此一地特色集中表现之良法，而可备取法者也。又《漕运与北仓廒》之设专编，则以漕运于北辰区既悠久历史，更见经济价值。北辰漕运始于金泰和五年，北仓廒为清代天津最大皇仓，至今犹存其名。历时数百年之漕运、仓储历程，颇多有关水利、河道、仓储、航运之史迹可寻，于今尚有借鉴意义与参考价值，固无负于专编之设，而北辰之独有特色亦得以表露无遗。至该编第二章之立《漕运文化》，保存漕运文献，尤见修志者之远见卓识。

　　断限为撰史修志之必要前提，而成书与出版又往往间距甚大，因此史志出版物出版后与现实年代之差少则五六年，多则十数年，时代气息相应冲淡。《北辰区志》力矫时弊，虽在篇目撰写中制定下限为1997年，而在实际运作中则将概述、大事记以及若干篇延伸至1999年，而出版年月则在2000年10月，为当前新志中下限与现实相距最近之一种，既补下限与出版间距过大之缺，又极大地提高人们对新志的参阅率。

人物为一志之灵魂，故各志均有人物传记之设，以记录人物事迹，但甚少见于人物传外别立专人专编者。《北辰区志》于人物编后专立《登高英雄杨连弟》专编，以旌表烈士功勋，用以教育后人，其用意之深于此可见。

他如卷首之列英文目录，卷尾之附索引，皆合时代之需求，至于文字流畅，图表清晰，犹其余事也。若《北辰区志》者自当不胫而走，乃预为之贺！

二〇〇一年三月

原载于《邃谷文录：来新夏自选文集》（上册）　来新夏著　南开大学出版社2002年版

（天津）《汉沽区志》浅评

　　《汉沽区志》是天津市区县志中的一部佳志，共设29个分志，并概述、大事记、人物、附录等计148章552节160万字，有图有表，是一部体制完备，内容充实的巨帙。它凝聚着汉沽修志人员的十载辛劳，并为天津志书系列工程的文库丰富了藏品。评论这样一部志书，不仅是对《汉沽区志》给予应有的评价，对其他尚在进行的区县志和专业志的编修也能有所借鉴。我曾多次接触过汉沽的修志工作，对这部区志有些了解，也感到有责任发表一点个人的看法，以供参酌。

　　对目前出版的一些志书的评价已经不能和过去那样，仅就指导思想、史料采集、地情论述和文字运用等等方面去衡量要求。因为这些方面似乎已成定格，是无庸赘言的修志基本要求，是最起码的合格标准。我认为现在对一部新编志书的要求应该是看它比以前所修志书究竟增加了哪些新东西，它能为尚在进行编纂者提供哪些借鉴。这对于原来蓝本基础较好的《汉沽区志》尤应如此。

　　新编方志中的区志由于我国行政区规划比较复杂而且有特殊性，有的区属于县级区，如扬州的《广陵区志》；有的区属于地级区，如北京、上海、天津所属的区志。这些情况复杂，归属变动频繁，编写难度很大。尤其像汉沽这样的区，一个时间属于这，一个时间又属于那，曾和宁河、唐山、天津都有过隶属关系，又单独设过市，目前是天津所属的一个地级区。哪些归它写，哪些不归它写，实在难于妥善处理。《汉沽区志》对此处理得较好，它将全志的记述范围确定为"以1987年底的区境为准"而将归属变化在行政区划中有所交待，避免了若干交错纠缠的烦扰。

　　当前的新编志书似乎应该超越仅仅记录地情的阶段而进入学术性著述的境界，方志界一些有识之士曾有此见解并发表过议论。我很赞同这种要求，至少应部分地向这方面努力。《汉沽区志》中的《盐业志》就是很有特色的一个专志。

它不仅使人一看这里讲的就是汉沽这个地方，显示了新编志书要突出地方特点的基本要求，而且把汉沽的鱼盐之利讲得比较透彻。这个《盐业志》共分六章，分别记述了所有制、生产、储存、运销、盐政管理及盐业工人等等内容。它为全国盐务史提供了可供采撷的重要资料，具有较高的学术价值。这是正在进行的新编方志和下阶段续编方志时应努力的方向和遵循的方针。只有这样，才能使方志跻于学术之林，而为社会提供更有使用价值的著述。

在开展新编志书过程中，旧志常在参考之列，往往会发现旧志中对经济现象重视和记载不够。新编方志则随着经济发展而需要作为参考咨询的重要资料，于是特别强调重经济，但是在一些志书中却出现了重经济、轻文化的倾向，讲经济连篇累牍，而文化相对来说讲得较少。社会上也存在着重物质、轻精神的偏向，这都不符合两手抓的原则。作为一部将流传后世，不断发挥教化作用的志书来说，并不完全恰当。《汉沽区志》虽前无旧志可依傍，但他们从其他新编方志中发现这种畸轻畸重的现象而做到两不偏废，使文化部分在整个篇章中占四分之一，可见主编和全体修志同志既注意到当前的经济发展，全面叙述了经济发展的横断面，还能注意到整个文化随经济发展而发展的总趋势。这不是一种无意识的巧合，而是修志者对修志时弊及汉沽实际进行考察、思考后所定的篇章。

一本信息含量较高的书籍如果附有一份索引，对于读者将是莫大的便利，特别是对像志书那样的大量地情信息而又常常需参阅翻检的大部头书，更需要有索引来方便使用者。可惜在新编方志创始阶段忽视了这一重要问题，以致十几年来各地所编印出版的每部达百数十万字的志书竟落后于时代，没有在书后附以索引，使人难以立检可得。在我曾经审读过的百数十种新编志书中，我仅仅见到过一部，记得似乎是《龙游县志》。《汉沽区志》当是我所见的第二部注意到编配索引的志书。虽然它没有编制一份比较全面完备的综合索引，而仅有图名、表名和附件的索引，但这确是天津市所属区县志中的首创，能开其风气也是值得肯定的。甚望今后志书能附有综合索引，则读者幸甚！

行文加注是志书中少见的体例，但其意义不能低估。《汉沽区志》在某些篇章的有关难点上加了必要的注，全志共有页末注129个，表下注74个。简明扼要，颇便参考。这是非常好的功德事。在盐政问题上，过去读一些资料，遇到拦路虎，既不能彻底了解，也不知如何去求解，往往囫囵吞枣地滑过去了。有些专用词，当地人懂，外地人不懂；本行业人懂，隔行的人就不懂，一读注脚就豁然贯通。如盐滩的计量单位"副"，不知有多少，在《汉沽区志·盐业志》的一条注中写道："一副滩，即一制盐生产单元，大小不一，盐滩亦称盐田。"文字不多而含义了然。在盐业活动中有一种叫"发海"的人，一直不甚了解其确切身份，《盐业志》中就出注说："盐商身居天津，养尊处优，不愿奔波往返到滩地购盐，委托中间人办理，此中间人称'发海'。"又如"桃花盐"，有注说："初春时节生产的盐，色白，盐质好。"对某些简称，目前可能身经其事的人尚能说清，但时间一久，而对其所包含内容则语焉不详，如"五反"，当时人可能说得清，现在则许多人已只知其然而不知其所以然了。《汉沽区志·商业志》则于记及"五反"时特为加注说"反行贿、反偷税漏税、反盗窃国家资财、反偷工减料、反盗窃国家经济情报"，使后世读者能具体了解"五反"所指。其他如注原始史料之引用根据、重要文献之附入均能以注的形式发挥其保存文献、提供文献的作用。

《汉沽区志》之所以能有这样一些创新内容，对新编方志的编纂法有所发展，主要是主编和修志人员能及时、认真、虚心地学习已问世的佳志，特别是天津市属区县志的优长之处，尤其是能不厌其烦地请教评审，反三复四，琢磨锤炼，把一些不足与疵点消灭于面世之前。即以蓝本与正本相较，就可看出其勇于改正的精神。如人物传是《汉沽区志》中用心之作，能恪遵生不立传的良好传统，采取不以职务地位立传的标准。但在蓝本中却受到当前某些志书编者以卒年为序的影响。这种以卒年为序的创意在实践中并不恰当。我和有些志界人曾不断阐明以生年为序的理由，《汉沽区志》的编者，采取了合理的见解，在正本中便改为以生年为序，并改订了以生年为序的凡例。又如附录中原有《汉沽人古今著作目录》，这部分很重要，因为它既可以体现当地的文化水平，又可以发挥以事系人的补缺作用，应该大力提倡。但是，仔细推敲，标题不够确切，只需用此目与人物传所记内容作一次本校，就能发现此目涵盖不全，如再广事搜求今人著作，则此目之缺漏更多。现在本标题已易为《部分汉沽人著作目录》，使人无可挑剔。又如新增《1988—1993年汉沽区经济及各项事业发展纪略》一文，使这部志书更贴近现实。这些都显示出主编的睿智和精雕细刻费摩挲的精神。

当然，这并不能说《汉沽区志》已经毫无缺憾。它仍然还有某些需要更进一步提高和订正的地方，如对经济类的宏观记述不足，对改革开放的论述还有可加浓墨重彩的余地。有些人和事还可以做进一步调查来增补订正。有些文字似应再加润色修饰，使我们的志书更有文采，摆脱"言之不文，行之不远"的窘境，增强其文字的美感和可读性。这些对《汉沽区志》的全志来说，应属于瑕不掩瑜一类。我曾和汉沽的修志朋友有所商榷，又有幸分享《汉沽区志》成功的喜悦。我真诚地希望尚未正式问世的天津通志各分志和所属的区县志修志团队都能效法于《汉沽区志》那样倾注全部精力于修志大业，使自己参与的志书能超越《汉沽区志》，达到当代更高的水平！

原载于《天津史志》1996年第3期·总第46期

《天津通志·军事志》读后

《天津通志·军事志》（以下简称天津《军事志》）是《天津通志》中的一部独具特色的专业性志书，是天津有史以来的第一部军事专志。它自1998年始事以来，历时三年，于2000年8月完成约80万字的初稿，经有关领导机关审定和专家学者详加评审，提出修改意见后，进行了全面的认真修订增补，终于在2001年12月完成90余万字的定稿，正式出版问世。不仅为全军军事志提供典型，亦为《天津通志》增一佳志。近日又在天津市第三届新编志书评选会议上得到与会评委的一致肯定，被评为特等奖。

天津《军事志》是一部专业人员修专业志的良好范例。专业人员修专业著作是中国著述编纂史上的优良传统。早在两千年前的汉朝，大学者刘向在受命编纂第一部大目录书时，就采用专才修志书的编纂方式，他把图书分为六大类，其中《兵书略》就由步兵校尉任宏主持，取得很好的效果。天津《军事志》即由天津警备区司令员为领导，由现、退役军人组成编写队伍而开展工作的。内行修志，事半功倍，为天津《军事志》能早日成书，奠定始基。

天津《军事志》以军事为主干线之主旨极为明确，无论搜集材料，论述编次，以至图表安排，无不围绕天津军事为中心，不枝不蔓，简要详明。如《综述》一篇，与其他各志迥然不同，仅分军事历史与军事地位两部分，钩玄纂要，要言不烦，不止为综述一体中之佳作，抑且使读者方一展卷，即能将天津六百年来之军事既往状况，以及天津军事现状与所处的战略地位，了然于心。即不署书名，人亦知其为《军事志》也。

天津《军事志》前无依傍，资料搜集任务难度甚大，修志人员力任艰巨，不辞劳苦，深入挖掘，广征博采，终于以较短时间，得文字资料2000万余字，照片图表数百张，为编写工作奠定坚实基础，使全志有重实可据的价值。而尤为可贵者，在于能以与时俱进思想为指导，引入现代化科技手段，用于文字编写以及图片处理，从而使文字成稿速度加速，历史旧照得以修复，全志益臻完善。

天津《军事志》篇章设计合理，全志共分九篇，下设章节，分述军事地理、驻军、设施、兵役、训练、战事及人物等，无不涉及，而又密切结合军事主线。各篇上下衔接紧凑，内容资料充实，观点正确（如列侵略军于附录即以体例明观点），天津军事之历史与现状应称无所遗漏。而于军事保密特性均有所斟酌，并于编后记中有专段说明，以解读者之惑。

天津《军事志》之最引人注目者，莫过于图片之配置，全书共有88页彩照，除按常理有卷首铜版纸插图外，尚在篇篇之间大都插入全幅有关彩图，如第一篇插入之彩虹外航空影像图，图像清晰，现实性颇强；第五、六两篇间的《小站练兵营盘分布图》，对新建陆军之营盘设置，图示清楚，有助于了解中国第一支新式军队的营盘设置，为他书所少见；第八、九篇间所插大沽历次作战图以及历史遗迹照片等均有重要参考价值。另有234幅黑白随文照片，均甚难得，图文并茂成为本志最大特色。

总之，天津《军事志》是一部观点正确，主旨通贯，资料充实，论述详明，文字平实，足以填补学术空白的创意之作。

原载于《天津史志》2002年第2期·总第79期

极具特色的《天津通志·公安志》

　　天津是中国近代警察事业的创始地，从光绪二十八年（1902年）始建机构起，至今已达百年。它是清末所谓新政之一。一般人只从表面上看到警政所具有的维持社会治安，防治宵小等功能，而对其真实全貌则感到朦胧不清而未能全面认识。但是社会各界人士又非常想了解它的整个事业，所以《天津通志·公安志》（以下简称《公安志》）的问世，无疑是应社会的需要而提交的一种明确的答复，因此这是应受到人们关注和欢迎的新志。

　　《公安志》是《天津通志》中一部重要分志。由于其写述对象不同于一般行业志，不采用横列门类的志体编纂法，而是以史的发展为顺序组织篇章，显示修志者从实际出发的识见。全志划分为四篇，叙述中国警察事业的三大历史时期，即清末、民国及人民公安。条理通贯，文字清顺，可读性甚强。而将《日伪警政》贬入第三篇附篇，使敌我界限分明，尤见史识。其综述与大事记略，言简意赅，颇得大要，使读者有进而求读全志之念。而卷尾之附录与志补亦颇有实际内容而非赘笔。

　　读《公安志》的最大感受，就是这是一部极具特色的新志。约其最著者，可得二端：

　　一曰透明度极强：警政公安素为人们不知其详而又欲知其详的部门，但可参读的有关书籍又不多。新编《公安志》既为业内人员所撰述，熟知部门情况，资料翔实可信，内容又遍及警政公安全部范围，无论机构设置、警力配备以及打击犯罪、保护人民的职能等方面，甚至有所失误之处，均有真实之叙述，使人们增强对志书的信任感。尤为可贵者，这些论述不是修志者的信笔之作，而是修志者经过深思熟虑后的自觉性撰述。正如总纂后记中所说，它是"为让全社会了解警察，理解警察"。通读全志，确有通体透明之感。

二曰史料价值高：警政公安内档资料为一般人所难得一见，某些从事相关研究者亦往往不易接触。今借志书的正式问世，向社会公布若干珍贵史料，如第三篇附篇《日伪警政》所附的"伪警察局强征'慰安妇'"的专篇史料，其所揭露之日伪强征"慰安妇"的凌辱程序及措施等罪行，均真实可征。尤以所附"慰安所"照片，更令人发指，仅1944、1945年两年，天津一地即征用"慰安妇"300人，使中国妇女遭到野兽般的蹂躏，这是对日本至今犹图狡辩的丑恶行径予以驳斥的有力史证。《公安志》的附录中更汇集有关租界警政、国民党特务组织、反动会道门、青红帮以及各时期警察法规等有关资料，撰成专篇，为研究者提供极具参考价值的第一手史料。

在上述两大特点外，《公安志》的随文插图与各项附表尤有裨读者。更引起读者兴趣与重视的则是卷尾的《旧警照片》。这是本志修撰者别出心裁的创意。《旧警照片》共收旧照片60余帧，涉及机关、人员、设置及一些活动等。使往事得以形象地呈现于读者，诚为同类专志所未见。《公安志》的人物部分也与其他志书的人物传有不同的写法，它将人物志入于全志序列中，排入第四篇最后一章，借以保持全志的完整性。但另外也尚有某些值得商榷的地方，如人物传共收23人，均为公安干警，无一旧警员，似与常规略有不合，让人有不足之感。至所收人员中有用现名入志者，而于其原姓名则略而不入，特别是一些名门后裔如凌青为中国近代民族英雄林则徐的五世孙，似应注明。至于第二篇第十二章末所附《重大警事撷录》似与章题内容不合，不如将其列入第二篇第二章之后立一专节，较为合适。

《公安志》自1992年开始编写至1998年成书，历时七年，而下限则在1990年。成书与下限之间相距几近十年。修志者为弥补这一空缺，特立《志补》一专栏，撰成《1991年—1998年天津公安工作发展纪略》一文。这一做法既可不牵一发而动全身，又能提纲挈领，补足缺略，使全志完整。全志的编制也颇合当前志书的编写规范，如志首增入英文目录，有裨外籍人士翻检。志末增编包括人物、图片和表格在内的索引，使读者得以按图索骥，极为称便。

综观全志，《公安志》应是一部篇章结构自出机杼，内容充实、资料丰富而有参考征信价值，且撰写合乎规范、文字清新可读的佳志。至于小有不足将可作为未来修志的参考，所评未能尽洽，至祈撰者与读者见教！

二〇〇一年秋写于南开大学邃谷

原载于《天津史志》2002年第1期·总第78期

《天津通志·附志·租界（志）》推荐书

　　《租界志》是《天津通志》中具有特色的一部附志，是专业工作者与修志工作者密切合作的成功之作，是全国通志层次中的一部独特而仅有的附志。全书共十二章，另有附录五篇，共六十余万字。这部志书具有如下几项值得推荐的特色：

　　1. 资料丰富。租界问题是天津非常值得注意研究的重要课题，天津地方也有较多的文献储藏，但一直缺乏人力物力进行深入挖掘和搜集。《租界志》编写时，动用了大专院校档案专业师生结合档案工作人员在专家统一领导与具体指导下，对天津市收藏的各类档册书刊，较全面地搜集整理，使该志能在坚实资料基础上进行编写论述，如对租界划定、扩张的所占面积，历来说法不一，该志作出了应有的论断等等。因此该志可称现有有关租界著述中资料最为丰富的一部专著。

　　2. 论述正确。近年来对租界问题出现一些过分强调所起正面作用而忽视其危害与罪恶方面的倾向。《租界志》能以充足论据，正确地作出较全面的论述。除在各章节中揭示租界的本质外，还特立专章，即第十一章：租界恶疾，下设政治阴谋与事件、奢靡生活与犯罪两节，集中论述租界的根本性质，教育后人认清租界的真实面貌。因此，该志不仅是一部有正确观点的志书，而且还起到很重要的爱国主义教育的作用。

　　3. 编写体例得当。志书编写体例的得当与否，对能否成为一部好志颇有关系。《租界志》在章节安排上眉目清楚，重点突出，如立金融、市政及公用设施、人口宗教和租界罪恶等专章，突出了租界的特色，也提供了可资参考的资料。

　　4. 在图文关系的处理上尤具特色。历来有关著作对租界区划多采用示意图，而《租界志》搜求历史地图多幅，不仅影印原图载于卷首，并精心重绘附入以增加清晰度，其中如《1913年天津各国租界位置图》、《1915年前后天津市区及租界位置图》以及《1937年天津各国租界及特别区位置图》等，皆为稀见有价值的珍贵图片，增加了该书的可信度。其随文插图的质与量均达到一定水平，起到了图文并茂的效果，可备撰写专志之参考。

附录集中于卷尾，收录有关占有租界的文书及管理章程等四件，为研究租界问题提供了原始资料。所附《各国驻天津领事年表》一件尤便检索。

志书目录多无外文，而《租界志》特邀专家译成外文目录与中文目录并置于卷首，此固因《租界志》之特殊需要，但基于我国开放以来中外交往频繁，海外人士对方志也颇有涉及，各志增入外文目录势在必需，而《租界志》当起到先行范例作用。

5. 文字流畅。《租界志》的文字比较流畅，可读性较强，如《综述》不过万字左右，而所述条理清楚，综括得要，读之若天津租界小史，又能引发通读全志之兴趣。大事记文字简约，记事充实，对全志有提纲挈领之效。

基于上述，我认为这是一部内容丰富，材料充实，体例得当，文字流畅的专志，经认真审读，特此推荐。

南开大学教授

国家教委地方文献研究室主任

中国地方志协会学术委员会委员

来新夏

一九九七年五月二十九日

原载于《天津史志》1997年第3期·总第50期

浅评《静海县志》蓝本

《静海县志》是天津市属县中起步较晚的一种，但修撰者善于运用先修诸志的经验和方法，认真紧张地从事修志工作，以较快步伐赶上来，取得了可喜的成绩，大有后来者居上之势。这丝毫不掩没先修者的功劳，因为从天津市角度审视《静海县志》，这些先修者的辛劳对《静海县志》的成就确是作出了可贵的贡献，静海的同志们应该承认这一点。同时，我们也应充分肯定，他们面对起点较高的情况下更登层楼是付出了相当代价的。因为入宝山空手而归者，不乏其人其事。这一相互推动的经验，是值得市志办组织力量，研究探讨，并写出文章向全国宣传的。

从总体来看，《静海县志》是一部观点正确，论述清晰，体例编排基本合理，文字流畅的佳志，具有许多优点。但是，审稿会不是庆功会，而是吹毛求疵会，是对修志者所耗心血作输血工作。因而，我不过多地涉及优点，而偏于"挑剔"。这些意见只供参考，并与修志同志商榷，不当之处，希望批评。

一部志书的最基本要求是搞好体例，古人所谓发凡起例为著述之要。我常说不怕例错，只怕例乱。一本志书的体例要一致，要便于客观反映内容。《静海县志》在篇目、归属和体裁等方面还有可商量之处。

大事记既是全书纲要，又可补本志的不足。所以要注意古今比例，《静海县志》大事记共44页，辛亥以前1974年占4页多，民国38年占2页，1949—1993年共45年占38页。古今比例过于悬殊。1949年后所记过于琐细。

篇目是志书的基本框架，是决定志书质量的重要因素。《静海县志》的某些篇目尚需斟酌。即以第十八编为例：（1）编题是《教育·科技》，一共七章，而科技仅为一章，即第七章，占全编的七分之一，畸轻畸重，有失平衡。（2）教育共占六章，基本按施教性质和办学措施立章；但是，《塾馆教育》章则乱例，一是它已为历史陈迹，与普通、专业、成人三种教育不能相提并论；二是《塾馆教育》章内第四节的科举考试和选派留学生与塾馆没有必然联系，而属于人才的选拔；三是塾馆概念不确，书院、义学是否能包括进去？（3）有的节过于单薄，如第二章第二节《学制》仅三行，其他章的学制仅列目。

有的章题目与内容不能吻合，如第十七编《军事》第八章《兵祸惨案》，其各节所写均为惨案而无兵祸。这一章是可以拆散分属的。如《八国联军暴行》可用小一号字附于《义和团运动》之后，《日伪军暴行》可附在《抗日战争》节后，《国民党反动派暴行》可附在《解放战争》节后。

又如宗教入于《民情·习俗》是否合适，也值得研究。

论述史实必须准确，特别是年代顺序更应注意。本志第一编第一章（页3）第二节第一行："历史上，境东濒海，县内多水，故名静（靖）海"，原名靖海则应写作"故名靖（静）海"。又同节倒三行："明，洪武初年为避讳'靖难'，以求安宁，改'靖'为'静'称静海县。"洪武是明太祖朱元璋的年号，使用了31年（1368—1398），其孙允炆继位，是为惠帝，立号建文（1399），燕王朱棣与侄争位，发生"靖难之变"，与"洪武初年"相距至少二十年，故此说有误。又避讳避尊者，似无避事件讳者，且明尚有"嘉靖"年号，此点应研究。第三编第一章附表（页84）第一行"明万历四十三年，1616"，第二行"明嘉靖年间（1522—1566）"，时间顺序颠倒近百年，而万历四十三年应为1615年。

数字文献在著作中的地位日趋重要，已为修志者所认识，但数字必须绝对准确，否则即成硬伤。随读择数例如次：

（1）第二编第五章第一节第一行："据1983年土壤普查统计，农业占地157万多亩"（页65）。但是，第四编第二章第二节附表总耕地面积栏：1978年是106万5000亩，1985年为105万3000余亩。"农业占地"与"总耕地面积"不知是否同一概念，如果是一个概念的两种说法，那么，1983年为什么比其前后都多50多万亩呢？

（2）第三编第一章第一节（页85）第10页下记1953年第一次人口普查，全县人口总数为278948人，1964年第二次人口普查总人口为295976人，应增17028人，而本志直记增17025人，有三人无下落，同一页中，数字已出现差额，实应注意。

（3）同编章第四节附表（页107）所列数字1965—1973年间的合计与各项数的总和不符，有的差距还很大，如1972年，本志合计数为7148，而我的复核数为

12901，相差为5753，差额不可谓不大。

（4）第四编第二章第二节附表（页116）的合计数均与分项数的总和不符。

在体裁方面，《静海县志》大体上都适当地运用了纪、传、志、表等形式；但是，图的运用却少了些，只有寥寥几幅。表的数量较大，显得方块多，圆形少，体裁单调，希望增加些图。

人物问题一直是修志中的焦点问题。《静海县志》立人物传，坚持"生人不立传"的原则，保存了志书传统体例；又立人物录，把许多现代人编入各种录，有存有亡，摆脱了志书只见亡人、不见活人的局面。录中又创立了农民企业家录，坚持实事求是的态度。对禹作敏不以其过而没其功，列入名录。这些都是很好的见解。但是，我对"先后排列以卒年为序"不敢苟同。我在多次评稿会上和写评论时都力申其说，人物是有生存顺序的，以卒年为序不仅人与人之间乱次，而且史事也易错位。志中有卒年同仍不按生年为序者，如页739的元殿元与郝振基卒年同而郝生于1871年、元生于1876年，为何仍然元先郝后？

附录不是编余，而是文征，辑入重要文献，对当代后世都有益处。《静海县志》规定的下限是1990年，附录辑入一篇《1991—1993年社会经济发展纪略》，很有必要，一以不没这几年主政者的辛劳，二则增补内容而不牵动全局。其最有特色的是十、十一两篇，一记大丘庄始末，二作评论，而编志者以人民日报社论作评论，确实高明。

地方志应具地方特色。这是编写地方志的基本要求。它可以通过地理环境、社会环境等状况来表现，而语言也是一种重要表现形式。本志第二十一编第五章第三节《谚语》收集了大量谚语，但我感到有不少是全国通用性的，如"春雨贵如油"、"风是雨的头"、"活到老，学到老"、"吃一堑，长一智"、"纸里包不住火"等等没有地方特色。我看应该大加刷汰。

志书文字如何是决定志书质量高低的关键之一。本志在行文上尚有可斟酌的地方：

（1）志书不宜以话入文，如页812《李先念副总理视察静海县》一文中有三分之二是对话。这大段对话很值得考虑：一是是否都是原话，如已加工，何不成文；二是对话中左的成分很大，如有成绩是学大寨的结果，领导班子要查坏人等等。

（2）有的一字之缺便表达不准确，在《凡例》十的1、2、3条中都出现"阿拉伯字"的字样，如果一带而过，便可认为是指1、2、3等等；其实不然，因为

"阿拉伯字"是指阿拉伯文字而不是数字，如指数字必须写作"阿拉伯数字"。

（3）有的语句含义不清，如页559倒三行："科举考试办法与国内同"一语实难使人了解。又如页115第五节第七行"几统一下的包干"，"几统一"下究竟是错字，还是我不懂简称。总之是难以理解。

（4）有的重复地名在专指时应把所属上一级建置标明，否则难以确指，如页52本文第九行："小河——岳庄段"，但静海有两个近似的岳庄，一是页36乡镇表中丰堆乡所属有岳家庄，另一是页40良王庄乡所属有岳家村（岳家园），但没有找寻到岳庄之名，那么，"小河——岳庄"究竟在哪里？有的地名现已更改就不宜再用旧名，页88《静海县人口密度分布图》的右上角邻界"西郊区"应作"西青区"，似乎这是一张未经订正的旧图。

（5）有些错字在正式付印前必须改正，如封面"兰本"应作"蓝本"，因"蓝本"是刻本时代用蓝色印初印本而得名，所以不能写作兰花之本。页115第五节第七行有"主姜"二字当为"主要"之误。

志书的评审主要是做助产士的工作，不是泼冷水，要使新生儿顺利问世而不是制造难产。几次评审也就是几次产前检查，减少临产痛苦。修志同志焚膏继晷，废寝忘食，成此巨业，要自有主张，择善而从。吃饭容易做饭难，评稿人只是就其一点，未及全面，有些意见不一定准确，评稿的目的就是要携手前进，把志书修好。至于领导切不要仅以评稿人的意见来定志稿的命运。评稿人只是敲边鼓催生，领导要看到修志的艰难，要有一锤定音的魄力和决心，支持和指导志书的修订和出版工作。

《静海县志》蓝本是有基础的。经过群策群力，推敲打磨，就可以出版问世，产生社会效应。希望修志同志尽快完成这项伟业，更希望静海县的领导定音的这一锤很快地播发出响亮悠扬的声音。

原载于《天津史志》1994年第3期·总第38期

一部值得注意的志稿

——《天津通志·城乡建设志》评审稿

《天津城乡建设志》是《天津通志》中较早提交评论的一部分志。它历时五年，成书12卷，达150万字，前无依傍，成书不易，宏篇巨制，备见艰辛，实无愧为一部颇具新意的创作。

（一）内容完备，纵横得宜

全书12卷，将天津市城镇有关城市建设诸方面均加包容，上起于早期聚落，中经金、元、明、清，下止于1990年。略于古代而详于近现代，历述城建沿革，使纵线完备。在横断面上，举凡规划、市政工程、公用事业、园林、村镇、地质勘探、建筑工程、房地产、市容管理、环保，应有尽有。有历史，有现状，可称纵横各得其宜，合乎横排纵述之法。

（二）资料丰富，详实可信

《天津通志·城乡建设志》最突出的特点是具有大量的丰富资料。这些资料包括历史资料和采访资料。有档册、文书、统计数字，也有诗文碑刻资料。粗读一过尚未发现难以征信者。其诗文资料，虽属文艺，而运用贴切，益增生动。无数具体问题皆可从中查考解决。若此志者，可称天津城市建设之文献库。

（三）文字朴实，通畅可读

志书不同于一般文艺作品，凡能论述清楚，有条理，合逻辑，有可读性，即属合格志体。《天津通志·城乡建设志》虽引用大量资料，但未感到有艰涩难读之处；虽加意文字修整，也尚无故事雕琢痕迹。通读一过，顺流而下，未见窒碍。至于图表运用也为节省文字起到一定的作用。

当然，这样一部大书要做到无隙可击几乎是不可能的。如果经过精雕细刻，反复推敲，那将会使这部志书更臻完善。我不懂城乡建设方面的具体业务，对此难置一词。我只能就志书的编纂问题，略陈愚见供修订成稿时参考。

分志的地位问题

这个问题实际上就是总志与分志的关系问题。这个问题从八十年代普修新志始就被方志界所认识，并且有过讨论。我也曾在一些文章中论及这种关系：

> 分志与总志的关系实际上就是如何分头编写和熔铸一体的问题。

要先从总体上规划，然后分头进行。

> 总志对分志要提出详细而严格的规划（包括文字风格和格式规范），分志要按总体规范深入具体地铺开。
> 分志为总志的基础，总志应在分志的基础上完成统一体系的成果。

这些都是十年前的想法，还是纸上谈兵。现在经过十多年的修志实践，若干分志已编写和接近完成，一部分已成稿，这方面的问题就比较具体。从《天津通志·城乡建设志》来看，有几点可商榷之处。

据市志办负责人告知总志只抓到篇和章而没有深入到节和目。因此分志的编写就有较大的自由，减少了进行中的束手束脚；但是也可能带来横向重叠的负工作量。从纵的方面看，《天津通志·城乡建设志·综述》中关于天津沿革的叙述，恰恰正是《天津通志》的总述中的开端内容。独立成志，可以全面叙述，但作为总志的分志，那又该如何呢？这是值得认真考虑的问题。再从横的方面看，《天津通志》将由各分志合成，若通志未明确划定各部门间的领空和海域，多层重复，恐所难免。事物都是牵连相关的，各部门都想把自己这部分写得全一点，往往进入另一部门的领空海域。如城建志卷四《城市园林》中写了《风景游览区》专章，卷八《建筑工程》中写了《古代建筑》专章，这些与文物名胜志如何划分？又如卷五《重点工程》中《震后恢复重建工程》章是必不可免要写的部分，但所附历代震情表，极为完备，已进入了地震志范围。这就需要《天津通志》总纂时处理好各分志间的交叉重复。

编排问题

部门志运用志体，已成共识，但志体中也有不同的写法，不过在同一志书中似应尽量求其一致。城建志大部分运用综合论述体，有一些则采用纲目体，颇类词条，这对读者翻检极为便利，但略嫌零碎。其中有的条目似难避免，不过宜力求体裁之统一。

合理编排是保持全志系统性、科学性的必要保证。城建志的篇章次序基本合理，但卷六《村镇建设》夹在城市建设各卷之间，似有不合，如移至最后，即城市之后，论及村镇，则顺理成章，一贯而下。又如卷十《市容管理》中附有整顿镇容村貌，这显然是指城市外的村镇，则以移入《村镇建设》为宜。

章节标题的风格应保持一致。城建志的各卷章节风格严整、正规。惟《综述》二之下出现《吃水不忘掘井人》一题显然风格迥异，引人注目。

志书内容的归属应慎重安排，注意让夺，以避免多方归属。如卷四《城市园林》的《风景游览区》和卷八《建筑工程》的《古代建筑》均记及天宁寺，卷一《综述》和卷八《建筑工程》均记有大悲院，虽彼此互有详略，但总使人有重见之感。

论述问题

资料丰富是志书的一大优点，但志书并不单纯罗列资料，而是以资料为基础进行分析论述，分析性论述又不等于写志者的主观论断，在《综述》四《天津市城建体制的变迁》（二）《中华人民共和国成立以来天津城建体制》中没有分析论述，只是一篇人名录、官阶表，写了许多主任、局长和书记，未触及体制的变迁，如果实在无可论述，则不如将人名官阶列表附后，反而简明易用。有些篇章用大事记方式编排，似宜再加润色。

论述应有因果顺序使读者易于循序理解，不能如文艺作品那样倒插笔。卷四《城市园林》中《津门景观》专章下第二节《津门十景》首列确定十景的地名委批复件，而后再论述十景的评选和产生。先果后因，则当初何必劳神费时反复评选，只需一纸公文即可。实际上十景是先反复讨论，认真评选，确定后上报，然后地名委据而批复。如此先果后因，不仅地名委之"批复"二字无着落，也使读者有次序颠倒之感。

宏篇巨帙，论述难免有让夺，让则缺漏，夺则重复。如卷一、卷四、卷八均涉及寺庙，因顾虑让夺，所以，各卷均谈到而均欠充分，甚至造成缺漏，如卷八第一章第一节《寺庙》起首即云"现有佛教寺院28座"，但只谈到独乐寺、大悲院等少数几处。遍寻全志，找不到28座寺院之名。按全志惯例应有28座寺院表，方称完备。又如卷四第四章第一节《花木养殖》中有云："天津生产的乡土花卉，主要有下列各种"，然后列举数种主要花卉名称，紧接着第二节《乡土花卉》又说"主要有六种110个品种"，其下详列百余种花卉名目，两处相距仅三页，显系重复。

论述人物是志书中的难点，而论述领导人的政绩尤难。近年来，评审若干部志书，发现论述领导人政绩问题日益突出。不少志书用浓墨重彩写政绩，并作为评论领导的依据。我以为这是一个值得探讨的问题。人民群众创造历史的基本观点至今仍是编志者应加坚持的。个人作用不容忽视，但要掌握适当笔墨。一地领导大兴水利，关心民瘼，本是当官一任的应尽职责，无需大书特书，充其量可入循吏传而已。政绩建树，记其事系其人足矣，只要讲明讲透事实，领导作用自然烘托出来，而无需动用若干夸张的语汇。

上述诸点，只是粗加涉猎后的一得之愚，又对具体情况缺乏足够的了解，所以不一定准确，只供撰者有选择地参考。希望撰者本着自有主张的精神，广听博采，组织力量，抓紧时机，认真修改，早日成书，为盛世修志的伟业增光添彩。

原载于《天津史志》1995年第1期·总第40期

一部当代的新图经

——《天津通志·照片志》读后

不久以前，《天津通志·照片志》作为当代一部新图经问世，为新方志的编纂开拓了一条新路。中国地方志的最早形式是图加简略说明的"图经"。"图经"经过较长时间的发展，逐渐完善，成为旧志的定型，但图的传统却被后世所忽略，仅在旧志中保留下某些不太像样的图，到了首批新编方志的时候，这个问题并没有得到应有的重视。《天津通志·照片志》的出版应说是这方面的一大创举，对全国新方志的编纂事业，也应是一桩很有意义的事情。新方志的编纂在体例上有很多革新，而且构成多种成功的经验。它不仅发挥了资政、教化和存史的传统作用，而且还使之逐步走向国际学坛。我在美、日、加等国和（中国）台、港、澳等地区的图书馆中都曾看到过为数不少的新方志。我们的新方志都已逐渐走向现代化著述的格式，如有外文目录和概述，发挥了把中国国情和地情呈献于世界面前的重要作用；还有更多的新方志编制了索引和各种必要的附件，使新方志得到更大的发展。《天津通志·照片志》把照片（或图片）作为志书的一种表现形式，即以图做史，应该说在整个新志编纂方法上，更具有里程碑的意义。《天津通志》的编纂者能够根据社会的需求，专门编纂这样一部《照片志》，使读者看起来赏心悦目，获得形象化的地情知识，尤其是有些年龄大点的读者，看了会有沧桑变化之感。通过照片，重温既往，使我们看到社会变化如此之快；而身在其中，仅凭文字往往会一掠而过，照片则能有再现历史之效。这是在原来悠久历史传统的基础上，又做了一种新的跨进。《天津通志·照片志》在新方志编纂发展史上，应占有一定的地位，值得向全国推广，而全国各地的修志，特别是省一级的修志，尤其要对此有所借鉴。

中国的图书，本来有一个很好的传统，那就是左图右史，其效果是图文并茂；但多年以来，大家对此却不甚注意，许多著述多是一些很枯燥的文字堆垒。不管是多大的手笔，描写得多么好，只不过觉得文字写得不错，缺乏形象思维。但翻读了《天津通志·照片志》后，则给人以立体感，使志书从一个平面的蓝图，变成为耸立的大厦。《天津通志·照片志》是一个创新成果。它不只是简单的搜集、选择和编排，还有审定、撰写说明、审批、出版，直至发行面世，是一个繁重的全过程。根据《天津通志·照片志》的日程表看，1997年起步，1998年整理，1999年2月进入编辑、付印，10月份即发行问世。其编辑出版速度之快，确是该书的工作者与编辑者全力以赴的一种表现。

从《天津通志·照片志》的收集来说，非常全面。史志的编撰必定会牵涉到断限问题，上限问题较好解决，下限问题则移动性较大。断限固应选择重大事件作界标，但有的志书下限与出版时间的间距过大，往往会降低其时效性。看《天津通志·照片志》是1990年10月出版，但它的下限则定在9月，这恐怕在一般志书中是十分少见的。在多次新志审查和评定会议上，大家都很赞扬下限尽量贴近现实生活的做法。《天津通志·照片志》的出书时间与下限相距只有一个月，所以很得到人们赞扬。《天津通志·照片志》对一些老照片，不是简单的编辑，更不是有片必录。为什么收这一张，而不收另一张，是经过审慎考虑的，很有章法。从整个书来说，也有一个很完备的布局。所以，这部书不仅在断限上，而且在编排上都有可供其他修志工作参考之处。

《天津通志·照片志》的编辑方法，依据地方志的体例，以类系事，纵横结合。除综述、后记外，共分为8卷，52章，近千页，收录照片4100余张，综合性表述文字和照片说明文字约5万余字。8卷之名为：关怀篇、解放篇、起步篇、发展篇、改革篇、区县篇、星光篇、风光篇。每篇之下均有综合性说明文字作无题概述，章下有无题简述，每幅照片都有简要说明。全志之前，置全市卫星照片和地图，每篇前有一幅占两页的大照片，是八个不同时期天津海河两岸的风光。这样就形成了以时间为纵线，以事业为横线，以海河为轴线，以发展为主线，以一个个历史聚焦点形成完整的画面，表现出天津解放以来五十年，尤其是改革开放二十年以来的巨大变化。《天津通志·照片志》固无愧于当代新图经之称。

在科学的编辑思想指导下，从大量的照片资料中选用、编辑成这样一部完整的著述，是颇为难能可贵的。这一做法对史志工作者来说，确能联想到有一门极需建立的新学问——照片学。我在前几年曾在一篇文章中提倡过这种想法。这是个很重要的问题，因为有的图书馆和博物馆收藏了大量历史照片，有的学者为他的著作安排插图，找来一堆照片；但照片上许多重要人物都难以辨认，如辛亥革命的照片，现在除了还能认出孙中山和黄兴等人外，其他人物到底是谁，有些就说不上来了。多少年以后，是否连孙、黄都认不出来了？前几年，我曾帮助《北洋政府总统与总理》一书的作者选用图片，就对某些图片的内容说不准确，对人物也认不全了。现在对照片不是单纯收集就可以了，而是需要进行研究：这座房子是谁的故居，某一人物为什么在这个地方照相，人物照上是些什么人等等，都应认得出来、说得清楚。现在博物馆、图书馆和一些私人所收藏的照片，是否都有文字说明？如果没有，应设法抢救。目前还能找一些七八十岁的老人来辨认，或许还能认出几位，将来下一辈的人就更不易辨认了。照片无疑是一种图形文献，它必将与文字文献、数字文献等等成为史志研究与编写的重要史源。当前，必须抓紧拍照片、保存照片，并进行研究和编写说明。在进行全方位积累经验的基础上，进而建立"照片学"这类的专学。这正是《天津通志·照片志》所能给人们的一种有益的启示。

二〇〇五年五月

原载于《天津史志》2000年第5期·总第70期

评（天津）《杨柳青镇志》蓝本

镇志在中国方志发展史上，据现存史料情况看，约起于宋常棠所撰《澉水志》。澉水是浙江海盐的一个镇，很繁盛。明清时期撰著乡镇志颇有发展，书量亦较多，比较有名的有董士宁的《乌青镇志》、徐达源的《黎里志》。镇志又有名小志者，如《北湖小志》、《甘棠小志》等。编写镇志的都是有悠久历史和繁华冲要的名镇。新编方志，虽然规定三级修志，但是修镇志的仍然相当多，如萧山的《长河镇志》、江苏的《震泽镇志》、天津的《小站镇志》和山西的《南垴镇志》等等。这些镇都是名镇。天津杨柳青镇在这些方面足与比论，而且在此以前，还有一部张次溪修的《杨柳青小志》，被人称为小志中的佳作。增入了有修志传统的一条，所以新修《杨柳青镇志》固为必然。

《杨柳青镇志》共二十八编，篇幅有数十万字，是一部内容较丰富、体制较完备的乡镇志。主要撰者谢玉明先生也是学有根底，有一定修志经验的文史家。全书的最大特色在于吸收了天津市各区县志的经验，突出了当地特色，不惜独立篇章，以体例突出地方特色。如单设《赶大营》《石氏家族》等四个专编，极合乎修志规范。赶大营不仅是杨柳青的历史大事，更在中国近代历史上占有重要的一笔。这项活动不仅为杨柳青活跃了经济形势，而且为晚清时抗俄卫国繁荣西部商业作出一定的贡献，是杨柳青独有的骄傲，尤其是与当前开发西部的国策要求非常切合。如果将其淹没在一般章节中，则将大为减色。而目前设置的专篇，不仅为杨柳青留下光荣的史迹，更可作为对民众进行爱国、爱乡教育的教材。《杨柳青小志》曾因失载赶大营而遭当时天津文化名人章一山的批评。《平津战役天津前线指挥部》一编记述解放战争三大战役中的重要一环，为解放战争史作了较详尽的记述，体现了杨柳青镇的战略地位，而且更令人感到该镇与天津母体不可分割的重要地位。《石氏家族》一编从一个家族的兴衰起落，反射出杨柳青镇经济发展的某些轨迹。《杨柳青年画》一编对中国四大年画中心之一的杨柳青年画的历史及其艺术价值均有第一手资料的记述，展示了杨柳青民间文化的成就。有此四编足可以奠定《杨柳青镇志》在乡镇志中的应有地位。《杨柳青镇志》的第二十八编是《杂志》，对保存有关文献很有作用。如所收张次溪的《杨柳青小志》是在小志中颇有名声的一种，文字不多，但是言简意赅，得时人赞赏，称之为"文字简洁有法度"，提纲挈领颇有助于了解杨柳青之大略。《杂志》编诗词部分搜罗较备，但有与小志重复者，亦有未能更多收录遗文之憾。

但是，这样较大篇幅的一部镇志，也难免有尚可商榷之处。全志共二十八编，但笔者读到的仅为蓝本的十七编，所以论述难免不周，谨就读志所见，略陈管见：

修志首要在于发凡起例，而所见《杨柳青镇志》却无凡例、无目次、无大事记、无插图、无编写缘起，因而使读志者不能鸟瞰全志并依例按求，如无上下限，无资料来源，无记事方法等等。从现有蓝本看，经济所占比重较大，而文化教育、文物遗迹之编均不见，是否在未见之列？

概述是新编志书的一种必备体例，似已成定说，但写法则多有不同。《杨柳青镇志》采通贯叙述方式，即顺文而下，不分区类，以致难以形成完整概念，如始述位置、历史，于金、元、明、清之下，又上溯至宋之聚落。宋之下又叙明、清之繁盛，前后错杂，头绪凌乱，令读者不易形成完整概念。《杨柳青年画》《赶大营》《平津战役天津前线指挥部》及《石氏家族》四编，已是本志重点专编，则《概述》中笔墨宜省，仅撮其最要，以免与志文重复。如后半论20世纪90年代经济，又插入解放初期粮食，虽其所述内容有别，但总感凌乱。概述文字，尤其是镇志之类，应力求简练。概述中口语尽量不应入文，如"活捉"陈长捷，不如用"生俘"。这篇《概述》内容完全可用，建议重加条理，最好分类叙述，或加小标题，令人一目了然，不致翻来覆去地寻求。文字亦望能再简练些，达到读其《概述》，即知一方概貌，尤能引发读全志之意愿。杨柳青是天津市西青区重要旅游景点，《概述》要写得生动活泼主旨突出，读后能知其大略，成文后尽可能译成外文备外籍人员阅读了解。

人物为一部志书之灵魂，镇志立人物专编，似有难点，主要是与区志如何避让的问题。如不设人物，对一部全志，似有不足，因为任何人物，皆起于基层，层层上升选拔。所以我以为，只有偏重没有避让，其实《镇志》有人物，只是分散于专编之中，所以未能引起注意。如《赶大营》编第三章《商帮》第三节《津帮八大家》和《石氏家族》编《附录：杨柳青八大家》中的有关内容，若集中于人物专编中，内容将十分丰富。又天津战役中支前模范以及刘瑞林、邢春福、王兴仁等英雄，其生平事迹当可搜求而得，不能仅著一名字，如用这些材料充实人物专编，又有何不可？《杨柳青年画》编第四章第二节《年画世家》中的戴连增、齐健隆、霍玉堂等，第五章第一节《画师名录》及第二节《画师小传》高通轩、阎美人等人皆可入人物专编集中记述。杨柳青镇为千年古镇，总有若干值得立传的人物，重要在于发掘。至于与市、区志书所收人物相重者，则将视其功绩所在而互作避让。其客籍人物，如确有功于本地，亦应适当立传。

志书之上限一般以事务起源为始，而下限则多有明确规定。本志未明确划定下限，但翻检全志无论论述文字或是图表数字大都止于1996年，最晚也有数处止于1999年，也许阅读不细，容有遗漏，但未见2000年记述，则本志下限当在1996或1999年，距今①已是4至7年，如明年出版则又增年。笔者建议：1. 增补材料将下限止于2000年，用力不多而成世纪之作，更加完美；2. 全面增补如有困难，则应在志末附《某年至某年要事补略》，仍以2000年为下限。

小序在有些志书中有，但并不普遍，《镇志》内容较单一，是否需加小序，值得研究。但有的小序仅三言两语，不能撮其要旨，如《石氏家族》编小序仅两行，《政党社团》编小序只说中国共产党而其他政党社团未加总括，序与文不切合。笔者建议不用小序。

用语应慎重，尤其是政治用语，如《政党社团》编小序结尾，述及"文化大革命"等运动，"文化大革命"已被彻底否定，《镇志》将其列在党领导下值得商榷。

记述重复的处理问题。《农业》编的第一章第二节《土地改革》与《政党社团》编的第一章第六节《土地改革运动》，内容大体相同，只是《农业》编中多附一个杨柳青镇政府的实施意见。这份意见可与其他文件性文献集中列入《杂志》编，并设《文献辑存》。

文字因出于众手，难免有点风格不统一，有的口语多些，有的文白相间，有的记事类似编年，顺年代而下，未浑然一体等等，希望有一支笔，整合文体文风。

笔者所读仅为蓝本，所论当有所偏，但镇志正在进一步修订之际，所言或能有助。在此仅献拙见，供修改者参考，更望识者批评！

原载于《中国地方志》2004年第10期

---

① "距今"系指本文作者完稿时间，即2003年。

读《浙江历史大事记》

　　大事记是新编地方志各类志书的必备部分，多列于志首。凡阅读志书者无不先读大事记以得一地之要，得一书之要，有提纲挈领、条理史事之效。我读新志殆百余种，无论作序或评说，无不先读其大事记，惟以未见省志大事记为憾。今读《浙江历史大事记》，虽未明标，但观其体制，似为省志大事记之单行本，为故乡省志启动之先声，我籍隶浙江，亲见盛举将兴，得不欣然！

　　《浙江历史大事记》主编魏桥先生为新编地方志起步时之志界耆宿，在浙江承担修志、评志等有关志业的领导工作数十年，亲临一线，频加指导，使我故乡修志事业蓬勃发展，顺畅进行，居全国修志事业前列。而魏桥先生个人研究成果又多为后辈奉为圭臬。退休以后，笔耕不辍，成果时见报刊，不意在数年之内又主编《浙江历史大事记》，上起远古，下迄1949年10月，上下古今数千年，大事必备，梳理浙江数千年历史，了如指掌。而今百余万字巨著，灿然案头，不禁为魏桥先生贺，亦当为方志界贺。近得赠书，不禁惊喜，乃尽多日之力，通览全书，深感魏桥先生为故乡效劳，再展风姿。我年老目眊，读书不细，略就所得，杂缀成文，以就教于老友与读者。

　　大事记相沿皆为编年体，新编方志稍加增益，为编年与纪事本末相结合之体，较旧体更便阅读。《浙江历史大事记》一仍其体，更明确制定编纂原则为："大事则书，变古则书，非常则书，意有所示则书，后有所因则书"，以此为编者所遵循。愚意此亦为二轮修志编纂大事记时当依据之具体原则。

　　大事记一般远古较略，往往寥寥数条，即进入纪年时代。《浙江历史大事记》则于旧石器时代、新石器时代及夏商二代，皆设专篇，详述各种文化发现，使世人对浙江远古文化有所了解，以实据说明中华文化之古老。

　　大事记叙事多简约，而《浙江历史大事记》则于人、于事，皆不惮其繁，详其首尾。如周敬王二十三年条,记越王允常之陵墓规制颇详,不仅以《越绝书》为据,更征引时人之研究成果,令人一览可知大要。于人物则尤加详焉。凡历史人物之生平及在浙活动皆有较详记述,如汉和帝永元九年王充卒,一般大事记仅记其人卒,较详者略记其人里贯、仕历、著述而已,而《浙江历史大事记》则于王充立四百余字之小传,如此,则王充之生平、师承、思想、著述及后人之评论,即可一索而得,无需再求旁籍。通阅全书,浙江名贤大多在其中。

大事记常例皆冠志书卷首,而《浙江历史大事记》,现为单行本,故于书尾设附录一栏,下附浙江历代建制沿革表及自明至民国浙江地方主官一览,其一览表中编列姓名、职位、任职期限及职位设置变化等内容。设日后《浙江通志》成书,则附录即可经充实而系于通志之尾,一举两得,亦一创意。《浙江历史大事记》之最明显特点,即于百余万字之巨著中,条条皆注出处,而所征引之参考文献,共五类511种:计历代典籍类121种,今人著述类132种,档案文献资料汇编类92种,报纸杂志类33种,新编地方志类133种,搜罗不可谓不广,而各条一一注明其出处,其辛劳可见。

读《浙江历史大事记》既竟,深感其书条理清晰,资料丰富,记事充实,文字流畅,不啻手持浙省历史纲领。故乡得此一书,无论推行乡土教育,抑广招海外来客,皆大有裨益。无怪浙省领导肯定其书为"一部科学性与实用性兼备的致用之书"。我深韪其言,乃不揣浅陋,就读书所得片段,略陈所见,希识者有以教之。

二〇一〇年岁末写于南开大学邃谷

原载于《海南日报》2011年1月21日

论对萧山、渭南、玉山三志的评论

　　1998年3月初旬应邀评议已出县志，到会者十人，评议者三书——《萧山县志》、《渭南县志》和《玉山县志》。这三部县志是近年来在不同阶段中呈献于社会的作品。它们虽具有一定代表性，但尚不能概括现已出版的县志。只是因评议时间短促，为便于探讨研究而以此三志作举例说明。因而在评议中也就不限于三志而共同探讨新编县志的普遍性问题。前后聚谈五天，涉及方面颇广，问题探讨较深。不敏如我，从中受到很多启发教育，于是随听、随谈、随录，并据此整理成文。不成体系，仅为片断，但于县志编修或许有所裨益。

一、指导思想

　　修志必须以马克思主义为指导思想，这是人们共同遵循的信条，似已无庸讨论。马克思主义的指导是指以其立场、观点、方法为指导。其中很重要的一条是实事求是。这一条可以避免"左"、右及一切浮夸虚诞的笔墨。从已出版的几部县志看，大家都在主观上努力运用马克思主义的立场、观点和方法。我认为编写社会主义新志就是正确的立场，实事求是就是唯物观点，论述发展与变化就是辩证方法。除了理论性指导外，政策性指导也很重要，志书中笔笔体现政策。我们正确地写了各民族的历史和现状是民族政策；妥慎地写了边事是外交政策；恰当地安排了党派团体是统战政策……如果理论性和政策性的指导得到具体贯彻，那么，这部志书的基本方向当可无误。这就是新编县志的最大成就而应加以充分的肯定。至于过去有人提出随着时代而"高举"不同旗帜，或者"紧跟"形势而随时变更论述，那似乎不利于保持志书的相对稳定性，因而无需作更多的考虑。

二、概述

当前绝大部分县志都设置了旧志不经见的概述,这种安排似乎已为大多数人所接受;但概述的写法却有所不同。《渭南县志》以前言代概述,这个写法是舍难就易的聪明办法。它分两部分,前半是地质、经济、社会、人物诸方面的简述;后半则为编辑说明。《玉山县志》将概述分为十段分述全县各个方面,可收层次分明、易于成文之效。《萧山县志》则综合全志作写意式概括。各有千秋,本无需强求一律,但愚以为有一点似宜明确,即概述非概论,更非概说,而是全书精华的提炼。概述不必作未来的预测,也无需向当政者献策,而应以能引发读全志之兴趣为要。没读概述而不欲读或不需读全志则概述失其本旨。设读概述而急欲通读或翻检全志,则概述得其本旨。概述文字不宜过长,行文可不排顺序,不设章节,总以高屋建瓴,一气呵成为尚。

三、大事记

旧志也有大事记,但不若新志之普遍并显列卷首。大事记应否设立似已少有异议,但何为大事,如何记大事则众说纷纭,难求一是。三志均采此体而列于卷首。玉山、渭南纯以编年,萧山等多志则以编年与纪事本末相结合。二者何优何劣,姑可不论。因其关键在于何为大事?在《萧山县志》定稿讲座时曾议及此题,如重要历史变革,重大事物发端,重大工程建设和科技发明,重要军事、政治、经济、外事活动和重大自然灾害等都可属于大事。但我国幅员辽阔,设县二千余,所谓"重大"程度各有不同,因此选择大事实为难题。根据社会发展和时代要求,新志大事记的收录范围似应以经济建设为重点,对经济方面的巨大成就及管理体制的重要变革都应成为重点收录内容;但是,这决不意味着对政治的忽视,或在大事记中不写或少写政治内容。因为政治是经济的集中表现,许多经济改革和社会变化的重大要务往往通过政治事件表现出来。

建国后的多次政治运动,在某种意义上讲,曾产生过左右人们社会生活和决定历史进程的作用,应在大事记中有所反映,但值得讨论的是如何记述这些政治运动的问题。

　　记述政治运动的基本态度应是实事求是。有些修志者对此感到"两头好述，中间难记"，即1956年前和粉碎"四人帮"后，问题明确，易于着笔，而自"反右"至"文革"则往往采取回避或使用含混笔墨，这就不是实事求是的态度，我们认为，大事记不仅要记建国以来的巨大成就和成功经验，还应适当记述某些失误和教训。这不仅不会有损于党和国家的威信，反可使后人引以为戒，有利于党和国家事业的发展。

　　记述政治运动应以《关于建国以来党的若干历史问题的决议》为依据。这份《决议》是中国共产党支持实事求是，勇于正视问题的无私无畏精神的具体体现。它全面、正确、科学、认真地总结了建国以来党的若干历史问题，为我们提供了观察、思考、评价、记述历次政治运动的武器。记述应以《决议》为准绳，论断应符合《决议》的精神，但不是搬用《决议》的词句来装点粉饰。

　　政治运动的记述方法，长期以来流行着"宜粗不宜细"的说法，但由于概括性太强而颇难掌握。所谓"宜粗"是指要反映事物的基本面貌，揭示事物的本质，但要忌以人废事或文过饰非；所谓"不宜细"，是指不要过多地纠缠细枝末节，只记基本事实，少涉人物活动；只记大略，不详述细节；只揭示问题本质，少追究个人责任。

　　大事记宜通贯古今以见一县之要，因而首应平衡古今比例。《萧山县志》从一千八百余年的大事中选用800余条，而辛亥革命前的一千七百年仅占15%，民国时期三十八年占22%，解放后三十六年占63%，则古代似略嫌少。次则选取标准宜从围绕当时当地社会主要矛盾所出现的诸事物中进行相对的具体筛选。繁剧县份可从严，偏简县份可从宽，而全国性大事影响及于本县者不应有漏。至于奇事、怪事则应慎重考虑，总以不入、少入为好。其三，体例宜编年与纪事本末相结合，即以时为序而全一事始末。记始记终当视其影响与成果而定。"反右"造成后果在1957年，而60年代的甄别、70年代的改正则为消除影响之举，所以宜记"反右"于1957年而相连写入后来各项政策的落实。又如经济建设的重大项目，其成效见于建成之期，则宜记于建成年月而追述其始建。至于文字应不枝不蔓，不烦不乱，述而不论，并以置于志尾为佳，可备检索。

四、篇目设计

篇目设计犹如建筑之蓝图，舍此则无所遵循。今志篇目大体有大编、小编与专志三种类型。大编易于归类而失之泛；专志易于着笔而嫌混同于部门志；小编则近年颇为多志所采用，其佳处在便于突出地方特点，不致千人一面，而谋篇立节可少窒碍。当前设计篇目较之草创时期便利多多，既有旧志篇目可资参考，又有已出新志可备依傍。不过设计篇目仍有可商榷者：其一，篇目顺序一般先自然，次政治，次经济，而以艺文、学术殿后，此似趋于定型。至于新兴篇目如社会志之类究应入何序列，则尚待研讨。其二，谋篇立节为全志建立筋骨，虽然宜视内容而定繁简，但一志之中，篇节宜有形式平衡，过大过小均不适合，如一节仅三五百字或二三事则似难成立。其三，篇目设计务求得当。萧山围垦，既具特色，复有成效，乃立专篇以见地方特色，为人所称道者正在于此。有的志于城建志下立政府建筑专节，内容简单，颇类旧志衙署，为此而立专节，既无必要，反贻不良印象。

五、文献资料

资料是编志的基础。资料的有无、多少、是非、正误、真伪、曲直可以决定志书的质量。新编县志在搜集资料方面确花了很大气力，这正是新志能有一定水平的主要物质保证。

资料要经过征集、整理、鉴别、考辨、利用和储备多种工序，缺一不可。但首要问题是要处理好资料与理论的关系。理论与资料不是相反而是相成的关系。理论产生于各种丰富资料的研究分析基础之上，资料则需在正确理论指导下搜集、研究和利用。如果反其道而行之，将会出现两种后果：一是沉溺于浩瀚资料之中，鱼虾泥沙，无所抉择；一是身陷宝山，难以措手，彷徨四顾，一无所得。二者均不可不慎。

志书以资料为基础编撰，但不是资料汇编与堆砌。资料要为编撰服务，编撰要求助于资料。如果没有资料就编不成志，但有资料而不加编撰也不能称志，终究是一堆散料。

纵览多志，大都注意资料，但如何对待口碑与利用旧志仍可商榷。口碑资料要注意可信性，使用时宜与文字记载相印证，不宜不加考辨整理而照搬入文，有的志记烈士事迹直接以敌人提审笔录入文，似不合志体。旧志资料自应继承，但不经批判、分析、汰取即大量搬用则似不相宜，特别是艺文、怪异如因猎奇滥入则甚不可取。有的志连篇累牍大量填充旧志资料，则与新编篇目难以相称。

文献资料，利用量比搜集量小已是通常现象。凡未被利用资料不得视为废料弃置，而应精选存粹，为后人留存。有若干志后附录文献确为有识。《玉山县志》末附地方文献；《渭南县志》附记《重要历史文献辑存篇目》，均可收储料备征之效。而《萧山县志》附录西施有关资料，尤见匠心，既可保存文献，又可避免毗邻县份互争"名人"的缪辖。

六、统计数字

数字文献为文献中重要类别。旧志有列数字者，但为数较少。新志开始重视，但尚待完善。数字统计既可节省文字篇幅，又可具体比较以见变化。一志之中数字来源务求统一，因我国统计数字往往为应付不同需要而有所异同。假如时而用此，时而用彼，来源不一则往往自相矛盾，难以征信，并易造成分记与总和不能合拢。有些数字不够完整，如物资有收购量数字而无价格数字，企业商业有资本家数字而无从业人员数字，均难寻准确说明。

数字如有年度联系性，既可免去文字叙述的繁复，又能从中发现文字有所讳避的问题，最近出版的一部新志有1959年至1962年人口数字统计，中间人口数减少数万。这种突发性锐减反映了三年灾荒的后果，为研究当时社会情况的数字依据。

新志对数字文献除表列数字，更应进而注坐标统计曲线，使人对升降冷旺等不同变化从曲线中一目了然。物价虽以数字代替旧志中物价腾踊、疲软等文字，但若能计算指数和有百分比变化更较明晰。

善于利用数字统计在编纂法上可一改抽样而为计量，使分析结论更接近科学。

七、人物立传

志书需有人物，生人不得立传，已为多数人所同意。生不入传既可便于论定，又可免去人际纷扰。入传者应以正面人物为主、本籍为主、有重大活动特点为主。传文直陈事实，不评论，不分类，寓论断于叙事。

入志人物量之多寡，或严或宽，尚未一致，古今比例也多不同。渭南量大，萧山偏严。其人物顺序似以生年先后编排为宜，否则，短命之孙在前，而长寿之祖列后，颠倒次序，不便循读。

今人有翻读新编诸志人物传后，总括有"五失"：一为评论式，多溢美之辞；二为演义式，虚构夸张，拔高宣扬；三为悼词式，简单罗列，高度赞颂；四为模型式，千篇一律，固定呆板；五为判决式，不加分析，全盘否定。其论虽苛，但足以示儆。

人物入志为百世不朽盛事，宜严定标准，旧志已收人物既有旧志可稽，更当严加筛选入新志；新收人物应验其事迹确有可称道者，确可为桑梓增光生色者，若一般殉难，尽可列表而略传。至于事迹卓著而尚存世者，可以事系人，即传事不传人，其事迹资料可积累储存，俟其人身后成传入志，毋须他求。

八、语言文字

语言文字是一部志书的外貌，是给读者的每一印象，但似乎并未引起应有的重视。综括读过的新志约有"六弊"即：艰深化、口语化、过头话、啰嗦话、简单化、含糊话。不适度引用旧志，故作艰深，降低新志可读性的质量。口语不得入文，久为常规，而新志仍时有所见，方言、行话阑入志书，时人不懂，后世人更难理解。大话、空话、超越实际的话均为过头话，某县制药工业发达，乃记称"能制各种中成药"，似嫌夸大，所谓"各种"应是包罗万象无一例外，这是不切实际的过头话，易为"能制多种中成药"，则比较实际可信。记事重见叠出，文字臃肿，是啰嗦话。简称习惯用于口语，若以之入文，则混乱误解，某县记成人教育称1984年全县有半数乡"已经成为无盲乡"，盲者，丧失视力，口语称扫除文盲为"扫盲"尚可，入文称消灭文盲为"无盲乡"则为简称所贻害。含糊不清，语意不明，不易理解内涵，甚至出现错误者，往往在不经意时造成，某志论述乡镇企业发展曾称："'文化大革命'以来，一些社队开始创办企业。"这种语意含糊的话使人误解为乡镇企业之所以发展当溯源于"文化大革命"。又如记畜牧业有语说："奶牛在抗日战争中毁绝"，乍看尚无大误，若咬文嚼字，细加推敲，则将被日寇所毁绝奶牛之罪恶转加于我抗日战争。类此六种，仅为示例。愚意志成之后、问世之前，一切均可过关时，务求慎加笔削，润色审定，使文字既谨严完美，又清新可读。设以文字为小道，或草草结束，则虽有正确观点，丰富内容，也犹美玉之有瑕疵！

自指导思想至语言文字，大体上为修志之轨迹，随议随录，间有蕴积头脑而获发抒者也借文字以出之。其他虽无损总体，但精益求精，将益为新志增辉。如题字插图过多，其意或为平衡人际关系，增加书色彩，实则有损本身价值。志书文字本有参考数字规定，但目前趋势似已以百万为轴上下之，长此以往，你追我赶，不仅耗资费时，且使读者裹足。文固在精不在繁，字数膨胀似宜有所抑制。附录部分，所占比例较大，也宜适度压缩。修志人穷年累月，默默耕耘，系一志成败的重任，而所得者又若何，有人曾说"得志不修志，修志不得志"，虽语涉牢骚，但也包含一定真情。修志人员熟悉当地情况，自然、经济、政治、社会无不了然于怀，以之备咨询顾问，绝非放言空论者可比。所以不仅应为他们解决培训、进修、职称、待遇，使之安于位；尤宜注意者，当政者曷不从中选取人才以供梯队之需，则施政有资，大有利于振兴。略供刍荛，聊作曝言。

一九八八年四月

原载于《中国地方志》1988年第3期

题《萧山围垦志》

萧山沙地坍塘，历来无治理善法。建国以来，历年于钱塘江畔筑堤圈围，开发建设，至1995年围垦新土地达到51.82万亩毛地。从1991年以来，乡、村、场各级基层机构相继建立，落户定居的移民共23090户，75412人。其经营之勤，规模之大，成事之伟，固前此所难有，所未有。这种种努力终于得到应有的肯定，1995年7月14日，经国务院同意，国家计委批准，设立了萧山现代农业开发区，并被国家计委和国家科委确定为"全国农业现代化示范样板"，使垦区将以现代化农业的新面貌逐步展示于世。如此伟业盛绩，何可无志以纪其事，于是《萧山围垦志》乃应运而生。

90年代以来，我不时听到《萧山围垦志》已在筹划编写的信息，而且是由老友费黑主持其事，更使我欣喜万分。费黑虽非萧山籍人，但他把一生的绝大部分精力贡献给萧山。他担任过县的领导工作，主编过新编《萧山县志》。由于他对方志学理论的不断深入钻研和全身心地投入新志编写的实践，使他在方志界获得很高的赞誉，在离休之后，他仍然坚持不懈地参与专志编修工作，而《围垦志》则是他近年抱病主持编写的一部专志，其敬业精神，令人钦敬。去年春天，我陪几位朋友回萧访问，曾与费黑相晤，他的身体状况不佳，但却神采飞扬地告诉我，《萧山围垦志》即将杀青，我非常感谢他为我的家乡办了一件大事，因为萧山人民，特别是沙地人民摆脱苦难，获得幸福的历程将永远载入史册。我切盼这部志书早日问世！

1998年秋冬之交，我又一次返乡，听说费黑行动不便，就请档案局陆局长陪我去探望。老友相见，都很高兴。他已知道我将去探望，事先即将《围垦志》准备好，他深情地用略微颤抖的手，郑重其事地把这部《萧山围垦志》送给我，我双手接过感到沉甸甸的远远超过书本身的重量——虽然这将增加我行装的负担，但我还是很珍惜这份友情，不远千里把它带回津寓，尽十日之功，认真通读全书。全书的文字，特别是概述一篇，似曾相识，无疑这里蕴积着老友以心血凝聚的笔墨，这真是一部内容充实新颖，文字流畅可读的佳志。它是专业志中别开生面的创新之作。

《萧山围垦志》虽属专志，但其体例完全合乎志体。全书设8编31章，前有概述、大事记，后有附录。首尾完整，浑然一体，共有五十余万字，于专业志中可称巨制。它既有历史的综括追述，更有现实状况的存录；既有自然环境的描述，复有建乡设场之记载。其于垦区开发尤著浓笔，举凡农林、工商、财政、金融、教科文卫，无不以专章论及，足以见垦区之为小社会，亦以彰建设者之辛劳；其人物编之人物传收录自明代至1991年间，在南沙及围垦事业中，为修塘、扩堤、围涂、抢险和开垦等方面做出较大贡献的人物13位，他们都是按照修志常规，以卒年为序。又为在围垦事业中殉职的52位人物立名录，丰功伟绩，历历在目——于是，《萧山围垦志》既描述围垦事业之静态，复阐扬人物功绩之动态，形神兼备，洵无愧为专业志中之佳作。

总之，历时九年而成书的《萧山围垦志》，不止追溯钱塘江滩涂围垦的历史，而且真实地记录了垦区的各项经济和社会事业的数据，更公允地评述了人物的业绩，从中透露出垦区人民是如何战胜自然，夺取胜利的。《萧山围垦志》无疑是一部真实的历史记录。它是志界耆宿、老友费黑和所有参与修志人员为垦区和垦区人民筑起的一座丰碑，我感谢他们为我的故乡所做出的巨大努力！

一九九九年春题于邃谷

原载于《话说萧山》1999年第1期

读《青田县志》

近年来，读了几部新编县志，《青田县志》应是其中较好的一部。这部县志初读一遍就使人有了深刻印象。它从篇目设计、文字论述以至装帧印行几乎都取得引人注目的成效。

全志三十二编，以编、章、节三个层次，类述了全县政治、经济、军事、地理、人文等方面的历史与现状。其篇目设计与所辖内容较能吻合，如第二编《自然环境》下设地质、地貌、气候、水文、土壤、野生动植物等六章，于是青田的自然状况可一览无余。其于富地方特色者则立专编以突出显露，如石雕为青田地方一大特色，志书为之立第九编《青田石雕》专编，论述青田石源流、特性、开采、制作以及影响所及，使此志方一展卷即知其为《青田县志》，此为编写地方志之要务。第二十八编《华侨》记侨史、侨务，尤见编志者之匠心独运，为当今诸多新志所少见。

新编地方志之详今略古原则著在《凡例》，《青田县志》于此颇加注意，如第一编《政区》于青田之隶属沿革、县境变迁皆作轮廓性勾勒，使读者得其大略而不困于烦琐，而自明清以还愈近愈详，图文并见，可使人手此一志而尽得青田之古貌今颜。

地方志书以具体史料为基础，非此不足以成一代信志，非此亦不足以使读者征信。有的志书写建国后的辉煌成就时有蹈空想象之论，读者虽难以置喙，而终有未能消渴之感。《青田县志》多以具体资料论证建设成就和事业发展，于资政、教化尤具功效。如记排灌机械，自六十年代初至八十年代末皆以具体年代、具体数字，叙述如何废弃旧有木制戽斗及水车，如何使用农用水泵，以及启用喷灌机、电动机等等日益发展之轨迹，令人信服。其文教事业无论小学教育、中学教育以及文化设施等之发展均有具体数字说明。此不仅见编志者能运用数字文献，更有裨于史事之征信。

志书内志表图传诸体并用，久无异议，而用之确当，洵非易事，即以表而论，虽简明易读而表与文字之歧异时有发生，又有应有表而不设表之漏，复有不须设表而设表之滥。《青田县志》诸表似无漏滥之弊，如《民国时期户口统计表》、《中华人民共和国成立后户口统计表》、《1985年区乡（镇）人口分布情况表》、《土改前后土地占有情况表》、《1949—1987年小学教育情况表》和《中学教育概况表》等不仅旁行斜上，便于省览，即以所载数字与文字叙述相核对亦尚未发现歧出，益增强其可信度。至于插图，一改传统而多运用现代绘图手段，如《青田地形图》即以不同颜色表示不同高度，而河流、道路、城镇的标志也极为明显，图示也有醒目之感。封面照片以明代古迹巽塔矗立马鞍山巅，俯视瓯江流水，中泛小舟数叶，虽略感冷色，但颇见江南秀丽景色，更显示地方特点。

县志字数近年日趋膨胀，动辄百万字而犹有奔赴二百万字之趋势。以量胜质，智者不取。《青田县志》虽在百万字之内，也可谓巨帙。统览全志，再求文字简练紧凑，似尚有余地。若能重质轻量，删繁削冗掉二十万字，似亦不致有伤筋骨，则可为节约文字树一楷模。他如人物表之《历代进士表》可于旧志中求索，立表于新志似有蛇足之感。

阅读不细，随手刭记以为编志者参考。

原载于《〈青田县志〉评论集》　陈慕榕等编　浙江人民出版社1993年版

一部新人耳目的镇志

——评《十里长街——坎墩》

镇志虽未入当代三级修志之列，但在中国方志史上占有一定地位。自宋常棠所撰《澉水志》（残本）始，历代多有镇志之修，明清二代，尤称盛况。当代亦有浙江《长河镇志》、江苏《震泽镇志》、山西《南坳镇志》、天津《小站镇志》……纷呈迭现，为志坛增多品种，为地方文献提供原创性资料，是镇志之修乃应社会实际之所需，固不得漠视其存在之价值。

我很幸运，在丁亥金秋，获读浙江慈溪坎墩镇镇志，并承编者之邀，参与评论。我一生阅读新旧志书，为数不少，而于《十里长街——坎墩》（以下简称《坎墩》）一书，则书方展卷，立有耳目一新之感，而循读一过，不禁讶其创新之多，确为他志所难及。全书无论形式内容无不围绕一"新"字。志书编修，旧有陈规，而时代发展，多有变易，修志者当谋推陈出新以适应现实。《坎墩》一书，即可称为志书编写之革新。读后有感，略言所得，共相商榷。

《坎墩》一书之新，首在志体之革新。方志编写体例各有不同，约而言之有纪传体、门目体、三宝体、编年体、纪事本末体、类书体等，后世沿用者以纪传体为多。纪传一体大体模仿正史而将若干门目归纳于纪、志、表、传、录诸体之内，使目以类归，眉目清楚，层次分明，后世修志多所沿用，成志书编撰之大宗。《坎墩》撰者舍此弗由，针对乡镇事繁而具体，力求改变纪传编年之陈规，而基本采用纪事本末体。纪事本末之体始于明中叶，此体每事为篇，详叙始末，如康海之《武功县志》、韩邦靖之《朝邑县志》即以此体而为时所重。其体一时风行，几有代替纪传志书之势。清人冯甦撰《滇考》即以此体纪云南沿革旧事，治乱大端，始末完备，头绪分明。但后来沿此体例者，数量减少，遂为人所忽视。《坎墩》撰者深谙志例，筛选传承，择善而从，复据地情实际，益以时代所需，确立新体，分全书为十六篇，篇下分设专题，独立成篇，综括成文，首尾完整，终而架构成一近五十万字之镇志，给人以新貌之感觉。

《坎墩》一书之新，在于撰人之专署。志成众手，本为修志常规，惟定稿则由主编一人，统一体例，删定文字，其能使众人折服而无异言者，甚难。《坎墩》一书，一改旧章，各篇各目，全部专署撰者之名，为当今修志之新例，其创新之利有二：一则此举无异为文字问责制。篇目撰者，既赫然纸上，责有攸归，讹谬难以推诿；再则既为各自署名，则彼此又各竞才能，殚精竭虑，以成佳篇。如此，既无督促之劳，当有优选之利。

《坎墩》一书之新，在于篇目标题。标题为篇章之最要标志，而世传志书之标题，千篇一律，大抵不出沿革、地理、商业、农业、财政、政权、文化、古迹等固定模式，读之令人感到枯燥乏味。《坎墩》一书，别出心裁，推敲标题，独见用心，致使标题不仅文字优美规范，更具丰富内涵情趣。言地理则标《一方水土》，言商贸则标《十里长街》，言民风则标《乡风民情》，言名人故居则标《旧宅说往》，言人物则标《人物长廊》……而篇下各目亦多类此，如《一方水土》篇下之《横塘万家》一目，即取自清胡杰人《坎镇竹枝词》所云："十里横塘住万家"，概述了坎镇普通居民的众多、居民之日常生活及当地诸般社情等，娓娓道来，令人神往。

《坎墩》一书之新，在于论述之有文采。一般志书多为平铺直叙手法，不甚注重文采，而《坎墩》一书，文字运用不枝不蔓，遣词造句，较为精练。如《四方移民》一目下对堕民的记载，文不过千字，而于堕民之历史背景、行业特色、身份地位，皆能言简意赅，为这一特殊群体写下完整的概貌。又如《地名溯源》篇下之《类说村名》一目，将通行志书中琐碎零散之村名，按类归纳，理顺头绪，便于记忆，化枯燥为有趣。

《坎墩》一书之新，在于挖掘新史源。充实新史料为志书增加学术含量之重要途径。如在《十里长街》篇下《街市流变》一目，即引用清末当地诗人胡杰人在《朦馥吟》诗集之诗句："纷纷掳掠寻常事，焚戮居然第一筹。"以证实同治元年（1862）五月十四日太平军肆扰所造成的破坏情况，可用以说明太平军晚期败亡之征兆。又在《乡风民情》篇中记有同治九年（1870）诗人胡杰人代坎墩人沈其常为无力成婚求助而撰的《沈其常助婚知启》，文字直白通俗，入情入理，颇具煽情内容，使后人感受百余年前坎墩纯朴憨厚的民风，成为一份佐证坎墩曾有助婚风习的社会史珍贵史料。而更引人注目的是《宗族文化》篇下《家谱知见》一目，不仅条理坎镇名门佳谱，撮其指要，各成叙录，述其版本，叙其宗族，尤以指明史料所在，确为研究者指明途径。其他《序跋辑存》、《谱载人物》、《族规佳训》诸目，均称佳作，为不可多得之史料。

《坎墩》一书之新，在于主旨之新。以人为本为当前施政要领，而《坎墩》一书，全书贯穿人物活动。除《人物长廊》篇重点记述人物，并改变一人一传之传统，而为多文组成一传，俾人物能有多方面显现，使人物更充实，更丰满。不仅如此，其他篇目亦多以事系人，大量记载人物生平和活动，如《产业经营》篇下《棕棚世家》一目即详述张氏之棕棚技能。《姚滩之乡》篇记述近代姚剧名艺人胡家良、费凤鸣等多人对姚剧发展的贡献。《文体艺术》篇下之《诗文脉络》目，记潘朗、施娘、胡杰人、沈烈光、施叔范等文学家；《作家作品》目评述潘朗所撰《楚游草》、《海村竹枝词》及胡杰人的《腾馥吟》等代表作，颇见学识；《书画述评》目之记画家郑霞、潘朗、胡杰人弟兄、孙子奇及近代之胡若佛；《棋手拳师》目记棋手沈霞亭及拳师郑高秀、孟金荣等之技艺。《教育卫生》篇下《医家纪闻》目记胡氏、赵氏、郑氏、卢氏及谢氏诸家名医。而于当代乡人，则立《坎墩情结》专篇，以忆念形式写出乡情，存人存情，两得其宜，此为他书所未及，亦为后来修志者储料备征。

其他若《宗族文化》、《旧宅说往》、《故事传说》等篇，亦皆各具特色。至于《晚清坎墩十里长街示意图》之精细制作，街道居民的密集得平面示意，是彼时繁华情景，宛在眼前。而各篇随文插图，色彩靓丽，图文并茂，更为全书增添色彩，引人入胜。

一镇之志，有偌多创意新见，足征修撰者之好学深思，而全书之成就，亦足称同类志书中之翘楚。我喜读《坎墩》，以其新我耳目，启我思维。我感谢撰者，因为他们各逞生花妙笔，重现海隅古镇——坎墩之古今风貌，亦因为他们向广大读者贡献一份可圈可点的精神食粮。我更期待类此之优秀乡镇志书将不断涌现，以充实方志武库！

二〇〇七年国庆节前夕写于南开大学邃谷

原载于《十里长街读坎墩》 来新夏主编 杭州出版社2008年版

评介《湖州文献考索》

　　湖州为我浙大邑，以经济富庶、文化兴盛驰誉海内外。其文化传统与线索，历历可寻。我曾亲赴湖州数次，多识其俊才硕彦。王君增清即为我在湖诸挚友之一。十数年间，书函往返频仍，相与商量探求。并应王君之邀，在湖州师范学院多次讲学。于湖州地方文献，略有所知，感其地方文献遗存丰富，可资汇集，成一方文献武库，以益士林。增清历时数年，不废朝夕，从事湖郡陆氏皕宋楼遗留文献之研究，既见成果，又多留心乡邦文献。近邮来其主编之《湖州文献考索》一书，命题卷首。我虽致力于地方文献，而于湖州一地文献，尚乏条分缕析之研究，固难措词；惟以与增清之友情难却，爰受而读之，粗有所得，略题数言以应。

　　地方文献为当地人文行事之总汇，一地所聚，虽囿于一隅，设各地皆能仿行，则可成一国之大观。前有《海宁文献丛谈》、《古海盐文化实录》开启其事，继有《湖州文献考索》推波其后，行见地方文献事业，将蒸蒸日上，其成果亦指日可待。惟湖州为历史名城，传代既久，文献积存丰盈，难免有杂乱无序、混淆不清之弊，有待梳理，而能条理编次，考镜辨章者几希。增清久居湖州，于版本目录之学深有造诣，而于乡邦文献更多关注，乃集同仁，各就所长，考索文献源流故事，使湖州文献研究更进层楼。历年所得，积稿盈尺，遂纂定《湖州文献考索》一书，此成书之缘由也。

　　《湖州文献考索》共分七章，上起汉，下迄二十世纪四十年代末政权易手止。历朝历代均依经、史、地方志、子、集分类，作史的叙述，脉络清楚。至民国文献则立专章，按学科分类论述，而殿于湖州刻书、藏书诸事，以见文献之流布与庋藏，论述可称完备①。手此一编，则湖州古往今来之文献状况可一览而得，实为地方文献增一大宗。

《湖州文献考索》之收录范围，今古相贯，颇得汇通之义，令人有完整历史之认识。其人物取舍标准，约为四点，即：一、湖籍人士；二、寓居湖州或在湖著述之人士；三、非湖州人而有关于湖州著述之人士；四、出嫁湖州之女性。文献取材依据，不出新旧方志所著录，按四部分类，甚便检读。至民国时期，因时代发展，旧有四分法已难概括，作者不作削足之举，而以现代学科分类，与时俱进，颇便归属。

《湖州文献考索》以书类人，对文献作者履历及有影响之著作均作简介与评说，使读者知湖州有关地方文献之著作根由。对于有关著作，著其书名、著者、版本及藏者等项，使读者追寻原书，亦较方便。所据资料亦多有注释，极便读者穷源究委，无形中增长全书学术含量。

积累编次，仅为整理文献之起步，而考索方见功力。《湖州文献考索》于书于人，皆能各书始末，而记存记亡，较为完备，于佚书则多加表列，使人一览而得。书末附有人名索引，合乎今人著述要求，惟仅分列名字而不著所见页码，则难应翻检之需。甚望付梓前能补足各著者所见页码，并能将众多文献著作，亦编入索引，则使用时可无憾矣。

《湖州文献考索》书成众手，难免大醇小疵，其值得注意者，为义例之是否统一，各章编次尚称有序，而章内各节则义例相乖，诸多歧异，尚望能划一体例，则更为全书增色，所言是否有当，尚祈作者、读者鉴察！

二〇一二年四月写于南开大学邃谷

原载于《湖州文献考索》　王增清著　社会科学文献出版社2015年版

---

① 初稿呈来新夏先生请序时，原有赵红娟教授写的第七章《湖州的刻书与藏书》，定稿时因篇幅容量限制，无奈割舍。——王增清注。

体大思精的鸿篇巨制

——浅评《山西大典》

在新世纪开端的年代，素以地上文物居全国首位的山西，推出了一部具有学术含量的文献典籍——《山西大典》（以下简称《大典》），是值得祝贺的一件大事。《大典》在内容上可称体大思精，在形制上亦属鸿篇巨制，与全国同类性质著述相衡量，置之于文献著述之首位，亦无愧色。山西既拥文物、文献二宝，非止足以自豪，尤当承其激励，奋发猛进，以无负于二宝。

《大典》的创议，始于1995年8月省委、省政府确定为重点文化建设工程，并责成山西省史志研究院组织有关部门，邀集专家学者，实施进行。定策以后，即制定篇目，分配任务，集稿审订，增删修改，历时六年，终于在2001年7月交付出版。全书3卷34篇，810余万字。其所以能于数年间成此巨作者，一则撰作年代正值我国处于开放形势日趋蓬勃之际，各省争求经济发展，急需回顾既往，借鉴经验，吸取教训，并向海内外展示省情，有编纂大典之需要；二则山西为首届编修新志大省，已成三级志书及专业志、部门志等有数百种，成果累累，为《大典》之撰修，奠定雄厚的资料基础；三则上有领导关注支持，下有各部门及百余位学者专家参与其事，通力合作，终于为山西文化工程树此不可磨灭之丰碑。

《大典》的定位问题，许多专家多认定其为"一部全方位、多层次记述山西省情的大型工具书"。《大典》以词条形式撰写，定位于工具书，亦未为不可；但察其内容绝非如一般工具辞书仅作直释，《大典》条目多详其始末，明其流变，有极强之资料性与文献性。且其词目亦并非单纯词语，而为一事一物的叙述，如"接待'三胞'"一目，并不是如辞书那样，仅释"三胞"含义，而是详述"三胞"接待工作之缘由与具体工作内容。《大典》各条文字亦非短短数语，而时有数百字甚至有千字左右者。《大典》与当前各地据新志缩编而成之大词典之仅释词义在资料与论述上亦有所不同。所以我认为《大典》乃是一部全方位、多层次记述省情典要，具有较高学术含量的大型文献典籍。至于所谓工具书也者，不过为《大典》主要功能之一而已。宜乎其以"大典"名其书！

《大典》的编制，结构合理，颇有新意。撰者以宏观、中观、微观三层次立意为指导，分著《省情综览》、《地市概览》与《百业要览》三卷，编委会主任刘振华于书序中曾阐明各卷内容称："《山西大典》是山西省情的集大成者，它分别从三个不同的角度，全面、系统、准确地展现当代山西的省情：从宏观角度记载和反映全省的地理、历史、政治、军事、经济、文化、社会、人物等方面的历史与现状；从中观角度，展示各地、市、县（区）社会主义建设的辉煌成就和当前改革开放、经济建设的发展态势；从微观角度，有重点地反映山西各个行业的企事业和其他单位的具体情况。"检阅全书，诚如所言。设读者手此一典，则于山西之立体认识，唾手而得。

图文并茂为我国著述之优良传统，《大典》善于传承，不仅文字容量甚大，而相应图片之刊布，亦为数不少，据粗略计算，全书共4472页，彩版3788幅占1120页，彩图页所占为全书页数之四分之一。惟各图多为机关单位以及企事业部门之机构与人员图像，而于名优土特产品及文物名胜之图像则付缺如，于招商引资，开发旅游，似微致憾意。

《大典》上起中华人民共和国建立，下迄1995年，部分条目延至1999年，而全省性主要经济数据则延至2000年。为使全书古今联贯，特于卷一立《历史》、《历代大事记》及《历代人物》等三编，以补史之缺。《大典》既为三晋建国以来五十年之省情记录，亦可称为世纪志书之精华。既可展现前世纪后半期山西各方面之业绩与成就，更足以启示本世纪晋人开拓创新之反思依据，庶几发扬成绩，纠正弊端，补其不足，求其奋进，俾156000平方公里之三晋大地，于新世纪之征程中，益增辉煌。三晋子弟亦将从中接受乡土教育，而日增爱乡爱国之心。《大典》资政、教化、存史之效用，于此可见！

《大典》卷分为三，文达800余万字，页占4000余码，词目18320条，可谓鸿篇巨制，虽有中外文目录可备查阅，惟若有所需，非通阅全书不可，劳神耗时，略感不足。盖书籍可分三类：一为精读书，乃各学科之经典著作；二为浏览书，即知识性普及性读物及文艺性作品；三为检读书，乃按需检出其条目之书。《大典》应属第三类，书量较大，而往往为急需解决疑难而感翻检为劳，为求检索快捷，必须有索引之编。索引之编已为当前著述常规，《大典》如条件允许，建议在现有成书基础上另编综合索引，成附录一册，则使读者可获一索而得之利便。一孔之见，小疵不掩大醇。《大典》固不失三晋宝典之应有地位。

原载于《史志研究》2002年第2期

《晋中地区志》读后

最近读到《晋中地区志》，使我想到地区志的地位及其多年来的奋斗历程。地区志在三级修志中并没有列入应有的层类，我很同情这一不公正的遭遇，曾为之呼吁，最近又把这一问题写入自己的文章中。我愿不惮其烦地再一次引述我文章中与地区志有关的几段话：

> 地区志更以地区非一级正式机构，遂使地区志处于一种被人不加可否的冷漠地位；但是经过地区志编修人员的艰苦奋斗，目前已有数百种问世，蔚为志苑大观。其实，地区的体制与历史上的州相类，历来州志之修，为数可称不少。地区志既有历史传统可取法，又有地区本身发挥功能与作用的现实，今地区志之编修也理所应当。

> 地区志的地位就是地区志，它既不是省志的拾遗补缺，也不是县志的简单相加。它从本身功能出发，立足全区，面向民众，反映整体，体现特色。它能补省志所缺，详省志所略，通县志所不通。

《晋中地区志》当也是几百种问世地区志中的一种，所以应给以评价，以促使地区志能受到重视而在志苑中得到应有的一席之地，为今后纂修地区志增加参考依据，推进地区志之能独成层类。

晋中地区东倚太行，西贯汾水，为太原南部屏障及京津、豫陕、川陇之交通枢纽，所辖11县市，物产丰饶，代有名人，是不可以无志以记其盛。地区领导也为使当地知古喻今，外界有所了解，对《晋中地区志》的编纂、问世极为重视，而编修人员则只问耕耘，不顾辛劳，终以短短6年时间，于1993年完成百余万字之巨帙，实为难得，对推动地区志的深入开展起到了先行作用。

《晋中地区志》共分21编86章185节，共110余万字，有图照81幅，是晋中地区第一部综述自然条件、社会状况以及人物等历史与现状的地方文献著作。在篇章结构上采用了以志为主，志、记、传、表、图、录六体并用的编纂方法，合乎志体的要求。其编前无题小序，钩玄纂要，颇利于阅读本编。由于地区志的特殊地位，提出了"重在地直，概述全区，略县之繁，补省之缺"的十六字指导方针。这不仅为完成地区志书起到指导作用，更因它的较早成书，对其他正在进行和准备编纂的地区也有所借鉴。全志内容比较全面，记述也较充分，有些编章叙述较详尽，如第八编《商业》中的《私营商业》下的《晋中商帮》专节，内容丰富，发展脉络清楚可读，不仅使晋中商帮的历史及发展历程能给人以完整概念，即对晋商的全面研究也提供了重要的参考资料。但有些章节则略嫌单薄，如同编中《饮食服务》一章似欠充实，仅将事实按条写列，而缺乏应有的论述。

《晋中地区志》采用有关问题集中论述的方法，有利于读者能较快掌握要领，全其首尾，明其历程，如第十二编《党政群团》的第一章《中共地方组织》下设《要事纪略》专节，综记1925—1987年共60余年间的重大事件与情况，言简意赅，一览可得。又第十五编《军事》下的《关隘要寨》及《战事纪略》二章，能将军事上的自然条件与重要战事集于一节，极便省览，更以见修志者之用心。至于第十六编《文化》之设《方志档案》与《典籍专著》二专章，尤为有识。有些文字使用过于冗长，如第五编《工业》的"全区工业系统名优产品"以文字罗列，共22页，颇感繁琐，如优中选优，不仅节省篇幅，更以见名优之为名优。

图表之设既为全志节省篇幅，更便读者检阅，如《人口》编的各种统计表，《财政金融》编之财政收支表等均简要可查，尤其是《自然》编中的"晋中地区各矿种各矿区储量统计表"更发挥出表的功能，使重要产煤地区的矿产资源情况一览即得。其第十七编下之《科学技术》章所附人名表，长达8页，是否必须如此，犹待商榷。卷首插图为全书精华所在而篇幅较少，故宜特加珍惜；本志所刊修志有关人员合影，现行诸志，多无此例，且入影人员又系部分，易增枝节；尤以历史照片，如确系珍贵可保存于档案馆或在文史专业刊物中配文发表，志书对此类照片则应审慎对待，如所刊"蒋介石视察太谷铭贤校"一幅，则颇感突然，与各类照片甚不相称。

农业学大寨为本地影响及于全国之大事，本志于第四编《农业》下设一专章，实有必要。各地凡涉及农业学大寨者，志书所记多为后期活动，大多未识此举之全貌。此一专章则溯其原始，记其所成，全其历程，言其弊端，不虚誉、不讳过，读其文字，似有史家秉笔之妙。其于陈永贵之功过是非则以中央批转文件为据，分清其应承担的责任，并要求以实事求是的精神，不登报点名的态度批评其错误，使人们正确理解党的"治病救人"的方针，也给修志者以如何以事系人体例作示范。但在记述陈永贵与国家领导人的交往中，仅记工作关系足矣，至日常活动如"一起吃饭留影"等语则无需多费笔墨。

《晋中地区志》尚有可补充者，如第二编第七章第五节《动物》仅列动物名称而未记分布地区及资源价值。《军事》编仅有我方资料而缺国民党及日伪资料，虽在《附录杂记》中有《日军暴行》一目，终难引人注意，不如在《军事》编中将日伪军事设置与暴行等内容列入章节后以小字附入，则修志者之褒贬态度更为显然。人物传恪遵志例，颇多可取，唯自1938—1972年间，34年无一人入选，是无人物可入，抑文献不足而难有可选？至最为缺项者为无民俗志，据著者称因地区所属风俗习惯极不统一，故而不设，如各地能有不同风习入志，则更显中华文化之绚丽多姿，成事不说，愿今后修续志时能注意及之。

粗读全志，略有所记，纯属一孔之见，统观全志，成书较早，稍有所不足，自在意中，瑕不掩瑜，斯为定论，若所言欠当，亦祈修志诸君，谅其老悖，不以为意是幸！

原载于《沧桑》1997年第6期

《运城地区志》读后

运城地区位于山西省南端，为华夏民族生息发展的源头与根脉之一，其文化底蕴至深极极，为若干名城所难望及，现所辖3市10县，古迹丰盈，人文荟萃，无不为遐迩所知，所属府州虽尚有旧志可寻，而近百余年，其事久已无人论及，是固不可以无新志以记其盛。惟以始修新志之际，地区志未入三级修志之列，未能受到广泛注意，而运城地区独排时议，毅然于80年代之初，着手其事，虽中经起伏，而其志不改，历经十余年之辛勤，三修篇目，四易其稿，终成《运城地区志》上下两册，共39卷，250余万字，于地区志中可称巨帙。

《运城地区志》之最大成功处正如学长史念海教授于书序二中所言：

> 《运城地区志》不仅复原了古今各时代的自然与人文状况，显示其间的发展变化，而且还能言简意赅地指明引起变化的原因与规律，这是难得可贵的。

念海学长为当今历史地理学耆宿，所见的是不凡。知其然，尤当知其所以然，如此方能显志书之社会功能，其理至明，而无人揭其密。念海学长于此不啻为检验志书立一标尺。核之全志，确有所见。如卷八"黄河治理"一目，虽段落不大，而境内黄河基本状况，自周以来黄河之为患，言之凿凿，是黄河之不得不治理，不仅记述治理之经过，而析其必治之理，令读者信服。

全志结构合乎志体，前后附件完备。概述有提纲挈领之效，文分三段，首述建制沿革，政情人文；次叙经济发展状况，终作横向比较，寻求差距，提出对策，颇得全区全书之大要，大事记选材比例，应称恰当，而纪年用当时法定称呼，为史笔所必需，如民国纪年一般志书均作公元，难称允恰。目录英译已成时尚，而本志更列一"表格目录"颇便读者检阅，如能将表格目录与概述并译为英文，则将沟通中外，更有利于异域人士之阅读参考。

家谱为著录人口家族之一种体裁，前者误视之为勾联封建宗族关系之作，毁弃甚多，为历史文献之一大损失，近年虽在《中国家谱目录》之撰写，然难称其搜罗殆尽，而志书于此亦多所忽略。《运城地区志》独具只眼，特于卷三立《家谱》专节，并称："家谱作为记录一宗一族生息繁衍、发家业绩的资料著述，对研究中国家族发展变化的历史，有着重要的参考价值。"确为有识之见，所附《本区各县家谱表》，分名称、撰修者、撰修时间和收藏者四栏，按县登表，共160余种，并著录一姓多谱及创修重修等事项，至详且备，为他志所未见。

《运城地区志》颇注重于地方特色。运城关帝庙为全国历史最久、规模最大的庙宇，久已远近驰名，近年又兴起关公文化研究之风，于开展学术研究及开发旅游资源，独具特色。修志者特为此立《关公文化》专卷，详述关羽生平、关公纪念物、关公祀典、关公文艺，以及关公文化开发等内容，无论传说、文献均有所本，不仅为研究者提供参考资料，亦使志书地方特色，显然突出。

各专志图表及随文插图，选用甚精，如"水利工程现状图"，详细清晰，一目了然，他如农具、牲畜、宅居、器物等图像之插入尤能收图文并茂之效，引发读者兴趣，其附录部分之"报刊荟萃"、"函电择要"、"志书序文选"、"重要考证"等类均具有史料参考价值。其《限外辑要》，虽篇幅不多，但所补1998年、1999年两年要事，也使全志成一完貌，足以见修志者思虑之周，一代佳志，当可无愧！

原载于《沧桑》2000年第2·3期

浅评《阳泉市志》

阳泉为山西中部东翼之工业城市，久以矿产资源丰富著称于世，其高储量之无烟煤，造福于工业、民生，尤为世人所熟知。所处地理位置，居三晋之门户，晋冀之要冲，以娘子关为屏障，后倚山西腹地，前面华北平原，辐射于华北、华东、东北及西北各地，洵为四通八达之交通枢纽。加以建置历史悠久，文物遗存较多，近年经济发展迅速，颇为人所注目。虽为中等城市，亦足称名城，是不可以无志以志其历史与现状，俾各方有所参证焉。

阳泉修志，起步于80年代之初，至1998年问世，前后历14年。历程不可谓不长。究其实，其编纂方法自有其特点。为本世纪修志大业增一巨作。从此，阳泉成有志之地，各方人士复得借市志以尽窥阳泉之地情，盛世修志，于此可得一证。

概述或总述为新编方志之创例，可概一地之盛及一书之要，进而引发通读全志之兴趣。历年推行，颇见实效，而编纂之法各殊，《阳泉市志》自成格局，甚见新意。该志以优势与不足对比立论，言优势则有地理区位优势，矿产资源优势，山区农村经济优势，交通优势，历史文化优势与革命传统优势；言不足则为城市现代化水平有待提高，水资源匮乏的状况亟待改变，产业结构亟待调整，国民素质亟待提高。夹叙夹议，使地情社情一览可得。尤有新意者为总述所设附表《阳泉与国内部分城市1990年国民经济和社会发展主要指标对照表》，以阳泉与国内22个中等城市在32项指标上进行横向对比，并排出阳泉所处名次，一反以往惯用纵向比较方法以求自我满足的陈旧方法，而是采用横向比较，寻求差距以策励前进。在我所读诸志中，此一做法尚未多见。

大事记为一志之提纲，既能见一地之大事，又能查一志之缺漏，而他志时有古今比例失调之现象。《阳泉市志》自先秦至清约8页，中华民国约13页，中华人民共和国约36页，比例尚称均匀。纪事亦用编年与纪事本末相结合之体，合乎志体要求。全志若干篇章颇具研究参考价值，如卷一第五章《地名》，分节叙述了部分地名之由来及其演变，对历史地理之考证及当前各地新地名之命名工作有一定的参证价值；卷三第三章之姓氏溯源，亦有裨中国众多姓氏之研究。全志之设章极重地方性与时代性，如阳泉产煤为遐迩所知，实为该市一大特色，故为之设《煤炭》专卷，详尽记述煤炭之地质勘测、建设生产、安全、营销诸方面。卷十设《乡镇企业》专卷，叙其概况、构成以反映改革开放之时代特点。

小序始于诗小序，汉刘向父子以小序综论各类图书，相沿以来，成著述之一体。今修志书，颇有于篇卷之首立小序以综括全篇主旨者。《阳泉市志》亦取斯例，每卷之首有一无题小序，综述该卷内容之历史与现状，言简意赅，得提纲挈领之效。

一般修志多为单一任务，往往忽视修志过程中随手可得之成果，甚感遗憾。《阳泉市志》修志诸君于肇端之际，即能同时兼顾，是以当一志之成，而副产品累累达30余种。如所属县区志有《平定县志》等，乡镇村志有《南坳镇志》等，地方专业志有《阳泉供电志》等，年鉴辞书有《阳泉年鉴》、《阳泉人名辞典》等，学术著作有《晋商史料与研究》、《评梅女士年谱长编》等，门类繁多，不一而足。这些成果不仅无负于14寒暑之辛劳，亦为《阳泉市志》之成书提供了坚实基础。

当前著述为便读者使用，多于书后附索引以备检索。新编志书近年始见有编索引者，而尚未普遍。《阳泉市志》顺应时代需要，于成书后编一主题索引，图表目录，为读表者提供便利。另有外文目录，供海外人士参阅。

全志240余万字，足称巨帙。求其无所指瑕，殆若缘木求鱼。谨择一二与修志者商讨。人物排序有以生以卒二说。以卒为序往往有祖孙倒置之虞，且时势背景亦难顺时而下，是以我至今犹难苟同，仍坚持以生年为序之说。学术著作求一地之风采，著述之多寡见一地文明之高下，是地方志不得不记著述。《阳泉市志》之于著述仅记及新中国成立之后，而于前此各时代之著述则付缺如，似有微憾。阳泉代有学人，不乏著述，如元吕思诚有《介轩集》，明耿裕有《耿裕集》，李念有《越中吟》，清武全文有《旷观园文集》，特别是清中叶著名学者张穆，虽英年早逝而著作久已饮誉域内，却于乡邦文献失载，是当于著述门类有所补益。所见未必妥当，幸有识者教之！

原载于《沧桑》1999年第4期

《榆次市志》读后

榆次位于晋中盆地的东北边缘，东为山地，西为平川，具优越之自然条件，为宜农宜林，宜渔宜牧，矿藏丰厚，得天独厚之区。东北与太原南郊接壤，扼往来交通之要冲。历来人文荟萃，多有名家，贸迁有无，商贾成帮，一邑地情，自当有记，是以明清以来多次修志，有七志六修之说，而民国志尤称志林之佳志，为人所推重。榆次之主政者，上承修志之悠久传统，下鉴市情之实际，以为榆次之不可以无志，遂于80年代之初即建设机构，广求资料，延选人才，着手编纂，五订纲目，四易其稿，历经十余年之辛劳，终成新志30卷，共140余万字，实可称巨帙，亦为社会主义新编方志增一新作。

《榆次市志》成功之处在于能吸取当代新编诸志之优点而自有主张，并独创因地而异之特色，使《榆次市志》之为榆次之志，展卷即得其真。试言其例以就正于志界方家与修志诸君。

一志之优劣，首察其篇章结构。《榆次市志》在一般章节外，有些卷与章表现出独有的见解，如卷四、五分立城区与乡（镇）村，使城镇特色，各有体现，条理分明，叙述清楚；而乡（镇）村卷下第一章，特标"经济分区"之名分列各乡镇，充分注重以经济为中心的精神；另立村庄来历、演变之专章，不仅得详今略古之旨，还使各乡村能存其全貌。卷六之立"经济综述"专卷，如写意之笔挥洒勾勒，于是经济变革、调整体制、结构投入、发展水平、居民生活以及解放前之概况均得总括于此卷，而为各经济专卷之纲要。卷八之立"乡镇企业"专卷，准确反映当前现状而给以应有的地位。卷二十八之立"民情风俗"专卷固不同于一般志书之风俗专篇，其所述举要、岁时、礼仪、习俗及方言诸方面措置得宜，较之民俗、方言之各立专卷，更能得一地民情风俗之全貌。

志书历来为官修之作，今新编社会主义志书亦由政府主持，所以其内容论述往往于失误褒贬多有避讳，《榆次市志》则力求直书，如卷六第二章设有"人民公社化"专节，不仅概括提出"一平二调"、"共产风"、"浮夸风"严重挫伤了农民群众的劳动生产积极性之危害，还具体实例论述，如鸣谦管理区平调社员房屋630间、土地406亩、牲畜6头、动力机械7部、胶轮车1辆以及生产工具等，总价值3.8万元，平均每户107元。又如集体食堂，从1958—1959年一年之内，公办集体食堂579个，强令34854户社员加入，占全市总户数的91.6%，并把社员家中的旧存粮47万斤全部无偿归于食堂。所记虽仅数行文字，但编纂者奔走调查，取得实例，勇于入志，则备见辛劳。其于"文化大革命"之危害，于卷二十第四章有云："'文革'期间，干部任免工作的秩序被打乱，处于非正常状态。"了了数语，已足见当时的混乱状况，又如凡于日伪行事均以小字附录处理，正伪之间，泾渭分明。此正志书非似史家以个人口吻直加褒贬，而以资料取舍、体例安排等方式以寓褒贬。由此可见，有无褒贬固不足以作为史志异同之标准。

志书以资料为基础，志界早有共识；但文字力求简洁亦为编纂之基本要求。于是志书往往于众说中取其一说，或综合众说而入志，至于所据以成说之资料则常被摒弃。某些志书乃有加注之体，以备后世稽考。《榆次市志》即有多处加注。如卷一第二章记榆次古名魏榆、中都之称，即加脚注，征引《左传》及历代文人学者有关论著，读者于此古名之由来豁然而解。又卷三十古今碑文选所收《唐洪福寺记》碑有云："其北涂水县"，言涂水在"魏榆凿台里"之北，而加注引今人刘伟毅、谢鸿喜所说当在榆次西南二十余里之说，以考证旧说之有误，未加迳改，亦古人著书存异说之笔。注虽细微，但亦以见编纂者之功底。今后续修之志书欲有所精进而谋提高学术层次者，此亦当所注意之处。

一方之学术成就为一地文风之重要反映，今编新志多列文艺而略其学术，读志于此不时兴文化底蕴不足之憾。《榆次市志》于卷二十五第二章特立"著述辑要"专节，称榆次自魏晋以来即为人文蔚起、鸿儒辈出之邑，惜著述散佚颇多，乃将古今著述可稽者近三百种，列表存世。表题《历代邑人重要著述一览表》，分时代、书名、卷数、作者、别名及附注，应称详尽，而附注一栏所注出处、存亡、藏者及版本，极便读者检用。

表为志书诸体并用不可或缺之体。《榆次市志》于表之运用较为普遍，凡涉及数据者多以表出之，较以文字叙述更便于读者，而数字文献亦将有所依托。凡工商企业、财政金融之列表，一般新志多已运用，而《榆次市志》则立现存寺庙及革命遗迹之统计表。表体结构之完备确乎难得，如《榆次现存寺庙统计表》设寺庙名称、所在地、建筑年代、现存建筑、现状及备注等栏，既省文字，又眉目清楚，实可得纳纷繁于方寸之妙。

一代修志而编纂者往往见远而略近，于古今地情务求其备，而于志业则置视野之外，甚者不着一字，此不能不为修志者悲。近年志书似稍稍记及而犹感不足。《榆次市志》颇能有所注重，不仅于卷二十五第二章设编史修志专节，而于修志目下述七修县志之大略，更于卷三十著《旧志序跋选》及《现存榆次旧志收藏简介》二篇，使榆次旧志之概况，一索可得。卷末所附《〈榆次市志〉编修始末》一文又详记今修志书之经过，于是榆次之志业已大体可寻。

读志将尽，即拟掩卷，而忽见有蟹行文字，不禁讶其怪异，及细加翻读，乃西文目录。我自以为读志不少，而见有西目者独此，又不禁赞叹编纂者放眼世界之卓识远见。我当默祷今而后之出版志书皆能附一西目；甚者，译概述为西文，是概述之中西文之篇并列于卷首，俾远人不识中文，难读全志，亦可借此得识中华地大而物博，知中华志书武库之丰厚蕴藏。有识之士，盍不为之作登高之呼！

原载于《沧桑》1997年第2期

读《临汾市志》

临汾位于山西南部，地处临汾盆地中央。临汾虽得名于隋开皇初年，至今垂1400余年，但其尧都古称在传说与文史中久已存在。足证其文化底蕴之深厚与文明传递之源远流长。其修志事业，尤足令人瞩目，自明正统以来，直至1933年，前后九修县志，计明志二、清志五、民国志二，有此传承，临汾之编修新志，势在必行。于是自80年代初，即开始建立机构，组织人员，搜集资料，撰写试稿。惟以未能引起各方足够重视，进程时有起落。直至1998年底，方在已有准备条件下，集中力量，突击攻坚，其盛况正如该志序言中所云："组织数十人，历时三年，耗费百余万元"，终于在2002年5月，成稿300余万字。集中撰写时间如此之短，而成稿篇幅又如此之巨，足以见编纂者之艰辛。而《临汾市志》之崛兴，亦以见修志大县——临汾之再度辉煌。志书内容丰富扎实，特点突出，稽实求真，表述清晰，图表运用得当，集市情于一志。

总述为新编志书之创意，近年已成定例，惟各地撰述形式与方法，或有不同。《临汾市志》系以专题形式作全面论述，分列：（1）中华文明发祥地与战略重镇；（2）不断繁荣的经济与社会发展；（3）积淀丰厚的优秀民族文化；（4）历代辈出的人杰与民族革命斗争精神；（5）递次探索完善的经济发展思路等5个专题，分述临汾历史、地理、社会、经济、文化、人物诸方面，并远瞻未来，指明前景，堪称详备。读其《总述》，既可揽临汾概貌，亦能得检读全志之脉络，应称佳篇。

志书之品评，首在视其有无地方特色。临汾得天独厚，为传说中尧都，遗迹、文献，所在多有，修志者特立专编，名《尧文化》，以突出其事，顿为全志增色。全编分设六章，搜罗颇备。其第一章：《古迹　遗址》，分节论述尧庙、尧陵、尧故里、丹朱墓及下靳遗址等，均根据旧志、史籍、碑刻及考古发掘，记其位置、建筑及遗物，为尧文化之研究奠定基础。第二章：《古籍文献》，自《易》、《书》、《礼》诸经，《史记》等有关正史及一些杂著中辑录有关文献，为尧文化研究提供研究线索。第三章：《遗闻 传说》，其遗闻采自古籍杂著，而传说多为口头传说，仅供谈助，且未注明采访地点与口述者身份来源，稍感不足。第四章《碑记 诗赋 楹联》及第五章《资料辑录》，所记原始资料较多，具有参考价值。第六章：《研究开发》，对尧文化研究现状与研究发展思路，颇有启发。

人物为志书灵魂，无人物则见物不见人，而使读者感到沉沉无生气，故各志无不视人物传为重点。《临汾市志》于专志之后，设人物专编，分传、录、表三章。《人物传》按五帝时代、古代、近现代分节，以便于检读。惟以卒年为人物排序，则未敢苟同。愚意应以生年为序，以其顺乎生存法则。否则，所记传主事功内容，往往有前后顺序颠倒之弊，实不可取。如樊伟生（1919—1959）与张兰亭（1880—1959）二传，虽二者卒年相同，但应张前樊后。因张进行前四十年活动时，樊尚未出生，此种颠倒即因以卒年为序所贻误。录、表大体以职务、职称为标准，因而缺少特立卓行之人及名工巧匠之名，于历史人物似失全面。惟于《人物表》末增列《去台湾人员名表》，则甚有创意，为他志所未有。

志书下限与志书出版时间，往往间距甚大。一般长达三五年者，比比皆是。《临汾市志》下限为1998年，而成稿于2001年底，其间相隔3年，3年虽非遥远，但政事、社情、人员多有变化，历年各地志书，多曾出现此类情况，以致当时主管政绩失载，而发生经费窒碍，志书难以问世之情况，已屡见不鲜。为谋补救，多有采取补写对策者，即补写《××××—××××年政事纪要》或《××××—××××年大事要略》，则可弥补不足，但《临汾市志》将此类内容标以《续志综鉴》，似感未妥。此类内容，虽日后可能收入续志，但此篇所收仅为续志点滴，何能称为"综鉴"，且目前正在开展续志纂修工作，易使人误会为此即全部续志之综合类鉴。

《临汾市志》篇章结构基本合理，惟于经济有关各编，如《农业》、《工业》与《商业》3编之间，插入《城乡建设》一编，《经济管理》、《税务》、《财政》、《金融》4编，列入《政务》、《军事》两编之间，立意有所不同。

志书之用，非为精读，实作翻检查阅之具。《临汾市志》共3册300余万字，若使用时需全书翻检，实感不便；若能有一《综合索引》则不仅有利读者，且能符合当前著述体例之时尚，为志书增加使用率，符合修志重在用志之旨。目录有英译，使域外读者颇为便利，将为宣传临汾，让世界认识和研究临汾有所贡献矣。

　　《临汾市志》篇帙浩繁，难以通读。谨择习见部分，反复循读。略有所见，写呈同好。管窥蠡测，至祈方家指正为幸！

原载于《中国地方志》2003年增刊

《潞城市志》读后

近一年半以来，由于曹振武兄的推荐，我先后阅读了多部山西省的市县志。总的印象是，各市县很注重修志工作，总体水平较高，各志都有创新之处，所以往往在读志后情不自禁地要写些读后感，因而不断收到一些经曹振武兄推荐并委托我表示意见的山西市县志，以致常常需要插入或改变我已定的工作日程表。最近，又收到曹振武兄推荐的《潞城市志》，曹兄既是该志唯一的学术顾问，又谆谆相嘱，情难以却。匆匆一过，略缀数语，以见一得之愚。

潞城建置历史悠久，居太行西麓，为兵家必争形胜之邑，乃晋东南名城之一。近年经济颇有显著发展，千经百纬，固不可以无志以传子孙。潞城修志，始于明初，至今修新志，中经五修，是又不可以无志以隆前贤之伟业。自1980年决策创编新志，历时18年，六改篇目，五易其稿，四移下限，终于1998年成百六十余万字之巨制。次年问世，为首批社会主义新志文库增一宏篇。

事务之得失，首重其有无发前人所未发而独创新意者。近年为沟通海内外，新志多列外文目录，但各自成篇，翻检对照均感不便。《潞城市志》之卷首目录则中外文对照并列，不但耳目一新，似尚未见于他志。概述为全书之总纲，一般以文字叙述为主，《潞城市志》则随文有圆形比例图、简化坐标图等，以示农林牧副的总产值比例、乡镇企业之发展、社会消费品零售总额、城乡居民存款等情况，一目了然，既便省览，又无费文字。文后所附《潞城优势图》，标明交通、资源、重要企业集团等状况；又所列《潞城基本数据表》、《潞城之最表》，皆能增概述之总括价值，也为他志所未见。其做法是否合乎概述之要求，可商榷讨论，但其创新立异之精神应得到肯定。

《潞城市志》论述明快，文字简洁，有便阅读。大事记本应简明扼要，而今修新志，颇多冗长烦琐之弊，甚至有非大事而入大事记者，有失大事记之本旨。

而此大事记，年不过数事，事不过数行，简要得体，从而能促使读者有进而求读全志之念。各分志叙事也多集中，如军事卷之战事纪要章，精选古代战事与抗日战事颇见典型，得纪事本末体之遗意。如日军烧杀抢掠之暴行，以小字附记于后，既保存史实，又以见志书之自有褒贬。卷尾附图示照片、表格与人物等索引，颇便检读。若能有综合索引，尤佳。

志书下限与出版时间无可避免地存在一定差距，少则二三年，多则五六年，而限外政绩，难以见志，诚属憾事，于是，修志人士遂有限外政事辑要等等之体附于卷末。如此，不致因下限时有变动而牵动全志，不可谓非善策。于是诸志仿行，渐得共识。唯事物越其中线，往往得其负面。《潞城市志》多年经营，洵非易事，为求其全，于卷末置限外辑要，分两大类：一为志补，有政治、经济、科教文卫、交通邮电等类；一为人物，有党政领导与知名人士。用以补限外不足，其意良善，无可厚非。但人物部分处理，似略有欠妥。辑要人物若按本志体例，各撰简介，或制职掌表附入，均无不可。而今以彩色照片各按官秩排列，新志尚无此例。修志者或有难言之隐衷，但无异置领导于炉火之上，既见忌于上峰，复非议于众生。所言似有耸人之嫌，但愿此风万勿蔓延，幸甚！

原载于《沧桑》1999年增刊

《晋城市志》读后

晋城为晋东南名城，古称泽州，历史悠久，为中华民族发祥地之一。境内三山二水，仙洞灵泉，纵横交错，成景色之靓丽。物产丰盈，人文荟萃，称三晋之胜地。晋城自宋元以来，府州县志，殆有多种，而自雍正《泽州府志》以来，历时二百六十余年，迄无州府一级志书。今新编《晋城市志》适逢其盛，幸补前贤之缺，乡邦文献，遂免遗佚，资政存史，亦将得其典要。

《晋城市志》始修于1996年12月，仅历三年，而成书于1999年9月，纂修速度之快，异乎寻常，非亲读其志，几若神话而难以置信也。近年以来，自以为读志为数不少，而从未见在三年之内成志者。且此志又非数十百页之简编。全志3巨册375万字，设不计搜寻资料之时日，三年而成书，则非三日成定稿1000字不可，且其文必不修订不讨论者。此举冲击志界之爆炸力，不应低估。长期以来，五年成志已群感诧异，而旷日持久者多以慢工巧匠自嘲，今亦将难乎其置一词矣，而《晋城市志》纂修者之备尝辛劳，于兹可见，而益增钦敬之心。

《晋城市志》是一部很有特色的新志，仅就管见所及，略陈一二。

凡例十一条，条条无套语，实可备撰写之依据。有的条目颇有新意，如"六、为避免一些内容前后重复，小目择主而从，一次述完，如甲处已具其详，乙处不可缺目，即在该目后指明详见甲处"；"七、本志文中设附，多用于不属正志范围而又需记载的内容。有关日伪机构的内容，加入'附'"。类此，有些虽已有此做法，而尚未入例；有些则引入史书中记事两见之例而创为志例，均为有识。

《晋城市志》的综述也与他志有所不同，凡例中称："卷首设综述与市情基本数据表"，他志有综述而少附表，个别志书中曾有设立，但并未明标于凡例。综述今已为新志所共识，而编纂方法又各有不同。《晋城市志》综述之最大优点可称言简意赅，全文不过3000余字，而一地一书之大要毕具，至于文字之通畅可读，犹其余事。其《市情数据表》30余页，则大有创意。数字文献近年已为修志者所注意，唯按全志顺序分门别类。表列数字以概括全志内容，使读者一目了然，并与综述接合一体，相辅相成，不读全志文字，几已尽知晋城之基本面貌。此固足备他志所参考。

大事记已为新志之定例，近年多为编年与纪事本末相结合之体。而《晋城市志》变其例，设上下篇：上篇称《大事编年》，以公元纪年为序，记境内有史以来至1998年底之大事、要事、奇事，为一志之经；下篇为《要事记略》，分专题记事件本末，共记古今要事30件，各有标题，略述原委，以见晋城历史轮廓。其例甚善，足可推广为他志法。唯《大事编年》篇幅过大，叙事过细，不若《要事记略》之要言不烦，读之益然有趣。若于外文目录外，将《综述》与《要事记略》译为外文，则极有利于域外人士对晋城之认识。

《晋城市志》尤重艺文，其有关文献者，殆达3处。第三十八卷《文献目录》分上下篇，上篇《著述》记北周至今之著述，为数不少，颇具历代艺文志之遗意。今人有谓新志不重艺文之论，于此又得一驳论。下篇《金石》记战国以来至今之古器物、金石碑版以及当世革命与建设之纪功碑石，形态、藏地、文献记录等靡不收录，甚便检索，惜《金石》篇之眉题仍沿用"著述"二字，其事虽细，不无小憾。第三十九卷《文征》以韵、散二体分上下篇，洵为通达有识之见。韵始于曹魏，散起于李唐。所收甚丰，粗加翻检，可以见晋城地区文风之盛。若能于征引诗文之后，注明出处，则尤称完善。第四十卷《丛谭》不同流俗，皆采撷于文集笔记，志乘碑版，信而有征，足资谈柄茗语。读志至此，饶有兴趣。掩卷犹存袅袅余味，而未愿立付插架也。

原载于《中国地方志》2000年第4期

读《平定县志》札录

近年来，各地志书陆续完稿问世，志书审评工作随之而兴，但一般情况是重审稿而轻评书。其原因是审稿可消灭疵点，提高志稿质量于正式出版、提供社会之前，于事大有裨益；而评书则在志书已陈之读者之前，纵有所见，亦于事何补，反将增加无谓烦恼。这种观念未免眼光短浅。有些地区，自具卓识，视书成为新起点，不仅志办人员沉思反顾，总结实践经验，升华理论高度，更广邀读者作他山之攻，于己于人，均得其益，萧山、建德、青州、南阳诸地都有此举，值得推广。山西平定修志，创议较早，历时较长，其间自多甘苦，仍定广集评论，汇为一编之议。老友曹振武先生远道代邀，平定志办更寄赠志书。钦平定有此远见，冒暑读志，所得一二，或臧或否，聊备志办参酌。

平定修志始于1977年，是四凶倾覆、拨乱反正时最早修志的县份之一；但他们没有匆促成书，而是经过十四年的磨砺，告成于1990年，问世于1992年。这种十年磨剑的谨慎写作态度是首先值得肯定的。《平定县志》在谋篇立章上是有所考虑的，它虽为小篇，但仍以大篇之地理、经济、政治、文化、社会为序，使既便归属，又有统辖。全书23卷，经济方面占8卷，约为三分之一强，教科文部分6卷，约占四分之一强，经济与文化的比重比较合适，无某些志书过分重经济而轻文化之偏向。各卷之首立无题小序，可起提纲挈领之效，有些县志曾采用小序作读全卷的锁钥，但不若《平定县志》文字之简明，尤其是使用数字文献，更见其妙，如卷一《行政建置》小序称："据1990年底统计，全县19个乡镇，下属323个（农业户）村民委员会，7个（非农户）居民委员会，共计行政村（街）330个"，以最新统计数字概括最确切行政建置。卷六《工业》不仅以数字重点叙明1957、1966、1969、1975年国营工业的发展和1978、1984、1985、1987和1990年乡镇企业的飞跃，而且又总结说："1990年，全县共有工业企业1506个，其中，年产值超1000万元的占16个；共有职工66500人，固定资产44532万元；年产值57925万元，占全县工农业总产值的90.6%，居全省102个同级县的第二位。"使平定工业以及经济发展得到简要明快的大笔勾勒，引起读者希图进一步了解究竟是哪些工业企业有了长足进展而去翻检本文，亦体现了数字文献在志书编写中的地位和作用。

大事记因新编县志详今略古的方针而更显其贯通古今的重要性。古今比例一直是编写大事记需注意的问题，《平定县志》大事记的古今比例大致是解放前后各半，清前与民国又是各半而清前部分略弱，基本上比较平衡。《平定县志》的大事记有一很大特色，即不讳避错误，从而减轻本文文字叙述的负担，如民国三十六年十二月条记称："平定（路北）县贯彻二地委土地会议精神，错误地踢开党组织，组织贫农团，进行'搬石头'；划成分查三代，扩大了打击面；县委委员被错误扣押，红土洼、千亩坪等村的党支部书记被致死，工商业者的利益也遭受侵犯。"（第23页）使土改中"搬石头"错误的实施得到具体例证。关于"文化大革命"如何记述问题，不少地方为之困惑，曾有人提出在大事记中求解决，亦未得恰当处理。《平定县志》大事记中分记数条，合观即可得当地"文革"大概，如：

> 1966年6月，"文化大革命"风卷县城，在《横扫一切牛鬼蛇神》等社论的煽动下，县城部分学校的学生上街破四旧（旧思想、旧文化、旧风俗、旧习惯）。至8月，砸碑牌，毁寺庙，焚书籍，更改街、校、店名形成高潮。同时，大搞"红海洋"，将主要街面门墙涂成红色。

这是平定"文化大革命"纪始之笔，将"点燃"这把大火的起点、初期极左行为以及当时的特色语汇均有述列。其后，于1967年有数条记夺权、批斗干部、成立造反组织等事；1969年记革委会成立和开展"清理阶级队伍"与"一打三反"运动；并顺延记至1972年运动结束，"全县有1100多名干部和文卫工作者遭无理批斗、清查，有的被逼自杀，有的被错误处理"，虽并无撰稿人片言只语的论断，但褒贬之意寓于叙事。1973年记"批判教育路线回潮"，可见"文革"的重大反复。直至1980年1月记"县委对'文化大革命'以来的案件全部进行复查，有1685人得到纠正平反，并给予经济补偿"，可见"文革"在一县波及面之广。此为以大事记之体而记政治运动可资参考的示例。

《平定县志》的文字论述可称明快通畅，有些文艺色彩也未伤事实，如《行政建置》卷最易枯燥，撰者于记述平定州城景色引入金诗人元好问《乡郡杂诗》吟称：

> 一沟流水几桥横，岸上人家种柳成；
>
> 来岁春风千万树，绿烟和雨暗重城。

引录熨帖而不生硬，给读者增添了清新的情趣。《平定县志》对旧志资料的运用也较好，如《自然灾害》章，于旱、水、风、雹诸灾能以清光绪《平定州志》资料简洁地综述元明清灾情，信而有征，无劳读者之翻检旧志。

《平定县志》最值得称道的是《文献辑存》卷，其在志中地位类同于他志的《附录》，而一反《附录》之冗杂，颇得章学诚"文征"之遗意。这一卷共5章，第一章《志书》中撰散佚县志提要，虽无缘见佚志而可得其线索。汇编新志有关文件，庶可传之未来。第二章《文告》所收民国以来布告，可见辛亥革命后某些革新措施在地方之落实，而抗战时民主政府与日伪布告尤为不易多得之史料。第三章《碑铭》除重点录入纪事、兴学、庙宇诸碑外，更立部分碑目一节，使次要碑文亦获著录，而为治史求证金石之一助。第四章《诗文》录唐以来重要诗文，可备征文考献之需。第五章《书目》尤为编者有识之作，既能借其见本县的学术文采，也为本籍学人文士标名于志册。似此《文献辑存》当胜掇拾残丛而成之《附录》多多！

人物为志书重要组成部分。《平定县志》人物传共收84人，其间古代23人，约占四分之一强，近现代61人，为四分之三，古今比例尚称相当。但《名录》章中之《闻人名录》，其党政军干部、科教文人士、流寓人物皆以职位入录似难成例。至于以卒年为人物传之顺序，尤难苟同，即以卒年相同者而论，亦多前后颠倒，如张布（1922—1942年）、岳勇（1902—1942年）、霍瑞昌（1915—1942年），三人中张、岳相差二十岁，张、霍相差七岁，而卒年均为1942年，若按以卒年为序之例则应作岳勇、霍瑞昌、张布（第628—629页）。又如李培信（1914—1948年）、周克昌（1874—1947年）二人，周长于李三十九岁，周置李后，使传主事迹错次，即以李周卒年为序也应周前李后。人物传中类此者尚有，皆因以卒年为序所造成之混乱。甚望人物传仍以生年为序。

本书告成后的回顾是一项有重要意义的工作，许多县市已逐渐意识到评书工作在整个修志工作中的重要地位。1993年6月间，江苏省志办曾邀约已完成志书的五县市主编作回顾性座谈，取得良好的效果。回顾不仅是对以往的再认识，总结经验教训；更重要的还是一项谋及子孙的战略要务。固然，我们把新编志书传之后世已是很值得珍惜的遗产，但不能不想到金朝诗人元好问的名句："鸳鸯绣出从教看，莫把金针度与人。"元好问只肯把绣好的鸳鸯给人看，但不肯传授金针绣法，和我们只把修好的志书传世而未把如何修志的"针法"传世一样。因此成书后的必要回顾最重要而目前尚被忽视的一端便是要谋及子孙。如何谋及子孙？一是储料备征。我们修志之始，苦于难作无米之炊，志书以资料为基础，无资料则志书无所依据。经过近十年的搜求，各地积累资料千百万以至成亿字，而编纂志书时，所用不过十一，其未经采用者决非废料，或尚未理解与认识，或系被采撷后之余料，对后世未必无用，即已用过之资料大多信而可征更当保存，清代章学诚尚有立"志科"、设"文征"之议，我们又何能不储存此大量资料，贻诸子孙，以免日后续修时一片荒漠，匮中空乏。二是在这次编修新志过程中，对发凡起例、谋章立篇、写作体裁、文字运用等，特别是类例更为难得金针。宋代郑樵曾说：类例既分，学术自明。新志所创类例，有理论、有实践，即使各地仅得一条，则全国统算，也可得二千余条。编纂者回顾走过的道路，加深认识，加以系统成文，备后人参考。设条件允许，如平定之汇印成册，更不啻以金针度与子孙，庶三五十年续修新志仍有所遵循。鸳鸯与金针并传，志业之继兴，当无疑义。

原载于《平定县志评论集》 陈霈主编 山西人民出版社1994年版

别具一格的《阳城县志》

　　阳城为晋东南古邑，自汉初置县，具二千余年之悠久历史。傍山倚水，资源丰富。其志地方者，肇端于金之图经。明以来，修志殆十有三次，志业不可谓不盛。其最后一部志书，距今殆70余年。1980年，阳城新编县志，始有定议，设立机构，配备人员，正式投入编纂工作。历时十年，几经琢磨，于九十年代初，方告成书问世，其艰辛困难，自在意中。所幸诸层领导与在事诸君，勠力同心，使阳城新编志书之伟业，终底于成，此不可不为阳城贺。我久闻《阳城县志》主编刘伯伦君，学有根底，深于志业，而未获谋面，时以为憾。前者山西有审稿之约，而适奉命于役海外，不获与会，聆听说论，又失一与伯伦切磋良机。今春承赠志书，理应展卷，复因衰病，迁延时日，而伯伦屡函敦促，更以傅老振伦教授读志相砥砺。我虽年逾古稀，而于傅老又何敢言老，遂就榻前置几循读，读未及半，矍然而起，不意此志之独具特色如此，诚与向所寓目者有异而别具一格者。

　　志书首重篇章体例，《阳城县志》（以下简称《阳志》）自出机杼，篇章安排不同于现有诸志之惯例，如列《科技》篇于《地理》、《经济》二篇之后而先于《政治》、《军事》、《文化》之前，洵为他志所不经见。其《凡例》有云："科技独为一类，且置于前，以便体现其重要。"言似未尽。实以地理为自然条件，为万物不可或缺之载体；经济为基础，为事业之本源；科技于当今时代已为一切事业之动力，科技兴国、兴市、兴县已为人所共识，三者具，方可言政治、军事、文化云云。此章之位置正反映时代之特色，有此更易，谁曰不宜？

　　《概述》之立为新编县志之创例，已为各地修志同道所接受而付之实践，或作写意，或为浓缩，或述提要，体虽有异而《概述》之本旨不变。《阳志》则立《综说》以弁卷首，并申言："不作浓缩全志的概述，而为纵观古今、横陈利弊的策论。"而读其《综说》，确乎言简意赅，既作县情勾勒，复言利弊兴革，于前此《概述》诸体之外，又有新意。其《综说》之后所附《县情基本数据表》，尤为所见诸志所缺。以数字文献代文字叙述，一目了然；以集中编次代分散单列，检索称便。《综说》与数据表相辅相成，可得"总体浏览，用志不纷"之效，究其实则大有利于读者。后之修志者，曷不一试？

大事记为一志之纲目，新编县志多采编年与纪事本末相结合方式，虽能解决正文难以论述之内容，庶不致有所遗漏，但检求大事嫌烦，而要事记述又嫌简。《阳志》则分列《要记》与《大事年表》两种，《要记》"专记前八篇中难以类从的大事"，《大事年表》"则从简从略，一目了然"。二者并设之效，诚如《凡例》所云："意在分扬纪事本末与编年二体之长，克服二者参差互损之弊。"

一志之成稿与出版问世，时距往往甚长，于是书稿之下限又往往早出版时间数年，其间机构调整、社会发展、人事变更等等每非修志者所能估计，纠缠纷杂之举，时有所见。处理不妥，为志书之成稿出版设难以名状之障碍者，亦时有所闻，前此各志亦或有于下限外另立大事记要之类者。此篇之增，于志书之底成，大有裨益。今《阳志》特在编后设《要续》专篇，记下限之外1986—1990年发生的大事和重要人物，颇见修志之难与纂者用心之苦。

此志立《丛谈》，条述弃之可惜的人间佳话和奇闻趣事、故老传闻、口碑记录，当为修志者之本责，且可备地方掌故之谈助。又立《文征》，专征有关乡梓具有重要史料价值、辅志而行的原文原件，使地方重要文献得以完整保存，为后之修志者储料备征，甚得实斋遗意。

旧志虽难称尽善，而保存部分资料，备后世所参用，为新编县志史源之一，已为修志者所共识；唯加以考订，撰成专篇，附于新志，则所见尚鲜。《阳志》特于编后设《旧志质疑与勘误》与《前志源流》二篇。前者列15条，对阳城诸旧志之地理建置、人事行踪均有涉及，其有据可考者则予定论，而于无据可凭者则存疑待考，亦以见新志主纂者之谨严。后者叙自金图经以来历代修志大要，于各志编修时间、纂者姓氏、卷数、版本及藏者均有记述，既可见阳城志业之繁盛，又利后人研究历代方志纂修之参阅。

志书篇帙，动辄百万，检读文字，犹可循篇按章，而需用图表，多分散设置，则非逐页翻查不可得。《阳志》于编后设《图表索引》，分图表号、名称及页码三栏，眉目清醒，一索即得，用者称便。若修志者更能将全志人名地名编一综合索引，以利读者，则于此信息爆炸时代更以见时代之精神。

行文简称，本为一忌，于志例亦不合，但上起政府机关，下至民众口语，多好用简称，如以"老、少、边、穷"简称老区、少数民族区、边区及穷困区，当代或能晓其意，百十年后，时过境迁，后人将莫知所云；但积重难返，简称之入文者比比，志书亦难免俗，我于评志诸文中屡有言及，惜未能引起注意。今《阳志》亦参用简称，但主纂者似已悟及不妥而又难违时俗，不得已而于编后附《本志简称全称对照表》，惜绝大部分为机构名称与个别名词，而志中仍有固隆公社为"无盲社"之说，须知"盲"有视力不明之盲，有科盲与法盲等等，应作"无文盲社"为宜，晋东南行署发给阳城"基本扫除文盲县"锦旗，其题词可谓有识。至政府机关名称本为法令文件规定，何得滥简，口语尚可谅其图简，行文为百世大业，得不慎重？对照表占篇幅五页，若移于正文作正称，亦可敷用，又免书末赘尾。

人物传为志书之灵魂，乃志书由静态趋动态之活力，见物见人，斯称全备。《阳志》之人物传一本生不立传、以生年为序等原则，皆合志例。但分类归属，尚难苟同，因人物往往赋有多重性，其所从事与成就之事业，虽有主次，但决非单一，甚有其事虽微而意义大、其事虽煊赫一时而影响不远者，设以职业与主要业绩分为"政界"、"军界"、"农工商界"、"文化界"等，强分既难，而各界又良莠混杂，遂掩人物褒贬之义。以界分类，则势必各自顺序，自乱原定生年为序之例。不若以生年为序，顺次而下为佳。类此皆吹求之言，小疵固不足以伤大醇也。

读《阳城县志》竟，深感伯伦及修志诸君之用心致力，成书百万字，固属不易，而有所发展，尤足称道，谓此志为别具一格诚非虚誉。是我之所以录读志所见，草成小文，以付伯伦及修志诸君，聊当曝言而已。

原载于《沧桑》1995年第6期

《盂县志》读后

　　收到《盂县志》的时候，我正在病中，出于一种对事业的感情，急于想看到这部新诞生县志的面貌，但当时病情较重，医生和家属都不同意我看书，甚至报刊，加以尚在吊针输液，像因犯那样被铐住一只手，事实上也难以捧读这样一本精装巨作。大约经过半个月左右，病情趋于稳定，吊针也被撤除，处于服药恢复阶段，经过医生同意，家属才在我的再三督促下，把志书送到医院来。我就在摇起来的病床上，半倚着开始阅读经过十五个寒暑辛勤劳作而成的这部《盂县志》，并随手札记一些读后所得所见。

　　盂县是晋东太行山西侧的一个名县。早在八十年代初，我们修志事业的倡导者梁寒冰同志就向我介绍过盂县，因此读起来有些地方颇有似曾相识的感觉。盂县是一个有悠久修志传统的县份，据说明初已曾修志，可惜佚亡，而现存尚有自明嘉靖至清光绪的四部旧志，为新修志书提供了重要资粮，尤其是在1961年第一次修志高潮之际，盂县尚有《盂县人民县志》之作，虽限于当时条件，体裁未臻切当，但亦以见盂县人士修志观念之强，而为当代修志史增一事例，且所记五目一附录类近史体，但内容不无可供参考之处。至于今编新方志虽历时十五年，几经调整修改，广积人力物力，而编章节目早定于初稿确立之时，亦为当前修志者之所难得。

　　《盂县志》篇章设计与论述内容都比较合理充实。编章节目的设置合理，分类清楚，定名准确，如将参议会、政协标为参政议政机构，反映了这类机构的性质。教育编从儒学教育始，有层次地叙述，给人以完整的概念。在文化编文学著作章文学节下为高长虹作品列专目确有史识。高长虹是诗名甚盛的狂飙派领袖人物，与鲁迅曾有过笔墨之争，后投身革命而晚年下落尚存异说的一位隐而未彰的作家。今能载入志书，且为列专传，事迹当可不泯。某些篇章的论述安排，敌我分明，起到鉴往戒今的作用。军事编驻军一章列日伪驻军及据点之附录，正反立见，其兵事记略则正面记我军战斗伟绩而将日军暴行及日伪布告贬入附篇。读日军各种惨杀暴行，不禁令人发指，用以教育后来，不忘耻辱，时存警惕。视当前日本右翼势力之嚣张猖狂，尤当以此类历史血泪作爱国主义教材。民俗、方言二编内容资料丰富颇有学术参考价值。窃以为志书的趋向学术化将是今后续修新志应予重视的问题。

有一些篇章似有可商榷之处，如文化编之文学著述章，有文学而无社会科学著作之章节，但盂县又决非无著作可记，即如附录中所立古籍书目与近现代书目二节若按图索骥，求其书而后论述之，并用以入文学著述章中，则盂县社科人文之内涵必不致如此单薄。为史志编修立专节理所应当，但于旧志仅存其目而乏论述，不如移附录中传世志书章中盂县志纂修溯源节于此，或更显充实；若将文化编之史志编修专节有关旧志部分移于附录中传世志书章下立一专节也未为不可。总之，分述零碎，合论充实。

人物为志书灵魂，而且最见编者功力与史识。《盂县志》的人物传从总体看是成功的，所定凡例如生不入传、以本籍和近现代为主等，均合志体与史法。其中不为贤者讳而施之于当代本土人士，尤所难能。如刘岱峰一传，读之令人感动。刘氏早年参加革命，甘冒生死；抗战时期发展抗日武装，保护革命力量具特殊作用；建国以后，从事社会主义建设，备著辛劳，可称贤者。唯刘氏于青年时期曾脱党，后虽重新入党，若求全责备则不无小憾，如以刘氏位高功显，略其小疵，也不为过。编者则以其胆识，不以其功而掩其过，秉笔直书其事说："民国24年2月（1935）刘岱峰家中被抄出党内文件被捕。因其承认脱党，同年5月获释。"虽寥寥数语，已见史识。我设非在病中，定当为此数语浮一大白。抑有所建言者，人物传中同时入父子兄弟专传者有数家，如五代李荛、宋李谦溥、李允则与李允正祖孙三代四人，清武全文、武承谟祖孙，田兴梅、田嵩年父子，近代高长虹、高歌兄弟，皆能世其家者，何不仿史体，写成类传，既能节省文字，又可见世家文化之体系。至有所吹求处则以卒年为序，非我所能苟同，即以李允则与李允正为说，允则生卒年为953至1028年为兄，允正生卒年为959至1010年为弟，二人相连排比，但弟允正居前而兄允则次之，以卒年为序，似于理难洽。

文献辑存一编收录1938年10月公布之《盂县减租减息换租揭约单行条例》、1947年12月26日公布之《盂县临时农民代表会决议》皆为珍贵难得之文献，可备征文考献之需。又1987年1月10日公布之《盂县人民政府关于公布县级第一批文物保护单位的通知》则极有利于保护文物，类此多可备他志及今后续修志书之参考。

《盂县志》断限为1840—1990年，上限是符合修志条例精神的；但下限与1995年底的出版时间颇有一段距离。编者为弥补这一缺憾，特在书尾立不排入系列的《限外辑要》专篇，记1991年—1994年间在事。这一定名为他志所未见，但易滋误会，因"限"字包括上限与下限，含义不清，不如迳题《1991—1994年大事辑要》，而将其附于大事记之末，如此则大事记比较完整，且亦不悖于条例，既可免去如何排入序列的困惑，又不致勉强置于编后之前，形若赘疣。

《盂县志》最具特色者，莫若图表。图文并茂为志书所必需，一般志书虽皆设图，但仅具格式而已。《盂县志》则置于重要视野之内，不仅卷首有彩图，尚有随文插图及诸表。彩图量大而精美，既有传统文化，复具时代气息，不拘一格，读图即可见盂县风貌，随文插图虽寥寥数幅，皆为难得之件，参以诸表，更得读文之便。

病中读盂县一志有疗疾之效，惜成文零散不足以当此志之评说。二竖方除，聊贡一得，亟待编者、读者之指正。

原载于《沧桑》1996年第6期

题（平定）《南坳镇志》

山西曹振武兄电告，山西有一《南坳镇志》，堪称佳乘，特推荐一读。我近年因工作需要，读志较多，省市县等大志已逾百种，即镇志也已读萧山《长河镇志》、江苏《震泽镇志》和天津《小站镇志》等多种，默念《南坳镇志》也大致如此，窃笑曹兄之张大其词，复以公私事务繁杂，本拟婉谢，而又碍曹兄情谊，姑允寄来一读。不数日，收到快递邮件，启封之余，不禁瞠目而深愧鲁莽。孰意区区一镇之志竟有大志风度。其篇章规模，装帧设计，颇足引人入胜。乃摒诸务，尽数日之功，通读《南坳镇志》，确乎不逊于已出各志而自具特色，我不可不言其事，遂操笔而为之题记。

《南坳镇志》成书耗时仅两年，为当前诸志之所难得。忆编修新志伊始，群议以三至五年为期，其后修志过程中，能依限成书者几稀，大都少则六七年，多则几近十年，甚有逾十年者。《南坳镇志》成书快而反观全志，又绝非仓促草率之作。此不仅超越原定成书年限，抑且破历来修志至少非六七年难为功之陈说。

篇章结构为一志之大纲，纲举方能目张。南坳虽为一镇而篇章设置比较完备，凡自然环境、人口消长、经济活动、科教体卫、民情风俗、人物传略等等正规志书所有之章节无不具备。总观各章节亦非徒托之空言，均有资料为据，有事实可述。其所以如此者，皆南坳人精神之体现。南坳素有"士善于学，农精于耕，工长于技，商善于贾"之誉，是何得无志以记其事。其篇章中立"基础设施"专章，下隶交通、邮电、电力三节，足以见修志者之特识，因交通为致富之路，邮电为信息命脉，电力为经济资源。有此三者，则经济之全面发展，即有坚实基础可依。立为专章，置于前列，确可见篇章结构之不同于一般。

概论为一志之首，已为新方志界所共识，而着笔各有不同，或分门类，或为一地一书之综述，或分编提要，而篇幅大多较长。《南坳镇志》有异于他志，题名为"综述"，分列三段：第一段以"金戈铁马的峥嵘岁月"、"制砂烧瓷的传世精品"、"商贸活动的开拓意识"、"劈山改河的历史壮举"、"乡镇企业的展翅鹏飞"、"交通电信的崭新面貌"、"兴学育人的辉煌硕果"等七目论述南坳历史与现状之发展与成就；第二段，修志者"顺着市场经济的'横轴'透视"那些"事难尽善，物无全美"的实际，显示一种新的思维方式；第三段为审视未来，确立一轴两极的战略实施，以更登层楼。

"丛录"虽附一志卷尾，而补益全志之作用甚大。《南坳镇志》之"丛录"内容颇称丰富。收录有公文、碑文、诗歌民谣、题词楹联、散文、传说、论文、书目等多类。与正志所述相得益彰，如西锁簧小学，以一村集资办学与建筑之甚具规模有名于时，惟于教育章中仅作简介，与其他小学之介绍并无二致，以维持节内平衡，而"丛录"中则备记其事，于碑文中收《西锁簧学校建校碑记》，述建校始末甚详，更以重笔浓墨勾划新校规模说："其间楼台亭阁，雕梁画廊，建筑亦中亦西，造型似今似古，博采众长，为我所用。更立水暖、澡塘、（旱）冰场、泳池，弹丸之地，疑为海蜃。"读这段描写始知西锁簧小学之规模不凡；题词楹联作者包括作家、学者、书法家和老干部各方面人物，并附有词联原件照片，益足征其为社会所重视。

读志不细，聊题所见，与修志诸君一商榷之！

原载于《沧桑》1998年第6期

读（平定）《理家庄村志》

一个村庄能写一部村志，必须具备两个条件：一个是这个村有令人敬佩仰慕的地方；另一个条件必须有懂得保存文献的带头人。最近读到的《理家庄村志》证实了我原来的这种想法。理家庄是山西平定县东北部的一个山村，是一个有光荣革命传统，却经济贫困的山村，但是理家庄的人民以无畏的革命精神，勇对现实，艰苦奋斗，在党的方针政策指引下，经过十几年的拼搏，终于将一个天然石灰岩山区改造成"山西省山区小康建设示范村"，成为一个科技、教育、文化结合发展的先进村。1996年7月，国务院副总理李岚清专程来村视察，并题赠了"科技兴农，教育为本"八个字。这八个字不仅是对理家庄成绩的肯定，也是阐明理家庄变化的根源，更是理家庄为人敬佩仰慕的所在。另一个重要条件是理家庄有一个好的带头人，那就是村支部书记、全国劳动模范王铁锁——一个朴实无华的农民。他带领1700多村民不舍昼夜，把经济搞了上去，走到小康社会的前列；但是这位实实在在的农民，脑子里不光装着现实的成绩。他有着述往事而思来者的抱负，用文字记录700多年的历史，不论成功和失败，还是艰难和欢欣，都为了上无愧父老乡亲，下不负后辈儿孙，写一部求真求实的村志。铁锁亲自牵头，咨询故老，邀约人才，以八年之功，终于写成一部36万字的村志，开创了理家庄有文字记载的新局面。这两条就是理家庄能编好村志所具备的条件。

《理家庄村志》麻雀虽小，五脏俱全，无论篇章结构，总述丛录，均与大志无异。所设十二章已得理家庄之历史与现状，综括甚备。一册在手，即可得其全貌，而置《村民》专章于第二章，尤能体现以人为本精神。《总述》一文，最见精彩，分述爱家先爱国、治穷先治石、兴村先兴业、育财先育人、联户先联心等五题，确乎有识。此"五先"之说，不仅总括全村、全书，更为理家庄之兴村宝典。言简意赅，字字警策，可谓奔小康之要言。

　　《丛录》有95页，占全志四分之一，似感比重过大，然细读内容，足见修志者之卓识。《丛录》共分文献辑存、碑文选录、艺文荟萃、论文集锦、回忆文汇、报刊文摘等六类，各有特色与价值。如文献辑存中之《理家庄村村规民约章程》，虽仅有四章，但条理清楚，简明扼要，一般村民都能了然于心，恪遵不违。碑文选录中所收《新修学校碑记》、《集资兴学碑记》、《解思敏教授科技支农碑记》等，均可见理家庄重教兴学，其来有自，而重视人才，尤见诚心。其艺文荟萃、论文集锦、回忆文汇等类所收各篇，皆补志文限于体例不加评论之缺，而抒情写意又为读者增强感性认识。至于报刊文摘则为社会舆论所在，为不颂之赞。修志者之巧于安排，于此可见。

　　文字叙述，条畅简要，可读性强。实为村志中不可多得之佳志。八旬衰翁，妄题读后，难中窍要，尚祈修志者谅其老悖，幸甚！

　　　　　　二〇〇四年五月，写于南开大学邃谷，时年八十二岁

　　　　　　　　　　　　　　　　　　　原载于《沧桑》2004年第5期

志书告成之后

——再读《青州市志》

一本著作的刊印问世，作者和编者都怀着一种"十月怀胎，一朝分娩"的喜悦心情去迎接自己的新生儿；但喜悦过后总还要端详一下宁馨儿的五官是否端正，身体是否健康……《青州市志》出版后，我和作者、编者曾经共享过丰收的欢乐，也曾爱不释手地陶醉于它的成就；但事过境迁，再读志书，冷静地总结与分析其成败得失确又非常必要。

过去，我曾呼吁加强志书的审评工作，所谓"审评"，包含着出版前的审稿与出版后的评书。但是，人们比较注重审稿而忽视评书。因为审稿可以广听博采，提高自己成果的质量，而评书则木已成舟，似乎是徒然给兴奋的火焰泼洒冷水。1987年，有几部县志曾在正式出版后组织过评书工作，广泛征求意见，听取评论，总结经验，进行理论升华，可惜反响甚微。1988年，地方志指导小组从已出版的县志中选择几部进行全面评论，似乎也未能兴起波澜。1989年春，《青州市志》告成后，我一本初衷地向市志编委会提出了评书的建议。青州市志编委会的负责人接受了我的建议；但是由于众所周知的原因，未能召开评书会议，于是变通方式，送书上门，邀约史志界人士给以文字评论，与此同时，编纂人员则集中精力，反思总结，撰写文章。这两部分文稿既有旁观者的清醒认识，也有当事者的深切感受。市志编委会毅然决定把这两部分文章合为一书正式出版。不仅借此衡量了《青州市志》的轻重，也向兄弟县贡献了一片虔诚的心意。

我有幸参与了《青州市志》的审订与编印工作，在志书告成之后，既有喜悦，也有沉思。从整体上看，《青州市志》是一部成功之作，正如市志主审隋华堂同志在书序中所总结那样。他认为这部志书是以新的思想和方法作指导，既有继承，又有创新，坚持实事求是的思想路线；注重经济内容的记述；体例有所创新；突出时代特点。这一概括基本上符合市志的实际。而我感到这部志书的最大成功就在于探索解决新编志书的体制问题，并提出了具体模式。

新编方志的体制问题，从八十年代全面开展修志工作以来，一直是史志学界争议不决的问题。论点纷出，莫衷一是，如史志同源异流；史记过去，志述现状；史记善恶，志重褒扬；志贵详细，史存大体等等。这种争论在学术界自可不急于统一而各抒己见，但对实际修志人员却带来很多困惑而使人无所适从。有的虽已安排妥当，但仍然感到不够落实；有的认为史志既为异体，又何能融于一书而表现举棋不定。史志二体排斥与共存的分歧实在是一种人为的纷扰。

我始终主张史志二体的著述笔法不容混杂，而著述体裁则不需单一。事实证明，志书无法不容史体。我国千余年的志书模式就是有史有志；而史书也是史中有志。问题不在是否包容二体，而是如何将二体结合好。《青州市志》历经七载、四易篇目、六易其稿的最中心工作便是力求探索解决新志书的体制问题。目前《青州市志》的五大块结构便是修志人员根据市情的具体内容，择善而从的有意安排。所谓五大块是指概述、大事记、专志、人物传与附录。首尾各两块基本上属于史体，未入序列。专志纯为志体，共二十二篇。这样安排的结果是史志二体各得其所，分别发挥了应有的职能。其专志二十二篇中包含宏观概述五篇、经济专类七篇、政治三篇、军事一篇、文卫社会六篇。它明显地祛除了旧志偏重人文而漠视经济的弊病。尤以宏观概述的五篇系将涉及面广、共性多的问题综合论述，既能头绪清楚，又免篇间重复。

专志二十二篇大量地运用图表是一项成功的探索。我在近几年看过几部志稿和成书，对图表的运用似乎都不够充分，而《青州市志》则十分重视图表的作用。《青州市志》除书首集中刊发大量彩图以反映综合和特出的情况外，专志中尚有十六幅插图，凡重要篇章均以图配合，如地质图、地貌图、土壤图、城区总体规划图等等。这些图不仅绘制精细，而且可以一览无余，远胜文字的尚费思索。特别值得注意的是图形的不拘一格，如《1982年第三次人口普查人口年龄塔形图》（页193），使读者一目了然。图是著述中古已有之的一种体裁，传说中的河图洛书以及赞扬文化传播功能的左图右史和图文并茂等等，都把图置于与文字记载相等的地位。汉朝班固所撰的《汉书·艺文志》在著录图书时特别标明有图若干。宋朝郑樵的《通志》中就专立《图谱志》以阐述图谱的重要意义。旧志书也往往设图若干。《青州市志》正是继承和运用传统并加以发展的。

《青州市志》的另一突出特点是表的运用，根据我的统计，在二十二篇专志中，共制表210个，平均每篇将近10个表，数量不可谓少。这些表的运用至少达到节省篇幅、眉目清醒的效果。财政收支的数字历来使人感到烦琐，若以文字表达，既词意难明，又浪费笔墨；《青州市志》第十一篇第一章第二节"收支"中则果断地用了10余页的篇幅编制了10个表，既有自1949—1987年的收支明细表，也有个别年度的收支统计表，而且还有一些坐标表以表明发展和增长的趋势，旁行斜上，有点有面，极便稽核研究。这是修志者对表之效能的有识之见。表是我国历史上化繁杂为简要的一种著述体裁。清初学者万斯同曾赞扬表的功能是："揽万里于尺寸之内，罗百世于方册之间"。事实证明，《青州市志》的善用表体正是这部志书的成功标识。

《青州市志》记、传、图、表、录诸体并存，各得其用，正是《青州市志》可资借鉴的经验之一。

《青州市志》在文字论述中也能繁简得宜，不强求一律。有些节起首有综合文字，简括有力，便于记忆，如第五篇第二章第二节"道路"的开首即写道："宋代城区有街巷9条。明代81条。清代110条。新中国成立时135条。1987年共有路、街、巷、胡同315条。"（页237）它用了不到两行四十字就概括了自宋至今千余年城区街巷总貌。此应简而简，简而得要。又在人物传前有一小篇无标题概述，说明在共同遵行的"生不立传"立传标准外，更增列三条原则即：（1）本籍与客籍兼收……不越境而书；（2）善恶兼收，以善为主；（3）统合古今，详今略古。这一补列可防止人物立传有过狭过滥的弊病。此应繁而繁，而并非每一篇首都冠一说明。

当然，《青州市志》也不是无可议之处。如在篇章安排上横分并列与以横统纵究以何者为善；在篇章分配上注重经济是否掩盖了轻视政治的倾向，政治运动着墨于大事记而过分淡化于正文是否恰当；突出重点与论述重复应如何处理；传统标目与新学科标目如何取舍代替；人物传记应否排入序列；客籍人物过多入传是否易涉标榜名人之嫌；大事记阑入酬唱诗文难免有失谨严……类此诸多问题，有些易于订正，有些则犹待讨论，以求认同。

对志书的回顾固然是志书告成后的大事，但更重要的是不能忽视修志事业的未来。有些地方一旦成书即人散事弛，未能善后。我默默地祈求志书告成之后不是一片寂静，而要惹起喧嚣，在欢庆成果之余，不失时机地总结过去，升华理论。那么，新方志学行将建基于遍及全国的研究础石之上而充实、完善。众擎易举，众志成城，有志之士，盍兴乎来。

我是《青州市志》的参与者，时隔一年，每一展卷，心潮起伏，不能自已。偏爱之情，溢于言表，跃然纸上；而于其不足，犹在回护曲容。甚望同道击一猛掌，俾能憬然以更求进益。

原载于《中国地方志》1990年第4期

《乳山市志》读后

乳山位于山东半岛东南端，地居胶东低山丘陵，气候温和，土地肥沃，农产果品，享誉中外；而矿山与海洋资源之丰富，久有"金岭银滩"之称。乳山一地之有行政建置始于汉初，悠悠相传，颇多更易，而乳山之定名不过数十年。前此虽有多志，然均非以乳山名，如明清之七修宁海州志，清末又二修海阳县志，至民国之修牟平县志，遂为旧志之殿。今以现乳山行政区划编新志者，当以此《乳山市志》为始创。我幸获此志，循读一过，确有与他志相异者，足以见修志诸君之用心。

乳山定策修志，始于1982年，时以搜集资料为要务，历经五年，广搜博访，得资料达千余万字，修志遂以此为基础而于1987年着手纂著，中经人事更易，两展下限，尽八年之功，八定纲目，三易其稿，终于1995年定稿待审。不意乳山撤县建市，于是又尽年余之力，于1998年改《乳山县志》为《乳山市志》，虽为一字之易，而体例、论述之变动，其艰辛固非外人所能道。《乳山市志》自始创至底成，前后历十七年之久。我曾读新志多种，少有若《乳山市志》之艰难曲折者！

编修新志首在谋篇，《乳山市志》前无依傍，中经体制变易，遂有八定纲目之难，今读成书，篇章节目，井然有序，结构严密，合乎新志体例。全志论述可称详备，如第一编第五章所属各节之村庄规模与类型、村名由来与演变、各村建置简况等，将本为枯燥乏味之内容，详加笔墨，逐一考明，畅叙流变，读之饶有兴味。又如第二编之自然资源与自然灾害两章，资料翔实丰富，其记述土地、水、动植物、海涂、矿产等资料以及旱、水、雹、风、虫、震等灾害，具体完备，无不可供编史之参证，此正志书以资料明论述之佳构。

地方志贵在能体现时代与地方之特点。《乳山市志》之设《环境保护》专编，正体现时代特点。当前环境保护一事已为世界所注目，我国也正加强宣传，制定措施，引起世人注意，《乳山市志》于此详述主要污染源、重点污染区以及治理保护等，使环保工作有所依据。乳山依山傍海，风景秀丽，景点景观，令人神往，此不仅为乳山之独特所有，亦为乳山无烟工业之经济收入，志书为其立《风物旅游》专编，正表明其地方特色之所在。

史志著述，例有断限，所为明划著述范围，以免漫无边际，而志书尤重其事，发凡起例，无不言及断限。《乳山市志》以其建市较晚，故于其凡例中定称："记事上限原则起自1941年建县，下限止于1995年。"而大事记所记1941年所建为牟海县，而真正以乳山为名则在1945年，是上限应以1945年为断，前此异名区划之事务可置于追述中。下限之定乃当前各志中定稿与出版间距最短之一种。一再展限之苦，非身经其事者难言。

《乳山市志》于编写体例上也颇有创新，凡例五中说"条目中难以展开详记的内容，在本条目文后设'附'记之"，就我所见，为他志所未有，如《居民》编第二章正文之末即附《古代"云南迁民"考》一文详辩云南、小云南之确指，并结论称："明代'云南'移民，当指从云中或云州之南的广大地区，即今山西省中南部、河南省北部及河北省的南部地区迁来，并非由今云南省迁来。"而于"小云南"迁民则称："'小云南'当指今安徽、江苏两省北部地区。"此等论辩之文若入之正文，略嫌拖沓，若省而不录则习焉不察，易于以讹传讹，今以小字附入，两得其当。他如《市区住宅小区简介》（第160页）、《国营林场、农场简介》（第387页）、《境内稀珍古树丛简介》（第801页）等等均有与正文相辅相成之效。

人物为志书之灵魂，人物传记与各专志之有机结合，则其志必能见物见人，而人物传记之能否完善，端在安排得当，评论公允。《乳山市志》对入传人物之古今比例比较恰当，于评论人物颇见史笔。评古人易，评今人难，而评今有非议人物尤难。修志者勇于着笔，论定人物功过是非，如于会泳其人是否入录，必经审慎考虑，既已入录，如何论断，尤费周章。于会泳入《人物》编之现代军政人物节，以较多文字论述其在音乐、戏剧方面之成就及其多种著述，对其设计《海港》与《智取威虎山》二剧的唱腔上，"把传统京剧唱腔同西洋乐紧密结合在一起，使设计的唱段既不离京剧正宗，又有新的开拓和突破"，继而记其于"'文化大革命'中因多次发表激进文章，受到江青等人赏识"，直至扶摇直上，踞高官，终以"江青反革命集团成员"受隔离审查，其间服毒自杀，开除党籍，撤消职务为结局。全传以千字概其生平，可称不以其功掩其过，不以其过没其功，于此具见修志者之史识！

　　读《乳山市志》随读随记。既读竟，摘札记草成一文，或言有不恰，尚望读者与修志诸君有以谅之，更祈纠谬指正为幸！

一九九九年六月七日

原载于《志与鉴》1999年第4期

漫评《唐山市志》

唐山为冀东名城，虽发展历史不长，而声名远被，为国人所瞩目。它在中国近代工业发展过程中具有居首地位，清光绪四年创建的开平矿务局，是中国第一个采用西方技术开掘的大型煤矿；光绪六年修建的唐胥铁路，是中国第一条标准轨距铁路；光绪十五年兴建的细绵土厂，是中国第一家机械化水泥生产企业……以次，唐山成为中国早期工业城市之一；在政治上，有举世闻名、震惊一时的若干重大政治活动，如滦州起义、五矿大罢工、冀东抗日大暴动等；在文化上，代有杰出人物，为乡邦增光，如名医王清任、评剧创始人万兆才、革命领袖李大钊、古生物学家裴文中等；是唐山一地固不能无志以记其盛。唐山虽前无市志，而有关府州县志达25种，不可谓无修志传统，而前志资料也颇资倚傍，适全国修志之风大兴，既具此条件，是唐山之必当编修新志。于是，自1985年开始修志，历时十四余年，终成一500余万字之新《唐山市志》。

《唐山市志》5卷30编，前有概述、大事记，后有文献附录，体制可称完备。篇章结构为大地震立二专编，极具特色。1976年唐山大地震，震级之高，灾害之重，为中国地震史上所罕见，贻唐山地区以最大苦难。《唐山市志》第二编《唐山大地震》及第三编《重建唐山》，既真实地记录震情，令人触目惊心，又详尽描述在废墟上重建新城市之艰难与新面貌之出现，扬人民之雄风。有此二编不啻为新市志立肝胆，而地方志之地方特色也得以充分体现。唐山现辖区县较多，而所属丰润、玉田、遵化等十县均各有专志，市县之间之与夺详略，处理颇有难度。于是立第五编区县概况以记述唐山所辖五区十县二农场之概貌，全其大要而简其细节，两得其宜。惟第十五编《政府》第一章之设置，似尚有可议。所谓政府为正式政权机构，有前后法统之传递，其"伪政府"绝不得设专章，而与国民政府、人民政府并列排次并置于首章，实则应贬"伪政府"入编末附录。

　　断限为新编方志必须的规范要求，上限一般不统一规定，而下限则因各地按具体情况自行规定而参差不齐。但是一般要求下限尽量靠近出版期，以免间距过大，缺载事实过多。《唐山市志》下限于凡例中规定称："下限止于唐山地震十周年——1986年，个别重大事物延至搁笔。"而该志出版问世则在1999年。二者间隔殆达13年，未免过长。一则此十三年政况地情无所依托，即使下限不下延，亦应仿他志附一《1987—1997年政事要略》之类，以补不足；二则若按现行二十年修志规定，唐山二届修志当在2006年，距今不过五年，岂不仓促？

　　横不缺项为对新志专志部分之要求。《唐山市志》为巨型志书，专志项目大体完备，惟第二十六编《文化艺术》，尚有可补项者。即缺"学术艺文"章。一地学术艺文之兴替为治绩民情之表征，旧志每立艺文专篇以志一地人文之盛，新志亦多有此项。而《唐山市志》独缺。考唐山现辖区县，人文荟萃，著述亦易于搜求。随手翻检，即可得多种，如：北朝阳固有《阳太常集》三卷；金王寂有《拙轩集》六卷；明清之际谷应泰有《明史纪事本末》，为《四库全书》所收；今人李大钊有《李大钊选集》；裴文中有《周口店山顶洞人之文化》……不可尽数。若再深入勾稽，则唐山艺文著录，当极称丰富。设艺文专篇，将有便于学人之查用。又新编方志多于文化编中专为"档案方志"立专章，因档案为当地地情最原始资料之集中所在，是以记其基本状况确有必要。至唐山现辖区县旧志，为数甚多，似应有所叙录，备研究者参考。而新志编修始末更应立专节，详其所详，有裨后来者之借鉴，现仅在编后略加叙述，似有不足。修志者不得入其辛劳于志，颇感微憾。至祈下届修志能注意及此，将前后修志状况，有所增补，于修志者亦为一大激励。

　　世纪之末，问世诸新志，多有外文目录，甚有概述译文者。此非为追随时尚，实因中国之国际地位日高，唐山虽为中等城市，但时与京津并称，有其一定涉外地位，与国际接轨已势所必然，海外人士希望能了解唐山，而500余万字之《唐山市志》适当其选，设能有外文概述则方便多多。亦望下届修志能注意及之！卷末编附索引，现已为多种新志所采用，既合当前著作体例规范，而志书为备检之作。《唐山市志》如此巨帙，设有查询，则耗时费事而事倍功半。若有可能，是否可另编一全书综合索引，增附于书后，节读者翻检之劳，亦天增岁月人增寿之善举！

　　《唐山市志》为新编市志中之巨帙，从总体看，篇章结构完备，地方特色突出，论述明晰详尽，资料翔实丰富，文字流畅可读，足以见修志人员十余年之辛劳。惟篇幅如此之巨，小疵固所难免。文中所及不过为求全而备后来之参考。语涉吹求，至希见谅。

二〇〇一年初秋

原载于《邃谷文录：来新夏自选文集》（上册） 来新夏著 南开大学出版社2002年版

《新乡市志》读后

新乡地处豫北，位黄河北岸，为晋冀鲁豫四省经济交汇之要冲，其上下纵横之事不可以无记。新乡旧志遗产丰富，与新乡有关之府县区志达34种，此文献足征而修志有据。乃经多年经营，终成此300余万字之宏篇巨制，为新编志书武库增大储量，此又不可不有所评说。

《新乡市志》共65卷，3巨册，为当前地区市志书前列之作。该志将概述与大事记排入卷列，有全志完整之感。然后以自然、政法、城建、经济、文教以至人物为序，而以经济为中心，共有22卷之多，约当全志之三分之一，颇符此次修志注重经济之本旨。

《新乡市志》以直属市区为本体，而与各属县"各有侧重，互有详略"，并与专业志、基层志相汇合而成一地区系列丛书，使一地社情展卷可得，而为地区市修志所取法。概述一卷，自立新意，分自然条件、历史沿革、人民反抗、经济建设及发展前景五类叙述，条理分明，眉目清楚，其无暇通读巨帙者，一览概述，亦可得一地之大要。自第三卷以下各卷均有卷首无题小序，综全卷大意，论其指归，亦颇得传统小序之遗法。凡例明定下限为1985年，而出版则在1994年9月间，距下限所断几近十年，空白不可谓不大，幸于增记中有1986至1990年之《国民经济与社会发展概况》一篇，为补牢之计，而其后之六年则有待续志之早日着手。卷前有特载五篇，为他志所少见，党政领导报告理宜分置党政专卷之中，而农业企业之调查报告似可列于卷六十五附录中，以此五篇驾乎全志之上，或有突出特色之用意，若以保存文献论，似有不妥，不如置于附录为佳，或编者有难言之苦衷，则非我之所敢臆测也。

大事记为全志之大纲，其编纂要点有二：一则衡量比例，二则视其是否大事。《新乡市志》之大事记共75页，辛亥革命以前6页，占总页数8%；民国时期

15页，占总页数20％；解放后54页，占总页数72％。是辛亥以前过简，尤其是清以前，寥寥数条，与历史悠久之新乡实不适应。解放后部分又过繁琐，若干民主党派基层组织与某些并非重点企业之建立，以及一般性展览、开幕等等皆以入大事记，实为降低大事记标准。

内容论述为志书主干，设有不当，影响全志。章节标题为论述起点，落笔命题务必再三斟酌，《新乡市志》第1册第226页标有"一、全面动乱的形成"一题，孤立视之似无不妥，但此题为第五卷第二章《党的中心工作》下之一目，则易致误解，因为"文化大革命"时期党的中心工作应是抵制和减少动乱损失而非形成动乱。第234页第四章《宣传工作》所包含内容有多半是教育，题文不符，应以"宣传教育工作"为章题。第3册第6页第四十八卷第二章第二节题曰"民族资本及省派金融机构"，文中列三家并未叙及何者为民族资本，一般老人或能忆及金城银行为民族资本，但志书乃传之后世之作，后人读志至此则茫然不知，又"省派"二字也生涩难解，所谓"省"，究为本省抑为外省，且西北银行系西北军所办，又何可称为"省派"，此又题文之不符。志书应全面反映地情，而《新乡市志》于日伪内容不记或少记，如军事卷于日伪军组织及活动避而不谈，其第五章之不列日伪时期驻军及地方武装情况，似新乡从未沦陷（第1册第441页）。全志虽分三册，仍为一体，不容重复，但建筑与文物两卷颇有重见者，如东岳庙、潞王坟等等，如何避免此弊，有待进一步研究。

图表为志书之形象表达，《新乡市志》于图尤为重视，各册卷首均有彩色图片，使读志者可得该册之主要面貌。随文插图亦有助于理解文字。惟其如此，更应细致慎重。细按各图仍有疏略，如政区图各属县图面标名宜求一律，此图于新乡、延津、原阳三县标名均为自西而东，独长垣县作自东而西，顺序不一，不悉何故。随文插图，第1、2册大部无说明，偶或有之，第3册则大部有说明，仅个别付缺，无说明对于读本文裨益不显，且易引起误认，如第1册第421页一幅人物半圆形环坐图，每人面前有字迹不清的较大纸牌，似为该市著名律师合影，但因摄影技术差且无说明，乍看之下，颇类接受审判者。更值得注意的是随文插图尚有重出者，如第1册第554页与第3册第311页即重出七世同居坊图片，此亦分册成书所造成。

人物为志书之灵魂，见物见人，方显生气。当前收录人物好以卒年为序，我曾屡屡申说，不以为然，因其违反人生自然规律，而《新乡市志》未能免俗，也以卒年为序，致使1905年出生之傅得明居首，而置1880年出生之高镇武反屈居数人之后。各人行事也颇悖于时代。人物分三层次收录：第一为传，仅收正面人物21人，反面人物1人，似嫌过严。而清前无一人，更不便于历史之稽考。第二为人物简介，分四类收录即：党政、英模、知识分子、社会名人。英模简介与英模表去取标准为何；社会名人与知识分子又如何划分，既可入志书人物简介，则无疑当属社会名人，而社会名人中首名人物王国宝为医学博士，又为何不入于知识分子之列？第三为表，有过繁之感。又增记于各县区概况中复见名人录，纯为赘笔，应分别情况入人物卷。

新编志书为盛世大业，编修人员也辛劳备尝，此固不可以无记，现行各志已有专设章节记其始末，更有附旧志题记者，于是一方之志业，足励来兹，极有益于维护修志之优良传统。《新乡市志》于此不著一字，即此次修志经过也略而不谈，300余万字之巨帙，又何吝此篇幅笔墨？虽修志诸贤以谦逊自律，而我则未免略存憾意。

原载于《河南史志》1997年第1期

浅评《商丘地区志》（续卷）

商丘地处要冲，文化底蕴深厚，为华夏大地具数千年历史的古邑名城。《商丘地区志》始修于1982年，终成于1995年，而问世于1996年，其下限止于1985年，全志达236万字，纵贯古今，横陈百科，涵盖商丘地区5000年文明史，为志界所称道。20世纪末，第一轮修志工作大体完成，于是第二轮修志启动，而如何续修，成为志界研讨中心，诸说并陈，难定一尊，《商丘地区志》（续卷）（以下简称《续卷》）应运而生。《续卷》于1998年5月开始拟定篇目，历时5年，经拟定篇目、动员培训、收集资料、撰写初稿、修改补充、征求意见、评议研讨、送审定稿等八大阶段，而终成于2003年。全书共140万字，上限为1986年1月1日，以续前志1985年之下限；终于1997年12月31日商丘由地改市。记（1986—1997）12年间商丘地情，颇为完备，可称第二轮修志的前列成果。其书推陈出新，独出机杼，引人注目处甚多，从而使该志独具特色，足为后来者借鉴。

《续卷》有若干创意，为第二轮修志工作树一范本。综其大要，有如下几点：

第一，定名问题。第二轮修志究竟以何命名为佳，说法不一。有主张一律称续修者，对此笔者不甚赞同。因一地修志为延续不断之事业，况现又有20年一修之说，前几轮续修尚可称续修、三修，但四、五修之后，又将如何命名？故不宜用续修或续志之名，应因事制宜。近年颇有利用行政区划变易以命名者。一种情况是用新行政区划为第二轮志书命名。如河北三河首轮修志时成《三河县志》，下限止于1985年；第二轮修志时，三河已由县改市，故其续作即以《三河市志》为名，下限止于1996年。另一种情况是在两轮修志间有另一完整行政区划，如浙江萧山于第一轮修志时成《萧山县志》，下限止于1984年；第二轮修志启动时萧山已于2001年3月由市改区，于是纂修萧山设市时期之地情，且独立成书，命名

《萧山市志》，上限为1985年1月1日，下限止于2001年3月25日。第三种情况是第一轮志书下限至新行政区划变易时尚有一段间距，如商丘地区第一轮志书名为《商丘地区志》，下限为1985年，而1998年初，商丘始挂牌由地改市，作为商丘地区志尚缺1986—1997年一段。第二轮修志时，补前志所缺漏，成书后仍沿用《商丘地区志》之名，而标明为续卷，上起1986年，下至1997年，记商丘作为地区余下的12年间的地情，使商丘作为地区这一完整历史时期得以完善。这三种方式都可供第二轮修志启动时参考。

第二，两轮志书间关系的处理。如何对待第一轮志书是第二轮修志启动时最有争议的问题。有持全部推翻重修激烈主张者，有拟截取重大历史事件重定界标而另修者，有力主接续前志纂修者，笔者以为当以第三种主张为近理。因为第二轮修志的中心任务之一是正前志之谬误，补前志所缺漏，增前志所未有，发前志所未见。《续卷》对此都有所注意，如勘前志误处达百余处，并公开揭示，附于《续卷》之末。索引为著作必备内容，前志疏忽未制，《续卷》则于卷尾附主题、人名、表格三种索引，其内容包含上、下、续三卷，使前志利用得其方便。《续卷》对前志之最大变易为全志编纂体制之出新。正如其《编纂始末》所言："为加快修志进度，避免重蹈第一轮修志时间过长的复辙，同时探索志书编纂的新形式，决定再修的志书采用条目体。"条目体为志书编纂体例之一，首轮新编志书因历史内容跨度较大，用此体例者较少。今《续卷》因时制宜，为便于记述十余年地情，采用条目体，有明晰易用之效；且其运用亦非单纯沿袭，而有一定变化。第二轮修志者似可考虑此做法。其篇章结构与前志亦有较大变动，从总体看，《续卷》以28个类目、150个分目、1066个条目进行综合概括；从微观看，《续卷》往往以一类目总括前志要点，而加以订正增补，如以自然环境类目概括前志第一篇。前志植物、动物章有如下记载："本区种子植物约有98科472种，以草本植物为主占2/3以上，木本植物少于1/3。共59科125属252种。各科种子中，禾本科、豆科、蔷薇科、十字花科等所占种类最多。"这一小段文字中，记述不清，标点有误，折算比例不准。《续卷》则作如下记述："境内现存的种子植物约有100科490种，以草本植物为主，草本植物约占植物总数67%。木本植物有60科260余种，约占植物总数的33%。种子植物中，禾本、豆、蔷薇、十字花等种别所占的比重较大。"两相比照，《续卷》叙述清楚，数字有所订正，比例折算准确，对前志可谓尽责矣。检读《续卷》，类此者尚有多处，恕不赘举。

第三，创意出新。第二轮修志成书者，所见已有数种，而《续卷》为颇有创意之作。据其《编纂始末》总结，《续卷》纂修主旨乃在"针对第一轮志书存在的大事记与有关章节内容重复、重大事件记述不详、宏观记述薄弱、著述性不强、时代特色与地方特色突出不够等方面的通病，续卷的编写者在多方面作了探讨，以革除上轮志书中存在的弊端"。其探索的主要方面有五，即完善条目体体例、加强宏观记述、多方面地突出地方特色、多层次地展示时代特色和三点突破实例。其中又以三点突破实例尤具体可鉴，其一是将大事记分为要事选载和大事年表；其二是突破语言禁区，以增强志书的可读性和欣赏性；其三是择录了15篇调查报告入志，以解决负面资料入志问题。核其内容，信而有征，读者循其探索路径，自可见第二轮修志之切入口。其他有创意者，尚有若干，如志书历来把人物置于卷末，而《续卷》移于前列，置于人口与计划生育之后、经济综述之前，显示其重人文之意向，纠正前志过于偏重经济之弊。

　　《续卷》为第二轮修志启动时之长篇巨制，我收到此志时，因年高体衰，难以逐字通读，仅就翻检所得，略陈浅见，供修志者参考。

原载于《中国地方志》2004年第5期

古今兴废看洛阳

——读《洛阳市志·文物志》后

　　中国历史源远流长，文字典籍浩如烟海，用以说明历史进程与现象，似已大体敷用，但其可征性与直观性又稍逊于实物遗迹，而文物于研究远古历史尤有所需。文字记载，各有理解与诠释，众说纷呈，久久难定一是，一旦出示实物，或掘获遗迹，则异口必趋同声，众说纳于一途。其于参订历史，特有价值；其给人之感受，也远非文字记载所能代替者。如商周器物、历代建筑、民生用具皆可历历在目，获直观之深刻印象。然中国地大物博，素有文明古国之称，文物数量极多，势难遍历，而域外友好，向慕中华文化，也极需指引。此各地《文物志》之编纂必当应运而生。际兹改革开放之时会，弘扬华夏文化，广邀万方佳朋，纂成一《文物志》已为当务之急，而文物密集之地，尤有眉睫之迫，此《洛阳市志·文物志》之所以及时刊行也。

　　洛阳为十三朝古都（夏、商、西周、东周、东汉、曹魏、西晋、北魏、隋、唐、后梁、后唐、后晋等十三个朝代在这里建都），是一座"若问古今兴废事，请君只看洛阳城"的胜地，文物宝藏与遗迹居全国前列。我曾亲历其地，得游白马寺、龙门石窟、香山、关林、含嘉仓城，其鬼斧神工，宏伟壮观，见者莫不叹为观止。参观博物馆，睹其青铜陶瓷、金银玉石之器，古朴精巧，各得其趣。我自以为历朝文物已得其大要，今读此志，顿生井蛙之愧，因所见者殆微不足道。是文物荟萃之区，固不可以无《文物志》。若得此编，欲亲历其地者，可先期择要而游，庶免识小而遗大；其乏财力及体力难胜者，则或伏案，或欹坐，通览此志，亦克享卧游之乐。域外之人，获读其志，慕中华文物之盛，心向往之而游兴骤起，来我中土，游我东都；楮币孔方入我建设之囊，无烟工业之开发，其斯之谓？此洛阳《文物志》之必须编纂也。

《洛阳市志·文物志》之纂成，幸获先睹。资料丰富而行文流畅可读，尽数日之力，通读一过，收获良多而兴味盎然。概述一篇，本为志书中最见功力之作，而此志之概述要言不烦，文不过五千余字，既未过分夺市志总述之内容，复能大笔勾勒河洛文化之概貌，使读者得宏观之认识，进而有读全志之渴求，可称已得概述引而不发之妙。志文叙述，能全其首尾，述其始末，如记述白马寺，不仅读者得知白马寺数建数毁，今寺大致为明制之沿革变迁，而佛教传入中国之历史亦有所记载，使读者受历史之教育。又如记龙门石窟，所列五目，有层次，有重点，其概况一目有总括全窟之文字一段云：

> 密如蜂房般的石窟群，南北绵延长达一公里。从北魏开始雕造，历经东魏、西魏、北齐、北周、隋、唐和五代，延至北宋诸朝，前后长达四百余年，其中大规模的营造约计一百五十年左右。据统计，两山尚存窟龛二千一百多个，佛塔四十余座，佛像十万余尊，其中最大的造像卢舍那佛高达17.14米，最小的仅有2厘米。碑文题记2870品。其中造像以北魏和隋唐为主。北魏约占30%，隋唐占60%，余者散见诸朝。

这段百余字的记述，看似平淡，而信息含量甚多：有（1）龙门石窟总面积；（2）雕造历史；（3）重点营造时间；（4）现状的精确报道。"据统计"虽仅用三字而给人以可征信性。自此而下细说细讲，充实读者微观知识，类此笔法，愚意颇可供修文物志者所取法。其章、节、目归类清晰而定名用字尤见斟酌推敲，如第一章第一节标曰："旧石器时代遗存"，第二节则标称"新石器时代遗址"。"遗存"与"遗址"虽仅一字之易，而实有其一定的内涵，其称"遗存"者，因"旧石器时代处在原始社会的初级阶段，当时人们以渔猎和采集为主要生活来源，寄居洞穴，无固定聚落"，所以不能称为"遗址"而只能定名为"遗存"。是志于有歧异之文字记载，并不采取单纯并存方式，而是加以必要的考证。如灵台高度，古代文献有不同记载，一说"灵台高三丈"，另一说"汉光武筑，高六丈"，二者有一倍之差，如二说并存，亦不失为认真态度，而执笔者始则以理证之法，使用古度量衡折算方法来证其事理之是非，东汉三丈约合当今7.08米，六丈则为14.16米，而今灵台残高尚有8米，则三丈之说显然有误。但是，执笔者并不以此止步，进而求其书证，据《洛阳伽蓝记》卷三《大统寺》条称："（双女寺）东有灵台一所，基址虽颓，犹高五丈余，即是汉光武所立者。”作者为北魏人，北魏五丈约合今14米左右，与“六丈”之说接近，参之以今存残高亦合乎情理，异说乃得确证，而志书之学术质量亦得以明显提高。是志多有引文，大都皆有出处，益增其可信度与征引率。至若文字流畅，文风质朴，卷首彩图之质感，文内插图之清晰可鉴，犹其余事也。单行文物著述可无庸作左右上下之旁顾，而作为地理志之一种，则尚有可探讨者，因《洛阳市志·文物志》上有《河南省志·文物志》，下有所属各县之文物记载，何者应详，何者应略，颇费周章。今以省、市二志比较，多有重复。以洛阳文物丰富而言，似应市详而省略，或市志以图片取胜，而有别于省志。洛阳遗址器物量多而世人颇难全部亲视眼见，今已出市志之图片，核其所有，可称寥寥。志既问世，改观已难，愚意不若重选图片，汇集大量精粹，另编别录一册，用作《洛阳市志·文物志》之附册，则既能有别于省文物志而自具特色，更为其他文物荟萃之地而《文物志》尚未问世者开一先河。至于市县关系，因未获读各县志书而难置喙，然甚望市志主政者注意及之。

图文并茂应为《文物志》之要求，但图文必当一致，如三百五十七页“含嘉仓刻铭砖”，插图砖上有“东门从南第廿三行”，而文字写作“东门从南第二十三行”字样，“廿三”与“二十三”，虽意义相同，但既用括号作引文，则当保持原样，不加任何改动。

取材为志书质量高低之标尺，舍其本而取其末，难以得巨细不遗之誉。《洛阳市志·文物志》第四章第二节为“名人墓”，列伊尹、狄仁杰、杜甫、白居易、颜真卿、范仲淹、邵雍、二程等，或名相诗圣，或理学宗师，高山仰止，心向往之，使乡人瞻念前贤，益增爱国爱乡之情，设能阅其生平，更能激励来兹。如范仲淹墓有“褒贤之碑”，虽碑身中间和下部文字有所剥损外，大部分文字清晰。应有字二千零四十四个，现存字一千五百一十一个，存者殆逾四分之三，若与《宋史》本传所收碑文相较，内容基本相符而碑传较史传为详，可补史传不足，对研究宋朝一代名臣之生平事功有重要参考价值，而志中并未录此“褒贤之碑”，未悉何故。抑难以安置于适当章节，似又难以置信。因第七章第二节有“墓志”专节，所收自汉至民国之墓志共七十篇，篇幅容量不可谓不大，何吝其一目而遗范公墓碑之一珠耶？

至若页八十六记唐恭陵曰“庙号恭陵”，非是。“恭陵”为唐高宗太子李弘墓。李弘为武后所逼饮鸩自杀后，追谥为“孝敬皇帝”。其后拟别立义宗之庙者，是将以义宗为李弘之庙号。开元六年，有司上书：“孝敬皇帝今别庙将建，享祔有期，准礼，不合更以义宗为庙号，请以本谥孝敬为庙称。"于是，义宗之庙号乃停而使用孝敬为正式庙号。史有明证，当可确定。"恭陵"只是陵墓之名而决非庙号。类此之误尚有而不复赘言。即此，亦小疵之不掩大醇。《洛阳市志·文物志》将以其丰富多彩而光被寰宇。古稀一翁，读《文物志》竟，亦难以不为其广搜博求，秉笔辛劳而快浮一大白。

原载于《河洛史志》1995年第2期

整理旧志的一种新模式

——读《南京莫愁湖志》

中国是一个志书大国，旧志数量据《中国地方志联合目录》统计已有8000余种，再加上第一轮编修新志过程中的发现，旧志总数当在万种以上。它涉及地方的政治、经济、文化、军事诸多方面，是地方文献资料的大宗，具有重要的参考与利用价值，如果弃而不顾，实属可惜。因此从编修新志一开始，整理旧志就被提上议事日程，成为新时代修志事业的第二任务。近几十年来也陆续看到一些旧志整理的成果，有点校者、有出校加注者、有译成白话者……其中如山东潘友林整理的《夏津县志》和甘肃曾礼整理的《阶州志》等，除了一般点校外，还加注加考，作了许多学术研究工作。但仍未超出整理旧籍的传统方法，所以未能引起更多读者的兴味。因为专业研究者不需点校就能读懂旧志文言文，而一般读者则很少问津旧志，于是旧志整理工作多年来没有显著的进展。

去年上半年，我收到南京志办吴小铁先生所撰的《南京莫愁湖志》，以为只是一般山水志，加以连续因病住院，以致未能立即检读。最近身体大体恢复，遂较详细地通读了全书，深感此志与一般山水志大不相同。原来这是一部内容丰富、颇有新意的旧志整理成果，是为今后开展旧志整理树立了一个新模式。

去年《中国地方志》第6期刊发了陈桥驿教授的大作：《研究湖泊，保护湖泊——〈南京莫愁湖志〉对我的启发》。桥驿是我多年的知好，湖泊研究是他的本行。由于《南京莫愁湖志》对他的启发，他谈了大量他关注湖泊研究的学术经历，颇裨益于后学。他还肯定了《南京莫愁湖志》的出版对于研究湖泊的重要意义，说："由于这样一部以湖泊为对象的佳志的问世，必然会对各地湖泊志的修纂起促进和示范作用，让这个在当今志书修纂中的薄弱环节获得充实和提高。这是一种文化遗产，其在文献学上的意义更不可小视。"桥驿的提示，对我有所启发。他结合专业，从关怀湖泊角度立言。我则从致力文献学研究的本行，略述我对这部志书在文献学，特别是地方文献学上的意义。

《南京莫愁湖志》从严格意义上讲，是一部旧志整理，但它在旧志整理的传统方法上有很多革新的地方，将旧志整理工作向前大大地推进一步，为地方文献的搜求与整理辟一蹊径。

首先，它广泛搜集了莫愁湖的旧志和有关要籍，如《金陵莫愁湖志》、《添修莫愁湖志》、甘元焕撰《莫愁湖志》稿本和《莫愁湖风雅集》、《莫愁湖修禊诗》等多种文献。这种集多志于一书的汇编方法，既便于反映莫愁湖全方位的基本概貌，又有利于研究者取用。编纂者搜求之功，固不可没。

其次，编纂者没有局限于进行一般整理旧籍的点校工作，还进一步加以考证、纠谬、再编纂等多项整理手段。如对全书收录的《金陵莫愁湖志》，除全书点校出注外，更多有考证。徐复教授于序中已有所例举，编纂者亦自陈纠正抱月楼长廊楹联之误处多则。而尤有意义者，则为考证《莫愁湖志》之作者马士图之生年为1776年。这一确论，解决了历来相沿的疑点，并获知马氏诸学侣的简况。至于入录汇编也非有书即入，而是进行一次再编纂工作，如对《添修莫愁湖志》和《续纂莫愁湖志》二书，则与马氏《莫愁湖志》相校，入其不同，略其相同。如此，既节省读者精力，又免去篇幅重复。此与整理有相沿内容之各类续志极有参考价值。他如整理未曾刊印之甘元焕《莫愁湖志》手稿，因原稿里有若干眉批和夹注，并杂有与本志无关之文字，编纂者经过认真查考，吸收了其中合理的成分，而取消了全部不属于该志的文字。重编了甘氏《莫愁湖志》，收入本书，为莫愁湖增一新志，为地方文献的积存扩大庋藏。此外，本书已超越以往整理旧志的范围，而独出新意。编纂者苦心搜集众多名家有关莫愁湖的诗文作品，为历来旧志扩大外延，为读者耳目一新。所增补内容有诗词曲、楹联、碑刻文章及歌曲等。虽所收未能全备，但上起南北朝，下至今人，均有收录，不仅保存有关文学作品，亦为莫愁湖增添风流。

再次，本书体现编纂者致力于"为人"之学之宗旨，特于汇编要集和增补整理搜求之余，列三种有利于阅读及研究所需之附录：一曰《莫愁湖史事年表》为志书大事记之遗意，便于读者检莫愁湖之历史大事；二曰《南京莫愁湖志主要人物简表》便于读者检索书中主要人物简况；三曰《莫愁湖研究资料一览表》并附《莫愁湖要籍书影》与《莫愁湖不同时期照片》等，颇裨益于研究者之深入研究，亦为后来整理地方文献旧籍者，提供制作附录之一模式。

他如装帧之精美、插图之丰富、编排之创新，皆为本书之余事，无需赘言。编纂者吴小铁君，方当盛年，于从事南京志事公余，成此巨作，足征其功力深厚，勤奋好学。古语云"学如积薪，后来者居上"，我则为之增一字云："后来者必居上"。我于小铁君有厚望焉。

二〇〇七年国庆写于南开大学邃谷

原载于《中国地方志》2008年第1期

《江宁县志》小议

江宁毗邻南京，历史悠长，物产丰富，人文荟萃。自晋武帝定名以后，久称胜地。其记此一方之事者，当以同治《上江两县志》最为方志学界所推重。可惜百年以来，志事中辍，以致地方文献未能裒集，新编志书更艰于问世。八十年代始，全国修志事业丕兴，江宁奋起直追，自1984年发轫，历时五年，终于1989年完成150万字的巨著，并即梓行问世，成果不可谓不宏，进展不可谓不速。

新编《江宁县志》包举一县数十年的百业兴革，主旨明确，论述详尽，条理清晰，文字流畅，都足以证明主政者的关注与纂述者的辛劳。顷承惠读，展卷半月，始粗涉一过，略有所见，发为小议。

近年来，新编县志陆续问世，我因工作关系曾先后阅读十余部。每读一种即感新意——不仅在体制内容，即在编排装印方面也都在日新月异。《江宁县志》也无例外地自具特色。

县志之设小序是《江宁县志》的创制。小序之体起源很早，汉代学者刘歆继承父业编制国家藏书目录《七略》时，曾为六大类图书各写小序，并将各类小序集中于六略之前，别立《辑略》，使汉前图书文献及学术情况一目了然，起到了钩玄纂要的作用。汉、隋二志均沿用此体，于各类图书之后分撰小序，论述该类文献的学术流派、演变和特点。清代所撰《四库全书总目》更弘扬小序之体以显示其学术价值；但志书尚未见用此体。今编县志多于卷首增置《概述》一门已是旧志未有的创举，但《概述》系就一书一地而言，小序则置于各篇之首，使读者先得各篇宗旨，言简意赅，颇具新意，实为《江宁县志》所独创。

《概述》的设置至今仍有不同议论，写法也各有所异。《江宁县志》的《概述》分历史、地理、山川、农、工商、文教、革命传统及改革等八个部分，对全书分别加以介绍。这种不概全县仅概全书的写法可给读者以阅读全书的方便；但因结合全书过于紧密，会使人有读完《概述》即不读全书的隐忧。如果《概述》分节不如此之细，而是比较宏观地综括，有高屋建瓴、引而不发之势，则《概述》不仅可为一县之概括，且能启发求读全书的效能。

《江宁县志》大事记的断限与全书保持一致，均定上限为辛亥革命。这是一种果断的抉择。但目前有些新志的大事记在斟酌古今比例的基础上通列古今大事也不失为一种可采的方式。因为新编方志大多详今略古，有些上限即断于近代或辛亥革命，于是一志之中除建置沿革及历史人物略对古代有所涉及外，其他则付之缺如。因之对建置年代久远的县市稽古求往时则需翻检旧志。设新编大事记能通贯古今，则遇有咨谋，仅求之新志即可得一地古今之要，而无需旁涉。

《江宁县志》附录中的《1986—1988年大事记要》是解决实际工作困难所采取的良策。1988年，河北盐山县级领导班子换届后产生编志断限与现实情况的矛盾——即因新志编写下限断于前任，而成书出版则在后任。后任身负新志出版的人财物重任，而新任政绩于新志中无一语涉及，似于调动行政权威之积极性有碍；若为顾及后任，延续下限，则后任复后任，下限不知断于何时，内容又将牵动全局。因之困惑难解而下问于我。我曾建议原定断限不变，径行定稿；而于附录中增入《19××—19××年政事记要》一篇，记断限后至出版前各年政要，如此既无续不胜续、牵一发以动全身之虞，又可祛现任领导尽力而不见记载之憾。《江宁县志》于附录中立断限后专篇的动机不便妄加揣测，但此策却值得目前遇到上述难题者所师法。

县志覆盖全县各方面横向事物，难免有交叉重复之处，为节省篇幅采用互见，不失为良策，各志多用此法，但不加互注，《江宁县志》则明加标识，如第十编第四章第一节《古桥》一目仅有两行文字记"有古桥五座"后特加括号注"（详见《名胜古迹志》）"。这不仅精简文字，免除重复，更方便读者可据此一索而得。此也可见编订者之明史法。

关于新志字数前曾有县志三五十万之说，但实际早非如此。当前县志字数日趋庞大，我曾拜读过五十万余字之县志，随着时间推移，我陆续读过七十万字、九十万字、百万字、百余万字，而今又读已达一百五十余万字之《江宁县志》，增长趋势似方兴未艾。愚意篇幅竞争已到刹车之时矣。我深愿不再读到二百万字的县志，因为志书的质量似不单纯决定于字数之多寡。当事者应考虑编印出版的人力物力，读者用者的精力劳力。我在此并非訾议《江宁县志》字数之多，实因触景生情，有感而言，为后来读者请命。或有难者曰：事繁必然字多。我以为如仅汇总各专志而略加编次则二百万字也难包容；如据专志资料提炼重纂，虽耗力费时，则数十万字足矣！

《江宁县志》可称是一部比较详备的新县志，但也有些不应详而详的地方，如第十四编供销合作志第三章营业单位第三节东侨饭店不过是职工17人、客房14间、床位44个的一个供销系统的一般饭店，从文字记载看不出什么特色，很难理解其设专节的必要。事实上这一专节又因内容过少而不得不附"名特优产品"一目，二者既无间距，易使人误解为此东侨饭店的"名特优产品"，实际恐又非如此，显有填充篇章之嫌。

志书为传世之作，因此文字的规范化尤为重要。《江宁县志》有些名词不恰当地使用了简称，如第十一编邮电志第三章第三节标题是"市话和农话"，乍看之实不解其意，而文内两目则标：一、市内电话，二、农村电话，于是始对节题有领悟。这种简称是否当地流行，或是行业用语，但终不能说是公认的通用辞。事实上，繁简之称仅差三字："市话和农话"——"市内电话、农村电话"。如非简称不可，也应简目题而繁节题。

人物是志书中的重要组成部分。当前的人物志有两种倾向，一是移用旧志人物过多，二是取舍标准过严，入志人物偏少。是繁是简应从地区实际和文献储量出发。《江宁县志》收正面人物29人、反面人物4人，衡诸江宁这样的名城胜地似嫌过严。生人不传一般已成惯例，但传事不传人仍为保存著名生人文献的好方法。江宁是文献之邦，人物志首列文献学家陈作霖传足以见编者之重视文献。我虽未深入了解江宁存世学者的情况，但以江宁人文荟萃之地而臆测，在世专家学者有学术专著者当不在少数。旧志有经籍、艺文诸志以记一地著述之盛，则不仅没世学人著述可借以传世，即存世学者虽尚不得立传而其行事将随著述之著录而保存。可惜《江宁县志》仅于第三十编文化志第四章第二节中录入1978—1985年文艺作品而不著学术著作，如增一学术著述节，则益将为江宁增辉。

人物志的编次有生年、卒年之异，一般似以生年为好。若以卒年为序，设遇父子同有贡献而并入人物志，因父享高年而子中道谢世，则子居父前，实为不妥。卒年难定先后，生年则可划一，历史行事也能得其顺序。《江宁县志》系以卒年为序，致使徐绍桢（1860—1936）列于史量才（1879—1934）之后。徐长史二十岁而卒仅晚二年。徐之主要功业在辛亥前后而史之名标青史当据三十年代前后行事，读之使人有错序之感。

《江宁县志》问世是新志编修事业中一件值得祝贺的大事，但我要讲点不该由我讲的话，那就是有些县市在志书完成后就认为大功告成，于是马放南山，战士解甲，班子解散，人员调离，这实在使默默耕耘数载的一线修志人员寒心。山东省政府在1985年曾郑重宣布："省市县的编志机构是常设机构。"我深为修志者额手称庆而颂扬领导者之卓识。今年5月间，我在山东地方志工作会议上曾呼吁过这个问题，我愿再借此重复这一呼吁：

> 志书出版不是修志工作的终结，我们既不能解甲归田，也不能功成身退。修志工作开展起来很不容易，我们的领导同志要珍惜、爱护修志人才。有了这些人才，我们就可以对地方的政情、社情了如指掌。封建社会有学者建议为修志成立一个"志科"，我们现在难道还成立不起一个"志科"来吗？组织起来不容易，解散只是一句话，失而再得是更难的。我们应该让修志办的同志更好地发挥作用，让他们坐下来平静地反思一下，向方志理论研究的高度发展，把过去的实践经验理论化、系统化。
>
> 旧志中有很多资料可供参考，所以新志书出版之后，旧志整理应当排在日程上来。
>
> 我们的各级领导应把地方志机构当作一个智囊团来看待。
>
> 地方志办公室可以每年出一本当年的资料汇编，这样我们再编修志书，就不需要花这么多时间了。

我深深祷念《江宁县志》问世后的处境不属于我上述这些呼吁的范围之内。

读竟《江宁县志》，随手札录一些看法，话说得直率些，但不一定恰当，或者吹求过分，希望得到编、审同志们的谅解，因为我们都是修志大业中的伙伴。

原载于《江苏地方志》1990年第1期

十年一剑　坦露地情

——《无锡市志》读后

无锡久称江南富庶之区，自古以来，人文荟萃，经济发达，共享苏锡常丰饶之美誉。修志历史亦极为悠久，其事始于宋，历代相因不辍，今所存元以来旧志凡9部，专志36部，乡镇志8部，文化积累不可谓不富；唯自清光绪以还，其事中断殆百余年。泊80年代，时见盛世，百废兴举，当轴者极谋为无锡纵说古今，横述地情，用以鉴古知今，垂典后世，遂于1980年定策修志，乃广求人才，穷搜资料，尽十年磨剑之功，终撰成此四巨册五百万字之巨帙，不仅陵铄前贤，亦足傲啸当代。此非当轴之有胆识与无锡之雄于赀，曷克臻此！我有幸应邀两莅锡城，亲见修志诸君孜孜于志业，甚受感动，今又得全套市志，虽篇帙过大，难以细读，而粗加涉猎，已有目不暇给之感，爰记其管窥所得，或有裨于读者。

修志之要，莫过于定体例。《无锡市志》一依常例，按事立卷，共59卷，即人物亦入于序列，而隐隐中又有自然、经济、政治、文化、人物之次序。卷下有章有节，详记其事，颇得条理顺序之便。分卷编排，又得归类明确，标题清楚之效。其叙事则述、记、志、传、图、表、录诸体并用，以各得其宜。卷首置总述、大事记，卷末有附录，使志书成混一整体。有此四册巨帙插架，设有所需，则无锡地情可翻检立得。

总述一体，已为新编方志所接受，但各志编写方法有所不同，或分类论述，或浓缩全书，或分段提要，或按阶段概括，诸式并存，尚难一致，似亦无需一致。《无锡市志》之总述始于6000余年前之先民活动，止于1985年，大体按历史发展脉络分四阶段论述，即古代沿革、近代发展、建国后之经济建设以及1979年以来之改革开放，虽文字不满二万，而无锡一地之古今纵横，了然于目。此固无需斤斤于史笔志笔之优劣。各卷卷首除个别卷外，大都立概述一小篇，文字不长，而总括全卷要旨，亦颇便于读者。

大事记为一志之纲，又可供检阅全志大事记述之有无遗漏，而一些虽为大事而难以详述于志文者，则可以纪事本末之体入于编年大事之中，可具取精用宏之效。《无锡市志》之大事记记载较备，亦颇合详今略古之例。惟宜注意古今比例之恰当。《无锡市志》大事记大略分三段：第一段自商武乙（公元前12世纪）起至1911年，约3000余年，占全文14.1%；第二段自1912—1949年，共38年，占20.5%；第三段自1949—1985年，共计36年，占65.4%。这一分配使人感到36年记事为3000余年之4.5倍。是古代部分似宜略加充实，而第三段中亦有可精简之处。如一般机构设立，某项活动之开展，县以下之区划变化等等，大多已见于志文，则大事记可从略。如大事过于繁细，则大事亦难见其为大事矣。

图表已久为新编志书所采用。《无锡市志》尤多所垂注，卷首置彩图32页，计117幅，城建、胜迹、经济、名特产品、文化教育、艺术等皆有代表性彩图。至随文插图更得左图右史之妙。所附宋明清县城图，既可备历史沿革之参考，更可增读者之感性认识。《无锡市志》于表之使用也较恰当。如区划表、郊县合并表、经济成分构成表等等，皆能随文附入，节省文字，增强认识。又时出注释，虽见于新编书者尚鲜，但确有新意并有利于读者。如建置区划卷之建置章出注四条，对古建置沿革有所诠释，给后人以明确概念。风俗卷更出注多则，使人对锡城习俗有深入充分的了解。

《无锡市志》之论述也有其独到处。无锡行政区划曾有所更改，市志叙述编排难以确当。遂立区县概况专卷，于市属四区三县作集中全面之概述，既与市志明晰区分，又使锡市所辖地情全而不漏。有的章节则颇具特色，如城市建设卷之绿化章为他志所不经见，而此志所写分城区绿化、公园绿化、山岭绿化、花木盆景、古树名木和苗圃等六节进行详尽的全面叙述，显现出新时代的特色。其科学卷，以社会科学专立一章，是编者之独具识见，惟于无锡学者之成就未立专节似有微憾。无锡为人才辈出之地，自宋以来经史名家之影响已非一地，如宋尤袤为版本目录之祖，明之东林学者又不仅限于学问，清初顾祖禹之《读史方舆纪要》至今犹为历史地理学者奉为经典，晚近之钱基博、唐文治等莫不以著述蜚声士林。若立《著述》专节，内容当有可观，较之该章末列高等之成果表，尤能体现锡地之学术文化水平。卷58之《专记》允为编者破史志鸿沟之佳作，记自太平天国至无锡解放之重大历史事件，保存完整史事，破除史志不容混用之陈规，并入于正卷之列，足称特识。

人物为一志之灵魂，见物见人，斯为整体，但诸志多单立人物传以示别立于志体，《无锡市志》以人物排入卷57序列，不单独称传，肯定人物为志书必备之体。入志者遵生不立传之志例，颇称允当。惟以传主卒年为序，实难苟同，我于此已屡有所言，此不独锡志为然，固未知由何而始。以卒年为序实不合发展轨迹。如胡雨人（1867—1928）与胡明复（1891—1927）本为亲叔侄，二人相差24岁，且明复少时尚从读于其叔雨人，如以生年为序，则雨人列明复之前，顺理成章，无可怪异；今以卒年为序，侄仅早卒一年而高居于3035页，而叔仅晚卒一年，乃居侄后而列于3039页，岂非颠倒？又胡刚复（1892—1966）为弟，胡敦复（1886—1978）为兄，因依卒年而兄弟易位。深望后之修志者当以生年为序，则幸甚矣！又人物有传、表、录之分列，其中皆记有为革命献身之烈士，但分收界限不清。人物卷之概述曾说："在抗日战争、解放战争、抗美援朝战争时期的历次战争中牺牲的无锡籍战士（含武装工作队队员）较多，因篇幅有限，这一部分烈士列入英名录"，定义含混，难以理解。因传、表、录中均有自抗战以来牺牲之烈士，所以以时间作分收标准，实不够明确，如称因材料不足难以成传者则视材料情况而分入表、录，尚可备一说，若将"这一部分"改为"有一部分"也可勉强成说。

修志为一代一地之大事，《无锡市志》为《档案 方志》立卷58，可见编者于志业之重视，可惜虽按志书之不同类型而立四节，但所述内容率皆旧志，而将新编方志之宏业，仅写编纂始末，列入书末附录之后，似感不足。设以新编方志之实践及理论入于方志专章之下而自立专节，则不仅可颉颃于旧志，亦以显现新志书编者之自我价值，不亦善乎？

四册巨帙，匆匆涉猎，难获周遍，仅就蠡测一得，草成一文，或可供修志诸君和续修时略加一顾。深知掌厨调味之艰难，袖手指点之称易，愿读者于所述激切不当之处，多所指正！

原载于《江苏地方志》1996年第3期

喜读《江阴市志》

1993年岁初，随着新的一年来临，我有幸获读了一部具有千余年历史的新兴城市志书——《江阴市志》。这是一部可称得上"宏篇巨帙"达二百余万字的县级志书。在我所经眼的新编县志中，它当是十年修志高潮中居数量之首位。正因为这样，便引起我一种探求奥秘的兴趣：一个县级市的志书以如此多的笔墨去撰写这样一部大书，其详备程度从纵横两方面来相比是否有所超过；与此同时，我也希望从中获取某些我历来不甚赞同县级志篇幅过大的反证论据。全志读竟之后感到它确有可资借鉴的特色和犹待探讨之处。一个县级市肯于投入这样多的物力人力来修志，不能不说是对盛世修志的颂赞行动。人们也不能不以一种喜悦的眼光去品评这一新生的宁馨儿。

概述是旧志所不经见而在创编新志的实践中所产生，并为广大修志者所认同的新体裁。但从历年审读的新志中可以看到，虽采用同一体裁而写法各异。有以前言代概说者如《渭南县志》，有分段论述者如《玉山县志》，有综括写意者如《萧山县志》。各有千秋，无分轩轾。我在一篇评稿文章中曾主张："概述既非概论，也非概说，而是全书精华的提炼。"《江阴市志》的总述另辟蹊径，颇能闇合我意。这篇总述文采立意，自具特色。它立了六个反映地方特点的标目，均赋予深厚内涵，使人耳目一新：如"延陵古邑"言其历史沿革，"江海门户"言其形势险要，"鱼米之乡"言其民生富庶，"工商名区"言其经济繁兴，"义勇之邦"言其民风刚劲，"人文渊薮"言其菁英之盛。这些内容镕铸以清新流畅之笔，成文不过万余。一气读毕不仅反映了江阴的地方特色，也可作读全志之锁钥，更可引发检读全志之意愿，实可谓一举而数得。

篇章节目犹如间架结构。间架结构欹斜零乱虽有良工巧匠、佳材美石也难得其用。修志工作之成败优劣也往往决定于篇章节目之善否。统观江阴全志，卷首有总述与大事记，卷尾为附录，而以44卷专志为主体。各卷下以章节目为层次，以历史、自然环境、农业、工业、商业、政法、科教文为顺序，并于经济类各卷增设《农业经济综合》、《工业经济综合》及《商业经济综合》三专卷，宏观叙述农工商业的经济体制与经营机制，如纲在握，可以较顺利地参读其下有关各章。其各卷卷头所设无题小序也为其他各志所不常见，要言不烦，有钩玄纂要之功，如卷一《建置沿革》的无题小序不过300余字，而对江阴的历史、沿革、现状都作了极强的概括性叙述，然后分章敷陈其事，收眉目清楚之效。其专志分卷虽为数似多，但也有前此受到漠视而今得到重视乃立专卷者，如卷三十九的立《档案·史志》专卷即颇有新意。档案为一地之原始文献，史志则为一方之全史。许多志书未立专卷，遂使史志状况仅知大略，尤以新志编修之艰辛往往赘于卷尾，形同附录，似有修志人不重志业之憾。《江阴市志》立《档案·史志》专卷，在志书中坐分一席之地，实为修志者扬眉吐气，益知激励奋发，而大有利于志业之弘扬。其章节之设，也颇运匠心，如文化艺术卷之立《著述辑目》章，使人文荟萃之江阴学人未获入专传者也得入志，有不朽之幸。此亦体现江阴志撰者重视知识与知识分子的观念。在处理反面材料时，《江阴市志》也能区划畛域，分立良莠，如卷二十九《政权·政协》第一章第一节记民国县政府后附《日伪政权》，不仅内容简括，立论鲜明，而且字体改小，以示褒贬；其他如卷三十《军事》第二章第二节记民国驻军后附《沦陷时期的日军》和同卷第六章第六节解放战争时期后附《日军暴行》等，也无不显示志书作者贬斥敌寇的立场，对读者将起到深刻的爱国主义教育的作用。这也正是志有褒贬的一个极好的例证。

数据资料也和图书、档案一样，属于一种文献类型，根据它可以编制出数据表来反映定量情况，也可以用在行文中以节省叙述文字。《江阴市志》除了编制大量数据表外，在卷头无题小序和章节叙述中的数字文献也触目皆是，如卷四《人口》的卷头小序中仅以300余字概述了宋、元、明、清、民国及解放后，直至1971年江阴人口的增长数字和百分比，言简意赅，一览可得。在某些章节的开头也以数字行文总括下文，如卷三《自然环境》的第六章第二节旱灾节首即记称："据不完全统计，南朝陈太建四年（572）至清宣统三年（1911）共发生旱灾80次；民国元年（1912）至1987年共发生旱灾11次，其中严重旱灾5次"。一览之余，即可掌握千余年江阴的旱灾次数。如需了解详情可接读下文的详细叙述；多数节首也多采此法。此固繁简结合，为读者节劳之良法。正因为修志者有较强的统计意识，注意搜集数字文献，乃使全志的数字文献比比可见，既为科学研究提供重要而准确的参考资料，又利读者的阅读与记忆，此实可备尚在修志者所参酌。

志体应含图表的主张，近年已为多数修志者所采用；但大量发挥图表作用则尚有犹豫而未能放手者。《江阴市志》于图表似有所偏爱，图的运用尚不明显，除卷首彩色图片外，文内插图仅十余幅，其中尚有采用旧图者；而表之运用则颇广，据不太准确的统计，共有表307幅，如以全志1400余页折算，平均每4.6页左右即可见一表，遍及全志各个门类。运用表式叙述，除大量节省文字外，还便于读者比较衡量，从静态中见到动态，更可表达文字有所违碍之内容。表之于志，可得取精用闳之益。

《江阴市志》虽以上述的特色（所论并不全面）而取得其应有的地位；但这样一部巨型志书也不能不在某些方面显露出一些可乘之隙，而这些隙缝很可能只是一种苛加吹求的挑剔。

志书之立人物传为地记走向方志之一大标识，千余年来，久成定制。新编志书，一仍旧贯，对保存乡邦人物文献，卓有成效。但人物传的编制方法则见仁见智，各有不同。《江阴市志》于人物分传、表二体。传收158人，其辛亥革命前23人、辛亥革命后135人，古今比例古为今之六分之一强，似略嫌少；若能呈五分之一与五分之四之比例则较匀称。其人物排列次序，我历来主张以生年为序，而《江阴市志》则以卒年为序，使同时代人物，甚至并肩战友，因享长寿而列为后生，此无亲属关系者尚不明显，如为兄弟则往往成弟前兄后之次序，如刘半农（1891—1934）与亲弟刘天华（1895—1932），仅因半农晚卒于天华，中仅有一人之隔而兄弟易次。他志尚有父子易位、叔侄易位者。以卒年排次，易使顺序凌乱，似不可取。人物表共分三类：一为烈士名录，有788人；二为劳模先进，有203人；三为各界人物，有976人。其前二表所列人物均建功立业，为桑梓增光，为后来树标，自应立表以旌功绩；而各界人物表纯按地位职称而定收录，凡地师级人员、教授、研究员、主任医师、高级工程师、文艺界名人皆可荣登志表。此实有可议处。历来方志界曾多人多次不赞成以人物地位作入志标准，因难免其中有徒有虚名而碌碌保位者。此决非指《江阴市志》之各界人物有溷迹之嫌，但以地位作入录标准之例实不宜开。人物之是否入志，最重要视其对社会作用（包括正反作用）如何而定，贤德者流芳百世，奸慝者遗臭万年，而一般虽居其位，但平庸依违，无所建树者似不宜入志；反之，才智硕德之人，若困居下僚，没没以终者，因格于地位而被摒于应入之例，此亦非修志者秉笔之宜。再此表虽收近千人，但是否尚有遗漏，则难尽晓，没有达此地位标准而未列表，则其人慊慊而难平衡，所以，以地位标准立表，似非所宜。

大事记一体为志书重要体裁。新编志书中应否采用已无所异议，但如何运用则尚乏共识。《江阴市志》采用按年排比而系事于日月，条理清晰。其古今比例大约辛亥革命前占五分之一，辛亥革命至1949年占五分之一强，而1949—1991年占五分之三弱，古代部似分量略轻而内容也嫌简略。因各专志多已详今，若大事记能略增古代，则可部分发挥和代替旧志功能，并成全志古今一贯之势。

新编志书的总字数，初定三五十万，继而百万，继而逾百万而形腾涌之势。《江阴市志》一跃而达二百万有余，可谓巨帙，为前此经眼诸志所瞠目。我在多篇短文中曾一再呼吁县级志书不可再在字数上腾升。《江阴市志》虽无过多冗文，但若细加推敲，并非无不可压缩之处，即如各界人物表，长达30余页，其人大多存世，已不合生存人不录的规定，而表列人物又有不少与《著述辑目》章第三节建国后所收人物颇有重复。《著述辑目》中以著述来存人为以事系人之志笔。各界人物表既有重复，又自承"未能联系上的尚不少"，有重有漏，当为赘笔。若能惜墨如金以150万字包容全书，则《江阴市志》当更居超越前志之优势。借此我仍将大声疾呼：县级志书的字数应严加控制，百万足矣；若信笔挥洒，巨细不遗，则千数百年之城邑，成数百万字之大书，亦非难事。文简意赅，才可称大手笔，而读者能咀嚼精美，尤当顶礼膜拜，免文海灭顶之灾。

古稀一叟，蜷居寒斋。室无如春之温，门有罗雀之憾；抬眼窗雪待融，俯首潜心读志。聊有所论，纯属一己陋见，不媚作者，不阿世态，是耶？非耶？同道者必有以教我！

原载于《江苏地方志》1993年第2期

读《镇江市志》札记

《镇江市志》是江苏省首先脱颖而出的一部省辖市市志。它始创于1984年，脱稿于1992年秋，历时八载，经有关领导之关注及各级编审人员艰苦卓绝的努力，终于完成此65卷、近300万字之纵跨古今、横剖当代的一部较成熟的志书，这是值得庆贺的志业大事。修志者的苦心经营在审稿会上得到了比较一致的肯定，特别是陆天虹顾问所作结论性的评语："门类齐全，史料翔实，考核严谨，记述科学。"应是对志书质量的真实反映。天虹同志与我相识既久，为人平易亲切，而于学术则谨严认真，不轻作论断，是所评尤具价值。至有关志书的评论，评稿诸公想已掬诚相告。主编虚怀若谷，接受意见，复自有主张地细心雕琢，然后付诸枣梨，终为普修新志之领域增一崭新品味。

审稿、评书是保证书质量的重要关键，但审稿易于见功，而评书难于着手。盖审稿先于志书之出版，激扬文字，抉摘疵点，皆为新生儿临产之助，提高志书之质量显而易见；而评书则后于志书之问世，说长道短，挑三拣四，徒作袖手空谈，似已无补实际。实则不然，"千古绝唱"不过为媚世者之谀词。欧阳修，一代文宗，撰《新唐书》与《新五代史》，而吴缜有《纠谬》与《纂误》之作，终不损彼此光辉，而二书并获传世。且阐扬一书之优长可示范于后来，而吹求一书之瑕疵，更以见编者之胸襟。我本此立意，乃于前此诸篇之外，试作浅评，以供参酌。

镇江地处长江及大运河之交汇，为历代繁华之都会，清咸丰开埠以来，更成要冲。近数十年，发展迅速，当无愧于文化名城之列。名城必有名志，镇江自南朝刘宋至民初历1400余年，共编志数十种，其中不乏名志佳作。十年修志，起步亦早，而成果为志界所赞许。我喜获此书，循读一过，深念成志之艰难，情不能已，随手摘录，略陈愚见，借以见读志之诚。

史志之作，首当明断限。此志不强划一致，各按不同体裁及表达需要而定其断限，如上限不拘，但侧重记述1911年辛亥革命以后，则既可得事物缘起，又明确新志重点之所在；下限为1985年，但总述、大事记、人物及入志图照延至1990年，顺延五年，则若干近事当可包罗。既有上下断限，复有灵活弹性，编纂者既可从实际出发，又不违详今略古之例。惟下限与出版时间距离稍远，空档殆近八年，若能增1986年至1992年之专篇记事，列入《附录》，则更较完备矣。

篇章结构为志书之筋骨，筋骨合理，躯体自立。据《江苏地方志》编辑部载文统计分析："全志除卷首、总述、大事记和附录外，共设63卷分志，313章，1011节，约240万字，其中：综合部类7卷，30.96万字，占全志的12.95%；政治部类14卷，42.94万字，占全志的17.89%；城市建设部类5卷，17.35万字，占全志的7.23%；经济部类27卷，82.51万字，占全志的34.38%；科教文卫部类9卷，36.96万字，占全志的15.40%；社会/人物及其他部类（含专记、附录）6卷，29.28万字，占全志的12.20%"。这一篇章的数量分配是比较合理的。各卷所属章节，大体恰当，而某些章节之设，颇见卓识，如第五十六卷《著作》，承艺文、经籍之绪，自具特色，其从各目录书中之搜求乡邦文献，注明出处、刊本，极见功力。又如立第五十八卷《方志 档案》，不仅为名城名志叙源头，亦以壮当今志业之声势，惟略有憾者，附篇之佚志自刘宋至明，殆达九种，而现存府志五种、县志七种，共十二种，存志略多于佚志，而且，各佚志之提要，亦颇称充实，篇幅已足成篇，不应列入附篇，而宜升入专节。今修新志，规模之宏，超迈前代，经验成就，尤足垂世，何必自灭威风，贬入附录，似应以入正册者。

政域划分归属的更迭变化，往往给修志者带来颇多难度，记述之让夺，不易着笔。新立省辖市之志书，尤费周章，既有原地区与新建市之关系，又有新市与旧地区、旧县之关系。《镇江市志》于此处理较好，其"凡例三"即有明确规定："本志记述范围，按现行行政区划以市区为主，兼及丹阳、丹徒、句容、扬中四县，总述、自然环境、农业、水利、乡镇工业等卷，则记述全书情况"。如卷二特立《辖县概况》，则新市辖县之基本县情，得其大要，了若指掌。既不漏列，又不侵夺，省辖市志之编纂似可酌取此法。

体裁若人之四肢躯干，运转得当，各得其用。此志诸体并用，其述、记、志、传、录、图、表各按其表达所需而分别采用。述为总述，列全志卷首，为新编方志创体，各地所采方法容有不同，而其例已定，《镇江市志》总述分设三块，一述建置、沿革及人物，二述经济，三述文教，简明扼要，市情志貌，展卷可得大概。记为大事记，乃全志之纲领，循读而下，可补略古之不足，《镇江市志》之大事记共92页，分四期，辛亥革命前10页，民国时期18页，镇江解放后2页，中华人民共和国62页，比例失调，显而易见。从而辛亥以前史事或有失载，如唐代为中华一盛世，而大事记于唐玄宗开元二十六年以前了无一字；有明一代，亦仅六事，殊难置信。中华人民共和国时期则过于繁多，以致一基层机构之建立，一条马路之修建，一俱乐部之开放，一展览会之结束等等，皆以入志，使人有烦琐之感。又此一时期某一年岁末时有人口及产值等之总计，此于前代官书中曾有此立意，有便于观览之妙，新志运用此法，未为不可，但当有例可遵，自1952年开始，五年后之1957年有之，直至1965年又每隔五年一记，下迄1990年止。不知为何1957—1965有八年之隔，而1965年始均相隔五年，此五年之距又有何据，而且统计项目仅有经济而无文教，各年又不完全一致，实使人难以猜测。又某些记事，条首作一△号，亦不明所以。

志为全书主要组成部分，用以记述各门类分志，各分志结构基本合理，所采平列式章节体，也便于表达，但仍应注意各卷顺序，以达到明设章节，暗分大类的效果，如第五卷《中国共产党》应属党派社团大类，置于第九卷《民主党派》前，而不宜将其置于政府各卷之前。旅游素有无烟工业之称，应属经济大类，置于《经济综情》之前，似待商榷。章节名称应大体求其一致，如经济类各卷均称"××工业"，独第三十八卷标"医药"，似应作"制药工业"。章节标题应尽量概括内容，如第二卷所属四章之第一节均作"地理"，而各该节所含为区域、人口、自然环境及建置沿革，似已超出地理之内涵。

分志各章之末时有附篇，为他志所少见，当系《镇江市志》所创意。它使许多难以在正文安排的内容，免于失落，但有的安排，尚待商讨。如第五卷第一章之末所附《抗日战争和解放战争时期领导镇江境内诸县委的地委（中心县委）一级党组织》似可分别归入第二节《抗日战争时期》及第三节《解放战争时期》中，因为附篇地位是低于正文，含有一定的贬义。第七卷第一章之末所附《抗日战争时期镇江境内专署级机构（抗日民主政权）》应升格入第三节《抗日民主政府》下立专目，因为第四节《日伪政权》尚入正文立专篇，则抗日民主政府何得贬入附篇？

《专记》是《镇江市志》独具特色的创篇，用义良善，且在志书中运用史体，亦属创举，于集中叙述事件较易了然于怀，其（一）《民主革命斗争纪略》，历述辛亥革命、五四运动、五卅运动、北伐战争、九一八后的抗日救亡、抗日战争及解放战争等专题，对民主革命时期的重大事件皆有翔实记载，有裨于进行爱国主义的乡土教育。不过对于志书的完整体系是否有所影响，而且有些内容是否可在大事记及有关章节中解决，确是值得深入探讨的体例问题。如对此部分内容更加充实而单独成书，则史志二体，并行不悖，似较此为善。至于专记（二）《地委行署》则应入正文第七卷《政府》而特立专节，因为镇江之辖县概况尚立专卷，而一度为隶属所在之行署，似应在正文有所论列，以反映其历史变化。

人物传记为志书之血肉，《镇江市志》于此颇见功力，收录人物，宽严适度，内容充实，要言不繁，而恪守生存人不录之优良传统，尤为难得。惟以卒年为序，实难苟同，即以马氏弟兄为例，马良（相伯）与马建忠均以学术事功入志，兄马良1840年生，1939年卒，而弟马建忠1845年生1900年卒，本可相依排次，弟兄共成《马氏文通》之业可见，而以卒年为序，则弟建忠未及下寿而逝乃置于前，兄相伯寿近百岁而置于后，中隔几近五十人，颠倒顺序，混淆记事，固不足取，我甚望修志者俯采末议：以生年为序。至如人物记事万勿遗其主要经历，陈恭禄为中国近代史著名教授，而传中未列教授职称，实感遗憾！

读《镇江市志》既竟，随手札记若干，删繁取简，略成浅评，臧否或多不当，聊备书评一格而已。

一九九五年元旦写于南开大学邃谷

原载于《江苏地方志》1995年第2期

《泰州志》读后

泰州地处苏中，为淮南剧郡，设县迄今二千余年，建州于南唐，亦逾千年，向有"汉唐故郡，淮海名区"之称。形势优胜，人才辈出，无愧历史文化名城之誉。修志事业，自南宋淳熙《吴陵志》始，至民国《泰县志稿》（传钞本）止，前后凡十四修，今存者八种，而自明以来复有镇志、场志等作达十余种，固不可谓不盛。但自民国二十年志书成稿未刊之后，多经战乱，无暇及此。1980年，欣逢盛世，泰州主政者兴念及此，开始准备纂修新志；1986年，建立正式机构，组织编写队伍，广泛征集资料，分头撰写初稿。1993年，进入总纂，历时经年而成送审稿，嗣经各方评审，重加修改订正。精雕细刻，终于1996年7月成一近150万字的志书，继承与发扬泰州之修志传统。

《泰州志》共28篇，以分志为主体，前有概述、大事记，后有人物传、附录，篇章结构及排列顺序，合乎现状实际，与已有新志之设计相合，志传图表录，诸体并用，有利于论述。撰写基础厚实，前后征集资料达2000余万字，而引用时又多所考校注明，颇得著述之意。

概述为新志创体，概一地一书之要，当前写法各异，而终当以简要为是，《泰州志》概述文不过数千，而读之可得泰州一地古今纵横之面貌，苟欲深究，又奏引导进读全志之效。大事记为一志之纲，钩玄纂要，纲举而目张，又可检全志之有否疏漏。《泰州志》大事记之选材，尚称精审，古今比例，大体得当，尤堪注意者，其下限延至1996年，较原定之1987年延伸十年，可补下限距出版期过长之失，此亦见修志者之权变而可备借鉴者。

《泰州志》之论述，颇有可资参证者，如《自然环境》篇中之地震节所附《有关泰州的地震资料辑录》，引据有关书刊，辑录明清以来至下限止的有关以泰州为震中和由周边波及之地震资料。又《生物》章之动植物品种之中外名称，甚为详备，有辞书之用，均可供开发资源之参考。

小序一体，有两千余年历史，但所用多在书录，而近年新编方志有于篇首立无题小序者，大都为全篇之提要，而《泰州志》之篇首小序别具一格，除有提要部分内容外，主要为全篇之前驱。《泰州志》各篇叙述多从民国为开端，而此前种种情况多在小序中以简括语言，勾划大要，其效在于能节约各章追述既往之文字。如第十九篇《军事》，各章多从民国前后为始，而于清前内容则置于篇首小序中，如欲详知则有旧志可备参考，此固修志者用心所在。至篇后附录载入日伪行事，近人曾嗤为有意打入，实难苟同。《泰州志》将日伪入附录正以见修志者之明是非、有褒贬，我将引为同道。

泰州为历史文化名城，文化自当成其特色，《泰州志》正以《文化》篇为其浓墨所在。如《学派》专章，记泰州学派与新泰州学派，为明清两代之重要学派，以王艮为首之泰州学派为王（阳明）派哲学重要分支，深可谓王学之代表，为哲学史上不可不论之学派，而新泰州学派对振兴已被清朝镇压而日趋衰微的太谷学派有兴废继绝之功。志书所记虽较简略，但亦足见泰州应有之学术地位。《档案与地方史志》专章之《地方志》节历述泰州自南宋至民国修志之情况，以见泰州文化之发达，修志传统之悠久。《邑人著述辑目》专章，详细著录古今现行之著作三百余种，其间不乏为人所知之名著，如唐张怀瓘之《书断》，宋胡瑗之《周易口义》，明王艮之《心斋全集》，清吴嘉纪之《陋轩集》、宫梦仁之《读书纪数略》，民国支伟成之《清代朴学大师列传》、韩国钧之《止叟年谱》，当代梅兰芳之《梅兰芳文集》、茅家琦之《太平天国兴亡史》、钱存训之《中国古代书史》等，益以见泰州文风之盛，不啻予今人诬新志不重艺文以严正之驳议。又《风俗》篇记商贸习俗中之"市招"、"市声"均为他志所少载，而为研究商业文化与市井文化所需用。观此则泰州文化名城之特点显而易见。

《泰州志》经修志者多年经营，足备资政、教化、存史之用，唯大醇难免小疵。全书下限为1987年，下垂十年而问世，中间自有缺记，今通用之例为于卷尾补撰某年至某年之《政事纪要》以补阙，世皆以其为善法，惟《泰州志》仅将"概述"、"大事记"、"人物传"、"附录"下延至1996年7月，而未撰专篇，致使所缺数年主政者之政绩，难得彰明，是无怪志书出版时主政者于序中有"可惜《泰州志》下限止于1987年，此后的情况无法反映"之叹！志书篇幅极大，为翻检之书，应有"索引"以利读者。当今著述，多有索引，已成通例，似宜于续修时补编之。现有志书为便域外读者用者，多将目录译为英文，甚有将概述译为外文者，似应为后之修志者所注重。所言谨供参考，设有不当，尚望指正。

一九九九年五月下旬写于南开大学邃谷

原载于《江苏地方志》1999年第3期

铸古镕今 继往开来

——《徐州市志》读后

在《连云港市志》稿评审会上，我有幸收到刚刚出版的《徐州市志》。当拿起书时，首先映入眼帘的是这部两巨册新编志书封面背景上隐约可见的八个题字："铸古镕今，继往开来"。这是当代国画大师，徐州名人李可染专为市志所书。这八个字不仅笔墨酣畅，气势磅礴，得真朴之美；而且也是对全志的概括与评定。更包含着乡贤达对故乡的真情期望。读竟全志，果如其言，诚无愧于名家之大手笔！

《徐州市志》成稿较早而出书较迟，中经周折，几番琢磨。据闻当志稿评审时，曾经议论纷出，我憾未与会，未逢其盛。在评审会后，主编者面临若干批评与建议，虽有压城之重，而无摧颓之念。乃虚心整理意见，条分类析，是者是之，非者非之，深思熟虑，自定去取，然后集中力量，运如椽之笔，反三复四者又数年，终成此数百万字之巨制，此非有坚忍不拔之志，连续奋战之精神，曷克臻此？历来我时以"虚怀若谷，自有主张"评骘志书主编之素质及其对待评审之态度。设如传闻则《徐州市志》之主编，其庶几乎！有此素质与精神，方有今日《徐州市志》之成果。应该说这种精神乃是修志者的最大成就。"待到山花烂漫时，她在丛中笑"，其斯之谓欤？

《徐州市志》以突出地方特色为贯穿全志之主线。卷首总述即以此立意，以现行行政区划为范围，将徐州特色概分为五目，即（一）历史文化名城，（二）"五通汇流"的立体交通枢纽，（三）江苏煤都、华东火电基地，（四）商品粮和多种农副产品基地，（五）兵家必争之地。以此五目为纲，徐州一地之特色跃然纸上，而徐州之总体亦一目了然。《徐州市志》之总述体例，虽异乎他志，但自开生面，颇有创新立意。如按图索骥，则读全志可豁然贯通。此可备借鉴者一也。

篇章结构为全志之筋骨。《徐州市志》以小篇结构而隐以大类为序，虽有异于当前篇卷章节之组合，但亦学有所本。清代学者孙星衍撰祠堂书目，虽细分为十二类，而前后顺序仍暗合四部，得移步而不变形之效。《徐州市志》无大篇统辖而按册分上下部，细加品味，似上部为经济基础，而下部则为上层建筑，则又隐示主编之以马克思主义之基本理论为指导。有此上下二部，虽分卷繁细，亦若有所统系，而不致有茫无头绪之感。在处理发展城市中市与所属区县写法上，《徐州市志》较为恰当，既减少城乡割袭痕迹，又不显主次高低之区分，使城乡相融，全面系统记述新徐州的整体风貌。此可供借鉴者二也。

是志所设《政区沿革》不入序列，独立成篇。其所以如此，妄加揣测，一则在理论上可免混淆基础与上层建筑之分部；二则本篇叙述已近史体，卓然别出，划清史志二体之不同。其用心之绵密，著述之谨严，可于此约略窥知。此篇上起于得名之始，下至于现行区划，文简意赅，尤引人注目者，厥惟所附历史地图。随文所附各图，自秦至现代共有21幅，虽为示意而大略可见。左图右文，自有悠久传统，而看图读史，尤得形象之趣。其后所附《徐州历代建置沿革表》，朝代、时间、沿革变化分栏排列，眉目清醒，别具匠心，节读者翻检史文之劳。此可借鉴者三也。

至若资料之丰富，论述之完整，文字之可读，处处皆可见编者之敬慎其事，备历辛劳。功在当代，利在子孙，洵非虚誉。

《徐州市志》62卷350万字，不仅超越明清以来旧志，于新编方志中，亦属巨帙。工程浩大，求全责备，本非所宜；而主编者力求精益求精，垂询及我。不揣固陋，妄加吹求，小疵固无伤大醇也。

大事记为志书中通贯古今之篇，自当详今略古，徐州为历史文化名城，古代记事似应加详，而新编志书于建国前似简略，建国后部分则似过于繁琐，令人有比例失调之感。

盛世修志，历代艳称，新编县志，尤称伟业。近读某志已为修志事业立专章，既论其事，复记其书，历代修志传统，览卷可见，今人磨剑辛劳亦得扬眉吐气，是修志之事固不可无记。徐州既前有多种旧志之丰硕成果，今又数历春秋，备尝甘苦，撰成巨著，又何可无专卷记其事？《徐州市志》既有第六十二卷档案管理专卷之设，又为何屏志书内容于附录？若以附录之I、II再加以本志编修始末，当可成专卷，即使难以单独立卷，于档案管理卷下立专章，又有何难？

志书中之人物传记最为人所注目，今新编方志于入选标准，古今比例，生平事迹，资料繁简，评价高低等等均备加注意。《徐州市志》分人物为历史名人与英烈录，概念不清，因英烈无一不为历史名人。英烈录之分名录与简录实无截然划分之界限，徒增人为烦扰，不如分录、表二项，以生平事迹有足述者入录，其余则列表传世。人物务详其生卒，《徐州市志》近代名人张亮基有传谱多种，系生于清嘉庆十二年（1807），卒于同治十年（1871），颇易检得，而此志竟失载其生年。

他如各卷卷端有短篇引言，前此各地修志有标小序者，有标叙录者，有标引言者，有作无题者，而《徐州市志》独标分述，词意不明，易与总述相比附，不如作无题为佳。徐州为遐迩闻名之历史文化名城，应有名胜古迹专卷，不宜分散述及。此不仅有关弘扬传统文化，也为当代开发旅游资源所需用。

天寒体衰，草草读过，所言得失，难符其实，聊贡刍言，或备参酌！

原载于《江苏地方志》1996年第2期

读《扬州市志》随札

扬州位于苏中，是一座山灵水秀，人文荟萃的历史文化名城。自古以来，文人墨客多有吟咏，李白的"烟花三月下扬州"和杜牧的"二十四桥明月夜"等诗句几乎久已是脍炙人口的千古绝唱。今者经济发达，百业兴旺，称江苏繁华地区，是不可以无记以志其盛。

扬州有悠久的修志传统，自东汉王逸《广陵郡图经》始，历代修志不辍，宋元时期，修志七部，明清两代，更称兴盛。明代扬州及所属各县共修志达36种，现存者16种；清代所修有70种，今存64种，而嘉庆时所修《扬州府志》与《广陵通典》久为志界誉为名志。扬州诸志涵盖层次极广，自府州县志，下及镇志、乡土志和区域志，无不尽有。民国时期修志尚近30种。修志风习不可谓不盛，后世贤者又乌得置志事于不顾哉？

今之扬州主政者，无论人事变易若何，而记名城、撰名志之志不移。遂于1986年开始，经过建立机构、培训人员、分志编纂、逐篇审定、总纂成稿、修改验收、定稿付印等步骤，历时十年，终于完成560万字的空前巨篇。此不仅为扬州一地百余种志书之冠，也是我检读各地志书所未见。扬州一地之纵横各端，尽可以求诸此志。

《扬州市志》有专篇76，前有总述、大事记，后有附录与索引，体制堪称完备。篇次以自然、经济、政治、文化、社会为序，横排纵写，纵横结合，也属合理。我得此书后，以篇幅过大，难以一时读讫，深恐读后而忘前，遂顺序随读随录。现撮叙其要，成随札多则，或可备商榷。

总述即一般新志所称概述者，系新编志书所创意，为一地一书之概括。总述之撰写最易见修者功力。《扬州市志》之总述，括一地之要，得全志之概。全文共分五节，标题鲜明生动，有"襟江带淮的显要之地"、"几度兴衰的历代经济"、"底蕴丰厚的民族文化"、"代有传统的斗争精神"、"今非昔比的城乡巨变"等目，类似专题论述，问题集中，便于省览，文字秀美，要言不烦，能引发求读全书之念。

大事记为全志纲要，与专志有相辅相成之效。《扬州市志》下限一般断于1987年，而大事记则下延六年，以1993年为限。如此则无异于分置六年之大事要事于各年，无后补专篇之名，而有分年记要之实，费力小而效果则一，此修志者之善于擘划也。大事记之纪年，各志多有歧义，而正朔之应用，当视政权之转移为准，今修新志或有摒民国纪年而迳以公元纪年者，貌似正确，实则为不尊重历史。殊不知民国一代为历史必经之传递，舍此，则中华人民共和国之废旧立新，又有何据，且公元纪年之正式使用系中华人民共和国所公开昭告宣布者，前此何得滥用？《扬州市志》则不仅有民国纪年，还正式确定中华民国为一历史时期，此为史识。至以宋元并有纪年，乃据政权对峙而并存。其于元至元十三年后即以元为纪年，而附南宋纪年于后，更以见修志者之用心审慎，因元至元十三年置江淮行省，治扬州。扬州既已为元政权所辖，自当以用元纪年为是。大事记各时期之数量比例尚称均匀，唯中华人民共和国记事占大事记篇幅之半，其中不足称大事者似可适当精简。

《扬州市志》的篇章结构颇多创意，各篇之前所设概述，言简意赅，为读本篇之指引。在谋篇上以中国共产党、民主党派及中国国民党分立专篇为当前诸志所少见，中国共产党独立成篇，理所当然；民主党派为多党合作制之构成，也应有专篇；至若中国国民党，既有国共合作的历史，又为台湾地区之现实存在，立篇也无不可，而汪记国民党以小字附录，更示贬意。分立专篇，既便叙述充实，又能泾渭分明。有关文化诸篇，安排恰当而自具特色，尤以详述社会科学与艺术等篇可见修志者之功力，如论及扬州学派之传统与扬州八怪之成就，颇有学术著作之意味，足以见扬州之为人文荟萃之邦，与某些志书之纯作记述者大有不同。至于立方志专章，记旧志之存佚与新志之编写，无所偏废，使扬州之地方文献，可一览无余。修志者言志，本为应有篇章，而诸志多缺，即有，亦略逊于扬志记述之详。风俗一篇，于生产贸易、日常生活、人生仪礼、岁时节庆、游艺竞技及信仰崇拜等方面皆有详尽而趣味盎然之叙述，若独成一风土专书，亦可比美于《扬州画舫录》。全志某些篇章尚有重复叠见之处，如建筑、文物与宗教各篇所记寺院，虽文字略有不同，但基本内容重复。至于《民主革命斗争纪略》之入于专篇，似感体例特殊，上下难得一贯，不如移于附录作文献专篇，或能更符常规。

图表于志书有眉目清楚、节省文字之效。《扬州市志》于此颇有所注重，卷首彩图数量较他志为多，分领导视察、园林风光、名胜古迹、文物精品、街巷深处、水灾今昔、农业水利、工业明星、建筑之光、水陆交通、旧城一瞥、城市新貌、科教昌盛、人文荟萃、友好往来、民俗宗教以及难忘过去等项。图片分栏编次，直若扬州之图志，而图之于文，尤便直观。所附诸表，如扬州市及所属各区县（市）建置沿革表、扬州城区历代名园一览表等，旁行斜上，有利检读。至历代著述选目，虽未制表，实亦为表，自东汉陈琳始至当代学者作家之主要著作皆按条登录姓名、生卒、籍贯及著述，凡欲知扬州古今学术人文者，展卷即可得其大要。

人物传为志书灵魂，扬州代有名人，所收人物数量较多，自在意料之中，因非此不足以概其主要人物，而所写各传内容充实，可备参考。生不入传，古今通例，此志更加恪守；但以卒年为序，实难苟同，因其混乱历史顺序，颠倒人物行事，实不可取。

书末以分析索引法所编索引，甚为详备，如此巨制设无索引，检读必有困难。有此索引，无异为读者辟一捷径。若能于卷首增入外文目录，更能与当前先进著述体例接轨。

综观全书，修志者历十年之艰辛，呕心沥血，确为新志事业作一大贡献，虽有小疵，难掩大瑜。唯篇幅过巨，有560余万字之多，窃杞忧读斯志者或将却步；若能删繁就简，成百万字以内之《扬州市简志》，则流传当可广被，而更多欲知扬州历史与现状而谋读扬志者将幸甚焉！所议是否有当，望共商榷，若承见教，不胜企盼之至！

原载于《江苏地方志》1998年第2期

读《吴县志》随录

吴县建置于秦，相沿2000余年，久称东南名邑。其修志之业肇端颇早，而成果亦丰。自宋《吴县图经》（已佚）至民国时，凡修县志、乡镇志、专业志等都70余部，今存60余部，其中县志共12部（含元和、长洲），而新编《吴县志》无论篇幅，抑或内容，皆凌越于前志。新志着手于1984年11月而底成于1993年初，八历寒暑，三订纲目，尽300余人之力，成200余万字之巨帙。近获读其书，随手札记，聊备修志诸君之参考。

发凡起例，谋篇设章，为修志之先端。《吴县志》篇章设计比较合理，有他志有而此志无者，如他志多设"经济"专卷专章，后又立工、农、商、金融、财政等专卷专章，似前者为总述，后者为分述；《吴县志》则未设经济卷而立经济管理卷，合统计、审计、行政、物价、物资与标准化计量于一编，既不遗漏，又不重复，且省篇幅。有他志所少，而此志独具者，如为名特优产品立专卷，读其《编后记》，始知原无此卷，后经专家建议，乃立此专卷，使一县之名特优产品聚于一编而地方特点亦由是而突出，一举而得数美！

概述为新志之创例，而笔法各异，文风自殊。《吴县志》之概述可称言简意赅，全文8000余字而地理、沿革、物产、教育、科技、文化、农工商业、卫生、交通无不包容。其言虽简而内含有物，如称吴为"物华天宝，人杰地灵"之地，决非爱乡而情有独钟，实抽象于具体事物，即以人才为例，古有孙武、鲁班，近代有冯桂芬、王韬。自东汉至近代，全国著名书画家有1467人，吴县籍者148人，占10%。山水灵秀，名胜广布，尤详见于志书，斯无负于人杰地灵之誉。

《吴县志》以卷、章、节、目结构全书，层次井然，归属得当。诸体并用，颇称自如。所列各表，栏目清晰，数字准确，如"太湖水量变化表"、"吴县主要水文站逐月水位表"、"吴县人口统计表"、"吴县人口自然变动情况表"、"吴县若干年份主要果品产量表"、"联圩情况表"等,详加复核,似无一误,实属难得。其以数字记事者,亦多精要,如卷四人口第二章第五节"行业职业",对全县1987年三类产业人口即以数字表达称:"第一产业(农业)为27.84万人,占36.9%;第二产业共37.67万人,占49.9%,其中工业33.49万人,建筑业4.18万人;第三产业共计9.98万人,占13.2%……"由此可见全县从事农业者已呈1/3略强之势,从职业方面反映出该县经济成分之比重。

记述政治运动为修志之难点,《吴县志》特于卷十八第一章设第八节"政治运动记略"专节,记"三反""五反"运动、整风运动和反右派斗争、社会主义教育运动及"文化大革命"等四项,以记"文化大革命"为例,全文共2000余字,已大体概括其危害性,如称:"据不完全统计,破'四旧'中被抄家7817户,被批斗3659人,戴高帽游行2617人,非正常死亡197人,其中自杀191人,斗后昏死6人。没收金银现金等金额达100多万元,其中黄金443.26两。全县文物、古迹、寺庙遭受严重破坏。""据1970年12月统计,全县共揪斗12095人。"又称:"从1966年到1975年的10年间,吴县工农业总产值年均递增仅4.3%。"利耶?弊耶?一览可得。

一方之志当具一方之特色,此已为修志者所共识,但付之实践则较难。吴县自宋范成大撰《吴郡志》,以突出园林享誉后世,树良好之楷模。今修新志,亦颇具地方特色,而宏观记述与微观剖析尤见修志者之功力。其宏观记述颇称详细、准确,可得资治之用。如读"自然环境"卷可知吴县之地貌、气候、物产、水文、土壤、植被及自然资源等概况,其他各卷人才、农业、水产、多种经营、水利、工业、交通邮电、商业、名特优产品、经济理管、财税金融、劳动人事等皆详细说明各方面情况,对吴县制订经济发展规划提供了非常方便、有用的资料。至其地方特色可以历史悠久、地理环境特异和历代英才辈出三点括之。历史悠久则古遗址、冢墓、寺观、碑刻,本志有文物、名胜专卷之记其遗存;言地理则其地滨太湖,有平原,有水域,本志遂有水产卷记水产业;吴县物产丰富,经济作物众多,生产经营各有特色,本志乃设多种经营卷。其"名特优产品"卷则汇集述列农副工商业中出类拔萃之产品,很有特色,其人物卷列古、近、当代人物多赫赫有声名者,称吴县为人才之渊薮,诚非虚誉。更析言其微观特色如次:

吴县地处太湖之滨,湖田古已有之。建圩田可扩大面积,而过度则妨碍储洪、泄洪。卷九第六章"禁围退耕",对此具有江南风格的造田方式的大致情况及利弊、历代所采取的措施等均加明晰表达,足资为政者之参考。吴县盛产花岗岩，南京之中山陵、北京之毛主席纪念堂曾取材于此。碧螺春茶享誉海内外，有"太湖珍珠，天下第一"之称。"名特优产品"卷叙其原始甚详，此茶土名"吓煞人香"，清康熙帝南巡，受饮此茶，欣赏其色香味而嫌其名不雅乃赐名"碧螺春"，此又可为品茶者谈助。苏绣为全国四大名绣之一，已有2000余年历史，同卷记称："现全县有10万绣女"，一语而显其盛状。

吴县为吴国旧都所在，且为历代郡、府、州之治所，古迹遗存之富盖非他县可比。卷二十六所载县境内文物保护单位竟达103处之多，与另节所叙风景名胜相映成趣。此皆旅游资源之所在，故立"旅游"专章于此卷，亦足见修志者之匠心矣。因名胜之多而引发之园林工艺亦为吴县之特色，故于卷十一第二章第二节特立"中式园林艺术"，记境内所建古式亭廊，并述外地之承建，借以见吴县园林艺术之发扬光大，声名远被他乡。

人物传为志书之灵魂，邑人所关注，臧否褒贬，关系至重。《吴县志》人物传略共72页，收已故人物309人，占全志之5.69%，比《江阴市志》之占9.7%为少，但以其文字简洁，古近现代人物大体均已收入。其于人物陈明事实而不自加评论，如"陈霆锐"传，以较多篇幅记其早年正直敢言，坚持民族气节之品格，而于其晚年居美之行事则称："1956年退休，移家于美国。在美期间，曾组织活动，反对恢复中华人民共和国在联合国的合法席位。"功过不相掩，而是非自明。传略之前编载所收人物及所在页数，颇便检索，宜于取法。

《吴县志》文字流畅，表意准确，既不刻意雕琢以求"雅"，亦不随意自流而入"俗"。行文规范，不入方言、俗语，行业术语亦不多。

如上所述，《吴县志》是当前写得比较好一部佳志；当然，这并不等于说它已完美无缺，如对上限在凡例中划定过死而各卷记事又大多超越，反不如有些志书以事物起源为始而本详今略古原则为善。外籍人士劳勃脱·肖特以战功入志，虽有创新精神，终感与例不合。至于以人物卒年为序，虽现有此风，但难苟同。人生自有自然顺序，生卒颠倒，必然导致事迹混乱，而吴县名人多驰誉遐迩，孰前孰后，早在记忆，翻读志书，反生疑窦。三复斯言，至祈志界共识，庶免祖孙父子之乱次。

原载于《江苏地方志》1994年第3期

《常熟市志》读后一得

　　常熟是人们非常熟悉的一个地名。它是一座以文化著誉的历史名城。我在青年时代就因读《孽海花》而知道作者曾朴的家乡是常熟；后来学习中国近代史时，又知道戊戌变法时有位重要历史人物翁同龢亦籍隶常熟；在专攻古典目录学时发现"脉望馆"赵氏和"铁琴铜剑楼"瞿氏都是常熟世代书香的大藏书家。二十多年前我结识的一位朋友、史学名家戴逸也是常熟人。因此，常熟给我的印象是文化发达、人文荟萃之地。1985年，我有幸到常熟一游，还未下车，就在汽车行进中从车窗看到正在兴建的常熟职业大学，其规模绝不逊于其他县办大学；我还徜徉于曾园，在小楼的一角浮想当年曾朴如何勾画人物。这些更加深了我对这座文化城的印象。

　　《常熟市志》编者抓住了文化城这一特色，本着地方志应具有地方性的要求，特立了《藏书·著述》专编。地方志立藏书专章固不自此始。早在宋朝施宿编纂《嘉泰会稽志》，其卷十六即为藏书专篇，《四库提要》至誉之"为他志所弗详"。清光绪间庞鸿文等纂《常昭合志稿》，其卷三十二即收录藏书家32人。类此都可见撰者的卓识。新编地方志历年成就超越前人，无庸赘言；但重经济轻人文似有矫枉过正的倾向，而文化记述中能着眼藏书并为之立专编者，疏陋如我，读志未遍，仅就已寓目诸志中，尚未之见。在近代图书馆出现之前，私家藏书自宋迄清，无疑是中国丰富文化遗产保存和传递的重要汇聚点之一。藏书如何，在某种意义上还标志着地方文化发展的程度高下。常熟私家藏书久已载誉人口。《常熟市志》编者以其卓识，特立专编，不仅为本志增色，亦为十年编志添彩。因此，方一展卷，其第二十二编"藏书·著述"目次即使我耳目为之焕然。由于它所具有前所未见的新鲜感，而我又对流略之学有所偏好，所以迫不及待地迅即翻读《藏书·著述》专编，尽半日之功，一气读竟，回味咀嚼，未能自已，兴奋之余，感慨系之。

其一，近年编志成绩巨大，修志多士，苦心探求，总期所撰能有地方特色以比美于宋范成大《吴郡志》之立园林专篇，于是如萧山之立围垦，青州之立烟草，鄢陵之立花卉，颇著特色。但这些均就经济立言，而能以文化，且以文化中之藏书著述为特色者，惟常熟此志（恕我孤陋寡闻）。《常熟市志》有此一编，足可传世。

其二，《常熟市志》之立《藏书·著述》专编，绝非炫奇争胜，别出心裁，而确乎事实俱在；也不是罗列堆砌，而是精心结构。编首小序虽文字不长，但言简意赅。加以文字典雅，令人回味。千余字篇幅而内容丰富，又足见编纂者的功力。

其三，全编结构共分四章，第一章《历代藏书》为常熟私家藏书史，用表写列自宋郑时起至民国王兆麟止共143人，而清人（含明清之际）占101人。每人除著其字号生卒，立简况一栏记其藏书特点；立室名一栏记其室名以明藏书处所，旁行斜上，一览可得。第二章《藏书家选介》，自百余家中择其荦荦大者15家，若明赵氏脉望馆、明清之际钱氏绛云楼、毛氏汲古阁、清张金吾爱日精庐、瞿氏铁琴铜剑楼、翁氏宝鄇斋等均闻名于世而详其始末。此个体分析与第一章之群体表列相得益彰。第三章《今存善本书目》按四部分类著录常熟市图书馆等三单位现藏善本书。第四章《邑人著作书目》，分民国期间及建国后两部分，著录邑人著作，为乡邦储文献之目，亦以见常熟人才之盛。

《常熟市志》除此"一招鲜"之专编外，还有一点易为人所忽视，但却引起我注意的独特之处。今编新志于卷首立序，几已成为定例。就我所见，新志之序大体分为三种序次：一是无署名序，由编委会写一序，如四川《崇庆县志》。二是由地方领导人写序（或党政合写，或党政分写），有不少志书如此。三是在地方领导人之外再搭配一位学者之序，近年我曾为数种志书充当此席。我对追随于书记、县长之后一直心安理得。但当翻读《常熟市志》时，赫然立于卷首者乃戴逸教授撰序，而常熟市委书记周福元之序则居次。我郑重声明：我于此毫无牢骚与妒意而是甚感惊喜。此不仅为志书提出第四种序次，即学者在前而领导居次；也体现了当地领导价值观念的变化。当然，《常熟市志》之序次有撰序人优越的客观条件在内，戴公名高位重，置之前列，自无愧色；但从另一角度思考，常熟主政者的气魄识见，确乎不凡。其推知识分子于首位，既显示其重视知识重视人才之价值观，亦毫不降低自己的应有地位，反而表现了其潇洒风度与文化素养，亦惟常熟这类文化蕴积层深厚之土壤方能有此重视文化之现象。知微见著，我不禁为常熟这一文化名城的发展前景额手称庆。最易于满足的中国知识分子，也从这一细节中得到一定的心灵慰藉。

一九九一年十一月

原载于《江苏地方志》1991年第1期

《宿迁市志》读后

宿迁为苏北形胜之邑，居于徐州、淮阴、连云港之中间地带。开发较早，古隶下相，为项羽出生之地。东晋安帝时置宿预，唐代以避代宗讳，易名宿迁。其后，虽隶属有所变易，而宿迁之称相沿至今。其志书之编纂亦起始较早，自明万历以还，官修者七次，私修者二次。解放以后，又为补民国时期地情记载之不足，于1958—1964年间成《宿迁志资料》，为新编志书之先声。其正式编纂新志着手于1986年，历经八年，于1994年成稿，复经审定、付印，而于1996年问世。是志经营辛劳殆十年有余。修志诸君默默从事，嘉惠后世之功，诚不可没。

《宿迁市志》采取编章节三级结构，颇便综理叙事。全志共立三十四编，章节若干，而以经济为重点。为统摄经济类共性问题所立之第九编《经济综述》，下设国民经济概况、经济结构、国民收入分配投资、人民生活等四章，叙述简要，所占篇幅虽不大，而宿迁一地数十年经济宏观面貌可一览而得。宿迁盛产硅砂，为制造玻璃原料，市志特立第十四编《玻璃》，分章记述制造玻璃之原料燃料、生产状况、销售及效益、玻璃企业等。此编内容因为他志所绝无，而宿迁地方之特色于此编可得充分反映，更合乎志书要求突出地方性之主旨。此又可见编纂者于编章结构之用心。

《宿迁市志》叙事比较详明，如第五编《城乡建设》之第三章房地产管理记及私房问题时特立私房改造、拆迁补偿专节，使目前出现的房产新情况于志中占一席之地，及时反映新事物，又使志书具有明显时代性。此不仅为当地存史，亦可供他志所参考。第二十编《金融》之第二章货币流通于各时代之货币名称、形状等均有简要记载，如银元、铜元、门票、流通券、法币、日伪币、关金券、淮海币、华中币及人民币等等。若不以入志，则年代间隔，世人将难晓其形态。今志能提供说明，实为一地金融史志保存资料。惜其他市县诸志，尚未普遍予以注意。

概述与大事记，各志均有设置，但又各有不同写法。《宿迁市志》则力求于相沿体例中出新。概述写法，或综合，或分类，或提要，体制不一。《宿迁市志》按地理方位、交通冲要、矿藏、工农业、土特产、景点等分类叙述，虽仅数千言而文字简洁，眉目清楚，可读性较强。其尤引人注意者，乃在篇首以九句短语引端，可称新颖，如"宿迁，京杭运河、宁徐公路、徐淮公路越境而过。""宿迁，水利和农业跨入全国先进行列"等等，此九句了了数语，却为下文之总提要，是传统小序之改造，颇有助于读概述而为全志之锁钥。其体究否合适，犹可讨论，但不失为独创之见。

大事记已是相沿习用体例，既可节省全志文字，又使难以入志而必须保留之内容有所位置，今志遂将大事记混编年与纪事本末于一体，以利翻检。今《宿迁市志》则在大事记中将编年与纪事本末二体分用，先列"大事年表"，记自秦以来大事，简明扼要；次立"大事记略"，分五个专题详述首尾始末，如《文化大革命》一题，始于1966年5·16通知下达，至1976年结束，于此可窥宿迁一地"文化大革命"之全貌，而免散置全志，难以统一评述之弊。

表为五体之一，久为志书所采用，要在视其使用是否得当与所产生效能。《宿迁市志》使用表体较多，随文附入，有节省文字之效。有些表尚能于其中得其微言。如1949年至1990年人口自然变动情况表记1959年为死亡率最高年份，达20.62‰，而人口增长率则为-6.88‰；1960年死亡率为14.08‰，增长率为5.84‰，亦为历年较低年份。此类数字文献自可用作与当时社会背景联系研究之资料。又1966—1970年间人口增长连年偏高，如1966年增长率即为29.73‰，亦反映计划生育之失控。第二十八编《教育》之初、中等教育各有专章，下分发展概况与选介。概况以详表列全部学校，作面的排列；选介则作重点叙述。如此点面结合，则宿市之中、初等教育情况即可无所遗漏。

一地之著述显一地之文风，宿迁为古邑，历代理应留存著作，而市志于《文化》编中于著述未加著录，似嫌疏略。志书编纂为时代之要政，《宿迁市志》虽于附录中收有旧志提要及序跋，可备研究宿迁旧志之参考，但不如仍置序跋选于附录，而移旧志提要于《文化》编，益以编纂经过，增入新志事业，合成专节，再增学术著作一书，并作专章，则《文化》专编当更臻完备。市志于地震灾情，分表写列，一表列1533—1937年震情，另一表则列1975—1990年震情，颇具参考价值，可惜1938—1974年间付缺，如能更深入挖掘补全，自为幸事，如实有难度亦应有所说明，免为读者留一疑点。志书涉及内容，有所重复亦势所难免，更在善于处理繁简，使之得当，如第五编第一章中城区主要建筑所记古今建筑与第三十编第七章记古遗址、古建筑，二者内容颇多重见。至于用词方面亦宜斟酌，第二十五编第五章，标题为《精减下放》，但一般多作"精简"，且志书本文亦称"1959年设精简职工办公室"，未悉何者为定名，似应以正式文件为据而求其划一。

今编新志下限，止于1990年，转瞬即届续修之期。原有资料固不容抛弃，而续志资料亦应着手。一俟资料大体完备，即可启动续纂。原有修志人员如总纂刘云鹤诸君，艰苦十年，仍应继续奉献，总结前志得失，擘划续志规模。我虽迟暮，犹有待于续志之品评。

原载于《江苏地方志》1997年第3期

读《桐城市志》

1996年春节时，我因病住院，在病中收到《桐城市志》，因医嘱不许阅读写作，家人复匿书不给，以致稽还时日。今年年初，体力略见恢复，正欲展读而桐城志办专函催促，以《志评集》亟待集稿，并见告志界耆宿傅振伦前辈已为撰文，益增愧疚，遂勉力开卷。体衰神疲，草草通读一过，随手札录成文，未计拙劣，聊作傅老之貂续。

桐城位居皖中，为我国历史文化名城之一，人文荟萃，代有名人，更有悠久修志传统，自明代中叶以来凡七修其志，今尚存有明弘治志，文献足征，为新编市志创有利条件。今志自1982年创议筹划，至1993年完稿，十易寒暑，继踵前贤，终成其事，为盛世修志增一例证。

《桐城市志》恪遵修志体例，篇章结构大体得当，以历史、地理、人口、经济、政法、军事、文化、教育、体育、科技、风俗为序，思路通顺，颇便循读，而入人物于专志序列，自成专章，更易浑成一体，再加以前有大事记与概述，后有附录，三大部分融为一志，则桐城一地之上下左右可一览而得。概述以地理农工、人民反抗、文化教育、科技风俗为序，分段论述，尚称简要平实。大事记明清以前似嫌简略，若能稍加补益，则可大致反映古事，而为全书之纲领。

《桐城市志》要言不烦，叙事清楚，其章节目下，条列记事，无拖沓细碎之病，得条分类析之效。其内容归属亦自具特色，如民政、劳动人事、外事信访，分立则过于烦琐，合之又难于归属，《桐城市志》立《综合政务》专章，则将与各部门皆有关联之政务加以综合叙述。《军事》章之《主要兵事纪略》纳古今军事活动于一节，颇便省览，所附日军暴行录与乡民抗暴录，对照鲜明，不但叙事集中，呈撰著之功，又可作乡土爱国主义教育之专篇教材，得教化之效。

今编新志惩旧志忽略经济之失，于经济部分浓墨重彩以应时代社会之需，此固理所应当而无可厚非，但有若干新志因重经济而轻文化，则难称允洽。《桐城市志》能全面照顾，无所偏废，《文化》一章，极为引人注目。桐城文化之盛，久已名噪学林，编修诸君有鉴及此，详记当地著作，以表露桐城之地方特色，与其他新志以地理景色与名特物产显示地方特点者，迥然不同而独出心裁，此不可谓不具史识也。《桐城市志》将桐城著作由唐至清分四部著录，言简意赅，井然有序。所附《历代主要作者部分书目表》，含自唐至今之著者，虽以"主要"及"部分"之词语留有余地，即所收著作已可概见桐城文风学风之盛。表列版本与县内收藏单位两栏，尤得目录法则，使人得即目求书，因书究学，为他志所鲜见。如能于著者前标示时代，则更有裨于读者。本籍学者文人之诗文，他志多入书尾附录，而《桐城市志》则移本籍人诗文选辑附于《文化》章著述与文学创作目下，而辑存外地名人之题咏于附录，益以见桐城文化之璀灿，此又编修者寓论述于叙事之深意存焉。民间文艺之编述故事传说，隽永可读，体现志书之普及意义。

桐城文派为有清一代重要文派，堪称古文正宗，上有宗师，下有流脉，其影响所及，居各文派之首。《文化》章立《桐城文派》专节，洵称有识，节下论桐城派源流师承、文论及创作，虽著文不多，直可作桐城文派之小史，使未知者知桐城文派为何物，已知者亦能得提纲挈领之妙。所附《桐城派学术研究论文表》，列清末以来八十余年之部分研究论文，有助于对桐城派学术研究之进展。桐城派唯桐城有之，以文化之特点显示地方之特色，既合于志体之要求，又别立一格而见编修者之自有见地。

人物为志书之灵魂，见物见人，为志书基本要求。所收人物或宽或严，颇费周章，过宽易失于滥，使不应入志者厕身其间；过严所摒者多，则稽求人物每求助于旧志，新志功能难以完全发挥。《桐城市志》于人物设专章，收录较备。全章分传、录、表三部分。人物传一本生存人不录原则，收古今重要人物九十余人，多为声名显著、各方面有贡献者，而文化名人所占比重较大，如桐城派之方、刘、姚及其后继者吴汝纶、马其昶等，近代之吴芝瑛、马君实、方令孺、朱光潜、叶丁易等，皆以之显示文化名城之特点。各传也详略得宜，可备一般翻检参阅之需，或可不再问津于旧志。其排列以生年为序，不同于当前多以卒年为序之窠碍，唯列罗成均于传末，殊不可解。罗氏生于1888年，何独置于1944年出生之邓中林之后，似为自乱其例。罗氏卒于1956年，而记事止于1944年返回广西，其后十二年行事不著一字，似飘然而去难有所记，遂戛然而止者，则其卒年又从何而得，姑存疑付阙。人物录共收五百余人，皆附简介，生平大要，约略可知。传录所收人物计六百余人，虽大致完备，可供翻检，但以所收人物较多，使用颇感不便，若能于人物传前立传、录人物目录，或于录后附一人名索引，则更有利于读者。至全志文笔清新，简要可读，犹其余事，读《桐城市志》者，当可鉴之。

　　我读《桐城市志》竟，深感市志编修诸君辛劳十年之不易，终成佳志，亦可有慰于编修诸君。我有获读之幸，特表而出之，或可备商榷之用尔！

一九九七年立春日写于南开大学

原载于《天津史志》1997年第1期·总第48期

读《厦门市志》

厦门是中国沿海重要港口之一，面临台海，具有海防、经贸重要地位。自汉以来，即有行政归属，先后隶侯官、南安、同安。明洪武二十七年（1394年）始筑厦门城，清康熙二十二年（1683年）收复台湾，次年与厦门合设台厦兵备道，于是厦门方成定名，相沿至今。此后设关开埠，厦门的地位更趋重要。而今设经济特区，尤为海内外所瞩目。

厦门素有修志传统，自明成化以来，先后修有明《同安县志》、清《马巷厅志》、清《鹭江志》、清《厦门志》及民国《厦门市志》等多种志书。其中由嘉道时学者周凯主持编纂的《厦门志》是志书中的佳志，为志界所推重。其材料之丰，论述之审，在地方文献研究中，具有较高的参考研究价值，而无论量和质能跨越前贤者，则推当代所编纂之《厦门市志》。

《厦门市志》起步于1983年6月，正值全国普遍展开修志之时，不可谓不早，中经曲折，于1996年起变"两步成书"为"一步成书"，复经八年始告问世，论者颇有以采用"两步成书"的编纂方针有不妥处。但我则认为，"两步成书"法本身无可厚非。这是一种将市志编纂建基于官修部门志基础上的一种创意，这在当时是具有不同时尚的创意，固不得贬之为失误。其所以迁延时日而未获见效者，盖以缺乏全面检查、督察、推动、协调之完善机制所致，且前十四年中，搜集资料，培训人才，编写相当数量的部门志、专业志，为后来转向"一步成书"做了一定的准备，固功不可没。《厦门市志》编纂者面对旷日持久的现状，紧急转向，采取"一步成书"的战略转变，亦为适时举措。又以近八年时间，擘划经营，终于在2004年4月间，完成五册五十卷（另总述大事记及附录共三卷）六百五十余万字的空前巨制，其所经历之艰辛，更可想见。

《厦门市志》的篇章结构，以天（自然环境）、地（建置）、人（人口）三才居首，继以城建、政治、经济、科教、文卫编次，而以人物结尾，益以卷端之总述、大事记，与卷末之附录，浑然一体，应称合理。分册插图，左图右史，相互配合，收相辅相成之效，而图皆优美，益增读者兴趣。

厦门与港台，近在密迩，交往频繁，编者特于第五册立"厦台关系"与"厦港关系"二专卷（卷四十五至四十六），诚为有识。于厦、台两地移民迁徙、经贸往来、文化交流以及晚近之两岸关系等，均有较详记载。所附各项活动之统计表格，亦皆翔实可据，尤具参考价值。此对寻根问祖、促进两岸关系等，均有不可低估的作用。至"厦港专卷"也为厦港经贸交往与发展保存重要文献。厦、港、台三地，为厦门所特有之现实，有此二专卷，更凸显《厦门市志》之地方特色。

人物为志书之灵魂，历来志书多列人物于各分志之后，而不排序列，今《厦门市志》则入人物于专志，为全志压卷之作。近年新编方志多有主张以卒年为序者，我屡持异议，以其违反自然生存规律，而事物又易于颠倒，且收效尚微。今《厦门市志》则恪守生不入传、本籍为主、正面人物为主、近现代人物为主的原则，致使人物排列有序，易于检阅。所收人物截至1995年已故者共三百七十一名，皆叙其生平较详，颇便参考。传外又设人物表五类，分门别类，登录符合列表条件的人物（含在世人物）。计有《历代进士名表》、《革命烈士名表（录）》、《革命烈士英名录》、《历年获全国劳动模范名表》、《享受政府特殊津贴专家名表》及《正高级专业技术人员名表》等，收录人物共达一千七百八十一名，极大地丰富了地方文献的内容。

《附录》为各志所必列，但其所收内容则各有不同，有视为不得不有之附件而不大经意者，有悉心搜集成为一地重要文献之渊薮者。《厦门市志》应属后者，共分七类，其"旧志序跋"类收有乾隆、道光、民国各志序跋九篇；"墓志、碑铭、告示"类收有《闽南小刀会告示》、《义和团告示》等；"革命文献"类收有《厦门学生联合会对于五卅惨杀案宣言》、《厦门工人代表大会宣传大纲》以及毛泽东与陈嘉庚互致电文等；"文件法规"类收有国务院批复厦门经济特区实施方案报告及《厦门市城市规划条例》等；"专题资料"类收有《收回厦门英租界》、《厦门经济特区创立始末》等；"考辨"类收有《南陈北薛考辨》、《厦门旧地名考略》等；"诗文集萃"类收有宋以来诗人名家对厦门名胜遗迹之题咏等。均为有价值之史料，可备文史研究者之参考。

厦门为经济特区与重要港口，海内外交往繁盛，域外人士亟待了解厦门情况，而《厦门市志》即为最重要之地情参考书。近年各地志书，多有目录与总述之译文，甚者有数国文字者，极有裨于域外人士之了解，而《厦门市志》尚付阙如，宜设法弥补。志书本为检索备查之工具书，而《厦门市志》又为篇幅巨大、内容繁多之作，无全书索引，则使用者将无从善用，是当补编一综合索引，单册发行于世，则将益增志书之流传。

《厦门市志》为我涉猎众多新编志书中所未见，可称空前规模之鸿篇巨制。惜我高年目眊，难以逐篇循卷细读。仅择重点篇章，约为半部《论语》之数，细加品读，随手札录，合而成文。设有不当，尚请编纂诸君及志界同仁教正为幸！

原载于《〈厦门市志〉评论文集》　福建地方志学会、厦门市地方志办公室编　方志出版社2006年版

《广西通志·政府志》读后

旧志虽记衙署、职官，但甚不完备。首批新编方志，省级通志一层多有政府专志，记历代政府嬗变、机构设置、施政要略以及政策法令文献等等，其脉络之清晰，内容之充实，叙实之详明，远胜于旧志所记，足可备研究政制制度之参考。近年曾有机会阅读若干种政府志，皆具相当水平。前者广西壮族自治区人民政府曾见赠其《政府志》一册，甚感不遗在远，极谋展读，奈以年高体衰，日不过数十页，历时经月，始告竣事，而病体稍减，乃操笔贡其所见。

《广西通志·政府志》是一部体例创新，篇章结构合理，资料翔实具体，内容充实丰富，既通畅可读，又具工具书效能之专志。在同类政府志书中虽各有优长，但以本志居之前列，当可无愧。

史志二体之运用，志界久有争论，或曰志有志体，史有史体，二者不容混用，实则不然，史中有志，志中有史，古来典籍已然，史汉二书皆有志体，要当视行文论述之需要。政府志本为纵述之书，叙历代政制之沿革演变，无横分之必要，是以当用史笔而不拘泥于绝对志体。《广西通志·政府志》从实际出发，以纵不断线之体编纂成书，应称有识。

志书断限为纂修首要之举，断限定始能着笔，否则无所范围。《广西通志·政府志》上限为清嘉庆六年，以衔接谢启昆之《广西通志》，下限止于1998年1月，为当前修志下限最近者，时仅10月而全书问世，较之下限与出版相距五六年，甚至七八年者，洵为难能可贵。其划分四阶段，亦合乎政制发展之实际，尤以第三段《民主革命时期广西苏区政府》之独立成篇，充分体现为社会主义新志之特色。唯第一篇标题《晚清广西政府及农民政权》似尚可商榷，清代260余年，一般以顺康雍乾为前期，嘉道咸为中期，同光宣为晚期，也有以咸丰入晚期者，然嘉道难称晚清，似以称"清中期以来"为宜。

《广西通志·政府志》特别重视人民群众的活动，不仅为民主革命时期的苏区政府立专篇，与其他各时期列于同等地位，而且在清代篇中设农民政权专章，下列太平天国、升平天国、大成国及延陵国等四节，置农民政权于合法地位，为他志与地方史中所少见。但于20世纪前后的广西人民大起义一事则记述尚欠充分。这次大起义对清朝政府震动很大，历时八年，影响及于数省，其声威不亚于大成、延陵，而且遗存资料亦颇为丰富。我在40多年前即曾撰长文论述其事（《历史研究》1957年第11期），另尚有人著专书论述其始末，而志中仅于第一篇第二章第一节《镇压农民起义》中有一段涉及，似嫌简略。若能专有一章，当更能起存史之效用。

本志以政府机构与施政纪略为主要内容，记述明晰，资料充实。所列任职人员表，甚便检索。附录文件之苏区各件尤为难得，得存史之用。彩照为一志之装点，缺则无光彩，过多则嫌烦。本志彩照共70页，数量较多，其中前十数页为本志所必需，而后数十页涉及各专业，各市及地区则各有专业志、市区志在，其中必有插图，而政府志统揽其事，恐有重复之处，而此项经费亦为数不少，似宜撙节。愚见如此，未识当否，至希望修志诸君子有以教之为幸！

原载于《广西地方志》1999年第4期

题《南宁市志》

　　南宁，因其"外控交趾，内接滇黔，近通廉钦，以达于东省"的地理位置，历朝历代受政府给养甚深。南宁之得名，盖始于元泰定年间，而其郡县之设，古已有之。千年古城，边陲重镇，历久始成，乃知沧桑巨变之艰难。今见《南宁市志》问世，十数寒暑，千人汗水，其辛劳备见。全志分综合、政治、经济上下及文化等四卷五册，巨帙皇皇。按卷立章，顺序井然，得大小编结合之妙。展卷捧读，如观南宁古今之变，感慨而欣喜者久之！

　　方志之书，其内容所记，无非地理沿革，建置变迁，食货盈虚，户口息耗，典章制度之损益，学校选举之异同，加之地方之兴衰治乱，风俗之奢俭纯驳，利弊得失，巨细毕呈。《南宁市志》虽择善继承遗规成法，而自有擘画，颇多创意。综观《南宁市志》，全志由总述、大事记、专志和附录等四部分组成，合乎志体。专志采用章节体，而总述、大事记、附录则不分章节。总述分五段，分述南宁地理位置、历史沿革、经济发展、文化教育以及未来展望，言简意赅，眉目清楚，可得本地本书之大要。大事记以编年体为主，辅以纪事本末体，扼要记载全市古今大事、要事和新事，取舍比例尚称相当。体裁有述、记、志、传、图、表、录等多种，而以志为中心，随文附入图表，颇便参读。

　　《南宁市志》记述内容之取材，一改"详今略古"之陈规，而遵循"详今明古"原则，虽为一字之易，确有无限新意，于今后修志颇多裨益。全志除于地情、社情及人文状况等进行常规性记述外，突出描述解放后，特别是改革开放时期所获得之成就，以充分体现南宁之地方特色、时代特色和行业特色。诚如序一作者所云，此志可使"在将来的志书对我们这一代进行评价时，心底稍宽"，此亦寓历来学者所谓志书存史之深意也。

　　断限为撰写史志要旨之一，《南宁市志》凡例明确规定："全志记述的时限，上限适当追溯，下限一般迄于1990年，大事记延伸至1992年，其他专志部分内容根据需要和掌握资料情况适当下延。"而该志问世于1998年10月，与下限相距一般为8年，大事记为6年，似嫌空间略长。下限与出版时间相距越近越佳，设有困难，不妨于1990年后补写《1991—1998年要事记略》，置于卷尾，并将大事记下延至临近出版年代，则更为完善矣。

新志设序，几成定例，一般有当地领导及学者各一篇。唯所见大多为应世之作，内容泛泛，甚至有代笔署名之作，徒为点缀而已！今读《南宁市志》，二序皆能言之有物，序一为现任领导所做，语言平实，所列五点已为志书概括其社会功能，而复不没前人辛劳，尤见为人之道。序二出于梁超然教授之手，有情有理，情理交融，文采斐然，的是不凡，尤以论"略古"、"明古"之见解，确为卓识。今后评志，卷首诸序亦当不免于评说。

人物为志书之灵魂，诸志多予重视。《南宁市志》特入人物于专志序列，立《人物志》于综合卷末，分列两章，先革命烈士，次历代名人，体现"详今明古"之旨。遵循"生不立传"原则，自合志体。凡"历史上对南宁社会发展有影响的人物，不受本地籍限制，凡应入志的分别予以立传、立表和以事系人"，亦打破非本籍不入志的惯例而具新意。至于"立传人物以卒年顺序排列"，恐易致班辈事迹凌乱颠倒，则为不佞素持异议而未敢苟同者也。

原载于《广西地方志》2000年第3期

喜读《峨山彝族自治县志》

近来，不时读到一些新编方志，规格形式大体一致。其中有一部志书，因其装帧精美而引起我的注意，那就是《峨山彝族自治县志》。它是国际16开本的大型版本，这种版型在众多新志中我仅见过两次。第一次是两年前在山西太原得到的《太原市志》第一册，作为省会志书，讲究装帧不足怪，而今年初春又从西南边陲的一个彝族自治县寄来的《峨山县志》却引起我的惊异，其装帧与《太原市志》一样。一个边远县份肯为新志作如此投入，其气魄值得称许，但当时也引起我的一丝担心，形式精美，是否包含着与形式相称的内容？及展卷读其序言与综述，很快吸引我循读全志之念。于是耗时半月，匆匆一过，深感《峨山县志》实为一部内容充实，文字通畅，表里相应，有独到之处的佳志。就读志所见，赘述成文，供撰者与读者参阅。

峨山位居滇中，因境内有嶍峨二山，自唐以来即名嶍峨县，直至1930年始更名为峨山县，建国之初易称峨山民族自治县，后以县中居民以彝人为多，遂定名为峨山彝族自治县。这是全国第一个彝族自治县，也是云南省第一个实行民族区域自治的县，而其形势又有"省会南藩"之雅称，交通便利，资源丰富，这样一处有悠久历史和政治意义的地域，无疑应有一部记述完整的志书来展示自己。不仅如此，峨山还有悠久的修志传统。峨山修志始于明代，清有两修一补，民国又有两修，前志不可谓不丰，惜存世者仅康熙一志一补，其他均已散失，此又不能不激励县人之钟情于修志也。

峨山既有社会经济发展的现实需要，又有修志之优良传统，遂使峨山于首届修志高潮方兴不久，于1982年即由当政者决定编写县志，成立相关机构。起步虽早，而中经思想认识不足，人员变动较频，推动工作不力，部门配合不够等原因，一再迁延，前后几近20年，直至2000年10月始完成总纂。历时可谓久矣！若从序言及版权页不署年月之细微处，妄加揣测，其中艰苦曲折，自可想见。

《峨山县志》的篇章结构严整合理，内容充实，除按常规于卷首设概述与大事记外，并结合当地实际，分设33个专志，历数峨山的政治、经济、民族、社会、文教、体卫以及人物等全方位的历史与现状。其中经济领域专志达15个，占总篇幅的三分之一强，适足以反映该县经济事业发展之盛况。针对民族县的特点，专设《民族志》以记述彝、汉、哈尼各族状况，他如《方言志》分设彝汉方言专章突出了民族县志的特色。

自上世纪80年代开始首届修志以来，为纠正旧志忽略经济记述之偏，而强化经济部类，遂出现重经济轻人文之倾向，近年已有所改正。《峨山县志》于文化部类即给以相当篇幅，如《教育》、《文化》、《广播电视》、《方言》、《艺文》、《文献档案》诸专志无不与文化关联，而所记内容又极有参考价值。如《文化志》第二章《方志编修》专节，历述自明清至当前，首届修志该县修志状况，力矫各志修志者不言志的缺失。《艺文志》所收集诗词、楹联、谣谚、碑文等文献，《文献档案志》第一章中的《重要资料辑存》专节所收实施土改法的八字语布告、解放初期执行民族政策的情况报告等都有一定资料价值。尤其是1986年由县政府所发克期完成县志、专业志、部门志编纂任务的决定，规定详备，可视作首届修志工作的参考资料，也为二届修志储存了经验依据，提高了《峨山县志》的文献性。

史志编修，历来以不讳言、不曲笔为重要文德。但大多或加曲讳，或言远不言近。《峨山县志》的主编则不然，敢于就当地近事，直笔记事，这确实需要一种胆识。随手拈出一二例为证。编者对"大跃进""五风"泛滥时，因"平调风"造成的后果曾有如下的具体记录："在'五风'影响下，对劳力、牲畜、农具、粮食和其他物资，无代价地调拨，无偿地拆毁社员的房屋，共平调土地4862亩，房屋21424间，牲畜3338头，木材32052棵，劳力3306953人（次），现金698239元以及大量的粮食、农具和其他物资。"对于三年灾荒时期的死亡人数，他志或出以含混，或避而不记，或于人口表中计各年人口增损，以暗示大幅度人口下降数。《峨山县志》则于此有明确数字记载说："三年死亡12630人"，占当时总人口约六分之一。数字准确清楚，起到了志书的存史作用。不仅如此，撰者于身边事物，竟能不加顾忌，直指弊端所在。峨山修志，起步甚早，而成书甚晚，中经十数年起伏，必有原因。撰者于《文化志》的《方志编修》专节中，以较多篇幅，大胆分析自1984年至1997年的14年间，修志无结果的重要原因有五说：一是各级领导以主要精力投入经济建设，于修志工作常抓不懈不够，办法不当，措施不力；二是各级领导和修志人员没有充分思想准备和修志经验，对困难和问题估计不足，对各单位缺乏指导；三是没有正确处理好需要与可能、重点与一般、主要矛盾与次要矛盾的关系，没有量力而行；四是缺乏人才，而有修志能力的人又未能到位；五是县志办的指导思想、思路不明确，轻视了编修志书的艰巨性与复杂性。这五条既涉及领导，又坦露本身。论其领导，能容纳批评意见，形诸文字，胸襟宽厚可见；论其本身，敢于揭丑，又充分显示修志者的惟实精神，实堪钦佩。《峨山县志》有此直笔，足称良志！

他如卷首图片123幅，制作精美，明晰可鉴；行文平实，可读性强；中英文目录具备，颇便检阅，如能将概述译为英文，则尤利于外籍人士之了解县情。志书为翻检书，一部百四十余万字的志书，设遇急需查询，翻检通书，徒增烦劳，建议集中时间、人力，尽快编制全志综合索引，单行刊印，将予用志者以极大便利，岂非善举？

原载于《中国地方志》2002年第5期

《顺德县志》读后

顺德地处珠江三角洲腹地，富庶繁荣，明代即有"岭南一壮县"之誉。清初经济发达之水平已居全国前列。过去我研读清初学者屈大均之《广东新语》时，即时见顺德之记述，心向往之。今获读新编《顺德县志》，益感详尽，屈氏有知，当捻须而笑。《新语》之得后人相知而诠释增益多多。从此，顺德一地社情可一览而得。

顺德建县较晚，至今不过500余年，而修志之勤不让古邑。据今所知，刊行之志共11部，已佚5部，存世者尚有6部，致使今志得所依傍。今志之修始于八十年代中期，历十一寒暑而成书，共30编180万字，含本县540年之行事，虽本详今略古之宗旨，而能古今通贯于一编，不仅可取旧志而代之，抑为新志之自有主张、敢立新意者。是我之不得不于读后而略抒其所感。

《顺德县志》的篇章结构和编排次序均较合理，经济11篇，科教文体习俗7篇，比例适当，无过分强调经济而忽视文化之倾向。专编设立合乎地方志编纂体例即突出地方特点，如第二十九编《华侨·港澳台同胞》之单立一编以体现当地之侨乡特色。但未设丛录似感有缺。丛录于新旧各志均有设置，为保存一地诗文佳作及重要文献之所在。该志虽《文化》编之文艺创作章下有文学一目，所叙为文人学士之行事而未及诗文选录。以我所见，顺德名人名作，殆不少见，若酌选若干成艺文一章，也足为乡邦增光益采。又顺德有《防御英夷碑》，为中国近代抗英运动之重要史料，虽有照片随文插图，但字迹模糊，难以辨识，而其他有价值之金石文字当所在多有，若能更选录重要历史文献及当代重要文件为文献一章，共成丛录附于卷末，当使全志更为完整。

《顺德县志》所叙翔实具体，颇有史料价值。如物价一项历来著述多语焉不详，该志记此既有具体内容，复能相互比价，如第五编第三章之《商品价格》节不仅具体记入民国元年至三十八年米价之腾涌，而且所附民国十九年至二十五年容奇一镇农产品市场成交价格表，列大米、甘蔗、生猪、大鱼等八种产品价格相比较，使人对各年产品价格涨落能得具体认识。该志于史料选用也颇为严谨，如考姓氏源流不采神奇传说，而据信而可征之资料以论证其事。

彩色插图为今修志书所必备，而新编诸志多集中于卷首，《顺德县志》则分置三处，卷首彩图标全县之大要，引读者入志；卷中彩图不仅显示一地经济建设之成就，而长篇巨制，读者至此有神疲力衰之感，彩图使人一新耳目，能续读全志；卷末彩图使读者得赏心悦目之趣，长留该志之余味。此隐隐中也可见编纂者之精思妙想。至随文插图如土改后颁发之土地房产所有证及女童工缫丝图之类皆为难得之珍贵史料照片。

《人物》编论述颇备，但顺德人文鼎盛，所收似嫌过严。与《文化》编有关记述尚有重复之处。至以卒年为序则非我所愿苟同者。

读《顺德县志》既竟，乃条理其所感，草成一文，仅备主事者参考，设有不恰，当共商榷。

原载于《广东史志》1997年第3期

《遵义市志》读后

　　遵义为世人尽知的革命胜地，也是我旧游之地。1992年秋，我应贵州黎庶昌国际学术讨论会之邀，曾有贵州之行。会后，又专程访问遵义，亲赴沙滩黎氏故居，以了解沙滩文化。遵义虽地处边陲，但并非如前人所说为蛮荒之地，而是山清水秀，人才辈出之所。特别是1935年中国工农红军在此召开遵义会议，在现代史上尤具特殊意义。遵义会议决定了中国共产党成败的命运，确立了党的正确领导。从此，革命日益发展，直至获得全国性的胜利，改变了中华民族的积弱命运。历史的丰功伟绩铸就了遵义作为革命圣地的无可动摇地位。这样的地方又何能无志以存史？遵义素有修志传统。自元以来，相沿修志不辍，惜大多遗佚，而传世者犹有数种，其郑珍、莫友芝所纂道光《遵义府志》，名人修志，为时所称，全志考核精详，注重民生；贯通两千余年，征引图籍近400种，成一方之全史。继往开来，遵义人士，义难拱手，遂有新编《遵义市志》之修。

　　《遵义市志》之纂修，定策于80年代之初，起步不可谓晚，中经十六寒暑，用力不可谓不大。成书25篇，148章，前有概述、大事记，后有人物传与附录，体例完备，共350余万字，分装3册，篇帙不可谓不巨。而修志人员之艰辛经历也于此可见。

　　书品为一书容貌，犹人之仪表，藏书家每重书品。修志初期，大多注重内容而忽略形式，所以前期志书书品不经意者居多，甚至少加翻检，几有脱皮落页之虞。其后，始有颇加注意者。近年以来，各地志书，于此多有竞争，举凡封皮、套封、扉页、环衬、图片、地图、插图、行款、版面以及眉题、页码等等，无不力求精美。《遵义市志》在这些方面都比较注意，是近几年出版志书中书品较好的一种。一经展读，颇有疏朗之感。希望今后志书出版和评论时都能注意到书品问题。

志书目录与概述之英译，志界久有其议，近年以来，已有多种志书实行，颇得好评。据知，遵义于修志之初，已有此意。于卷首立英译目录与概述，不仅利于志书之登世界书坛，亦有便于异域人士之检读与利用。正如《遵义市志》主编傅伦俊所言，志书英译，"让世界了解遵义，让志书走向世界是只有好处，绝无坏处的"。

断限为修志要务，上限一般以事物之发端为始，多无异议。下限因地情不一而参差不齐，《遵义市志》于《凡例》中明确规定："时限起于南宋淳熙三年（1176年），迄于1989年。入传人物收至1994年。"这条凡例有数处值得商榷：一是人物下限为何与全书下限不一致；二是下限时间为何与出版时间相距将近十年，为何不把下限下移；三是大事记为1989年，而卷末又附《1990—1996年大事记》，既同名为大事记，为何割裂分置于卷首卷尾。这些问题于凡例及后记中均未涉及，遂有乱例之感。

遵义之可称特色而为其他地区所绝无者，莫过于遵义会议与沙滩文化。《遵义市志》于二者特设专篇专章以体现志书之地方特色，颇合于志书编纂之体。其第十二篇《遵义会议及红军活动》下设三章，分述一为遵义会议本身事务，尚及研究成果，于此重大事件之深入研究颇有裨益。二为遵义会议前后红军转战日志，见志书之存史价值。三记红军助建政权、武装、群团之情况，使遵义会议各有关问题得一完整勾画。其第二十一篇之第九章，专论沙滩文化，实为必要章节。沙滩文化为贵州卓有特色的文化，专章于其渊源发展，教育、学术、文艺诸方面成就，对沙滩文化之培育人才有所表彰，对学术论著与文学作品则有允恰之评价，此固为贵州文化史之撰著与研究有不可或缺的存史作用。

人物传所收较备，且于目录列名，颇便翻检，卷末索引，尤感利便。得《遵义市志》，适在病中，时读时辍，难以成文，聊录点滴，藉作读后。

一九八八年十二月

原载于《〈遵义市志〉评论文集》　史晓波主编　遵义市红花岗区地方志办公室2000年印行

《修文县志》读后

  1992年秋，我应邀赴黔出席黎庶昌国际学术讨论会。会后，在贵州文史馆馆长冯楠先生陪同下畅游了贵州名胜黄果树、龙宫、阳明洞和红枫湖等地，深有不虚此行之感，但给我印象最深的则为阳明洞，因为名胜只是景色，而阳明洞则是见物思人之地，悠悠情思，令人神往，所以曾笔之于册，其文曰：

  少年时曾从《古文观止》中读过明朝哲学家王守仁（阳明）的名文——《瘗旅文》。这是王阳明被贬为贵州龙场驿丞，亲见吏目主仆三人客死赴任途中，乃引发同情，率人收尸埋葬后所写的一篇祭文。文章写得很有感情，是借他人的杯酒浇自己的块垒。名为祭鬼，实则伤己。阳明在贬所讲学之地即今修文县阳明洞，其地虽已非《瘗旅文》所述那样凄凉，但也失于修整。有旱洞几处、为阳明讲学之地。拾阶而上，有王文成祠以旌其振兴文化之功。祠后有四合院小楼，曾囚禁张学良（汉卿）将军于此。阳明否极泰来，终成一代名宦名儒。成正忠襄为封建社会谥法最尊者，成又居其首，阳明生后得"文成"之谥，亦当含笑。汉卿肝胆照人，半生圈禁，未成事功，世人为之扼腕；惟寿登百岁，饱览人间沧桑，声誉日隆，两岸钦敬，亦云幸矣！中国伟人有句名言："待到山花烂漫时，她在丛中笑。"我游阳明洞，油然而生遐思：阳明、汉卿，笑到最后，当为后人歆美；人能如此，即是幸福。

  当时很想能多了解点修文的地情，而行色匆匆，难以尽览，旧志难找，新志犹在编纂，只得怀着一种憾意，等待异日的机遇。时隔多年，1999年9月间，意外地收到贵州志办张桂江先生寄来《修文县志》一部，并以专函邀写书评，我因年事日高，疏于笔耕，但一则了解修文为多年宿愿，而桂江又为多年老友，情难以却，遂尽双旬之力通读全志，获益匪浅。爰就所见，略贡管见。

修文为黔中宝地，虽地处边远，而以阳明、汉卿曾谪戍其地，遂广为人知。建县已历七百余年，而志书仅有清道光《修文志略》与民国残本《修文县志》二种，非略即残，实难副时代要求。该县领导深知志书"服务当代，惠及后世"之功能，乃决意编修新志，历时十三年，换届六任，初衷未改，终成近200万字之新编《修文县志》，衡诸旧志，不啻天渊。新志计专志22篇，另有概述、县情数据、大事记、人物及附录等，不入篇次。新志之最大成绩，乃在勇于创新。今抉其数端，以见一斑。

创新之一：发凡起例为撰著起步之要，常规多排列条款，胪述指导思想、上下限、文体、资料来源等项，所述亦较简略。新编《修文县志》凡例则异其事，立指导思想、体例、记述范围、时限、体裁、文体、资料、数据、纪年、地名、计量单位、注释、称谓、文字、数字、入志作品、人物、索引等18项，每项皆有较详叙述，使分撰诸君易于掌握，全书体例易于统一，此为我所读多志中所未见，足以为他志及续志所借鉴。

创新之二：数字文献，近年逐渐为人所认识与利用，而数字化的趋势也日益明显。首批修志于数字颇多采录，但集中数字文献为一篇者，尚属罕觏，是《修文县志》之立《县情数据》实有创意。《县情数据》共设22表，分列该县人口、土地、经济生产、财政金融、教育、职工以及乡镇企业状况于一表，旁行斜上，了然在目，一县县情，仓促可得，直可称县志之数字本。

创新之三：大事记为一志之纲领，几已成新志定式，但写法各有不同，或以编年，或以编年结合纪事本末。《修文县志》独出心裁，将大事记分为大事纪年与大事记述二类，前者按年记其大事，提纲挈领，便于检读，为新编志书之常规；后者以事为主，各立专题，全其始末，详今略古，凡本县重大事务，备载首尾，尤以军事为多。读者可一览而得该县大事全貌，节翻检之劳；而撰者可大省笔墨，如《军事篇》之不再记述兵事。此又为撰写大事记创一新例。

创新之例三端之外，《修文县志》之撰著亦深得志体之要。新志之最基本要求在于体现地方特色，而特色复因地而异，有以土特物产，有以经济成就，有以景色名胜，有以人文学术者。前三者寻求较易，而以人文学术为特色者较少。就我所见，安徽《桐城市志》以突出桐城文派为其特色，江苏《泰州志》以文化篇为其浓墨所在，今《修文县志》并不停留于七山一水二分地之描述，而着意于明哲学家王守仁事迹之论述，特独立一篇名《王阳明在龙场》，下分五章、详细论述阳明之谪戍龙场，阳明之文化、教育、遗迹及后学等，内容颇称详尽。阳明为一代理学大师，又屡建丰功，而龙场之谪，不辞艰辛，倾其所学，在修文振兴学术文化之功，实为其一生重大事迹。以王学之传播显示修文特色，洵感确当。

近年新成志书为适应海外读者需求，纷纷编制外文目录，甚有采用多种文字者，《修文县志》一本斯意，除设英文目录外，更有英译概述。英译概述为我多年所倡导，以其有利于宣传地方，沟通中外，然多年未获实现。前者，天津《河西区志》曾增英译概述，夙愿以偿，快何如也。今又见《修文县志》之设英译概述，行见此风将屡见于未来诸志。设志书能为对外开放所用，则志书地位之提高自不待言。

当然，如此巨志何能无吹求之隙？如下限与出版时间之差距，与其在大事记及县情数据中下延，不如另写限外纪要附于卷末，可得近十年之概貌。《人物传》次序，应以生年为序，或较以卒年为序更为顺理。所编索引利于检索事务，用者称便，若能增入人物，当更称完善。所言或有未当，至祈鉴谅！

一九九九年十一月

原载于《贵州文史丛刊》2000年第1期

评说《铜仁市志》

铜仁地在黔东北，位于由贵州高原走向湘西山地丘陵过渡的斜坡地带，素有"黔东明珠"之雅称。自周秦建制以来即有归属，下逮明初，铜仁乃有正式建制，虽府县市建制，时有变易，而铜仁之名至今沿用。铜仁地处武陵山脉中段，千峰耸峙，万壑横布，山环水绕，风景秀丽，无怪有"黔中诸郡邑，独美于铜仁"的美誉。如此历史悠久，景色魅人的名邑，岂可以无志以志其盛？铜仁又为边陲县邑修志之最具历史传统者，自明成化至清光绪四百年间修志九次，诚不可谓不盛！而自光绪以渐百余年，修志中断，今人于此，又何得不愧对传统而急谋奋起？当轴有鉴于此，乃于上世纪八十年代初，毅然决策，着手编纂铜仁地志。几度起伏，终于历经近二十年之艰辛，成三百余万字之《铜仁市志》。从此铜仁一地山川人物得以存录，而中断百余年之修志传统又得赓续。此《铜仁市志》之最大贡献。

一志质量如何，绝大成分在于主编之称职与否。《铜仁市志》主编田志军，自九十年代初莅事以来，除担任市志办主任、主编和总纂各种重要任务外，更深入实际，承担专志撰写及总纂修改工作，其总纂修改数量颇大。在全志二十六编中，共修改十二编，加上凡例、大事记、附录等，已占全志之半。最后更对全志尽通纂、通审、通校、统改之责。艰辛历程固可概见，而志书因之体例划一，杜绝重复，消除矛盾，理顺思路，统一文风，皆获成效，是固应归功于主编之能始终其事也。

全志共26编132章566节近300万字，堪称鸿篇巨制。综观全志，篇章结构合理，排次科学有序，既突出重点，又涵盖全面。图文并茂，配属完整。断限虽明定止于1996年，而某些篇类又视实际需要而下延至2000年，以至2002年，体现其一定的灵活性。

突出地方特色为新编志书恪守不易的原则，前期修志无不着墨于本地区特色而给以一定位次与篇幅，如青州之志烟草，苏州之志园林，洛阳之志牡丹，萧山之志围垦，天津津南之志小站，皆以一方特色突出其志书特色，而使人读其书即知其为何地之志。铜仁得山川钟灵毓秀之气而多有胜景，如铜江十二景中的"东山楼阁"、"中流砥柱"、"云彩江声"、"两江春色"……以及九龙溶洞，奇景异象，千姿百态，诚人间罕觏之景物，令人叹为观止。其他美景胜地，难以尽数，实为铜仁无烟工业之无尽宝藏，而志书有鉴于此，乃于天地人三编之后，列《旅游》于第四编，应称有识。

图经是志书渊源之一，后以图渐佚，遂渐以文为主，致使志书失左图右史之旨。新编方志之始，图片设置，渐为纂者注意，而有卷端之铜版图，或随文插黑白图，但数量不大。近年以来，图片设置之风日兴，如《天津通志》特设《照片志》一卷，以图录天津，反响甚佳，各地志书亦颇多增大图片容量者，《铜仁市志》尤为突出，其卷前铜版插图近六十面，涉及方面几能涵盖全志，读志者展阅插图，不读志书文字，即能得其大要，令人有新图经之感，尤以录入旧制《贵州省铜仁县图》、《铜仁府城图》、《铜仁府县全境图》三幅，更显新颖，既增强历史感，又以见新旧铜仁之巨大变化，纂者可谓自立机杼，别出心裁，为修志者增辟蹊径。

《附录》为志书重要组成部分，而绝非可有可无之装饰。志书《附录》应是"存史"重要部分。《铜仁市志》于《附录》设四项：一为《旧志文存》，自旧志中选录重要文献入志，如有关建制、兴革、教育、军事以及旧志各序，内容具体翔实，文献足征，可以存史。二为《重要文献、公告》，收集旧时代重要文告及建国后铜仁建制之变易与城市规划等。三为《重要考辨》，为《附录》中最见功力而能体现志书学术性之部分，其中王者香先生所撰有关明清人物考辨诸文，考证详审，可备研史者参考。四为《铜仁市专志、部门志存目表》，也为他志所未备之创意，既可备了解铜仁专志、部门志情况之翻检，又能见《铜仁市志》两步走之所据。是志书《附录》之非赘疣，于此可得明证矣！

如此巨制，苟加吹求，终有小疵。人物传以卒年为序，为我历年所最难苟同者。人物为历史主体，人物之经历，构成历史之画面，以生年为序，应顺历史发展而推行，顺理成章。反之，以卒年为序，则前后辈人物乱序，历史亦因而颠倒，实不足取。《铜仁市志》成书300余万字，似嫌超重，若能瘦身在200万字左右，不仅节省人力物力，亦能节读者之劳。铜仁为旅游重地，有向海内外宣传之必要，如能将目录与概述译为外文，则可取精用闳，更加发挥志书之作用矣。年高体弱，匆匆读志，一孔之见，未必得当，尚望恕其老悖耳！

原载于《铜仁市志评论集》 铜仁市地方志编纂委员会办公室编 贵州人民出版社2007年版

评《武都县志》

武都为陇上名邑，历史悠久，人文荟萃，资源丰富，风景秀丽，而修志事业之盛，亦颇受志界所重视。自明万历《阶州志》以降，至清光绪《阶州直隶州续志》，凡十修州志。惜因兵戈匪患，沧桑变易，图籍散失，旧志存世者仅得其半，而以县名志者，则唯今新编《武都县志》也。

《武都县志》始编于1986年4月，成稿问世于1998年，中经12年艰辛历程，博采资料，网罗俊彦，终成一200余万字之巨帙，为武都独立成志，为志库增一珍藏，而修志诸君备著辛劳，亦于兹可见。

篇章结构为志书之筋骨，第一届新志编写之际，大编小编，条目纲要，议论纷呈，各行其是。《武都县志》综各家之长，自出机枢，不设篇而立13卷，下分章节，卷名概括较宽，颇便省览，内涵又较丰富，无待旁顾，如政治卷内容有党派、团体、政权、人事、人大、政协、民政及公检法等，甚有利于项目归纳。如此结构不多见于他志，足以见修志者之用心，为第二届续修志书提供参考之功，固不可没。

资料为志书之血肉，也为志书重要标准之一。《武都县志》草创之时，于搜集资料用力特深。该县领导于所撰序文中，特著其事称："修志以来，走访、函调30余省市，翻阅图书、档案、资料、报刊、信函上万部（件），摘抄卡片5万余份、资料2000余万字"，并于此基础上反复删订，得一200万字之成稿。如军事卷之主要兵事章，内容丰富，记述详明，足可补史之缺。由于资料充实，遂能有理有据，直抒所见；如政治卷之记述"大跃进和大炼钢铁、大办食堂与大购大销"，详记始末，思辨是非，为他志所少见。修一时之信志，存一代之信史，亦以见修志者之胆识。

重人文轻经济为旧志之弊，新编方志力纠其偏，经济固得畅书，而人文颇为所掩，以致时人有以此訾议新编志书者。《武都县志》力求得其正，特立艺文专卷，分设敕告、序跋、碑碣、诗词、文选、考识、著述、书札、趣轶、祭铭、楹联等11章，凡涉及本县之艺文者，可谓搜罗几尽。如敕告章载古今重要文告，可稽某些活动之官方态度；序跋章有旧志诸序及名人书跋，均有参考价值，尤以清代著名学者邢澍所作，考证详明，论事透彻，令人赞叹；诗词、文选两章搜罗阂富，足征修志者挖掘之劳，而升附录诗文于正志，尤具卓识；考证章虽专篇较少，但邢澍所作地理事迹之考证，不愧名家名作；著述章得古艺文、经籍之遗，而题录之详明，则又过之。新志之视艺文若此之重，实为不可多得，我特表而出之。时人之訾新志无艺文者，《武都县志》之艺文卷或可作一驳正。

《武都县志》行文简洁，流畅可读。如"概述"一篇分政治、地理、经济、社会四端立论，颇类按正志顺序分段提要，眉目清楚，语言简练，既概全县之要，又发读志之思，洵为佳篇，杨静琦编审于志跋中言之甚详，无庸多赘。大事记资料丰富，本末详尽，得全志纲要之用。设于志首有概述，卷末增综合索引，则《武都县志》将更增光辉矣。主编曾礼，陇上佳士，不求闻达，潜研典籍，广搜资料，历时一纪，终成一方之全书，服务桑梓，其功难没。前曾征序于我，今复邀为评论，情难以却，重读志书，聊缀千言以应。

二○○○年九月十八日国耻日撰于邃谷

原载于《阶州志集校笺注》　曾礼校注　甘肃人民出版社2013年版

亘古荒漠一明珠

——题《农七师志》

　　近年有幸获读为数不少的新编志书，大都为正规行政区划而作，尚不乏佳作，但能不落窠臼，自创新意，使人耳目一新者，厥推边陲地区特殊形式之地区志，如林区志、垦区志之类。前者读《图强林业局志》已有新鲜之感，今读《农七师志》益感其创新精神。《农七师志》前无文献足征，地又开辟日浅，资料搜集维艰，着墨落笔尤难，而修志诸君不畏险途，白手起家，十历寒暑，五易其稿，终成此百余万字之巨制，洵属难能可贵。修志诸君克服困难，艰辛备尝，奔走呼吁，争取支持之情景自可想见。宏观全志则结构适当，资料充实，论述正确，文字流畅，固不让内地诸佳志之专美于前。情之所钟，乃不顾外访方归之劳，不惜日就衰老之躯，穷一周之力，通读全志，略陈所感，聊表对编纂诸君钦敬之诚。

　　农垦历代皆有其事，而专为垦区立志者，囿于闻见，尚未之见。若强与旧志比附，如明有卫所之制，于是有《天津卫志》、《蒲圻所志》之作；自元以来盐井设官，至清有云南黑盐井提举沈懋价始撰《黑盐井志》，虽性质相类，但终不如今之《农七师志》之规模。

　　《农七师志》正编有十，卷首有《概述》，大事记殿于第十编后，卷末附以索引及外文目录。体制可称完备，结构亦颇紧凑。纪传志表图五体并用，而史志二体协调运用尤见特色。史志二体异同，自修志以来即争论不已，大多持绝对化态度，强分二体，力戒互用。过去，我曾以同源异体、殊途同归和相辅相成之说论史志关系而得折中调和之嗤。今乃于《农七师志》得史志互通互补之实证。《农七师志》之《开发垦区》与《人物》二编以史体纵写，其他各编则以志体横陈，尤以史体之《人物》编不仅插入正编序列，更与志体之《人口》编并成姊妹之编。史志二体之磨合，读之得浑然一体之妙而无格格难融之憾。史志二体之争，似可休矣！

《农七师志》史料之搜集难度较大，但能查阅文档4000余卷，访问口碑300余人次，收集资料3000余万字，制成卡片5000余页，工程浩大，但为撰写奠定坚实基础，功莫大焉。纂者取精用宏，游刃有余，征文考献，舍此何求，加以全志叙事翔实具体，如供给制之标准、军邮之编制，其事虽细，但求其准确，实不易得，而此志则有完整具体记载，可备稽考。至于军垦大业之历程，也非以此作原始资料不可。至于第十编《丛录》，所收历代屯垦、文献辑要、文章荟萃、轶事、诗选及传说等类之资料，有保存原始文献之作用。

资料为志书筋骨，论述则为志书血肉，徒有筋骨而无血肉，难成有形之体，是论述不可不注重。《农七师志》论述之最大特点在于明确简要，如《概述》一篇三大部分，即开发创建、发展概况及未来远景，要言不繁，不只得垦区之轮廓，亦足以引发进而读全志之兴趣，至于各编前之综述尤为简洁，可作全篇之导读。序、跋本应为一书之精华提炼，而近年所见，或敷衍备位，或平铺直叙，了无生气，《农七师志》则不同流俗，尤以其跋语不啻为此修志工程之总结，我深悔有悖读书当先读序跋之师教，否则读其全志，更易得其要领。

执笔纂志当如良史之能秉笔直书，不为尊者贤者而讳。《农七师志》撰者僻处边陲，犹存古良史之风姿，其所记高层领导之文化水平栏径书初中、高小，无阿世取媚之容。其为领导修饰学历，以低就高，甚者捏称"相当于大学"等等入其所著者，已非个别，视此宁无愧色？至其高层领导能安然受之，未见愠色，加以笔削，亦属难能。卷末所附人名及表格之索引，适应时代要求，颇便检用，而所译外文目录更以见主编者视野之广，可与已有外文目录之新志比美。

至于全志文字之条畅，图表之妥善安排，数字文献之充分运用以及以事系人体例之贯穿，皆有可取，为节省篇幅，不再赘言。故成小文，供主编参酌，同道指正！

原载于《兵团史志》1997年第3期